T0271325

Printed in the United States
By Bookmasters

التحصيل الدراسي وعلاقته
بالقيم الإسلامية التربوية

# التحصــــيل الـــدراسي وعلاقتـــه بــــالقيم الإســـلامية التربويـــة

بحث مقدم لنيل درجة الدكتوراه
في التربية تخصص علم نفس تربوي

تأليف
الدكتور علي عبد الحميد أحمد

مكتبة حسن العصرية
2010

مكتبة حسن العصرية

للطباعة والنشر والتوزيع

حقوق الطبع محفوظة للناشر

| | | |
|---|---|---|
| الطبعة الأولى | : | 1430هـ/ 2010 م |
| عنوان الكتاب | : | التحصيل الدراسي وعلاقته بالقيم الإسلامية التربوية تأليف |
| | : | الدكتور علي عبد الحميد علي أحمد |
| عدد الصفحات: | | 544 صفحة |
| قياس | : | 17 × 24 |
| صف وإخراج | : | غنى الريّس الشحيمي |
| الناشر | : | مكتبة حسن العصرية |
| هاتف | : | 009613790520 |
| تلفاكس | : | 009617920452 |
| ص.ب. | : | 14-6501 بيروت- لبنان |

E-mail: Library.hasansaad@hotmail.com

# كلمة الناشر

التحصيل الدراسي وعلاقته بالقِيَم الإسلامية التربوية، القِيَم التي ينبغي أن يلتزم بها الطالب مع نفسه، والقِيَم التي ينبغي أن يلتزم بها الطالب مع معلّمه، والقَيم التي ينبغي أن يلتزم بها الطالب مع زملائه، و القِيَم التي ينبغي أن يلتزم بها الطالب مع المؤسسات التعليمية.

توجد فروق ذات دلالة إحصائية بين الطلاب المتفوّقين والطلاب المتأخرين دراسيا في المحور، القِيَم التي ينبغي أن يلتزم بها الطالب مع زملائه، لصالح الطلاب المتفوّقين.

يعتبر التحصيل الدراسي من أهم المطالب التي لها انعكاسات على الفرد والأسرة والمجتمع والأمة بأجمعها، تتناول هذه الدراسة موضوع التحصيل وعلاقته بالقِيَم الإسلامية التربوية لدى عيّنة من طلاب المرحلة الثانوية في الوطن العربي، بهدف التوصّل إلى الأهداف ببناء وتنمية القِيَم التربوية.

التربية هي: تنمية الإنسان في الجانب الروحي، والعقلي والمعرفي، والانفعالي العاطفي، والسلوكي والأخلاقي، والاجتماعي، في إطار الإيمان بالله وتوحيده أملا في وصول الإنسان إلى الكمال، ضمن مجتمع متضامن قائم على قِيَم ثابتة.

ويؤكد الباحثون على أن المنهج الوصفي لا يقتصر على وصف الظاهر، وجمع المعلومات والبيانات عنها لا بدّ من تصنيف هذه المعلومات وتنظيمها والتعبير عنها كما وكيفا، بحيث يؤدي ذلك إلى وصول فهم لعلاقات هذه الظاهرة مع غيرها من الظواهر.

وها نحن نقدّمٌ إلى القارئ العربي والإسلامي طبعتنا المميّزة في الأداء والتعبير والمنهج العلمي؛ و الله وليّ التوفيق.

**الناشر**

# إهـــداء

إلى أمي: التي تمثلت فيها قيم المحبة والعطاء.

إلى زوجتي: التي تجسدت فيها قيم التضحية والوفاء.

إلى كل مربٍ حريصٍ على تربية الأبناء.

والوصول بهم إلى قيم العلماء.

إلى طلبة العلم ومحصلي ميراث الأنبياء.

إلى كل من يبحث عن الحياة الطيبة وعيش السعداء.


أهدي هذا البحث
**علي بن عبد الحميد**

8

# ملخص الدراسة

تناولت هذه الدراسة موضوع  التحصيل الدراسي وعلاقته بالقيم الإسلامية التربوية لدى عينة من طلاب المرحلة الثانوية بمدينة الرياض بهدف الكشف عن العلاقة بين  التحصيل الدراسي والقيم  الإسلامية التربوية  من خلال المحاور التالية:

1. التحصيل الدراسي وعلاقته بالقيم التي ينبغي أن يلتزم بها الطالب مع نفسه.

2. التحصيل الدراسي وعلاقته بالقيم  التي ينبغي أن يلتزم بها الطالب مع معلمه.

3. التحصيل الدراسي وعلاقته بالقيم  التي ينبغي أن يلتزم بها الطالب مع زملائه.

4. التحصيل الدراسي وعلاقته بالقيم  التي ينبغي أن يلتزم بها الطالب مع  المؤسسات التعليمية.

ثانيا: كما تحاول الدراسة الكشف عن الفروق  ذات الدلالة الإحصائية بين الطلاب المتفوقين والطلاب المتأخرين دراسيا  في التزامهم بالقيم الإسلامية التربوية من خلال المحاور الآتية:

1: القيم  التي ينبغي أن يلتزم بها الطالب مع نفسه.

2: القيم التي ينبغي أن يلتزم بها الطالب مع معلمه.

3: القيم التي ينبغي أن يلتزم بها الطالب مع زملائه.

4: القيم  التي ينبغي أن يلتزم بها الطالب مع  المؤسسات التعليمية.

وللإجابة على أسئلة البحث، وتحقيق أهدافه استخدم الباحث منهج البحث الوصفي المسحي التحليلي نظرا لأهميته في معرفة الحقائق  التفصيلية عن واقع الظاهرة المدروسة، وقد اقتصرت عينة الدراسة على  طلاب مدارس ثانوية أهلية وحكومية بمنطقة الرياض،،بلغ عدد  500 طالبا من طلاب القسم الثانوي،، تم اختبارهم بشكل عشوائي، وكان متوسط أعمارهم 17 سنة.

و توصلت الدراسة إلى عدد من النتائج من أهمها:

1: توجد علاقة ارتباطية موجبة بين التحصيل الدراسي و القيم التربوية الإسلامية في المحور الأول: القيم التي ينبغي أن يلتزم بها الطالب مع نفسه.

2: توجد علاقة ارتباطية موجبة بين التحصيل الدراسي والقيم التربوية الإسلامية في المحور الثاني: القيم التي ينبغي أن يلتزم بها الطالب مع معلمه.

3: توجد علاقة ارتباطية موجبة بين التحصيل الدراسي والقيم التربوية الإسلامية في المحور الثالث: القيم التي ينبغي أن يلتزم بها الطالب مع زملائه.

4: توجد علاقة ارتباطية موجبة بين التحصيل الدراسي والقيم التربوية الإسلامية في المحور الرابع: القيم التي ينبغي أن يلتزم بها الطالب مع المؤسسات التعليمية.

5: توجد فروق ذات دلالة إحصائية بين الطلاب المتفوقين والطلاب المتأخرين دراسيا (الضعاف) في المحور الأول: (القيم التي ينبغي أن يلتزم بها الطالب مع نفسه). لصالح الطلاب المتفوقين

6: توجد فروق ذات دلالة إحصائية بين الطلاب المتفوقين والطلاب المتأخرين دراسيا (الضعاف) في المحور الثاني: (القيم التي ينبغي أن يلتزم بها الطالب مع معلمه). لصالح الطلاب المتفوقين.

7: توجد فروق ذات دلالة إحصائية بين الطلاب المتفوقين والطلاب المتأخرين دراسيا (الضعاف) في المحور الثالث: (القيم التي ينبغي أن يلتزم بها الطالب مع زملائه). لصالح الطلاب المتفوقين

8: توجد فروق ذات دلالة إحصائية بين الطلاب المتفوقين والطلاب المتأخرين دراسيا (الضعاف) في المحور الرابع:(القيم التي ينبغي أن يلتزم بها الطالب نحو مؤسساته التعليمية). لصالح الطلاب المتفوقين.

**توصيات الدراسة:** قدم الباحث عددا من التوصيات والمقترحات من أهما:

1: ضرورة اهتمام وسائل الإعلام بالقيم الإسلامية واستخدام الطرق المناسبة لتنميتها لدى الطلاب.

2: وضع منهج متكامل لتدريس القيم يبدأ من مرحلة التمهيدي وحتى الصف الثالث الثانوي ويتناسب مع كل مرحلة.

3: العمل على إيجاد علاقات حميمة بين الطلاب والمؤاخاة وعدم التفريق بينهم بحيث يعيشوا في جو من التعاون الدراسي فيما بينهم مما يساعد على زيادة تحصيلهم.

4:عقد المؤتمرات الدولية حول القيم التربوية وكيفية غرسها في نفوس أبنائنا الطلاب

5:ضرورة إنشاء قسم خاص في وزارت التربية والتعليم يعنى بالقيم الإسلامية التربوية.

كما قدم الباحث بعض الدراسات المقترحة المتعلقة بالتحصيل الدراسي والقيم الإسلامية التربوية.

# مقدمة

إن الحمد لله نحمده،ونستعينه،ونستغفره، ونعوذ بالله من شرور أنفسنا ومن سيئات أعمالنا، من يهده الله فلا مضل له، ومن يضلل فلا هادي له،وأشهد أن لا إله إلا الله وحده لا شريك له، وأشهد أن محمدا عبده ورسوله.

﴿يَا أَيُّهَا الَّذِينَ آمَنُواْ اتَّقُواْ اللَّهَ حَقَّ تُقَاتِهِ وَلاَ تَمُوتُنَّ إِلاَّ وَأَنتُم مُّسْلِمُونَ﴾ [1].

﴿يَا أَيُّهَا النَّاسُ اتَّقُواْ رَبَّكُمُ الَّذِي خَلَقَكُم مِّن نَّفْسٍ وَاحِدَةٍ وَخَلَقَ مِنْهَا زَوْجَهَا وَبَثَّ مِنْهُمَا رِجَالاً كَثِيرًا وَنِسَاء وَاتَّقُواْ اللَّهَ الَّذِي تَسَاءلُونَ بِهِ وَالأَرْحَامَ إِنَّ اللَّهَ كَانَ عَلَيْكُمْ رَقِيبًا﴾ [2].

﴿يَا أَيُّهَا الَّذِينَ آمَنُوا اتَّقُوا اللَّهَ وَقُولُوا قَوْلا سَدِيدا﴾ ﴿يُصْلِحْ لَكُمْ أَعْمَالَكُمْ وَيَغْفِرْ لَكُمْ ذُنُوبَكُمْ وَمَن يُطِعْ اللَّهَ وَرَسُولَهُ فَقَدْ فَازَ فَوْزا عَظِيما﴾ [3].

إن أصدق الكلام كلام الله، وخير الهدي هدي محمد صلى الله عليه وسلم وشر الأمور محدثاتها، وكل محدثة بدعة، وكل بدعة ضلالة،وكل ضلالة في النار،أما بعد:

فإن موضوع التحصيل الدراسي من الموضوعات المهمة التي شغلت الباحثين منذ زمن بعيد وذلك لأنه ظاهرة معقدة،تتداخل فيها مجموعة مختلفة من المتغيرات العقلية وغير العقلية، تتفاعل فيما بينها بحيث يصعب ـ في كثير من الأحيان الفصل بينها، أو تحديد أو تحديد أشدها تأثيرا، أو نسبة كل عامل من هذه المتغيرات.

وإن من أكثر المشكلات التي عني بها الباحثون هي تفسير التباين في التحصيل وتحديد العوامل المؤثرة في هذا التباين، فأرجعوا هذا التباين إلى قدرات الطالب العقلية، وافترضوا أن نسبة الذكاء هي العامل الأساس في زيادة التحصيل الدراسي.

---

(1) سورة آل عمران (102).
(2)سورة النساء (1).
(3) سورة الأحزاب (70-71).

ولم يكن التركيز على العوامل العقلية كافيا للإحاطة بجوانب هذه الظاهرة المركبة، فظهرت دراسات تركز على جوانب نفسية مثل سمات الشخصية، والتوافق النفسي، ودافعية الطالب نحو الدراسة، ودراسات أخرى تعنى بالجوانب البيئية والاجتماعية والاقتصادية كمؤثرات مهمة في التحصيل الدراسي.

ولا شك أن التحصيل الدراسي له أهمية كبيرة على مستوى الفرد؛ حيث يؤدي إلى إشباع حاجة الفرد وتحقيق التوافق النفسي، وتقبل الفرد لذاته، ومن ثم عدم الوقوع في مشكلات سلوكية قد تؤدي إلى اضطراب النظام داخل المدرسة وخارجها.

وتكمن أهمية التحصيل الدراسي وأهمية التنبؤ به بأنها من أهم المشكلات التي يوليها العاملون في ميدان التربية والتعليم وعلم النفس اهتماما كبيرا، كما يهتم بها الآباء والأمهات على اعتبار أننا في مجتمع يعطي قدرا كبيرا من الاهتمام بالتحصيل الدراسي والنجاح فيه، لذلك نجد الأسرة والمؤسسات التعليمية يعملون سويا للوصول بعملية التحصيل الدراسي إلى أقصى حد ممكن حتى يتكمن كل طالب من اجتياز مراحل التعليم المختلفة[1].

وإذا كان موضوع التحصيل الدراسي قد حظي بهذا الاهتمام من قبل الباحثين، فإن موضوع القيم الإسلامية قد حظي ـ كذلك ـ باهتمام المربين منذ القدم حيث تناولوها تحت مسمى الأخلاق، والآداب، والفضائل، فقد أفرد البخاري (ت256) بابا سماه (كتاب الأدب)، وصنف ابن مسكويه (ت421هـ) (تهذيب الأخلاق)، وصنف البيهقي (ت 458هـ) (شعب الإيمان) وغيرها من المؤلفات التي تهتم بهذا الجانب.

وعلى الرغم من اهتمام المربين ـ منذ القدم ـ بموضوع القيم الإسلامية التربوية إلا أن الدراسات العلمية في هذا الجانب قليلة بالنسبة لهذا الموضوع الذي ينبغي أن يحظى بكثير من الدراسات على مختلف جوانبه.

---

(1)   الجنيدي جباري بلابل: التوافق الدراسي في علاقته بالتحصيل الدراسي والميل العلمي والميل الأدبي لدى طلاب الجامعة، رسالة ماجستير ، جامعة أم القرى ، مكة المكرمة ، 1406هـ ص(31).

والمتأمل في حال العالم اليوم يجد أن مفهوم القيم قد تبدل وتغير؛ فالصدق قد حل محله الكذب، والنفاق أصبح مجاملة والأمانة أصبحت خيانة، والحرية أصبحت عريا وخلاعة، ومع الانفتاح الإعلامي أصبحت عقول الناشئة في تخبط عجيب، فهم بين فواجع وكوارث ومآسي صباحا ومساء، أو بين انحلال وانحراف ودعوات للخلاعة والعري في كثير من البرامج والقنوات.

إن ما نعيشه الآن من تغير وتبديل للقيم حدا بأحد الباحثين أن يقول: (إن قضية القيم الإسلامية تعد قضية العصر، وبخاصة في ظل ما نلحظه من تشوهات السلوك الإنساني المعاصر، وغلبة القيم الفردية والمادية والذرائعية، واضمحلال القيم الروحية والجمالية والجماعية،وما تصعقنا به وسائل الإعلام العالمية التي تكشف كل ساعة عن الأعداد المتزايدة من التائهين الواقعين في الضياع في وديان المخدرات والمسكرات، والجرائم والانحلال، والخواء الروحي والخلقي)[1].

وإن سياسة التعليم في كثير من الدول الإسلامية - وخاصة المملكة العربية السعودية - تقوم على أن(غاية التعليم هي فهم الإسلام فهما صحيحا متكاملا، وغرس العقيدة الإسلامية ونشرها، وتزويد الطالب بالقيم والتعاليم الإسلامية وبالمثل العليا، وإكسابه المعارف والمهارات المختلفة، وتنمية الاتجاهات السلوكية البناءة، وتطوير المجتمع اقتصاديا واجتماعيّا وثقافيا،وتهيئة الفرد ليكون عضوا نافعا في بناء مجتمعه،ومن الأهداف الإسلامية العامة التي تحقق غاية التعليم:

1. تنمية روح الولاء لشريعة الإسلام، وذلك بالبراءة من كل نظام أو مبدأ يخالف هذه الشريعة، واستقامة الأعمال والتصرفات وفق أحكامها العامة الشاملة.
2. النصيحة لكتاب الله وسنة رسوله بصيانتهما، ورعاية حفظهما، وتعهد علومهما، والعمل بما جاء فيهما.

---

(1) انظر: ماجد زكي الجلاد : تعليم القيم وتعليمها،دار المسيرة للنشر والتوزيع ، الأردن - عمان ، الطبعة الأولى 1426هـ ص(10)

3. تزويد الفرد بالأفكار والمشاعر والقدرات اللازمة لحمل رسالة الإسلام.

4. تحقيق الخلق القرآني في المسلم والتأكيد على الضوابط الخلقية لاستعمال المعرفة "إنَّما بُعثتُ
لأتمّم مكارِمَ الأخْلاقِ ".[1].

ومن هنا فإن الباحث يريد الكشف عن العلاقة بين هذين المتغيرين اللذين يمثلان أهمية
كبيرة في حياة الأفراد والأمم، فكانت هذه الدراسة تحت عنوان(التحصيل الدراسي وعلاقته بالقيم
الإسلامية التربوية).

وقد تم تقسيم الدراسة إلى عدة فصول، كل فصل يحتوى على عدة مباحث على النحو
التالي:

الفصل الأول: وفيه عرضت الإطار العام للدراسة، وقد احتوى على مبحثين: المبحث الأول:
وفيه تناولت فروض وأهداف وأهمية الدراسة.المبحث الثاني: وتناولت فيه الدراسات السابقة التي
تناولت التحصيل الدراسي وعلاقته ببعض المتغيرات، وكذلك الدراسات التي تناولت القيم وعلاقتها
ببعض المتغيرات.

الفصل الثاني: وتناولت فيه موضوع التحصيل الدراسي وقد احتوى على ثلاثة مباحث هي:
مفهوم التحصيل الدراسي، وأهمية التحصيل الدراسي، والعوامل المؤثرة في التحصيل الدراسي.

الفصل الثالث:وفيه تعرضت لمفهوم القيم الإسلامية التربوية، وقد احتوى على ثلاثة مباحث
هي: مفهوم القيم من منظور غير إسلامي، مفهوم القيم من منظور إسلامي، المفهوم الإجرائي
للقيم من حيث الاتجاهات والمعتقدات والاهتمامات والتفضيلات والمعايير.

الفصل الرابع: وتناولت فيه العلاقة بين التحصيل الدراسي والقيم الإسلامية التربوية وقد
احتوى على أربعة مباحث هي:

---

(1)وثيقة سياسة التعليم في المملكة العربية السعودية ، وزارة التعليم العالي، 1398هـ - 1978م. ص(12).

16

المبحث الأول: وفيه عرضت القيم التي ينبغي أن يلتزم بها الطالب مع نفسه.

المبحث الثاني: وفيه تناولت القيم التي ينبغي أن يلتزم بها الطالب مع معلمه.

المبحث الثالث: وفيه تناولت القيم التي ينبغي أن يلتزم بها الطالب مع زملائه.

المبحث الرابع: وفيه تناولت القيم التي ينبغي أن يلتزم بها الطالب مع المؤسسات التعليمية.

الفصل الخامس: وتناول خصائص النمو وتطبيقاته التربوية في تنمية القيم: وجاء في مبحثين هما:

المبحث الأول: وفيه تناولت خصائص النمو في المرحلة الابتدائية وتطبيقاته التربوية في تنمية القيم الإسلامية التربوية.

المبحث الثاني: وقد عرض الباحث خصائص النمو في المرحلتين المتوسطة والثانوية وتطبيقاته التربوية في تنمية القيم الإسلامية التربوية.

الفصل السادس: وقد تناول مصادر وخصائص وأهمية القيم التربوية الإسلامية. وفيه ثلاثة مباحث هي: مصادر القيم التربوية الإسلامية، خصائص القيم التربوية الإسلامية، أهمية القيم وآثارها على الفرد والمجتمع.

الفصل السابع: وعرضت في طرق بناء وتنمية القيم، وجاء في ثمانية مباحث مرتبة على النحو التالي: طرق بناء وتنمية بالقدوة، طرق بناء وتنمية بالقصة، طرق بناء وتنمية بالترغيب والترهيب، طرق بناء وتنمية بالعادة، طرق بناء وتنمية بالإقناع الفكري، طرق بناء وتنمية بالممارسة العملية، طرق بناء وتنمية بضرب الأمثال، طرق بناء وتنمية من خلال المواقف والأحداث.

الفصل الثامن: عرضت فيه دور المحاضن التربوية في بناء وتنمية القيم، وجاء في ستة مباحث هي: الأسرة ودورها في بناء وتنمية القيم، المدرسة ودورها في بناء وتنمية القيم، دور المسجد في بناء وتنمية القيم، الأندية الصيفية ودورها في بناء وتنمية القيم، جماعة الرفاق ودورها في بناء القيم، دور وسائل الإعلام في بناء وتنمية القيم.

الفصل التاسع: وتناول الباحث فيه الدراسة الميدانية التي أجراها على طلاب المرحلة الثانوية بمدينة الرياض وقد اشتملت على ثلاثة مباحث: هي: إجراءات

17

الدراسة، نتائج الدراسة، وتوصيات الدراسة.

ومن لا يشكر الناس لا يشكر الـلـه، فإني أتقدم بالشكر والتقدير إلى الدكتور أشرف عطية ـ المشرف على هذه الرسالة ـ الذي كان لي عونا بعد الـلـه عز وجل في الوصول إلى الهدف وتحقيق الغاية، فلا أملك له إلا الدعاء بأن يمد الـلـه تعالى في عمره، وأن يجعله في خدمة هذا الدين.وأن يجمعنا في الفردوس الأعلى على سرر متقابلين.

ثم الشكر ـ بعد شكر الـلـه تعالى ـ للقائمين على المكتبات العامة في المملكة العربية السعودية (مكتبة الملك عبد العزيز العامة ـ مكتبة الملك فيصل الخيرية ـ مكتبة الملك فهد الوطنية ـ مكتبة مكتب التربية العربي لدول الخليج ـ مكتبة مدينة الملك عبد العزيز للعلوم والتقنية) حيث أمدوني بكل ما أحتاج إليه من مصادر ومراجع دون ملل أو كلل، فلهم مني جزيل الشكر وأوفره وأسأل الـلـه تعالى أن يبارك جهودهم ويجعلهم عونا للدارسين والباحثين. كما أتقدم بالشكر إلى مدراء المدارس والمعلمين الذين كانوا عونا لي ـ بعد الـلـه عز وجل ـ في تطبيق أداة الدراسة.

وأخيرا فهذا البحث هو جهد بشري، فما فيه من صواب فمن الـلـه وتوفيقه، وما فيه من خطأ فمني ومن الشيطان و الـلـه ورسوله من بريئان. وآمل من الناظر فيه أن ينظر بعين الإنصاف، ويترك جانب الطعن والاعتساف، فإن رأى حسنا يشكر سعى زائره، ويعترف بفضل عاثره، وإن رأى خللا يصلحه أداء حق الأخوة في الدين، فإن الإنسان غير معصوم عن زلل مبين[1] .

**فإن تجد عيبا فسد الخللا          فجل من لا عيب فيه وعلا.**

وأسأل الـلـه العفو والمغفرة، وأرجو إن فاتني أجر الإصابة ألا أحرم أجر الاجتهاد.

وآخر دعوانا أن الحمد لله رب العالمين.

علي بن عبد الحميد

(1) انظر: محمد محمود بن أحمد بدر الدين العيني ـ عمدة القارئ شرح صحيح البخاري ـ 66/1 ـ دار الفكر.

# قائمة الموضوعات

**الموضوع** **رقم الصفحة**

20

21

# الفصل الأول

# الإطار العام للدراسة

- المبحث الأول: مشكلة الدراسة

- المبحث الثاني: الدراسات السابقة

# الفصل الأول: الإطار العام للدراسة

## المبحث الأول: تحديد مشكلة الدراسة

### أولا- مشكلة الدراسة

يعتبر التحصيل الدراسي من أهم المطالب التي لها انعكاسات على الفرد والأسرة والمجتمع والأمة بأجمعها؛فمن أجله أنشأت المدارس ووضعت المناهج، وإذا كان التحصيل الدراسي قويا فإنه سيكون ـ بلا شك ـ مؤثرا في إنتاجة الفرد، ورفع المستوى العلمي والاقتصادي في البلدان، كما أنه سيؤدي بدوره إلى الوقاية من الوقوع في الانحرافات العقدية والسلوكية لدى الأفراد والجماعات، خاصة وأن معظم المنحرفين هم من منخفضي التحصيل الذين تولد عندهم الشعور بالنقص عن غيرهم فانخرطوا في السلوكيات المنحرفة والأخلاقيات الرذيلة.

ولقد أصبح التحصيل الدراسي يمثل أهمية كبرى في الحصول على مقاعد دراسية في الجامعات،كما أنه ذو أهمية بالغة في الحصول على الوظائف والمراكز العليا، كما تكمن أهمية التحصيل الدراسي في بناء شخصية الفرد بناء قويا بحيث يكون على علم بما يتكلم به وعلى علم بما يقوم به من أعمال؛ فيقل الخطأ ويكثر الصواب وتتقدم الأمة بتقدم تحصيل أبنائها.

ولقد ظل الاهتمام بالتحصيل الدراسي مركزا ـ لفترات طويلة ـ على القدرات العقلية للطالب دون النظر لجوانب أخرى تؤثر ـ كذلك ـ على التحصيل الدراسي وذلك وفق اعتقاد أن الجوانب العقلية تعتبر المؤثر الوحيد على مستوى تحصيل الطالب، وأن أي تقدم أو تأخر في المستوى الدراسي يعود إلى قدرات الطالب العقلية، ثم ظهر من تناول الجوانب النفسية والاجتماعية للطالب باعتبارها مؤثرات لها علاقة ارتباطية بالتحصيل الدراسي.

وفي هذا البحث يريد الباحث أن يتناول مؤثرا آخر على التحصيل الدراسي

ويحاول تجلية أثره من خلال الإجابة على السؤال التالي: هل توجد علاقة ارتباطية بين التحصيل الدراسي والقيم الإسلامية التربوية؟ سؤال ينتظر الإجابة!!.

تعرف مشكلة الدراسة بأنها:(وجود الباحث أمام تساؤلات أو غموض مع وجود رغبة لديه في الوصول إلى الحقيقة)[1].

ومن ثم فإن هذه الدراسة تريد الوصول إلى إجابة عن الأسئلة التالية:

1. هل توجد علاقة ارتباطية موجبة بين التحصيل الدراسي و القيم التربوية الإسلامية في المحور الأول: القيم التي ينبغي أن يلتزم بها الطالب مع نفسه؟

2. هل توجد علاقة ارتباطية موجبة بين التحصيل الدراسي والقيم التربوية الإسلامية في المحور الثاني: القيم التي ينبغي أن يلتزم بها الطالب مع معلمه؟.

3. هل توجد علاقة ارتباطية موجبة بين التحصيل الدراسي والقيم التربوية الإسلامية في المحور الثالث: القيم التي ينبغي أن يلتزم بها الطالب مع زملائه؟.

4. هل توجد علاقة ارتباطية موجبة بين التحصيل الدراسي والقيم التربوية الإسلامية في المحور الرابع: القيم التي ينبغي أن يلتزم بها الطالب نحو المؤسسات التعليمية؟

5. هل توجد فروق ذات دلالة إحصائية بين الطلاب المتفوقين والطلاب المتأخرين دراسيا (الضعاف) في المحور الأول: القيم التي ينبغي أن يلتزم بها الطالب مع نفسه؟.

6. هل توجد فروق ذات دلالة إحصائية بين الطلاب المتفوقين والطلاب المتأخرين دراسيا (الضعاف) في المحور الثاني: القيم التي ينبغي أن يلتزم بها الطالب نحو معلمه؟.

7. هل توجد فروق ذات دلالة إحصائية بين الطلاب المتفوقين والطلاب المتأخرين دراسيا (الضعاف) في المحور الثالث:القيم التي ينبغي أن يلتزم بها الطالب

---

(1) عبد الرحمن عدس وآخران : البحث العلمي ، مفهومه/ أدواته/ أساليبه ـ دار اسامة للنشر والتوزيع ط2005م ـ ص (81).

نحو زملائه؟.

8. هل توجد فروق ذات دلالة إحصائية بين الطلاب المتفوقين والطلاب المتأخرين دراسيا (الضعاف) في المحور الرابع: القيم التي ينبغي أن يلتزم بها الطالب نحو مؤسساته التعليمية؟.

## ثانيا۔ فروض الدراسة

يعرف الفرض بأنه: عبارة عن تخمين او استنتاج ذكي يتوصل إليه الباحث، ويتمسك به بشكل مؤقت؛ فهو أشبه برأي الباحث المبدئي تجاه المشكلة[1].

وقد حدد الباحث عدة فروض لهذه الدراسة:

1: الفرض الأول:توجد علاقة ارتباطية موجبة بين التحصيل الدراسي و القيم التربوية الإسلامية في المحور الأول: القيم التي ينبغي أن يلتزم بها الطالب مع نفسه.

2: الفرض الثاني:توجد علاقة ارتباطية موجبة بين التحصيل الدراسي والقيم التربوية الإسلامية في المحور الثاني: القيم التي ينبغي أن يلتزم بها الطالب مع معلمه.

3: الفرض الثالث:توجد علاقة ارتباطية موجبة بين التحصيل الدراسي والقيم التربوية الإسلامية في المحور الثالث: القيم التي ينبغي أن يلتزم بها الطالب مع زملائه.

4: الفرض الرابع: توجد علاقة ارتباطية موجبة بين التحصيل الدراسي والقيم التربوية الإسلامية في المحور الرابع: القيم التي ينبغي أن يلتزم بها الطالب نحو المؤسسات التعليمية.

5:الفرض الخامس: توجد فروق ذات دلالة إحصائية بين الطلاب المتفوقين والطلاب المتأخرين دراسيا (الضعاف) في المحور الأول: القيم التي ينبغي أن يلتزم بها الطالب مع نفسه. لصالح الطلاب المتفوقين.

6:الفرض السادس: توجد فروق ذات دلالة إحصائية بين الطلاب المتفوقين والطلاب المتأخرين دراسيا (الضعاف) في المحور الثاني: القيم التي ينبغي أن يلتزم بها الطالب نحو معلمه. لصالح الطلاب المتفوقين.

---

(1)    المرجع السابق ص(115).

7: الفرض السابع: توجد فروق ذات دلالة إحصائية بين الطلاب المتفوقين والطلاب المتأخرين دراسيا (الضعاف) في المحور الثالث: القيم التي ينبغي أن يلتزم بها الطالب نحو زملائه. لصالح الطلاب المتفوقين.

8:الفرض الثامن: توجد فروق ذات دلالة إحصائية بين الطلاب المتفوقين والطلاب المتأخرين دراسيا (الضعاف) في المحور الرابع: القيم التي ينبغي أن يلتزم بها الطالب نحو مؤسساته التعليمية. لصالح الطلاب المتفوقين.

## ثالثا ـ أهداف الدراسة

تتناول هذه الدراسة موضوع التحصيل الدراسي وعلاقته بالقيم الإسلامية التربوية لدى عينـة من طلاب المرحلة الثانوية بمدينة الرياض. بهدف التوصل إلى الأهداف الآتية:

أولا: الكشف عن العلاقة بين التحصيل الدراسي والقيم الإسلامية التربوية من خلال المحاور التالية:

1:التحصيل الدراسي وعلاقته بالقيم التي ينبغي أن يلتزم بها الطالب مع نفسه.

2:التحصيل الدراسي وعلاقته بالقيم التي ينبغي أن يلتزم بها الطالب مع معلمه.

3:التحصيل الدراسي وعلاقته بالقيم التي ينبغي أن يلتزم بها الطالب مع زملائه.

4:التحصيـل الـدراسي وعلاقتـه بـالقيم التي ينبغـي أن يلتزم بهـا الطالـب مـع المؤسسـات التعليمية.

ثانيا: كما تحاول الدراسة الكشف عن الفروق ذات الدلالة الإحصائية بين الطلاب المتفوقين والطلاب المتأخرين دراسيا في التزامهم بالقيم الإسلامية التربوية من خلال المحاور الآتية:

1:القيم التي ينبغي أن يلتزم بها الطالب مع نفسه.

2:القيم التي ينبغي أن يلتزم بها الطالب مع معلمه.

3:القيم التي ينبغي أن يلتزم بها الطالب مع زملائه.

4:القيم التي ينبغي أن يلتزم بها الطالب مع المؤسسات التعليمية.

ثالثا: التعرف على مفهوم التحصيل الدراسي والعوامل المؤثرة فيه.

رابعا: التعرف على مفهوم القيم الإسلامية التربوية وخصائصها.

خامسا: ما هي الأساليب التي يمكن استخدامها في تنمية القيم الإسلامية التربوية لـدى الطلاب؟.

سادسا: إبراز دور المؤسسات والمحاضن العلمية والتربوية في بناء وتنمية القيم الإسلامية التربوية.

# رابعا- مصطلحات الدراسة

التحصيل الدراسي هو: إنجاز تعليمي للمادة، ويعني بلوغ مستوى معين من تحصيل المعلومات والقيام بالمهارات المطلوبة ويحدد ذلك اختبارات مقننة أو تقارير المعلمين أو الاثنين معا.

القيم هي: كل ما أمر به الله تعالى ورسوله، وما اعتقده الفرد ـ بما لا يتعارض مع القرآن والسنة ـ والتي ترتكز على الإيمان بالله تعالى، والتي تفضي ـ بمن تمسك وعمل بها إلى النجاح في الدنيا والفوز برضا الله تعالى في الآخرة،والنجاة من عقابه.

**التربية هي:** تنمية الإنسان في الجانب الروحي،والعقلي والمعرفي، والانفعالي العاطفي، والسلوكي والأخلاقي، والاجتماعي، في إطار الإيمان بالله وتوحيده،أملا في الوصول بالإنسان إلى الكمال، ضمن مجتمع متضامن قائم على قيم ثابتة.

القيم التربوية هي: تلك المفاهيم والمعتقدات والمعاني التي يولد بها الإنسان بموجبها ولادة ربانية، ويعيش بها ـ وبما اكتسبه ـ في طاعة الله، والتي تحكم سلوكه وتوجهه إلى تنفيذ ما أمر الله تعالى به ورسوله، وإلى ترك ما نهى الله عنه ورسوله.

## خامسا ـ أهمية الدراسة

تكمن أهمية هذه الدراسة في تناولها لموضوع التحصيل الدراسي الذي أصبح مطلبا مهما للحصول على المقاعد الدراسية في الجامعة، وللحصول على الوظائف والمراكز العليا، كما أنه يعمل على بناء الإنسان بناء علميا وثقافيا ويحقق له التوافق النفسي بين أفراد مجتمعه.

وتأخذ هذه الدراسة أهمية كبيرة كونها جاءت في وقت تعاني منه كثير من المجتمعات من مشكلات أمنية نتيجة انحطاط المستوى الدراسي، وقلة التحصيل وتسرب كثير من الطلاب من الدراسة، مما نتج عنه كثير من التفجيرات والعمليات الإرهابية التي أودت بحياة كثير من الشرفاء الأبرياء.

وتكمن أهمية هذه الدراسة في تعلقها بموضوع مهم جدا وهو القيم الإسلامية التربوية التي أوصى الله تعالى بها في آيات كثيرة من كتابه الحكيم حيث قال تعالى:﴿فَاسْتَقِمْ كَمَا أُمِرْتَ وَمَنْ تَابَ مَعَكَ وَلا تَطْغَوْا إِنَّهُ بِمَا تَعْمَلُونَ بَصِيرٌ﴾[1]،وقال تعالى:﴿ خُذْ العَفْوَ وَأْمُرْ بِالعُرْفِ وَأَعْرِضْ عَنْ الجَاهِلِينَ﴾[2]، وقال تعالى:﴿يَا بُنَيَّ أَقِمْ الصَّلاةَ وَأْمُرْ بِالمَعْرُوفِ وَانْهَ عَنْ المُنكَرِ وَاصْبِرْ عَلَى مَا أَصَابَكَ إِنَّ ذَلِكَ مِنْ عَزْمِ الأُمُورِ (17) وَلا تُصَعِّرْ خَدَّكَ لِلنَّاسِ وَلا تَمْشِ فِي الأَرْضِ مَرَحا إِنَّ اللَّهَ لا يُحِبُّ كُلَّ مُخْتَالٍ فَخُورٍ (18) وَاقْصِدْ فِي مَشْيِكَ وَاغْضُضْ مِنْ صَوْتِكَ إِنَّ أَنكَرَ الأَصْوَاتِ لَصَوْتُ الحَمِيرِ(19)﴾[3]،ويقول تعالى ﴿وَتَعَاوَنُوا عَلَى البِرِّ وَالتَّقْوَى وَلا تَعَاوَنُوا عَلَى الإِثْمِ وَالعُدْوَانِ وَاتَّقُوا اللَّهَ إِنَّ اللَّهَ شَدِيدُ العِقَابِ (2)﴾[4]

(1) سورة هود الآية (112).
(2) سورة الأعراف الآية (119).
(3) سورة لقمان الآيات من (17-19).
(4) سورة المائدة الآية (2).

وأوصى النبي صلى الـلـه عليه وسلم بهذه القيم فقال صلى الـلـه عليه وسلم : ((إنما بعثت لأتمم صالح الأخلاق))[1].

وقال صلى الـلـه عليه وسلم : ((الإيمان بضع وستون أو بضع وسبعون شعبة أعلاها قول: لا إله إلا الـلـه، وأدناها إماطة الأذى عن الطريق والحياء شعبة من الإيمان ))[2].

ولا شك أن العناية والاهتمام بالقيم هو اهتمام بتربية الفرد من كل جوانبه وذلك للعلاقة الوثيقة بين القيم الإسلامية والمتغيرات الأخرى كالصحة النفسية والتحصيل الدراسي وغيرهما، وقد أصاب من قال: إن التربية في جوهرها عملية قيمية ما دام هدفها تنمية الفرد والجماعة على مستويات نحو الأفضل عن طريق الاكتمال والنضج والتهذيب والتثقيف المستمر المتواصل[3].

ويمكن القول بأن: هذه الدراسة تظهر أهميتها كونها جمعت بين متغيرين أساسيين هما: التحصيل الدراسي و القيم الإسلامية التربوية؛ أي أنها جمعت بين التربية والتعليم. كما أنها أول دراسة تجمع بين والتحصيل الدراسي والقيم الإسلامية التربوية؛[حيث لم يعثر الباحث خلال استقصائه للدراسات السابقة على دراسة تناولت هذا الموضوع وجمعت بين هذين المتغيرين].

وتكتسب هذه الدراسة أهمية من حيث ارتباطها بمرحلة دراسية مهمة وهي مرحلة التعليم الثانوي، التي يكون الطالب فيها في حاجة شديدة إلى إشباع حاجاته النفسية، وإلى من ينمي فيه القيم حتى يشعر بذاته، ويتعرف على قدرات،ولما لهذه المرحلة من تغيرات عقلية وانفعالية واجتماعية؛ فإن الحاجة إلى تنمية القيم تكون ضرورية في هذه المرحلة الحرجة.

ومن الجانب العملي: فإن هذه الدراسة يمكن أن تسهم ـ بإذن الـلـه تعالى ـ في البرامج الإرشادية الوقائية من الوقوع في المشكلات السلوكية؛ لتمسك الطلاب بتلك

---

(1) رواه أحمد (8729).
(2) رواه مسلم (35) والترمذي (2614) والنسائي (5004) وأبو داود (4676) واحمد (29097).
(3) لطفي بركات أحمد ـ القيم والتربية ـ دار المريخ ـ الرياض ط 1403هـ ص (33).

القيم حيث تكون رادعا داخليا عن الوقوع في المشكلات. كما تسهم في علاج المشكلات المتعلقة بالتأخر الدراسي.

ويأمل الباحث أن تسهم هذه الدراسة في الاهتمام بموضوع التحصيل الدراسي والقيم الإسلامية دراسة وتطبيقا على مستوى الفرد والمجتمع، وأن تنال استحسان المؤسسات التعليمية والتربوية، وأن تكون منارا ـ بإذن الله تعالى ـ لكل من يقوم على تربية الشباب وتنمية قيمهم.

## سادسا: حدود الدراسة

تتمثل حدود هذه الدراسة فيما يلي:

**أولا: عينة الدراسة:**

اقتصرت عينة الدراسة على طلاب مدارس ثانوية أهلية وحكومية بمنطقة الرياض،وذلك لإدراكهم مفهوم القيم الإسلامية التربوية وأهمية الموضوع، وتحقيق الانسجام بين أفراد العينة، والتوصل إلى نتائج موضوعية واضحة،وقد بلغ عدد العينة 500 طالبا من طلاب القسم الثانوي، من الصف الأول والثاني والثالث الثانوي،تم اختبارهم بشكل عشوائي، وكان متوسط أعمارهم 17 سنة.

والجدول الآتي يوضح أعداد أفراد العينة:

| م | الصف | العدد | النسبة |
|---|---|---|---|
| 1 | **الأول الثانوي** | 170 | %34 |
| 2 | **الثاني الثانوي** | 160 | %32 |
| 3 | **الثالث الثانوي** | 170 | %34 |

والشكل التالي يوضح نسب توزيع العينة

**شكل ( ) يوضح أعداد أفراد العينـة**

يلاحظ من الشكل السابق تقارب نسبة أعداد أفراد عينة البحث مما يعزز الأثر الإيجابي لهذه الدراسة.

**ثانيا- الحدود الزمانية:** تم تطبيق هذه الدراسة - بحمد الله وتوفيقه - على العينة خلال الفصل الدراسي الثاني من العام الدراسي 1428- 1429هـ / 2008 -2009م.

## سابعا: منهج الدراسة

استخدم الباحث المنهج الوصفي الذي يقوم على: (وصف الظاهرة وجمع معلومات دقيقة عنها، والتعبير عنها كيفيا وكميا؛ فالتغير الكيفي يصف الظاهرة ويوضح خصائصها، والتغير الكمي يعطينا وصفا رقميا يوضح مقدار هذه الظاهرة، أو حجمها ودرجة ارتباطها مع الظواهر المختلفة الأخرى)[1].

ويؤكد الباحثون على أن المنهج الوصفي لا يقتصر على وصف الظاهرة وجمع المعلومات والبانات عنها بل لابد من تصنيف هذه المعلومات وتنظيمها والتعبير عنها كما وكيفا؛ بحيث يؤدي ذلك إلى الوصول إلى فهمٍ لعلاقات هذه الظاهرة مع غيرها من الظواهر.

وإن هدف تنظيم المعلومات وتصنيفها هو مساعدة الباحث على الوصول إلى استناجات وتعميميات تساعدنا في تطوير الواقع الذي ندرسه[2].

وللإجابة على أسئلة البحث، وتحقيق أهدافه استخدم الباحث منهج البحث الوصفي المسحي التحليلي نظرا لأهميته في معرفة الحقائق التفصيلية عن واقع الظاهرة المدروسة، مما يمكن الباحث من تقديم الوصف الشامل، والتشخيص الدقيق لذلك الواقع.

والباحث يتبع هذا المنهج باعتباره المنهج العلمي الذي يتلاءم مع طبيعة البحث، حيث يستهدف الكشف عن العلاقة بين التحصيل الدراسي والقيم الإسلامية التربوية باستخدام المسح لجمع البيانات، مع تحليل المعلومات للتوصل الى استنتاجات تُبنى عليها، وهذا المنهج يحقق ذلك بجمعه بين وصف الواقع وفهمه وتطويره.

---

(1) عبد الرحمن عدس وآخران ـ البحث العلمي، مفهومه/ أدواته/ أساليبه ـ دار اسامة للنشر والتوزيع ط2005م ـ ص (247)

(2) المرجع السابق ص (248).

## المبحث الثاني: الدراسات السابقة

حيث إن هذه الدراسة تتعلق بالتحصيل الـدراسي وعلاقتـه بـالقيم الإسلامية التربوية فقد حاول الباحث أن يستقصي كثيرا من الدراسـات التـي تناولت التحصيل الـدراسي وعلاقتـه ببعض المتغيرات وكـذلك الدراسـات التـي تناولت القيم وعلاقتها ببعض المتغيرات.وقـد تـم تقسيـم الدراسات إلى قسمين:

أولا: دراسات تناولت التحصيل الدراسي وعلاقته ببعض المتغيرات.

ثانيا: دراسات تناولت القيم وعلاقتها ببعض المتغيرات.

**أولا: دراسات تناولت التحصيل الدراسي وعلاقته ببعض المتغيرات:**

**1ـ دراسة: أمان أحمد محمود 1973م [1]**

| | |
|---|---|
| اسم الباحث: | أمان أحمد محمود. |
| عنوان الدراسة: | مشكلات الشباب وأثرها على التحصيل الدراسي في التعليم الثانوي. |
| سنة الدراسة: | 1973م. |
| أهداف الدراسة: | هــدفت الدراسـة إلى التعـرف عـلى العلاقـة بـين مشكلات الطـلاب والتحصيل الدراسي. |
| عينة الدراسة: | اختيرت العينة بطريقة عشوائية قوامها 200 طالب من المرحلة الثانوية، تراوحت أعمارهم بين 15 ـ 18 سنة. |
| أدوات الدراسة: | استخدم الباحث الأدوات التالية: |

1ـ استفتاء المركز القومي للبحوث الاجتماعية والجنائية بالقاهرة.

2ـ درجات الطلاب في التحصيل من سجلات امتحانات

---

(1) أمان أحمد محمود : مشكلات الشباب وأثرها على التحصيل الدراسي في التعليم الثانوي ، رسالة ماجستير غير منشورة ، كلية التربية ، جامعة عين شمس (1973م).

نهاية العام.

3ـ اختبـارات موضوعية للحصـول عـلى درجـة موضوعية في العلـوم الطبيعية.

نتائج الدراسة:    من أهم النتائج:

1ـ المشكلات المؤثرة على الطالب هي مشكلات وقت الفراغ،وأقـل تلـك المشكلات هي المشكلة الصحية.

2ـ العلاقة بين مشكلات الشبـاب والتحصيـل الـدراسي علاقـة ارتباطيـة سالبة؛ بمعنى أنه كلما زادت المشكلات قل التحصيل،والعكس صحيح.


## 2ـ دراسة: إسماعيل 1976م [1]

اسم الباحث:    نبيه إبراهيم إسماعيل.

عنوان الدراسة:    دراسة للعلاقة بين التفوق العقلي وبعض القيم الشخصية والاجتماعية.

سنة الدراسة:    1976م.

أهداف الدراسة:    الوصول إلى إجابة على الأسئلة الآتية:

1ـ هل توجد فروق ذات دلالـة إحصائية بـين درجـات المتفوقـين عقليا ودرجات العاديين في الاختبار الذي يقيس القيم الشخصية؟.

2ـ هل توجد فروق ذات دلالـة إحصائية بـين درجـات المتفوقـين عقليا ودرجات العاديين في الاختبار الذي يقيس القيم الاجتماعية؟.

عينة الدراسة:    95طالبا من تلاميذ الصف الأول بمدرسة شبرا الثانوية مـنهم 47 متفوقا و48 عاديا.


---

(1)    ـ نبيه إبراهيم إسماعيل: دراسة للعلاقة بـين التفوق العقلي وبعـض القيـم الشخصيـة والاجتماعيـة، رسالة ماجستير غير منشورة ـ كلية التربية ، جامعة عين شمس 1976م.

أدوات الدراسة: استخدم الباحث الأدوات التالية:

1ـ اختبار كاتل للذكاء إعداد: أ.د: أحمد عبد العزيز سلامة وأ.د: عبد السلام عبد الغفار.

2ـ اختبار القيم الشخصية إعداد: أ.د: عبد السلام عبد الغفار.

3ـ اختبار القيم الاجتماعية إعداد: أ.د: عبد السلام عبد الغفار.

4ـ استمارة المستوى الاقتصادي والاجتماعي، من تصميم الباحث.

نتائج الدراسة: 1ـ أثبتت الدراسة أن هناك فروقا ذات دلالة إحصائية بين المتفوقين والعاديين في القيم الشخصية؛ حيث تميز المتفوقون عن العاديين بارتفاع مستوى القيم الآتية: الإنجاز، الحسم، وضوح الهدف.

وتميز العاديون عن المتفوقين في القيمة العلمية وقيمة التنوع، ولم تظهر فروق في قيمة التنظيم.

2ـ أن هناك فروقا ذات دلالة إحصائية بين المتفوقين والعاديين في القيم الاجتماعية؛ حيث تميز المتفوقون عن العاديين في المسايرة والاستقلال ومساعدة الآخرين، وتميز العاديون عن المتفوقين في المساندة والتقدير، ولم تظهر فروق في قيمة القيادة.

## 3: دراسة: إبراهيم عبد الخالق رؤوف 1978م [1].

اسم الباحث: إبراهيم عبد الخالق رؤوف.

عنوان الدراسة: العلاقة بين بعض المتغيرات النفسية والتحصيل الدراسي في المرحلة الثانوية.

سنة الدراسة: 1978م.

---

(1) إبراهيم عبد الخالق رؤوف: العلاقة بين بعض المتغيرات النفسية والتحصيل الدراسي في المرحلة الثانوي.، رسالة ماجستير غير منشورة ، كلية التربية جامعة بغداد، 1978م.

أهداف الدراسة: 1: التعرف على الفروق بين تحصيل الطلاب ذوي الميل المرتفع وتحصيل الطلاب ذوي الميل المنخفض نحو المواد الدراسية.

2: التعرف على الفروق بين تحصيل الطلاب ذوي الميل المرتفع وتحصيل الطلاب ذوي الميل المنخفض نحو المدرس.

3: التعرف على العلاقة بين التحصيل المرتفع للطلاب وبين مستوى طموحهم.

4: التعرف على العلاقة بين التحصيل المنخفض للطلاب وبين مستوى طموحهم.

عينة الدراسة: 402طالبا (201 متفوقا و201 متأخرا)

أدوات الدراسة: 1: استبيان لقياس ميل الطالب نحو المادة الدراسية ومدرس تلك المادة.

2: استبيان مستوى الطموح: من إعداد عبد الوهاب العيسى.

نتائج الدراسة: 1: هناك علاقة إيجابية مرتفعة ذات دلالة إحصائية بين مستوى الطموح والتحصيل المرتفع.

2: هناك علاقة إيجابية منخفضة ذات دلالة إحصائية بين تحصيل الطلاب ذوي التحصيل المنخفض ومستوى طموحهم.

3: لا توجد فروق ذات دلالة إحصائية بين مستوى طموح الطلبة ذوي التحصيل المرتفع، وطموح الطلبة ذوي التحصيل المنخفض.

**4: دراسة: محمد فرج الصالحي1982م [1].**

اسم الباحث: محمد فرج الصالحي.

عنوان الدراسة: العلاقة بين متغيرات مستوى الطموح والتحصيل والمستوى

---

(1) محمد فرج الصالحي: العلاقة بين متغيرات مستوى الطموح والتحصيل والمستوى الاقتصادي الإجتماعي عند طلبة المرحلة الثانوية في الأردن،، رسالة ماجستير غير منشورة، كلية التربية ، الجامعة الأردنية ، 1982م .

الاقتصادي الاجتماعي عند طلبة المرحلة الثانوية في الأردن.

| | |
|---|---|
| سنة الدراسة: | 1982م. |
| أهداف الدراسة: | 1: التعرف على العلاقة بين مستوى الطموح والتحصيل والمستوى الاقتصادي والاجتماعي عند الطلاب. |
| عينة الدراسة: | 1002طالبا وطالبة من طلبة الصف الثالث الثانوي بفرعيه العلمي والأدبي. 518 طالبا و 484طالبة. |
| أدوات الدراسة: | 1: استبيان مستوى الطموح من إعداد عبد الوهاب العيسى. |
| | 2: استمارة المستوى الاجتماعي والاقتصادي للبيئة الأردنية. |
| نتائج الدراسة: | 1: وجود علاقة إيجابية ذات دلالة إحصائية بين مستوى الطموح والتحصيل الدراسي لدى الطالبات. |

## 5ـ دراسة: محمد عطا محمود حسين 1987م[1].

| | |
|---|---|
| اسم الباحث: | محمد عطا محمود حسين. |
| عنوان الدراسة: | دراسة مقارنة في بعض سمات الشخصية للمتفوقين والمتأخرين تحصيليا. دراسة ميدانية. |
| سنة الدراسة: | 1978م. |
| أهداف الدراسة: | هدفت الدراسة إلى التعرف على أهم السمات التي تميز بها المتفوقون وكذلك أهم سمات المتأخرين تحصيليا. |
| | 2ـ كما هدف الباحث إلى الإجابة على السؤال التالي: هل توجد فروق ذات دلالة إحصائية بين متوسط درجات الطلاب المتفوقين تحصيليا والمتأخرين تحصيليا من حيث التوافق الدراسي، الأسري، النفسيـ الاجتماعي، العام؟. |
| عينة الدراسة: | 213طالبا من طلاب الصف الأول الثانوي؛ من أربع مدارس |

---

(1)    محمد عطا محمود حسين : دراسة مقارنة في بعض سمات الشخصية للمتفوقين والمتأخرين تحصيليا. دراسة ميدانية. رسالة دكتوراة غير منشورة ، كلية الآداب ، جامعة عين شمس (1978م).

ثانوية في مدينة الرياض؛ بواقع 113متفوقا و100طالب متأخر.

| أدوات الدراسة: | استخدم الباحث الأدوات التالية: |

1ـ استبيان مستوى الطموح.أ.د: كاميليا عبد الفتاح.

2ـ اختبار الذكاء العالي: أ.د: السيد خيري.

3ـ مقياس الاستجابات المتطرف أ.د: مصطفى سويف.

4:استفتاء الشخصية للمرحلتين الإعدادية والثانوية أ.د: غنيم وأ.د:عبد الغفار.

5:اختبار التوافق للطلبة في المرحلة الثانوية، من إعداد الباحث.

6:اختبار مفهوم الذات المدرسي: إعداد الباحث.

نتائج الدراسة: توصلت الدراسة إلى:وجود فروق ذات دلالة إحصائية بين متوسط درجات الطلاب المتفوقين تحصيليا والمتأخرين تحصيليا مـن حيـث التوافق الدراسي، الأسري، النفسي، الاجتماعي، العام.

## 6ـ دراسة:دراسة الدسوقي 1984م [1]

| اسم الباحث: | محمد أحمد الدسوقي |
| عنوان الدراسة: | العلاقة بين الحاجات النفسية والتحصيل الدراسي لدى طلاب الجامعة. |
| سنة الدراسة: | 1984م. |
| أهداف الدراسة: | التعرف على العلاقة بين الحاجات النفسية لطلاب الجامعة وتحصيلهم الدراسي،وهل تتغير هذه العلاقة بتغير الجنس؟، |

(1)  محمد أحمد الدسوقي: العلاقة بين الحاجات النفسية والتحصيل الدراسي لدى طلاب الجامعة ، رسالة التربية ، العدد الثالث ص(165).

وهـل للـذكاء تـأثير عـلى العلاقـة بـين الحاجـات النفسية والتحصيل الدراسي؟.

| | |
|---|---|
| عينة الدراسة: | 350 طالبـا وطالبـة (200طالبـا و 150 طالبـة)مـن طـلاب كليـة التربية،جامعة الزقازيق من طلاب السنة الثالثة تخصص علمي. |
| أدوات الدراسة: | استخدم الباحث الأدوات التالية: |

1ـ مقياس التفضيل الشخصي ـ مـن وضع إدواردز ونقله إلى العربيـة جابر عبد الحميد، ويشمل المقياس على خمسة عشر متغيرا تقوم عـلى قائمة الحاجـات الأساسـية التي اقترحها هـنري مـوري، وهـي (الحاجـة للتحصيل، الخضوع، النظام، الاستعراض، الاستقلال، التـواد، التأمـل الذاتي، المعاضدة، السـيطرة، لـوم الـذات، العطف، التغيـير، التحمـل، العدوان).

2ـ اختبار القدرات العقلية الأولية: من إعداد أحمد زكي أبو صالح، وويشتمل هذا الاختبار على أربع اختبارات فرعية هي: اختبار معـاني الكلمات، اختبار الإدراك المكاني، اختبار التفكير، اختبار العدد.

3ـ استخدم الباحث الدرجة الكلية التي حصل عليها الطـلاب نهاية العام الدراسي.

| | |
|---|---|
| نتائج الدراسة: | 1ـ توجد علاقـة ذات دلالة إحصائية موجبـة بـين (الحاجـة للتحصيل، النظام، التحمل) والتحصيل الدراسي. |

2ـ توجد علاقة موجبة دالة إحصائيا بين العوامل الشخصية والتحصيل الدراسي.

3ـ يوجد ارتباط سالب بين لوم الذات والتحصيل الدراسي عند الطالبات الأقل تحصيلا على حين أنه يرتبط ارتباطا موجبا مع التحصيل الـدراسي عند الطالبات المرتفعات

التحصيل والمتوسطات التحصيل الدراسي.

7ـ دراسة: الزهراني 1409هـ - 1988م [1].

| | |
|---|---|
| اسم الباحث: | أحمد خميس بن سعيد الزهراني. |
| عنوان الدراسة: | علاقة مفهوم الـذات ووجهة الضبط بالتحصيل الـدراسي لطـلاب الثانويات المطورة في المنطقة الغربية من المملكة العربية السعودية. |
| سنة الدراسة: | 1409م. |
| أهداف الدراسة: | 1ـ التعـرف عـلى مـا إذا كـان هنـاك فـروق ذات دلالـة إحصائية في التحصيل الدراسي بين ذوي وجهة الضبط الداخلي وذوي وجهة الضبط الخارجي. |
| عينة الدراسة: | بلغـت عينـة الدراسـة 565 طالبـا سـعوديا، تراوحـت أعمارهـم بـين 15و24سنة. |
| نتائج الدراسة: | 1ـ وجدت علاقة موجبة بـين وجهة الضبط والتحصيل الـدراسي؛ مـما يشير إلى أن التوجه الداخلي للضبط يرتبط بارتفاع مستوى التحصيل، والتوجه الخارجي يرتبط بالانخفاض فيه، ويتفق هـذا الأمـر مـع أكثر الدراسات التي بحثت العلاقة بين المتغرين، كما تتفق مـع توجهـات نظريات التعلم التي أكدت على وجود علاقة بـين التحصيل الـدراسي ومتغيرات الشخصية والتي تعتبر وجهة الضبط إحداها. |

---

(1) انظر: محمد بن معجب الحامد: التحصيل الدراسي، دراساته، نظرياته، واقعه، والعوامل المؤثرة فيه. الـدار الصولتية للتربية ص(89).

45

**8ـ دراسة:دراسة سامية بن لادن. 1989م** [1]

اسم الباحث: سامية محمد عوض بن لادن.

عنوان الدراسة: العلاقة بين التحصيل الدراسي وبعض سمات الشخصية لدى طالبات الصف الثاني الثانوي في مدينة الرياض.

سنة الدراسة:: 1989م.

أهداف الدراسة: تهدف الدراسة إلى بحث العلاقة بين التحصيل الدراسي وبعض سمات الشخصية لدى طالبات الصف الثاني الثانوي في مدينة الرياض.

كما هدفت الدراسة إلى الكشف عن الفروق المحتملة في بعض سمات الشخصية بين الطالبات المتفوقات دراسيا والمتأخرات دراسيا في كل من التخصصين العلمي والأدبي من جهة، وإلى التعرف على الفروق في مستوى الطموح بين طالبات التخصص العلمي والتخصص الأدبي من جهة ثانية.

عينة الدراسة: تكونت عينة الدراسة من (496) طالبة منهن (248) طالبة من التخصص العلمي و(248) طالبة من التخصص الأدبي.

أدوات الدراسة: استخدت الباحثة لقياس سمات الشخصية الأدوات التالية:

1ـ استفتاء الشخصية للمرحلتين الإعدادية والثانوية لكاتل، وقد قننه على البيئة المصرية سيد غنيم وعبد السلام عبد الغفار، ويشتمل على المتغيرات التالية: الاجتماعية مقابل الانعزال، الذكاء المرتفع مقابل الذكاء المنخفض، الاتزان الانفعالي مقابل عدم الاتزان الانفعالي، الانطلاق مقابل التبلد، السيطرة مقابل الخضوع، الغير الجاد مقابل الجاد، قوة

(1) سامية محمد عوض بن لادن، العلاقة بين التحصيل الدراسي وبعض سمات الشخصية لدى طالبات الصف الثاني الثانوي في مدينة الرياض ، بحث مقدم كمتطلب جزئي للحصول على درجة الماجستير في علم النفس، كلية التربية للبنات بالرياض. 1410هـ ـ 1989م.

الأنا الأعلى مقابل ضعف الأنا الأعلى، المخاطرة والإقدام مقابل الخجل والإحجام، الخيالية مقابل الواقعية، الفردية مقابل حب العمل الجماعي، الميل للشعور بالإثم مقابل الثقة بالنفس، الاكتفاء الذاتي مقابل العتماد على الجماعة، قوة التكوين العاطفي نحو الذات مقابل ضعف التكوين العاطفي نحو الذات، قوة التوتر الدافعي مقابل ضعف التوتر الدافعي.

2ـ استبيان مستوى الطموح إعداد كاميليا عبد الفتاح، وقد اشتمل على المتغيرات التالية:

ـ النظرة للحياة، الاتجاه نحو التفوق، تحديد الأهداف، الخطط، الميل إلى الكفاح، تحمل المسؤلية والاعتماد على النفس، المثابرة، الرضا بالوضع الحاضر.

3ـ دجات التحصيل الدراسي: وقد تم الحصول عليها من مجموع درجات كل طالبة من أفراد العينة في جميع المواد الدراسية، ثم حساب متوسط درجات كل طالبة بحيث يعتبر هذا المتوسط مقياسا لتحصيل درجة الطالبة في جميع المواد الدراسية.

**9: دراسة الطحان 1990م**[1]

نتائج الدراسة

1ـ وجود ارتباط موجب بين التحصيل الدراسي وكل من الذكاء والاتزان الانفعالي وقوة الأنا والواقعية والثقة بالنفس، والاكتفاء الذاتي.

2ـ وجد ارتباط موجب بين التحصيل الدراسي ومستوى الطموح.

(1) محمد خالد الطحان . العلاقة بين مفهوم الذات وكل من التحصيل الدراسي والتوافق النفسي ـ لدى عينة من طالبات جامعة الإمارات العربية المتحدة .- مجلة كلية التربية - جامعة الإمارات .- س 5 ، ع 5 ( مارس 1990 ).- ص ص( 243 - 292 ).

| | |
|---|---|
| أهداف الدراسة: | 1: العلاقة بين مفهوم الذات وكل من التحصيل الدراسي والتوافق النفسي لدى طالبات الجامعة. |
| | 2: التعرف على الفروق بين مفهوم الذات لكل من ذوات التحصيل المرتفع وذوات التحصيل المنخفض. |
| | 3: التعرف مدى دلالة الفروق في مستوى التوافق بين ذوات التحصيل المرتفع وذوات التحصيل المنخفض. |
| عينة البحث | 1009 طالبة من طالبات كلية التربية في جامعة الإمارات العربية المتحدة تم اختيارهن من بين طالبات السنة الثانية والثالثة والرابعة في ضوء مستوى التحصيل الدراسي. |
| أدوات الدراسة: | 1: مقياس مفهوم الذات من تصميم موسى جبريل. |
| | 2: المعدل التراكمي كمحك لخيار الطالبات وفق مستوى التحصيل الدراسي. |
| نتائج الدراسة: | 1: وجود علاقة ارتباطية دالة بين مفهوم الذات الكلي والتحصيل الدراسي، وكذلك بين كل من الجانب العقلي والانفعالي من مفوم الذات والتحصيل الدراسي. |
| | 2: وجود علاقة ارتباطية دالة بين مفهوم الذات وأنواع التوافق النفسي- والتوافق العام. |
| | 3: وجود فروق نوعية بين في مستوى مفهوم الذات العام وأبعاده المختلفة بين كل من ذوات التحصيل المرتفع وذوات التحصيل المنخفض. |
| | 4: وجود فروق ذات دلالة إحصائية في مستوى التوافق النفسي بأبعاده المختلفة بين ذوات التحصيل المرتفع وذوات التحصيل المنخفض. |

### 10: دراسة دسوقي 1991م[1].

اسم الباحث: إنشراح محمد دسوقي.

عنوان الدراسة: التحصيل الدراسي وعلاقته بكل من مفهوم الذات والتوافق النفسي

سنة الدراسة: 1991م.

أهداف الدراسة: 1: الكشف عن طبيعة العلاقة بين التفوق الدراسي وبين مفاهيم الذات: الجسمية والاجتماعية والأخلاقية و الانفعالية.كما يقسمها اختبار تنسي لمفهوم الذات لدى الطالبات السعوديات.

2: الكشف عن طبيعة العلاقة بين التفوق الدراسي وبين التوافق الدراسي بأبعاده.

3: الكشف عن العلاقات السابقة لدى مجموعة الطالبات والطلبة المصريين.

عينة الدراسة العينة السعودية: 36طالبة من المجموعة المتفوقة،32 طالبة من مجموعات غير متفوقة.

العينة المصرية: تكونت من 20 طالبا وطالبة من الطلاب المتفوقين؛ منهم 8 من الطلاب المتفوقين و12 طالبة.

مجموعة غير المتفوقين تكونت من 10 طلاب و10 طالبات.

أدوات الدراسة: 1: اختبار تنس لمفهوم الذات. قام بترجمته: صفوت فرج وسهيركامل.

2: اختبار بل للتوافق.قام بترجمته للعربية عثمان محمد نجاتي

نتائج الدراسة: 1: وجود فروق ذات دلالة إحصائية بين المجموعة المتفوقة والمجموعة الغير متفوقة من السعوديات في الذات الأخلاقية

---

(1) إنشراح محمد دسوقي ، التحصيل الدراسي وعلاقته بكل من مفهوم الذات والتوافق النفسي- ، دراسة مقارنة - مجلة علم النفس الصادرة عن الهيئة المصرية العامة للكتاب - السنة الخامسة - العدد العشرون 1991م.

لصالح المجموعة المتفوقة.

2: لم توجد فروق ذات دلالة بين المجموعة المتفوقة والمجموعة الغير متفوقة من السعوديات في الذات الجسمية والذات الاجتماعية والذات العصابية.

أما فيما يخص نتائج التوافق عند العينة السعودية فقد اتضح ما يلي:

1: وجود فروق دالة إحصائيا بين المجموعة المتفوقة والمجموعة الغير متفوقـة في التوافـق الأسـري والصـحي والانفعـالي لصـالح المجموعة المتفوقة.

أما عند العينة المصرية فهي كالتالي:

1: لا توجد فروق دالة إحصائيا بين المجموعة المتفوقة والمجموعة غير المتفوقة في أي من مفاهيم الذات المختلفة

عدم وجود فروق دالة إحصائيا بين المجموعة المتفوقة والمجموعـة غير المتفوقة إلا في التوافق الأسري لصالح المجموعة المتفوقة.


11ـ دراسة:الطواب 1992م [1].

| | |
|---|---|
| اسم الباحث | سيد محمود الطواب. |
| عنوان الدراسة: | قلق الامتحان والذكاء والمستوى الدراسي وعلاقتها بالتحصيل الأكاديمي لطلاب الجامعة من الجنسين. |
| سنة الدراسة: | 1992م. |
| أهداف الدراسة: | هدفت الدراسة إلى: |

1ـ كشف طبيعة العلاقة بين قلق الامتحان والتحصيل

_____

(1) سيد محمود الطواب : قلـق الامتحـان والـذكاء والمسـتوى الـدراسي وعلاقتها بالتحصـيل الأكـاديمي لطلاب الجامعة من الجنسين، مجلة العلوم الاجتماعية ، م 20 العدد الثالث /الرابع 1992م ص (149).

الدراسي عند طلاب وطالبات الجامعة،

2ـ وكذلك فهم العلاقة بين المتغيرين في ضوء بعض المتغيرات المهمة الأخرى والتي تدخل في خدود هذا البحث؛ مثل: الذكاء، الجنس، المستوى الدراسي المقيدين فيه.

3ـ الكشف عن الفروق الجنسية بين طلاب وطالبات الجامعة في درجات قلق الامتحان، وكذلك معرفة الفروق في تأثير قلق الامتحان في التحصيل الدراسي عند كل من الجنسين.

عينة الدراسة: اشتملت الدراسة على (400) منهم (200) طالب و (200) طالبة من طلاب وطالبات جامعة الإمارات العربية المتحدة.

أدوات الدراسة: 1ـ استخدم الباحث مقياس قلق الامتحان من إعداد spielberger وزملائه نقلته للعربية ليلى عبد الحميد عبد الحافظ.

2ـ كما استخدم في قياس الذكاء اختبار الذكاء المصور من إعداد: أحمد زكي صالح.

نتائج الدراسة: 1ـ توجد فروق دالة إحصائيا بين الجنسين في دجات قلق الامتحان؛ أي أن درجات قلق الامتحان عن الطالبات أعلى منه عند الطلاب، وأرجع الباحث سبب هذه النتيجة إلى التنشئة الاجتماعية التي يمر بها الطلاب والطالبات من خلال مراحل حياتهم المختلفة.

2ـ لا توجد فروق دالة إحصائيا بين منوسطات درجات قلق الامتحان في المستويات الدراسية الأربعة بشكل عام، ماعدا الفروق الدالة إحصائيا بين متوسطات قلق الامتحان في المستوى الأول مقارنة مع متوسط درجات المستوى الرابع، وأرجع الباحث السبب في ذلك إلى أن المواقف التعليمية بما فيها من متطلبات وخاصة عند طلاب الجامعة يقوي وينمي قلق الامتحان عند كل من الطلاب والطالبات.

51

3ـ لكل من الجنس وقلق الامتحان والتفاعل بينها أثر دال على المعدل التراكمي.

4ـ وجود علاقة عكسية بين درجات قلق الامتحان والتحصيل الدراسي؛ أي أن الزيادة في أحد المتغيرين يرتبط بالنقص في المتغير الآخر؛ فكلما زاد مستوى القلق قل التحصيل الأكاديمي، والعكس صحيح، وينطبق هذا على العينة الكلية من الطلاب والطالبات.

5ـ بقاء أثر قلق الاختبار واضحا على التحصيل الأكاديمي حتى بعد استبعاد أو ضبط عامل الذكاء والمستوى الدراسي لدى الطلاب والطالبات.

**12ـ دراسة: العرابي 1995م[1]**

اسم الباحث: حكمت العرابي.

عنوان الدراسة: علاقة التحصيل الدراسي للطالبة الجامعية السعودية ببعض المتغيرات الأسرية. دراسة ميدانية.

سنة الدراسة: 1995م.

أهداف الدراسة: تهدف الدراسة إلى:

1ـ معرفة العلاقة بين بعض المتغيرات الأسرية وبين استقرار الطالبة الجامعية السعودية الذاتي وتحصيلها الأكاديمي.

وشملت المتغيرات المركزالاجتماعي والاقتصادي للأسرة، ونمط المعيشة، وطريقة العلاقات بين أفرادها والاستقرار الأسري.

عينة الدراسة: تكونت العينة من (453 طالبة) من بين الطالبات المنتظمات في

---

(1) حكمت العرابي، علاقة التحصيل الدراسي للطالبة الجامعية السعودية ببعض المتغيرات الأسرية. دراسة ميدانية. مجلة جامعة الملك سعود ، م7، العلوم التربوية والدراسات الإسلامية (1) ص 133ـ 162 ، (1415هـ / 1995م).

المستويين الثاني والثالث مـن جميـع الكليـات في جامعـة الملـك سـعود بالرياض.

أدوات الدراسة: 1ـ الاستبانة: وقد صممتها الباحثة على أساس ثلاثة محاور هي: المتغيرات الأسرية ـ الاستقرار الأسري ـ التحصيل الدراسي للطالبة.

نتائج الدراسة: 1ـ العوامل الاجتماعية مترابطة فيما بينها ولا تعمل كـل واحـدة بعيـدة عن الأخرى.

2ـ تأثير العوامل الاقتصادية والاجتماعية الأسرية على تحصيل الطالبة ليس تأثيرا مبـاشرا؛ بـل يتوقـف علـى مـدى تحدثـه هـذه العوامـل مـن استقرار أو عدم استقرار في محيط الأسرة.

3ـ لا توجد علاقة قوية بين المتغيرات الخاصة بالوالدين أو الفتـاة وبـين درجـة التحصيل الـدراسي فيـما عـدا المتغير الخـاص بتعليـم الوالـدين والمتغير الخاص بعدد زوجات ومطلقات الوالد.

4ـ توجد علاقة قويـة بيـن درجـة الاستقرار الأسري ومستوى التحصيل الدراسي.

5ـ يرتبط التحصيل بمتغيرات أسرية أخرى وبدرجات متفاوتة إلا أن هذه الارتباطات ليست دالة إحصائيا، ومن هذه المتغيرات الحياة الاجتماعيـة للطالبة ومحل إقامتها، وعدد الأبناء في الأسرة.

13ـ دراسة الحامد:1995م [1] .

اسم الباحث: محمد بن معجب الحامد.

_____

(1) محمد معجب الحامد، " العوامل المؤثرة في دافعية الإنجاز الدراسي"، مجلة جامعـة الإمام محمـد بـن سـعود الإسلامية، 14، ( الرياض: عمادة البحث العلمي 1995م)،

| | |
|---|---|
| عنوان الدراسة: | العوامل المؤثرة في دافعية الإنجاز الدراسي. |
| سنة الدراسة: | 1995م. |
| أهداف الدراسة: | هدفت الدراسة إلى التعرف على طبيعة وواقع دافعية الإنجاز الدراسي لطلاب جامعة الإمام محمد بن سعود الإسلامية. |
| | 2: التعرف على المتغيرات التي يمكنها التنبؤ بدافعية الإنجاز الدراسي لقدرتها على تفسير التباين في الدافعية بدلالة إحصائية. |
| عينة الدراسة | 229 طالبا. |
| أدوات الدراسة: | 1: مقياس دافعية الإنجاز الدراسي من بناء وتقنين وتطبيق الباحث. |
| | 2: مقياس المستوى الاجتماعي والاقتصادي. من بناء وتقنين وتطبيق الباحث. |
| | 3: استبانة المعلومات الذاتية. من إعداد الباحث. |
| نتائج الدراسة: | 1: لا يوجد ارتباط دال إحصائيا بين العمر ودافعية الإنجاز. |
| | 2: لا يوجد ارتباط دال إحصائيا بين مستوى تعليم الأب الإنجاز. |
| | 3: لا يوجد ارتباط دال إحصائيا بين المستوى الاجتماعي والاقتصادي والإنجاز التعليمي. |
| | 4: لاتوجد فروق دالة إحصائيا في متوسطات دافعية الإنجاز بين المتزوجين وغير المتزوجين. |
| | 5: لا يوجد علاقة بين عدد أفراد الأسرة الواحدة ودافعية الإنجاز. |
| | 6: لا يؤثر نوع الكلية على دافعية الإنجاز. |
| | 7: لا توجد فروق دالة إحصائيا بين متوسطات دافعية الإنجاز ونوع التخصص. |

14ـ دراسة: الزهراني 1418هـ -1997م [1].

| | |
|---|---|
| اسم الباحث: | عيسى بن علي عيسى الزهراني. |
| عنوان الدراسة: | المسؤولية الاجتماعية وعلاقتها بالتوافق الدراسي والتحصيل الأكاديمي لدى عينة من طلاب جامعة الملك عبد العزيز بجدة. |
| سنة الدراسة: | 1418هـ |

أهداف الدراسة:

1:التعرف على درجة الإحساس يالمسؤولية والتوافق الدراسي والتحصيل الأكاديمي لدى عينة من طلاب الجامعة.

2:الكشف عن العلاقة بين التوافق الدراسي والتحصيل الأكاديمي لدى طلاب الجامعة.

3:معرفة ما إذا كانت هناك فروق ذات دلالة إحصائية في المسؤولية الاجتماعية والتوافق الدراسي بين الطلاب مرتفعي التحصيل، والطلاب منخفضي التحصيل الأكاديمي، وكذلك طلاب الأقسام العلمية وطلاب الأقسام الأدبية.

عينة الدراسة: تكونت عينة الدراسة من (397) من طلاب المستوى الأول والثاني والثالث والرابع من الأقسام العلمية والأقسام الأدبية في جامعة الملك عبد العزيز.

أدوات الدراسة: استخدم الباحث مقياس المسؤولية الاجتماعية لزايد الحارثي.

نتائج الدراسة: توصلت الدراسة إلى النتائج التالية:

1ـ وجود علاقة موجبة بين درجة الإحساس بالمسؤولية والتوافق الدراسي؛ أي أنه كلما ارتفعت درجة الإحساس بالمسؤولية زاد التوافق لدى الطالب.

2ـ وجود ارتباط موجب بين المسؤولية الاجتماعية والتحصيل الأكاديمي.

---

(1)   عيسى بن علي عيسى الزهراني: المسؤولية الاجتماعية وعلاقتها بالتوافق الدراسي والتحصيل الأكاديمي لدى عينة من طلاب جامعة الملك عبد العزيز بجدة. بحث مكمل للماجستير ، جامعة أم القرى ، 1418هـ.

3ـ عدم وجود علاقة دالة إحصائيا بين التوافق الدراسي والتحصيل.

4ـ وجـود فـروق ذات دلالـة إحصائية بـين الطلاب مرتفعـي التحصـيل والطـلاب منخفضي ـ التحصـيل في المسـؤولية الاجتماعيـة لصـالح الطـلاب مرتفعي التحصيل الأكاديمي.

5ـ وجـود فـروق ذات دلالـة إحصائية بـين الطلاب مرتفعـي التحصـيل والطلاب منخفضي التحصيل في التوافق الدراسي لصـالح الطـلاب مرتفعـي التحصيل الأكاديمي.

6ـ وجود فروق ذات دلالة إحصائية بين طـلاب الأقسـام الأدبيـة وطـلاب الأقسام العلمية لصالح طلاب الأقسام الأدبية.

6ـ وجود فروق ذات دلالة إحصائية في المسؤولية الاجتماعيـة بـين طـلاب الأقسام الأدبة وطلاب الأقسام العلمية لصالح طلاب الأقسام الأدبية.

**15: دراسة الحسيني 1998م**[1]

اسم الباحث: نادية السيد الحسيني

عنوان الدراسة: دراسة تنبؤية للعلاقة بين التحصيل الـدراسي وبعـض المتغـيرات المعرفيـة وغير المعرفية في التخصصات المختلفة بكلية التربية النوعية بالقاهرة.

سنة الدراسة: 1998م.

أهداف الدراسة: 1ــ تهـدف الدراسـة إلى تحديـد القيمـة التنبؤيـة للمقـاييس المسـتخدمة بالتحصيل الدراسي وبناء على النتائج يمكن التوصل إلى بطاريـة اختبـارات يمكن أن تساهم إلى جانب الوسائل الأخرى في اختيار الطـلاب الـراغبين في الالتحاق بالتخصصات الموجودة بكلية التربية النوعية.

2ـ الكشف عن الفروق بين التخصصات المختلفة في المتغيرات

(1) نادية السيد الحسيني دراسة تنبؤية للعلاقة بين التحصيل الدراسي وبعض المتغيرات المعرفيـة وغـير المعرفيـة في التخصصات المختلفة بكلية التربية النوعية بالقاهرة. 1998م.

غير المعرفية والمتغيرات المعرفية المستخدمة في الدراسة.

| أدوات الدراسة: | صممت الدراسة لتحديد مدى تنبؤية بعض المتغيرات المستقبلية المتضمنة في: |

1ـ قائمة الشخصية وأبعادها: الحرص، التفكير الأصيل، العلاقات الشخصية، الحيوية.

2ـ اختبار البروفيل الشخصي ـ وأبعاده: السيطرة، المسؤولية، الاتزان الانفعالي، الاجتماعية.

3ـ اختبار المسؤولية الاجتماعية.

4ـ اختبار الأشكال المتضمنة لقياس الأسلوب المعرفي، الاستقلال، الاعتماد على المجال الإدراكي.

5ـ اختبار التفكير الابتكاري لتورانس (صور) وأبعاده: الطلاقة، المرونة، الأصالة، التفاصيل.

6ـ اختبار التفكير الابتكاري لتورانس (كلمات) وأبعاده: الطلاقة، المرونة، الأصالة، التفاصيل.

بالمتغيرات التابعة الآتية:

1ـ التحصيل في المواد التربوية.

2ـ التحصيل في مادة التربية العملية.

3ـ التحصيل في مواد التخصص حسب كل قسم.

4ـ التحصيل العام في جميع المواد التي يدرسها الطالب.

| نتائج الدراسة: | 1ـ أهمية الجوانب غير المعرفية مثل: الحيوية، المسؤولية وتأثيرها على التحصيل الدراسي. |

2ـ ارتباط التحصيل الدراسي بالابتكار.

3ـ أهمية متغيرات الشخصية مثل: التفكير الأصيل وتأثيره على التحصيل الدراسي.

4ـ وجود فروق ذات دلالة إحصائية بين الأقسام الدراسية الخمس في الأسلوب المعرفي، والاستقلال، والاعتماد على المجال الإدراكي لصالح طلاب التربية الفنية.

## ثانيا: دراسات أجنبية تناولت التحصيل الدراسي

**1: دراسة: فوكس FoX1975م[1].**

اسم الباحث: فوكس FoX

عنوان الدراسة: التنبؤ بالعوامل غير العقلية المرتبطة بالنجاح الدراسي لطلاب السنة الأولى بالكلية.

سنة الدراسة: 1975م.

أهداف الدراسة: 1: التعرف على بعض العوامل التي يمكن من خلالها التنبؤ بالتحصيل الدراسي لطلاب السنة الأولى بالكلية.

عينة الدراسة 320 طالبا وطالبة من طلاب وطالبات السنة الأولى في الكلية في انجلترا

أدوات الدراسة: 1: قائمة كاليفورنيا النفسية.

2: درجات التحصيل في آخر العام الدراسي.

نتائج الدراسة: 1: يوجد علاقة ذات دلالة إحصائية بين درجات الطلاب في التحصيل الدراسي والدرجة بالكلية على قائمة كاليفورنيا النفسية بشكل عام.

2: لا توجد علاقة دالة بين التحصيل الدراسي وبين العلاقات الاجتماعية والثبات الانفعالي.

**2: دراسة رول و رينر Rowell and Renner (1975م)[2].**

اسم الباحث: رول و رينر Rowell and Renner

عنوان الدراسة: تقويم نمط الشخصية والتحصيل الدراسي.

---

(1) FoX.j.A.Non- intellective Factors in the Prediction of Academic Success of Urban College Freshmen :Dissertation Abstract international،Vol.36،No.4،1975، PP:2019-2020.

(2) **Rowell، J.، & Renner، V.** (1975). **Personality، mode of** assessment and student achievement. British. Journal of Educational Psychology، 45، 235-236

سنة الدراسة: 1975م.

أهداف الدراسة: 1: التعرف على العلاقة بين سمات الشخصية والتحصيل الدراسي.

عينة الدراسة: 136 طالبا من طلاب الدبلوم منهم 72 من الإناث و64من الذكور.

أدوات الدراسة: 1: قائمة آيزنك للشخصية (الصورة - أ).

2:ثلاثة أساليب للتقييم يختار من بينها كل طالب ما يناسبه، كتابة مقالEssay Work أو اختبار شفوي oral Examination أو اختيار تحريري Formal Written Examination

نتائج الدراسة: 1: هناك علاقة إيجابية بين العصابية والتحصيل الدراسي لدى الطالبات.

2: هناك علاقة إيجابية بين الانطواء والتحصيل الدراسي في المواد النظرية.

3: هناك علاقة إيجابية بين بين الانبساط والتحصيل الدراسي في المواد العلمية.

**3: دراسة: لورنس Lawrence 1976م[1].**

اسم الباحث: لورنس Lawrence

عنوان الدراسة: اتجاهات وسمات شخصية الطلبة اليابانيين من ذوي التحصيل المرتفع والتحصيل المنخفض نحو التحصيل الدراسي.

سنة الدراسة: 1976م.

أهداف الدراسة: 1: التعرف على الفروق في الاتجاه نحو التحصيل الدراسي

---

(1) Lawrence.o.،، Personality Characteristics and Attitudes Toward Achievement among Mainland High Achirving and Underachieving Japanese -American Sanseis،، Journal of Education Psychology Vol .68، No 2.1967.PP 151. 156.

وسمات الشخصية لدى أفراد العينة.

عينة الدراسة: 144طالبا وطالبة بواقع 75طالبا و69طالبة.وهم طلاب أمريكيون يابانيون. وقد قسمت العينة إلى متفوقين ومتأخرين حسب درجات ذكائهم.

أدوات الدراسة: 1: اختبار ذكاء - إعداد لورج ثورنديك Lorge Thorndike

2: استبيان لقياس الاتجاه نحو الدراسة. من إعداد الباحث.

3: استبيان لقياس سمات الشخصية. إعداد جوف وهلبورن.

نتائج الدراسة: 1: توجد فروق ذات دلالة إحصائية بين الطالبات ذوات التحصيل الدراسي المرتفع والطالبات ذوات التحصيل الدراسي المنخفض في الثقة بالنفس والمثابرة ومساعدة الآخرين والسيطرة والاتزان الانفعالي لصالح المتفوقين دراسيا.

**4: دراسة:تيواري وآخرون Tiwari Others 1980م[1].**

عنوان الدراسة: أثر القلق والطموح في التحصيل الدراسي عند المراهقين والمراهقات.

سنة الدراسة: 1980م.

أهداف الدراسة: 1: معرفة العلاقة بين القلق والطموح عند طلاب المرحلة الثانوية.

2: التعرف على الفروق بين الجنسين في مستوى الطموح.

عينة الدراسة: 400 طالب وطالبة بواقع 200طالب و200طالبة.

أدوات الدراسة: 1: مقياس لمستوى الطموح من إعداد الباحث.

2: مقياس القلق إعداد كاتل.

نتائج الدراسة: 1: توجد علاقة إيجابية بين مستوى الطموح والتحصيل الدراسي لدى الطالبات.

**5: دراسة: ديسنت Dessent 1981م[1].**

---

(1)Tiwari،G. and Others The Effect of AnXiety and AsPiration on Academic Achievement of Adolescent Boy and Girls، Journal of Psychology and Education.vol.6،No 1980.PP 35 -38

اسم الباحث: ديسنت Dessent

عنوان الدراسة: سمات الشخصية ومستويات المعرفة والتحصيل الدراسي لطلاب الكلية المتوسطة.

سنة الدراسة: 1981م.

أهداف الدراسة: 1: التعرف على مستويات المعرفة (تصنيف بلوم) وعلاقتها بسمات الشخصية والنجاح الدراسي.

عينة الدراسة: 114طالبا وطالبة ( 56 طالبا و58طالبة).

أدوات الدراسة: 1: استبيان الشخصية أومبيست Ommibust الصورة (ف F) إعداد: هايست Heist.

2: اختبار منتركس Mentrex لتقييم الطلاب في مادة علم النفس. إعداد ليباوLibaw

نتائج الدراسة: 1: هناك علاقة موجبة ذات دلالة إحصائية بين مستويات المعرفة التي كونت اختبار اختبار منتركس Mentrex في مادة المدخل إلى علم النفس وسمة الاكتفاء الذاتي.

2: هناك علاقة موجبة ذات دلالة إحصائية بين مستويات المعرفة الستة وسمة الانطواء.

3: لا توجد علاقة بين مستويات المعرفة وسمة الانبساط والواقعية والتوتر الدافعي.

**6: دراسة: بيكر Baker 1985 م[2].**

اسم الباحث: بيكر Baker

عنوان الدراسة: القيمة التنبؤية للتحصيل الدراسي من خلال الاتجاه والقدرة

---

(1)Dessent-Geller، S. (1981). Personality characteristics، levels of cognition، and academic achievement of junior college students. . Educational Resoyraces in Formation Center U.s.A.

(2) Baker، Dr Predictive Value of Attitude، Cognitive Ability، and Personality to Science Achievement in the Middle School Psychplogical Abstracts Vol 73 No 1 1986 P 266 .

العقلية والشخصية في المرحلة الإعدادية.

| | |
|---|---|
| سنة الدراسة: | 1985 م. |
| أهداف الدراسة: | 1: التعرف على العلاقة بين التحصيل الدراسي والاتجاه نحو المواد العلمية والقدرات العقلية والشخصية لدى طلاب المرحلة الإعدادية. |
| عينة الدراسة: | تكونت من 98 فردا  41طالبا و57طالبة. |
| أدوات الدراسة: | 1: اختبار الاتجاه العلمي Scientific Attitude Inventory |
| | 2: اختبار كيوب المقارن لقياس القدرات العقلية. |
| | 3: درجات القدرة الرياضية. من إعداد الباحث. |
| | 4: اختبار الشخصية العلمية. إعداد مايرز.Myers Type Indicator |
| نتائج الدراسة: | 1: تفوق الطلاب والطالبات الحاصلين على درجات (أ-ب) في المواد العلمية في سمات الشخصية كما يقسمها اختبار ماريز Myers على زملائهم من الطلاب والطالبات الحاصلين على درجات (ج-د). |

## التعليق على نتائج الدرسات التي تناولت موضوع التحصيل الدراسي

بعد أن تناول الباحث مجموعة من الدراسات العربية والأجنبية المتعلقة بالتحصيل الدراسي وعلاقته بغيره من المتغيرات، أراد الباحث أن يناقش هذه الدراسات ويعلق عليها كي يبرز العلاقة بين الدراسات السابقة والدراسة الحالية، وقد قام بمناقشة الدراسات السابقة على النحو التالي:

**أولا: المنهج الذي اتبع في الدراسات السابقة:**

يلاحظ من خلال عرض الدرسات السابقة أن معظمها قد استخدم المنهج الوصفي باعتبار أنه أنسب المناهج في الدراسات التربوية من أجل الوصول إلى نتائج علمية،والباحث يتبع هذا المنهج باعتباره المنهج العلمي الذي يتلاءم مع طبيعة البحث، حيث يستهدف الكشف عن العلاقة بين التحصيل الدراسي والقيم الإسلامية التربوية باستخدام المسح لجمع البيانات، مع تحليل المعلومات للتوصل الى استنتاجات تُبنى عليها، وهذا المنهج يحقق ذلك بجمعه بين وصف الواقع وفهمه وتطويره.

ثانيا: أدوات الدراسة:يلاحظ أن معظم الدراسات قد تناولت التحصيل الدراسي مستخدمة عدة أدوات منها:

1ـ دجات الطلاب:في امتحانات نهاية العام كما في دراسة (أمان أحمد محمود1973م) و(الدسوقي 1984م) و (فوكس1975م Fox) و(سامية بن لادن1989م) والمعدل التراكمي كما في دراسة(الطحان 1990م) ودراسة (بيكر Baker 1985 م).

2:الاختبارات: اختبارات موضوعية:كما في دراسة (أمان أحمد محمود1973م)و (رول رينر Rowell Renner (1975م) أو اختبارات كاتل للذكاء كما في دراسة (نبيه إبراهيم إسماعيل1986م) أو اختبار الذكاء العالي كما في دراسة (محمد عطا 1987م) ولورنس Lawrence 1976م)أو اختبارات القدرات العقلية الأولية كما في دراسة

(الدسوقي 1984م) أو اختبار التفكير الابتكاري كما في دراسة (الحسيني1998م) أو اختبار منتركس Mentrex كما في دراسة (ديسنت Dessent 1981م).

3: المقاييس: مثل: مقياس ميل الطلاب نحو المواد الدراسية كما في دراسة و(إبراهيم عبد الخالق1978م) ومقياس الذكاء (الطواب 1992م).

أما الدراسة الحالية فقد استخدمت الاستبيان للمقارنة بين الطلاب المتفوقين والطلاب المتأخرين دراسيا في مدى التزامهم بالقيم الإسلامية التربوية.

**ثالثا: عينات الدراسة:**

يلاحظ على اختيار العينة أنها كانت مختلفة من حيث طريقة الاختيار ومن حيث الحجم والفئة العمرية والمراحل التعلمية، ويمكن توضيح ذلك وفقا لما يلي:

**1: اختيار العينة:** يلاحظ أن اختيار عينة البحث في الدراسات السابقة. كانت على النحو التالي:

■ عينة منتقاة: كما في دراسة: (نبيه إبراهيم إسماعيل1986م) (محمد عطا 1987م) و الدسوقي 1984م).

■ عينات عشوائية: كما في دراسة: (أمان أحمد محمود1973م) و الزهراني (1409هـ)

■ عينة عشوائية طبقية: كما في دراسة (سامية بن لادن1989م) و (الصالحي 1982م).

ويتفق الباحث مع الدراسات التي استخدمت العينة العشوائية الطبقية حيث كانت عينة الدراسة الحالية من طلاب المرحلة الثانوية من طلاب الصف الأول والثاني والثالث الثانوي.

**2ـ حجم العينة:** من الملاحظ في الدراسات السابقة أن حجم العينة كان متباينا على النحو التالي:

- عينة كبيرة الحجم: مثل دراسة (الطحان 1990م) حيث بلغت العينة 1009 طالبة، وكما في دراسة (الصالحي 1982م) حيث بلغت 1002 طالب وطالبة.

- وتناولت بعض الدراسات عينة متوسطة الحجم كما في دراسة (الزهراني1409هـ) حيث بلغت 565 طالبا، ودراسة (سامية بن لادن1989م) حيث بلغت 496 طالبة، ودراسة (العرابي1995م) حيث بلغت 453 طالبة، ودراسة (إبراهيم عبد الخالق حيث بلغت 1978م) حيث بلغت 402 طالبا، وفي دراسة (الطواب 1992م) بلغ عدد العينة 400 طالبا وطالبة.

- وكان حجم العينة صغيرا في بعض الدراسات كما في دراسة (نبيه إبراهيم إسماعيل1986م) حيث بلغت 95 طالبا، وكما في دراسة (أمان أحمد محمود1973م) حيث كانت 200 طالب.

وأما هذه الدراسة فقد كان حجم العينة 500 طالب من طلاب المرحلة الثانوية.وكلما زاد حجم العينة أمكن الاطمئنان إلى النتائج التي تسفر عنها الدراسة.

3: **الفئات العمرية**:تراوحت أعمار العينة بين 15 ـ 24 سنة.

4: **المرحلة التعليمية**:تناولت الدراسات السابقة المرحلة الثانوية والجامعية، وقدركزت على المرحلة الثانوية، كما اهتمت بتوحيد الصفوف التعليمية للعينة. والدراسة الحالية تتفق مع معظم الدراسات التي تناولت المرحلة الثانوية بصفوفها الثلاثة الأول والثاني والثالث الثانوي.

**رابعا: نتائج الدراسات:**

يتضح من خلال عرض نتائج الدراسات السابقة أن هناك نقاط اتفاق فيما بينها:كالآتي:

اتفقت معظم الدراسات على أن هناك علاقة ارتباطية موجبة بين التحصيل الدراسي وبعض المتغيرات مثل الطموح، والاتزان العاطفي والثقة بالنفس وغيرها من المتغيرات.

كما اتفقت معظم الدراسات على أن هناك فروقا ذات دلالة إحصائية بين الطلاب المتفوقين والمتأخرين دراسيا في القيم الاجتماعية والشخصية لصالح الطلاب المتفوقين.

إلا أنه لم يسبق أن أجريت دراسات سابقة عربية أو أجنبية تناولت العلاقة بين التحصيل الدراسي والقيم الإسلامية التربوية، ومن هنا فإن الحاجة ملحة لتناول هذا الموضوع.

تناولت هذه الدراسات التحصيل الدراسي ومتغيراته وتوصلت إلى نتائج لها أثر كبير على التحصيل الدراسي من حيث:

أولا: المتغيرات الإيجابية: وتمثلت في:

1: التوافق الدراسي والأسري: يساعد على التحصيل الدراسي كما في دراسة (محمد عطا محمود1987م) والعرابي (1995م)، إلا أن إحدى الدراسات أظهرت أنه لا توجد علاقة بين التوافق والتحصيل (عيسى الزهراني 1418هـ).

2: التحصيل والحاجات: كلما زادت الحاجة إلى التحصيل وإلى النظام كلما زاد التحصيل الدراسي فالعلاقة بينهما موجبة (الدسوقي 1984م).

3: سمات الشخصية: كما أن لسمات الشخصية أثرا واضحا على التحصيل الدراسي؛ فكلما كانت الدافعية قوية وتوفر الثقة بالنفس أدى ذلك إلى زيادة التحصيل الدراسي (سامية بن لادن 1989م).

4: وكلما زاد تعليم الوالدين زاد التحصيل الدراسي؛ فالعلاقة بينهما طردية (العرابي 1995 م).

5: وكان للضبط الداخلي أثر كبير في زيادة التحصيل الدراسي (الزهراني 1409هـ).

وأما الدراسة الحالية فتحاول أن تبين العلاقة بين التحصيل الدراسي والتزام

الطلاب بالقيم الإسلامية التربوية باعتبارها من المتغيرات الإيجابية التي لها علاقة بالتحصيل الدراسي.

ثانيا: المتغيرات السلبية: وتمثلت في:

1: التحصيل والمشكلات: أظهرت العلاقة بين التحصيل الدراسي ومشكلات الشباب، بمعنى أنه كلما زادت المشكلات قل التحصيل (أمان 1973م).

2: وكان لقلق الامتحان الأثر الكبير في التحصيل الدراسي، حيث كلما زاد القلق قل التحصيل (الطواب 1992م).

3:ويؤثر عدد زوجات ومطلقات الأب على التحصيل تاثيرا سلبيا (العرابي1995م).

## ثالثا: دراسات تناولت القيم وعلاقتها ببعض المتغيرات

### 1ـ دراسة: محمد الشيخ 1980م - 1401هـ[1]

اسم الباحث: محمد محمد مصطفى الشيخ.

عنوان الدراسة: القيم وعلاقتها بالتوافق النفسي لدى طلاب جامعة الأزهر.

سنة الدراسة:: 1980م.

أهداف الدراسة: 1: هدفت الدراسة إلى الكشف عن القيم وأهمتها الفرد.

2: هل توجد علاقة بين التزام الفرد بالقيم الدينية وتحقيق التوافق النفسي؟.

عينة الدراسة: بلغت العينة 480 طالبا من طلاب جامعة الأزهر.

أدوات الدراسة: استخدم الباحث الأدوات التالية:

1: مقياس القيم. من إعداد الباحث.

2: اختبار كاليفورنيا للشخصية لقياس التوافق النفسي.

نتائج الدراسة: توصل الباحث إلى النتائج التالية:

1: وجد الباحث أن القيم الدينية لها أولوية لدى عينة الدراسة، وهي أكثر ارتباطا إيجابيا وذو دلالة إحصائية بالتوافق النفسي قياسا بالقيم الأخرى.

### 2ـ دراسة: بشير حاج التوم 1402هـ[2]

اسم الباحث: بشير حاج التوم.

عنوان الدراسة: تدريس القيم الخلقية.

سنة الدراسة: 1402هـ

أهداف الدراسة: تهدف الدراسة إلى وضع تصور لتدريس القيم الخلقية في مدرسة

---

(1) محمد محمد مصطفى الشيخ: القيم وعلاقتها بالتوافق النفسي لدى طلاب جامعة الأزهر. رسالة دكتوراه غير منشورة ، كلية التربية ، جامعة الأزهر 1980م

(2) بشير حاج التوم : تدريس القيم الخلقية ـ الطبعة الأولى ـ جامعة أم القرى ، مركز البحوث التربوية والنفسية ، مكة المكرمة 1403هـ

المجتمع الإسلامي وذلك من خلال المدرسة.

| | |
|---|---|
| نتائج الدراسة: | وتوصل الباحث إلى: |

1: أن التربية الخلقية لا تؤتي ثمارها مؤسسات المجتمع إلا في ظل العقيدة الصحيحة التي توجه الحياه كلها، وأن المجتمع لا بد أن يقوم على عقيدة التوحيد التي توجه النظم الخلقية والتربوية والاجتماعية والاقتصادية والسياسية.

2: إن طبيعة الأخلاق الإسلامية تستمد من القرآن الكريم والسنة النبوية المطهرة، وتقوم على ثلاثة أسس: هي الحرية والمسؤولية والاستطاعة.

3: إن تدريس الأخلاق في المدرسة يقوم على ثلاثة أسس هي: تقديم المبادئ والمقاييس الخلقية الإسلامية للتلاميذ، وتدريسها من خلال المواد الدراسية، وتهيئة مجالات عملية للتربية الخلقية.

3ـ دراسة: حامد الحربي 1404هـ (1)

| | |
|---|---|
| اسم الباحث: | حامد الحربي. |
| عنوان الدراسة: | مدى تطبيق المدرسة للقيم التربوية المستنبطة من سورة الحجرات. |
| سنة الدراسة: | 1404هـ |
| أهداف الدراسة: | هدفت الدراسة إلى: |

1ـ إبراز القيم الإسلامية التربوية التي وردت في سورة الحجرات.

2ـ هل تقوم المدارس بتطبيق القيم الإسلامية التربوية المستنبطة من سورة الحجرات.

| | |
|---|---|
| أدوات الدراسة: | استبانة مؤلفة من 19 فقرة من القيم الإسلامية التربوية المستبطة |

(1) حامد الحربي: مدى تطبيق المدرسة للقيم التربوية المستنبطة من سورة الحجرات، رسالة ماجستير غير منشورة ، كلية التربية جامعة أم القرى ، مكة المكرمة 1404هـ

من سورة الحجرات؛ كالصدق والعدل والحرية والجهاد والشفقة والرحمـة والمسـاواة والقـدوة الحسـنة والمعاملـة الحسـنة وآداب المخاطبـة وقيمـة التثبت من الأخبار.

نتائج الدراسة:     أسفرت الدراسة عن:

1ـ أن المدارس الابتدائية بمكة المكرمة تطبق تلك القيم المستنبطة بصورة مرضية وشكل طيب.

## 4: عبد القادر 1986م - 1407هـ [1]

| | |
|---|---|
| اسم الباحث: | أشرف أحمد عبد القادر. |
| عنوان الدراسة: | القيم الدينية لدى طلاب الجامعة وعلاقتها ببعض سمات الشخصية. |
| سنة الدراسة:: | 1986م. |
| أهداف الدراسة: | هـدفت الدراسـة إلى إيضـاح العلاقـة بـين القيـم الدينيـة وبعـض سمات الشخصية. |
| عينة الدراسة: | تكونت العينة من (500) طالب وطالبة بالفرقة الثالثة من كليات: الآداب، العلوم، التربية بجامعة بنها بمصر. |
| أدوات الدراسة: | استخدم الباحث الأدوات التالية: |

1: استبانة القيم الدينية. من إعداد الباحث.

نتائج الدراسة:     توصل الباحث إلى النتائج التالية:

1: وجود علاقة ارتباطية إيجابية ذات دلالة إحصائية بين القيم الدينيـة وكـل مـن السـمات التاليـة: المسـؤولية، الاتـزان الانفعـالي، السـيطرة، الاجتماعية، التفكير الأصيل، العلاقات الشخصية الحيوية.

_____

(1)   أشرف أحمد عبد القادر: القيم الدينية لدى طلاب الجامعة وعلاقتها ببعض سمات الشخصية. 1986م

**5: دراسة: المهاجري 1409هـ**[1]

اسم الباحث: فاطمة عبد اللـه عبد الخالق المهاجري.

عنوان الدراسة: السلوك الديني في الإسلام وعلاقته بمفهوم الذات لدى طالبات جامعة أم القرى.

سنة الدراسة:: 1409هـ

أهداف الدراسة: هدفت الدراسة إلى الكشف عن السلوك الديني وأهميته للفرد.

كما هدفت إلى الكشف عن علاقة السلوك الديني بمفهوم الذات لدى طلاب جامعة الأزهر.

عينة الدراسة: طبقت الدراسة على (520) طالبة من المستويات: الثاني والثالث والرابع من جميع كليات جامعة أم القرى، متوسط أعمارهم 22سنة.

أدوات الدراسة: استخدت الباحثة الأدوات التالية:

1: مقياس مفهوم الذات. إعداد: محمود منسي، 1986م.

2ـ مقياس السلوك الديني بين الواقع والمثالية. من إعداد الباحث.

نتائج الدراسة: توصلت الباحثة إلى النتائج التالي:

1: توجد فروق ذات دلالة إحصائية بن الطالبات الأكثر التزاما بالسلوك الديني والأقل التزاما في مفهوم الذات لصالح المجموعة الأولى.

2: يوجد ارتباط موجب ذو دلالة إحصائية بين النزوع إلى السلوك الديني المثالي والسلوك الديني الواقعي لدى عينة الدراسة.

---

(1) فاطمة عبد اللـه عبد الخالق المهاجري: السلوك الديني في الإسلام وعلاقته بمفهوم الذات لدى طالبات جامعة أم القرى ، رسالة ماجستير غير منشورة ، 1409هـ

6: دراسة حسن 1990م -1411هـ [1]

| | |
|---|---|
| اسم الباحث: | حسن علي حسن. |
| عنوان الدراسة: | الدين ودافعية الإنجاز. دراسة نفسية مقارنة لمستوى دافعية الإنجاز. |
| سنة الدراسة:: | 1990م. |
| أهداف الدراسة: | هدفت الدراسة إلى الكشف عن أثر الدين في تحقيق الدافعية للإنجاز. |
| عينة الدراسة: | تكونت العينة من 132 طالبا وطالبة من أقسام الفلسفة وعلم النفس والاجتماع في جامعة المنيا. منهم (85) مسلمون و (47)مسيحيون. |
| نتائج الدراسة: | توصل الباحث إلى النتائج التالية: وجود فروق ذات دلالة إحصائية جوهرية بين المسلمين والمسيحيين لصالح المسلمين فيما يتعلق بالإنجاز كسمة شخصية. |

7:دراسة: دراسة متولي 1411هـ ـ 1990م- [2]

| | |
|---|---|
| اسم الباحث: | عباس إبراهيم متولي. |
| عنوان الدراسة: | المسؤولية الاجتماعية وعلاقتها بالقيم لدى شباب الجامعة. |
| سنة الدراسة:: | 1411هـ ـ 1990م |
| أهداف الدراسة: | هدفت الدراسة إلى بيان العلاقة بين المسؤولية الاجتماعية والقيم |

---

(1) حسن علي حسن: الدين ودافعية الإنجاز . دراسة نفسية مقارنة لمستوى دافعية الإنجاز ، مجلة المسلم المعاصر ، العددان 55و56   ، يناير /فبراير / مارس 1990م .
(2) عباس إبراهيم متولي: المسؤولية الاجتماعية وعلاقتها بالقيم لدى شباب الجامعة ، المؤتمر السنوي السادس لعلم النفس في مصر من 22 ـ 24 يناير 1990م ، الجمعية المصرية للدراسات النفسية ، الجزء الثاني ، ص(815).

لدى شباب الجامعة.

| | |
|---|---|
| عينة الدراسة: | تكونت من 135 طالبا و 200 طالبة من الفرقة الثالثة بكلية التربية بدمياط. |
| أدوات الدراسة: | استخدم الباحث الأدوات التالية: |

1: مقياس المسؤولية الاجتماعية. إعداد: سيد أحمد عثمان.

2: استفتاء القيم. إعداد: حامد زهران وجلال سري.

| | |
|---|---|
| نتائج الدراسة: | توصل الباحث إلى النتائج التالية: |

1: وجود ارتباط موجب ذو دلالة إحصائية بين المسؤلية الاجتماعية والقيم الاجتماعية والدينية لدى عينة الطلاب.

2: وجود ارتباط موجب ذو دلالة إحصائية بين المسؤلية الاجتماعية والقيم الاجتماعية والدينية لدى عينة الطالبات.

3: تصدرت القيم الدينية والاجتماعية نسق القيم لدى الطلاب والطالبات ذوي الإحساس بالمسؤولية الاجتماعية.


## 8ـ دراسة: محمد جازع الشمري 1414هـ [1].

| | |
|---|---|
| اسم الباحث: | محمد جازع الشمري. |
| عنوان الدراسة: | الأخلاقيات الإسلامية وأثرها على العمل. دراسة ميدانية. |
| سنة الدراسة:: | 1414هـ |
| أهداف الدراسة: | هدفت الدراسة إلى بيان أثر التمسك بالأخلاقيات الإسلامية على إنتاج الموظفين. |
| عينة الدراسة: | مجموعة من الموظفين في إحدى الوزارات السعودية. |
| أدوات الدراسة: | استبانة تحتوي على مجموعة من الأسئلة حول الموضوع. من إعداد الباحث. |
| نتائج الدراسة: | توصلت الدراسة إلى النتائج الآتية: |

_____

(1) محمد جازع الشمري: الأخلاقيات الإسلامية وأثرها على العمل. دراسة ميدانية. الرياض ، مطابع التقنية للأوفست ، 1414هـ.

1: إن إيمان الموظف بالمبادئ والأخلاق الإسلامية، وتطبيقه لها يزيد من إنتاجه.

2: إن تمسك الموظف بالمبادئ الإسلامية يؤدي إلى تطوير أسلوبه في العمل.

3: إن احتكاك الموظف بزملائه ـ الذين يضعف لديهم الوازع الديني ـ يضعف من إنتاجه.

4: وجود علاقة عكسية بين العوامل الاجتماعية السيئة والوازع الديني لدى الموظف.

## 9ـ دراسة: سليمان بن علي الدويرعات 1417هـ [1].

| | |
|---|---|
| اسم الباحث: | سليمان بن علي الدويرعات. |
| عنوان الدراسة: | السلوك الأخلاقي وعلاقته بالصحة النفسية من المنظور الإسلامي.دراسة ارتباطية على الطلبة الجامعيين في مدينة الرياض. |
| سنة الدراسة:: | 1417هـ |
| أهداف الدراسة: | هدفت الدراسة إلى الكشف عن علاقة السلوك الأخلاقي بالصحة النفسية. |
| عينة الدراسة: | طبقت على (644) طالبا من طلاب الكليات والجامعات في مدينة الرياض، ومتوسط أعمارهم 18ـ22 سنة. |
| أدوات الدراسة: | 1: مقياس السلوك الأخلاقي، ويتكون من 120 عبارة. |
| | 2: مقياس الصحة النفسية ـ من إعداد الباحث ـ وتكون من |

---

(1)    سليمان بن علي الدويرعات: السلوك الأخلاقي وعلاقته بالصحة النفسية من المنظور الإسلامي.دراسة ارتباطية على الطلبة الجامعيين في مدينة الرياض. رسالة دكتوراه غير منشورة، قسم علم النفس، كلية العلوم الاجتماعية ، جامعة الإمام محمد بن سعود بالرياض، 1417هـ

60 عبارة.

نتائج الدراسة: توصل الباحث إلى النتائج الآتية:

1: توجد علاقة إيجابية بين السلوك الأخلاقي بوجه عام والصحة النفسية بوجه عام.

2: توجد علاقة ارتباطية إيجابية ذات دلالة إحصائية بين درجات الأفراد على جميع فضائل السلوك الأخلاقي والدرجة الكلية، وكذلك جميع أبعاد الصحة النفسية.

**10ـ دراسة: محمد كنعان 1417هـ [1].**

اسم الباحث: محمد كنعان.

عنوان الدراسة: بعض أنماط السلوكيات السائدة عند طلبة المرحلة الأساسية العليا من وجهة نظر معلميهم.

سنة الدراسة: 1417هـ

أهداف الدراسة: هدفت الدراسة إلى الكشف عن بعض أنماط السلوكيات الأخلاقية السائدة عند طلية المرحلة الأساسية العليا من وجهة نظر معلميهم.

عينة الدراسة: اختار الباحث عينة عشوائية بلغت 597 معلما ومعلمة.

أدوات الدراسة: 1ـ استبيان الأنماط السلوكية من إعداد الباحث.

نتائج الدراسة: توصلت الدراسة إلى النتائج التالية:

1ـ هناك تفاوت في درجة ممارسة الطلبة لأنماط السلوكيات الأخلاقية؛ كالتدخين والرغبة في ممارسة الأنشطة الرياضية.

2ـ كان ترتيب أنماط السلوكيات الأخلاقية عند عينة الدراسة كالتالي: أنماط السلوكيات الأخلاقية ذات الصلة بالعقائد والمعتقدات،

---

(1) محمد كنعان : بعض أنماط السلوكيات الأخلاقية السائدة عند طلبة المرحلة الأساسية العليا من وجهة نظر معلميهم ، رسالة ماجستير غير منشورة ، كلية التربية ، الجامعة الأردنية ، عمان، 1417هـ

وبالإدارة المدرسية، وذات الصلة بالأقران، وذات الصالة بالأسرة، وذات الصلة بالتسهيلات المدرسية، وذات الصلة بالمعلمين، وذات الصلة بالمجتمع، ووسائل الإعلام وأنماط السلوكيات النفسية والانفعالية.

3ـ هناك فروق ذات دلالة إحصائية بين متوسطات استجابات المعلمين حول درجة ممارسة أنماط السلوكيات تعزى إلى متغير جنس المدرسة، ولصالح مدارس الذكور، وفي مجالات أنماط السلوكيات ذات الصلة: بالأسرة، والمعلمين والعقائد والمعتقدات والمجتمع ووسائل الإعلام والانفعالية والنفسية، في حين تفوقت مدارس الإناث على مدارس الذكور في مجال أنماط السلوكيات الأخلاقية ذات الصلة بالتسهيلات المدرسية.

4ـ وجود فروق ذات دلالة إحصائية بين متوسطات استجابات المعلمين حول درجة ممارسة أنماط السلوكيات لدى طلاب مدارس القرية والمدينة لصالح طلاب مدارس المدينة.

5ـ عدم وجود فروق ذات دلالة إحصائية في المجموع الكلي لاستجابات المعلمين تعود إلى الخبرة والمؤهل العلمي والتخصصي.

11ـ دراسة: عبد الرحمن الشعوان 1997م ‑ 1418هـ [1].

| | |
|---|---|
| اسم الباحث: | عبد الرحمن الشعوان 1997م. |
| عنوان الدراسة: | القيم وطرق تدريسها في الدراسات الاجتماعية. |
| سنة الدراسة:: | 1997م. |
| أهداف الدراسة: | التعرف على أهم طرق تدريس القيم. |
| أدوات الدراسة: | استعرض الباحث الأدبيات المتعلقة بالموضوع. |

(1)    عبد الرحمن الشعوان : القيم وطرق تدريسها في الدراسات الاجتماعية ، مجلة جامعة الملك سعود ، م9 ، العلوم التربوية والدرسات الإسلامية ، العدد 1 الرياض ، 1997م.

نتائج الدراسة: توصلت الدراسة إلى:

أكثر الطرق شيوعا في تعليم القيم هي:

1: طريقة غرس القيم: ويطلق عليها في بعض الأحيان التعليم المباشر للقيم، وتعتبر القدوة الحسنة أهم أساليب هذه الطريقة، وتمر هذه الطريقة بمرحلتين هما: تحديد القيم المرغوبة، ثم مرحلة تعزيزها.

2: طريقة توضيح القيم: وتهدف إلى توضيح القيم من خلال مساعة التلاميذ على توضيح قيمهم الشخصية في جو يسوده الانفتاح، ويستطيع كل فرد أن يعبر عن رأيه بحريته، ويمكن استخدام لعب الأدوار وفحص القيم بأسلوب تحليلي واستخدام أسلوب المجموعات الصغيرة والمناقشة في هذه الطريقة.

3: التفكير الأخلاقي: وتهدف إلى مساعدة التلاميذ على طرح موضوعات تتضمن العديد من القيم، وتثير اهتمام التلاميذ، وتدفعهم إلى التفكير ومناقشة هذه الموضوعات والوصول إلى قرارات نابعة عن قناعة تدفع التلاميذ إلى تبني ما يكتسبونه من قيم جديدة.

4: تحليل القيم: ويتم التركيز في هذه الطريقة لتدريس القيم على التحليل، وتتلخص الفكرة في فحص السؤال القيمي بشكل دقيق وعدم الاعتماد على اتخاذ مواقف أوتحديد رأي، ثم تبرير ذلك الرأي، كما هو الحال في التفكير الأخلاقي ولكن طريقة تحليل القيم تشجع التلاميذ على تجنب اتخاذ موقف حتى يقوموا بتحليل القيمة.

**12: دراسة: نعمات علوان،2000 م[1].**

اسم الباحث: نعمات علوان.

---

(1) نعمات علوان. القيم الدينية وعلاقتها ببعض سمات الشخصية لدى طلبة الجامعات في محافظات غزة، رسالة دكتوراه غير منشورة، غزة: كلية التربية الحكومية. سنة (2000).

| | |
|---:|---:|
| عنوان الدراسة: | القيم الدينية وعلاقتها ببعض سمات الشخصية لدى طلبة الجامعـات في محافظات غزة |

| | |
|---:|---:|
| سنة الدراسة: | 2000م. |
| أهداف الدراسة: | التعرف على علاقة القيم الدينيـة ببعض سـمات الشخصية لـدى طلبة الجامعات بمحافظات غزة. |
| عينة الدراسة: | أجريت الدراسة على (1193) طالبا وطالبة (625 طالبا، 568 طالبة |
| أدوات الدراسة: | 1: مقياس القيم الدينية. من إعداد الباحث. |
| | 2: اختبار "ت" وكذلك معامل ارتباط بيرسون، وتحليل التباين الأحادي. |
| نتائج الدراسة: | توصلت الدراسة إلى نتائج منها: |

1: أن هناك علاقة ذات دلالة إحصائية بين القيم الدينية وبعض سـمات الشخصية.

2: توجـد فـروق دالـة إحصـائيا بـين الجنسـين في السـمات الأخلاقيـة، والانفعالية والجسـمية، والسـمات الجماليـة لصـالح الإنـاث، ولم توجـد فـروق دالـة إحصائيا بـين الجنسـين في السـمات الاجتماعيـة، والسـمات العقلية.

3: كـما تبـين أنـه لا توجـد فـروق دالـة إحصائيا في السـمات الأخلاقيـة والاجتماعية والعقلية، والجسمية، والجمالية تبعا لمتغير الكلية.

4: وكشف الدراسة أيضا عن عدم وجود فروق ذات دلالة إحصائية بـين طـلاب كـل مـن المسـتوى الأول و الثـاني والثالـث والرابـع في سـماتهم الشخصية.

5: كما لم تظهر الدراسـة فروقـا دالـة إحصائيا بـين الطـلاب في سـماتهم الشخصية تعزى إلى اختلاف المؤسسة الأكاديمية.

6: كما لا توجد فروق ذات دلالة إحصائية في القيم الدينية تعزى إلى متغيرات: الكلية والمستوى الدراسي والمعدلات التراكمية.

7: كما وجد أن هناك فروق بين طلاب الجامعة الإسلامية، جامعة الأزهر، وكلية التربية في القيم الأخلاقية لصالح طلاب الجامعة الإسلامية.

## 13: دراسة: أسامة عطية المزيني، 2001م [1].

| | |
|---|---|
| اسم الباحث: | أسامة عطية المزيني. |
| عنوان الدراسة: | القيم الدينية وعلاقتها بالاتزان الانفعالي ومستوياته لدى طلبة الجامعة الإسلامية بغزة. |
| سنة الدراسة: | 2001م. |
| أهداف الدراسة: | 1: هدفت الدراسة إلى الكشف عن مدى تمسك طلبة الجامعة الإسلامية بغزة بالقيم الدينية ومدى تحليهم بالاتزان الانفعالي. |
| | 2: كما هدفت أيضا إلى الكشف عن العلاقة بين القيم الدينية لدى عينه الدراسة ومستوى الاتزان الانفعالي لديهم. |
| عينة الدراسة: | تكونت عينة الدراسة من إجمالي 255 طالبا وطالبة تم توزيعهم كالتالي: 135طالب، 120 طالبة وهم من المستوى الرابع وهي بواقع 20% من مجتمع الدراسة وقد تم اختيار هذه العينة بشكل عشوائي |

(1) أسامة عطية المزيني :القيم الدينية وعلاقتها بالاتزان الانفعالي ومستوياته لدى طلبة الجامعة الإسلامية بغزة. رسالة ماجستير غير منشورة، قسم علم النفس، كلية التربية، الجامعة الإسلامية. سنة (2001).

| أدوات الدراسة: | 1: تم استخدام استبيان الاتزان الانفعالي |
|---|---|
| | 2: استبيان القيم الدينية. |

نتائج الدراسة: وتبين من نتائج الدراسة أن طلاب وطالبات الجامعة الإسلامية بغزة يتحلون بدرجة عالية من القيم الدينية، والاتزان الانفعالي، كما أن هناك فروقا ذات دلالة إحصائية في درجة التمسك بالقيم الدينية، والاتزان الانفعالي بين طلاب وطالبات الجامعة الإسلامية بغزة وذلك لصالح الطالبات.

14ـ دراسة: عطية بن محمد أحمد الصالح 1424هـ ـ 2002م [1].

اسم الباحث: عطية بن محمد أحمد الصالح.

عنوان الدراسة: تنمية القيم الأخلاقية لدى طلاب مرحلة التعليم الأساسي العليا من وجهة نظر معلمي التربية الإسلامية في المملكة الأردنية الهاشمية.

سنة الدراسة:: 1424هـ ـ 2002م.

أهداف الدراسة: تهدف الدراسة إلى:

1: تحديد القيم الأخلاقية اللازمة لطلاب الصفوف العليا من الصف السابع إلى العاشر من مرحلة التعليم الأساسي، ومدى توفرها في كتب التربية الإسلامية المقررة عليهم، وذلك من خلال تحليل المحتوى من وجهة نظر معلمي التربية الإسلامية.

2: التعرف على مدى اكتساب طلاب الصف العاشر الأساسي لبعض القيم الأخلاقية والعوامل المؤثرة في تنميتها والمشكلات

---

(1) عطية بن محمد أحمد الصالح : تنمية القيم الأخلاقية لدى طلاب مرحلة التعليم الأساسي العليا من وجهة نظر معلمي التربية الإسلامية في المملكة الأردنية الهاشمية ، بحث دكتوراه ، كلية التربية ، جامعة أم القرى بمكة المكرمة 1424هـ 2002م

التي تعوق المدرسة عن تحقيق وظيفتها الخلقية.

3: معرفة ما إذا كانت هناك فروق ذات دلالة إحصائية في محاور الاستبانة تعزى لمتغيرات الدراسة التالي: (جنس المعلم، المؤهل الدراسي، الخبر التعليمية، المدينة)

عينة الدراسة: 304 فردا من معلمي ومعلمات التربية الإسلامية.

أدوات الدراسة: استخدم الباحث الأدوات التالية:

1: استمارة تحليل المحتوى.

2: استبانة تتألف من 139 عبارة.

3: اختبار تحليل التباين الأحادي لتحديد الفروق الإحصائية بين استجابات عينة الدراسة وفقا لمتغيراتها.


**10: دراسة: المالكي:1427هـ -2006م [1]**

اسم الباحث: عبد الرحمن بن عبد الله المالكي.

عنوان الدراسة: العلاقة بين التزام التلاميذ بالسلوك الإسلامي داخل الفصل ومستوى أدائهم في مادة التربية الإسلامية في المرحلة الابتدائية.

سنة الدراسة:: 1427هـ -2006م.

أهداف الدراسة: 1: التعرف على العلاقة بين التزام التلاميذ بالسلوك الإسلامي داخل الفصل ومستوى أدائهم في مادة التربية الإسلامية في المرحلة الابتدائية.

2: التعرف على العلاقة بين التزام التلاميذ بالسلوك الإسلامي داخل الفصل ومستوى آدائهم في مادة التربية الإسلامية في المرحلة الابتدائية بحسب متغيرات الدراسة المستقلة الأربعة (الصف الدراسي، المادة، عدد تلاميذ الفصل، توقيت الحصة).

---

(1) عبد الرحمن عبد الله المالكي: العلاقة بين التزام التلاميذ بالسلوك الإسلامي داخل الفصل ومستوى أدائهم في مادة التربية الإسلامية في المرحلة الابتدائية، رسالة الخليج، مكتب التربية العربي لدول الخليج ع(101) السنة27، 1427هـ -2006م ص(52-53)

| عينة الدراسة: | 242 تلميذا من الصفوف العليا من المرحلة الابتدائية. |
|---|---|
| أدوات الدراسة: | 1: بطاقة الملاحظة من تصميم الباحث. |
| | 2: مقياس الأداء: من تصميم الباحث. |
| نتائج الدراسة: | توصلت الدراسة إلى: |

1: وجـود علاقـة ذات دلالـة إحصائية بـين التـزام التلاميـذ بالسـلوك الإسلامي ومستوى أدائهم في مادة التربية الإسلامية في المرحلة الابتدائية.

2: وجود علاقة ذات دلالة إحصائية بين مجال السلوك القـولي والسلوك الفعلي زمستوى أداء التلاميذ في مادة التربية الإسلامية.

3: عدم اختلاف العلاقة بين التزام التلاميذ بالسلوك الإسلامي

ومستوى أدائهم في مادة التربية الإسلامية بـاختلاف المتغـيرات المسـتقلة الأربعة للدراسة وهي: الصف الدراسي، والمادة، وعدد التلاميذ في الفصل، وتوقيت الحصة.

82

## التعليق على نتائج الدراسات التي تناولت موضوع القيم

بعد أن تناول الباحث مجموعة من الدراسات العربية المتعلقة بالقيم وعلاقتها ببعض المتغيرات، أراد الباحث أن يناقش هذه الدراسات ويعلق عليها كي يبرز العلاقة بين الدراسات السابقة والدراسة الحالية، وقد قام الباحث بمناقشة الدراسات السابقة على النحو التالي:

**أولا: المنهج الذي اتبع في الدراسات السابقة:**

يلاحظ من خلال عرض الدرسات السابقة أن معظمها قد استخدم المنهج الوصفي باعتبار أنه أنسب المناهج في الدراسات التربوية من أجل الوصول إلى نتائج علمية،والباحث يتبع هذا المنهج باعتباره المنهج العلمي الذي يتلاءم مع طبيعة البحث،حيث يستهدف الكشف عن العلاقة بين التحصيل الدراسي والقيم الإسلامية التربوية باستخدام المسح لجمع البيانات، مع تحليل المعلومات للتوصل الى استنتاجات تُبنى عليها، وهذا المنهج يحقق ذلك بجمعه بين وصف الواقع وفهمه وتطويره.

**ثانيا: أدوات الدراسة:**

يلاحظ أن معظم الدراسات قد تناولت التحصيل الدراسي مستخدمة عدة أدوات منها:

1ـ الاستبيان:كما في دراسة (حامد الحربي1404هـ) حيث استخدم استبيان القيم التربوية ودراسة و(عبد القادر 1986م) حيث استخدم استبيان القيم الدينية ودراسة (جازع الشمري1414هـ). و استخدم (كنعان1417هـ) استبيان الأنماط السلوكية. واستخدم (المزيني 2002م) استبيان القيم الدينية واستبيان الاتزان الانفعالي.

2:الاختبارات: كما في دراسة (محمد الشيخ 1980م) حيث استخدم اختبار كاليفورنيا.

3: المقاييس: كما في دراسة (محمد الشيخ 1980م) حيث استخدم مقياس القيم

ودراسة (المهاجري 1409هـ) حيث استخدمت مقياس مفهوم الـذات ومقياس السـلوك الديني، ودراسة (حسن1990م) حيث استخدم مقياس ريتـنج للأحكـام الأخلاقيـة،ومتولي (1990م) استخدم مقياس المسؤولية الاجتماعية. واستخدم (الدويرعات 1417هـ) مقياس السـلوك الأخلاقـي، واستخدمت (نعمات علوان2000م) مقياس القيم الدينية.

أما الدراسة الحالية فقد استخدمت استبيان القيم الإسلامية التربوية ـ من إعداد الباحث ـ للمقارنة بـين الطلاب المتفوقين والطلاب المتأخرين دراسيا في مـدى التـزامهم بـالقيم الإسلامية التربوية.

**ثالثا: عينات الدراسة:**

يلاحظ على اختيار العينة أنها كانت مختلفة من حيث طريقة الاختيار ومـن حيـث الحجـم والمراحل التعلمية، ويمكن توضيح لك وفقا لما يلي:

**1: اختيار العينة:**يلاحظ أن اختيار عينة البحث في الدراسات السابقة. كانت على النحو التالي:

- عينة منتقاة: كما في دراسة: (عبد القادر1986م) (متولي 1990م).

- عينات عشوائية: كما في دراسة: (محمد الشيخ 1980م) و (سليمان الدويرعات1417هـ) و (كنعان1417هـ).

- عينة عشوائية طبقيـة: كـما في دراسـة:(المهـاجري 1409هـ) و(حسـن1990م) و(نعمات علوان200م).

ويتفق الباحث مع الدراسات التي استخدمت العينة العشـوائية الطبقيـة والتـي كانـت مـن طلاب المرحلة الثانوية من طلاب الصف الأول والثاني والثالث الثانوي.

**2ـ حجم العينة:** من الملاحظ في الدراسات السابقة أن حجم العينـة كـان متباينا علـى النحـو التالي:

- تناولت بعض الدراسات عينة كبيرة الحجم: كما في دراسة (كنعان1417هـ) حيث بلغت 597 معلما ومعلمة و (المهاجري 1409هـ) حيث بلغت 520 طالبة.

- وتناولت بعض الدراسات عينة متوسطة الحجم:كما في دراسة (محمد الشيخ 1980م) حيث كانت 400 طالبا و (متولي1990م) حيث بلغت 335 طالبا وطالبة.

- وكان حجم العينة صغيرا في بعض الدراسات: كما في دراسة (حسن1990م). حيث كانت 132 طالب وطالبة. و(المالكي 1427هـ) حيث بلغت 242 تلميذا ودراسة (المزيني 2001) حيث بلغت 255 طالبا وطالبة.

وأما هذه الدراسة فقد كان حجم العينة 500 طالبا من طلاب المرحلة الثانوية.وكلما زاد حجم العينة أمكن الاطمئنان إلى النتائج التي تسفر عنها الدراسة.

**3: المرحلة التعليمية:**تناولت الدراسات السابقة المرحلة الجامعية باستثناء (دراسة المالكي 1427هـ)ـ التي تناولت الصفوف العليا من المرحلة الابتدائية، كما تناولت بعض الدراسات المعلمين والمعلمات، وأما الدراسة الحالية فق تناولت المرحلة الثانوية بصفوفها الثلاثة الأول والثاني والثالث الثانوي.

**رابعا: نتائج الدراسات:**

من خلال عرض الدراسات السابقة يتضح أن القيم الإسلامية التربوية لها علاقة كبيرة بكثير من المتغيرات منها:

1:وجود علاقة ارتباطية موجبة ذات دلالة إحصائية بين القيم والتوافق النفسي كما في دراسة (محمد الشيخ 1401هـ).

2:كما أظهرت الدراسات وجود علاقة ارتباطية موجبة ذات دلالة إحصائية بين القيم وبعض سمات الشخصية كالمسؤولية، والاتزان الانفعالي وغيرها. كما في دراسة (عبد القادر 1407هـ ـ1986م). ودراسة (متولي 1411هـ ـ 1990م)وكما في دراسة (نعمات علوان 2000هـ)و في دراسة (أسامة عطية المزيني 2001م).

85

3: وجود فروق ذات دلالة إحصائية بين الطالبات الأكثر التزاما بالسلوك الديني والأقل التزاما في مفهوم الذات لصالح الطالبات الأكثر التزاما كما في دراسة (المهاجري 1409هـ).

4: كما أظهرت الدراسات أن الدين له أثر كبير في الدافعية للإنجاز، وأن إيمان الفرد بالمبادئ والقيم الإسلامية يزيد من إنتاجه، ويؤدي إلى تطوير أسلوبه في العمل. كما جاء في دراسة (حسن علي حسن 1411هـ ـ 1990م)و دراسة (محمد جازع الشمري 1414هـ)وهذا ما سنستفيد منه في البحث عن علاقة التحصيل الدراسي بالقيم الإسلامية التربوية.

5: وجود ارتباط موجب بين السلوك الأخلاقي والصحة النفسية؛ أي أنه كلما زاد السلوك الأخلاقي ازدات معه الصحة النفسية للفرد.كما في دراسة (سليمان الدويرعات 1417هـ).

6: كما أظهرت الدراسات وجود علاقة ارتباطية موجبة ذات دلالة إحصائية بين التزام التلاميذ بالسلوك الإسلامي ومستوى أدائهم في مادة التربية الإسلامية. كما جاء في دراسة(المالكي1427هـ ـ2006م) وهذا ما سوف نستفيد منه في الدراسة الحالية حيث سيظهر لنا ـ بإذن الله تعالى ـ العلاقة بين التحصيل الدراسي والقيم الإسلامية التربوية.

# الفصل الثاني

# التحصيل الدراسي

- المبحث الأول: مفهوم التحصيل الدراسي

- المبحث الثاني: أهمية التحصيل الدراسي

- المبحث الثالث: العوامل المؤثرة في التحصيل الدراسي

88

الفصل الثاني

التحصيل الدراسي

مفهومه ـ أهميته ـ العوامل المؤثرة فيه

يعتبر التحصيل الدراسي من أهم الموضوعات التربوية التي شغلت كثيرا من الباحثين والمربين؛لذا فقد اختلفت الرؤى في مفهوم التحصيل الدراسي نظرا لارتباطه بكثير من المتغيرات بعضها متغيرات معرفية وبعضها انفعالية ودافعية،ولأهميته في نجاح الطالب ومتابعة مسيرته التعليمية، وتحقيق توافقه النفسي في البيت والمدرسة. (ولقد ارتبط التحصيل الدراسي بمفهوم التعلم المدرسي ارتباطا وثيقا إلا أن التعلم المدرسي أكثر شمولا. فهو يشير إلى التغيرات في الأداء تحت ظروف التدريب والممارسة في المدرسة،كما تتمثل في اكتساب المعلومات والمهارات وطرق التفكير وتغيير الاتجاهات والقيم وتعديل أساليب التوافق، ويشمل النواتج المرغوبة وغير المرغوبة، أما التحصيل الدراسي فهو أكثر اتصالا بالنواتج المرغوبة للتعلم أو الأهداف التربوية) [1].

وفي هذه الدراسة الحالية يعد التحصيل من المتغيرات الأساسية، لذا فسيحاول الباحث عرض تعريفات التحصيل الدراسي ثم الوصول إلى تعريف يتناسب مع طبيعة هذا البحث.

## المبحث الأول: مفهوم التحصيل الدراسي:

التحصيل في اللغة: يعرف التحصيل بأنه:حصل الشيء،يحصل حصولا، والتحصيل تميز ما يحصل،وقد حصلت الشيء تحصيلا،جمع ونحل الشيء: تجمع وثبت، والمحصول الحاصل، وتحصيل الكلام ورده إلى محصول [2].

---

(1) فؤاد أبو حطب: القدرات العقلية : مكتبة الأنجلو المصرية ـالقاهرة (1973م) ص(397 ).

(2) ابن منظور: لسان العرب  ص(654).

والتَّحْصيلُ: تَمْييزُ ما يَحْصُلُ والاسمُ: الحَصيلَةُ. وتَحَصَّلَ: تَجَمَّعَ وثَبَتَ. والمَحْصُولُ: الحاصِلُ[1].

والتَّحْصِيلُ: تَمْييزُ ما يَحْصُل. وقال الراغِبُ: التَّحصيلُ: إخراجُ اللُّبّ مِن القُشُور كإخراج الذَّهب مِن حَجَر المَعْدِن والبُرِّ مِن التِّبْنْ قال اللّـهُ تعالى:﴿وَحُصِّلَ ما في الصُّدُورِ﴾ أي أظْهر ما فيها وجُمِع كإظهار اللُّبِّ مِن القَشْر وجَمْعِه أو كإظهار الحاصِلِ مِن الحِساب. وقال الأزهريُّ: ﴿وحُصِّلَ ما في الصُّدُور﴾: أي بُيِّنَ وقيل: مُيِّز وقيل: جُمِع[2].

حَصَّلَ الشيء تَحْصِيلا و حاصِلُ الشيء و مَحْصُولُه بقيّته و تحصِيلُ الكلام رده إلى محصوله[3].

ويعرف التحصيل الدراسي اصطلاحا: بأنه إنجاز تعليمي أو تحصيل دراسي للمادة،ويعني بلوغ مستوى معين من الكفاية في الدراسة سواء كان في المدرسة أو الجامعة،ويحدد ذلك اختبارات مقننة أو تقارير المعلمين أو الاثنين معا[4].

وعند الخليلي هو: النتيجة النهائية التي تبين مستوى الطالب، ودرجة تقدمه فيما يتوقع منه أن يتعلمه[5].

ويعرفه لطفي فطيم بأنه: مقدار ما يحصله الطالب من خبرات ومهارات في مادة دراسية أو مجموعة مواد مقدرا بالدرجات التي يحصل عليها نتيجة لأداء الاختبارات التحصيلية كما تحدد بالمعدل التراكمي[6].

(1) محمد بن يعقوب الفيروزآبادي : للقاموس المحيط (1272).
(2) تاج العروس: (6978).
(3) مختار الصحاح (167).
(4) عبد المنعم الحفني ، موسوعة علم النفس والتحليل النفسي، ط2، دار العودة، مصر، 1987 ص(11).
(5) خليل يوسف الخليلي، واخرون، تدريس العلوم في مراحل التعليم العام، دبي، 1996 ص(26).
(6) لطفي فطيم ، الاستذكار والتحصيل الدراسي لدى طلاب وطالبات كلية البحرين الجامعية، مجلة العربية للدراسات الاجتماعية، العدد 26، 1989 ص(25).

وفي قاموس التربية وعلم النفس: هو(إنجازعمل ما وإحراز التفوق في مهارة مـا أو مجموعـة من المعلومات)[1].

ويعرفه حامد عبد القادر التحصيل بأنه اكتساب المعارف والمهارات المدرسية بطريقة علمية منظمة[2].

ويعرفه عبد الرحمن العيسوي: بأنه:مقدار المعرفة أو المهارة التي حصل عليها التلاميذ نتيجة التدريب والمرور بخبرات سابقة، وتستخدم كلمة التحصيل ـ غالبا ـ لتشير إلى التحصيل الدراسي أو التعليم أو تحصيل العامل من الدراسات التدريبية التي يلتحق بها[3].

أما صلاح الدين علام فيعرفه: بأنه درجة الاكتساب التي يحققها فرد أومستوى النجـاح الـذي يحرزه أو يصل إليه في مادة دراسية أومجال تعليمي أو تدريبي معين[4].

وترى وجدان الكحيمـي: أن التحصـيل عبـارة عـن النسـبة المئويـة التـي تعبـر عـن مجمـوع الدرجات التي يحصل عليها الطالب في الامتحانات النهائية[5].

أما الثبيتي فيعرف التحصيل الدراسي بأنه: مسـتوى الأداء الـذي يحققه الطالـب في دراسـته، ويقاس بالمجموع العام لجميع المواد المقررة الذي حصل عليه الطالب في امتحان نهاية العام[6].

(1) فريد جويل نجار ، قاموس التربية وعلم النفس، المطابع التعاونية ، بيروت .1981 ص(32).
(2) حامد عبد القادر: دراسات في علم النفس، مكتبة النهضة المصرية، القاهرة ، 1975 ص(368).
(3) عبد الرحمن العيسوي :أصول علم النفس التربوي ، دار المعرفة الجامعية ، الأسكندرية ، 1987م ص(166).
(4) صلاح الدين علام : القياس والتقويم التربوي والنفسيـ أساسياته ، وتطبيقاتـه ، وتوجيهاتـه المعاصـرة ، دار الفكر العربي ، القاهرة ، 1420هـ ص (305).
(5) وجدان الكحيمي : دراسة العلاقة بين مستوى القلق ومستوى التحصيل الدراسي ، طلاب المرحلة الثانوية ، رسـالة ماجستير غير منشورة ، كلية التربية ، جامعة الملك سعود ،1985م ص (9).
(6) إبراهيم سعيد الثبيتي : مفهوم الذات والتحصيل الدراسي والمستوى الاقتصادي والاجتماعي لذوي المشـكلات من طلاب المرحلة الثانوية . رسالة ماجستير غير منشورة ، كلية التربية، جامعة أم القرى، قسـم علـم النـفس ،1989م ص(28).

ويعرفه خير الله يأنه: هومجموع درجات التلميذ في جميع المواد الدراسية[1].

أما زيدان فيرى أن التحصيل الدراسي هو المعرفة والمهارات المكتسبة من قبل التلاميذ نتيجة لدراسة موضوع أو وحدة تعليمية محددة[2].

وقد أثبتت البحوث والدراسات أن مفهوم التحصيل الدراسي لا يعني تنمية سلوك الطالب وإكسابه الثقة بنفسه والقيم والمبادئ فحسب، بل يعني أيضا الكفاية التعليمية التي تنتج من خلال تنفيذ الاستراتيجية العملية التربوية وتحقيق الأهداف المطلوبة لنمو المجتمع.

وعند إبراهيم الكناني" إن التحصيل الدراسي هو كل أداء يقوم به الطالب في الموضوعات المدرسية المختلفة،والذي يمكن إخضاعه للقياس عن طريق درجات اختبار أو تقديرات المدرسين او كليهما معا.."[3]

ومن خلال عرض الدراسات السابقة يرى الباحث أن بعضها قد ركزت على مستوى الأداء الفعلي الذي وصل إليه الفرد، وبعضها تناول الجانب التقويمي للتحصيل، وبعضها قد جمعت بين الجانب التقويمي للتحصيل ومستوى الأداء الفعلي الذي وصل إليه الطالب.

ويرى الباحث أن التحصيل الدراسي هو: ما يحصله المتعلم من علوم مختلفة من خلال دراسته واطلاعه بحيث يظهر أثر هذا التحصيل في النشاطات التي يقوم بها المتعلم أو في الاختبارات المدرسية وتقديرات المعلمين.

(1) سيد خير الله : بحوث نفسية وتربوية، دار النهضة العربية، بيروت 1981م ص (76).
(2) محمد مصطفى زيدان: دليل مناهج البحث التربوي والاختبارات النفسية، عالم المعرفة ، جدة ط1.
(3) إبراهيم عبد المحسن الكناني: قياس دافع الإنجاز الدراسي لدى طلبة المرحلة الإعدادية ، رسالة دكتوراه غير منشورة ، كلية التربية جامعة بغداد ، 1980م

# المبحث الثاني: أهمية التحصيل الدراسي في العملية التعليمية

للتحصيل الدراسي أهمية كبيرة في العملية التعليمية التربوية؛إذ إنه يعد من أهم مخرجات التعليم التي يسعى إليها الدارسون.

ويعتبر التحصيل الدراسي من المجالات الهامة التي حظيت باهتمام الآباء والمربين باعتباره أحد الأهداف التربوية التي تسعى إلى تزويد الفرد بالعلوم والمعارف التي تنمي مداركه وتفسح المجال لشخصيته لتنمو نموا صحيحا، والواقع أن تلك الأهداف التي يسعى إليها النظام التعليمي تتعدى إلى ما هو أبعد من ذلك، فالمدرسة أو الجامعة هي المسؤولة الأولى عن إحداث التماسك الاجتماعي بين أبناء الشعب ودفع عملية التقدم للأمام وهي المسؤولة عن غرس القيم الإيجابية وعن تربية الشعوب بالمسؤولية لدى الأفراد[1].

ويساعد التحصيل الدراسي في الحصول على معلومات وصفية تبين مدى ما حصله التلاميذ بطريقة مباشرة من محتوى المادة الدراسي، كما يهدف للوصول إلى المعلومات التي من شأنها إعطاء المؤشر عن ترتيب الطلاب في الخبرة بالنسبة للمجموعة[2].

والتحصيل الدراسي يشبع حاجة من الحاجات النفسية التي يسعى إليها الدارسون، وفي حالة عدم إشباع هذه الحاجة فإنها تؤدي إلى شعور الطالب بالإحباط الذي ينتج عنه استجابات عدوانية من قبل التلميذ قد تؤدي إلى اضطراب النظام المدرسي[3].

---

(1) سيد خير الله وآخرون : سيكلوجية التعليم بين النظرية والتطبيق . دار النهضة العربية ، بيروت. 1983م ص (122).

(2) نورة سليمان بالغنيم: البيئة الاجتماعية بفصل المدرسة وعلاقتها بالدافع المعرفي والتحصيل الدراسي لدى عينة من التلميذات بالمرحلة الابتدائية. رسالة ماجستير غير منشورة، كلية التربية، جامعة الملك سعود 1417هـ ص (86).

(3) انظر: عادل عز الدين الأشول : علم النفس النمو ، مكتبة الأنجلو المصرية ، القاهرة ط2 ، 1989م ص (24).

وإذا كان النجاح يمثل هـدفا للطالـب يسـهم في تحقيـق طموحـه المهنـي والاجتماعـي فهـو ينعكس في نفس الوقت على الجامعة كدليل على كفاءتها الداخلية والتي تقاس بنسبة مخرجاتهـا من الطلبة إلى مدخلاتها منهم[1].

وتكمن أهمية التحصيل الدراسي في العملية التعليمية في كونه يعـالج كمعيـار لقيـاس مـدى كفاءة العملية التعليمية ومدى كفاءتها في تنمية مختلف المواهب والقدرات المتـوفرة في المجتمـع مما يمهد لاستغلال هذه القدرات[2].

وأهمية التحصيل الدراسي عند الطلاب تتضح مـن خـلال كشـفه لظـاهرة انخفـاض مسـتوى تحصيل الطالب وإن هذ التحصيل يعد بمثابة المرحلة التي يستطيع فيهـا المعلـم أن يضـع قراراتـه حول طلابه كجماعة في ضوء أدائهم في فترة تعليمية طويلة[3].

وتكمن أهمية التحصيل الدراسي وأهمية التنبـؤ بـه بأنهـا مـن أهـم المشـكلات التـي يوليهـا العاملون في ميدان التربية والتعليم وعلم النفس اهتماما كبيرا، كما يهتم بها الآبـاء والأمهـات عـلى اعتبار أننا في مجتمع يعطي قدرا كبيرا من الاهتمام بالتحصيل الدراسي والنجـاح فيـه، لـذلك نجـد الأسرة والمؤسسات التعليمية يعملون سويا للوصول بعملية التحصيل الدراسي إلى أقصى حد ممكن حتى يتمكن كل طالب من اجتياز مراحل التعليم المختلفة[4].

(1) محمد سعيد أندر قيري : بعض العوامل الأكاديمية وعلاقتها بالتحصيل الدراسي ـ دراسة تطبيقية عـلى طـلاب وطالابات جامعة الملك عبد العزيز بجدة ت مجلة الأدب والعلـوم الإنسـانية ، جامعـة المنيـا، المجلـد 16 ، الجزء الثاني 1995م ص (200).

(2) فتحية حسن القرشي: العوامل الأسرية المؤثرة على التحصيل الدراسي للطالبات في المرحلة الجامعيـة ، دراسـة ميدانية على طالبات كلية الآداب ،جامعة الملك عبد العزيز، 1408هـ ص(10)

(3) جابر عبد الحميد جابر : التقويم التربوي والقياس النفسي : دار النهضة العربية ، القـاهرة ، ط2 ،1996م ص (18)

(4) الجنيدي جباري بلابل: التوافق الدراسي في علاقتـه بالتحصـيل الـدراسي والميـل العلمـي والميـل الأدبي لـدى طـلاب الجامعة، رسالة ماجستير ، جامعة أم القرى ، مكة المكرمة ، 1406هـ ص (31)

كما اهتم الباحثون في مجال علم النفس بدراسة العلاقة بين مستوى التحصيل الدراسي وبعض سمات الشخصية؛ إذ إن الدرجة العالية أو المنخفضة في التحصيل ظاهرة تربوية تستخلص منها النتائج وتستقى منها الدروس لتعزيز الاتجاهات الإيجابية الصحيحة وتجنب ما عدا ذلك وتعديل ما يحتاج إلى تعديل بصورة مستمرة متفاعلة إلى أحسن مردود تربوي [1].

كما تسهم معرفة المستوى التحصيل في توجيه العملية التربوية وصنع قراراتها المتنوعة، التربوية والنفسية والاجتماعية مما يمكن المعلم والأسرة والإدارة التعليمية من تحقيق مستوى دراسي أعلى لطلابها، ومن الاستجابة لحاجات التلاميذ التربوية والنفسية بما يتوافق مع قدراتهم وخصائصهم الشخصية والاجتماعية.

ويعد التحصيل الدراسي من الحاجات الشخصية التي يسهم النجاح والتفوق فيه في زيادة تقبل الفرد لذاته وبالتالي في إحداث التوافق النفسي له، ويرتبط بالتعليم الذي يشمل على كافة التغيرات التي تحدث في الأداء وتضم الجوانب التحصيلية المختلفة التي يصل إليها الفرد تحت ظروف الممارسة والتدريب [2].

ويعد التحصيل الدراسي من الإجراءات الوقائية لعدم الوقوع في المشكلات الأمنية والتخريبية التي تعاني منها كثير من المجتمعات نتيجة انحطاط المستوى الدراسي وقلة التحصيل وتسرب كثير من الطلاب من الدراسة، مما نتج عنه كثير من التفجيرات والعمليات الإرهابية التي أودت بحياة كثير من الشرفاء الأبرياء.

وهكذا يتضح لنا أهمية التحصيل الدراسة في العملية التعليمية والتربوية وكذلك في العملية الأمنية، ولذا فإن هذه الدراسة ستعنى بموضوع التحصيل الدراسي مبينة علاقته بالقيم الإسلامية التربوية.

---

(1) عيسى الزهراني: المسؤولية الاجتماعية وعلاقتها بالتوافق الدراسي والتحصيل الأكاديمي لدى عينة من طلاب جامعة الملك عبد العزيز بجدة، رسالة ماجستير غير منشورة، كلية التربية جامعة أم القرى 1418هـ  ص (38)
(2) غانم العبيدي وحنان الحبوري :القياس والتقويم في التربية والتعليم ، دار العلوم ، الرياض 1401 هـ ص (167).

## المبحث الثالث: العوامل المؤثرة في التحصيل

عندما ننظر إلى عملية التحصيل نظرة تحليلية نجد أن هناك عوامل عديدة تؤثر فيها وترتبط بها، ومعرفة هذه العوامل وأثرها على عملية التحصيل يمكننا من معرفة ما يعوق تلك العوامل الهامة لتفادي المعوقات والوصول بالتحصيل الدراسي إلى أقصى حد[1].

ويؤكد أحد الباحثين أهمية دراسة ومعرفة العوامل التي تؤدي إلى عدم تحقيق التحصيل للطلاب بالإضافة إلى أسباب انسحاب الطلاب من الدراسة وحدوث عملية فصل من الجامعة مما جعل الأمر يصبح ظاهرة اجتماعية بحاجة للدراسة[2].

والمتأمل في العوامل المؤثرة في التحصيل الدراسي يجد أنها متداخلة فيما بينها فهناك عوامل ذاتية تختص بالطالب مثل دافعيته ونظرته لنفسه وطموحه... إلخ.

وهناك عوامل اجتماعية تتمثل في أسرة الطالب وحالتها التعليمية والاقتصادية ووجود الخلافات فيما بينها وعدد أفراد الأسرة وترتيب الطالب بين أفراد اسرته وغيرها.

وهناك عوامل بيئية تتمثل في المدرسة وموقعها وعدد طلاب الفصل، وموقع الطالب داخل الفصل،وتوفر الأمكانيات التربوية داخل المدرسة،وعطاء المعلم،ودور إدارة المدرسة في العملية التعليمية.

ويذكر الطواب أن: عملية التحصيل الدراسي كثيرا ما تتداخل فيها عوامل كثيرة بعضها مرتبط بالطالب نفسه وبقدراته ودافعيته، وبعضها مرتبط بالخبرة المتعلمة وطريقة تعلمها، أو بظروف البيئة التي تحيط بالتلميذ من أسرة ومدرسة بصفة عامة[3].

(1) محمد أحمد الدسوقي : العلاقة بين الحاجات النفسية والتحصيل الدراسي لدى طلاب الجامعة، رسالة التربية ، جامعة الملك عبد العزيز ، ع3، 1404هـ ، ص(265)
(2) أبو بكر أحمد باقادر و رضا كابلي: دراسة أسباب وعوامل فصل الطلاب بجامعة الملك عبد العزيز بجدة ، عمادة القبول والتسجيل ، 1404هـ ص(3)
(3) سيد محمد الطواب : أثر تفاعل مستوى دافعية الإنجاز والذكاء والجنس على التحصيل الدراسي ، لدى طلاب وطالبات جامعة الإمارات العربية المتحدة، مجلة كلية التربية ، جامعة الإمارات ، ع5، 1990 ص (24)

ويمكن تصنيف الاتجاهات التي اهتمت بالتحصيل الدراسي والعوامل المؤثرة فيه كما يلي:

الاتجاه الأول: يرى أن العوامل الذاتية هي المسؤول الأول عن تقدم أو تأخر الطالب في تحصيله الدراسي باعتبار أن الفرد هو المسؤول عن ذلك وقد تمثلت هذه العوامل في:

1: سمات الطالب الشخصية والانفعالية.

2: خصائص الطالب الخلقية.

3: قدرات الطالب العقلية.

الاتجاه الثاني: يرى أصحاب هذا الاتجاه أن العوامل الاجتماعية لها الدور الكبير في تقدم الطالب دراسيا أو تأخره، وتتمثل العوامل الاجتماعية في المستوى الاقتصادي للأسرة والمستوى الثقافي وعدد أفراد الأسرة ومستوى تعليم الإخوة والأخوات، وترتيب الطالب بين إخوانه وأخواته.

الاتجاه الثالث: يرى أن العوامل البيئية لها تأثير كبير على تحصيل الطالب، وتتمثل في المدرسة، والمعلم، والامتحانات، وجماعة الرفاق.... وغيرها.

والدراسة الحالية تعتمد على الاتجاه الأول الذي يرى أن العوامل الذاتية تعد من أهم العوامل المؤثرة في التحصيل الدراسي، ومنها التزام الطالب بالقيم الإسلامية التربوية.

ويعرض الباحث لأهم العوامل المؤثرة في التحصيل الدراسي على النحو التالي:

أولا: العوامل الذاتية.

ثانيا: العوامل الاجتماعية.

ثالثا: العوامل البيئية.

# أولا: العوامل الذاتية

وتتمثل العوامل الذاتية في:

1: سمات الطالب الشخصية والانفعالية.

2: خصائص الطالب الخلقية.

3: قدرات الطالب العقلية.

1: سمات الطالب الشخصية  و الانفعالية:

أ: ثقة الطالب بنفسه:

تتعلق دافعية الطالب للإنجاز بسماته الشخصية،ومن بين سـمات الشخصية: الثقـة بـالنفس والانبساط والثبات الانفعالي وامتلاك اتجاهات إيجابية نحو التعلم والتفاعل الشخصي ـ الجيد مـع نشاطات المدرسة.

والعوامل السابقة تمثل دورا كبيرا في عملية التحصيل الدراسي للطالب إذ تعد بمثابة الدافعية نحو التعلم.

ويؤكد رجاء أبو علام أن بعض الجوانب الشخصية الخاصة بالطالب تلعب دورا هاما في تأخر الطالب دراسيا ومنها العوامل الانفعالية، مثل ضعف الثقة بالنفس، والقلق والاضطراب والاختلاف في الاتزان الانفعالي والخمول الذي يمنع الطالب من المشاركة في الفصل [1].

وقد أجريت عدة دراسات على الطلاب المتفوقين والموهوبين  والعـاديين ووجـد أن المتفـوقين عقليا يتميزون عن غيرهم من الناحية الانفعالية والاجتماعية بما يلي:

1: إن المتفوقين يتصفون بمستويات عالية من الثقة بالنفس والمثابرة وقوة العزيمة

---

(1) رجاء محمد أبو علام ونادية شريف : الفروق الفردية وتطبيقاتها التربوية : دار القلم ، الكويت ط2 ، 1409 هـ ، ص(210).

والتفاؤل والمرح، والتعاطف مع الآخرين، ورقة المشاعر، كما أنهم أكثر شعبية من العاديين.

2: إنهم يتمتعون بفهم أكثر حساسية اجتماعية من العاديين.

3: إنهم أكثر قدرة على تحمل المسؤولية.

4: إنهم أمناء يمكن الثقة بهم والاعتماد عليهم.

5: إنهم أكثر ثباتا من الناحية الانفعالية.

6: إنهم أقل عرضة للإصابة بالاضطرابات الانفعالية[1].

وقد أجريت دراسات حول العلاقة بين سمات شخصية الطالب وتحصيله الـدراسي،وبينت أن هناك علاقة موجبة ومرتفعة بين هذه المتغيرين، كما أظهرت الدراسات العلاقة الموجبة والمرتفعـة بين التحصيل الدراسي ومدى تقبل الطلاب لأدوارهم الاجتماعية وإحساسهم بالمسؤولية الاجتماعيـة ومن هذه الدراسات[2]:

1: دراسة رست1958م:حيث أظهرت وجودعلاقة موجبة مرتفعة بين التحصيل الدراسي ومدى تقبل الطلاب لأدوارهم الاجتماعيـة وإحساسـهم بالمسـؤولية الاجتماعيـة، حيـث إن تلـك السـمات تجعل الطلاب ينتظمون في دراساتهم ويهتمون بإعداد دروسهم.

2: دراسة روث ومايرسبـرج 1969م: وجـد أن الطلاب الـذين لم يصلوا إلى مستوى تحصيلي يتناسب مع قدراته يتصف سلوكهم بالاتكالية والاعتماد عـلى الآخرين ويميلون إلى الهـروب مـن المواقف الاجتماعية.

(1) انظر: عبد الرحمن سيد سليمان : المتفوقون عقليا : خصائصهم ، إكتشافهم ، تـربيتهم ، مشـكلاتهم ، زهـراء الشرق ، القاهرة  ص(130-131).
(2) محمد أحمد الدسوقي : العلاقة بين الحاجات النفسية والتحصيل الدراسي لدى طلاب الجامعة ص(174).

3: دراسة برونسن 1959م: توصل إلى أن هناك علاقة بين التحصيل ومستوى التوافق النفسي- الاجتماعي، ووجد أن التلاميذ مرتفعي التحصيل كانوا أكثر توافقا من زملائهم منخفضي- التحصيل الدراسي.

4: دراسة كل من: بيرست1959م وتشيلد1964م وأنتوستل1968م توصلت هذه الدراسات إلى أن هناك عوامل غير عقلية تؤثر في التحصيل الدراسي ومن هذه العوامل: الثقة بالنفس والالتزام الانفعالي والانطواء.

5:دراسة هولاند1962م: توصل الباحث إلى أن المتفوقين يتميزون بالمثابرة وضبط النفس وتحمل المسؤولية والاتزان الانفعالي.

وتشمل سمات الطالب الشخصية  شعور الطالب تجاه مدرسته وكرهه لها ولبعض المواد الدراسية  أو لبعض المدرسين، أو وجود خبرة مدرسية سلبية تركت انطباعا سيئا لدى التلميذ تجاه أمور سابقة، وقد وجد أن السمات الشخصية متغير لا يمكن تجاهله في العملية التربوية، وأن سمات الشخصية للطالب وعادات الاستذكار لا يمكن تجاهلها[1].

ب: مفهوم الطالب عن ذاته وأثره في التحصيل:

وهي تلك الأحكام والصفات التي يطلقها الفرد على نفسه، وتتبع العلاقة بين معرفة الطالب لذاته ومستوى تحصيله الأكاديمي من القول: بأن هناك مستويات مختلفة للذات وأن الاهتمام بالدراسة ينبع من تأثيره على التحصيل للدراسي للطلاب، ومن الافتراض بأن التحسن في مفهوم الطالب لذاته يمكن أن يؤدي إلى تحسين مستواه التحصيلي[2].

(1) أنور رياض عبد الرحيم : أثر بعض المتغيرات المدرسية والأسرية والنفسية على التحصيل الدراسي ، ع1 ، جامع قطر ، مركز البحوث التربوية 1992م ص(25).

(2) سعيد محمد بامشموس ومحمود عبد الحليم المنسي: مفهوم الذات وعلاقته والمستوى الاجتماعي والثقافي بطلاب الجامعة ص(1).

ويتأثر سلوك الفرد وأداؤه بمفهومه عن ذاته، والتحصيل الدراسي باعتباره نوعا من الأداء يتأثر بمفهوم الطالب عن ذاته، فنظرة التلميذ إلى نفسه كشخص قادر على التحصيل والنجاح في تعلمه المدرسي، تعمل كقوة منشطة تدفعه إلى تأكيد هذه النظرة والحفاظ عليها. فمع مرور الزمن ـ أثناء تعلمه المدرسي ـ يطور مفهوم ذاته و يعكس إحساسه بالقدرة على تعلم المهام التعليمية، مما يؤثر في نظرته لنفسه كمتعلم (مفهوم الذات الأكاديمي) وفي نظرته العامة لنفسه (مفهوم الذات العام)، ويطور التلاميذ الناجحون وغير الناجحين مفاهيم ذات أكاديمية مختلفة، فهناك العديد ممن يواجهون صعوبات دراسية وانخفاضا في مستوى تحصيلهم الدراسي مع أنهم ليسوا من ذوي الذكاء المنخفض أو من ذوي الحاجات الخاصة، ولكن لأنهم تعلموا أن يعتبروا أنفسهم غير قادرين على التحصيل المرتفع، وهذه النظرة مستمدة من المحيطين بالتلميذ والمهمين في حياته كالآباء والمدرسين والأصدقاء، فإذا عاملوه على أنه قادر على التحصيل والنجاح فإنه سينظر إلى نفسه بما يتفق مع هذه المعاملة، ويتولد لديه إحساس عام بأن لديه القدرة على النجاح، مما يؤدي إلى بذل الجهد كي يحقق المزيد من النجاح، أما إذا كان التلميذ يقدر ذاته بأنه يعجز عن التحصيل والنجاح، وكان يرافق ذلك تقديرات خارجية مماثلة فسيتولد لديه إحساس عميق بالعجز عن النجاح في تعلم مهام الموضوع نفسه. وإن تكرار الأحكام الخاصة بالقدرة أو عدم القدرة على النجاح بشكل ثابت لعدد من السنوات يترك آثارا بارزة في مفهوم الذات.

فتوقعات الآباء والمدرسين والأصدقاء الإيجابية تلعب دورا في تكوين الصورة الإيجابية للذات عند التلميذ وتدفعه إلى العمل على رفع مستواه التحصيلي.

كما يتأثر التحصيل الدراسي بالطريقة التي ينسب فيها الطالب نجاحه وفشله، فمن يملك مفهوم ذات إيجابيا ينسب نجاحه أو فشله إلى إمكاناته الداخلية، وعلى العكس، من يملك مفهوم ذات سلبيا عن ذاته سوف ينسب نجاحه أو فشله إلى العوامل الخارجية.

ففي دراسة قام بها وينر وجد أن الأشخاص ذوي الدافع الإنجازي العالي ينسبون

أداءهم إلى عوامل داخلية، فنجاحهم يعود إلى المقدرة العالية والجهد المبذول، وينسبون فشلهم إلى قلة الجهد الذي بذلوه، أما الأشخاص ذوو الدافع الإنجازي المنخفض فقد كانوا أكثر ميلا لنسبة نجاحهم إلى عوامل خارجية مثل سهولة الواجب والحظ الجيد، وفشلهم إلى عوامل داخلية مثل قلة المقدرة أو نقصها أو سوء الحظ. ومن خلال هذه النتائج فإن من الممكن التنبؤ بنجاح الفرد أو فشله حينما يجابه بواجب ما، فالفرد الذي ينسب نجاحه إلى عوامل داخلية فإنه من المتوقع أن ينجح أما من ينسب فشله إلى عوامل خارجية فسيكون غيرواثق من نجاحه مما يؤدي إلى فشله واستسلامه بسهولة.

ولا يضمن النجاح في مهام التعلم المدرسي تكوّن مفهوم ذات إيجابي بشكل عام، وإنما يزيد من احتمال تحقيق ذلك. وعلى النقيض من هذا فإن الفشل في التعلم المدرسي ينتج عنه احتمال عالٍ لتكون مفهوم ذات أكاديمي سلبي بشكل عام ويدفع التلميذ لأن يبذل جهودا جادة للحصول على الأمن وعلى ما يؤكد ذاته في ميدان آخر.

فلا شك أن التحصيل الدراسي يجعل الطالب يتعرف على حقيقة قدراته وإمكاناته، فوصوله إلى مستوى تحصيلي مناسب يبث الثقة في نفسه ويعزز مفهومه الإيجابي عن ذاته، ويبعد عنه القلق والتوتر، مما يقوي صحته النفسية. أما فشله في التحصيل الدراسي فإنه يؤدي إلى فقدان الثقة بالنفس، والإحساس بالإحباط والنقص، كما يؤدي إلى التوتر والقلق، وهذا من دعائم سوء الصحة النفسية للطالب.

وقد أثبتت الدراسات أن مفهوم الذات الضعيف يمكن أن يكون له تأثيرات عكسية على الأداء المدرسي للطفل، وعلى الارتباط بين مفهوم الذات والقدرة على التحصيل حيث ينزع الطلاب ذوو التحصيل العلمي القليل إلى امتلاك مفاهيم ضعيفة عن ذواتهم ومشاعر سلبية حولها، في حين يتجه الطلاب الذين يملكون مشاعر أكثر إيجابية عن ذواتهم وقدرات عالية إلى تحصيل أكثر [1].

---

(1) إبراهيم أبو زيد : سيكلوجية الذات والتوافق : دار المعرفة الجامعية ، الأسكندرية ، 1978م ، ص (133).

وقد أجريت عدة دراسات عربية عن مفهوم الذات وعلاقته بالتحصيل الدراسي منها دراسة محمود محمد عطا التي كانت بعنوان: مفهوم الذات وعلاقته بالكفاية في التحصيل ةالتخصص في المرحلة الثانوية (علمي أو أدبي)[1].وفد توصل الباحث إلى النتائج التالية:

1: وجود فروق ذات دلالة إحصائية بين المتفوقين والعاديين لصالح المجموعة الأولى(المتفوقين). في مفهوم الذات

2: وجد أن هناك فروقا ذات دلالة إحصائية بين العاديين والمتأخرين تحصيليا لصالح المجموعة الأولى (العاديين) في مفهوم الذات.

3: وجد أن هناك فروقا ذات دلالة إحصائية بين المتفوقين والمتأخرين تحصيليا لصالح المجموعة الأولى (المتفوقين).في مفهوم الذات.

وقد قام الباحث بتفسير هذه النتائج مبينا أن مفهوم الذات يستمد من خلال تقويمات الآخرين ومن خلال الخبرات والمواقف المختلفة التي يمر بها الفرد، والتي ستنتظم فيما بعد من تنظيمات إدراكية وانفعالية، تشكل مفهوم الفرد عن نفسه. وهذه المواقف والخبرات قد تكون إيجابية أو سلبية؛ فالطالب المتفوق الذي يحقق درجات مرتفعة، ويتجاوب مع المدرس ويتلقى الشكر والتقدير على الدوام، وما يتبع ذلك من ثقة بالنفس وشعور بالكفاءة، تنمو عنده اتجاهات إيجابية عن الذات، في حين أن تكرار الفشل المدرسي عند المتأخرين يعتبر خبرات مؤلمة، ينتقل أثرها ـ بفضل عملية التعميم ـ إلى مواقف أخرى غير مدرسية، فيشعر الفرد بالعجز وعدم الكفاءة.

**ج: دافعية الطالب وأثرها في التحصيل:**

الدافعية هي: حالة داخلية عند المتعلم تدفعه إلى الانتباه للموقف التعليمي

---

(1) انظر: محمود عطا محمود : مفهوم الذات وعلاقته بالكفاية في التحصيل والتخصص في المرحلة الثانوية (علمي أو أدبي) رسالة الخليج العربي ، العدد السادس عشر ، السنة الخامسة 1405هـ ـ 1985م ص(253 ـ280).

والإقبال عليه بنشاط موجه[1]. أي أن الدافعية تستثير سلوك الفرد وتعمل على استمرار هذا السلوك وتوجيهه نحو تحقيق هدف معين.

وقد اعتبر (ماكيلاند) الحاجة إلى الإنجاز دافعا أساسيا من دوافع السلوك، يوجد في كل موقف يتسم بالمنافسة للوصول إلى مستوى معين من الإجادة. وعادة ما يكون هذا المستوى نتيجة لمقارنة جهوده بجهود الآخرين أو نتيجة لطموح الشخص نفسه. وتشبع هذه الحاجة عن طريق مثابرة الفرد عندما يتوقع أن إنجازه سوف يقيم في ضوء معايير التفوق، والدافع إلى الإنجاز وجهان أحدهما الرغبة في التفوق. والجدارة والآخر الخوف من الفشل[2].

وإن هذه الدافعية للتعليم والإنجاز من العوامل الداخلية للفرد تقل إذا فقد الطالب الرغبة للتعلم، أو تم إجباره عليها رغم إرادته[3].

وقد أشار( بوكوك) إلى أن دافع الإنجاز ـ كما يقاس حاليا ـ وسيلة جيدة للتنبؤ بالسلوك الأكاديمي، كما بين دانهام ارتباط دافعية الإنجاز بالتحصيل الأكاديمي. وإذا كانت دافعية الإنجاز أحد العوامل المهمة التي تؤثر في تحديد النجاح أو الفشل في المستقبل، فإن لخبرات النجاح أو الفشل علاماتها المميزة في كل من شدة واتجاه الدافعية للإنجاز عند الأفراد، فيشعرون بها إذا كانوا مدفوعين للنجاح، أو يشعرون بقلق الإنجاز إذا كانوا مدفوعين لتجنب الفشل، فالعلاقة بين دافعية الإنجاز والنجاح أو الفشل علاقة دائرية يؤثر كل منها في الآخر، كما يتأثر به.

وقد لاحظ (ويندت) من خلال دراسة قام بها بجمع بيانات من مجموعة صغيرة من طلاب المدارس الثانوية، ارتباط مستوى الدافع للإنجاز بكمية العمل (عدد

---

(1) محي الدين توق وعبد الرحمن عدس : أساسيات علم النفس التربوي ، ص (16).
(2) مصلح أحمد صالح : التكيف الاجتماعي والتحصيل الدراسي للطلبة، دراسة ميدانية على طلبة جامعة الملك سعود، رسالة ماجستير، الرياض 1405هـ، ص(27).
(3) محمد خليفة بركات : علم النفس التعليمي : دار القلم ، الكويت ، ط3 ، 1399هـ (229/1).

المسائل التي تم حلها) وبنوعية العمل (نسبة الإجابات الصحيحة) في أداء بعض المسائل الحسابية كما لاحظ أن الطلاب ذوي دافع الإنجاز المرتفع كان أداؤهم أفضل حتى عندما كانت فترة العمل غير محددة زمنيا رغم أن الطالب في مثل هذه الحالة الأخيرة هو الذي يحدد سرعته في العمل.

كما تظهر أهمية الدافع للتعلم والإنجاز في كونها وسيلة يستطيع الطالب التقدم في الدروس وحل عدد أكبر من المشكلات والمسائل من الطلاب ذوي الدوافع الأقل للإنجاز[1].

ويمكن أن نستنتج من هذا أن قوة الدافع للإنجاز تجعل هؤلاء الطلاب يحافظون على مستويات أداء مرتفعة دون مراقبة خارجية، ويتضح من ذلك العلاقة الموجبة بين دافعية الإنجاز والمثابرة في العمل والأداء الجيد.

وقد أجريت دراسات عدة للكشف عن علاقة الدافعية بالتحصيل الدراسي باعتبارها من العوامل التي تعمل على توجيه نشاط الفرد نحو أعمال دون أخرى، فنجد أن 1964Greenم قد لخص الدراسات التي أجريت، وذكر أن معظم الدراسات تشير إلى أن هناك علاقة بين العوامل الدافعية وبين التحصيل الدراسي، كما أن هذه العلاقة ترتفع بارتفاع مستوى الدافع مع ثبوت الظروف الأخرى[2].

د: استعداد الطالب للتعلم:

يعرف الاستعداد بأنه: مدى قابلية الفرد للتعلم، أو مدى قدرته على اكتساب سلوك أو مهارة معينة إذا ما تهيأت له الظروف المناسبة، ويختلف هذا السلوك المتعلم أو المهارة في درجة تعقده، فقد يكون مهارة عقلية مثل تعلم اللغات الأجنبية

(1) ناصر الصالح: برامج الرعاية الاجتماعية ودورها في التحصيل الدراسي للطلاب، دراسة ميدانية على طلاب كليتي الآداب والعلوم بجامعة لملك سعود قسم الدراسات الاجتماعية 1404هـ ص (34).

(2) Green:D.R: Educational Psychology .N.jersey، prentice-Hall،Tnc. Englawood Cliffs 1964 - (18-20)

والرياضيات، أو يكون تعلم أنشطة حركية أو جسمية بسيطة، ولذلك فإن تعريف الاستعداد يتضمن القدرة على تعلم مهارات متنوعة وسلوك متعدد. فالمهم هو القدرة على التعلم وليس نمط السلوك المتعلم أو نوع المهارة المكتسبة.

وقد تم تحديد نوعين من الاستعداد وفق اتجاهات بياحيه: الأول منهما الاستعداد النمائي حين افترض أن المرحلة التطورية النمائية التي يمر بها المتعلم تحدد مدى استعداده لاستيعاب وتمثل الخبرة التي تقدم له، والاستعداد الخاص الذي سماه بالقابليات أو المتطلبات السابقة إذ افترض أن كل خبرة أو موضوع يقدم للطلبة يتطلب توافر خبرات سابقة، ومفاهيم قبلية ضرورية للتعلم الحالي، فتعلم الطلبة واستيعابهم للخبرة يتوقف على حالة استعدادهم العام والخاص وإن غياب الاستعداد يسهم في تدني الدافعية للتعلم لديهم.

ويختلف التحصيل الدراسي عن الاستعداد، فالاستعداد الدراسي يعتمد على الخبرة التعليمية العامة، أي يعكس التأثير التجمعي للخبرات المتعددة التي يكتسبها الفرد في سياق حياته اليومية، أما التحصيل فيعتمد على خبرات تعليمية محددة في أحد المجالات الدراسية أو التدريبية. كما أن الاختبارات التحصيلية تقيس التعلم الذي يتم تحت شروط محددة بدرجة نسبية وفي ظروف يمكن التحكم فيها مثل التعلم الذي يتم داخل الصف المدرسي أو في برنامج تدريبي معين، ويكون التركيز على الحاضر أو الماضي، أي ما تم تعلمه بالفعل، أما اختبارات الاستعدادات مثل بطاريات الاستعدادات المتعددة، واختبارات الاستعدادات الخاصة فإنها تتنبأ بالأداء اللاحق، أي ما يمكن للفرد أداؤه مستقبلا إذا ما أتيحت له الظروف المناسبة.

وقد أدى استعمالها للتنبؤ بالتحصيل الدراسي إلى تأكيد أن مستويات التحصيل المرتفعة لا تتحقق إلا للطلبة الأكثر استعدادا وقدرة، أي أن هناك علاقة سببية بين الاستعداد والتحصيل، بمعنى أن الطلبة ذوي درجة الاستعداد الدراسي المرتفع يستطيعون تعلم الأفكار والمفاهيم المعقدة في حين لا يستطيع ذلك الطلبة ذوو الاستعداد الدراسي الضعيف.

وقد دلت نتائج الدراسة التي قام بها (أتكينسون) والتي أجريت على مجموعتين

من الطلبة، الأولى استعدادها الدراسي مرتفع، والثانية استعدادها الدراسي منخفض، على أن ذوي الاستعداد المرتفع يتميزون بارتفاع درجاتهم التحصيلية بغض النظر عن قوة دافع الإنجاز لديهم، وكذلك بالنسبة لذوي الاستعداد المنخفض، إذ تبين انخفاض مستوى تحصيلهم بغض النظر عن قوة هذا الدافع.

**2: الخصائص الخلقية للطالب:**

ويفترض كثير من الناس أن الأشخاص الموهوبين والمتفوقين يتمتعون بخصائص خلقية وقيمية إيجابية، إذ يميل معظمنا إلى اعتبار الموهوبين متفوقين على أنهم أكثر صدقا وأمانة وعدلا وأكثر مرعاة للقيم، التي يحض عليها المجتمع،... لأن الأطفال الموهوبين والمتفوقين بحكم قدرتهم العقلية أقدر على تقييم أعمالهم وأقدر على معرفة ما هو صواب وما هو خطأ في السلوك الذي يقومون به مقارنة بأقرانهم متوسطي الذكاء.

وقد أشارات بعض الدراسات في المجال الخلقي والقيمي للأشخاص الموهوبين والمتفوقين أنهم أكثر التزاما بالمنظومات القيمية في المجتمع الذي يعيشون فيه، وأكثر اهتماما بالجوانب الخلقية، مقارنة بأقرانهم متوسطي الذكاء، وأنهم أكثر قدرة على التعامل بالمفاهيم المجردة التي تتكون منها تلك القيم، وأكثر اهتماما بالمشكلات الاجتماعية التي تتعلق بعدم الالتزام بالجوانب الخلقية والقيمية.

ومع ذلك يمكن أن يوجد أشخاص موهوبون متفوقون غير أخلاقيين ولا يمتثلون للقيم، ولكن ذلك لا يمكن اعتباره قاعدة وإنما استثناء، وإذا كان المتوقع من الأشخاص الموهوبين والمتفوقين أن يكونوا قادة في المجتمع والرياديين فيه فإن إسهاماتهم في تقدم المجتمع ورقيه ليست مقتصرة على الجوانب العلمية والفنية، وإنما أيضا على الجوانب القيمية والخلقية، والمساعدة في حل المشكلات الاجتماعية، التي تكون الأخلاق والقيم فيها هي الأساس [1].

---

(1) انظر: يوسف القريوتي وعبد العزيز السرطاوي ، جميل الصمادي : المدخل إلى التربية الخاصة ، دار القلم، دبي، 1995م ، ص (418-422). وانظر: عبد الرحمن سيد سليمان : المتفوقون عقليا :خصائصهم ، إكتشافهم ، تربيتهم ، مشكلاتهم ، زهراء الشرق ، القاهرة  ص(109).

وفي دراسة أجريت على طلاب المرحلة الابتدائية حول العلاقة بين التزام التلاميذ بالسلوك الإسلامي داخل الفصل،ومستوى أدائهم في مادة التربية الأسلامية تبين ما يلي:

1: وجود علاقة ذات دلالة إحصائية بين التزام التلاميذ بالسلوك الإسلامي ومستوى أدائهم في مادة التربية الإسلامية في المرحلة الابتدائية.

2: وجود علاقة ذات دلالة إحصائية بين مجال السلوك القولي والسلوك الفعلي ومستوى أداء التلاميذ في مادة التربية الإسلامية.

3: عدم اختلاف العلاقة بين التزام التلاميذ بالسلوك إسلامي ومستوى أدائهم في مادة التربية الإسلامية باختلاف المتغيرات المستقلة الأربعة للدراسة وهي: الصف الدراسي، والمادة، وعدد التلاميذ في الفصل، وتوقيت الحصة[1].

**3: قدرات الطالب العقلية**

تعرف القدرة بأنها(كل ما يستطيع الفرد أداءه في اللحظة الحاضرة من أعمال عقلية أو حركية سواء كان ذلك نتيجة تدريب أو من غير تدريب كالقدرة على المشي- والقدرة على حفظ الشعر والقدرة على الكلام بلغة أجنبية، أو على إجراء الحساب العقلي، وقد تكون القدرة فطرية كالذكاء، أو مكتسبة كالسباحة، بسيطة كالقدرة على التمييز أو مركبة كالقدرة الميكانيكية، القدرة اصطلاح عام شامل)[2].

وفد بينت نتائج الدراسات في التحصيل الدراسي بشكل واضح أهمية القدرات العقلية في التحصيل الدراسي، كما أظهرت ارتباطا متفاوتا بالمواد الدراسية يختلف باختلاف القدرات العقلية، ويشير عطية 1959م إلى ذلك، وذكر أن معظم البحوث

---

(1) عبد الرحمن عبد الله المالكي: العلاقة بين التزام التلاميذ بالسلوك الإسلامي داخل الفصل ومستوى أدائهم في مادة التربية الإسلامية في المرحلة الابتدائية،رسالة الخليج، مكتب التربية العربي لدول الخليج ع(101) السنة27 ،1427هـ -2006م ص(52-53).

(2) أحمد عزت راجح: أصول علم النفس، ص(435-436).

بينت وجود علاقة بين بعض القدرات العقلية وبين بعض التخصصات الدراسية، حيث وجد هناك علاقة بين نتائج الاختبارات الميكانيكية وبين النجاح في كليات الهندسة والمدارس الصناعية، وأن هناك ارتباطا بين اختبارات التصور البصري المكاني وبين النجاح في الدراسات والمهن الميكانيكية والهندسة والرسم والطب والأسنان[1].

ويشير أحمد زكي صالح إلى أن هناك علاقة وثيقة بين القدرة على التحصيل والقدرة العقلية العامة، وقد استخلص ذلك من الدراسات التي أجريت في هذا الموضوع.

ومن الدراسات التي بينت هذه العلاقة دراسة: حسين رشدي التاودي 1959م حيث بينت وجود ارتباط موجب مرتفع بين النجاح في الدراسة في الصف الأول الثانوي وبين القدرة المكانية والقدرة اللفظية، بينما كان الارتباط بين التفكير وبين النجاح الدراسي منخفضا لكنه موجب، ولم تظهر علاقة واضحة لاختبار العدد حيث أن جميع معاملات ارتباطه بسائر المواد الدراسية تتجه نحو الصفر، فارتبطت درجات القدرة اللغوية بدرجات الطلاب في المواد الدراسية ارتباطا موجبا ما عدا مادة التاريخ، وارتبطت القدرات المكانية ارتباطا موجبا بالتقديرات في المواد الطبيعية والرياضيات والانجليزي والكيمياء[2].

**الذكاء وأثره في التحصيل:**

يعرف الذكاء بأنه قدرة الفرد على التكيف بنجاح مع ما يستجد في الحياة من علاقات.

ويعرف بأنه القدرة على التعلم أو التفكير المجرد أو التصرف الهادف والتفكير

(1) الحسين بن حيدر محمد النعيمي: ا العلاقة بين القدرات العقلية والتحصيل الدراسي لدى طلاب الثانوية العامة ، رسالة ماجستير غير منشورة ،كلية العلوم الاجتماعية بالرياض ، جامعة الإمام محمد بن سعود الإسلامية، 1424هـ ت2003م ص (9).

(2) حسين رشدي التاودي: المثابرة واثرها على النجاح في الدراسة الثانوية ، رسالة ماجستير غير منشورة ، كلية التربية جامعة عين شمس ، 1959م.

المنطقي، وهي تعريفات تهتم بقدرة الفرد على اكتساب المعارف والخبرات والإفادة منها واستخدامها في حياته، ذلك أن الشخص الذكي هو الأسرع فهما والأقدر على التعلم والابتكار وحسن التصرف والأنجح في الدراسة أو العمل بوجه عام.

وقد عرفه كامن: بأنه المعرفة المكتسبة، فالشخص المطلع في ناحية ما والذي حصل على درجة أكاديمية، أو الذي اكتسب ـ بطريقة أو بأخرى ـ شهرة لزيادة معرفته يعد شخصا ذكيا سواء أكان حاذقا في حل المشكلات أم لم يكن.

والذكاء من أكثر الموضوعات التي نالت اهتماما من جانب علماء النفس والتربية منذ بداية القرن العشرين حتى الآن، إلى أن أصبح التنبؤ بمستوى تحصيل الطالب عن طريق قياس ذكائه من الأمور البديهية، فغالبا ما يحصل الطلاب ذوو الأداء الجيد في اختبارات الذكاء على تقديرات مرتفعة في التحصيل الأكاديمي، بينما يميل ذوو الأداء المنخفض إلى الحصول على تقديرات ضعيفة.

ولا بد من الإشارة إلى الفرق بين اختبارات الذكاء واختبارات التحصيل، فاختبارات الذكاء تقيس القدرة على التعلم، أما اختبارات التحصيل فإنها تقيس ما الذي تعلمه الشخص وحصله، وهي تؤخذ من مناهج المدرسة، وتهتم بالعمليات العقلية، كما تبرز من خلال أداء التلميذ في المواد الدراسية المختلفة.

وقام كل من تيرمان وأودين بدراسة تتبعية لمجموعة من الأطفال الأذكياء جدا حتى وصلوا إلى مرحلة الرشد، فوجدوا أن أفراد هذه المجموعة كانوا دائما متفوقين على الشخص العادي الذي في العمر نفسه، (90%) دخلوا الكليات، (70%) تخرجوا منها، (800) رجل منهم في سن الأربعين نشروا (67 كتابا) وأكثر من (140) مقالة علمية ومهنية وأكثر من (200) قصة قصيرة ومسرحية، وحازوا على (150) براءة اختراع (المليجي، 2000، 375).

ويعد الارتباط بين الذكاء والتحصيل الدراسي أكبر وأوثق في مراحل التعليم الأولى منه في المراحل العليا.

فالطلبة ذوو الذكاء العالي والذين يكتسبون درجات تحصيل مرتفعة يستمرون في المدرسة لمدة أطول، في حين يميل الطلبة ذوو الذكاء المتدني إلى التقصير في العمل الصفي وإلى التسرب مبكرا من المدرسة.

وقد أظهرت بعض الدراسات أهمية الذكاء كأحد العوامل العقلية المؤثرة في عملية التحصيل الدراسي وإن انخفاضه إلى ما دون المتوسط يشكل عدم قدرة التلميذ على مسايرة أوجه النشاط التي تعتمد على هذه القدرات الهامة[1].

ودلت البحوث على أن المستويات التعليمية المختلفة تحتاج إلى ما يناسبها من الذكاء، فالمستويات الجامعية والمعاهد العليا تتطلب حدا معينا من الذكاء وبدونه لا يمكن لأي طالب اجتيازه، وأن عددا كبيرا من حالات الفشل الدراسي ترجع إلى قصور الذكاء وضعف مستواه وعدم تناسبه مع المرحلة التعليمية التي يمر بها[2].

وقد أجرى الطواب دراسة بعنوان (أثر تفاعل مستوى الإنجاز والذكاء والجنس على التحصيل الدراسي لدى طلاب وطالبات جامعة الإمارات العربية المتحدة) تبين من خلال هذه الدراسة ما يلي:

1: وجود ارتباط وثيق بين الذكاء والتحصيل الدراسي من خلال مقارنته بين مجموعة مرتفعة الذكاء ومجموعة منخفضة الذكاء وجد أن متوسط تحصيل المجموعة الأولى المرتفعة الذكاء أعلى بكثير من متوسط التحصيل الدراسي للمجموعة منخفضة الذكاء، وهذا يدل على أن الذكاء له علاقة موجبة بالتحصيل الدراسي.

وجدير بالذكر أن تأثير عامل الذكاء في التحصيل الدراسي أو التنبؤ بمستوى التحصيل للطلاب عن طريق قياس الذكاء من الأمور الواضحة والتي قطع فيها علم النفس التربوي شوطا بعيدا. فالنتائج منذ عهد بينيه وهي متسقة في هذا المجال؛ ففي

---

(1) محمد أحمد الدسوقي : العلاقة بين الحاجات النفسية والتحصيل الدراسي لدى طلاب الجامعة ص(168).
(2) ناصر عبد المحسن الصالح : مرجع سابق، ص (38).

111

خلال الثمانين عاما التي مضت من هذا القرن ونتائج الأبحاث متسقة ومؤيدة لوجود علاقة موجبة بين الذكاء والتحصيل الدراسي تزيد عن + (0.50) في كثير منها[1].

ورغم أهمية الذكاء وارتباطه الوثيق بالتحصيل الـدراسي إلا أنـه لا يعـد العامـل الـرئيس في التحصيل وذلك لوجود عوامل أخرى تـؤثر في التحصيـل. يقـول يوسـف القاضي ومحمـد زيـدان أنه: يجب عدم إعادة كل فشل وقصور تحصيلي إلى عامل أو بعـض العوامـل في الجانـب التعليمـي الذي يمكن التحكم فيه وتعديله، وقد يرجع هذا القصور إلى ظروف التلميـذ نفسـه سـواء ظروفـه الجسمية أوالعقلية أو الاجتماعية أو الاقتصادية، أما افتراض أن التأخر الـدراسي للتلميـذ يرجع إلى قصور عقلي فيجب أن يكون هـذه الأخـذ في آخر المطاف، بـدلا مـن أن يكون الخطـوة الأولى في دراسة خصائص واحتياجات مجموعة من الأطفال[2].

(1) سيد محمد الطواب أثر تفاعل مستوى الإنجاز والذكاء والجنس على التحصيل الدراسي لـدى طـلاب وطالبـات جامعة الإمارات العربية المتحدة، مجلة كلية التربية ، جامعة الإمارات العربية المتحدة العدد الخامس ، ص ( 19 ــ 46).
(2) يوسف القاضي ومحمد زيدان : اتجاهات ومفاهيم تربوية ونفسة حديثة ، دار الشروق ، جـدة ، ط1 1980م ، ص (14).

## ثانيا: العوامل الاجتماعية

### الأسرة:

على الرغم من أن تأثير المدرسة قد ازداد فيما يتعلق بالتعليم واكتساب المهارات، فإن الأسرة لاتزال تملك دورا أساسيا في عملية التنشئة الاجتماعية، إذ إنها تشارك المدرسة في عملية التنشئة الاجتماعية وتؤثر بقوة في استجابة الطفل للمدرسة.

ولذلك تظهر فروق واضحة بين أفراد طبقات المجتمع الواحد والمنتمين إلى ثقافات مختلفة بسبب اختلاف ممارسات التنشئة من طبقة اجتماعية إلى طبقة أخرى ومن ثقافة إلى أخرى؛ فالطبقات التي تشجع على الاستقلالية والمبادأة وتثيب ذلك منذ السنوات المبكرة في الطفولة تنزع إلى إنتاج أفراد يتمتعون بدافع مرتفع للتحصيل الدراسي.

كما أن طموح وتوقع الأبناء يرتبط بطموح وتوقع الوالدين، وهذا الطموح له علاقة بالوضع الطبقي للأسرة، فقد ظهر أن طموح وتوقعات الطبقة الوسطى تفوق تلك التي عند أعضاء الطبقة العاملة، مما يؤثر في اختلاف درجات ومعدلات التحصيل لدى الأبناء تبعا لذلك. وقد وجدت علاقة سلبية بين المستوى الاقتصادي الاجتماعي ومستويات الطموح ومن ثم مستويات التحصيل الدراسي، أي أن مستوى الطموح يرتفع بانخفاض الطبقة الاجتماعية، وكذلك الأمر بالنسبة لمعدلات التحصيل الدراسي.

ويكتسب المراهقون مواقفهم تجاه المدرسة من أسرهم، فآباء الطلاب المراهقين متدني التحصيل يولون أهمية للنجاح في المدرسة أقل مما يفعل آباء المراهقين ذوي التحصيل الدراسي المرتفع، ولهذا فإن هؤلاء الآباء لا يشجعون على الأرجح الاهتمامات الفكرية أو المواقف الإيجابية إزاء المعلمين والمدرسة، ويشككون في فائدة التربية الرسمية كطريق للتقدم في الحياة، كما أنهم لا ينتبهون إلى كيفية سير أبنائهم في المدرسة، ولا يستخدمون المكافآت والعقوبات فيما إذا كانوا قد أنجزوا واجباتهم

المدرسية أو حصلوا على درجات جيدة، ونتيجة لذلك لا ينمّي هؤلاء الأبناء ـ على الأرجح ـ دافعا كبيرا للتحصيل الدراسي.

فمعاملة الوالدين لأبنائهم تتأثر بالمستوى الاجتماعي - الاقتصادي للأسرة مما يؤدي إلى ارتباطها سلبا أو إيجابا بمستويات تحصيل الأبناء. فقد بينت الدراسات أن الأبوين اللذين يهتمان بحياة أبنائهما ويشاركان في نشاطاتهم يؤثران إيجابيا في إنجاز أبنائهم الدراسي.

وكذلك ما توفره الأسرة لأبنائها من بيئة اجتماعية نفسية، وما تتيحه لهم من إمكانات مادية تلبي متطلباتهم الدراسية، يساعد على تحقيق الأمن النفسي والاستقرار الاجتماعي لهؤلاء الأبناء.

وقد أكددت عدد من الدراسات أهمية الأسرة ودورها في عملية التحصيل الدراسي، ففي إدى الدراسات تبين أن 50% من الفروق في الإنجاز تعود إلى العوامل المرتبطة بالخلفية الأسرية[1].

ومن أهم العوامل المرتبطة بالأسرة والظروف الاجتماعية ذات التأثير على عملية التحصيل الدراسي بأنها تشمل الظروف الأسرية والاجتماعية والمستوى الثقافية والحالة الانفعالية السائدة في المنزل، كذلك التنشئة الاجتماعية والظروف المادية[2].

وقد دلت كثير من الدراسات التي تناولت العلاقات الاجتماعية السائدة داخل الأسرة على أهمية هذا الجانب في عملية بناء شخصية الطفل وخاصة في سن الدراسة حيث انعكاس الخلافات الأسرية داخل الأسرة بين الوالدين على شخصية الطالب ومدى رغبته في الاستمرار في الدراسة، فوجود الأمن الاجتماعي والنفسي للطفل

(1) محمد سعيد أندر قيري وبخرون: الخلفية الاجتماعية للطالب وأثرها في التكيف مع المناخ الجامعي و التحصيل الدراسي، مجلة التربية ، جامعة الأزهر ع53 ، 1416هـ ص (451).
(2) رجاء محمد أبو علام ونادية شريف : الفروق الفردية وتطبيقاتها التربوية : دار القلم ، الكويت ط2 ، 1409 هـ ، ص(214).

داخل الأسرة من شأنه أن يؤثر إيجابيا في تحصيل الطالب المدرسي. وتؤثر الخلافات الأسرية والعلاقات بين الوالدين، أو بين الوالدين والأبناء والاضطرابات الانفعالية المختلفة وما تسببه من قلق مما يؤدي بالتالي إلى اهتزاز ثقة الطالب بأبويه وبنفسه، مما يكون له أسوأ الأثر على حالته الدراسية[1].

ويتأثر مستوى الطالب التحصيلي بمستوى تعليم الأب والأم، حيث أنه كلما ازداد تعليم الأب ازداد تحصيل الابن الدراسي، وقد أكدت الدراسات صحة العلاقة بين العوامل غير المعرفية كالمستوى الاجتماعي والاقتصادي للأسرة والمستوى التعليمي للأمهات بالتحصيل الدراسي[2].

وقد تكون لبعض المشكلات التي يواجهها الطالب داخل الأسرة دور إيجابي فاعل في ارتفاع التحصيل الدراسي للطالب، وذلك من خلال رغبة الطالب في الهروب من واقع هذه المشاكل، والانغماس في الدراسة، والتفكير في التحصيل المرتفع[3].

ويشير الدكتور محمد أحمد الدسوقي إلى عدة دراسات أثبتت وجود علاقة ارتباطية موجبة بين التحصيل الدراسي والمستوى الاجتماعي للأسرة، منها[4].

1: دراسة:كاتل ومعاونيه1952م:حيث توصلت الدراسة إلى وجود علاقة ارتباطية موجبة بين التحصيل الدراسي والمستوى الاجتماعي للأسرة.

---

(1) انظر: رجاء محمد أبو علام ونادية شريف: الفروق الفردية وتطبيقاتها التربوية : دار القلم ، الكويت ط2 ، 1409 هـ ص(214).
(2) محمد أحمد الدسوقي : العلاقة بين الحاجات النفسية والتحصيل الدراسي لدى طلاب الجامعة ص(173).
(3) عبد الرحمن عيسوي : تطوير التعليم الجامعي العربي، دراسة حقلية ، دار النهضة العربية، بيروت ،ص(461).
(4) محمد أحمد الدسوقي : العلاقة بين الحاجات النفسية والتحصيل الدراسي لدى طلاب الجامعة ص(172).

2: دراسة ريمول1963م: حيث توصل إلى أن هناك علاقة ارتباطية موجبة بين التحصيل الدراسي والمستوى الاجتماعي للأسرة، حيث كلما ارتفع مستوى الأسرة تصبح البيئة أكثر ملاءمة لأن يؤدي الطفل واجباته المدرسية ويساعده ذلك على التحصيل الجيد، ويدفعه إلى الوصول إلى مستوى تحصيلي يتناسب مع ما يدرسه من إمكانات عقلية.

3:دراسة كامبل1964م: حيث توصل إلى أن هناك علاقة بين بعض المتغيرات والتحصيل الدراسي ومنها المستوى الاجتماعي والاقتصادي، ودرجة تعليم الأب، وسلامة العلاقات الأسرية وحجم الأسرة.

4: دراسة ألين1970م: حيث أثبتت الدراسة أن النشاط العقلي للطفل يرتبط بمستوى تعليم الآباء، مهن الآباء، دخل الأسرة، تعليم الأم.

5: دراسة جارون1971م: حيث بينت الدراسة أثر المستوى الاجتماعي والاقتصادي للاسرة على التحصيل الدراسي.

6: دراسة كندي1971م: حيث بينت الدراسة وجود علاقة ارتباطية موجبة بين التحصيل المدرسي والمستوى الاجتماعي والاقتصادي للاسرة.

7: دراسة فرانكل1960م: توصل إلى أن الطلاب الأعلى تحصيلا كانوا من الأسر ذات مستوى اجتماعي عال وأن آباءهم ذوو ثقافة عالية.

ومن الدراسات العربية التي اهتمت بالعوامل الأسرية وتأثيرها على التحصيل الدراسي دراسة محمد صالح شراز والتي كانت بعنوان:(أبرز العوامل الأسرية المؤثرة على التحصيل الدراسي)(1).وقد توصل الباحث إلى النتائج التالية:

(1) انظر: محمد بن صالح عبد الله شراز: أبرز العوامل الأسرية المؤثرة على التحصيل الدراسي ، مجلة جامعة أم القرى للعلوم التربوية والاجتماعية والإنسانية، المجلد الثامن عشر ، العدد الثاني 1427هـ ـ 2006م ص(85 ـ 139).

1: وجودعلاقة ارتباطية موجبة بين تعليم الوالدين والتحصيل الدراسي؛ كلما زاد مستوى تعليم الآباء فإنه يساهم في رفع مستوى تحصيل الأبناء.

2: وجودعلاقة ارتباطية موجبة بين عمل الوالدين والتحصيل الدراسي؛ حيث أشارت النتائج إلى أن مستوى التحصيل الدراسي للطلاب الذين يعمل آباؤهم كان أعلى من مستوى تحصيل الذي لا يعمل آباؤهم.

3: وجودعلاقة سالبة بين كبر حجم الأسرة والتحصيل الدراسي؛ بمعنى أن الزيادة في عدد أفراد الأسرة يقابلها انخفاض في مستوى التحصيل.

4: إن استمرار الإخوة في الدراسة له تأثير إيجابي على إخوتهم الآخرين، بينما ترك الأخوات الإناث للدراسة - قبل إكمال المرحلة الثانوية - لا يشكل تأثيرا يذكر على مستوى التحصيل للإخوة الآخرين المستمرين في الدراسة

5:إن عدد مرات زواج الأب سواء كانت مرة أو أكثر من مرة لا يؤثر بشكل كبير على مستوى تحصيل الأبناء، أما عدد مرات زواج الأم فإنه يؤثر بشكل كبير على مستوى تحصيل الأبناء.وأن من تتزوج أكثر من مرة من الأمهات ينخفض مستوى تحصيل أبنائها بالمقارنة مع من تتزوج إلا مرة احدة فقط.

6: إن طريقة معاولة الوالدين تؤثر على مستوى تحصيل الأبناء وإن أسلوب المعاملة الحسنة(التي تجمع بين الحزم واللين) أكثر إيجابية على مستوى التحصيل الدراسي مقابل الأسلوب المتشدد أو المتساهل.

7- أكدت الدراسة على وجود علاقة إيجابية بين المستوى الافتصادي ومستوى التحصيل.

## ثالثا: العوامل البيئية

### 1: المدرسة:

إن المعلومات والخبرات التي يحصلها الطالب عن طريق البرامج الدراسية في مراحل التعليم المختلفة ما هي إلا وسيلة لعملية إعداده الشاملة التي تمكّنه من ممارسة أدواره الوظيفية التي يعد لها، ولغرس قيم المجتمع ومعاييره بما يجعل هذا الطالب عضوا نشيطا وفعالا داخل مجتمعه.

ومن العوامل المدرسية التي لها إسهام كبير في التحصيل الدراسي:

### أ: المعلم:

ويعد المعلم ركنا أساسيا من أركان العملية التعليمية، فالخصائص المعرفية والانفعالية للمعلم مهمة في عملية التعليم ونتاجها الفعّال عند المتعلم، حيث إن لهذه الخصائص آثارها على الناتج التحصيلي للمتعلم من حيث إشباع حاجاته النفسية والحركية والانفعالية والمعرفية والاجتماعية.

ويؤدي التفاعل بين المعلم والطالب والمنهج إلى حدوث التعلم والتحصيل الجيد، فالتربية عملية تفاعل بين إنسان وآخر، في زمان ومكان محددين لتحقيق هدف تحصيلي معين، وعوامل التربية عندما تتفاعل معا تنتج حاصلا جديدا نسمّيه بالتعلم.

### ب: الامتحانات:

كما أن الامتحانات المدرسية لها أهمية خاصة بالنسبة لجو الصحة النفسية في المدرسة، فيما أنها الجزء الأساسي من البرنامج التربوي، لذا فإن اتجاهات المدرس والتلاميذ نحوها تحتل أهمية بالغة بالنسبة للصحة النفسية، إذ ينبغي ألا يعطي المدرس انطباعا عن الامتحانات أنها شيء يبعث على الخوف والرهبة، بل على العكس، ينبغي أن تكون وسائل لمساعدة كل من التلاميذ والمدرسين على كشف إلى أي حد قد حققوا تقدما في اكتساب المعارف والمهارات، كما أنها وسائل تستخدم كمشروع تعاوني بينهم،

فالامتحانات بالصورة الخاطئة التي تتم بها تمثل فترات من التوتر التي تؤدي إلى تعطيل الاطراد في عملية النمو.

**ج: جماعة الرفاق:**

ويتأثر التحصيل الدراسي بمدى توافق الطالب مع محيط المؤسسة التعليمية من حيث علاقته مع زملائه ومدرّسيه.

فجماعة الأتراب ـ على سبيل المثال ـ قد تسهم في خفض دافعية التحصيل الدراسي عند المراهق، خاصة إذا انتمى إلى عصبة تهوّن من شأن التحصيل الدراسي، وذلك لأن الحاجة لهذه الجماعة في هذه المرحلة بالذات تمثل أهمية تفوق دافعية الإنجاز التي يمتلكونها.

وقد أظهرت عدة دراسات مدى وجود العلاقة الارتباطية بين درجة التكيف الاجتماعي للطالب وبين تحصيله الدراسي... وقد توصل عدد من الباحثين إلى أن الطلاب المتكيفين دراسيا يحصلون على نتائج دراسية أفضل، ويشاركون في البرامج المدرسية وهم أكثر احتمالا لإنجاز دراستهم من الطلبة غير المتكيفين دراسيا[1].

ويذكر أبوعلام أبرز العوامل التي ترتبط بالبيئة المدرسية والتي يمكن أن تسهم في ضعف التحصيل الدراسي في أنها تشمل ضعف إعداد الطلاب بسبب انقطاع الطالب عن الدراسة وعدم متابعة دراسته، وبالتالي ضعف مستوى تحصيله الدراسي، كذلك اتجاهات المدرسين نحو الطلاب من خلال تعاملهم مع الطالب من ضرب وإهانة مما قد يدفع الطالب إلى كره المدرسة والمدرسين، كذلك كثرة تنقلات المدرسين خلال العام الدراسي وبالتالي اختلاف طرق التدريس بين المدرسين، وتأثيرها الواضح على مستوى تحصيل الطلاب، وكذلك ازدحام الخطة الدراسية والتي قد تدفع الطالب

---

(1) علي خلف الغامدي :التكيف الاجتماعي المدرسي وأثره على تحصيل الطلاب في المدارس الثانوية، دراسة تطبيقية بمدينة جدة، رسالة ماجستير، كلية الآداب بجامعة الملك عبد العزيز ص (12).

119

الضعيف في التحصيل على متابعة زملائه في الفصل وبالتالي ضعف تحصيله[1].

ولا تقتصر البيئة التعليمية على الجانب البشري للمدرسة بل يتعداه إلى الجوانب المادية؛ من حيث سعة المدرسة ومساحة الفصل الدراسي، وتوفير المكتبة، وقد أظهرت بعض الدراسات مدى الأهمية في توفر الشروط الصحية والإمكانات اللازمة في المدرسة التي من شأنها تمكين الطالب من التعلم، وأنه في حالة عدم توفر مثل هذه الإمكانات قد يؤدي إلى إعاقة قدرات الطالب وأدائه المدرسي وتأثر تحصيله الدراسي بذلك[2].

ومن الجوانب المادية للمدرسة في العملية التعليمية المبنى المدرسي والكتاب المدرسي، والبيئة الطبيعية للمدرسة تتكون من المدير والمعلمين والموظفين، والبيئة المدرسية تشمل المبنى والتسهيلات والإمكانات والأثاث والساحات والملاعب والتكييف، مما يظهر معه أهمية هذه الجوانب المادية في كونها تساعد على اكتساب المعرفة[3].

(1) رجاء محمد أبو علام ونادية شريف : الفروق الفردية وتطبيقاتها التربوية : دار القلم ، الكويت ط2 ، 1409 هـ ، ص(213).
(2) فاطمة إبراهيم الحازمي: العلاقة بين المستويين التعليمي والاقتصادي في الأسرة، ومستوى التحصيل الدراسي في منهج اللغة الإنجليزية ، رسالة ماجستير غير منشورة، جامعة أم القرى ، 1410هـ ص(38).
(3) حسن علي مختار: الفاعلية في المناهج وطرق التدريس حول قضايا تعليمية معاصرة ، 1408هـ ، ص (70).

# الفصل الثالث

# مفهوم القيم

- المبحث الأول: مفهوم القيم من منظور غير إسلامي

- المبحث الثاني: مفهوم القيم من منظور إسلامي

- المبحث الثالث: المفاهيم الإجرائية للقيم التربوية

122

# الفصل الثالث

## المبحث الأول: مفهوم القيم

**مفهوم القيم في اللغة:**

جاء في لسان العرب: والقِيمةُ واحدة القِيَم وأَصله الواو لأَنه يقوم مقام الشيء،والقيمة ثمن الشيء، بالتَّقْوِيم تقول: تَقاوَمُوه فيما بينهم، وإذا انْقادَ الشيء واستمرّت طريقته فقد استقام لوجه، ويقال: كم قامت ناقتُك؟ أي:كم بلغت؟، وقد قامَتِ الأمةُ مائة دينار أي:بلغ قيمتها مائة دينار، وكم قامَتْ أَمَتُك؟ أي بلغت والاستقامة التقويم لقول أهل مكة استقَمْتُ المتاع أي قوَّمته[1].

وجاء في تاج العروس:وأمر قيم مستقيم،وخلق قيم حسن، ودين قيم مستقيم لا زيغ فيه، وكتب قيمة مستقيمة تبين الحق من الباطل،وذلك دين القيمة أراد الملة الحنيفية[2].

وفي القاموس المحيد: والقيمةُ بالكسر: واحدةُ القِيَمِ. وما لَه قِيمةٌ: إذا لم يَدُمْ على شيءٍ. وقَوَّمْتُ السِّلعَةَ واسْتَقَمْتُه: ثَمَّنْتُه. واسْتَقَامَ: اعْتَدَلَ. وقَوَّمْتُه: عَدَّلتُه فهو قَويمٌ ومُسْتَقِيمٌ[3].

وفي مختار الصحاح: و القِيمَةُ واحدة القِيَم، و قَوَّمَ السلعة تقويما وأهل مكة يقولون: استقامَ السلعة وهما بمعنى واحد و الاستِقامة: الاعتدال يقال:استقامَ له

(1) حمد بن مكرم بن منظور الأفريقي المصري : لسان العرب ، بيروت : دار صادر ، بيروت ، 1389هـ 1970م ، المجلد الثالث ، مادة :قوم ص( 192-194).

(2) محمد مرتضى الزبيدي : تاج العروس من جواهر القاموس ، منشورات دار مكتبة الحياة ، بيروت ، د.ت مادة قوم (37/1).

(3) الفيروز آبادي : القاموس المحيط ، المدرسة العربية للطباعة والنشر ، بيروت ، د.ت ، مادة قوم ، (170/4).

الأمر وقوله تعالى: ﴿فاستقيموا إليه﴾[1] أي في التوجه إليه دون الآلهة، و قَوَّمَ الشيء تقويما فهو قَوِيمٌ أي مستقيم[2].

و (قَوَّمْتُهُ) (تقويما) (فَتَقَوَّمَ) بمعنى عدلته فتعدل و (قوّمْتُ) المتاع جعلت له (قِيمَة) معلومة وأهل مكة يقولون (اسْتَقَمْتُهُ) بمعنى (قَوَّمْتُهُ)[3].

و قال ابن فارس في معجم مقاييس اللغة في مادة «قوم»: «القاف والواو والميم: أصلان صحيحان، يدل أحدهما على جماعة من الناس، وربما استعير في غيرهم. والآخر على انتصاب أو عزم»[4].

وذكر الراغب في المفردات أن: الاستقامة «تقال في الطريق الذي على خط مستو، والإنسان المستقيم هو الذي يلزم المنهج المستقيم»[5].

ويتضح مما سبق أن القيمة في اللغة تعني المعاني التالية:

1: الاستقامة والاعتدال.

2: التقدير.

3: الثبات على الأمر.

---

(1) سورة فصلت الآية (6).

(2) محمد بن أبي بكر بن عبدالقادر الرازي : مختار الصحاح، تحقيق : محمود خاطر، مكتبة لبنان ناشرون - بيروت - 1415هـ - 1995 م (560/1).

(3) أحمد بن محمد بن علي المقري الفيومي:المصباح المنير في غريب الشرح الكبير للرافعي، المكتبة العلمية - بيروت (520/2)

(4) ابن فارس : مقاييس اللغة ج 5 ، ص 43 .

(5) الراغب الأصفهاني مفردات ألفاظ القرآن ، الراغب الأصفهاني ، مادة (قوم)

## المبحث الأول

## مفهوم القيم من منظور غير إسلامي

إن المتأمل للدراسات التي تناولت مفهوم القيم يدرك أن هذا المصطلح اختلفت تعريفاته نظرالحداثته وتشعبه في كل مجال من مجالات الحياة ففي التربية توجد القيم وفي السياسة توجد القيم وفي الاجتماع قيم،.... إلخ.

ولذا فقد (اختلف المفكرون الغربيون في تحديد مفهوم القيم، بل إن بعضهم يشعر بغموض في هذا المفهوم لديهم. يقول رالف بارتن بيري:(والحقيقة أنه لا يوجد للقيمة معنى ثابت عام... فمختلف الناس يعنون أشياء مختلفة في سياقات مختلفة[1].

ومصطلح القيم في الفكر الغربي مصطلح جديد لا يتجاوز القرن التاسع عشر الميلادي، وإن كان موضوعه موجودا في الفلسفة والأديان منذ القدم[2].

ويختلف المفكرون في معنى القيم ونظرتهم إليها اختلافات كبيرة فبينما يرى فريق منهم معنى خاصا في معنى القيم يرى غيره رأيا يناقضه كل التناقض مما حدا بكثير من المؤلفين إلى تمييز دراستها بالتضارب البين. ونذكر من هؤلاء على سبيل المثال لا الحصر: فون مرنج الذي يقول: هناك في ميدان البحوث والقيم على وجه الخصوص جدب في النظريات المتناسقة، و خصب في النظريات المتضاربة) وفي نظر الفيلسوف جون ديوي الذي يقول: إن الآراء حول موضوع القيم تتفاوت بين الاعتقاد من ناحية بأن ما يسمى قيما ليس في الواقع سوى إشارات انفعالية أو مجرد تعبيرات صوتية، وبين الاعتقاد في الطرف المقابل بأن المعايير القبيلية العقلية ضرورية، ويقوم على أساسها كل من العلم والأخلاق[3].

---

(1) مانع محمد بن علي المانع : الثبات والتغير في القيم في الإسلام والفكر الغربي المعاصر .دراسة تأصيلية مقارنة . دكتوراه ، 1423هـ ص(28).

(2) المرجع السابق ص(28).

(3) فوزية دياب : القيم والعادات الاجتماعية ، مع بحث ميداني لبعض العادات الاجتماعية ، دار النهضة العربية ، بيروت ،1980م ص(16).

واختلاف العلماء والمنظرين في تحديد معنى القيم يعود في جوهره إلى ما تتسم بـه القضيـة القيمية من عمق معرفي وثقافي وأيديلوجي، فـنحن عنـدما نتحـدث عـن القـيم فإننـا ننطلـق مـن ثقافـة معينـة تـنتظم القـيم في سـلكها، وتـدور في دوائرهـا؛ فالتعـاليم الدينيـة والـرؤى الفلسـفية والتربوية والاجتماعية والسياسية والاقتصادية تعد كلها أصولا فكريـة تحكـم تفاعلنـا مـع القضـية القيمية [1].

والنظرة المتفحصة لتاريخ الفكر الفلسفي توضح بجلاء أن كل فلسفة تنطوي على أساس مـن القيم والتي تعد من الوسائل المهمة في التمييز بين أنماط حياة الأفراد والجماعات؛ ذلـك لأن القـيم تعطي للحياة معنى، سواء على المستوى الفردي أو الجماعي)[2].

والواقع أن أهمية دراسة القيم لا تقـف داخـل نطـاق الفكـر الفلسـفي وحـده بـل تتعـداه، فالقيم من المفاهيم الجوهرية في جميع ميادين الحياة الاقتصادية والسياسـية والاجتماعيـة، وهـي تمس العلاقات الإنسانية بكافة صورها؛ ذلك لأنها ضرورة اجتماعية، ولأنها معايير وأهداف لابـد أن نجدها في كل مجتمع منظم سواء كان متأخرا أم متقدما، فهي تتغلغل في شكل اتجاهـات ودوافـع وتطلعات، وتظهر في السلوك الظاهري الشعوري واللا شعوري.ومن المواقف التـي تتطلـب ارتبـاط هؤلاء الأفراد تعبر القيم عن نفسها في قوانين وبرامج التنظيم الاجتماعي والنظم الاجتماعية[3].

ونظرا للاختلاف البـين في مفهـوم القـيم لـدى الفلاسـفة الغـربيين فإننـا سـوف نتنـاول ثلاثـة تعريفات للقيم من وجهات نظر مختلفة، وهي كالآتي:

**أولا: مفهوم القيم في الفكر المثالي:**

---

(1) ماجد زكي الجلاد : تعلم القيم وتعليمها ، دار المسير ، الأردن ، 1427هـ ـ 2007 م ط2 ص(21).
(2) ماهر الجعفري: القيم بين الأصالة والمعاصرة ، بخث مقـدم إلى مـؤتمر (القـيم والتربيـة في عـالم متغـير) المنعقـد في جامعة اليرموك ، الأردن حلال الفترة 14-16 ربيع الثاني 1420هـ ص (12).
(3) فوزية دياب : القيم والعادات الاجتماعية ص(16).

يرى أصحاب هذا الفكر أن القيم تقوم على أساس وجود عالمين: أحدهما مادي، والآخر سماوي معنوي، وأن الإنسان الكامل يستمد من عالم السماء قيمة، وهي قيم مطلقة كاملة (الحق والخير والجمال).

وهذه القيم تكون موجودة في حد ذاتها فهي خالدة أزلية وغير قابلة للتغير ولا للزوال، والإنسان يدرك هذه القيم من خلال تعامله مع الأشياء التي تحملها من خلال خبرات انفعالية وعاطفية، وكنتيجة لذلك يتشكل ضمير الإنسان ما الصواب وما الخطأ. وأن الخبرة الحياتية لا تصلح للتمييز بين القيم الحسنة والسيئة، بل على الإنسان أن يتجاوز حدود الحياة اليومية حتى يصل إلى الحقيقة؛ أي إلى القيم الموروثة التي هي صالحة لكل زمان ومكان، وهي غير قابلة للشك فيها لأنها من مصدر الكمال.

وأنه إذا حدث تنافر بين القيم المطلقة وبينما هو مطلوب للحياة فإن علينا تغيير طرق فكرنا وحياتنا حتى تتوافق مع هذه القيم الخالدة؛ فقيمة الجمال ـ على سبيل المثال ـ يكتسبها الإنسان عندما ينقل الشيء الجميل (الزهرة مثلا) جوهرة إلى الإنسان فيسمو بنفسه وبفرديته، ويدرك السر الموجود خلف عالمه المادي؛ أي ينتقل من عالم المادة إلى عالم الفكرة[1].

**ثانيا: مفهوم القيم في الفكر الواقعي.**

تقوم النظرة إلى القيم من خلال فكرة مؤداها: أن القيم موجودة في علمنا المادي وليست خيالا أو تصورا وأن كل شئ فيه قيمته، وأن الإنسان يستطيع أن يكتشف القيم باستخدام الأسلوب العلمي والخطوات العملية؛ أي عن طريق استخدام العقل.

فالقيم عندهم مطلقة ولكن يمكن الحصول عليها وتقديرها عن طريق المشاهدة، ويرون أننا لو حددنا قيما عينية كافية وشاملة ممثلة للناس فإننا نستطيع أن نصل إلى مجموعة من القيم التي ينبغي ألا يخرج عنها الناس وتكون هي القيم المطلقة.وكل

(1) ضياء زاهر : القيم في العملية التربوية ، مؤسسة الخليج العربي ط1 1984م ص (12-13).

القيم بالتالي هي قيم اجتماعية تحقق للإنسان سعادة ولذة ومنفعة، ومن ثم تحفزه على العمل.فمثلا: نجد الطالب الذي يجد في استذكار دروسه طلبا للنجاح، يتخذ الجد وسيلة إلى غاية يلتمس تحقيقها هي النجاح، وقد تكون هذه الغاية نفسها وسيلة إلى غاية أبعد منها هي الحصول على الوظيفة. ويحتمل أن تكون بدورها وسيلة إلى غاية أبعد منها هي كسب مال يعين على تيسير أسباب الحياة، وقد تكون هذه الغاية وسيلة إلى غاية أبعد منها هي تحقيق السعادة.

والواقعيون يرون السعادة لذة أو منفعة؛ فالسعادة عندهم هي الخير المرغوب فيه لذاته دون النظر إلى نتائجه وآثاره. وبالتالي فإن المعايير الأخلاقية عندهم هوحب الذات وما يحتمل أن يصيب صاحب السلوك أو الفعل من أشكال النفع أو الضرر [1].

فالقيم في الفكر الواقعي مطلقة حقيقة لا خيال أو تصور،وإن كل شئ فيه قيمته

### ثالثا: مفهوم القيم في الفكر البراجماتي.

تقوم نظرة الفكر البراجماتي على عدم وجود قيم أخلاقية مطلقة، فأحكامنا حول القيم قابلة للتغيير وبالتالي فالقيم والأخلاق عموما نسبية. وهم على عكس الفلسفة المثالية يرون عدم وجود قوانين قيمية يفرضها واقع غير طبيعي.

والقيم تقاس عندهم بنتيجتها؛ أي بما يعود منها على الفرد والمجتمع في الموقف الذي تطبق فيه... ففي هذا الموقف يقوم الشخص باستباط القيم من واقع خبرته بنفسه ويستخدم ذكاءه وتفكيره في ذلك حيث يختار بين ما هو خير له وما هو شر حتى يصل إلى القيمة الأكثر نفعا له أو الأكثر نتيجة له.

وحتى لا تتذبذب الأحكام والقيم وتصبح ذاتية فقط؛ فإنهم يرون ضرورة أن تعتمد الأحكام التي نصدرها على شئ ما (القيم) على نتيجة تطبيق هذا الشئ من خلال الإجابة على سؤالين هما:

---

(1) ضياء زاهر : القيم في العملية التربوية ،ص (13-14).

1: ما النتائج الشخصية الهامة للشخص من هذه القيمة؟

2:ما النتائج الاجتماعية؛ أي ما مدى وظيفة القيمة بالنسبة للبيئة المحيطة للفرد والمجتمع ككل؟. فالطاعة مثلا تعد قيمة مرغوبا فيها في الجيش، لكنها تصبح قيمة غير مستحبة أحيانا مع أولادنا وتلاميذنا، لأنها لا تساعدهم في التفكير في الأوامر،فبالتالي فالقيمة لديهم ذاتية وليست موضوعية بمعنى أنها تعود على ذات الشخص الذي يقيم الشيء أو الموقف.... فالشجرة الجميلة لمن تكن جميلة إلا لأن الشخص يراها كذلك: فإن القيمة جزء لا يتجزأ من الواقع الموضوعي للحياة والخبرة الإنسانية، وإن قيم الأشياء لا تكمن فيها بل نحن الذين نسقطها عليها من خلال رغباتها واتجاهاتنا نحوها. فالقيمة عندهم كالحقيقة تماما تنبع من الموقف والخبرة، وهي مرنة ونسبية بالنسبة للموقف، فالصدق مثلا قيمة مهمة ولكن الكذب قد ينجي الإنسان من كيد الأعداء وينجو وطنه ومجتمعه. وهنا لابد أن يكذب عندما يعطي معلومات. ومن هنا تأتي نسبية القيم ونسبية الأخلاق، على أنهم يرون في نفس الوقت أن هناك قيما سامية وصحيحة توصل إليها الإنسان منذ أقدم العصور واتفق على صحتها كالأمانة والصدق والتضحية والوفاء والإخلاص... إلخ[1].

(1) ضياء زاهر : القيم في العملية التربوية ،ص( 14-16 ).

# المبحث الثاني

## مفهوم القيم من منظور إسلامي.

اختلف مفهوم القيم لدى الباحثين المسلمين من منظورها الإسلامي بسبب ارتباطها بكثير من العلوم والمعارف، ويمكن حصر تعريفات القيم من منظورها الإسلامي فيما يأتي:

1: (هي مجموعة من الأوامر والنواهي التي تجعل سلوك الإنسان متطابقا مع قواعد الشرع الحنيف، والتي تشمل عقيدة الإنسان وعباداته ومعاملاته مع بني جنسه وعلاقته مع الكون الذي يعيش فيه وتكون نابعة من القرآن الكريم والحديث الشريف)[1].

2: هي مجموعة المعايير والفضائل التي جاء بها الإسلام، ثم أصبحت محل اعتقاد واعتزاز لدى الإنسان عن اقتناع واختيار، ثم صارت موجهات لسلوكه، ومرجعا لأحكامه في كل ما يصدر عنه من أقوال وأفعال تنظم علاقته بالله، وبالكون، وبالمجتمع، وبالإنسانية جمعاء)[2].

3: هي مجموعة معايير واتجاهات ومثل عليا تتوافق مع عقيدة الفرد التي يؤمن بها عن قناعة بما لا يتعارض مع السلوك الاجتماعي،وبحيث تصبح تلك المعايير خلقا للفرد تتضح في سلوكه ونشاطه، وتجاربه الظاهري منها والضمني، كما تتضح في التزام الفرد بتلك القيم خلال تصرفاته تجاه الناس من جهة، ورب الناس من جهة أخرى[3].

4: مكون نفسي معرفي عقلي ووجداني أدائي يوجه السلوك ويدفعه، لكنه إلهي

---

(1) أحمد عثمان: القيم الحضارية في رسالة الإسلام، الدار السعودية ، ط1 1402هـ ص (42).
(2) عبد الرحيم الرفاعي بكرة: القيم الأخلاقية لدى طلاب جامعة طنطا، دراسة ميدانية، ص(31).
(3) محمد وفائي الحلو: دور الروضة في إكساب الأطفال القيم الأخلاقية ، بحثمقدم إلى مؤتمر القيم والتربية في عالم متغير ، المنعقد في جامعة اليرموك ، إربد ، في الفترة من 17-19 جمادى الآخرة 1420هـ ص (3).

المصدر ويهدف إلى إرضاء الـلـه تعالى دائما[1].

5: مبادئ تحث على الفضيلة وموجهات للسلوك الإنساني لصالحه وصالح مجتمعه، وتستمد أصولها بالأمر والنهي من القرآن الكريم وسنة الرسول صلى الـلـه عليه وسلم [2].

6: هي مجموعة الصفات السلوكية والعقائدية والأخلاقية التي توجه سلوك المراهق الوجهة الدينية[3].

7: هي معايير تعبر عن الإيمان بمعتقدات راسخة مشتقة من مصدر ديني إسلامي، تملي على الإنسان بشكل ثابت اختياره أونهجه السلوكي في المواقف المختلفة التي يعيش أو يمر بها وهي إيجابية صريحة أوضمنية يمكن استنتاجها من السلوك اللفظي وغير اللفظي[4].

8: هي مجموعة من المعايير المستمدة من القرآن الكريم والسنة النبوية، وأصبحت محل اعتقاد واتفاق لدى المسلمين عن اقتناع واختيار، والتي من خلالها نحكم على السلوك الإنساني من حيث الرغبة فيه أوعنه[5].

ومن خلال هذه التعريفات يتبين ما يأتي:

---

(1) إسحاق الفرحان وزميله : اتجاهات المعلمين في الأردن نحو القيم افسلامية في مجال العقائد والعبادات والمعاملات كما حددها الإمام البيهقي، أبحاث اليرموك ، 4(20) عمان 1988م ص (99)

(2) محمد الصاوي: القيم الإسلامية المتضمنة في كتابي القراءة للصف الثالث الابتدائي في مصر وقطر، مجلة كلية التربية ، جامعة قطر ،7 (7)، الدوحة 1990م ص (261).

(3) منصور عبد الغفور: دراسة تحليلية للقيم البيئية لدى المراهقين من طلاب التعليم العام والأزهري ، وأثر ذلك على مستوى القلق، رسالة ماجستير غير منشورة ، كلية التربية ، جامعة أسيوط ، 1982م ص (45).

(4) وضحة السويدي: تنمية القيم الخاصة بمادة التربية الإسلامية لدى تلميذات المرحلة الإعدادية بدولة قطر ، برنامج مقترح – دار الثقافة ، الدوحة ،ط1 1409هـ 1989م ص(30).

(5) عطية محمد الصالح : تنمية القيم الأخلاقية لدى طلاب مرحلة التعليم الإساسي العليا من وجهة نظر معلمي التربية الإسلامية في المملكة الإردنية الهاشمية ، رسالة دكتوراه غير منشورة ، 1424هـ 2002م ،ص(65) .

1: أن القيم الإسلامية مستمدة من القرآن والسنة.

2: أنها معايير تحكم سلوك الأفراد.

3: أنها معتقدات راسخة لدى الفرد بناء على قناعاته.

4: أنها موجهة لسلوك الفرد.

ويمكن للباحث أن يضع تعريفا للقيم بأنها:: تلك المفاهيم والمعتقدات والمعاني التي يولد بها الإنسان بموجبها ولادة ربانية، ويعيش بها ـ وبما اكتسبه ـ في طاعة اللـه، والتـي تحكـم سـلوكه وتوجهه إلى تنفيذ ما أمر اللـه تعالى به ورسوله، وإلى ترك ما نهى اللـه عنه ورسوله.

## المبحث الثالث

## المفاهيم الإجرائية للقيم

اختلفت الأراء وتباينت حول المفهوم الإجرائي للقيم نظرالاختلاف مشارب من تناولوها،وكتبوا عنها؛ فقد تعاملوا مع مفهوم القيم على أنه أحد الجوانب لمفاهيم أخرى مثل:الاتجاهات، الاهتمامات، المعايير، المعتقدات... إلخ، وهي الموجهة للسلوك.

وسوف نعرض المفهوم الإجرائي للقيم وعلاقته ببعض المفاهيم الشديدة الصلة به.

**أولا: القيم كاتجاهات:**

ليس من السهل تقديم تعريف متفق عليه بين العلماء لكلمة الاتجاه؛ فحالته مشابهة لحالة القيم في هذا الصدد، وما يلازم كلمة الاتجاه من اختلاف في تحديد مفهومه أكثر مما يلازمها من مظاهر الاتفاق[1].

يعرف أحمد زكي صالح الاتجاهات بأنها: مجموعة من استجابات القبول أو الرفض التي تتعلق بموضوع جدلي معين[2].

ويقول عبد المجيد نشواتي: (تشير الاتجاهات إلى نزعات تؤهل الفرد للاستجابة لأنماط سلوكية محددة نحو أشخاص أو أفكار أو حوادث أو أوضاع أو أشياء معينة، وتؤلف نظاما معقدا تتفاعل فيه مجموعة كبيرة من المتغيرات المتنوعة[3].

ومن تكلم عن القيم بمعنى الاتجاهات هو كانترل حيث يرى أن القيم اتجاهات تقويمية.وأما ستاجنر يعتبرها تقويمات لاتجاهات متقاربة. وأما سارجنت فيرى أن

---

(1) ماجد الجلاد : تعلم القيم وتعليمها ص(26).
(2) أحمد زكي صالح: علم النفس التربوي، مكتبة النهضة المصرية الطبعة الحادية عشرة 1979 ، ص(812 ).
(3) عبد المجيد نشواتي: علم النفس التربوي ، مؤسسة الرسالة، 1983م ص(471).

الاتجاهات تدل على ميل سلوكي يتميز بشعور سار أو مؤلم، في حين أن القيم تمثل الأمور التي تتجه نحوها رغباتنا واتجاهاتنا[1].

وذهب البعض إلى جعل القيمة بؤرة تتجمع حولها مجموعة من الاتجاهات على اعتبار أن القيمة عبارة عن (مجموعة اتجاهات شاملة تتجمع حول محور مركزي) هذا المحور هو القيمة، وهذا يعني أن قيم الفرد أقل عددا من اتجاهته[2].

ومن خلال ما سبق من التعريفات نجد أن هناك علاقة وثيقة بـين القـيم والاتجـاه وتـداخل بينهما.

ومن أبرز مظاهر الاتفاق بينهما ما يأتي[3]:

1:تتفق القيم والاتجاهات من حيث المكونات الثلاثة: المعرفية والوجدانية والسلوكية.

2: ترتبط القيم والاتجاهات بالسلوك، حيث يصدر عنهما سلوك إيجابي أو سلبي نحو موضوع معين.

3: تتضمن القيم والاتجاهات إصدار أحكام تقويمية محددة تجاه موضوع ما.

تقول فوزية ديـاب: والواقـع أن العلاقـة وثيقـة جـدا بـين الاتجاهـات والقـيم وفي هـذا يقـول: بوجاردس: إن كـل اتجـاه مصـحوب بقيمـة وأن الاتجـاه والقيمـة جـزءان لعمليـة واحـدة ولا معنـى لأحدهما دون الآخر؛ فحياة الإنسان الحقة خاضعة للاتجاهات والقيم معـا، وإذا كـان الاتجـاه اتجـاه إقدام وقبول ورضا كانت القيمة التي ترتبط به وتصحبه قيمة إيجابيـة أمـا إذا كـان الاتجـاه إحجـام ونفور وعدم قبول كانت القيمة سلبية[4].

وتتضح الفروق الساسية بين القيم والاتجاهات من حيث عدة فروق هي:

---

(1) فوزية دياب: القيم والعادات الاجتماعية ص(24).
(2) عطية محمد الصالح : تنمية القيم الأخلاقية ص(53).
(3) ماجد الجلاد : تعلم القيم وتعليمها ص( 26).
(4) فوزية دياب : القيم والعادات الاجتماعية ص(24).

1: العموم والخصوص: فمفهوم القيم أعم وأشمل من مفهوم الاتجاه؛ ذلك أن القيمة لها صفة العمومية، فهي تعبر عن اتجاهات مركزية أو شاملة، وتتكون من مجموعة من الاتجاهات المرتبطة، فالقيمة قد تتضمن مئات الاتجاهات الفرعية، فنحن نجد عند الفرد عشرات القيم في حين تجد عنده آلاف الاتجاهات الممثلة لهذه القيم، فمثلا قيمة (العلم) تتجسد عند الفرد في مجموعة من الاتجاهات منها: الاتجاه نحو القراءة، والاتجاه نحو المدرسة، والاتجاه نحو المعلم، والاتجاه نحو طلب العلم والاتجاه نحو البحث، والاتجاه نحو التعلم الذاتي... وغيرها.

2: الغائية والوسائلية: حيث تمثل القيمة غايات نهائية تتسم بالتجريد والرمزية، في حين يمثل الاتجاه هدف وسائلي أقل تجريدا ورمزية، ومعنى ذلك أن القيمة تعد غاية في حد ذاتها، يسعى إليها الفرد ويحرص عليها ويظهرها في سلوكه، في حين ترتبط الاتجاهات بمجموعة معتقدات تتعلق بموضوع معين قد يحبه الفرد أو يكرهه.

3: الثبات والتغير: فالقيم أكثر ثباتا من الاتجاهات، وذلك لطبيعتها المعرفية والوجدانية والسلوكية التي تعززها الموروثات الثقافية والاجتماعية ولأهميتها في بناء شخصية الفرد وسلوكياته تجاه الكون والإنسان والحياة؛ فالقيم تقوم على مجموعة من المعتقدات الراسخة تتعلق بشكل من أشكال السلوك أو غاية من الغايات التي اكتسبها الفرد خلال ما مر به من خبرات تعليمية طويلة التي تعمقت في نفسه وأصبحت جزءا من ذاته، يتحدد في إطارها سلوكه ومعرفته ووجدانه نحو حقائق الوجدان الكبري ومن هنا فهي صعبة التغيير وبطيئة الاكتساب؛ في حين تتشكل الاتجاهات لدى الفرد من خلال ما يواجهه من مواقف، وهي تتغير بتغير ما يكتسبه من خبرات وما يمر به من تجارب[1].

وممن فرق بين القيم والاتجاهات الدكتور ضياء زاهر في كتابه (القيم في العملية التربوية) وهي كالتالي:

(1) ماجد الجلاد : تعلم القيم وتعليمها ص( 29-30).

1: من حيث درجة التجريد:فالاتجاه أقل تجريدا، والقيمة أكثر تجريدا وأكثر رمزية.

2: من حيث الثبات: فالاتجاه أقل ثباتا؛ ولهذا فهو أسهل تغييرا، بينما القيمة أكثر ثباتا وتتغير ببطء.

3: من حيث درجة العمومية: نجد أن الاتجاه يعبر عن موقف أو موضوع واحد أو عدد قليل من المواقف، بينما القيمة لها صفة العمومية تعبر عن أحكام عامة تعتمد على مجموعة من الاتجاهات.

من حيث درجة الوعي: فالاتجاه يمثل وعيا فرديا من جانب محتضنه فيحدد له نشاطه الواقعي أو المتوقع؛ ولذلك فهو غير معياري ولا يصلح كأحكام نهائية في حين نجد أن القيمة تمثل وعيا جماعيا لمحتضنيها؛ فهي ترسم لهم الأحكام والمعايير المتصلة بنشاطاتهم وتفاعلاتهم وبالتالي فهي معيارية.

من حيث التكوين: نجد أن الاتجاه يتكون بسرعة لأنه لا يحتاج إلى خبرات كثيرة أوطويلة، في حين نجد القيم تتكون ببطء لحاجتها لاتجاهات وخبرات ومعرفة كثيرة.

من حيث الموافقة الاجتماعية: فالاتجاه لا يحتاج إلى موافقة اجتماعية، فهو مجرد ميل لفعل ما هو مرغوب حول موضوع معين، بينما القيمة تتطلب موافقة اجتماعية لإقرارها وهي تعبر عن فعل اجتماعي من حيث أهدافه وموضوعه)[1].

وذكر عبد المجد نشواتي فرقا آخر هو: (أن القيم تنطوي عادة على جانب تفضيلي وأخلاقي، في حين يمكن أن تكون الاتجاهات سلبية، لذلك يتناول الباحثون عادة مسألة القيم من خلال بحثهم في السلوك الأخلاقي)[2].

ومما سبق يتضح أنه  يوجد ارتباط وثيق بين القيم والاتجاهات؛ لذا يجب الاهتمام

---

(1) ضياء زاهر : القيم في العملية التربوية ،ص( 26-27).

(2) عبد المجيد نشواتي: علم النفس التربوي ، مؤسسة الرسالة، 1983م ص(480).

والعناية باتجاهات الطلاب والعمل على تنمية الاتجاه الإيجابي منها وتعديل السلبي حيث يؤدي ذلك إلى بناء قيمهم الإيجابية.

## ثانيا: القيم كمعتقدات:

نظر بعض الباحثين إلى القيم بأنها معتقدات يعتقدها الشخص فيحكم على الحسن بأنه حسن والقبيح بأنه قبيح استنادا إلى معتقده.

تقول فوزية دياب: (فالقيمة عندهم هي اعتقاد شيئا ما ذا قدرة على إشباع رغبة إنسانية. وهي صفة الشئ التي تجعله ذا أهمية للفرد أو للجماعة. والقيمة على وجه التحديد مسألة اعتقاد؛ فالشئ ذو المنفعة الزائفة تكون له القيمة نفسها كما لو كان حقيقيا إلى أن يكتشف هذا الخداع)[1].

وفي هذا الصدد يقول حسن الساعاتي: (إن القيم هي الأفكار الاعتقادية المتعلقة بفائدة كل شئ في المجتمع، وقد تكون الفائدة صحة جسمية، أو توقدا في الذكاء، أو نشوة ولذة، أو بسطة في الرزق، أو حسن سمعة، أو غير ذلك من المنافع الشخصية)[2].

أما روكيتش فيرى: (أن القيمة هي معتقد ثابت، أو صفة خاصة من السلوك التي تحدد وجود الشخصية، أو التقدير الاجتماعي)[3].

(ويرى آخرون أن القيم هي مجموعة من المعتقدات يعتنقها أفراد المجتمع تتعلق بما هو حسن أو قبيح أو ما هو مرغوب فيه أو مرغوب عنه، ويقول آخرون: إن القيم هي المعتقدات والاتجاهات والمشاعر التي يفتخر بها الفرد ويعلن عنها، والتي اختيرت

(1) فوزية دياب : القيم والعادات ص26
(2) علي أبو العينين : القيم الإسلامية والتربية ، مكتبة إبراهيم الحلبي ، المدينة المنورة، 1408هـ ط1 ص(25).
(3) هاشم عبد الرحمن : دور كليات التربية في تنمية وتدعيم بعض القيم لدى طلابها، رسالة دكتوراة غير منشورة ، كلية التربية جامعة المنيا 1412هـ ص(65).

بتفكر من بين عدة بدائل، والتي تطبق بصورة مكررة)[1].

ويرى بعض العلماء أن المعتقدات ثلاثة أنواع:

1: معتقدات وصفية: وهي التي توصف بالصحة أو الزيف.

2: معتقدات تقويمية: وهي التي يوصف على أساسها موضع الاعتقاد بالحسن أو القبيح.

3: معتقدات آمرة أو ناهية: حيث يحكم الفرد بمقتضاها على بعض الوسائل أو الغايات بجدارة الرغبة أو عدم الجدارة ومن ثم الفعل أو الترك)[2].

ووجد من الباحثين من يربط بين القيم والاعتقاد بصفة عامة حيث تكتسب الأشياء قيمتها من الاعتقاد فيها، وفي ضوء ذلك فإن مفهوم القيمة هو: (مسألة اعتقاد في شئ ما نتيجة تفاعل الإنسان مع هذا الشئ موضع القيم تفاعلا ديناميكيا وذلك أثناء الخبرة العادية في الحياة.... لأنه بدون اعتقاد سواء بالسلب أو الإيجاب فإن الأشياء سوف تصبح غير ذات معنى)[3].

وعلى الرغم من التداخل بين القيم والمعتقد إلا أن بعض الباحثين قد فرق بينهما في عدة جوانب:

1: القيم تشير إلى الحسن مقابل السيئ، أما المعتقدات فتشير إلى الحقيقة مقابل الزيف.

2: المعارف في القيم تتميزعن باقي المعارف الأخرى بالخاصية التقويمية؛ حيث

(1) ماجد الجلاد: تعلم القيم وتعليمها ص( 30).
(2) أزهري التجاني عوض : القيم الخلقية وتطبيقاتها التربوية ص(94 ).
(3) محمد عثمان : الفوارق القيمية بين الريف والحضر ودور التربية في معالجتها من أجل التنمية الاجتماعية والاقتصادية في مصر ، رسالة دكتوراه غير منشورة ، جامعة الأزهر ، القاهرة 1981م ص(150) .

يختار الفرد في ضوء تقويمه ما هو مفضل أو غير مفضل بالنسبة له، فهي ليست مرادفة للمعتقدات وإنما تدور حول المعتقدات التي يتبناها الفرد[1].

ويرى بعض الباحثين أن القيم معتقد يتعلق بما هوجدير بالرغبة، ذلك المعتقد يملي على الفرد مجموعة من الاتجاهات المعبرة عن هذه القيمة[2].

**ثالثا: القيم كاهتمامات:**

يرى فريق من الباحثين أن القيم عبارة عن اهتمامات؛ فالشئ الذي نهتم به هو الذي يمثل قيمة لنا؛ ومعنى ذلك أن الشئ ليس قيمة في ذاته وإنما يكتسب قيمته من خلال اهتمامنا به. وممن ذهب إلى هذا المفهوم الفيلسوف بري الذي يرى أن القيمة هي اهتمام، أي اهتمام بأي شئ[3].

والاهتمام في رأي بري يعد الينبوع الأصلي والسمة المميزة والخاصية الدائمة في جميع القيم. ويعبر بري عن رأيه هذا بأساليب مختلفة التراكيب والألفاظ، ولكنها واحدة في الروح والمعنى إذ يقول: (إن أي شئ موضوع اهتمامنا فإنه حتما محمل بالقيمة) كما يقول: (يعتبر الشئ ذا قيمة إذا اتصف بفعل فيه اهتمام) وتارة يختصر فكرته في المعادلة البسيطة التالي (س ذو قيمة = هناك اهتما بـ س) ومعنى هذا أن أي شئ أيا كان يكتسب قيمة ما دام هناك اهتمام به من أي نوع كان، تماما كما يحدث عندما يصبح أي شئ أيا كان هدفا لأن شخصا ما قد صوب نحوه. أي أن القيمة تنبع من الاهتمام والرغبة وليس ينبع الاهتمام والرغبة من القيمة[4].

ويقول ماجد الجلاد: (ومضمون كلام بري ينفي أن تكون قيمة الشئ كامنة

---

(1) عبد اللطيف خليفة: ارتقاء القيم (دراسة نفسية ) سلسلة عالم المعرفة رقم 160، الكويت المجلس الوطني للثقافة والفنون والآداب.ص(48 ).

(2) محمود عطا حسين عقل: القيم السلوكية ، مكتب التربية العربي لدول الخليج ، الرياض 1422هـ ط1 ص(65).

(3) فوزية دياب : القيم والعادات ص(22).

(4) فوزية دياب : القيم والعادات ص(36-37).

وكائنة فيه فعلا وتعبر عن طبيعته، وهو بذلك يعارض ما تقرره النظريات الموضوعية التي ترى أن قيمة الشئ موضوعية مستقلة عن ذات الإنسان ومشاعره، وإنما تحدد بمعزل عن خبرة الإنسان في حياته الواقعية، ولذلك فإن القيمة كما ترى الفلسفة المثالية أو العقلية ثابتة لا تتغير.

ومقولة بري تتفق مع اتجاه الفلسفة الواقعية التي ترى أن قيمة الأشياء ليست كائنة فيها وإنما هي مجرد شعور ذاتي أو تقدير ذاتي ينبع من ذات الشخص المتفاعلة مع خبرته وواقعه، وقد فصل بري مقولته هذه ضمن نظريته المعروفة بالنظرية العامة للقيم التي اتخذ فيها مفهوم الاهتمام محورا واساسا لتفسير القيمة، وخلاصة هذه النظرية:أن أي اهتمام بأي شئ يجعل هذا الشئ ذا قيمة فالعقل البشري يقبل أشياء ويرفض أخرى، والقبول والرفض يتضمنان معان كثيرة كالموافقة وعدمها، والحب والكره، والرغبة والنبذ... ولكل هذه الخصائص الشاملة للحياة الوجدانية التي توصف بأنها حالات أو اتجاهات أوميول أو أفعال للقبول أو الرفض، ولكل هذه الحالات يقترح بري اصطلاح الاهتمام؛ فالاهتمام يعد في رأيه السمة المميزة والخاصية الدائمة في القيم جميعها)[1].

ويعرف هاتشينوسن القيمة من منظور الاهتمام بأنها:(هي شئ أو موضوع يسعى إليه الفرد بجدية نظرالما يمثله هذا الشئ أو هذا الموضوع من قيمة أو اهتمام بالنسبة له.وهي تتصف بخاصيتين هما:

1: انتظامها في بناء الشخص نفسه بحيث تحتل الصدارة فهي:

ـ توجه اهتمام الشخص وشواغله الأخرى.

ـ تمثل الإطار المرجعي لتقويمات الشخص المختلفة.

ـ توجه الشخص في تعامله مع جوانب الحياة المختلفة.

ـ تحتل جزءا مهما في البناء المعرفي للفرد، فلا شئ يفعله الفرد إلا وهومتصل بها.

2: اصطباغها بصبغة وجدانية تنتهي بالفرد إلى تقديس كل ما هو موضع

---

(1) ماجد الجلاد: تعلم القيم وتعليمها ص (25 ـ26).

قيمة)[1].

تقول فوزية دياب: ويلاحظ العالمان كهلر وهون أن بري يستعمل كلمة اهتمام استعمالا سلوكيا، لأن الاهتمام في رأيه يشير على نوع العمل أو إلى نمط سلوكي بدليل قوله (أنه أساس حركي أو نزوعي) ويرى كهلر أن تفسير القيمة بمفهوم الاهتمام وما يتضمنه من نزوع وسعي وميل هو الذي سيوصلنا إلى حل لمشكلة القيمة من الناحية النوعية. لأن تفسير القيمة على أساس الاهتمام والسعي أو النزوع يحول المشكلة إلى شئ بديهي، فالنزوع والاهتمام حقائق ملموسة في خبرتنا اليومية...، لكن هذه البداهة عينها في خبرتنا اليومية هي التي تدعونا إلى الحذر والاحتياط فكم من شئ يتضمن بل يخفي وراءه في كثير من الأحيان صفات جوهرية جديرة بالفحص والتمحيص والمعرفة الدقيقة. وهذا يقد ر بنا أن نذكر أن الاهتمام لابد أن يكون له مصدر أو منبع وأن يكون له اتجاه أو هدف أو غاية (أي موضوع الاهتمام) والاهتمام لا ينبع من الأشياء بل ينبع من الأشخاص متجها نحو الأشياء[2].

ومن أبرز ما تمتاز به نظرية بري فكرة الديناميكية والتغير في الاهتمام ومن ثم في القيم نفسها. أي التغير في الاهتمام أو في الشئ موضوع الاهتمام ينتج عنه تغير في القيمة)[3].

وعلى الرغم من تناول القيمة عند كثير من الباحثين بأنها الاهتمام إلا أن بعض الباحثين قد فرقوا بين هذين المفهومين (القيمة والاهتمام) واعتبروهما شيئين مختلفين تماما. ومن هذه الفروق[4]:

1ـ الاهتمام عبارة عن ميل نحو أشياء يشعر الفرد تجاهها بجاذبية خاصية، في حين تمثل القيم آراء وتفضيلات تتصل بموضوعات اجتماعية.

2: الاهتمام يتعلق ـ غالبا ـ بالتفضيلات المهنية، في حين تشير القيمة إلى

(1) محي الدين حسين: القيم الخاصة لدى المبدعين، دار المعارف، القاهرة، 1981م، ص(32).
(2) فوزية دياب : القيم والعادات ص(37-38).
(3) فوزية دياب : القيم والعادات ص(39).
(4) ماجد الجلاد: تعلم القيم وتعليمها ص( 26).

موضوعات اجتماعية، وسياسية ـ ودينية،وأخلاقية.

3: الاهتمام هو أحد مظاهر القيمة، وعليه فمفهومه أضيق مـن مفهومهـا، ولا يتضـمن نوعـا من أنواع السلوك المثالية، ولا يشكل غاية من الغايات، ولا يمثل معيارا لـه صفة الوجوب كـما في القيمة.

### رابعا: القيم كتفضيلات ورغبات:

ذهب عدد من الباحثين إلى أن القيم هي تفضيلات ورغبات؛ فنحن عنـدما نقـوم بالحكم على شئ ما حسنا كان أم قبيحا نحكم عليه حسب ما لدينا من تفضيلات، وحين نقـوم بسلوك مـا يكون نابعا من تفضيل هذا السلوك على غيره أو رغبتنا في هذا السلوك.

ومن هؤلاء الذين يرون أن القيم عبارة عـن تفضيلات ثورنـديك؛فيرى: أن القيم عبـارة عـن تفضيلات وأن القيم الإيجابية منها والسلبية تكمن في اللذة أو الألم الذي يشـعر بـه الإنسان؛ فـإذا كان حدوث س لا يؤثر مطلقا على لـذة أو ألم أي فـرد أيا كان ـ حاليا أو مسـتقبلا ـ فإنـه عـديم القيمة على الإطلاق. وعلى هذا فلا يكون خيرا أو شرا، مرغوبا فيه أو مرغوبا عنه.

والأحكام عن القيم أي القضايا مثل قولنا: أ:خير، ب:شر، ج: صواب، د:نافع، ترجع في النهايـة إلى اللذة أو الألم أو الارتياح أو عـدم الارتيـاح الـذي يشـعر بـه الإنسـان، كـما تتوقف أيضـا على تفضيلاته للأشياء[1].

ويرى أحد الباحثين: أن القيم ما هي إلا تصورات للتفضيل وهي جزء من الثقافة[2].

أو هي مقياس أومستوى أومعيار نستهدفه في سلوكنا ونسلم بأنه مرغوب فيه أو

---

(1) فوزية دياب : القيم والعادات ص(22-23).
(2) توفيق مرعي وآخرون : علم النفس الاجتماعي ، دار القرقان ، عمان 1984م ، ط2 ص(216).

مرغوب عنه[1].

ويقول ماجد الجلاد: (وقد تمسك بهذا الاتجاه موريس الذي وصف القيم بأنه علم السلوك التفضيلي؛إذ إن أي سلوك للفرد يمثل تفضيلا لمسلك على الآخر، والمسلك المختار هو الأحسن والأكثر قبولا والأكثر أهمية في نظر الفرد، وطبقا لتقريره وإدراكه للظروف القائمة في الموقف، فبالقياس على المسالك تعبر القيم دائما عن أفضل أحكامه وأحسنها في العمل في مواقف الحياة ومعنى ذلك أن الفرد يستعملها كلما اختار مسلكا أو كلما اتخذ قرارا يفضل به مسلكا معينا من بين عدة بدائل، لأن مختارات أحكامه وموازناته بين عدة ممكنات وقراراته للعمل مسائل دائمة تواجهه باستمرار وفي كل وقت وفي كل خبرة من خبرات حياته)[2].

وذهب بعض الباحثين إلى أن القيم التي يتبناها الأشخاص عوامل مهمة ومحدد لسلوكهم؛ فعندما يؤدي المرء سلوكا معينا أو يختار مسارا مفضلا له على سلوك أو مسار آخر فإنه يفعل هذا وفي ذهنه أن السلوك أو المسار الأول يساعده على تحقيق بعض من القيم أفضل من السلوك الآخر[3].

وعلى الرغم من أن عملية إشباع الرغبة تمثل أهمية كبيرة بالنسبة للفرد والجماعة، كما تمثل أمرا ذا قيمة في كثير من الأحيان؛ إلا أن بعضا من الرغبات قد يجنح عن حدود ما تسمح به الجماعة أو المجتمع، وعند ذلك يعتبر الوقوف أمام تلك الرغبة الجانحة أمرا تحتمه القيم، ولذا فعملية إشباع الرغبات قد تمثل جزءا من مفوم القيمة ولا تعبر عن القيمة كلها[4].

وإذا كانت القيم عبارة عن رغبات كما يرى بعض الباحثين فإن هذا الأمر يعد ذا

---

(1) محمد كاظم : التطورات القيمية وتنمية المجتمعات الريفية ، المجلة الاجتماعية القومية ، تصدر عن المركزالقومي للبحوث الاجتماعية ، القاهرة 1970م ص(125).
(2) فوزية دياب : القيم والعادات ص(23-24).
(3) محي الدين حسين: القيم الخاصة لدى المبدعين ص(37).
(4) عطية محمد الصالح : تنمية القيم الأخلاقية ص(57).

أهمية كبرى حيث يجب أن نتنبه لاختيارات الطلاب وتفضيلاتهم ونعمل على إشباع ما هو إيجابي منها وترك ما هو سلبي ومعالجته حتى نصل بالطالب إلى تنمية القيم الإيجابية لديه من منطلق التفضيلات والرغبات.

**خامسا:القيم كمعايير:**

يرى فريق من الباحثين أن القيم عبارة عن معايير ومقاييس يمكن من خلالها إصدار إحكام على السلوك بأنه قبيح أو حسن.ومن هؤلاء: (جيمس) حيث عرف القيم بأنها محاكاة ومقاييس نحكم بها على الأفكار والأشخاص والأشياء والأعمال والموضوعات والمواقف الفردية والجماعية، من حيث حسنها وقيمتها والرغبة فيها، ومن حيث سوئها وعدم قيمتها وكراهيتها أو في منزلة معينة ما بين هذين الحدين[1].

ومن هؤلاء أيضا (شيفر وسترنخ) اللذان عرفا القيم بأنها: (المقياس والمبادئ التي تستعملها للحكم على قيمة الشئ وهي المعايير التي نحكم من خلالها على الأشياء بأنها جيدة مثل (الناس والأغراض والأفكار والأفعال والمواقف) وقيمة مرغوبة وعلى عكس ذلك بأنها سيئة ومن غير قيمة أو قبيحة)[2].

ومن الباحثين المسلمين من عرفوا القيم بأنها مقاييس ومعايير يمكن أن نقيس عليها تصرفات الأفراد ونحكم على سلوكهم. ومن هؤلاء:

1ـ فؤاد البهي: حيث عرف القيم بأنها: (معايير اجتماعية ذات صبغة انفعالية قوية وعامة، تتصل من قريب بالمستويات الخلقية التي تقدمها الجماعة، ويمتصها الفرد من البيئة الخارجية، ويقيم منها موازين يبرر بها أفعاله، ويتخذها هاديا ومرشدا، وتنتشر هذه القيم في حياة الأفراد فتحدد لكل منهما خلانه وأصحابه وأعدائه)[3].

2ـ لطفي بركات: حيث يعرف القيم بأنها (هي مجموعة القوانين والمقاييس التي

(1)    ماجد الكيلاني: فلسفة التربية الإسلامية ، مكتبة هادي ، مكة المكرمة ، 1409هـ ط2 ص(299).
(2)    ماجد الجلاد: تعلم القيم وتعليمها ص( 22).
(3)    فؤاد البهي : علم النفس الاجتماعي ، دار الفكر العربي ، القاهرة ، 1958م ، ص(325).

تنبثق مـن جماعـة مـا وتكون بمثابة واجهات للحكـم علـى الأعمال والممارسـات الماديـة والمعنوية، وتكون لها من القوة والتأثير على الجماعة بما لها من صفة الضرورة والإلزام والعمومية، وأي خروج عليها أو انحراف عنها يصبح بمثابة الخروج عن أهداف الجماعة ومثلها العليا)[1].

وعرفها في المعجم التربوي بأنها:) مجموعة من القواعد والمقاييس الصـادرة عـن جماعـة مـا ويتخذونها معايير للحكم على الأعمال والأفعال ويكون لها قوة الإلزام والضرورة والعمومية،ويعتبر أي خروج عليه بمثابة انحراف عن قيم الجماعة ومثلها العليا)[2].

3ـ محمد إبراهيم: حيـث يعرف القيم بأنهـا: (مقـاييس أو مسـتوى أو معيار نسـتهدفه في سلوكنا ونسلم بأنه مرغوب فيه أو مرغوب عنه، وهـي مقياس أو مسـتوى لـه ثبـات أو اسـتمرار لفترة زمنيـة، يـؤثر في سـلوك الفـرد تأثيرا يتفاعـل مـع مـؤثرات أخـرى لتحديـد السـلوك في مجـال معين)[3].

4: ضياء ظاهر: يعرف القيم بأنها: (مجموعة من الأحكام المعيارية المتصلة بمضامين واقعيـة، يتشربها الفرد من خلال انفعاله وتفاعله مع المواقف والخبرات المختلفـة، ويشـترط أن تنال هـذه الأحكام قبولا من جماعة اجتماعية معينة حتى تتجسد في سياقات الفرد السـلوكية أو اللفظيـة أو اتجاهاته واهتماماته)[4].

5: ماهر محمود: حيث يعرفها بأنها: (مفهـوم مجـرد ضمني يعبر بـه الإنسان عـن حكمـه المفضل على سلوك معين أو حكمه المفضل في أمر من الأمور في ضوء المبادئ والمعايير التـي يضعها المجتمع الذي يعيش فيه)[5].

6: علي خليل أبو العينين: عرف القيم بأنها: (مفهوم يدل على مجموعة من المعايير

---

(1) لطفي بركات : القيم والتربية ص(4).
(2) لطفي بركات : المعجم التربوي ، دار الوطن ، ص(173).
(3) محمد إبراهيم كاظم : تطورات في قيم الطلبة، مكتبة الأنجلو المصرية ، القاهرة ،ص(14).
(4) ضياء زاهر : القيم في العملية التربوية ،ص( 24).
(5) ماهر محمود عمر : سيكلوجية العلاقات الاجتماعية ، دار المعرفة الجامعية ، ص(157).

والأحكام، تتكون لدى الفرد من خلال تفاعله مع المواقف والخبرات الفردية والاجتماعية بحيث تمكنه من اختيار أهداف وتوجهات لحياته يراها جديرة بتوظيف إمكانياته، وتتجسد خلال اهتمامات أو اتجاهات أو السلوك العملي أو اللفظي بطريقة مباشرة أو غير مباشرة).[1]

7- إبراهيم الشافعي: (هي مجموعة من المعايير المعنوية بين الناس يتفقون عليها فيما بينهم، ويتخذونها ميزانا يزنزن بها أعمالهم ويحكمون بها على تصرفاتهم المادية والمعنوية)[2].

ويرى بعض الباحثين أن هناك اختلافا بين القيم والمعايير فالقيم في نظر بيبر(مستويات للتفضيل مستقلة إلى حد ما عن المواقف الخاصة، في حين أن المعايير هي قواعد للسلوك، فهي تحدد ما يجب وما لا يجب إتيانه من أنماط سلوكية في ظروف محددة؛ بمعنى أن قيمة معينة قد تكون بمثابة نقطة مرجعية لعدد كثير من المعايير)[3].

وقد علق أحد الباحثين على التعريفات السابقة بقوله:

1:لا يمكن أن تكون القيمة في الإسلام كل شئ مرغوب فيه من شخص ما في وقت ما لأن القيم في هذه الحالة ليست سوى الشهوات التي أمر المسلمون بكبحها والسيطرة عليها.

2: ولا يمكن أن تكون القيمة هي أي شيء نرى فيه خيرا مثل الحب والشفقة والأمانة،لأن فيما يراه البعض خيرا لا يراه الآخرون كذلك.

3: وليست القيم اتجاهات، لأن القيم في الإسلام حقائق يكون الأفراد حولها اتجاهات سلبية أو إيجابية.

4: والقيم ليست هي التي نحتكم إليها في تقدير الموضوعات والاتجاهات

(1) علي خليل أبو العينين : القيم الإسلامية والتربية ص(34).
(2) إبراهيم الشافعي: الاشتراكية العربية كفلسفة للتربية ، النهضة العربية ، القاهرة ، 1971م ص(375).
(3) عطية محمد الصالح : تنمية القيم الأخلاقية ص(60-61).

الأخلاقيـة أو الجماليـة أو المعرفيـة،لأن المقـاييس التـي يحـتكم إليهـا المسـلمون في تقـدير الموضوعات هي مقاييس أنزلها الـلـه عز وجل ولا شأن للبشر في تحديد أي منها.

5: وليست القيمة هي كل ما يتفق مع العقل ويقبله لأن العقل في نظر الإسلام وسيلة لفهـم القيم وليس حكما عليها أو مصدرا لها[1].

6: أن القيم في التعريفات السابقة متغيرة حتى وإن كانت أصولا؛ فالصدق مـثلا قيمـة لكنـه في بعض الحالات لا يعد قيمة إذ الغاية عندهم تبرر الوسيلة، لكن الإسلام ينظر إلى القيم الإسلامية بأنها ثابتة لا تتغير؛ فالصدق قيمة في كل الحالات ومع كل الناس[2].

وفي دراستنا الحالية يمكن للباحث أن يضع مفهوما إجرائيا يتوافق مع طبيعة البحـث هـو أن أن القيم هي: كل ما أمر به الـلـه تعالى ورسوله، وما اعتقده الفـرد ـ بمـا لا يتعـارض مـع القـرآن والسنة ـوالتي ترتكز على الإيمان بالله تعالى، والتـي تفضي ـ بمـن تمسـك وعمـل بهـا إلى النجـاح في الدنيا والفوز برضا الـلـه تعالى في الآخرة،والنجاة من عقابه.

وقد ذكرنا أنها ترتكز على الإيمان استنادا إلى قـول الـلــه تعـالى ﴿ وَالْعَصْرِ﴿1﴾ إِنَّ الإِنسَانَ لَفِي خُسْرٍ﴿2﴾ إِلَّا الَّذِينَ آمَنُوا وَعَمِلُوا الصَّالِحَاتِ وَتَوَاصَـوْا بِـالْحَقِّ وَتَوَاصَـوْا بِالصَّـبْرِ﴿3﴾ [3]. فكـل قيمة لا ترتكز على الإيمان بالله تعالى لا تعد قيمة إسلامية.

---

(1) انظر: مروان إبراهيم القيسي : المنظومة القيمية الإسلامية ، المكتب الإسلامي ، 1416هـ ص (14-17).
(2) عطية محمد الصالح : تنمية القيم الأخلاقية ص(63).
(3) سورة العصر الآيات (1-3).

# الفصل الرابع

## التحصيل الدراسي وعلاقته بالقِيَم الإسلامية التربوية

- المبحث الأول: قِيَم يلتزم بها الطالب

- المبحث الثاني: قيم يلتزم بها الطالب مع معلمه

- المبحث الثالث: قِيَم ينبغي أن يلتـزم بهـا الطالب مـع المؤسسات التعليمية

- المبحث الرابع: قيم يلتزم بها الطالب مـع المؤسسـات التربوية

150

# الفصل الرابع

## العلاقة بين التحصيل الدراسي والقيم الإسلامية التربوية

**مقدمة:**

إن المتأمل في واقع التحصيل الدراسي و الباحث في القيم الإسلامية يجد أن هناك علاقة وثيقة بين الالتزام بالقيم الإسلامية التربوية والتحصل سواء كان هذا التحصيل في العلوم الشرعية أو في العلوم الطبيعية، وذلك لما تنطوي عليه هذه القيم من تهذيب للنفس وحفاظ على الوقت وتفعيل للذات وعلو للهمة في الطلب.

ومن الأدلة التي تؤيد ما ذكر: قول الله تعالى: ﴿وَاتَّقُواْ اللّهَ وَيُعَلِّمُكُمُ اللّهُ وَاللّهُ بِكُلِّ شَيْءٍ عَلِيمٌ﴾ [1]

قال القرطبي: (وعد من الله تعالى بأن من اتقاه علمه أي يجعل في قلبه نورا يفهم به ما يلقى إليه وقد يجعل الله في قلبه ابتداء فرقانا أي فيصلا يفصل به بين الحق والباطل ومنه قوله تعالى: ﴿يا أَيُّهَا الَّذِينَ آمَنُواْ إَن تَتَّقُواْ اللّهَ يَجْعَل لَّكُمْ فُرْقَانا وَيُكَفِّرْ عَنكُمْ سَيِّئَاتِكُمْ وَيَغْفِرْ لَكُمْ وَاللّهُ ذُو الْفَضْلِ الْعَظِيمِ﴾ [2]. (و الله أعلم) [3].

وفي هذا المعني يقول الشوكاني رحمه الله: ﴿وَاتَّقُواْ اللّهَ﴾ في فعل ما أمركم به وترك ما نهاكم عنه ﴿وَيُعَلِّمُكُمُ اللّهُ﴾ ما تحتاجون إليه من العلم وفيه الوعد لمن اتقاه أن يعلمه،ومنه قوله تعالى: ﴿يا أَيُّهَا الَّذِينَ آمَنُواْ إَن تَتَّقُواْ اللّهَ يَجْعَل لَّكُمْ فُرْقَانا وَيُكَفِّرْ عَنكُمْ سَيِّئَاتِكُمْ وَيَغْفِرْ لَكُمْ وَاللّهُ ذُو الْفَضْلِ الْعَظِيمِ﴾) [4].

يقول شيخ الإسلام ابن تيمية في الفتاوى: (قد يقال: العطف قد يتضمن معنى

---

(1) سورة البقر ة ، الآية (282).
(2) سورة الأنفال (29).
(3) القرطبي (372/3 ).
(4) الشوكاني ، محمد بن علي ، فتح القدير ( 452/1).

الاقتران والتلازم كما يقال:زرني وأزورك، وسلم علينا ونسلم عليك ونحو ذلك..إلى أن قال - رحمه الله تعالى: (فقوله تعالى:﴿وَاتَّقُواْ اللّهَ وَيُعَلِّمُكُمُ اللّهُ وَاللّهُ بِكُلِّ شَيْءٍ عَلِيمٌ﴾. قد يكون من هذا الباب فكل من تعليم الرب وتقوى العبد يقارن ذلك ويلازمه ويقتضيه فمتى علمه الله العلم النافع اقترن به التقوى بحسب ذلك ومتى اتقاه زاده من العلم وهلمّ جرا)[1]

والناظر في علم الصحابة يعلم أن سببه الأعظم بعد شرف استقائهم من معين المعصوم..والورع والتقوى الفريدان.

وهذا هو عبد الله بن عباس رضي الله عنه يمتثل أخلاق النبي صلى الله عليه وسلم ؛فيحصل العلم الكثير حتى صار ترجمان القرآن.

وهذا عبد الله بن مسعود رضي الله عنه وأبو هريرة رضي الله عنه وغيرهما من صحابة رسول الله صلى الله عليه وسلم يضربون أروع الأمثلة في الأخلاق والتزام الأدب في طلب العلم فحصلوا الكثير من علم النبي صلى الله عليه وسلم .

ولأهمية القيم وعلاقتها الوثيقة بالتحصيل الدراسي اهتم بها علماء الشريعة وعلماء التربية وعملوا على ترسيخها في طلابهم وحرصوا على أن تكون هذه القيم سلوكا لهم في حياتهم.

يقول بدر الدين ابن جماعة رحمه الله: (أما بعد، فإن من أهم ما يبادر به اللبيب شرخ شبابه ويجهد نفسه في تحصيله واكتسابه حسن الأدب الذي شهد الشرع والعقل بفضله، واتفقت الآراء والألسنة على شكر أهله، وإن أحق الناس بهذه الخصلة الجميلة وأولاهم بحيازة هذه المرتبة الجليلة أهل العلم الذين جلوا به ذروة المجد والسناء وأحرزوا به قصبات السبق إلى وراثة الأنبياء لعلمهم بمكارم أخلاق النبي - صلى الله عليه وسلم - وآدابه وحسن سيرة الأئمة الأطهار من أهل بيته وأصحابه وبما كان عليه أئمة علماء السلف واقتدى بهديهم فيه مشايخ الخلف.

---

(1) ابن تيمية ، أحمد بن عبد السلام ، مجموع الفتاوى( 18/ 178).

قال ابن سيرين: كانوا يتعلمون الهدى كما يتعلمون العلم.

وقال الحسن: إن كان الرجل ليخرج في أدب نفسه السنتين ثم السنتين.

وقال سفيان بن عيينة: أن رسول الله - صلى الله عليه وسلم - هو الميزان الأكبر وعليه تعرض الأشياء على خلقه وسيرته وهديه فما وافقها فهو الحق وما خالفها فهو الباطل.

وقال حبيب بن الشهيد لابنه: يا بني اصحب الفقهاء والعلماء وتعلم منهم وخذ من أدبهم؛ فإن ذلك أحب إليّ من كثير من الحديث.

وقال بعضهم لابنه: يا بني لأن تتعلم بابا من الأدب أحب إليّ من أن تتعلم سبعين بابا من أبواب العلم.

وقال مخلد بن الحسين لابن المبارك: نحن إلى كثير من الأدب أحوج منا إلى كثير من الحديث.

وقيل للشافعي ـ رحمه الله: كيف شهوتك للأدب؟ فقال: أسمع بالحرف منه مما لم أسمعه فتود أعضائي أن لها أسماعا فتنعم به. قيل: وكيف طلبك له؟ قال: طلب المرأة المضلة ولدها وليس لها غيره).[1]

ومن مظاهر اهتمام العلماء بموضوع القيم وعلاقتها بالتحصيل أنهم كتبوا عنها المؤلفات التي تدعو طالب العلم إلى الالتزام بها والحرص على تطبيقها. يقول بدر الدين بن جماعة: (ولما بلغت رتبة الأدب هذه المزية وكانت مدارك مفضلاته خفية دعاني ما رأيته من احتياج الطلبة إليه وعسر تكرار توقفهم عليه، أما الحياء فيمنعهم الحضور، أو الجفاء فيورثهم النفور، إلى جمع هذا المختصر مذكرا للعالم ما جُعِل إليه ومنبها للطالب على ما يتعين عليه وما يشتركان فيه من الأدب وما ينبغي سلوكه في مصاحبة الكتب، ثم أدب من سكن المدارس منتهيا أو طالبا لأنها مساكن طلبة العلم

(1) بدر الدين أبي عبد الله محمد بن إبراهيم ابن جماعة الكناني الشافعي: تذكرة السامع والمتكلم في أدب العالم والمتعلم ، تحقيق : عبد السلام عمر علي ، دار الضياء، ط11423هـ 2002م ، ص (39).

في هذه الأزمنة غالبا[1].

الأدب قبل الطلب:وقد حث سلفنا الصالح على التحلي بالأدب قبل العلم؛ لأن الأدب يحفظ النفس عن الوقوع في الخطأ، ويحظى صاحبه بمنزلة كبيرة بين الناس. يقول الدكتور صلاح الصاوي: (والأدب ملكة تعصم من قامت به عما يشينه، فهو استعمال ما يحمد قولا وفعلا)[2].

وقد عرفه ابن المبارك رحمه الله بقوله: (إنه معرفة النفس ورعوناتها، وتجنب تلك الرعونات)[3].

ومن فضائل الأدب أن من تحلى به ممدوح على كل لسان، قدوة لغيره في كل مكان يصحبه الأدب أينما حل وارتحل، فيحبه الله تعالى ويحبب فيه خلقه،ويكفي صاحبه شرفا أنه من أقرب الناس إلى النبي صلى الله عليه وسلم   حيث قال:  ((أقربكم مني مجلسا يوم القيامة أحاسنكم أخلاقا))[4].

يقول د:الصاوي: (وقد اهتم سلفنا الصالح بالأدب اهتماما خاصا، وحثوا على تعلمه وسلوك طريقه، وكانوا يقولون: (من قعد به حسبه نهض به أدبه)، (والعقل بلا أدب كالشجر العاقر، ومع الأدب كالشجر المثمر)، بل اعتبروه خيرا من كثير من العمل. يقول القرافي رحمه الله تعالى في الفروق: (واعلم أن قليل  الأدب خير من كثير من العلم، ولذلك قال رويم لابنه: يابني: اجعل عملك ملحا، وأدبك دقيقا، - أي استكثر من الأدب حتى تكون نسبته إلى عملك كنسبة الدقيق إلى الملح في العجين - وكثير من الأدب مع قليل من العمل الصالح خير من العمل مع قلة الأدب).

---

(1) بدر الدين ابن جماعة : تذكرة السامع والمتكلم في أدب العالم والمتعلم،  (مرجع سابق) ص (39-40).
(2) صلاح الصاوي : أدب طلب العلم ص(4).
(3)   ابن القيم الجوزية ، مدارج السالكين( 377/2 ).
(4) رواه الترمذي (2018) وأحمد (6696).

وقد قيل للشافعي رحمه الله: كيف شهوتك للأدب؟ فقال: أسمع بالحرف منه، مما لم أسمعه فتود أعضائي أن لها أسماعا فتنعم به! وقيل: فكيف طلبك له؟ قال: طلب المرأة المضلة ولدها وليس لها غيره!

وقد اشتهر لدى سلفنا الصالح ـ رضوان الله عليهم ـ إرسال أبنائهم في باكورة حياتهم إلى مؤدبين لحفظ القرآن وتعلم مبادئ القراءة والكتابة من ناحية، ولتعليمهم السمت والهدي والخلق الحسن من ناحية أخرى، فإذا بلغوا سن التكليف أحضروهم مجالس بعض العلماء ليقتدوا بهم في الهدي والسمت والعبادة، وذلك قبل أن يخرجوهم إلى حلق العلم، فإن من أدب صغيرا قرت عينه كبيرا، ومن أدب ابنه أرغم أنف عدوه! ولله در القائل:

إن الغصون إذا قومتها اعتدلت ولا يلين إذا قومته الخشب

يذكر الحافظ الذهبي ـ رحمه الله ـ أن المأمون كان قد عهد إلى الفراء بتربية ولديه يلقنهما النحو، فأراد القيام، فابتدرا إلى نعله، فقدم كل واحد منهما فردة، فبلغ ذلك المأمون، فقال: لن يكبر الرجل عن تواضعه لسلطانه وأبيه ومعلمه![1]

وقال عبد الملك بن مروان لمؤدب ولده: (علمهم الصدق كما تعلمهم القرآن، واحملهم على الأخلاق الجميلة، وروهم الشعر يشجعوا وينجدوا، وجالس بهم أشراف الناس وأهل العلم منهم، فإنهم أحسن الناس ورعا، وأحسنهم أدبا، وجنبهم السفلة والخدم، فإنهم أسوأ الناس رعة وأسوأهم أدبا، ومرهم فليستاكوا عرضا، وليمصوا الماء مصا، ولا يعبوه عبا، ووقرهم في العلانية، وذللهم في السر، واضربهم على الكذب، إذ الكذب يدعو إلى الفجور، والفجور يدعو إلى النار، وجنبهم شتم أعراض الرجال، فإن الحر لا يجد من عرضه عوضا، وإذا ولوا أمرا فامنعهم من ضرب الأبشار، فإنه عار باق، ووتر مطلوب! واحملهم على صلة الأرحام، واعلم أن الأدب أولى بالغلام من النسب)[2].

---

(1) الذهبي ، سير أعلام النبلاء، (118/10).
(2) أبو الفداء ، إسماعيل بن كثير الدمشقي ، البداية والنهاية ، مكتبة المعارف ، بيروت( 66/9 ).

ويقول الإمام مالك رحمه الله: كانت أمي تعممني وتقول لي: اذهب إلى ربيعة فتعلم من أدبه قبل علمه.

ويقول عبد الله بن المبارك: (كانوا يطلبون الأدب ثم العلم) ويقول أيضا: (كاد الأدب يكون ثلثي العلم) ويقول أبو زكريا العنبري: (: (علم بلا أدب كنار بلا حطب، وأدب بلا علم كجسد بلا روح)، ويقول سفيان بن سعيد الثوري: (ليس عمل بعد الفرائض أفضل من طلب العلم، وكان الرجل لا يطلب العلم حتى يتأدب ويتعبد قبل ذلك عشرين سنة!)

ولا شك أن الحرمان من الأدب آية شقاوة وخذلان، فما استجلب خير الدنيا والآخرة بمثل الأدب، وما استجلب حرمانها بمثل قلة الأدب، لقد كان الأدب مع الوالدين في قصة الثلاثة الذين أطبقت عليهم الصخرة طوق نجاة، وكان أدب الصديق مع النبي صلى الله عليه وسلم في الصلاة، وإحجامه عن أن يتقدم بين يديه قائلا: ما كان لابن أبي قحافة أن يتقدم بين يدي رسول الله صلى الله عليه وسلم سببا في إرثه لمقامه والإمامة بعده، فكان ذلك التأخر منه إلى الوراء ليتقدم رسول الله صلى الله عليه وسلم سببا في جعله في طليعة الأمة بعد النبيّ صلى الله عليه وسلم وقفزا به إلى الأمام بعيدا إلى غايات تنقطع دونها أعناق المطي! وكان الإخلال به في قصة جريج – على الرغم من التأويل – سببا في بلائه بهدم صومعته وضرب الناس له ورميه بالفاحشة!

يقول الجلاجلي البصري: التوحيد موجب يوجب الإيمان، فمن لا إيمان له فلا توحيد له، والإيمان موجب يوجب الشريعة، فمن لا شريعة له فلا إيمان له ولا توحيد له، والشريعة موجب يوجب الأدب، فمن لا أدب له لا شريعة له، ولا إيمان له، ولا توحيد له!

ويقول عبد الله بن المبارك: من تهاون بالأدب عوقب بحرمان السن، ومن تهاون بالسنن عوقب بحرمان الفرائض، ومن تهاون بالفرائض عوقب بحرمان المعرفة[1]

---

(1) مدارج السالكين : (2 / 381).

وقد أشرف الليث بن سعد على بعض أصحاب الحديث فرأى منهم شيئا كرهه فقال: ما هذا؟! أنتم إلى يسير من الأدب، أحوج منكم إلى كثير من العلم!)

ورحم الله الخطيب البغدادي الذي آلمه ما يقع من بعض طلاب الحديث في زمانه فأرسل هذه الزفرات: (وقد رأيت خلقا من أهل هذا الزمان ينتسبون إلى الحديث، ويعدون أنفسهم من أهله، المختصين بسماعه ونقله، وهم أبعد الناس مما يدعون، وأقلهم معرفة بما إليه ينتسبون، يرى الواحد منهم إذا كتب عددا قليلا من الأجزاء، واشتغل بالسماع برهة يسيرة من الدهر، أنه صاحب حديث على الإطلاق، ولما يجهد نفسه ويتعبها في طلابه، ولا لحقته مشقة الحفظ لصنوفه وأبوابه...... إلى أن قال: (وهم مع قلة كتبهم وعدم معرفتهم به أعظم الناس كبرا، وأشد الخلق تيها وعجبا، لا يراعون لشيخ حرمة، ولا يوجبون لطالب ذمة، يخرقون بالراوين، ويعنفون على المتعلمين، خلاف ما يقتضيه العلم الذي سمعوه، وضد الواجب مما يلزمهم أن يفعلوه!)[(1)][(2)].

والعلم بدون أدب وبال على صاحبه حيث يعرضه للوقوع في المزالق.

قال أبو النضر الفقيه: سمعت البوشنجي يقول: من أراد العلم والفقه بغير أدب فقد اقتحم أن يكذب على الله ورسوله.)[(3)]

والأدب هو طريق إلى العلم: قال يوسف بن الحسين الرازي: بالأدب تتفهم العلم وبالعلم يصلح لك العمل وبالعمل تنال الحكمة.)[(4)]

مما سبق يتبين لنا أهمية القيم الإسلامية في تحصيل العلوم وحفظ صاحبها من الزلل وتنمية الدافعية لديه في تلقي العلم والحرص عليه، وسوف نفرد كل قيمة

---

(1) الخطيب البغدادي الجامع لأخلاق الراوي وآداب السامع ص(1-2).
(2) انظر: صلاح الصاوي : أدب طلب العلم ص (4-6).
(3) سير أعلام النبلاء (581/13 ).
(4) سير أعلام النبلاء (248/14).

بالحديث عنها حتى يتبين الأمر بجلاء.

وسوف يكون الحديث ـ خلال المبحث القادم ـ عن القيم التي ينبغي أن يـتحلى بهـا طالـب العلم مع نفسه وعلاقتها بالتحصيل الدراسي.

# المبحث الأول

## قيم ينبغي أن يلتزم بها طالب العلم مع نفسه

لقد أدرك العلماء المسلمون أن طالب العلم إذا لم يتحل بالأخلاق الفاضلة فإن قدرته على طلب العلم ستكون أقل فضلا على خطورة استخدام العلم عندما يوضع في يد الشرار من البشر[1].

وإذا استطاع طالب العلم تربية نفسه على القيم الإسلامية التربوية في تعامله مع الله وتعامله مع نفسه فإن ذلك سيكون له دور كبير في زيادة دافعيته إلى طلب العلم، والاستزادة منه والبركة فيه.

ومن القيم التي ينبغي أن يتحلى بها طالب العلم مع نفسه:

**1: قيمة الإخلاص:**

الإخلاص هو أن يقصد الإنسان بعمله وعلمه وجه الله تعالى.

قال الله تعالى: ﴿وَمَا أُمِرُوا إِلَّا لِيَعْبُدُوا اللَّـهَ مُخْلِصِينَ لَهُ الدِّينَ حُنَفَاء وَيُقِيمُوا الصَّلَاةَ وَيُؤْتُوا الزَّكَاةَ وَذَلِكَ دِينُ الْقَيِّمَةِ﴾[2].

وقال تعالى: ﴿قُل إِنِّي أُمِرْتُ أَنْ أَعْبُدَ اللَّـهَ مُخْلِصا لَّهُ الدِّينَ﴾[3].

وقال تعالى: ﴿قُل إِنَّمَا أَنَا بَشَرٌ مِّثْلُكُمْ يُوحَى إِلَيَّ أَنَّمَا إِلَهُكُمْ إِلَهٌ وَاحِدٌ فَمَن كَانَ يَرْجُو لِقَاء رَبِّهِ فَلْيَعْمَل عَمَلا صَالِحا وَلَا يُشْرِكْ بِعِبَادَةِ رَبِّهِ أَحَدا﴾[4].

وقال تعالى: ﴿هُوَ الْحَيُّ لَا إِلَهَ إِلَّا هُوَ فَادْعُوهُ مُخْلِصِينَ لَهُ الدِّينَ الْحَمْدُ لِلَّهِ رَبِّ

(1) أحمد محمد إبراهيم فلاتة : آداب المتعلم في الفكر التربوي الإسلامي ص (69).
(2) سورة البينة ، الآية (5).
(3) سورة الزمر، الآية (11).
(4) سورة الكهف الآية (110).

العَالَمِينَ﴾ [1].

وإذا كان العبد مأمورا بإخلاص نيته لله تعالى وألا يبتغي بعمله وعبادته إلا رضوان الله تعالى، فإن إخلاصها بحاجة إلى علم ومجاهدة يُرزَقه السعداء ويُحْرَمه الأشقياء.

قال سفيان الثوري رحمه الله: (كانوا يتعلّمون النية للعمل كما تتعلمون العمل)[2].

الإخلاص شرط في قبول الأعمال:

قال تعالى:﴿.. فَمَن كَانَ يَرْجُو لِقَاء رَبِّهِ فَلْيَعْمَل عَمَلا صَالِحا وَلَا يُشْرِكْ بِعِبَادَةِ رَبِّهِ أَحَدا﴾[3]، جمعت هذه الآية شرطي قبول العمل، وهما:

1 ـ الشرط الأول: الإخلاص، أي ألا يبتغي العبد بعمله إلا رضوان الله تعالى لا يكون له فيه غرض آخر أو حظ من حظوظ النفس العاجلة أو الآجلة، وهذا الشرط هو المراد بقوله تعالى ـ في الآية السابقة ـ ﴿.. وَلَا يُشْرِكْ بِعِبَادَةِ رَبِّهِ أَحَدا﴾. وإذا انتفى هذا الشرط لم يقبل الله تعالى العمل ولم ينتفع به وإن كان العمل ظاهِرُهُ الصحة في الدنيا، صلى الله عليه وسلم : ((يقول الله تعالى: أنا أغنى الشركاء عن الشرك، من عمل عملا أشرك فيه معي غيري، تركتُه وشركَه))[4].

2 ـ الشرط الثاني: متابعة الشريعة، أي موافقة العمل للأحكام الشرعية، وهذا الشرط هو المراد بقوله تعالى ـ في الآية السابقة ـ ﴿.. فَلْيَعْمَل عَمَلا صَالِحا﴾. وإذا انتفى هذا الشرط فسد العمل لقوله صلى الله عليه وسلم (من عمل عملا ليس عليه أمرنا فهو ردّ)[5].

(1) سورة غافر ، الآية (65).
(2) الغزالي: إحياء علوم الدين ( 384/4).
(3) سورة الكهف الآية (110).
(4) رواه مسلم (2985) والترمذي (3154) وابن ماجة (4256) وأحمد (15411).
(5) رواه البخاري (2550)و مسلم (1718) وأبوداود (4606) وابن ماجة (12)وأحمد (23929).

قال ابن القيم رحمه الـلـه: (الأعمال أربعة: واحد مقبول، وثلاثة مردودة، فالمقبول ما كان لله خالصا وللسنة موافقا، والمردود ما فقد منه الوصفان أو أحدهما، وذلك أن العمل المقبول هو ما أحبه الـلـه ورضيه، وهو سبحانه إنما يحب ما أَمَرَ به وما عُمِلَ لوجهه، وماعدا ذلك من الأعمال فإنه لا يحبها، بل يمقتها ويمقت أهلها ـ إلى أن قال ـ فإن قيل: فقد بان بهذا أن العمل لغير الـلـه مردود غير مقبول، والعمل لله وحده مقبول، فبقي قسم آخر وهو أن يعمل العمل لله ولغيره، فلا يكون لله محضا ولا للناس محضا، فما حكم هذا القسم؟ هل يبطل العمل كله أم يبطل ما كان لغير الـلـه ويصح ما كان لله؟.

قيل: هذا القسم تحته أنواع ثلاثة، أحدها: أن يكون الباعث الأول على العمل هو الإخلاص، ثم يعرض له الرياء وإرادة غير الـلـه في أثنائه، فهذا المعول فيه على الباعث الأول ما لم يفسخه بإرادة جازمة لغير الـلـه فيكون حكمه حكم قطع النية في أثناء العبادة وفسخها، أعني قطع ترك استصحاب حكمها، والثاني: عكس هذا، وهو أن يكون الباعث الأول لغير الـلـه، ثم يعرض له قلب النية لله، فهذا لا يحتسب له بما مَضَى من العمل، ويحتسب له من حين قَلَّبَ نيته، ثم إن كانت العبادة لا يصح آخرها إلا بصحة أولها وجبت الإعادة، كالصلاة، وإلا لم تجب كمن أحرم لغير الـلـه ثم قلب نيته لله عند الوقوف والطواف، الثالث: أن يبتدئها مُريدا بها الـلـه والناس، فيريد أداء فَرْضِه والجزاء والشكور من الناس، وهذا كمن يصلى بالأجرة، فهو لو لم يأخذ الأجرة صلى، ولكنه يصلي لله وللأجرة، وكمن يحج ليسقط الفرض عنه ويقال فلان حج، أو يعطي الزكاة كذلك، فهذا لا يُقبل منه العمل. وإن كانت النية شرطا في سقوط الفرض وجبت عليه الإعادة، فإن حقيقة الإخلاص التي هي شرط في صحة العمل والثواب عليه لم توجد، والحكم المعلق بالشرط عَدَم عند عَدَمه، فإن الإخلاص هو تجريد القَصْد طاعة للمعبود، ولم يؤمر إلا بهذا. وإذا كان هذا هو المأمور به فلم يأت به بقي في عهدة الأمر، وقد دلت السنة الصريحة على ذلك كما في قوله صلى الـلـه عليه وسلم «يقول الـلـه عز وجل يوم القيامة: أنا أغنى الشركاء عن الشرك، فمن عمل عملا أشرك فيه غيري فهو كله للذي

أشرك به» وهذا هو معنى قوله تعالى ﴿.. فَمَن كَانَ يَرْجُو لِقَاء رَبِّهِ فَلْيَعْمَل عَمَلا صَالِحا وَلَا يُشْرِكْ بِعِبَادَةِ رَبِّهِ أَحَدا﴾ [1]

قال الشيخ محمد بن صالح ابن عثيمين: (لكن لو قال طالب العلم: أنا أريد أن أنال الشهادة لا من أجل حظ من الدنيا، ولكن لأن النظم أصبح مقياس العالم فيها شهادته فنقول: إذا كانت نية الإنسان نيل الشهادة من أجل نفع الخلق تعليما أو إدارة أو نحوها، فهذه نية سليمة لا تضره شيئا؛ لأنها نية حق).[2]

فضائل إخلاص النية في جميع الطاعات:

إخلاص النية لله تعالى في الأعمال سبب من أسباب التوفيق في الدنيا والآخرة، وما عند الله تعالى لا يُنال إلا بطاعته والإخلاص له سبحانه وتعالى.

**ومن فضائل الإخلاص:**

1 ـ **قبول الله تعالى للعمل وإثابة صاحبه:** فالإخلاص أحد شرطي قبول العمل ـ كما سبق بيانه ـ وهو عمل من أعمال القلوب فلا يطلع عليه إلا الله تعالى، قال تعالى: ﴿وَلَكِن يُؤَاخِذُكُم بِمَا كَسَبَتْ قُلُوبُكُمْ وَاللَّهُ غَفُورٌ حَلِيمٌ﴾ [3].

وقد يكون العمل صحيحا لكن لا يقبله الله تعالى لعدم توفر الإخلاص، فيلقى العبد ربه فلا يجد في ميزان حسناته شيئا من الأعمال التي كان ظاهرها الصلاح قال الله تعالى: ﴿وَبَدَا لَهُم مِّنَ اللَّهِ مَا لَمْ يَكُونُوا يَحْتَسِبُونَ﴾ [4].

قال تعالى: ﴿أَلَا لِلَّهِ الدِّينُ الخَالِصُ﴾ [5]. فإن لم يكن خالصا فليس لله ولا يقبله ولا ينفع صاحبه. وقال تعالى: ﴿وَالَّذِينَ يُؤْتُونَ مَا آتَوا وَّقُلُوبُهُمْ وَجِلَةٌ أَنَّهُمْ إِلَى رَبِّهِمْ

(1) ابن القيم الجوزية ، أعلام الموقعين عن رب العالمين (2/162-163).
(2) محمد بن صالح بن عثيمين ، كتاب العلم ص (8).
(3) سورة البقرة الآية (225).
(4) سورة الزمر ، الآية (47).
(5) سورة الزمر الآية (3).

رَاجِعُونَ،أُوْلَئِكَ يُسَارِعُونَ فِي الخَيْرَاتِ وَهُمْ لَهَا سَابِقُونَ﴾[1]. روى الترمذي عن عائشة رضي الله عنها قالت: سألت رسول الله صلى الله عليه وسلم عن هذه الآية ﴿والذين يؤتون ما آتوْا وقلوبهم وَجِلة﴾ قالت عائشة: أهم الذين يشربون الخمر ويسرقون؟ قال صلى الله عليه وسلم :((لا، يا بنت الصدِّيق، ولكنهم الذين يصومون ويُصَلُّون ويتصدّقون وهم يخافون أن لا تُقبل منهم، أولئك الذين يسارعون في الخيرات وهم لها سابقون))[2].

2 ـ **ومن ثواب الإخلاص التوفيق في العمل والسداد:**إن من جاهد نفسه وأخلص العبادة لله تعالى إنما يكتب له التوفيق ويسدده الله تعالى ويكتبه الله تعالى من المحسنين، ويكون الله تعالى معه، كما قال الله عز وجل ﴿وَالَّذِينَ جَاهَدُوا فِينَا لَنَهْدِيَنَّهُمْ سُبُلَنَا وَإِنَّ اللَّهَ لَمَعَ الْمُحْسِنِينَ﴾[3].

3 ـ **ومن ثواب الإخلاص أن يحفظ الله صاحبه من غواية الشيطان:**إن من أخلص عمله لله تعالى حفظه ربه من إغواء الشيطان، كما قال تعالى ـ حاكيا عن إبليس:﴿قَالَ فَبِعِزَّتِكَ لَأُغْوِيَنَّهُمْ أَجْمَعِينَ،إِلَّا عِبَادَكَ مِنْهُمُ الْمُخْلَصِينَ﴾[4].

4 ـ **ومن ثواب الإخلاص أن يكفي الله صاحبه شر الناس وكيدهم:**وقال تعالى ﴿لِنَصْرِفَ عَنْهُ السُّوءَ وَالْفَحْشَاء إِنَّهُ مِنْ عِبَادِنَا الْمُخْلَصِينَ﴾[5].

وقال رسول الله صلى الله عليه وسلم : ((من التمس رضا الله بسَخَط الناس كفاه الله مُؤْونَة الناس، ومن التمس رضا الناس بسَخَط الله، وَكَلَه الله إلى الناس))[6].

تبين مما سبق أهمية الإخلاص وفضله لطالب العلم وغيره وكيف أن الله تعالى يتقبل عمله ويوفقه في الدنيا والآخرة.

---

(1) سورة المومنون (60-61).
(2) رواه الترمذي (3175) وابن ماجة (4251) وأحمد (24735).
(3) سورة العنكبوت ، (69).
(4) سورة ص (82-83).
(5) سورة يوسف (24).
(6) رواه الترمذي (2414).

علاقة الإخلاص بالتحصيل:

العلاقة بين الإخلاص والتحصيل علاقة طردية فكلما ازداد العبد إخلاصا لله تعالى زاده الله تعالى من العلم. يقول بدر الدين ابن جماعة: (والعلم عبادة من العبادات وقربة من القرب فإن خلُصَت فيه النية قُبِلَ وزكى ونمت بركته، وإن قصد به غير وجه الله تعالى حبط وضاع، وخسرت صفقته وربما تفوته تلك المقاصد ولا ينالها فيخيب قصده ويضيع سعيه)[1].

وفي هذا المعنى يقول الشيخ بكر بن عبد الله أبوزيد: (فإن شرط العبادة إخلاص النية لله سبحانه وتعالى، لقوله:﴿وَمَا أُمِرُوا إِلَّا لِيَعْبُدُوا اللَّـهَ مُخْلِصِينَ لَـهُ الدِّينَ حُنَفَاء﴾[2]. وفي الحديث الفرد المشهور عن أمير المؤمنين عمر بن الخطاب رضى الله عنه أن النبي صلى الله عليه وسلم قال: «إنما الأعمال بالنيات»[3] فإن فقد العلم إخلاص النية، انتقل من أفضل الطاعات إلى أحط المخالفات، ولا شئ يحطم العلم مثل: الرياء؛ رياء شرك، أو رياء إخلاص، ومثل التسميع؛ بأن يقول مسمعا: علمت وحفظت)[4].

وعن سفيان ـ رحمه الله تعالى ـ أنه قال: (كنت أوتيت فهم القرآن، فلما قبلت الصرة، سلبته).[5]

ولأهمية الإخلاص وأثره على المتعلم فقد كان العلماء يحثون طلابهم على حسن النية في طلب العلم،وقد يؤدي السعي في طلب العلم والاجتهاد في تحصيله إلى تصحيح نية المتعلم فيكون هذا دافعا قويا إلى زيادة التحصيل والانتفاع بالعلم. قال الحسن: (لقد طلب أقوام هذا العلم ما أرادوا

(1) بدر الدين ابن جماعة : تذكرة السامع والمتكلم في أدب العالم والمتعلم ، (مرجع سابق) ص(169).
(2) سورة البينة (5).
(3) رواه البخاري (1) ومسلم (1907) والترمذي (1647) وأبو داود (2201) النسائي (75) وابن ماجة (428) وأحمد (169).
(4) بكر بن عبد الله أبوزيد : حلية طالب العلم، دار الراية ،ط2 ،1409هـ ص(6).
(5) بدر الدين ابن جماعة : تذكرة السامع والمتكلم في أدب العالم والمتعلم ، (مرجع سابق) ص(89).

به الله وما عنده فما زال بهم حتى أرادوا به الله وما عنده) وقال: (كنا نطلب العلم للدنيا فجرنا للآخرة)[1] وعن معمر:(إن الرجل ليطلب العلم لغير الله فيأبى عليه العلم حتى يكون لله)[2].

وحينما يطلب العلم ابتغاء مرضاة الله عز وجل فإن الله تعالى يوفق صاحبه إلى طلبه ويزلل أمامه الصعاب ويحسن بذل جهده واستغلال وقته.يقول الخطيب البغدادي: (إذا عزم الله تعالى لامرئ على سماع الحديث، وحضرته النية في الاشتغال به، فينبغي أن يقدم المسألة لله أن يوفقه فيه ويعينه عليه، ثم يبادر على سماعه والحرص على ذلك من غير توقف ولا تأخير)[3]

وفي جواب الشيخ السعدى في الآداب التي ينبغي للعالم والمتعلم التخلق بها أجاب بأن (أصل الأدب لكل منهما الإخلاص لله وطلب مرضاته وقصد إحياء الدين والاقتداء بسيد المرسلين، فيقصد وجه الله تعالى من تعلمه وتعليمه وتفهمه وتفهيمه وفي مطالعته ومدارسته ومراجعته، وأن يزيل عن نفسه وغيره موت الجهل وظلمته وينير قلبه ويحييه بالعلم النافع)[4].

ويقول أيضا: (ويتعين على أهل العلم من المتعلمين والمعلمين أن يجعلوا أساس أمرهم الذي يبنون عليه حركاتهم وسكناتهم الإخلاص الكامل، والتقرب إلى الله تعالى بهذه العبادة)[5].

والإخلاص في طلب العلم فيه رفعة لصاحبه في الدنيا والآخرة وهذا ما دعا أبا يوسف ـ رحمه الله ـ أن يقول (: يا قوم أريدوا بعلمكم الله تعالى فإني لم أجلس مجلسا

(1) الزرنوجي،برهان الدين النعمان بن إبراهيم : تعليم المتعلم في طريق التعلم . (تحقيق : صلاح محمد الخيمي ونذير حمدان ) دار ابن كثير، دمشق ، الطبعة الأولى 1406هـ /1985م ص (36).
(2) الزرنوجي: تعليم المتعلم في طريق التعلم ص(23).
(3) الخطيب البغدادي : الجامع لأخلاق الراوي وآداب السامع ( 115/1).
(4) عبد الرحمن السعدي: الفتاوى السعدية ص (73).
(5) عبد الرحمن السعدي: الفتاوى السعدية ص (449).

قط أنوي فيه أن أتواضع إلا لم أقم حتى أعلوهم، ولم أجلس مجلسا قط أنوي فيه أن أعلوهم إلا لم أقم حتى أفتضح)[1].

ولأهمية الإخلاص فقد أوصى به العلماء وجعلوه من أهم الوصايا التي تقدم لطالب العلم. يقول الشيخ محمد بن صالح بن عثيمين: (وإنما ذكرنا الإخلاص في أول آداب طالب العلم؛ لأن الإخلاص أساس، فعلى طالب العلم أن ينوي بطلب العلم امتثال أمر الله - عز وجل - لأن الله -عز وجل - أمر بالعلم فقال تعالى: ﴿فَاعْلَمْ أَنَّهُ لا إِلَهَ إِلَّا اللَّهُ وَاسْتَغْفِرْ لِذَنْبِكَ﴾. فأمر بالعلم، فإذا تعلمت فإنك ممتثل لأمر الله - عز وجل.)[2]

وقد حذر السعدي ـ رحمه الله ـ الطلاب من الوقوع فيما ينافي الإخلاص لله في طلب العلم فقال: (ثم الحذر الحذر من طلب العلم للأغراض الفاسدة والمقاصد السيئة من المباهاة والمماراة والرياء والسمعة وأن يجعله وسيلة للأمور الدنيوية والرياسة)[3].

إذن فيجب الإخلاص فيه لله بأن ينوي الإنسان في طلب العلم وجه الله - عز وجل.

يتبين مما سبق أهمية الإخلاص في طلب العلم سواء كان علما شرعيا أو غير ذلك مما ينفع صاحبه في الدنيا والآخرة. لذا ينبغي لنا في مدراسنا ومؤسساتنا التربوية أن نربي طلابنا على الإخلاص لله تعالى في أمورهم جميعها، وأن نغرس فيهم هذه القيمة العظيمة كي تكون منهجا وسلوكا لهم ودافعا إلى زيادة تحصيل العلم.

**2ـ إدراك قيمة الوقت:**

للوقت أهمية عظيمة في حياة الإنسان، فهو عمره وحياته كلها، وبدون إدراك قيمته لا يمكن الانتفاع به والاستفادة منه.

(1) بدر الدين ابن جماعة : تذكرة السامع والمتكلم في أدب العالم والمتعلم، (مرجع سابق) ص (169).
(2) محمد بن صالح بن عثيمين ، كتاب العلم ص(9).
(3) عبد الرحمن السعدي: الفتاوى السعدية ص (453).

وحينما أدرك سلفنا الصالح قيمة الوقت حرصوا عليه واستفادوا منه وأوصوا به غيرهم:

يقول الحسن البصري رحمه الله: (يا بن آدم إنما أنت أيام إذا ذهب يوم ذهب بعضك)[1].

وطالب العلم أولى بالحرص على الوقت وإدراك قيمته من غيره

العلاقة بين إدراك قيمة الوقت والتحصيل:

يقول الإمام ابن القيم رحمه الله: (فجميع المصالح إنما تنشأ من الوقت فمتى أضاع الوقت لم يستدركه أبدا قال الشافعي رحمه الله: (صحبت الصوفية فلم أستفد منهم سوى حرفين أحدهما قولهم الوقت سيف فإن لم تقطعه قطعك وذكر الكلمة الأخرى ونفسك إن أشغلتها بالحق وإلا أشغلتك بالباطل) فوقت الإنسان هو عمره في الحقيقة وهو مادة حياته الأبدية في النعيم المقيم، ومادة المعيشة الضنك في العذاب الأليم، وهو يمر أسرع من مر السحاب، فما كان من وقته لله وبالله فهو حياته وعمره،وغير ذلك ليس محسوبا من حياته وإن عاش فيه عيش البهائم فإذا قطع وقته في الغفلة والشهوة والأماني الباطلة وكان خير ما قطعه بالنوم والبطالة فموت هذا خيرا له من حياته)[2].

قال ابن القيم ـ رحمه الله ـ معلقا على كلمة الشافعي رحمه الله: (قلت يا لهما من كلمتين ما أنفعهما وأجمعهما وأدلهما على علو همة قائلهما ويقظته ويكفي في هذا ثناء الشافعي على طائفة هذا قدر كلماتهم)[3].

وإذا أراد الله بالعبد خيرا أعانه بالوقت وجعل وقته مساعدا له وإذا أراد به شرا جعل وقته عليه وناكده وقته، فكلما أراد التأهب للمسير لم يساعده الوقت، والأول كلما همت نفسه بالقعود أقامه الوقت وساعده[4].

(1) الأصفهاني: حلية الأولياء (148/2).
(2) ابن القيم الجوزية ، الجواب الكافي ص(184).
(3) ابن القيم الجوزية :مدارج السالكين بين منازل إياك نعبد وإياك نستعين (تحقيق : عماد عامر ) دار الحديث القاهرة 1424هـ /2003م (105/3).
(4) ابن القيم الجوزية : مدارج السالكين (105/3).

**ونذكر فيما يلي ما يُعين العالم وطالب العلم على حفظ الوقت وتوفيره للاشتغال بالعلم. فمما يُعين على ذلك.**

1 ـ **الشروع في التعلم في الصِّغر: وهذا يقع على عاتق أولياء الأمور**، فمن لم يُوجَّه إلى هذا في صباه يجب عليه أن يتدارك الأمر فور بلوغه، أو بعد ذلك إذا شرح الله صدره لطلب العلم، فكلما شرع في ذلك مبكرا كان أفضل، فالتفقه بحاجة إلى سنين طويلة، والتبكير يسمح بهذا، كما أن الصغير علائقه الشاغلة قليلة فيكون فارغ القلب والوقت وهذا أكبر عون على طلب العلم.

2 ـ **تقليل العلائق الشاغلة**: بترك كل ما يشغل الوقت مما يمكن أن يستغنى عنه العبد ولا يحتاج إليه حاجة حقيقية.

3 ـ **قراءة سيَر العلماء الصالحين**، للاقتداء بهم في هديهم وسيرتهم الحسنة وحرصهم على طلب العلم.

4 ـ **تنظيم الوقت وحسن استغلاله**، فلا يدع ساعة تمر عليه إلا في درس أو حفظ أو مراجعة، حتى وهو يسير في الطريق لحاجته يمكنه استرجاع بعض درسه وحفظه، ومما يعين على هذا المذاكرة المشتركة مع الأصحاب في طلب العلم.

6 ـ **الاشتغال بالأهم**: فلا يليق بطالب العلم أن يسعى في توفير الوقت ثم يضيعه في طلب مالا يفيد ومالا ينفع من العلوم.

7 ـ **إحسان اختيار مصدر العلم**، سواء كان هذا المصدر أستاذا معلما أو كتابا يُدرس، فإذا وُفق الطالب لمعرفة أهم ما يشتغل به من العلوم، فإنه يجب عليه أن يُحسن المصدر الذي سيتعلم منه هذه العلوم المهمة، حتى لا يضيع وقته سُدى.

هذه الأمور هي أهم ما يعين طالب العلم على حفظ الوقت للتعلم.

والمتأمل في سير سلف هذه الأمة وعلمائها يجد عجبا في اهتمام العلماء وطلبة العلم بأوقاتهم وتقدير قيمته وحسن استغلاله.

يقول الإمام ابن الجوزي: (ينبغي للإنسان أن يعرف شرف زمانه و قدر وقته فلا يضيع منه لحظة في غير قربة و يقدم الأفضل فالأفضل من القول و العمل و لتكن نيته في الخير قائمة من غير فتور ربما لا يعجز عنه البدن من العمل.

و قد كان جماعة من السلف يبادرون اللحظات فنقل عن عامر بن عبد قيس أن رجلا قال له: كلمني فقال له: أمسك الشمس.

و قال ابن ثابت البناني: ذهبت ألقن أبي فقال: يا بني دعني فإني في وردي السادس.

و دخلوا على بعض السلف عند موته و هو يصلي فقيل له فقال: الآن تطوى صحيفتي.

فإذا علم الإنسان ـ و إن بالغ في الجد ـ بأن الموت يقطعه عن العمل عمل في حياته ما يدوم له آجره بعد موته فإن كان له شيء من الدنيا وقف وقفا و غرس غرسا و أجرى نهرا، و يسعى في تحصيل ذرية تذكر الله بعده فيكون الأجر له، أو أن يصنف كتابا من العلم،......، و أن يكون عاملا بالخير عالما فيه فينقل من فعله ما يقتدي الغير به فذلك الذي لم يمت)[1].

وكان الإمام أبو الوفاء ابن عقيل الحنبلي، علي بن عقيل البغدادي يختار الكعك المبلول على الخبز لكسب الوقت، يقول ابن عقيل:وأنا أقصر بغاية جهدي أوقات أكلي، حتى أختار سفك الكعك وتحسيه بالماء على الخبز، لأجل ما بينهما من تفاوت المضغ،توفرا على مطالعة، أو تسطير فائدة لم أدركها فيه، وإن أجل تحصيل عند العقلاء بإجماع العلماء هو الوقت، فهو غنيمة تنتهز فيها الفرص، فالتكاليف كثيرة والأوقات خاطفة[2].

إن اهتمام السلف وتقديرهم لقيمة الوقت أدى بهم إلى حسن استغلاله، فزاد علمهم وانتشر في الآفاق،وكثرت كتبهم ومصنفاتهم، كل ذلك بسبب اهتمامهم

---

(1) ابن الجوزي : صيد الخاطر ص (22).
(2) انظر: عبد الفتاح أبو غدة :قيمة الزمن عند العلماء ، ص(54).

وتقديرهم لقيمة الوقت؛لذا ينبغي أن نربي طلابنا على تقدير قيمة الوقت وحسن استغلاله حتى يبارك اللـه تعالى في علمهم ويزيد من تحصيلهم.

**3: خشية اللـه عز وجل:**

الخشية هي: خوف يشوبه تعظيم[1]،.وقيل هي الخوف المقرون بإجلال، وقيل هي تألم القلب بسبب توقع مكروه في المستقبل يكون تارة بكثرة الجناية من العبد وتارة بمعرفة جلال اللـه وهيبته[2].

قال اللـه تعالى:﴿إِنَّمَا يَخْشَى اللَّـهَ مِنْ عِبَادِهِ الْعُلَمَاء إِنَّ اللَّـهَ عَزِيزٌ غَفُورٌ﴾[3]. قال الإمام أحمد مقتبسا من نور الآية: ((أصل العلم الخشية)). وقد وصف اللـه تعالى أنبياءه عليهم الصلاة والسلام فقال: ﴿الَّذِينَ يُبَلِّغُونَ رِسَالَاتِ اللَّـهِ وَيَخْشَوْنَهُ وَلَا يَخْشَوْنَ أَحَدا إِلَّا اللَّـهَ وَكَفَى بِاللَّـهِ حَسِيبا﴾[4].

وثبت عن النبي صلى اللـه عليه وسلم أنه قال للثلاثة المتنطعين: «أما إني أتقاكم لله وأخشاكم له»[5].

وقد كان رسول اللـه صلى اللـه عليه وسلم يدعو اللـه تعالى ويطلب خشيته. روي عن عمررضي اللـه عنه أنه قال: قلما كان رسول اللـه صلى اللـه عليه وسلم يقوم من مجلس حتى يدعو بهؤلاء الدعوات لأصحابه (اللهم اقسم لنا من خشيتك ما يحول بيننا وبين معاصيك ومن طاعتك ما تبلغنا به جنتك ومن اليقين ما تهون به علينا مصيبات الدنيا ومتعنا بأسماعنا وأبصارنا وقوتنا ما أحييتنا واجعله الوارث منا واجعل ثأرنا على من ظلمنا وانصرنا على من عادانا ولا تجعل مصيبتنا في ديننا ولا تجعل الدنيا أكبر همنا ولا مبلغ علمنا ولا تسلط علينا من لا يرحمنا)[6].

---

(1) المفردات للراغب الأصفهاني (149).
(2) التعريفات للجرجاني (103).
(3) سورة فاطر (28).
(4) سورة الأحزاب (39).
(5) رواه البخاري (311) ومسلم (1863) وأحمد (25355).
(6) رواه الترمذي (3503) وقال : حديث حسن غريب .

فليس غريبا أن تكون الخشية من أخص خصائص ورثة الأنبياء وهم العلماء الربانيون.

علاقة الخشية بالتحصيل:

إن علاقة الخشية لله تعالى بالتحصيل العلمي علاقة السبب بالمسبب؛ فكلما كان طالب العلم أكثر خشية لله تعالى كان أكثر تحصيلا من غيره، لأن خشيته سبحانه تورث عناية من الله تعالى بعبده يرزق بها مزيدا من العلم.

يقول ابن القيم رحمه الله: (فإذا انتفى العلم انتفت الخشية، وإذا انتفت الخشية دلت على انتفاء العلم، لكن وقع الغلط في مسمى العلم اللازم للخشية حيث يظن أنه يحصل بدونها، وهذا ممتنع فإنه ليس في الطبيعة أن لا يخشى النار والأسد والعدو من هو عالم بها مواجه لها،وأنه لا يخشى الموت من ألقى نفسه من شاهق ونحو ذلك فأمنه في هذه المواطن دليل عدم علمه، وأحسن أحواله أن يكون معه ظن لا يصل إلى رتبة العلم اليقيني)[1].

وقال رحمه الله (جمع الله بين العلم والخشية وهما الأصلان اللذان جمع القرآن بينهما في قوله تعالى:﴿إِنَّمَا يَخْشَى اللَّهَ مِنْ عِبَادِهِ العُلَمَاء﴾[2]. وفي قول النبي صلى الله عليه وسلم ((أنا أعلمكم بالله وأشدكم له خشية[3]))[4].

والمتأمل في اختصاص ذكر الخشية بالعلماء دون غيرهم يقع على السببفلم يقل سبحانه:إنما يرجو الله من عباده العلماء، وما قال:إنما يحب الله من عباده، ولا

(1) محمد بن أبي بكر أيوب الزرعي أبو عبد الله : شفاء العليل في مسائل القضاء والقدر والحكمة والتعليل، تحقيق : محمد بدر الدين أبو فراس النعساني الحلبي، دار الفكر - بيروت ، 1398 هـ - 1978 م (172/1).

(2) سورة فاطر (28).

(3) رواه البخاري (4776) ومسلم (14011) والنسائي (3217) وأحمد (13122).

(4) محمد بن أبي بكر أبو عبد الله ابن القيم الجوزية ، هداية الحيارى في أجوبة اليهود والنصارى ـ الجامعة الإسلامية - المدينة المنورة (155/1).

غير ذلك.لأن الخشية منـزلة تجعل من طالب العلم عاملا بـه وداعيـا إليـه، آمـرا بـالمعروف ناهيا عن المنكر، دون مخافةٍ في الـلـه لومة لائـم. ولأن العلـم بالخـالق، وأسـمائه وصـفاته، يـورث مراقبته..وقدره سبحانه حق قدره، وهذه حقيقة الخشية.

ولذا فقد فطن صحابة النبي صلى الـلـه عليه وسلم لهذه القيمة العظيمة وعدوا الخشية سببا للعلم، روي عن عبد الـلـه بن مسـعود رضي الـلــه عنـه أنـه قـال: (لـيس العلـم مـن كـثرة الحديث، ولكن العلم من الخشية)[1].

ولما كانت الخشية أساسا لطلب العلم أوصى بها العلماء طلابهم؛قال الإمام مالك بن أنس - رحمه الـلـه: (حق على من طلب العلم أن يكون له وقار وسكينة وخشية، والعلم حسن لـمـن رزق خيره)[2].

وقال الحسن البصري - رحمه الـلـه - (الإيمـان مـن خشي- الـلــه بالغيب،ورغـب فـيما رغـب الـلـه فيه وزهد فيما أسخط الـلـه)[3].

وروي عن مسروق - رحمه الـلـه - أنه قال: (كفى بالمرء علما أن يخشى- الـلـه، وكفـى بـالمرء جهلا أن يعجب بعلمه)[4].

روي عن صالح أبي الخليل أنه قال:في قوله تعالى: ﴿إِنَّمَا يَخْشَى- اللَّـهَ مِـنْ عِبَـادِهِ العُلَـمَاء إِنَّ اللَّـهَ عَزِيزٌ غَفُورٌ﴾. قال: (أعلمهم بالله أشدهم له خشية)[5].

وفسروا الحكمة في قوله تعالى: ﴿يُؤْتِي الحِكْمَةَ مَن يَشَاءُ وَمَن يُـؤْتَ الحِكْمَـةَ فَقَـدْ أُوتِيَ خَـيْرا كَثِيرا وَمَا يَذَّكَّرُ إِلاَّ أُوْلُواْ الأَلبَابِ﴾[6].بأنها الخشية. روي عن الربيع أنه

(1) السيوطي : عبد الرحمن بن الكمال جلال الدين السيوطي، الـدر المنثـور، دار الفكـر - بـيروت ، 1993 (20/7).

(2) حلية الأولياء لأبي نعيم (320/6).
(3) السيوطي الدر المنثور (20/7).
(4) السيوطي الدر المنثور (20/7).
(5) السيوطي الدر المنثور (20/7).
(6) سورة البقرة (269).

قال: الحكمة الخشية لأن رأس كل شيء خشية الـلـه[1] وقرأ: ﴿إِنَّمَا يَخْشَى اللَّـهَ مِنْ عِبَادِهِ الْعُلَمَاءُ إِنَّ اللَّـهَ عَزِيزٌ غَفُورٌ﴾.

عن خالد بن ثابت الربعي قال: وجدت فاتحة زبور داود (إن رأس الحكمة خشية الرب)وعن مطر الوراق قال: (بلغنا أن الحكمة خشية الـلـه والعلم بالله).

وعن سعيد بن جبير قال: (الخشية حكمة من خشي الـلـه فقد أصاب أفضل الحكمة)[2].

عن قتادة قوله: ﴿إِنَّمَا يَخْشَى اللَّـهَ مِنْ عِبَادِهِ الْعُلَمَاءُ إِنَّ اللَّهَ عَزِيزٌ غَفُورٌ﴾. قال: كان يقال: كفى بالرهبة علما)[3].

وفي تفسير أبي السعود: قال عز وجل: ﴿إِنَّمَا يَخْشَى اللَّـهَ مِنْ عِبَادِهِ الْعُلَمَاءُ إِنَّ اللَّـهَ عَزِيزٌ غَفُورٌ﴾ وجعل الخشية غاية للهداية لأنها ملاك الأمر من خشي الـلـه تعالى أتى منه كل خير ومن أمن اجترأ على كل شر)[4].

يقول شيخ الإسلام ابن تيمية: ﴿إِنَّمَا يَخْشَى اللَّـهَ مِنْ عِبَادِهِ الْعُلَمَاءُ إِنَّ اللَّـهَ عَزِيزٌ غَفُورٌ﴾ وهذا يدل على أن كل من خشي الـلـه فهو عالم وهو حق ولا يدل على أن كل عالم يخشاه لكن لما كان العلم به موجبا للخشية عند عدم المعارض كان عدمه دليلا على ضعف الأصل إذ لو قوى لدفع المعارض)[5].

قال الشيخ بكر بن عبد الـلـه أبو زيد موجها طالب العلم: أن يكون (متحليا بعمارة الظاهر والباطن بخشية الـلـه تعالى؛ محافظا على شعائر الإسلام، وإظهار السنة ونشرها

---

(1) تفسير الطبري ( 89/3).
(2) السيوطي : الدر المنثور (67/2).
(3) تفسير الطبري (409/10).
(4) محمد بن محمد العمادي أبو السعود: تفسير أبي السعود(إرشاد العقل السليم إلى مزايا القرآن الكريم) دار إحياء التراث العربي ـ بيروت (99/9).
(5) أحمد بن عبد الحليم بن تيمية الحراني أبو العباس : مجموع الفتاوى (339/7).

بالعمل بها والدعوة إليها؛ دالا على الله بعلمك وسمتك وعلمك، متحليا بالرجولة، والمساهلة، والسمت الصالح.

فالزم خشية الله في السر والعلن، فإن خير البرية من يخشى الله تعالى، وما يخشاه إلا عالم، إذن فخير البرية هو العالم، ولا يغب عن بالك أن العالم لا يعد عالما إلا إذا كان عاملا، ولا يعمل العالم بعلمه إلا إذا لزمته خشية الله).[1]

ومما سبق يتبين علاقة الخشية بالتحصيل العلمي وأنها سبب من أسباب توفيق الله تعالى لعبده وإنعامه عليه بالعلم كونه خشي الله تعالى وعظمه؛ ولذا وجب علينا أن نربي أنفسنا وأبناءنا وطلابنا على هذه القيمة العظيمة، وأن تكون سلوكا لأبنائنا في حياتهم.

من ثمرات خشية الله تعالى:

1ـ الفوز بالجنة والنجاة من النار:﴿إِنَّ الَّذِينَ آمَنُوا وَعَمِلُوا الصَّالِحَاتِ أُوْلَئِكَ هُمْ خَيْرُ البَرِيَّةِ، جَزَاؤُهُمْ عِندَ رَبِّهِمْ جَنَّاتُ عَدْنٍ تَجْرِي مِن تَحْتِهَا الأَنْهَارُ خَالِدِينَ فِيهَا أَبَدا رَّضِيَ اللَّهُ عَنْهُمْ وَرَضُوا عَنْهُ ذَلِكَ لِمَنْ خَشِيَ رَبَّهُ﴾[2].

**﴿وَأُزْلِفَتِ الجَنَّةُ لِلْمُتَّقِينَ غَيْرَ بَعِيدٍ، هَذَا مَا تُوعَدُونَ لِكُلِّ أَوَّابٍ حَفِيظٍ،مَنْ خَشِيَ الرَّحْمَن بِالغَيْبِ وَجَاء بِقَلْبٍ مُّنِيبٍ، ادْخُلُوهَا بِسَلَامٍ ذَلِكَ يَوْمُ الخُلُودِ،لَهُم مَّا يَشَاؤُونَ فِيهَا وَلَدَيْنَا مَزِيدٌ﴾[3]. ﴿وَمَن يُطِعِ اللَّهَ وَرَسُولَهُ وَيَخْشَ اللَّهَ وَيَتَّقْهِ فَأُوْلَئِكَ هُمُ الفَائِزُونَ﴾[4].**

﴿إِنَّ الَّذِينَ يَخْشَوْنَ رَبَّهُم بِالغَيْبِ لَهُم مَّغْفِرَةٌ وَأَجْرٌ كَبِيرٌ﴾[5].

(1) بكر بن عبد الله ابوزيد ، حلية طالب العلم (مرجع سابق) ص(9).
(2) سورة البينة (7-8).
(3) سورة ق (31-35).
(4) سورة النور (52) .
(5) سورة الملك (12) .

2: أنها سبب لسعادة المرء في الدنيا والآخرة.

3: تثمر محبة اللـه تعالى وطاعته.

4: أنها سبب للأمن من الفزع الأكبر.

5: أنها سبب للبعد عن الوقوع في المعاصي والذنوب.

4:طهارة القلب والتنزه عن المعاصي

ويقصد بطهارة القلب: (أن يطهر قلبه من كل غش ودنس وغلّ وحسد وسوء عقيدة وخلق؛ ليصلح بذلك لقبول العلم وحفظه، والاطلاع على دقائق معانيه وحقائق غوامضه)[1]. والتنزه عن المعاصي يشتمل على ما ظهر منها وما بطن.

فالمعاصي الظاهرة: منها معاصي اللسان من الغيبة والنميمة والسبّ والكذب، ومنها معاصي السمع والبصر، ومعاصي الفرج، وأكل الحرام والغش والظلم والخداع والبغي وغيرها.

والمعاصي الباطنة:والتي كثيرا ما يغفل عنها الإنسان منها:الرياء والكِبْر والعُجب والحسد وسوء الظن وحب المعاصي وغيرها.

قال اللـه تعالى: ﴿وَذَرُواْ ظَاهِرَ الإِثْمِ وَبَاطِنَهُ إِنَّ الَّذِينَ يَكْسِبُونَ الإِثْمَ سَيُجْزَوْنَ بِمَا كَانُواْ يَقْتَرِفُونَ﴾[2].

وقال تعالى:﴿وَلاَ تَقْرَبُواْ الفَوَاحِشَ مَا ظَهَرَ مِنْهَا وَمَا بَطَنَ﴾[3].

وقال تعالى: ﴿قُل إِنَّمَا حَرَّمَ رَبِّيَ الفَوَاحِشَ مَا ظَهَرَ مِنْهَا وَمَا بَطَنَ﴾[4]

فجعل اللـه المعاصي الظاهرة و الباطنة سواء في التحريم وفي الأمر باجتنابها، فقد يهتم العبد بالتنزه عن المعاصي الظاهرة ويُغفل الباطنة وهى أشد فتكا، وهذا من الغفلة

---

(1) بدر الدين ابن جماعة : تذكرة السامع والمتكلم في أدب العالم والمتعلم، (مرجع سابق) ص (167).
(2) سورة الأنعام (120).
(3) سورة الأنعام (151).
(4) سورة الأعراف (33).

وفيه شبهة رياء إذ اهتم بما يطلع عليه الناس من المعاصي الظاهرة وأغفل التنزه عن المعاصي الباطنة التي لا يطلع عليها إلا اللـه تعالى. قال تعالى ﴿يَسْتَخْفُونَ مِنَ النَّاسِ وَلاَ يَسْتَخْفُونَ مِنَ اللّهِ وَهُوَ مَعَهُمْ إِذْ يُبَيِّتُونَ مَا لاَ يَرْضَى مِنَ الْقَوْلِ وَكَانَ اللّهُ بِمَا يَعْمَلُونَ مُحِيطاً﴾ [1].

**علاقة طهارة القلب والتنزه عن المعاصي بالتحصيل:**

يبين بدر الدين ابن جماعة هذه العلاقة بقوله (إن العلم ـ كما قال بعضهم ـ صلاة السر- وعبادة القلب وقربة الباطن، وكما لا تصلح الصلاة التي هي عبادة الجوارح الظاهرة إلا بطهارة الظاهر من الحدث والخبث فكذلك لا يصح العلم الذي هو عبادة القلب إلا بطهارته عن خبث الصفات وحدث مساوئ الأخلاق ورديئها)[2].

(وإذا طيب القلب للعلم ظهرت بركته ونما، كالأرض إذا طيبت للزرع نما زرعها وزكا، وفي الحديث: ((إن في الجسد مضغة إذا صلحت صلح الجسد كله وإذا فسدت فسد كله ألا وهي القلب))، وقال سهل: "حرام على قلب أن يدخله النور وفيه شيء مما يكره اللـه عز وجل"[3].

وقال النووي (وينبغي أن يطهِّر قلبه من الأدناس ليصلح لقبول العلم وحفظه واستثماره، ففي الصحيحين عن رسول اللـه صلى اللـه عليه وسلم أنه قال: «إن في الجسد مضغة إذا صلحت صلح الجسد كله،وإذا فسدت فسد الجسد كله، ألا وهى القلب». [4]وقالوا: تطييب القلب للعلم كتطييب الأرض للزراعة)[5].

---

(1) سورة النساء (108).
(2) بدر الدين ابن جماعة : تذكرة السامع والمتكلم في أدب العالم والمتعلم، (مرجع سابق) ص (167)
(3) بدر الدين ابن جماعة : تذكرة السامع والمتكلم في أدب العالم والمتعلم، (مرجع سابق) ص (168).
(4) رواه البخاري (52) ومسلم (1599) وابن ماجة (4032).
(5) النووي : المجموع (35/1).

وإذا تنزه العبد عن اقتراف المعاصي فإن الله تعالى يبارك له في علمه ويزيد له فيه،نقل الإمام النووي عن الشافعي رحمهما الله قوله: (من أحب أن يفتح الله قلبه أو ينوِّره فعليه بترك الكلام فيما لا يعنيه، واجتناب المعاصي، ويكون له خبيئة فيما بينه وبين الله تعالى من عمل[1].

وأما اقتراف المعاصي فهو مضاد للعلم النافع ممحق لبركته؛ روى الخطيب البغدادي بإسناده عن ابن مسعود رضي الله عنه قال (إني لأحسِبُ العبدَ ينسى العلم كان يعلمه بالخطيئة يعملها)[2].

وقال الضحاك بن مزاحم رحمه الله تعالى:(مامن أحد تعلم القرآن ثم نسيه إلا بذنب يحدثه وذلك بأن الله تعالى يقول:﴿وَمَا أَصَابَكُم مِّن مُّصِيبَةٍ فَبِمَا كَسَبَتْ أَيْدِيكُمْ وَيَعْفُو عَن كَثِيرٍ﴾[3]. ونسيان القرآن من أعظم المصائب)[4].

وسئل سفيان بن عيينة: هل يسلب العبد العلم بالذنب يصيبه؟! قال: ألم تسمع قوله: ﴿فَبِمَا نَقْضِهِم مِّيثَاقَهُمْ لَعنَّاهُمْ وَجَعَلنَا قُلُوبَهُمْ قَاسِيَة يُحَرِّفُونَ الكَلِمَ عَن مَّوَاضِعِهِ وَنَسُواْ حَظًّا مِّمَّا ذُكِّرُواْ بِهِ﴾[5].

قال محمد بن النضر: سمعت يحيى بن يحيى يقول: سأل رجل مالك بن أنس: ياأبا عبد الله، هل يصلح لهذا الحفظ شيء؟ قال: (إن كان يصلح له شيء فترك المعاصي)[6].

وقال بشر بن الحارث: إذا أردت أن تلقن العلم فلا تعص.

وقال علي بن خشرم: سألت وكيعا، قلت: ياأبا سفيان تعلم شيئا للحفظ؟ قال: أراك وافدا، ثم قال: ترك المعاصي عون على الحفظ.

---

(1) النووي : المجموع (13/1).
(2) الخطيب البغدادي : اقتضاء العلم العمل ، المكتب الإسلامي ، 1397هـ ص(61).
(3) سورة الشورى (30).
(4) السيوطي: الدر المنثور (355/7).
(5) سورة المائدة (13).
(6) الخطيب البغدادي : الجامع لأخلاق الراوي وآداب السامع ( 251/2).

وقال بعضهم ـ وينسب للشافعي:

شكَوْتُ إلى وكيعٍ سُوءَ حِفظي ... فأومأ بي إلى ترك المعاصي
وقال بأنّ حِفْظَ الشيء فضل ... وفضل الله لا يُؤْتاه عاصِ
وقال بأنَ حفظ الشيءِ نُور ... ونُورُ الله لا يُهدَى لعاصِ[1]

5: **قيمة الصبر على طلب العلم:**

قيمة الصبر من القيم العظيمة التي ترتبط بالتحصيل الدراسي؛ حيث إن طريق التعلم طويل وشاق فهو يحتاج إلى صبر وقوة تحمل، وكلما كان المتعلم صبورا كان على التعليم أقدر وأكثر تحصيلا.

ولذا فقد أمرنا الله تعالى بالصبر في آيات كثيرة. قال الله تعالى: ﴿وَاسْتَعِينُواْ بِالصَّبْرِ وَالصَّلاَةِ وَإِنَّهَا لَكَبِيرَةٌ إِلاَّ عَلَى الخَاشِعِينَ﴾[2].

وقال تعالى: ﴿يا أَيُّهَا الَّذِينَ آمَنُواْ اصْبِرُواْ وَصَابِرُواْ وَرَابِطُواْ وَاتَّقُواْ اللّهَ لَعَلَّكُمْ تُفْلِحُونَ﴾[3]. وذلك وذلك لأن درجة العلم درجة وراثة الأنبياء، ولا تنال المعالي إلا بشق الأنفس.،وفي صحيح مسلم عن يحيى بن أبي كثير، قال: لا يستطاع العلم براحة الجسم،

وفي الحديث: «حفت الجنة بالمكاره»[4].

وكما قيل: لا تحسبن المجد تمرا أنت آكله ... لن تبلغ المجد حتى تلعق الصبرا

الصبر على طلب العلم وعلاقته بالتحصيل:

بقول ابن القيم: (والاسم الجامع لذلك كله الصبر وهذا يدلك على ارتباط مقامات الدين كلها بالصبر من أولها إلى آخرها)[5].

---

(1) الخطيب البغدادي : الجامع لأخلاق الراوي وآداب السامع ( 251/2).
(2) سورة البقرة (45) .
(3) سورة آل عمران (200).
(4) رواه مسلم (5049) والترمذي (2482) وأحمد (12101)
(5) ابن القيم الجوزية (165/3).

ويقول شيخ الإسلام ابن تيمية: (وقد ذكر الله الصبر في كتابه في أكثر من تسعين موضعا وقرنه بالصلاة في قوله تعالى: ﴿وَاسْتَعِينُواْ بِالصَّبْرِ وَالصَّلاَةِ وَإِنَّهَا لَكَبِيرَةٌ إِلاَّ عَلَى الخَاشِعِينَ﴾[1].

وقوله: ﴿وَأَقِمِ الصَّلاَةَ طَرَفَيِ النَّهَارِ وَزُلَفاً مِّنَ اللَّيْلِ إِنَّ الحَسَنَاتِ يُذْهِبْنَ السَّيِّئَاتِ ذَلِكَ ذِكْرَى لِلذَّاكِرِينَ، وَاصْبِرْ فَإِنَّ اللّهَ لاَ يُضِيعُ أَجْرَ المُحْسِنِينَ﴾[2].

وقوله تعالى: ﴿فَاصْبِرْ عَلَى مَا يَقُولُونَ وَسَبِّحْ بِحَمْدِ رَبِّكَ قَبْلَ طُلُوعِ الشَّمْسِ وَقَبْلَ غُرُوبِهَا﴾[3].

وقوله تعالى: ﴿فَاصْبِرْ إِنَّ وَعْدَ اللَّهِ حَقٌّ وَاسْتَغْفِرْ لِذَنبِكَ﴾[4].

وجعل الإمامة في الدين موروثة عن الصبر واليقين بقوله: ﴿وَجَعَلْنَا مِنْهُمْ أَئِمَّةً يَهْدُونَ بِأَمْرِنَا لَمَّا صَبَرُوا وَكَانُوا بِآيَاتِنَا يُوقِنُونَ﴾[5]. فإن الدين كله علم بالحق وعمل به والعمل به لا بد فيه من الصبر بل وطلب علمه يحتاج إلى الصبر كما قال معاذ بن جبل رضي الله عنه : عليكم بالعلم؛ فإن طلبه لله عبادة، ومعرفته خشية، والبحث عنه جهاد، وتعليمه لمن لا يعلمه صدقة، ومذاكرته تسبيح، به يعرف الله، ويعبد، وبه يمجد الله ويوحد،يرفع الله بالعلم أقواما يجعلهم للناس قادة وأئمة يهتدون بهم وينتهون الى رأيهم.

فجعل البحث عن العلم من الجهاد، ولا بد في الجهاد من الصبر ولهذا قال تعالى: ﴿وَالعَصْرِ﴿1﴾ إِنَّ الإنسَانَ لَفِي خُسْرٍ﴿2﴾ إِلَّا الَّذِينَ آمَنُوا وَعَمِلُوا الصَّالِحَاتِ وَتَوَاصَوْا بِالحَقِّ وَتَوَاصَوْا بِالصَّبْرِ﴿3﴾﴾[6]. وقال تعالى: ﴿وَاذْكُرْ عِبَادَنَا إبْرَاهِيمَ

(1) سورة البقرة (45) .
(2) سورة هود (114-115).
(3) سورة طه (130).
(4) سورة غافر (55).
(5) سورة السجدة (24).
(6) سورة العصر (1-3).

وَإِسْحَاقَ وَيَعْقُوبَ أُوْلِي الأَيْدِي وَالأَبْصَارِ﴾[1].

فالعلم النافع هو أصل الهدى والعمل بالحق هو الرشاد وضد الأول الضلال وضد الثاني الغي فالضلال العمل بغير علم والغي اتباع الهوى. قال تعالى:﴿وَالنَّجْمِ إِذَا هَوَى﴿1﴾ مَا ضَلَّ صَاحِبُكُمْ وَمَا غَوَى﴿2﴾﴾[2]. فلا ينال الهدى إلا بالعلم ولا ينال الرشاد إلا بالصبر ولهذا قال علي رضي الله عنه : (ألا إن الصبر من الإيمان بمنزلة الرأس من الجسد فإذا انقطع الرأس بان الجسد ثم رفع صوته فقال: ألا لا إيمان لمن لا صبر له)[3].

وطالب العلم الذي جعل قيمة الصبر سلوكا له في حياته هو من يستطيع التحصيل أكثر من غيره، وهو الذي يدرك العلم، وأما من (ليس له قوة على الصبر على صحبة العالم والعلم، وحسن الثبات على ذلك، فإنه ليس بأهل لتلقي العلم، فمن لا صبر له لا يدرك العلم، ومن استعمل الصبر ولازمه أدرك به كل أمر سعى فيه)[4]

ولا يتمكن العبد من العلم ومجاهدة النفس على الإخلاص وترك المعاصي وغيرها إلا بالتحلي بالصبر. قال تعالى: ﴿وَالعَصْرِ﴿1﴾ إِنَّ الإنسَانَ لَفِي خُسْرٍ﴿2﴾ إِلَّا الَّذِينَ آمَنُوا وَعَمِلُوا الصَّالِحَاتِ وَتَوَاصَوْا بِالحَقِّ وَتَوَاصَوْا بِالصَّبْرِ﴾.

روى مسلم في صحيحه عن يحيى بن أبي كثير رحمه الله قال: (لا يُستطاع العلمُ براحة الجسم)[5]. وقيل للشعبى: من أين لك هذا العلم كله؟. قال: بنفي الاعتماد، والسير في البلاد، وصبر وصبر كصبر الجماد، وبُكور كبكور الغُراب).

وقال الشاعر:

ألا لا تنال العلم إلا بستّة سأنبيك عن مجموعها ببيان

(1) سورة ص (45).
(2) سورة النجم (1-2).
(3) ابن تيمية مجموع الفتاوى (10/39-40).
(4) عبد الرحمن السعدي: تيسير الكريم الرحمن في تفسير كلام المنان ص (68).
(5) رواه مسلم (986).

ذكاءٌ وحرصٌ واصطبارٌ وبُلغــة          وإرشادُ أستاذ وطولُ زمــــانٍ[1]

وأورد ابن عبد البر في (جامع بيان العلم وفضله) باب (الحضّ على استدامة الطلب والصبر على اللأواء والنَّصب) وروى فيه عن الإمام ـ مالك رحمه الله ـ قال:(لا ينبغي لأحد يكون عنده العلم أن يترك التعلم).

وروي ابن عبد البر عن نعيم بن حماد قال: قيل لابن المبارك: إلى متى تطلب العلم؟ قال: حتى الممات إن شاء الله، وقيل له مرة أخري مثل ذلك فقال: لعل الكلمة التى تنفعنى لم أكتبها بعد ذلك.

وقال ابن عبد البر. سُئل سفيان بن عيينة مَنْ أحوج الناس إلى طلب العلم؟، قال: أعلمهم لأن الخطأ منه أقبح.

وقال ابن عبد البر: (وكان الشافعي يقول.... وقالوا من لم يحتمل ذل التعلم ساعة بقى في ذل الجهل أبدا).

وقال ابن عبد البر:وقال قتادة: (لو كان أحد يكتفي من العلم بشيء لاكتفى موسى عليه السلام ولكنه قال: ﴿قَالَ لَهُ مُوسَى هَل أَتَّبِعُكَ عَلَى أَنْ تُعَلِّمَنِ مِمَّا عُلِّمْتَ رُشْدا﴾[(2)][3]. ومصداق هذا من كتاب الله تعالى: قوله عز وجل: [وَقُل رَبِّ زِدْنِي عِلما][4]. قال العلماء (لم يأمر الله نبيه صلى الله عليه وسلم بالاستزادة من شيء إلا العلم).فإذا كان إمام الأنبياء صلى الله عليه وسلم قد طلب الاستزادة من العلم فكيف بمن دونه من العلماء وطلبة العلم؟.

وروى ابن عبد البر بإسناده عن مالك رحمه الله قال: إن هذا الأمر لن يُنال حتى

---

(1) محمد بن إسماعيل الشافعي: ديوان الشافعي ، دار الكتاب العربي، ط1، 1411هـ ص (81) .
(2) سورة الكهف (66) .
(3) يوسف ين عبدالبر ،أبو عمر النمري القرطبي : جامع بيان أهل العلم وفضله وما ينبغي في روايته وحمله ،دار الفكر ، ص(120/1) .
(4) سورة طه (114) .

يُذاق فيه طعم الفقر، وذكر ما نزل بربيعة من الفقر في طلب العلم حتى باع خشب سقف بيته في طلب العلم، وحتى كان يأكل ما يُلقى على مزابل المدينة من الزبيب وعصارة التمر[1].

ولقد ضرب سلفنا الصالح أروع الأمثلة في الصبر على طلب العلم حتى سبقوا غيرهم في التحصيل وأصبح لهم شأن عظيم بين أقرانهم.عن ابن عباس قال لما قبض رسول الله صلى الله عليه وسلم قلت لرجل من الأنصار: هلم فلنسأل أصحاب رسول الله صلى الله عليه وسلم فإنهم اليوم كثير فقال يا عجبا لك يا ابن عباس أترى الناس يفتقرون إليك وفي الناس من أصحاب رسول الله صلى الله عليه وسلم من فيهم؟ قال: فترك ذلك وأقبلت أنا أسأل أصحاب رسول الله صلى الله عليه وسلم فإن كان ليبلغني الحديث عن الرجل فآتي بابه وهو قائل فأتوسد ردائي على بابه يسفي الريح علي من التراب فيخرج فيراني فيقول: يا ابن عم رسول الله ما جاء بك هلا أرسلت إلي فآتيك فأقول: لا أنا أحق أن آتيك قال فأساله عن الحديث، قال: فعاش هذا الرجل الأنصاري حتى رآني وقد اجتمع حولي الناس يسألوني فيقول:هذا الفتى كان أعقل مني[2].

وهذا عروة بن الزبير يقول: (ولقد كان يبلغني عن الرجل من أصحاب رسول الله صلى الله عليه وسلم الحديث فآتيه فأجده قد قال فأجلس على بابه فأسأله عنه)[3].

وهذا سعيد بن جبير يقول: كنت أسير مع بن عباس في طريق مكة ليلا وكان يحدثني بالحديث فاكتبه في واسطة الرحل حتى أصبح فاكتبه[4].

---

(1) ابن عبد البر : جامع بيات العلم وفضله (مرجع سابق) ص(1/ 116).
(2) إسماعيل بن عمر بن كثير القرشي أبو الفداء: البدايةوالنهاية مكتبة المعارف - بيروت (298/8).
(3) يوسف بن الزكي عبدالرحمن أبو الحجاج المزي: تهذيب الكمال، تحقيق : د. بشار عواد معروف ،مؤسسة الرسالة - بيروت ، الطبعة الأولى ، 1400 – 1980 (17/20).
(4 ) عبد الله بن عبدالرحمن أبو محمد الدارمي : سنن الدارمي، تحقيق : فواز أحمد زمرلي ، خالد السبع العلمي ، دار الكتاب العربي – بيروت، الطبعة الأولى ، 1407، (138/1).

وقد كان سلفنا الصالح يبذلون جهدهم ويقطعون المسافات الطويلة في سبيل الحصول على العلم.قال البخاري: (ورحل جابر بن عبد الله مسيرة شهر إلى عبد الله بن أُنيس في حديث واحد)[1].

وكانوا ـ رحمهم الله ـ يستسهلون الصعاب في طلب العلم مهما كلفهم هذا الأمر من عناء ونصب وتعب. يقول عبد الله بن مسعود رضي الله عنه : (و الله الذي لا إله غيره، ما أنزلت سورة من كتاب الله إلا أنا أعلم أين أنزلت، ولا أنزلت آية من كتاب الله إلا أنا أعلم فيمن أُنزلت، ولو أعلم أحدا أعلم منى بكتاب الله تبلُغُه الإبل لركبتُ إليه)[2]

وروى ابن عبد البر عن يحيى بن سعيد: قال سعيد بن المسيب: إن كنت لأسير الليالي والأيام في طلب الحديث الواحد.

وقال ابن عبد البر: قال الشعبي: لو أن رجلا سافر من أقصى الشام إلى أقصي اليمن ليسمع كلمة حكمة ما رأيت أن سفره ضاع[3].

يقول الإمام ابن القيم ـ رحمه الله: (وقد أجمع عقلاء كل أمة على أن النعيم لا يدرك بالنعيم، وأن من آثر الراحة فاتته الراحة،وأن بحسب ركوب الأهوال واحتمال المشاق تكون الفرحة واللذة، فلا فرحة لمن لا هم له،ولا لذة لمن لا صبر له، ولا نعيم لمن لا شقاء له، ولا راحة لمن لا تعب له، بل إذا تعب العبد قليلا استراح طويلا، وإذا تحمل مشقة الصبر ساعة قاده لحياة الأبد، وكل ما فيه أهل النعيم المقيم فهو صبر ساعة و الله المستعان ولا قوة إلا بالله.

وكلما كانت النفوس أشرف والهمة أعلا كان تعب البدن أوفر وحظه من الراحة أقل، كما قال المتنبي

إذا كانت النفوس كبارا ... تعبت في مرادها الأجسام

(1) ابن حجر العسقلابي : فتح الباري (173/1).
(2) رواه البخاري (4618) ومسلم (4503).
(3) ابن عبد البر: جامع بيان العلم وفضله ، (مرجع سابق) ص(114/1).

وقال ابن الرومي:

قلب يظل على أفكاره وئد تمضي الأمور ونفس لهوها التعب.

ولا ريب عند كل عاقل أن كمال الراحة بحسب التعب وكمال النعيم بحسب تحمل المشاق في طريقه وإنما تخلص الراحة واللذة والنعيم في دار السلام فأما في هذه الدار فكلا ولما)[1].

قال الربيع: ـ لم أر الشافعي رحمه الله ـ آكلا بنهار ولا نائما بليل لاشتغاله بالتصنيف[2].

وفي قصة موسى عليه السلام مع الخضر بيّن الخضر أن العلم يحتاج إلى صبر وكان أول ما سجله الله تعالى على لسان الخضر أن قال لموسى: [قَالَ أَلَمْ أَقُلْ إِنَّكَ لَنْ تَسْتَطِيعَ مَعِيَ صَبْرًا][3]. قال النبي صلى الله عليه وسلم : ((يرحم الله موسى لو كان صبر لقصّ الله علينا من أمرهما)).[4]فدل أن الصبر والمصابرة..التي هي الصبر على الصبر سبب للعلم الكثير..كما أن نقصه سبب للحرمان.

ثم إن الإحاطة بالعلم..والتوسع فيه..سبب رئيس للصبر..كما أن الصبر شرط للتعلم يدل عليه قول الخضر:﴿وَكَيْفَ تَصْبِرُ عَلَى مَا لَمْ تُحِطْ بِهِ خُبْرًا﴾][5]. وأما من (ليس له قوة الصبر على صحبة العالم والعلم، وحسن الثبات على ذلك،أن يفوته بحسب عدم صبره كثير من العلم، فمن لا صبر له لا يدرك العلم، ومن استعمل الصبر ولازمه أدرك به كل أمر سعى فيه).[6]

---

(1) محمد بن أبي بكر أيوب الزرعي أبو عبد الله ابن القيم الجوزية : مفتاح دار السعادة ومنشور ولاية العلم والإرادة ، دار الكتب العلمية ـ بيروت (366 _367).
(2) بدر الدين ابن جماعة : تذكرة السامع والمتكلم في أدب العالم والمتعلم، (مرجع سابق) ص (104-105).
(3) سورة الكهف (72).
(4) رواه البخاري (122) ومسلم (238) والترمذي (3149).
(5) سورة الكهف :(68).
(6) عبد الرحمن السعدي : تيسير الكريم الرحمن في تفسير كلام المنان ص (457) .

ومما سبق يتبين لنا أهمية الصبر لطالب العلم وأثر الكبير على التحصيل، لذا لابد من الاهتمام بموضوع الصبر وغرس هذه القيمة في نفوس طلابنا حتى يسهم ذلك في زيادة تحصيلهم والبركة في علمهم.

**6: إدراك قيمة العلم:**

كلما عرفت قيمة الشيء ازاد التعلق به والحرص عليه.

وهذا ينطبق على العلم وفضله وشرف أهله.

ومن شرف العلم:

1ـ أنه أشرف ما في الإنسان وأن فضله وشرفه إنما هو بالعلم[1].

2ـ إن التصديق بدون العلم والمعرفة محال فإنه فرع العلم بالشيء المصدق به، فالعلم من الإيمان بمنزلة الروح من الجسد ولا تقوم شجرة الإيمان إلا على ساق العلم والمعرفة فالعلم أجل المطالب وأسنى المواهب[2].

3ـ و العلم حياة القلوب، ونور البصائر، وشفاء الصدور،ورياض العقول، ولذة الأرواح،وأنس المستوحشين، ودليل المتحيرين.

4ـ وهو الحاكم المفرق بين الشك واليقين، والغي والرشاد،والهدى والضلال، به يعرف الله، ويعبد، ويذكر، ويوحد، ويحمد، ويمجد، و به اهتدى إليه السالكون، ومن طريقه وصل إليه الواصلون، ومن بابه دخل عليه القاصدون[3].

5ـ مذاكرته تسبيح،والبحث عنه جهاد،وطلبه قربة،وبذله صدقة،ومدارسته تعدل الصيام والقيام، والحاجة إليه أعظم منها إلى الشراب والطعام[4].

---

(1) محمد بن أبي بكر أيوب الزرعي أبو عبد الله: مفتاح دار السعادة ومنشور ولاية العلم والإرادة ، دار الكتب العلمية – بيروت (53/1).
(2) ابن القيم : مفتاح دار السعادة ومنشور ولاية العلم والإرادة (81/1).
(3) ابن القيم الجوزية : مدارج السالكين (469/2).
(4) ابن القيم الجوزية : مدارج السالكين (469-470/2).

6ـ  به تعرف الشرائع والأحكام،ويتميز الحـلال مـن الحـرام،وبـه توصل الأرحـام، وبـه تعـرف مراضي الحبيب،وبمعرفتها ومتابعتها يوصل إليه من قريب.

7ـ وهو إمام والعمل مأموم، وهو قائد والعمل تابع.

8ـ هو الصاحب في الغربة، والمحدث في الخلوة،والأنيس في الوحشة،والكاشف عن الشبهة.

9ـ وهو الميزان الذي به توزن الأقوال والأعمال والأحوال.

10: وهو الغني الذي لا فقر على من ظفر بكنزه، والكنف الذي لا ضيعة على مـن آوى إليـه. قال الإمام أحمد رحمه اللـه: الناس إلى العلم أحوج منهم إلى الطعام والشراب؛ لأن الرجل يحتاج إلى الطعام والشراب في اليوم مرة أو مرتين،وحاجته إلى العلم بعدد أنفاسه [1].

يقول أبو هلال العسكري: (من عرف العلم وفضله لم يقض نهمته منه، ولم يشبع من جمعـه طول عمره) [2].

وإن من الدواعي التي تحث التلميذ على التحصيل العلمي هو إدراكه لقيمة العلم ومكانته، وأنه سبب لنفع صاحبه في الحياة وبعد الممات،يقول الشيخ عبد الرحمن السـعدي: (إذا انقطعت الأعمال بالموت وطويت صحيفة العبد فأهل العلم حسناتهم تتزايد كلما انتفع بإرشادهم، ويهتدى بأقوالهم وأفعالهم) [3].

ومن هنا فإن الطالب إذا أدرك قيمة العلم فإنه يقبل عليه وينهل منه ويشعر بلذة في طلبـه ويستسهل في ذلك كل أمر عسير.

---

(1) انظر: ابن القيم الجوزية : مدارج السالكين (470/2).
(2) أبوهلال العسكري : الحـث على طلب العلـم والاجتهـاد في جمعـه ، تحقيـق مـروان قبـاني ، المكتـب الإسلامي، بيروت 1406هـ ص95
(3)   الفتاوى السعدية ص (73).

186

(والذي يطالع الكثير من تراجم علماء الإسلام وما ورد في سائر حياتهم من الإقبال الشديد على طلب العلم قراءة وبحثا وتأليفا لا يمكن أن يتجاهل تلك الروح العلمية التي حركت هؤلاء العلماء إلى طلب العلم والمثابرة عليه بدون ملل أو كلل، وحب العلم لذات العلم هو الذي يجعل صاحبه لا يجد متعة أو لذة أفضل وأشرف من طلب العلم)[1].

ولقد أدرك صحابة النبي صلى الله عليه وسلم قيمة العلم فلازموا رسول الله صلى الله عليه وسلم لكي يتعلموا منه. فهذا أبو هريرة رضي الله عنه عنه يلازم رسول الله صلى الله عليه وسلم ويتعلم منه ويعلم الناس حتى صار أكثر الصحابة رواية للحديث.

وهذا عبد الله بن عباسرضي الله عنه يتعلم من الرسول صلى الله عليه وسلم وهو صغير حتى نال شرف العلم وأصبح من أعلام الصحابة رضي الله عنهم بعلم الفقه والتفسير.

وهذا معاذ بن جبلرضي الله عنه يلازم رسول الله صلى الله عليه وسلم ويتعلم منه حتى صار أعلم الصحابة بالحلال والحرام.وعندما حضرته الوفاة قال لجاريته ويحك هل أصبحنا؟قالت:لا، ثم تركها ساعة، ثم قال: انظري فقالت: نعم.فقال: أعوذ بالله من صباح إلى النار، ثم قال:مرحبا بالموت مرحبا بزائر جاء على فاقة، لا أفلح من ندم، اللهم إنك تعلم أني لم أكن أحب البقاء في الدنيا لجري الأنهار ولا لغرس الأشجار ولكن كنت أحب البقاء لمكابدة الليل الطويل ولظمأ الهواجر في الحر الشديد ولمزاحمة العلماء بالركب في حلق الذكر)[2]

**7: قيمة الورع:**

الوَرَع: أنْ يحترزَ عن الشبع، وكثرةِ النَوْمِ، وكثرةِ الكلام فيما لا يَنْفَعُ، وينبغي أنْ يحترزَ عن الغِيْبَةِ، وعن مُجالسة المِكْثار فإنّ مَنْ يُكْثر الكلامَ يَسْرِقُ عُمُرَكَ، ويُضيّعُ

---

(1) أحمد إبراهيم فلاته : آداب المتعلم في الفكر التربوي الإسلامي ، دار المجتمع ، الطبعة الأولى 1414هـ ص(56).

(2) ابن عبد البر: جامع بيان العلم وفضله ، (مرجع سابق) ص(61/1).

أوْقاتَكَ، ومن الوَرَع: أنْ يجتنبَ من أهل الفَسادِ والتَعْطيلِ، فإنَ المجاورةَ مؤثّرة، لا مَحالةَ.

وهومجاهدة النفس عما حرم اللـه أو ما فيه شبه سمو بالنفس وصيانة للعلم،وعرفه الفضيل بن عياض بأنه: (اجتناب المحارم)[1].

وعرفه ابن مسكويه: بأنه: (لزوم الأعمال الجميلة التي فيها كمال النفس)[2]

(وقد جمع النبي صلى اللـه عليه وسلم الورع كله في كلمة واحدة فقال: ((من حسن إسلام المرء تركه ما لا يعنيه))[3] فهذا يعم الترك لما لا يعني من الكلام والنظر والاستماع والبطش والمشي والفكر وسائر الحركات الظاهرة والباطنة، فهذه الكلمة كافية شافية في الورع، قال إبراهيم بن أدهم: الورع ترك كل شبهة وترك ما لا يعنيك هو ترك الفضلات، وفى الترمذي مرفوعا إلى النبي صلى اللـه عليه وسلم : ((يا أبا هريرة كن ورعا تكن أعبد الناس))[4])[5].

العلاقة بين الورع والتحصيل: والورع سبب لقبول العلم والانتفاع به وصلاح القلب: قال الزرنوجي: (كلما كان طالب العلم أورع كان علمه أنفع والتعلم له أيسر وفوائده أكثر)[6].

ولهذا أوصى بدر الدين بن جماعة طالب العلم بأن (يأخذ نفسه بالورع في جميع شأنه، وتحرى الحلال في طعامه وشرابه ولباسه ومسكنه، وفي جميع ما يحتاج إليه هو وعياله، ليستنير قلبه ويصلح لقبول العلم ونوره والنفع به)[7].

(1) ابن عبد البر: جامع بيان العلم وفضله ، (مرجع سابق) ص(124/1) .
(2) ابن مسكويه : تهذيب الأخلاق وتطهير الأعراق ص(18).
(3) رواه الترمذي (2239) وابن ماجة (2966) .
(4) ابن ماجة واللفظ له (4207).
(5) ابن القيم الجوزية : مدارج السالكين (2/ 19-20) .
(6) تعليم المتعلم في طريق التعلم ص(92-93 ) .
(7) بدر الدين ابن جماعة : تذكرة السامع والمتكلم في أدب العالم والمتعلم، (مرجع سابق) ص (177) .

وخير من يقتضى به في الورع رسول الله صلى الله عليه وسلم حيث روي أنه صلى الله عليه وسلم لم يأكل التمرة التي وجدها في الطريق خشية أن تكون من تمر الصدقة مع بعد كونها منها[1].

روي أن الحسن بن علي رضي الله عنهما أخذ تمرة من تمر الصدقة فجعلها في فيه فقال النبي صلى الله عليه وسلم : ((كخ كخ)). ليطرحها، ثم قالصلى الله عليه وسلم : ((أما شعرت أنا لا نأكل الصدقة))[2].

وعن عائشة رضي الله عنها قالت:  ((ما رأيت النبي صلى الله عليه وسلم  مستجمعا قط ضاحكا حتى أرى منه لهواته إنما كان يتبسم  ))[3].

وهذا أبو بكر الصديق رضي الله عنه  يتورع عن أكل ما جاء به غلامه. عن عائشة رضي الله عنها قالت: ((كان لأبي بكر رضي الله عنه  غلام يخرج له الخراج، وكان أبو بكر يأكل من خراجه فجاء يوما بشيء فأكل منه أبو بكر، فقال له الغلام: تدري ما هذا؟ فقال أبو بكر: وما هـو؟ قال: كنت تكهنت لإنسان في الجاهلية، وما أحسن الكهانة إلا أني خدعته فلقيني فأعطاني بـذلك فهذا الذي أكلت منه، فأدخل أبو بكر يده فقاء كل شيء في بطنه)) [4].

ولأهمية الورع وأثره على التحصيل فقد أوصى العلماء  طلابهم أن يجعلوه منهاجا لهم؛ يقول عبد الله بن المبارك:

يا طالب العلم بادر الورعا          وهاجر النوم واهجر الشبعا

قال الشافعي: زينة العلم الورع والحلم [5].

يقول الدكتور صلاح الصاوي:ومن آداب طالب العلم (تحري الورع في أموره

---

(1)   بدر الدين ابن جماعة : تذكرة السامع والمتكلم في أدب العالم والمتعلم،  (مرجع سابق) ص (178) .
(2)   رواه البخاري (2907) ومسلم (1069) وأحمد (7706) والدارمي (1671) .
(3)   رواه البخاري (5741) ومسلم (299) وأبو داود (5098) .
(4)   أخرجه  البخاري (3629).
(5)   الآداب الشرعية (270/3 ).

كلها طعاما وشرابا ولباسا ومسكنا، وبهذا يستنير قلبه، ويصبح أهلا لقبول العلم والانتفاع به، فلا يصيب عبد حقيقة الإيمان حتى يجعل بينه وبين الحرام حاجزا من الحلال، ولا يسلم للرجـل الحلال حتى يجعل بينه وبين الحرام جنة من الحلال[1].

عن ابن طاووس عن أبيه قال: (مثل الإسلام كمثل شجرة فأصلها الشهادة، وسـاقها كـذا وكـذا، وورقها كذا شيء سماه، وثمرها الورع، لا خير في شجرة لا ثمر لها، ولا خير في إنسان لا ورع له)[2].

وقال الحسن البصري: (أفضل العلم الورع والتوكل)[3].

ومما سبق تتضح أهمية وأثرها على تلقي العلم وتحصيله، فحري بنا أن نـربي أبناءنـا علـى هذه القيمة العظيمة، وأن تكون لنا سلوكا ومنهاجا.

## 8: قيمة الصدق:

الصدق: إلقاء الكلام على وجه مطابق للواقع والاعتقاد، فالصدق من طريق واحد[4].

والصدق يكون في الأقوال وفي الأعمال وفي الأحوال:

1: فالصدق في الأقوال: استواء اللسان على الأقوال كاستواء السنبلة على ساقها.

2ـ والصدق في الأعمال: استواء الأفعال على الأمر والمتابعة كاستواء الرأس على الجسد.

3ـ والصدق في الأحوال: استواء أعمال القلب والجوارح على الإخلاص واستفراغ الوسع وبـذل الطاقة[5].

روي عن عبد الله بن مسعود رضي الله عنه عن النبي صلى الله عليه وسلم قال: ((إن احدكم ليصدق

(1) صلاح الصاوي : آداب طالب العلم ص(10).
(2) ابن أبي الدنيا، كتاب الورع (109/1).
(3) الزهد للإمام أحمد (325).
(4) بكر أبوزيد : حلية طالب العلم (مرجع سابق) ص(43).
(5) ابن قيم الجوزية : مدارج السالكين (270/2).

ويتحرى الصدق حتى يكتب صديقا ويكذب ويتحرى الكذب حتى يكتب كذابا))[1].

عن مطرف قال سمعت مالك بن أنس يقول قل ما كان رجل صادقا ليس بكاذب الا متع بعقله ولم يصبه ما يصيب غيره من الهرم والخرف

علاقة الصدق بالتحصيل:

يبين هذه العلاقة الخطيب البغدادي حيث قال(: قال وكيع:هذه صناعة لا يرتفع فيها إلا صادق. وري عن الإمام أحمد بن حنبل - رحمه الله - أنه سئل: بم بلغ القوم حتى مدحوا؟ قال: بالصدق. وقال يحيى بن معين: آلة الحديث الصدق)[2].

وطالب العلم يجب عليه أن يكون صادقا في قوله، صادقا في فعله صادقا مع الله تعالى، صادقا مع الناس،لعلمه بأن الصدق يهدي إلى الجنة.

يقول الشيخ بكر أبو زيد موصيا طالب العلم أن يكون متحليا بالصدق: (فتعلم - رحمك الله - الصدق قبل أن تتعلم العلم،و احذر أن تمرق من الصدق إلى المعاريض فالكذب، وأسوأ مرامي هذا المروق (الكذب في العلم) لداء منافسة الأقران، وطيران السمعة في الآفاق.

ومن تطلع إلى سمعة فوق منزلته فليعلم أن في المرصاد رجالا يحملون بصائر نافذة وأقلاما ناقدة فيزنون السمعة بالأثر، فتتم تعريك عن ثلاثة معان:

1- فقد الثقة من القلوب.

2- ذهاب علمك وانحسار القبول.

3- أن لا تصدق ولو صدقت.

وبالجملة فمن يحترف زخرف القول، فهو أخو الساحر، ولا يفلح الساحر حيث أتى. و الله أعلم[3].

وقال علي بن أبي طالب رضي الله عنه : (يا طالب العلم: إن العلم ذو فضائل كثيرة فرأسه

---

(1) رواه البخاري (5783) ومسلم (6207) والترمذي (1917) وأبو داود (4989) وأحمد (2631).
(2) الخطيب البغدادي: الجامع لأخلاق الراوي وآداب السامع (2/2-3).
(3) بكر بن عبد الله أبو زيد : حلية طال العلم (مرجع سابق) ،ص(44-45).

التواضع،وعينه البراءة من الحسد، وأذنه الفهم، ولسانه الصـدق، وحفظه الفحـص، وقلبـه حسـن النية،وعقله معرفة الأشياء والأمور الواجبة، ويده الرحمة، ورجلـه زيـارة العلماء،وهمتـه السـلامة، وحكمته الورع، ومستقره النجاة، وقائده العافية، ومركبه الوفاء، وسلاحه لين الكلمة، وسيفه الرضا، وقوسه المداراة، وجيشه مجاورة العلماء، وماله الأدب،وذخيرته اجتنـاب الـذنوب، وزاده المعـروف، وماؤه الموادعة، ودليله الهدى، ورفيقه صحبة الأخيار)[1].

فيجب على طالب العلم أن يجعل الصدق صفة لازمة لـه، وأن يلتزمـه في قولـه وفعلـه،حتى يبارك اللـه تعالى له في علمه فينتفع به وينفع غيره.

ومما سبق يتبين لنا أهمية القيم الإسلامية التربوية المتعلقة بطالب العلم مع نفسه، وعلاقـة التحصيل الدراسي بها، حيث إنها تهذب شخصية الطالب وتوثق علاقتـه بـالله تعـالى، وتعمـل علـى زيادة تحصيله،وتكون سياجا له من الوقوع في الخطأ.

---

(1) الجامع لأخلاق الراوي ولآداب السامع (20/1 ).

# المبحث الثاني

## قيم ينبغي أن يلتزم بها طالب العلم مع معلمه

بعد أن تناولنا قيم الطالب مع نفسه وعلاقتها بالتحصيل الـدراسي، نتنـاول في هـذه المبحـث القيم التي ينبغي أن يلتزم بها الطالب في تعامله مع معلمه ثم مـع والديـه وعلاقتها بالتحصيل الدراسي.

وهذا المبحث ذو أهمية كبيرة لطالب العلم وغيره حيث إن (هنـاك ارتباطـا وثيقـا بـين نـوع العلاقة القائمة بين المتعلم وأساتذته، ودرجة استفادة المتعلم من تحصيله الدراسي، واستمراريته في طلب العلم)[1].

لذا وجب علينا أن نتعرف على هذه القيم التي ينبغي أن يمارسها المتعلم مع معلمه لتقوية تلك العلاقة. وقبل أن نتحدث عن هذه القيم لا بـد أن نبـين دور المعلـم وحاجـة المـتعلم إليـه في تلقي العلم.

أولا: الحاجة إلى وجود معلم:

إن المتعلم في طريق التعلم يحتاج إلى أستاذ يأخذ عنه العلم،ويوضح لـه مـا اسـتغلق عليـه فهمـه، ويكتسب منه الآداب والقيم، وقد أوضح العلماء هذه الحاجة؛حيث قال ابن خلـدون في مقدمتـه: (ذلك أن البشر يأخذون معارفهم وأخلاقهم وما ينتحلون به من المذاهب والفضائل تـارة علـما وتعليمـا وإلقـاء، وتارة محاكاة وتلقينا بالمباشرة، إلا أن حصول الملكات عن المباشرة والتلقين أشد اسـتحكاما، وأقـوى رسوخا فعلى قدر كثرة الشيوخ يكون حصول الملكات ورسوخها والاصطلاحات أيضا في تعليم العلوم مخلطـة علـى المتعلم حتى لقد يظن كثير منهم أنها جزء من العلم، ولا يدفع عنه ذلك إلا مباشرته لاختلاف الطرق فيها من المعلمين، فلقاء أهل العلوم، وتعدد المشايخ يفيده تمييز الاصطلاحات بما يـراه مـن اخـتلاف طـرقهم فيها... و اللـه يهدي من يشاء إلى صراط مستقيم)[2].

---

(1) أحمدمحمد إبراهيم فلاتة: آداب المتعلم في الفكر التربوي الإسلامي (مرجع سابق )ص (95).
(2) ابن خلدون: عبد الرحمن بن محمد : مقدمة ابن خلـدون، تحقيـق: حجـر عـاصي، دار مكتبـة الهـلال، بـيروت 1986م ص (336).

(والمعلمون يرسخون القيم والعادات والنظم والتقاليد ويبنون الأمة ببنائهم لأبنائهم وبأيديهم يشكلون رجالات المستقبل)[1].

ولا يقف دور الأستاذ عند هذا الحد بل (إن المربي الفاضل والعالم الجليل يعد مشعل هداية لطلاب العلم؛ فهو يفيد طلاب العلم بما يلقيه عليهم من دروس علمية وتوجيهات تربوية، كما أنه ينفع الناس ويحل مشاكلهم ويجيب عل مسائلهم ويعلم الجاهل منهم)[2].

ومما يؤكد حاجة كل طالب إلى معلم يتعلم منه ويتربى على يديه أن المعلم (يجلو أفكار الناشئين والشباب، ويوقظ مشاعرهم، ويحيي عقولهم، ويرقي إدراكهم، إنه يسلحهم بالحق أمام الباطل، وبالفضيلة ليقتلوا الرذيلة، وبالعلم ليفتكوا بالجهل، إنه يملأ النفوس الجامدة حياة، والعقول النائمة يقظة، والمشاعر الضعيفة قوة، إنه يشعل المصباح المنطفئ، ويضيئ الطريق المظلم، وينبت الأرض الموات، ويثمر الشجر العقيم)[3].

ومما سبق يتضح لنا دور المعلم والحاجة إليه في التربية والتعليم، وإخراج الناس من ظلمات الجهل إلى نور العلم والإيمان،لذا كان واجبا على الطالب أن يحترم معلمه ويوقره ويتواضع له حتى يبارك الله تعالى له في علمه، وهذا ما سيتم الحديث عنه في هذا الفصل.

**1: قيمة التواضع وعلاقتها بالتحصيل:**

التواضع قيمة عظيمة اتسم بها عباد الرحمن وتميزوا بها فصاروا لله تعالى أقرب، فأعزهم الله تعالى في الدنيا والآخرة. قال الله تعالى:[وَعِبَادُ الرَّحْمَنِ الَّذِينَ يَمْشُونَ عَلَى الأَرْضِ هَوْنًا وَإِذَا خَاطَبَهُمُ الجَاهِلُونَ قَالُوا سَلَامًا][4].

---

(1) إبراهيم ناصر: مقدمة في التربية (مدخل إلى التربية) جمعية عمال المطابع التعاونية ، عمان ، ط5، 1983م ، ص (103).

(2) حسن بن علي بن حسن الحجاجي : الفكر التربوي عند ابن القيم، دار حافظ للنشر والتوزيع، ط1، 1408هـ - 1988م ، (449).

(3) محمد عطية الأبراشي: روح التربية والتعليم، دار إحياء الكتب العربية ، ط4، 1369هـ -1950م، ص(97).

(4) سورة {الفرقان:63}.

وقد عرفه ابن القيم بقوله: (التواضع هو انكسار القلب لله، وخفض جناح الذل والرحمة بعباده؛ فلا يرى له على أحد فضلا، ولا يرى له عند أحد حقا، بل يرى الفضل للناس عليه، والحقوق لهم قبله وهذا خلق إنما يعطيه الله عز وجل من يحبه ويكرمه ويقربه)[1].

وإذا كان التواضع مطلوبا من الناس عامة فهو مطلب عظيم لمن يتلقون العلم ويجتهدون في طلبه خاصة؛ وذلك لما ينطوي عليه التواضع من زيادة في التحصيل. قال النووي في آداب المتعلم (وينبغي له أن يتواضع للعلم والمعلِّم، فبتواضعه يناله، وقد أُمرنا بالتواضع مُطلقا فهنا أولى، وقد قالوا: العلم حرب للمتعالي كالسيل حرب للمكان العالي. وينقاد لمعلمه ويشاوره في أموره ويأتمر بأمره كما ينقاد المريض لطبيب حاذق ناصح، وهذا أَوْلى لتفاوت مرتبتهما)[2].

والعلم لا يدرك إلا بالتواضع؛ ولذا كان على المتعلم أن يكون متواضعا دمث الأخلاق لا سيما مع أستاذه، وشيخه الذي يتعلم منه، (والطالب الذي يعرف حق معلمه عليه، ويقوم بهذا الحق هو الذي يصل إلى ما ينبغي، ويبارك الله له، وينتفع بما تعلم، ويزداد دائما علما وهدى، ويشعر بأن الصلة بينه وبين معلمه مثل الصلة بينه وبين أبيه وأكثر، لأن الأب يربي الجسد والمعلم يربي الروح والعقل ويفتح للطالب مغالق الحياة)[3].

والتواضع من أخلاق الأنبياء وهو من أسباب الرفعة والعزة، وفي ترك التواضع وقوع التشاحن والبغي؛ قال رسول الله صلى الله عليه وسلم : ((إن الله أوحى إلي أن تواضعوا حتى لا يفخر أحد على أحد ولا يبغي أحد على أحد)) [4].

وهذا موسى عليه السلام يتبع الخضر ليتعلم منه فيضرب أروع الأمثلة في تواضع

(1) محمد بن أبي بكر أيوب الزرعي أبو عبد الله: لروح في الكلام على أرواح الأموات والأحياء بالدلائل من الكتاب والسنة،دار الكتب العلمية - بيروت ، 1395هـ - 1975م، ص(233).
(2) الامام أبو زكريا محي الدين بن شرف النووي: المجموع شرح المهذب، دار الفكر ص (1/35-36).
(3) حسن أيوب : السلوك الاجتماعي في الإسلام .دار الندوة الجديدة بيروت ، ط4، 1403هـ ص(446).
(4) رواه أبو داود (4895) وابن ماجة (4232).

التلميذ لأستاذه ـ على الرغم من رفعة موسى عليه السلام على الخضر ـ قال موسى عليه السلام ـ وهو كليم الله تعالى وذو المقام الرفيع ومن أولي العزم ـ: [هَل أَتَّبِعُكَ عَلَى أَنْ تُعَلِّمَنِ مِمَّا عُلِّمْتَ رُشْدا][1] فهذه الآية تضمنت قيمة التواضع للمعلم من عدة وجوه:

أولا: أتاه بصيغة السؤال..لا بصيغة الجزم..وفي هذا من التواضع والأدب ما لا يخفى..فلم يقل له:أريد أن تعلمني..ولكن تلطف تواضعا فقال:هل أتبعك؟.ثانيا: ثم قال "أتبعك"..فهو تابع..ومن يأنف اتباع أهل العلم الراسخين يفوته الكثير. المقصود حتى لو كانوا أصغر منه سنا.

ثالثا: وأيضا قوله"تعلمن"..ولم يقل تذاكرني..أو تدارسني..أو تبادلني النقاش العلمي...كأنه ند له وصاحب..(مع كونه أفضل منه قطعا!)..ولكن نسب العلم إليه

رابعا: ثم قال: ﴿مِمَّا عُلِّمْتَ رُشْدا﴾..أي أريد بعض ما عندك فحسب..لا كل ما لديك من علم. فتدبر كيف اختزلت جملته القصيرة..كل إشارات التواضع لله ثم لمن يتعلم منه)[2].

ولقد فطن سلفنا الصالح لهذه القيمة العظيمة وربوا أنفسهم وأولادهم عليها فزادهم الله تعالى من العلم والحكمة.

فعن إدريس بن عبد الكريم قال: قال لي سلمة بن عاصم النحوي: أريد أن أسمع كتاب العدد من خلف "، فقلت لخلف، فقال: " فليجئ "، فلما دخل رفعه لأن يجلس في الصدر، فأبى، فقال: لا أجلس إلا بين يديك، وقال: هذا حق التعليم، فقال له خلف: جاءني أحمد بن حنبل ليسمع حديث أبي عوانة، فاجتهدت أن أرفعه، فأبى، وقال: لا أجلس إلا بين يديك، أمرنا أن نتواضع لمن نتعلم منه "[3].

وكان عمرو بن قيس الملائي إذا بلغه الحديث عن الرجل، فأراد أن يسمعه، أتاه

---

(1) سورة الكهف (66).
(2) أبو القاسم المقدسي: تنوير الطلاب بتحرير أسباب العلم من كتاب رب الأرباب ص(17-18).
(3) الخطيب البغدادي : الجامع لأخلاق الراوي وآداب السامع ص (124).

حتى يجلس بين يديه، ويخفض جناحه، ويقول: " علِّمني رحمك اللـه مما علمك اللـه)[1].

وأخذ ابن عباس رضي اللـه عنه عنهما مع جلالته ومرتبته بركاب زيد بـن ثابـت الأنصـاري وقال: هكذا أمرنا أن نفعل بعلمائنا[2].

قال ابن عباس ـ رضي اللـه عنه " ذللت طالبا فعززت مطلوبا "[3].

وحكي عن الخليفة هارون الرشيد أنه بعث ابنـه إلى الأصـمعي؛ ليعلمـه العلـم والأدب، فـرآه يوما يتوضأ، ويغسل رجله، وابن الخليفة يصب الماء على رجله فعاتب الأصمعي في ذلك، فقال: إنما بعثته إليـك لتعلمـه وتؤدبـه، فلـماذا لم تـأمره بـأن يصـب المـاء بإحـدى يديـه، ويغسـل بـالأخرى رجلك[4]؟.

يذكر الحافظ الذهبي رحمه اللـه أن المأمون كان قد عهد إلى الفراء بتربيـة ولديـه يلقـنهما النحو، فأراد القيام، فابتدرا إلى نعله، فقدم كل واحد منهما فردة، فبلغ ذلك المأمون، فقال: لن يكبر الرجل عن تواضعه لسلطانه وأبيه ومعلمه!)[5].

يقول بدر الدين ابن جماعة:، ويعلم أن ذله لشـيخه عـز، وخضـوعه لـه فخـر، وتواضـعه لـه رفعة[6].

ويقال إن الشافعي رضي اللـه عنه عوتب على تواضعه للعلماء، فقال:

أهـين لهـم نفسيـ فهـم يكرمونهـا ولـن تكـرم الـنفس التـي لا تهينهـا[7].

(1) الخطيب البغدادي : الجامع لأخلاق الراوي وآداب السامع ص (137).
(2) بدر الدين ابن جماعة: تذكرة السامع والمتكلم في أدب العالم والمتعلم ، (مرجع سابق ) (188).
(3) ابن عبد البر: جامع بيان العلم وفضله (مرجع سابق) ص(142/1).
(4) برهان الدين الزرنوجي :تعليم المتعلم طريـق الـتعلم، تحقيـق: مصـطفى عاشـور ، مكتبـة القـرآن ، القـاهرة ، 1406هـ ص (58-59).
(5) شمس الدين الذهبي : سير أعلام النبلاء ، (119/10).
(6) بدر الدين ابن جماعة: تذكرة السامع والمتكلم في أدب العالم والمتعلم ، ص (188).
(7) الشافعي : ديوان الشافعي (مرجع سابق ) ص (14).

وهذا الأدب مما يجب أن نرسخه في نفوس أبنائنا الطلاب حتى يبارك الله تعالى للطالب في علمه.

وضد التواضع الكبر والعُجب، وإذا ابتلي بهما طالب العلم انقطع وحُرِمَ العلم، فإن الكبر يجعل معلمه يرغب عن تعليمه، كما أن العُجب يجعل الطالب يستغني عن طلب المزيد من العلم، وكلاهما يمنعانه من قبول العلم ممن هو دونه في رتبة أو سِنّ أو شرف. فصار التواضع خير زاد له في طلب العلم.

قال البخاري ـ رحمه الله ـ: (وقال مجاهد: لا يتعلم العلم مُسْتَحْيٍ ولا مُستكبر)[1]. والمقصود به الحياء المذموم الذي يمنع الطالب من السؤال عما ينبغي السؤال عنه ليتعلم، ولهذا فقد أعقب البخاري قول مجاهد هذا بقولٍ لعائشة رضي الله عنها ليبين المراد بالحياء المذكور في قول مجاهد وأنه المذموم الذي يمنع من التعلم، فقال البخاري (وقالت عائشة رضي الله عنها: نِعْمَ النساءُ نساء الأنصار، لم يَمْنَعْهُن الحياءُ أن يتفقّهن في الدين)[2].

وقال الغزالي:(فلا يجتمع التعلم مع الكبر ولا ينال العلم إلا بالتواضع وإلقاء السمع)[3].

وبين الشيخ عبد الرحمن السعدي ـ رحمه الله ـ أن التكبر على الحق يذهب بركة العلم فقال: (ومن يتكبر على عباد الله وعلى الحق وعلى من جاء به، فمن كان بهذه الصفة حرمه الله خيرا كثيرا وخذله ولم يفقه من آيات الله ما ينتفع به)[4].

وعن حرملة قال: سمعت الشافعي يقول: (لا يطلب أحد هذا العلم بالملك وعز

---

(1) البخاري باب الحياء في العلم.
(2) رواه البخاري باب الحياء في العلم ومسلم (332) وأبو داود (314) وابن ماجة (637) .
(3) بدر الدين ابن جماعة: تذكرة السامع والمتكلم في أدب العالم والمتعلم ، (مرجع سابق ) (188).
(4) السعدي : تيسير الكريم الرحمن (303).

النفس فيفلح، ولكن من طلبه بذل النفس، وضيق العيش، وخدمة العلماء أفلح)[1].

وقال ابن القيم: (من علامات السعادة والفلاح أن العبد كلما زِيد في علمه زِيد في تواضعه ورحمته، وكلما زِيد في عمله زِيد في خَوْفه وحَذَرِه، وكلما زيد في عمره نقص من حرصه، وكلما زيد في ماله زيد في سخائه وبذله، وكلما زيد في قَدْرِه وجاهه زيد في قربه من الناس وقضاء حوائجهم والتواضع لهم.

وعلامات الشقاوة كلما زيد في علمه زيد في كبره وتيهه، وكلما زيد في عمله زيد في فخره واحتقاره للناس وحسن ظنه بنفسه، وكلما زيد في عمره زيد في حرصه، وكلما زيد في ماله زيد في بُخله وإمساكه، وكلما زيد في قدره زيد في كبره وتيهه، وهذه الأمور ابتلاء من الله وامتحان يبتلي بها عباده فيَسْعَدُ بها أقوام ويَشْقَى بها أقوام)[2].

وقال ابن حزم: من امتحن بالعجب فليفكر في عيوبه فإن أعجب بفضائله فليفتش ما فيه من الأخلاق الدنيئة فإن خفيت عليه عيوبه جملة حتى يظن أنه لا عيب فيه فليعلم أن مصيبته إلى الأبد وأنه أتم الناس نقصا وأعظمهم عيوبا وأضعفهم تمييزا وأول ذلك أنه ضعيف العقل جاهل ولا عيب أشد من هذين لأن العاقل هو من ميز عيوب نفسه فغالبها وسعى في قمعها والأحمق هو الذي يجهل عيوب نفسه إما لقلة علمه وتمييزه وضعف فكرته وإما لأنه يقدر أن عيوبه خصال وهذا أشد عيب في الأرض وفي الناس كثير يفخرون بالزنا واللياطة والسرقة والظلم فيعجب بتأتي هذه النحوس له وبقوته على هذه المخازي)[3].

وقال أيضا: (واعلم أن من قدر في نفسه عجبا أو ظن لها على سائر الناس فضلا فلينظر إلى صبره عندما يدهمه من هم أو نكبة أو وجع أو دمل أو مصيبة فإن رأى نفسه

---

(1) ابن عبد البر: جامع بيان العلم وفضله (مرجع سابق) ص(117/1).
(2) ابن قيم الجوزية: الفوائد (155).
(3) محمد علي بن أحمد بن حزم الظاهرى: الأخلاق والسير في مداوة النفوس، دار الكتب العلمية ، لبنان ،ط2، 1405هـ -1985م ، ص (66).

قليلة الصبر فليعلم أن جميع أهل البلاء من المجذومين وغيرهم الصابرين أفضل منه على تأخر طبقتهم في التمييز وإن رأى نفسه صابرة فليعلم أنه لم يأت بشيء يسبق فيه على ما ذكرنا بل هو إما متأخر عنهم في ذلك أو مساو لهم ولا مزيد)[1].

وقالوا: (المتواضع في طلاب العلم أكثرهم علما، كما أن المكان المنخفض أكثر البقاع ماء)[2].

2: قيمة توقير المعلم: قيمة توقير المعلم واحترامه من القيم العظيمة التي تعمل على زيادة التفاعل بين المعلم وطلابه، وكلما كان الطالب أكثر توقيرا لمعلمه كان إقباله على الاستفادة منه أكبر، وعلى التلقي منه أحرص.

ولقد جاءت تعاليم ديننا الحنيف بالحث على توقير واحترام الكبير روى عن النبي صلى الله عليه وسلم أنه قال: (( ليس منا من لم يرحم صغيرنا ويوقر كبيرنا ويعرف لعالمنا يعني حقه))[3].

ولذلك فقد حرص علماء التربية على ترسيخ هذه القيمة من خلال كتبهم.

روى ابن عبد البر عن علي بن أبي طالب رضي الله عنه أنه قال: من حق العالم عليك إذا أتيته أن تسلم عليه خاصة وعلى القوم عامة وتجلس قدامه ولا تشر بيديك ولا تغمز بعينيك ولا تقل قال فلان خلاف قولك ولا تأخذ بثوبه ولا تلح عليه في السؤال فإنه بمنزلة النخلة المرطبة لا يزال يسقط عليك منها شئ[4].

وحرص الخلفاء على توقير المعلم واحترامه وأوصوا رعيتهم بذلك؛قال ابن عبد البر: (خطب زياد ذات يوم على منبر الكوفة فقال: أيها الناس إني بت ليلتي هذه

---

(1) محمد علي بن أحمد بن حزم الظاهري: الأخلاق والسير في مداوة النفوس (مرجع سابق) ص(73-74).
(2) ابن عبد البر : جامع بيان العلم وفضله (مرجع سابق)ص (172/1).
(3) رواه أحمد (21693).
(4) ابن عبد البر : جامع بيان العلم وفضله (مرجع سابق)ص (176/1).

مهتما بخلال ثلاث؛ رأيت أن أتقدم إليكم فيهن بالنصيحة؛ رأيت إعظام ذوي الشرف، واجلال ذوي العلم، وتوقير ذوي الأسنان، و الله لا أوتى برجل رد على ذي علم ليضع بذلك منه إلا عاقبته، ولا أوتى برجل رد على ذي شرف ليضع بذلك منه شرفه إلا عاقبته، ولا أوتى برجل رد على ذي شيبه ليضعه بذلك إلا عاقبته، إنما الناس بأعلامهم وعلمائهم وذوي أسنانهم) [1].

وقد ذكرنا فيما سبق (أن المأمون كان قد عهد إلى الفراء بتربية ولديه يلقنهما النحو، فأراد القيام، فابتدرا إلى نعله، فقدم كل واحد منهما فردة، فبلغ ذلك المأمون، فقال: لن يكبر الرجل عن تواضعه لسلطانه وأبيه ومعلمه!)[2].

ولا شك أن المعلم لا يقل منزلة عن الأب؛ لأن الأب يغذي الجسد والمعلم يغذي الروح، ومهما ظهر من المعلم من تقصير في مادته فهذا لا يسقط حقه من التقدير والاحترام.

**2. ومن توقير المعلم واحترامه:**

أولا: أن ينظره بعين الإجلال.. فإن ذلك أقرب إلى نفعه به.وذكر ابن جماعة أن (بعض السلف كان إذا ذهب إلى شيخه تصدق بشيء وقال: اللهم استر عيب شيخي عني ولا تذهب بركة علمه مني.

وقال الشافعي رضي الله عنه: كنت أصفح الورقة بين يدي مالك صفحا رفيقا هيبة له لئلا يسمع وقعها.وقال الربيع: و الله ما اجترأت أن أشرب الماء والشافعي ينظر إليَّ هيبة له)[3].

ثانيا:أن يلتزم الأدب عند مخاطبة المعلم: وينبغي أن لا يخاطب شيخه بتاء الخطاب وكافه، ولا يناديه مِنْ بُعْدٍ بل يقول: يا أستاذي. أيها الشيخ، أيها الحافظ، ما تقولون في كذا؟، ما رأيكم في كذا،ونحو ذلك.

---

(1) ابن عبد البر : جامع بيان العلم وفضله (مرجع سابق)ص (1/ 63).
(2) شمس الدين الذهبي : سير أعلام النبلاء ، (119/10) .
(3) بدر الدين ابن جماعة: تذكرة السامع والمتكلم في أدب العالم والمتعلم ، (مرجع سابق ) (189).

ثالثا: ولا يسميه في غيبته أيضا باسمه إلا مقرونا بما يشعر بتعظيمه كقوله قال الشيخ أو الأستاذ كذا، وقال شيخنا أو قال معلمنا أو نحو ذلك)[1].

رابعا:أن يلزم الأدب في جلسته أمام المعلم: ينبغي على طالب العلم أن يجلس أمام معلمه جلسة صحيحة توحي بتقدير المعلم واحترامه واحترام العلم والمكان وهي أن يكون ناصبا ظهره غير متكئ ولا منكفئ ولا ينشغل بتحريك رجليه ويديه أو حركة فمه بمأكول أو مشروب. يقول بدر الدين بن جماعة (أن يجلس بين يدي الشيخ جلسة الأدب كما يجلس الصبي بين يدي المقرئ أو متربعا بتواضع وخضوع وسكون وخشوع ويصغي إلى الشيخ ناظرا إليه ويقبل بكليته عليه متعقلا لقوله بحيث لا يُحْوِجُه إلى إعادة الكلام مرة ثانية، ولا يلتفت من غير ضرورة، ولا ينظر إلى يمينه أو شماله أو فوقه أو قدامه بغير حاجة ولاسيما عند بحثه له أو عند كلامه معه.

فلا ينبغي أن ينظر إلا إليه ولا يضطرب لضجة يسمعها أو يلتفت إليها ولاسيما عند بحث له ولا ينفض كميه ولا يحسر عن ذراعيه ولا يعبث بيديه أو رجليه أو غيرهما من أعضائه ولا يضع يده على لحيته أو فمه أو يعبث بها في أنفه أو يستخرج منها شيئا ولا يفتح فاه، ولا يقرع سنه، ولا يضرب الأرض براحته أو يخط عليها بأصابعه، ولا يشبك بيديه أو يعبث بأزراره)[2].

حضر بعض أولاد الخليفة المهدي عند شريك فاستند إلى الحائط وسأله عن حديث فلم يلتفت إليه شريك، ثم عاد فعاد شريك بمثل ذلك، قال: تستخف بأولاد الخلفاء؟! قال: لا، ولكن العلم أجلّ عند الله من أن أضيعه[3].

ومن التأدب مع معلمه أن يجلس طالب العلم موجها وجهه نحو أستاذه، يقول

(1) بدر الدين ابن جماعة: تذكرة السامع والمتكلم في أدب العالم والمتعلم ، (مرجع سابق ) (190)
(2) بدر الدين ابن جماعة: تذكرة السامع والمتكلم في أدب العالم والمتعلم ، (مرجع سابق ) (199-200).
(3) بدر الدين ابن جماعة: تذكرة السامع والمتكلم في أدب العالم والمتعلم ، (مرجع سابق ) (189-190).

بدر الدين ابن جماعة: (وقد جرت العادة في مجالس التدريس بجلوس المتميزين قبالة وجه المدرس أو المبجلين من معيد أو زائر عن يمينه أو يساره، وينبغي للرفقاء في درس واحد أو دروس أن يجتمعوا في جهة واحدة ليكون نظر الشيخ إليهم جميعا عند الشرح)[1].

ولا شك أن نشاط المعلم وعطاءه يتأثر بطريقة جلسة طلابه، يقول الشيخ بكر بن عبد الله أبو زيد: (يكون على قدر مدارك الطالب في استماعه، وجمع نفسه، وتفاعل أحاسيسه مع شيخه في درسه، ولهذا فاحذر أن تكون وسيلة قطع لعلمه، بالكسل، والفتور والاتكاء، وانصراف الذهن وفتوره)[2].

3: **قيمة المحافظة على الهدوء والنظام:** يعمد بعض الطلاب إلى إحداث الضجيج وكثرة الكلام في قاعة الدرس والمعلم يشرح درسه مما يوغر صدر المعلم، ولا شك أن هذا السلوك يتنافى مع الآداب التي ينبغي أن يلتزم بها الطالب مع معلمه، ويقلل من الاستفادة منه،والمتأمل في سلوك سلفنا الصالح مع معلميهم يجد أنهم كانوا يجلسون وكأن على رؤسهم الطير؛ إجلالا واحتراما للمعلم وحرصا على زيادة التحصيل.

روى الخطيب البغدادي أن أبا سعيد الخدري قال: كنا جلوسا في المسجد اذ خرج رسول الله صلى الله عليه وسلم فجلس إلينا فكأن على رؤوسنا الطير لا يتكلم أحد منا)[3].

وعن أسامة بين شريك الثعلبي رضي الله عنه قال: (أتيت رسول الله صلى الله عليه وسلم وأصحابه كأنما على رؤوسهم الطير)[4].

وكان عبد الرحمن بن مهدي لا يتحدث في مجلسه ولا يقوم أحد من مجلسه ولا

---

(1) بدر الدين ابن جماعة: تذكرة السامع والمتكلم في أدب العالم والمتعلم ، (مرجع سابق ) (232).
(2) بكر بن عبد الله أبوزيد : حلية طالب العلم (مرجع سابق)ص(27).
(3) الخطيب البغدادي: الجامع لأخلاق الراوي وآداب السامع ، (مرجع سابق) ص (117/1)
(4) رواه أحمد (17985) وانظر : الخطيب البغدادي: الجامع لأخلاق الراوي وآداب السامع ، (مرجع سابق) ص (117/1)

يرى فيه قلم ولا يبتسم أحد فإن تحدث أو برى صاح ونهى عنه وكذا كان يكون ابن نمير وكان يغضب ويصيح وإذا رأى من يبري قلما تغير وجهه غضبا وكان وكيع يكونون في مجلسه كأنهم في صلاة فإن أنكر من أمرهم شيئا انتعل ودخل[1].

ومن الواجب على طالب العلم أن يخفض صوته أثناء الحديث مع معلمه، واستدل بعض العلماء لهذا بقوله تعالى:[يَا أَيُّهَا الَّذِينَ آَمَنُوا لَا تَرْفَعُوا أَصْوَاتَكُمْ فَوْقَ صَوْتِ النَّبِيِّ وَلَا تَجْهَرُوا لَهُ بِالْقَوْلِ كَجَهْرِ بَعْضِكُمْ لِبَعْضٍ أَنْ تَحْبَطَ أَعْمَالُكُمْ وَأَنْتُمْ لَا تَشْعُرُونَ][2]. قال القرطبي (وكره بعض العلماء رفع الصوت في مجالس العلماء تشريفا لهم، إذ هم ورثة الأنبياء. وقال القاضي أبو بكر بن العربي: حرمة النبي صلى الله عليه وسلم ميتا كحرمته حيا، وكلامه المأثور بعد موته في الرِّفعة مثالُ كلامه المسموع من لفظه، فإذا قرِيء كلامه وجب على كل حاضر ألا يرفع صوته عليه ولايَعرض عنه، كما كان يلزمه ذلك في مجلسه عند تلفظه به)[3].

وإذا حافظ طالب العلم على الهدوء والنظام فإنه سيستفيد ـ لاشك ـ من معلمه ويوفر الوقت الكافي لشرح الدرس، مما سيساعد على زيادة تحصيل الطالب.

**4: قيمة حسن الاستماع والإصغاء:**الانتباه للمعلم والإصغاء إليه أثناء الشرح مطلب مهم لتحصيل العلم حيث لا يفوت الطالب شئ مما يقوله المعلم ويكون التركيز معه أشد والفائدة عظيمة.

ولأهمية هذه القيمة وأثرها في التحصيل وجه العلماء طلابهم إليها؛ يقول الزرنوجي:(وينبغي أن يجتهد في الفهم من الأستاذ بالتأمل والتفكر)[4].

وطالب العلم الذي يصغي لمعلمه ويحسن الاستماع إليه يعد من الطلاب المقربين

(1) محمد بن أحمد بن عثمان بن قايماز الذهبي أبو عبد الل : ه تذكرة الحفاظ (331/1)
(2) سورة الحجرات (2)
(3) تفسير القرطبي (307/16)
(4) الزرنزجي: تعليم المتعلم في طريق التعلم ص (70).

إلى معلميهم؛ روي أن معاوية بن أبي سفيان جلس ذات يوم ومعه عمرو بن العاص فمر بهما عبد الملك بن مروان فقال معاوية ما آدب هذا الفتى وأحسن مروءته!فقال عمرو بن العاص يا أمير المؤمنين إن هذا الفتى أخذ بخصال أربع وترك خصالا ثلاثا: أخذ بحسن الحديث إذا حدث، وحسن الاستماع إذا حدث، وحسن البشر إذا لقي، وخفة المؤونة إذا خولف، وترك من القول ما يعتذر منه، وترك مخالطة اللئام من الناس، وترك ممازجة من لا يوثق بعقله ولا مروءته[1].

ومما يؤثر على تركيز الطالب وانتباهه للمعلم وإقباله عليه انشغال الطالب بأمور خارج الدرس يفكر فيها مما يصرفه عن التفكر في كلام المعلم ولذا وجب أن يفرغ ذهنه من الشواغل؛ يقول بدر الدين بن جماعة: (وينبغي أن يدخل على الشيخ أو يجلس عنده وقلبه فارغ من الشواغل له وذهنه صاف لا في حال نعاس أو غضب أو جوع شديد أو عطش أو نحو ذلك؛ لينشرح صدره لما يقال ويعي ما يسمعه)[2].

ومما يصرف الطالب عن الانتباه لشرح معلمه ويفقده القدرة على التركيز طول السهر ليلا مما يؤدي إلى النوم أثناء شرح المعلم، ولذا وجب على طالب العلم أن يفطن لذلك وأن يأخذ قسطا من النوم في الليل حتى يستطيع التركيز مع المعلم.

قال الداراني: (إذا رأيت الرجل ينام عند الحديث فاعلم أنه لا يشتهيه، فإن كان يشتهيه لطار نعاسه)[3].

ومن خلال تجارب الباحث وعمله في التربية والتعليم يرى أن عدم تركيز الطالب يعود إلى الأمور السابقة الذكر بالإضافة إلى طريقة شرح بعض المعلمين وعدم تفاعلهم مع الدرس والاعتماد على طريقة واحدة في الشرح مما يؤدي إلى عدم

---

(1) محمد بن سعد بن منيع أبو عبد الله البصري الزهري : الطبقات الكبرى، دار صادر - بيروت (5/224-225).

(2) بدر الدين ابن جماعة: تذكرة السامع والمتكلم في أدب العالم والمتعلم ، (مرجع سابق ) (198).

(3) السمعاني: أدب الإملاء والاستملاء، ص ( 142 ).

تركيز الطالب، والشعور بالرغبة في النوم، فلذلك يجب أن يستعد الطالب للدرس وكذلك ينوع المعلم في الطرق التي يستخدمها في الشرح.

## 5: قيمة التزام أداب السؤال:

سؤال الطالب معلمه والاستفسار عما لا يفهمه مطلب مهم في التربية والتعليم ويحقق عدة أهداف منها:

1: يزيد من ثقة الطالب بنفسه.

2: تفيد المعلم فتدعوه إلى القراءة والبحث والاطلاع، ليكون جاهزا للإجابة على أي سؤال.

3: تؤدي إلى زيادة التفاعل بين المعلم وطلابه.

4: يستفيد منها الطالب الضعيف؛ حيث إنها تلقى أمام الجميع في قاعة الدرس.

5: السؤال أداة العلم، قال رسول الله صلى الله عليه وسلم (العلم خزائن وتفتحها المسألة)[1].

وسئل ابن عباس رضي الله عنه : بم نلت العلم؟ فقال: بلسان سؤول وقلب عقول)

وقال ابن القيم رحمه الله: (ومفتاح العلم حسن السؤال وحسن الإصغاء)[2].

ولكي يؤتي السؤال ثماره ويفيد طالب العلم في التحصيل لا بد أن يلتزم طالب العلم بأدب السؤال ومنها:

1: أن يراعي في سؤاله طلب الفائدة لا تعنيت الأستاذ وإحراجه أمام الآخرين،عن أبي الطفيل قال شهدت عليا رضي الله عنه  وهو يخطب ويقول: (سلوني فو الله لا تسألوني عن شيء يكون إلى يوم القيامة إلا حدثكم به وسلوني عن كتاب الله؛ فو الله ما منه آية إلا وأنا أعلم بليل نزلت،أم بنهار، أم بسهل نزلت، أم بجبل فقام ابن الكواء:وأنا بينه وبين علي فقال:ما الذاريات ذروا؟،فالحاملات وقرا،فالجاريات

---

(1) رواه الدارمي (549).
(2) ابن قيم الجوزية : حادي الأرواح ص(54).

يسرا،فالمقسمات أمرا،فقال:ويلك سل تفقها ولا تسل تعنتا)[1].

وعن أبي صالح قال: قال علي رضي الله عنه:سلوا ولو إنسانا سأل،فسأله ابن الكواء عن الأختين المملوكتين وعن بنت الأخ والأخت من الرضاعة قال إنك لذهاب في التيه سل عما ينفعك أو يعنيك قال إنما نسأل عما لا نعلم[2].

يقول ابن حزم الأندلسي: (إذا حضرت مجلس علم فلا يكن حضورك إلا حضور مستزيد علما وأجرا لا حضور مستغن بما عندك طالبا عثرة تشيعها أو غريبة تشنعها، فهذه أفعال الأرذال الذين لا يفلحون في العلم أبدا،فإذا حضرتها على هذه النية فقد حصلت خيرا على كل حال، وإن لم تحضرها على هذه النية فجلوسك في منزلك أروح لبدنك وأكرم لخلقك وأسلم لدينك، وإياك وسؤال المعنت، ومراجعة المكابر الذي يطلب الغلبة بغير علم فهما خلقا سوء دليلان على قلة الدين وكثرة الفضول وضعف العقل وقوة السخف وحسبنا الله ونعم الوكيل.)[3].

2: ألا يكثر على المعلم السؤال: لأنه يؤدي إلى ضجر المعلم، روي أن علي بن أبي طالب رضي الله عنه قال: (إن من حق العالم ألا تكثر عليه بالسؤال، ولا تعنته في الجواب، وأن لا تلح عليه إذا كسل،ولا تأخذ بثوبه إذا نهض، ولا تفشين له سرا، ولا تغتابن عنده أحدا ولا تطلبن عثرته، وإن زل قبلت معذرته، وعليك أن توقره وتعظمه لله ما دام يحفظ أمر الله، ولا تجلس أمامه وإن كانت له حاجة سبقت القوم إلى خدمته)[4].

3: أن يتخير الوقت المناسب والموضع المناسب لإلقاء سؤاله. إن تحين الوقت المناسب لإلقاء السؤال من الآداب المطلوبة في مجال التربية والتعليم، والسؤال في وقت غير مناسب قطع للشرح وتضيع للوقت، وقد تنسي المعلم ما كان سيشرحه للطلاب

(1) ابن عبد البر: جامع بيان العلم وفضله (مرجع سابق )ص(138/1).
(2) ابن عبد البر: جامع بيان العلم وفضله (مرجع سابق )ص(140/1).
(3) ابن حزم الأندلسي: الأخلاق والسير في مداواة النفوس، دار الكتب العلمية ـ لبنان ،ط2 1405هـ ـ 1985م ،ص (90).
(4) ابن عبد البر: جامع بيان العلم وفضله (مرجع سابق )ص(156/1).

نتيجة مقاطعته بسؤال. ولذا فقد نص أهل العلم على عدم مقاطعة المعلم بسؤال أو غيره حتى يفرغ من مسألته؛ قال الإمام البخاري:(باب من سئل علما وهو مشتغل في حديثه فأتم الحديث): عن أبي هريرة رضي الله عنه قال: بينما النبي صلى الله عليه وسلم في مجلس يحدث القوم جاءه أعرابي فقال:متى الساعة؟. فمضى رسول الله صلى الله عليه وسلم يحدث فقال بعض القوم:سمع ما قال فكره ما قال. وقال بعضهم: بل لم يسمع. حتى إذ قضى حديثه قال: (أين ـ أراه ـ السائل عن الساعة)[1].

قال ابن حجر معلقا على هذا الحديث(... وأما المتعلم فلما تضمنه من أدب السائل أن لا يسأل العالم وهو مشتغل بغيره لأن حق الأول مقدم)[2].

يقول بدر الدين ابن جماعة: (ولا يسأل عن شيء في غير موضعه إلا لحاجة، أو علم بإيثار الشيخ ذلك، وإذا سكت الشيخ عن الجواب لم يلح عليه، وإن أخطأ في الجواب فلا يرد في الحال عليه)[3].

ومن أهم ما يجب أن يتحلى به طالب العلم مع معلمه في مقام السؤال:(أن يلطف بالسؤال، ويرفق بمعلمه، ولا يسأله في حالة ضجر أو ملل أو غضب، لئلا يتصور خلاف الحق مع تشوش الذهن)[4].

4: ألا يستحي من السؤال عما لا يفهم: (وكما لا ينبغي للطالب أن يستحيي من السؤال فكذلك لا يستحيي من قوله لم أفهم إذا سأله الشيخ؛ لأن ذلك يفوت عليه مصلحته العاجلة والآجلة، أما العاجلة فحفظ المسألة ومعرفتها، واعتقاد الشيخ فيه

---

(1) رواه البخاري (59) وأحمد (8512).
(2) أحمد بن حجر العسقلاني : فتح الباري شرح صحيح البخاري ، دار المعرفة ـ بيروت ، 1379هـ (142/1).
(3) بدر الدين ابن جماعة: تذكرة السامع والمتكلم في أدب العالم والمتعلم ، (مرجع سابق ) (235).
(4) السعدي: الفتاوى السعدية، الكاملة /الفتاوى،ص(75).

الصدق والورع والرغبة، والآجلة سلامته من الكذب والنفاق واعتياده التحقيق)[1].

يقول ابن حزم الأندلسي: (فإن أجابك الذي سألت بما فيه كفاية لك فاقطع الكلام،وإن لم يجبك بما فيه كفاية أو أجابك بما لم تفهم فقل له: لم أفهم، واستزده فإن لم يزدك بيانا وسكت أو أعاد عليك الكلام الأول ولا مزيد فأمسك عنه، وإلا حصلت على الشر والعداوة ولم تحصل على ما تريد من الزيادة)[2].

والحياء مطلب هام، لكنه إذا كان سببا في الإحجام عن السؤال عما لا يعرف فإنه يكون مذموما، والتملق من الصفات الذميمة،لكنه في طلب العلم يحمد ولا يذم لأنه سيكون دافعا لطالب العلم للسؤال عما لم يفهمه والاستزادة من العلم، فلو تحلى بها طالب العلم فلا حرج عليه ولا بأس، بقول ابن القيم رحمه الله: (إن كثيرا من الأخلاق التي لا تحمد في الشخص بل يذم عليها تحمد في طلب العلم؛كالملق وترك الاستحياء والذل والتردد إلى أبواب العلماء ونحوها. قال ابن قتيبة:جاء في الحديث (ليس الملق من أخلاق المؤمنين إلا في طلب العلم) وهذا أثر عن بعض السلف، وقال ابن عباس رضي الله عنه :(ذللت طالبا فعززت مطلوبا) وقال: وجدت عامة علم رسول الله صلى الله عليه وسلم عند هذا الحي من الأنصار إن كنت لأقيل عند باب أحدهم، ولو شئت أذن لي،ولكن ابتغي بذلك طيب نفسه)[3].

5: عدم مماراة ومجادلة المعلم: ذكر عبد الله بن أحمد في كتاب العلل له قال: كان عروة بن الزبير يحب مماراة ابن عباس فكان يخزن علمه عنه، وكان عبيد الله بن عبد الله بن عتبة يلطف له في السؤال فيعزه بالعلم عزا. وقال ابن جريج: لم أستخرج العلم الذي استخرجت من عطاء إلا برفقي به. وقال بعض السلف: إذا جالست العالم فكن على أن تسمع أحرص منك على أن تقول. وقد قال الله تعالى: [إِنَّ فِي ذَٰلِكَ لَذِكْرَىٰ لِمَنْ

---

(1) بدر الدين ابن جماعة: تذكرة السامع والمتكلم في أدب العالم والمتعلم ، (مرجع سابق ) (235).
(2) ابن حزم الأندلسي: الأخلاق والسير في مداواة النفوس ص(90).
(3) ابن قيم الجوزية: مفتاح دار السعادة (168/1).

كَانَ لَهُ قَلْبٌ أَوْ أَلْقَى السَّمْعَ وَهُوَ شَهِيدٌ][1] . فتأمل ما تحت هذه الألفاظ من كنوز العلم، وكيف تفتح مراعاتها للعبد أبواب العلم والهدى، وكيف ينغلق باب العلم عنه من إهمالها وعدم مراعاتها)[2].

يقول ابن حزم الأندلسي: (فإذا حضرتها كما ذكرنا فالتزم أحد ثلاثة أوجه لا رابع لها وهي: إما أن تسكت سكوت الجهال فتحصل على أجر النية في المشاهدة، وعلى الثناء عليك بقلة الفضول، وعلى كرم المجالسة، ومودة من تجالس، فإن لم تفعل ذلك فاسأل سؤال المتعلم فتحصل على هذه الأربع محاسن وعلى خامسة؛ وهي استزادة العلم، وصفة سؤال المتعلم أن تسأل عما لا تدري لا عما تدري؛فإن السؤال عما تدريه سخف، وقلة عقل، وشغل لكلامك وقطع لزمانك بما لا فائدة فيه، لا لك ولا لغيرك، وربما أدى إلى اكتساب العداوات، وهو بعد عين الفضول. فيجب عليك أن لا تكون فضوليا فإنها صفة سوء)[3].

ووما سبق يتضح لنا آداب السؤال وأثرها في زيادة تحصيل الطالب لذا وجب أن يتحلى طالب العلم بهذه الآداب.

**6: قيمة استئذان المعلم:**

لا يليق بطالب العلم أن يدخل على معلمه دون استئذانه والسماح له بالدخول،ولا يليق به أن يجيب على سؤال إلا بعد أن يسمح له المعلم، لأن ذلك يوغر صدر معلمه عليه حيث يحرجه أمام طلابه.

روي عن علي بن أبي طالب رضي الله عنه أنه قال: ((كان لي منزلة من رسول الله صلى الله عليه وسلم لم تكن لأحد من الخلائق فكنت آتيه كل سحر فاقول: السلام عليك يا نبي الله فإذا تنحنح انصرفت إلى أهلي، وإلا دخلت عليه))[4].

وإن أراد طالب العلم أن يجيب على سؤال المعلم، أو يسأله سؤالا فلا بد أن

(1) سورة ق (37).
(2) ابن قيم الجوزية : مفتاح دار السعادة (169/1) .
(3) ابن حزم الأندلسي: الأخلاق والسير في مداواة النفوس ص(90) .
(4) رواه النسائي (1213) .

يستأذن أولا،ويكون السؤال بأدب ولطف. يقول ابـن القـيم عـن قصـة مـوسى مـع الخضر: (سلك معه مسلك المتعلم مع معلمه، وقال له: [هَل أَتَّبِعُكَ عَلَى أَنْ تُعَلِّمَنِ مِـمَّا عُلِّمْـتَ رُشْـدا][1] فبدأه بعد السلام بالاستئذان على متابعته،وأنه لا يتبعه إلا بإذنه،وقال:﴿عَلَى أَنْ تُعَلِّمَنِ مِمَّا عُلِّمْتَ رُشْدا﴾ فلم يجيء ممتحنا،ولا متعنتا، وإنما جاء متعلما،مستزيدا علما إلى علمه)[2].

ويؤكد الإمام النووي على هذا المعنى بقوله:(ولا يسبقــه إلى شــرح مسألة أو جواب سؤال إلا أن يعلم من حال الشيخ إيثار ذلك؛ ليستدل به على فضيلة المتعلم)[3].

وإذا أراد الطالب أن يدخل قاعة الدراسة، فـلا بـد أن يسـتأذن معلمـه أولا. يقـول الخطيـب البغدادي: (واذا كان باب دار المحدث مفتوحا فينبغي للطالب أن يقف قريبا منه ويستأذن)[4].

ومن الآداب التي ينبغي على المتعلم الالتـزام بهـا كـذلك أن لا يـدخل عـلى الشـيخ في غـير المجلس العام إلا باستئذان، سواء كان الشيخ وحده أو كان معه غـيره، فـإن اسـتأذن بحيـث يعلـم الشيخ ولم يأذن له انصرف ولا يكرر الاستئذان، وإن شك في علم الشيخ بـه فـلا يزيـد في الاسـتئذان فوق ثلاث مرات أو ثلاث طرقات بالباب أو الحلقة، وليكن طرق الباب خفيا بأدب بأظفار الأصابع، ثم بالأصابع، ثم بالحلقة قليلا قليلا، فإن كان الموضع بعيدا عن الباب والحلقة فلا بأس برفـع ذلـك بقدر ما يسمع لا غير، وإذا أذن وكانوا جماعة يُقَدَّم أفضلهم وأسنهم بالـدخول والسـلام عليـه، ثـم سلم عليه الأفضل فالأفضل[5].

(وأن يجتهد على أن يسبق في الحضور إلى المجلس قبل حضور الشيخ، ولا يتأخر

---

(1) سورة الكهف (66) .
(2) ابن قيم الجوزية: مفتاح دار السعادة (155/1) .
(3) النووي: المجموع (36/1) .
(4) الخطيب البغدادي: الجامع لأخلاق الراوي وآداب السامع (247/1) .
(5) بدر الدين ابن جماعة: تذكرة السامع والمتكلم في أدب العالم والمتعلم ، (مرجع سابق ) (194) .

بحيث يجعل الشيخ في انتظاره، وإذا حضر ولم يجد الشيخ انتظره حتى لا يفوت على نفسه درسه، وإن كان الشيخ نائما صبر حتى يستيقظ، وروي أن ابن عباس - رضي الله عنهما - كان يجلس في طلب العلم على باب زيد بن ثابت رضي الله عنه وهو نائم، فيقال له ألا نوقِظَه لك؟ فيقول لا.وكذلك كان السلف يفعلون)[1] .

وجمع ابن القيم أسباب حرمان العلم بقوله: (......من يحرمه لعدم حسن سؤاله؛ إما لأنه لا يسأل بحال، أو يسأل عن شيء وغيره أهم إليه منه؛كمن يسأل عن فضوله التي لا يضر جهله بها، ويدع مالا غنى له عن معرفته، وهذه حال كثير من الجهال المتعلمين،ومن الناس من يحرمه لسوء إنصاته فيكون الكلام والمماراة آثر عنده وأحب اليه من الإنصات وهذه آفة كامنة في أكثر النفوس الطالبة للعلم وهي تمنعهم علما كثيرا)[2].

**7: الاعتذار للمعلم عند الخطأ:**

النفس البشرية لا تخلو من الخطأ وكما قال رسول الله صلى الله عليه وسلم :(كل بني آدم خطاء وخير الخطائين التوابون)[3]. ويكثر الخطأ في الوسط التعليمي سواء كان بين الطلاب أنفسهم،أو بين الطالب ومعلمه، ولما كان هذا الأمر واقعا لا محالة كان واجبا على من وقع فيه أن يسارع إلى إصلاح العلاقة بينه وبين الناس، خاصة المعلم الذي يتلقى عنه العلم والأدب. حرصا على تحسن العلاقة ونشر المحبة بين الناس.

وهذا هو الإمام ابن القيم - رحمه الله - يبين لنا بعض أخطاء النفس فيقول:(في النفس كبر إبليس، وحسد قابيل، وعتوُّ عاد، وطغيان ثمود، وجرأة نمرود، واستطالة فرعون، وبغيُ قارون، وقحّة هامان (أي لؤم)، وهوى بلعام (عرّاف أرسله ملك ليلعن بني إسرائيل فبارك ولم يلعن)، وحِيَلُ أصحاب السبت، وتمرُّد الوليد، وجهل أبي جهل.

وفيها من أخلاق البهائم حرص الغراب، وشَرَهُ الكلب، ورعونة الطاووس، ودناءة

(1) شفيق محمد زيعور ، الفكر التربوي عند العلموي ص (135) .
(2) ابن قيم الجوزية: مفتاح درا السعادة (169/1) .
(3) رواه الترمذي (2499) وابن ماجة (4305) والدارمي (2727) .

الجعل، وعقوق الضبِّ، وحقد الجمل، ووثوب الفهد، وصَولة الأسد، وفسق الفأرة، وخبث الحية، وعبث القرد، وجمع النملة، ومكر الثعلب، وخفَّة الفراش، ونوم الضَّبع)[1]

والاعتذار للغير عند الخطأ يؤدي إلى التآلف بين المسلمين.(ومن التآلف ترك المداعاة والاعتذار عند توهم شيء في النفس وترك الجدال والمراء وكثرة المزاح)[2].

واعتذار موسى عليه السلام للخضر: [قَالَ لَا تُؤَاخِذْنِي بِمَا نَسِيتُ وَلَا تُرْهِقْنِي مِنْ أَمْرِي عُسْرًا] ﴿الكهف:73﴾ بالذي نسيته أو بشيء نسيته يعني وصيته بأن لا يعترض عليه أو بنسياني إياها وهو اعتذار بالنسيان أخرجه في معرض النهي عن المؤاخذة مع قيام المانع لها)[3].جميلٌ منا أن نشعر بفداحة أخطائنا بحق الآخرين - وخاصة المعلم - ولكن الأجمل أن يترجَم هذا الشعور لواقعٍ ملموس.

ولكي يكون الاعتذار صادقا ونافعا - بإذن الله - فإنه يستوجب الاعتراف بالخطأ، والشعور بالندم على تسبب الأذى بالآخرين، والرغبة في تصحيح الوضع من خلال تقديم التعويض المناسب، وأن ندفع بالتي هي أحسن.

وبعض الطلاب يرى أن الاعتذار للمعلم ضعف ومهانه ومنقصة أمام الآخرين، لكن لو تأمل الطالب لوجد أنه يكبر في عين معلمه باعتذاره واعترافه بالخطأ، ودلالة واضحة على نقاء القلب وصفاء النفس وحلاوة الروح.

ما هي فوائد الإعتذار:

للاعتذار فوائد كثيره أهمها:

---

(1) محمد بن أبي بكر أيوب الزرعي أبو عبد الله ابن قيم الجوزية : الفوائد، دار الكتب العلمية - بيروت الطبعة الثانية ، 1393 - 1973م ص(75) .

(2) عبد الرؤوف المناوي: فيض القدير شرح الجامع الصغير ، المكتبة التجارية الكبرى - مصرالطبعة الأولى ،( 1356).

(3) تفسير البيضاوي: البيضاوي، ص(512) .

1:أنه يساعدنا في التغلب على احتقار الذات.

2:وهو يعيد الاحترام للذين أسأنا إليهم و يجردهم من الشعور بالغضب.

3:و يفتح باب المواصلة الذي أوصدناه.

4:وفوق هذا كله هو شفاء الجراح والقلوب المحطمة.

ويتبين لنا مما سبق أهمية الالتزام بهذه القيم مع المعلم، ومدى علاقتها بتحصيل الطالب، وفوق ذلك أن التزام الطالب بها ـ وهو يخلص النية لله تعالى ـ يكتب له الإجر العظيم من الله تعالى. فينبغي أن نرسخ هذه القيم في نفوس الطلاب، بطريقة مباشرة أو غير مباشرة، بحيث تظهر في سلوكهم وتدفعهم لطلب العلم.

**8. قيمة بر الوالدين وعلاقتها بالتحصيل:**

الوالدان سبب وجود الأبناء، يعملان على راحة أبنائهما، يفرحان لفرحهم، ويحزنان لحزنهم، سهر بالليل، تعهد وتفقد، حزن وسرور، ألم وأمل، رعاية واهتمام من أجل الأبناء، يتمنيان أن يكون أولادهما أفضل منهما، مكانة وعلما.

(الأم ترى الحياة نورا عندما ترى طفلها ووليدها وفلذة كبدها مع الصبيان يلعب، أو إلى المدرسة يذهب، وهي تعيش اللحظات الحاسمة في حياته عندما تنتظر تفوقه ونجاحه، وتخرجه وزواجه، ثم بعد أن يشب ويشق طريقه في هذه الحياة تنتظر الأم بكل شوق ولهف ماذا سيكون جزاء الأعمال التي قدمتها له؟ بماذا سيكافئها من أجل تضحياتها وجهودها وآلامها؟ هل سيكون جزاء الإحسان هو الإحسان؟ أم سيذهب كل ذلك أدراج الرياح؟ ويكون جزاء الإحسان هو النكران؟.

والوالد! ذلك الرجل الذي يكد ويتعب، ويجد ويلهث، ويروح ويغدو من أجل راحة ابنه وسعادته، فالابن لا يحب بعد أمه إلا أباه الذي إذا دخل هش وبش به، ولعب معه ومرح، وإن خرج تعلق به، وبكى من أجله وصرخ، وإذا حضر قعد على حجره، مستندا على صدره، وإذا غاب سأل عنه وانتظره بكل شوق وحب، فإذا رضي الوالد أعطى ولده ما يريد، وإذا غضب أدبه بالآداب الشرعية، أدبه بالمعروف من غير

عنف ولا إحراج)[1]. ولن يكافئ الولد والديه على ما قاما به من رعاية وتربيه إلا كما قال صلى الله عليه وسلم : ((لا يجزي ولد والدا إلا أن يجده مملوكا فيشتريه فيعتقه))[2].

فالواجب على الابن أن يعرف حقهما ويقوم ببرهما والإحسان إليهما عملا بقول الله تعالى: [وَقَضَى رَبُّكَ أَلَّا تَعْبُدُوا إِلَّا إِيَّاهُ وَبِالْوَالِدَيْنِ إِحْسَانا إِمَّا يَبْلُغَنَّ عِنْدَكَ الكِبَرَ أَحَدُهُمَا أَوْ كِلَاهُمَا فَلَا تَقُل لَهُمَا أُفٍّ وَلَا تَنْهَرْهُمَا وَقُل لَهُمَا قَوْلا كَرِيما][3].

والعلاقة بين بر الوالدين والتحصيل علاقة ارتباطية طردية فكلما ازداد البر بالوالدين ازاد معه الإقبال على العلم والتوفيق من الله تعالى؛ فإذا رضي الوالدان عن ابنهما استجاب الله دعاءهما فيكتب له التوفيق والنجاح.

ومن الأدلة على ذلك:

عن أنس رضي الله عنه أن رسول صلى الله عليه وسلم قال: ((من أحب أن يبسط له في رزقه وينسأ له في أثره فليصل رحمه))[4].

فالحديث يدل على أن صلة الرحم سبب في توسيع الرزق وزيادته وكثرة طرق الخير وأبوابه، وزيادة في العمر وطول الأجل، ومن أوكد وألزم صلة الرحم بر الوالدين، فبرهما سبب لبسط الرزق وزيادته، والعلم رزق من الله تعالى؛ فمن أراد أن يزيده الله تعالى من العلم فليحرص على بر والديه، قال صلى الله عليه وسلم : ((من سره أن يمد له في عمره ويزاد في رزقه فليبر والديه وليصل رحمه))[5].

وعن عبد الله بن عمر رضي الله عنه قال: ((رضا الرب في رضا الوالد، وسخط الرب في

---

(1) انظر :يحيى بن موسى الزهراني : حق الوالدين على الأبناء، ، ص (3) .
(2) رواه البخاري (1510) والترمذي (1606) وأبو داود (5137) وابن ماجة (3703 ) وأحمد (7103).
(3) سورة الإسراء (23) .
(4) رواه البخاري (5640)ومسلم (2557) .
(5) رواه البخاري (1961) .

سخط الوالد))[1] وقال بن عباس رضي الـلـه عنه : (إني لا أعلم عملا أقرب إلى الـلـه من بر الوالدة).

فحري بطالب العلم أن يدرك هذا الأمر العظيم وأن يحرص على بر والديه إرضاء لله تعالى حتى يوفق في طلب العلم.

ولقد ضرب سلفنا الصالح أروع الأمثلة في البر بالوالدين، فوفقهم الـلـه تعالى لتحصيل العلم والاستزادة منه.

فها هو أبو هريرة رضي الـلـه عنه : (كان إذا أراد أن يخرج من بيته وقف على باب أمه فقال: السلام عليك يا أماه ورحمة الـلـه وبركاته، فتقول: وعليك السلام يا ولدي ورحمة الـلـه وبركاته، فيقول: رحمك الـلـه كما ربيتني صغيرا، فتقول: رحمك الـلـه كما بررتني كبيرا). كلما خرج وكلما دخل يفعل ذلك.

وكان يدعو لنفسه ولأمه قائلا: " اللهم حببنى وأمى إلى عبادك المؤمنين[2] "

وهذا ابن عمر رضى الـلـه عنهما: لقيهُ رجلٌ من الأعراب بطريق مكة فسلم عليه عبد الـلـه، وحمله على حمار كان يركبه، وأعطاه عمامة كانت على رأسه. فقالوا له: أصلحك الـلـه إنهم الأعراب، وإنهم يرضون باليسير. قال عبد الـلـه: إن أبا هذا كان وُدّا لعُمر بن الخطاب، وإنّي سمعتُ رسول الـلـه صلى الـلـه عليه وسلم يقول: إن أبرَّ البِرّ صلةُ الولد أهل وُدّ أبيه[3].

أما عبد الـلـه بن مسعود رضي الـلـه عنه فقد طلبت والدته في إحدى الليالي ماء، فذهب ليجيء بالماء، فلما جاء وجدها نائمة، فوقف بالماء عند رأسها حتى الصباح، فلم يوقظها خشية إزعاجها، ولم يذهب خشية أن تستيقظ فتطلب الماء فلا تجده.

---

(1) رواه الترمذي (1899) .
(2) رواه مسلم (2491) وأحمد (8060) .
(3) رواه مسلم 2552) والترمذي (1903) وأبو داود (5143) وأحمد (5580) .

وها هو ابن الحسن التميمي ـ رحمه الله ـ يهمُّ بقتل عقرب، فلم يدركها حتى دخلت في جحر في المنزل، فأدخل يده خلفها وسد الجحر بأصابعه، فلدغته، فقيل له: لم فعلت ذلك؟ قال: خفت أن تخرج فتجيء إلى أمي فتلدغها.

أما ابن عون المزني:فقد نادته أمه يوما فأجابها وقد علا صوته صوتها ليسمعها، فندم على ذلك وأعتق رقبتين.

وهذا حيوة بن شريح: وهو أحد أئمة المسلمين والعلماء المشهورين، يقعد في حلقته يعلم الناس ويأتيه الطلاب من كل مكان ليسمعوا عنه، فتقول له أمه وهو بين طلابه: قم يا حيوة فاعلف الدجاج، فيقوم ويترك التعليم[1].

وقال محمد بن بشر الأسلمي: لم يكن أحد بالكوفة أبر بأمه من منصور بن المعتمر وأبي حنيفة؛ وكان منصور يفلي رأس أمه ويذوبها.)[2].

وهذا إياس بن معاوية يبكي لما ماتت أمه، فقيل ما يبكيك؟ قال: كان لي بابان مفتوحان إلى الجنة فغلق أحدهما).

وقال محمد بن المنكدر: (بات عمر ـ يعني أخاه ـ يصلي،وبت أغمر رجل أمي، وما أحب أن ليلتي بليلته)[3].

وهذه الأمثلة تبين كيف كان سلفنا الصالح يبرون والديهم، ولذا بارك الله تعالى في علمهم وكانوا مصابيح الدجى لغيرهم.

فحري بنا أن نربي أبناءنا على البر بوالديهم، وأن نرسخ تلك القيمة العظيمة فيهم، حتى يبارك الله تعالى في علمهم ويزيدهم منه.

---

(1) تقريب التهذيب (1610) .
(2) مناقب أبي حنيفة (255) .
(3) تقريب التهذيب (1610) .

# المبحث الثالث

## قيم ينبغي أن يلتزم بها طالب العلم مع زملائه

تمهيد:

الإنسان مدني بطبعه لا بد أن يعايش الناس، ويتفاعل معهم ولا يستطيع أن يعيش بمفرده، خاصة في دائرة التربية والتعليم، وميل الإنسان نحو الجماعة له أهمية قصوى في تكافل الحياة النفسية للفرد ذاته من خلال:

1: تحقيق كثير من حاجات الإنسان الأولية التي لا تتم إلا بتعاون اجتماعي.

2: إشباع رغبات الفرد في الراحة والفرح والسعادة.

3: المساعدة في معرفة الإنسان لذاته عن طريق الاختلاط بغيره مقارنة وتجاوبا؛ فالإنسان مرآة أخيه.

4: معاونة الآخرين له عن طريق حل مشكلاته بالمشورة والمعونة.

5: الشعور بالعزة والقوة عندما يدرك الفرد أنه عضو في جماعة.

6: اكتساب الإنسان القيمة الروحية والخلقية عن طريق الجماعة ومؤسساتها المختلفة [1].

ولا شك أن الاعتناء بقيم الصحبة يربط الإخوان بعضهم البعض، ويجعل المسلمين جسدا واحدا كما يريد الله سبحانه وتعالى، وكما قال النبي صلى الله عليه وسلم : ((المؤمن للمؤمن كالبنيان يشد بعضه بعضا)) [2] وإذا اعتنى الإنسان بإخوانه فصفت العشرة ودامت المودة، وأصبح المؤمنون كالجسد الواحد؛ كان ذلك بناء عظيما للمجتمع

---

(1) عبد الحميد الهاشمي: الرسول العربي المربي، دار الهدى للنشر والتوزيع بالرياض ، ط2 ، 1405هـ _1985م (307-308).

(2) رواه البخاري (467) ومسلم (2585)       والترمذي (1928) والنسائي (2560) .

الإسلامي، وسدا منيعا في وجه الشرّ وأهل الكفر.

وسوف يتناول هذا المبحث القيم التالية:

1ـ قيمة مصاحبة الزملاء الصالحين.

2: قيمة احترام الزملاء.

3: قيمة التناصح.

4:قيمة إفشاء السلام.

5: قيمة التعاون.

6: قيمة ترك التحاسد.

**1. قيمة مصاحبة الزملاء الصالحين:**

لقد حرص الإسلام على اختيار الأصدقاء الصالحين، لأن الصديق يؤثر على صديقه؛ قال رسول اللـه صلى اللـه عليه وسلم : ((المرء على دين خليله فلينظر أحدكم من يخالل)) [(1)] .

قَالَ رَسُولُ اللَّهِ صلى اللـه عليه وسلم :((مَثَلُ الجليس الصَّالح و الجَليس السَّوْءِ كَمَثَلِ صَاحِبِ المِسْكِ، وَكِيرِ الحَدَّادِ، لاَ يَعْدَمُكَ مِنْ صَاحِبِ المِسْكِ إِمَّا تَشْتَرِيهِ، أَوْ تَجِدُ رِيحَهُ، وَكِيرُ الحَدَّادِ يُحْرِقُ بَدَنَكَ أَوْ ثَوْبَكَ أَوْ تَجِدُ مِنْهُ رِيحا خَبِيثَةً)) [(2)] . متفق عليه

و المسلم مطلوب منه أن يحسن اختيار أصدقائه، لأنه يتأثر بعملهم و أخلاقهم؛ فإن كانوا أصدقاء خير تأثر بأخلاقهم الحميدة وأعمالهم المرضية لله عز وجل، وكانوا له عونا على طاعة المولى عز وجل، و يبنون له مواطن العلل فيعمد إلى إصلاح نفسه، لأن هناك من يذكره بتقوى اللـه ويذكره بالموت وأجله، والقبر وظلمته والقيامة و أهوالها، والنار وعذابها والجنة و نعيمها. عن أبي هريرة عن رسول اللـه صلى اللـه عليه وسلم

---

(1) رواه الترمذي (2378) وأحمد (8212) وأبو داود (4833) .
(2) رواه البخاري (1995) ومسلم (2628) وأحمد (19127) .

قال: "المؤمن مرآة المؤمن، والمؤمن أخو المؤمن، يكفُّ عليه ضيعته ويحوطه من ورائه"[1]

وإن كانوا أصدقاء سوء تأثر بهم و بأخلاقهم السيئة، وإن لم يشاركهم أعمالهم السيئة، فإنه يوافقهم عليها وهذا إثم كبير يقع عليه، ويصنف تبعا لهم. و صدق من قال:

عن المــرء لا تسأل وسـل عن قرينه   فكل قرين بالمقــارن يقتــدي

يقول الشيخ بكر بن عبد الله أبو زيد: كما أن العرق دساس، فإن أدب السوء دساس، إذ الطبيعة نقال، والطباع سراقة، والناس كأسراب القطا مجبولون على تشبه بعضهم ببعض، فاحذر معاشرة من كان كذلك، فإنه العطب والدفع أسهل من الرفع.

وعليه، فتخير للزمالة والصداقة من يعينـك عـلى مطلبك، ويقربـك إلى ربك ويوافقك على شريف غرضك ومقصدك

ولأهمية الصحبة الصالحة ودورها الكبير في الإعانة على طلب العلم اهتم بها العلماء قديما وحديثا وأوصوا بها؛ يقول بدر الـدين ابن جماعة:(أن يختـار... أصـلحهم حـالا وأكثرهم اشتغالا وأجودهم طبعا وأصونهم عرضا؛ ليكون معينا له على مـا هـو بصدده، ومن الأمثال:(الجار قبل الدار)، (والرفيق قبل الطريق)، (والطباع سراقة)، و(من دأب الجنس التشبه بجنسه)[2].

وقال الزرنوجي:(أن يفر من الكسلان، والمعطل والمكثار والمفسد والفتان)[3].

لا تصـحب أخـا الجهـل   وإيــاك وإيـاه

فكـم مــن جاهـل أردى   حلــيما حيــن آخـاه

يقــاس المــرء بالمــرء   إذا مـا المـرء ماشاه

وللشيء من الشـيء   مقـاييس وأشباه

(1) رواه الترمذي (1929) وأبو داود (4918) .
(2) ابن جماعة: تذكرة السامع والمتكلم والعالم والمتعلم (مرجع سابق) (267) .
(3) الزرنوجي: تعليم المتعلم في طريق التعلم ص(50) .

دليـــل حيـــن يلـــقاه

وللقلـب مـن القلب

وينبغي لطالب العلم أن يختار أصدقاءه بناء على عدة صفات وهي:

1: التدين وحسن الخلق: يقول ابن جماعة: (فليكن صاحبا صالحا دينا تقيا ورعا ذكيا كثير الخير قليل الشر حسن المداراة قليل المماراة إن نسي ذكره، وإن ذكر أعانه، وإن احتاج واساه، وإن ضجر صبره)[1].ويمكن التعرف على ذلك من خلال السؤال عن نشأته منذ صباه بين والديه وإخوته وعشيرته؛ يقول ابن مسكويه: (...إذا أردنا أن نستفيد صديقا أن نسأل عنه كيف كان في صباه مـع والديه، ومع إخوته،عشيرته فـإن كـان صالحا معهم فـأرج الصلاح منه، وإلا فابعد عنه وإياك وإياه)[2]. ويمكن التعرف على الصديق الصالح من خلال تعامله مع زملائه، يقول ابن مسكويه:(ثم اعرف بعد ذلك سيرته مع أصدقائه قبلك فأضفها إلى سيرته مع إخوانه وآبائه)[3].

3: علو الهمة في طلب العلم: وينبغي أن يتوفر في الصاحب الجد وعلو والهمـة في طلب العلم لأنه سيكون دافعا قويا للتأثر به والاجتهاد في الطلب، يقول الزرنوجي:(فينبغي أن يختار المجد الورع وصاحب الطبع المستقيم والمتفهم ويفر مـن الكسلان والمعطل والمكثار والمفسد والفتان)[4].

فإذا توفرت هذه الصفات في الصاحب فإنه سيكون معينا لصاحبه ـ بإذن اللـه تعالى ـ علـى طلب العلم، مشجعا له، معليا من همته.وكم وجد من أصدقاء كان لهم أثـر كبيـر في بعـث همـة أصدقائهم وإعانتهم على طاعة اللـه تعالى.

---

(1) ابن جماعة: تذكرة السامع والمتكلم والعالم والمتعلم (183) .
(2) ابن مسكويه : تهذيب الأخلاق وتطهير الأعراق ص(132) .
(3) ابن مسكويه : تهذيب الأخلاق وتطهير الأعراق ص(132) .
(4) الزرنوجي: تعليم المتعلم في طريق التعلم ص(50) .

**2. قيمة احترام الزملاء:**

إن احترام المتعلم لزملائه يوثق عرى المحبة ويقوي أواصر المودة بينهم مما يعود بالنفع والفائدة عليهم ويدفعهم لطلب العلم.

وقد بين بدر الدين ابن جماعة صورا من احترام المتعلم لزملائه فقال: (أن يتأدب مع حاضري مجلس الشيخ، فإنه أدب معه،واحترام لمجلسه وهم رفقاؤه فيوقر أصحابه، ويحترم كبراءه وأقرانه، ولا يجلس وسط الحلقة ولا قدام أحد إلا لضرورة كما في مجالس التحديث ولا يفرق بين رفيقين، ولا بين متصاحبين إلا بإذنهما معا، ولا فوق من هو أولى منه،وينبغي للحاضرين إذا جاء القادم أن يرحبوا به، ويوسعوا له، ويتوسعوا لأجله، ويكرموه بما يكرم به مثله، وإذا فسح له في المجلس وكان حرجا ضم نفسه.ولا يتوسع ولا يعطي أحدا منهم جنبه ولا ظهره، ويتحفظ من ذلك ويتعهده عند بحث الشيخ له، ولا يجنح على جاره أو يجعل مرفقه قائما في جنبه أو يخرج عن نسق الحلقة بتقدم أو تأخر)[1].

ومن احترام الزملاء أن يقدم كبير السن حين الدخول إلى قاعة الدرس.يقول السمعاني:(إذا حضر جماعة من الطلبة وأذن لهم في الدخول على المملي فينبغي أن يقدموا أسنهم ويدخلوه أمامهم فإن ذلك من السنة..وعن ابن عمر رضي الله عنهما عن رسول الله صلى الله عليه وسلم  قال: ((أمرني جبريل أن أكبر)) وقال: أن يقدموا الكبر))[2].

ومن احترام الزملاء ألا يقطع عليهم حديثهم أثناء درسهم لأن ذلك يوغر صدورهم، يقول ابن جماعة: (ولا يتكلم في أثناء درس غيره أو درسه بما لا يتعلق به أو بما يقطع عليه بحثه، وإذا شرع بعضهم في درس فلا يتكلم بكلام يتعلق بدرس فرغ ولا بغيره مما لا تفوت فائدة إلا بإذن من الشيخ وصاحب الدرس،وإن أساء بعض الطلبة أدبا على غيره لم ينهره غير الشيخ إلا بإشارته أو سرا بينهما على سبيل النصيحة،

---

(1) ابن جماعة: تذكرة السامع والمتكلم والعالم والمتعلم ( 232) .
(2) السمعاني: آداب الإملاء والاستملاء ص ( 119) .

222

وإن أساء أحد أدبه على الشيخ تعين على الجماعة انتهاره ورده والانتصار للشيخ بقدر الإمكان وفاء لحقه، ولا يشارك أحد من الجماعة أحدا في حديثه ولاسيما الشيخ. قال بعض الحكماء: من الأدب أن لا يشارك الرجل في حديثه وإن كان أعلم به منه[1].

يقول الزرنوجي: ومن تعظيم العلم تعظيم الشركاء في طلب العلم والدرس ومن يتعلم منه، والتملق مذموم إلا في طلب العلم فإنه ينبغي له أن يتملق لأستاذه وشركائه ليستفيد منهم)[2].

ومن احترام الزملاء ألا يتقدم على أحد منهم أثناء حديثه مع المعلم إلا بإذنه. يقول ابن جماعة: مراعاة نوبته فلا يتقدم عليه بغير رضا من هي له، روي أن أنصاريا جاء إلى النبي - صلى الله عليه وسلم - يسأله وجاء رجل من ثقيف، فقال النبي صلى الله عليه وسلم : ((يا أخا ثقيف إن الأنصاري قد سبقك بالمسألة فاجلس كي ما نبدأ بحاجة الأنصاري قبل حاجتك[3]))[4].

ومن احترامهم أن يلقي السلام على الحاضرين حين الدخول عليهم. يقول الغزالي:(أن يسلم على الحاضرين، ويجلس حيث ينتهي به المجلس ولا يتخطى رقاب أصحابه إلا أن يصرح لهم، ولا يقيل أحدا من مجلسه ولا يرفع صوته كثيرا من غير حاجة)[5].

ومن احترام الزملاء ستر العورات والعفو عن الزلات والتجاوز عن السيئات. يقول ابن جماعة: (أن يلزم أهل المدرسة... بإفشاء السلام وإظهار المودة والاحترام، ويرعى لهم حق الجيرة والصحبة والأخوة في الدين والحرفة لأنهم أهل العلم وحملته وطلابه. ويتغافل عن تقصيرهم ويغفر زللهم ويستر عوراتهم ويشكر محسنهم

(1) ابن جماعة: تذكرة السامع والمتكلم والعالم والمتعلم ( 232) .
(2) الزرنوجي: تعليم المتعلم في طريق التعلم ص(53) .
(3) أخرجه عبد الرزاق في المصنف (883) والطبراني في الكبير (425/12) .
(4) ابن جماعة: تذكرة السامع والمتكلم والعالم والمتعلم (235) .
(5) أبو حامد الغزالي: إحياء علوم الدين ص(59).

ويتجاوز عن مسيئهم)[1].

ولا شك أن مراعاة هذه الآداب والتحلي بها يعمل على توثيق العلاقة الطيبة بين الطلاب، وتجنب كل ما من شأنه أن يثير العداوة والبغضاء بينهم، ويوفر لهم الجو التربوي المناسب لتلقي العلم والتزود منه.

**3: قيمة التناصح بين الزملاء وعلاقتها بالتحصيل:**

قال رسول الله صلى الله عليه وسلم : ((الدين النصيحة قلنا لمن؟ قال: لله ولكتابه ولرسوله ولأئمة المسلمين وعامتهم)) [2].

و هذا الحديث يبين لنا أهمية النصيحة وأن النبي صلى الله عليه وسلم جعلها مرتكزا للدين وأساسه الراسخ، وبدونها لا يكتمل إيمان المرء ولا يحسن إسلامه لقول الرسول صلى الله عليه وسلم : ((لا يؤمن أحدكم حتى يحب لأخيه ما يحب لنفسه)) [3]. ولا يمكن أن يحب له ما يحب لنفسه إلا إذا كان له محبا ونصوحاِ.

ولأهمية النصيحة فقد كان المؤمنون الأولون يبايعون رسول الله صلى الله عليه وسلم عليها، ويؤكد ذلك قول جرير بن عبد اللهرضي الله عنه :((بايعت رسول الله صلى الله عليه وسلم إقام الصلاة وإيتاء الزكاة والنصح لكل مسلم)) [4].

للنصيحة قيمة عظيمة إذا توفرت بين الطلاب، حيث تعمل على سرعة معالجة الأخطاء بين الطلاب وإشاعة المحبة والمودة بينهم، ومساعدتهم على تنمية الجوانب الإيجابية فيما بينهم وإزالة جوانب الشحناء والبغضاء فيما بينهم. كما أنها تؤدي إلى ترسيخ العلم في قلوبهم.

يقول الإمام النووي موضحا هذه العلاقة: (وينبغي أن يرشد رفقته وغيرهم من الطلبة إلى مواطن الاشتغال والفائدة ويذكر لهم ما استفاده على جهة النصيحة

(1) ابن جماعة: تذكرة السامع والمتكلم والعالم والمتعلم ( 266) .
(2) رةاه مسلم (55) والنسائي (4197) وأبوداود (4944) وأحمد (3271) .
(3) رواه البخاري (13) ومسلم (45) والترمذي (2515) والنسائي (5016) وابن ماجة (54) .
(4) رواه البخاري (57) ومسلم (56) والترمذي (1925) والنسائي (4189) وأحمد (18776) .

والمذاكرة، وبإرشادهم يُبارك له في علمه ويستنير قلبه وتتأكد المسائل معه مع جزيل ثواب الله عز وجل، ومن بخل بذلك كان بضده فلا يثبت معه وإن ثبت لم يثمر، ولا يحسد أحدا ولا يحتقره ولا يعجب بفهمه)[1].

ويجب أن يلتزم الطالب (النصح وبث العلوم النافعة بحسب الإمكان، حتى لو تعلم الإنسان مسألة واحدة، ثم بثها كان من بركة علمه، ولأن ثمرات العلم أن يأخذ الناس عنك، فمن شح بعلمه مات علمه بموته، وربما نسيه وهو حي)[2].

وقال الشيخ عبد الرحمن السعدي:(ومساعدته على أمور دينه ودنياه والنصح له والوفاء له في اليسر والعسر والمنشط والمكره وأن يحب له ما يحب لنفسه،ويكره له ما يكره لنفسه، وكلما زادت الصحبة تأكد الحق وزاد)[3].

وطالب العلم ربما لا يدرك خطأه بنفسه إنما يراه له صديقه فالمؤمن مرآة أخيه. وقد أخبر القرآن الكريم أن بني إسرائيل استحقوا اللعنة والحرمان والتشريد؛ لأنهم كانوا لا يتناصحون: [لُعِنَ الَّذِينَ كَفَرُوا مِنْ بَنِي إِسْرَائِيلَ عَلَى لِسَانِ دَاوُودَ وَعِيسَى ابْنِ مَرْيَمَ ذَلِكَ بِمَا عَصَوْا وَكَانُوا يَعْتَدُونَ، كَانُوا لَا يَتَنَاهَوْنَ عَنْ مُنْكَرٍ فَعَلُوهُ لَبِئْسَ مَا كَانُوا يَفْعَلُونَ][4].

وليس أدل على رقي الأمة واستقامة ضمائرها من تمسكها بخلق التناصح فيما بينها؛ ينصح الأخ لأخيه، والجار لجاره، والأب لابنه، والأستاذ لتلميذه، والموظف لرئيسه، والمسؤول لأمته... وحينما تتحقق النصيحة وتستوفي شروطها لا ترى حينئذ إلا حقًّا محترما، وفضيلة يعمل بها، وثقة تربط بين الناس بعضهم مع بعض، فلا خيانة ولا غش ولا اتهام ولا تجريح.

(1) النووي : المجموع (29/1) .
(2) عبد الرحمن السعدي: الفتاوى السعدية، الكاملة/ الفتاوى ص(455) .
(3) عبد الرحمن السعدي:تيسير الكريم الرحمن في تفسير كلام المنان ج(65/2)
(4) سورة المائدة (78-79) .

وحتى تؤدي النصيحة ثمرتها في نفس المنصوح فلا بد من مراعاة ما يلي:

2: التثبت: فلا يبادر الطالب إلى تصديق كل ما يقال عن أخيه المسلم من جار أو صديق، ولو سمع هذا الكلام من واحد أو أكثر. قال الله تعالى:[يَا أَيُّهَا الَّذِينَ آَمَنُوا إِنْ جَاءَكُمْ فَاسِقٌ بِنَبَأٍ فَتَبَيَّنُوا أَنْ تُصِيبُوا قَوْما بِجَهَالَةٍ فَتُصْبِحُوا عَلَى مَا فَعَلْتُمْ نَادِمِينَ][1].

2: إحسان الظن بالمسلم: لأن الله تعالى نهى عن إساءة الظن بالآخرين، قال تعالى: ﴿يا أَيُّهَا الَذِينَ آمَنُوا اجْتَنِبُوا كَثِيرا مِّنَ الظَّنِّ إِنَّ بَعْضَ الظَّنِّ إِثْمٌ﴾[2]. وقال:﴿وَإِنَّ الظَّنَّ لا يُغْنِي مِنَ الحَقِّ شَيْئا﴾[3].

3: أن يحمل الكلام على أحسن محمل: وإذا رأيت أمرا أو بلغك عن صديقك كلامٌ يحتمل وجهين، فاحمله محملا حسنا، وأنزله منزلة الخير، فذلك ألصق بالأخوة، وأجدر بمكارم الأخلاق. قالت بنت عبد الله بن مطيع لزوجها طلحة بن عبد الرحمن بن عوف وكان أجود قريش في زمانه: ما رأيت قوما ألأم من إخوانك! قال لها: مه! ولم ذلك؟ قالت: أراهم إذا أيسرت لزموك، وإذا أعسرت تركوك، فقال لها: هذا و الله من كرم أخلاقهم، يأتوننا في حال قدرتنا على إكرامهم، ويتركوننا في حال عجزنا عن القيام بحقهم[4].. فانظر كيف تأول صنيع إخوانه.

4:الناس بشر وليسوا ملائكة يصدر منهم الصواب والخطأ: وقد قال رسول الله صلى الله عليه وسلم : ((كل بني آدم خطاء وخير الخطائين التوابون)) [5]. فلا تطمعْ ألا تعثر على زلة أو هفوة أحد من إخوانك، ولكن احمل ذلك على الضعف الإنساني الذي لا يكاد يخلو منه أحد، ولهذا قال الشافعي (رحمه الله تعالى): ما من أحد من المسلمين يطيع الله ولا يعصيه، ولا أحد يعصي الله ولا يطيعه، فمن كانت طاعته أغلب من معاصيه فهو عدل.

---

(1) سورة الحجرات (6) .
(2) سورة الحجرات (12) .
(3) سورة النجم (28) .
(4) تاريخ دمشق (33/25) .
(5) سبق تخريجه.

5: أن يكون النصح سرًا لا أمام الناس، لا على ملأ من الأشهاد؛ فإن النفس الإنسانية لا تقبل أن يطلع أحدٌ على عيبها، وإنك إذا نصحت أخاك سرًا كان أرجى للقبول، وأدل على الإخلاص، وأبعد من الشبهة، ولقد كان من أدبهصلى الله عليه وسلم في إنكار المنكر، أنه إذا بلغه عن جماعة ما ينكر فعله لم يذكر أسماءهم علنا، وإنما كان يقول:((ما بال أقوام يفعلون كذا..))[1]، فيفهم من يعنيه الأمر أنه المراد بهذه النصيحة.

قال رجل لعليّ رضي الله عنه أمام جمهور من الناس: يا أمير المؤمنين، إنك أخطأت في كذا وكذا، وأنصحك بكذا وكذا، فقال له علي: (إذا نصحتني فانصحني بيني وبينك، فإني لا آمن عليك ولا على نفسي، حين تنصحني علنا بين الناس).

وقال الشافعي:

تعهدني بنصحك في انفرادي | وجنبني النصيحة في الجماعة
فإن النصح بين الناس نوع | من التوبيخ لا أرضى استماعه
فإن خالفتني وعصيت أمري | فلا تغضب إذا لم تعط طاعة[2]

وإذا حضر الطالب يتكلم فيه باللغو وفيما لا فائدة منه فإن على الطالب أن ينتهز الفرصة في إشغال زملائه بالخير وصرفهم عما لا فائدة منه، يقول الشيخ عبد الرحمن السعدي:(ينبغي للعبد عند اختلاطه ومعاشرته لهم ومعاملتهم أن ينتهز الفرصة في إشغالهم بالخير، وأن تكون مجالسه لا تخلو من فائدة، أومن تخفيف شر ودفعه بحسب مقدوره، فكم حصل للموفق من خيرات وخير وثواب، وكم اندفع به من شرور كثيرة، وعماد ذلك رغبة العبد في الخير وفي نفع العباد)[3] .

6: أن تكون النصيحة برفق ولين: وحكمة وأسلوب لا يُنَفِّر مَن تنصحه، ولا تبدو أنك متعالٍ عليه، معلم له، وإلى هذه الآداب أرشدنا الله تعالى بقوله: ﴿ادْعُ إِلَى سَبِيلِ

(1) رواه البخاري (444) ومسلم (1401) و الترمذي (2050) والنسائي (1193) وأبو داود (127).
(2) الشافعي، ديوان الشافعي.
(3) عبد الرحمن السعدي: الرياض الناضرة، الكاملة/ الثقافة (513/1) .

رَبِّكَ بِالحِكْمَةِ وَالمَوْعِظَةِ الحَسَنَةِ﴾[1]؛ ذلك أن النصيحة إذا خرجت عن الرفق واللين، كانت غلظة وقسوة تنفر القلوب ولا تفتحها، وتبعد الناس عن الخير ولا تقربهم إليه.

كان عمر رضي الله عنه يقول: رحم الله امرأ أهدى إلي عيوبي،وكان يسأل سلمانرضي الله عنه عن عيوبه فلما قدم عليه قال له ما الذي بلغك عني مما تكرهه؟ فاستعفى، فألح عليه فقال: بلغني أنك جمعت بين إدامين على مائدة، وأن لك حلتين حلة بالنهار وحلة بالليل، قال: وهل بلغك غير هذا؟ قال: لا، فقال: أما هذان فقد كفيتهما، وكان يسأل حذيفة ويقول له: أنت صاحب سر رسول الله صلى الله عليه وسلم في المنافقين فهل ترى علي شيئا من آثار النفاق؟. فهو على جلالة قدره وعلو منصبه هكذا كانت تهمته لنفسه رضي الله عنه[2]

قال الحسن إنك لن تبلغ حق نصيحتك لأخيك حتى تأمره بما يعجز عنه

قال الحسن وقال بعض أصحاب النبي صلى الله عليه وسلم والذي نفسي بيده إن شئتم لأقسمن لكم بالله إن أحب عباد الله إلى الله الذين يحببون الله إلى عباده ويحببون عباد الله إلى الله ويسعون في الأرض بالنصيحة.

وقال ابن علية في قول أبي بكر المزني: ما فاق أبو بكر رضي الله عنه أصحاب محمد صلى الله عليه وسلم بصوم ولا صلاة،ولكن بشيء كان في قلبه، قال الذي كان في قلبه الحب لله عز وجل، والنصيحة في خلقه وقال الفضيل بن عياض ـ رحمه الله ـ: (ما أدرك عندنا من أدرك بكثرة الصلاة والصيام وإنما أدرك عندنا بسخاء الأنفس وسلامة الصدور والنصح للأمة. وسئل ابن المبارك أي الأعمال أفضل؟ قال النصح لله، وقال معمر: كان يقال أنصح الناس لك من خاف الله فيك.

وكان السلف إذا أرادوا نصيحة أحد وعظوه سرا حتى قال بعضهم: من وعظ أخاه فيما بينه وبينه فهي نصيحة ومن وعظه على رؤوس الناس فإنما وبخه.

---

(1) سورة النحل (125) .

(2) الغزالي : إحياءعلوم الدين (64/3) .

وقال الفضيل بن عياض ـ رحمه الـلـه ـ المؤمن يستر وينصح والفاجر يهتك ويعير.

وقال عبد العزيز بن أبي رواد: كان من كان قبلكم إذا رأى الرجل من أخيه شيئا يأمره في رفق فيؤجر في أمره ونهيه وإن أحد هؤلاء يخرق بصاحبه فيستغضب أخاه ويهتك ستره.[1]

ويقول ابن حزم الأندلسي: (وإذا نصحت فانصح سرا لا جهرا، وبتعريض لا تصريح إلا أن لا يفهم المنصوح تعريضك فلا بد من التصريح، ولا تنصح على شرط القبول منك فإن تعديت هذه الوجوه فأنت ظالم لا ناصح،وطالب طاعة وملك لا مؤدي حق أمانة وأخوة،وليس هذا حكم العقل ولا حكم الصداقة لكن حكم الأمير مع رعيته والسيد مع عبيده، لا تكلف صديقك إلا مثل ما تبذل له من نفسك فإن طلبت أكثر فأنت ظالم)[2] .

يقول الإمام النووي: (وأما نصيحة عامة المسلمين وهم من عدا ولاة الأمر فإرشادهم لمصالحهم في آخرتهم ودنياهم وكف الأذى عنهم، فيعلمهم ما يجهلونه من دينهم ويعينهم عليه بالقول والفعل، وستر عوراتهم وسد خلاتهم ودفع المضار عنهم وجلب المنافع لهم وأمرهم بالمعروف ونهيهم عن المنكر برفق وإخلاص، والشفقة عليهم،وتوقير كبيرهم ورحمة صغيرهم وتخولهم بالموعظة الحسنة، وترك غشهم وحسدهم، وأن يحب لهم ما يجب لنفسه من الخير، ويكره لهم ما يكره لنفسه من المكروه، والذب عن أموالهم وأعراضهم وغير ذلك من أحوالهم بالقول والفعل، وحثهم على التخلق بجميع ما ذكرناه من أنواع النصيحة وتنشيط هممهم إلى الطاعات، وقد كان في السلف رضى الـلـه عنهم من تبلغ به النصيحة إلى الإضرار بدنياه.)[3] .

**رابعا: قيمة التعاون بين الزملاء وعلاقتها بالتحصيل:**

قال الـلـه تعالى: [..وَتَعَاوَنُوا عَلَى البِرِّ وَالتَّقْوَى وَلَا تَعَاوَنُوا عَلَى الإِثْمِ وَالعُدْوَانِ

---

(1) جامع العلوم والحكم (81/1) .
(2) ابن حزم الأندلسي : الأخلاق والسير (45/1) .
(3) النووي: شرح صحيح مسلم (39/2) .

وَاتَّقُوا اللَّهَ إِنَّ اللَّهَ شَدِيدُ العِقَابِ][1]

إن التعاون بين الزملاء يمحو من النفس البشرية ما فيهما من الأنانية وحب الأثرة والذات والتنافس والصراع،ويعمل على تقوية أواصر المحبة والمودة بين الطلاب مما يسهل لهم تلقي العلم وفهمه وتحصيل ما لم يحضره أحدهم.

ولأهمية قيمة التعاون وأثرها الفعال على طالب العلم كان صحابة النبي صلى الله عليه وسلم يتعاونون فيما بينهم على طلب العلم؛ وقد بوّب البخاري على هذه المسألة في كتاب العلم من صحيحه، فقال: باب (التناوب في العلم)، وفيه روى عن عمر رضي الله عنه قال: (كنت أنا وجارٌ لي من الأنصار في بني أمية بن زيد ـ وهى من عوالي المدينة ـ وكنّا نتناوب النزول على رسول الله صلى الله عليه وسلم ، ينزل يوما وأنزل يوما، فإذا نزلت جئته بخبر ذلك اليوم من الوحي وغيره، وإذا نزل فعل مثل ذلك)[2].

قال ابن حجر في شرحه (وفيه أن الطالب لا يَغْفَل عن النظر في أمر معاشه ليستعين على طلب العلم وغيره، مع أخذه بالحزم في السؤال عما يفوته يوم غيبته، لما عُلِمَ من حال عمر أنه كان يتعانى التجارة إذ ذاك)[3].

يقول إسماعيل بن عياش: قدمت الكوفة فلما أن كان ذات يوم خرجت في وقت حار فإذا أنا بسفيان الثوري مقنع رأسه قد دخل دربا، فتبعته، فلما أن أمعن في الدرب التفت قال: وتنحيت فلم يرني. قال: فأتى بابا فدخل فإذا هو قد وقع على شيخ قال فدخلت عليه فكتب عنه وكتبت معه فلما قمنا قال لي: يا إسماعيل اذهب الآن فلا تدع حائكا في الكوفة إلا أفدته هذه الأحاديث،قال فذهبت فما لقيت أحدا إلا أفدته.

والذي نستحبه إفادة الحديث لمن لم يسمعه والدلالة على الشيوخ والتنبيه على رواياتهم فإن أقل ما في ذلك النصح للطالب والحفظ للمطلوب مع ما يكتسب به من

(1) سورة المائد (2) .
(2) رواه البخاري (89) .
(3) أحمد بن علي بن حجر أبو الفضل العسقلاني الشافعي: فتح الباري شرح صحيح البخاري ، دار المعرفة - بيروت ، 1379هـ ، ص (186/1) .

جزيل الأجر وجميل الذكر)[1].

ويقول ابن جماعة موضحا أوجه التعاون بين طلاب العلم: (أن يرغب بقية الطلبة في التحصيل، ويدلهم على مظانه،ويصرف عنهم الهموم المشغلة عنه، ويهون عليهم مؤنته، ويذاكرهم بما حصله من الفوائد والقواعد والغرائب، وينصحهم بالدين، فبذلك يستنير قلبه، ويزكو عمله،ومن بخل عليهم لم يثبت علمه، وإن ثبت لم يثمر، وقد جرب ذلك جماعة من السلف، ولا يفخر عليهم أو يعجب بجودة ذهنه بل يحمد الله تعالى على ذلك ويستزيده منه بدوام شكره)[2].

وعلاقة الطالب مع زملائه تقوم على التعاون في سبيل الخير، فالطالب مع زميله يتعاونان من أجل تحصيل العلم ونشره بين الناس،يقول الشيخ عبد الرحمن السعدي:(.. والصحبة في طلب العلم تجمع حقوقا كثيرة لأن لهم حق الأخوة والصحبة وحقوق الاحترام..... وحق الانتماء إلى معلمهم ونفع بعضهم بعضا،ولهذه ينبغي ألا يدع ممكنا من نفع من يقدر على نفعه منه لتعليمه ما يجهل)[3].

ويؤكد ـ رحمه الله ـ على أهمية التعاون في طلب العلم ونشره بين الناس مبينا أن التعاون في طلب العلم ونشره يعمل على زيادة بركته فيقول:(إن من تعلم علما فعليه نشره وبثه في العباد، ونصيحتهم فيه؛فإن انتشار العلم عن العالم من بركته وأجره الذي ينمى)[4].

يقول ابن جماعة: (ولا يقتصر في الحلقة على سماع درسه فقط إذا أمكنه فإن ذلك علامة قصور الهمة، وعدم الفلاح،وبطء التنبه، بل يعتني بسائر الدروس المشروحة ضبطا وتعليقا ونقلا، وإن احتمل ذهنه ذلك، ويشارك أصحابها حتى كأن كل درس منها له ولعمري أن الأمر كذلك للحريص فإن عجز عن ضبط جمعها اعتنى بالأهم

(1) الخطيب البغدادي: الجامع لأخلاق الراوي وآداب السامع (145/2) .
(2) ابن جماعة: تذكرة السامع والمتكلم والعالم والمتعلم (240) .
(3) السعدي: الفتاوى السعدية ، الكاملة / الفتاوى ص(445) .
(4) السعدي: الفتاوى السعدية ، الكاملة / التفسير (314/3) .

فالأهم منها.

وينبغي أن يتذاكر مواظبو مجلس الشيخ ما وقع فيه من الفوائد والضـوابط والقواعـد وغـير ذلك، وأن يعيدوا كلام الشيخ فيما بينهم فإن في المذاكرة نفعا عظيما، وينبغي المذاكرة في ذلك عند القيام من مجلسه قبل تفرق أذهانهم وتشتت خواطرهم وشذوذ بعض ما سمعوه عن أفهامهم ثم يتذاكرونه في بعض الأوقات)[1].

ويجب على طالب العلم أن يتعاون مع زملائه فإذا سئل عن سؤال فـلا يـرد أحـدا، ولا يكتم علما لما روي عن النبي صلى الـلـه عليه وسلم أنه قال: ((من سئل عـن علـم فكتمـه ألجـم يوم القيامة بلجام من نار))[2].

والتعاون لا يقتصر على العلم وإنما قد يحتاج طالب العلم إلى مال ليسد حاجته، فإذا احتاج إلى مال فلا بد أن يجد من زملائه من يمده بالمال.

وهكذا يتبين لنا أهمية قيمة التعاون بين طلاب العلم وأثرها في زيادة تحصيلهم، واستغلال أوقاتهم،فيجب أن نعمل على بناء هذه القيمة في نفوس أبنائنا الطلاب حتـى تكـون سـلوكا يوميا لهم.


5. قيمة إفشاء السلام: تعد قيمة إفشاء السلام من أهم القيم التربويـة التي تشيـع المحبـة والمودة بين الزملاء مما يساعدهم على استذكار دروسهم دون مشكلات تنشأ بينهم، وقد أوصى الرسول صلى الـلـه عليه وسلم بإفشاء السلام حيث قال:صلى الله عليه وسلم : ((لا تـدخلون الجنة حتى تؤمنوا ولا تؤمنوا حتى تحابوا، ألا أدلكم على شيء إذا فعلتموه تحاببتم أفشوا السـلام بينكم))[3].

وعن أبي هريرة قال: قال رسول الـلـه صلى الـلـه عليه وسلم ((إذا أتى أحـدكم المجلـس فليسلم فإن

ــــــــــــــــــــــــــ
(1) ابن جماعة: تذكرة السامع والمتكلم والعالم والمتعلم (227) .
(2) رواه الترمذي (2649) وأبو داود (3658) ابن ماجة (257) وأحمد (7517) .
(3) رواه مسلم (54) والترمذي (2688) وأبو داود (5193) وابن ماجة (56) وأحمد (8841) .

قام والقوم جلوس فليسلم فإن الأولى ليست بأحق من الآخرة))[1].

ويبين الإمام النووي ـ رحمه الله تعالى ـ فوائد إفشاء السلام بقوله: (والسلام أول أسباب التآلف، ومفتاح استجلاب المودة، وفي إفشائه تمكن ألفة المسلمين بعضهم لبعض، وإظهار شعارهم المميز لهم من غيرهم من أهل الملل، مع ما فيه من رياضة النفس ولزوم التواضع، وإعظام حرمات المسلمين، وقد ذكر البخاري رحمه الله في صحيحه عن عمار بن ياسر رضي الله عنه أنه قال: ((ثلاث من جمعهن فقد جمع الإيمان الإنصاف من نفسك وبذل السلام للعالم والإنفاق من الإقتار))[2]. وروى غير البخاري هذا الكلام مرفوعا إلى النبي صلى الله عليه وسلم وبذل السلام للعالم والسلام على من عرفت ومن لم تعرف وإفشاء السلام كلها بمعنى واحد، وفيها لطيفة أخرى وهي: أنها تتضمن رفع التقاطع والتهاجر والشحناء وفساد ذات البين التي هي الحالقة وأن سلامه لله لا يتبع فيه هواه ولا يخص أصحابه وأحبابه به و الله سبحانه وتعالى أعلم بالصواب)[3].

ولما علم علماء التربية أهمية السلام والآثار المترتبة على إفشائه أوصوا به طلاب العلم؛ يقول السمعاني (إذا دخل المتعلم المجلس ووجد فيه جماعة من بينهم أستاذه فعليه أن يعمهم بالسلام)[4].

قال ابن القيم: وبذل السلام للعالم يتضمن تواضعه وأنه لا يتكبر على أحد بل يبذل السلام للصغير والكبير والشريف والوضيع، ومن يعرفه، ومن لا يعرفه، والمتكبر ضد هذا؛فإنه لا يرد السلام على كل من سلم عليه كبرا منه وتيها فكيف يبذل السلام لكل أحد)[5].

(1) رواه الترمذي (2706) وأبو داود (5208) وأحمد (7793) .
(2) انظر : صحيح البخاري ، كتاب الإيمان ، باب إفشاء السلام في الإسلام.
(3) النووي: شرح صحيح مسلم (63/2) .
(4) السمعاني: آداب الإملاء والاستملاء ص(121) .
(5) ابن قيم الجوزية ، زاد المعاد 371/2).

ولقد وعد الله تعالى بالأجر العظيم لمن يفشي السلام بين الناس؛قال رسول الله صلى الله عليه وسلم :((إن في الجنة غرفا يرى بطونها من ظهورها وظهورها من بطونها فقال أعرابي:لمن هي يا رسول الله؟ قال هي لمن طيب الكلام وأفشى السلام وصلى بالليل والناس نيام))[1].

قال ابن العربي: (فيه أن من فوائد إفشاء السلام حصول المحبة بين المتسالمين، وكان ذلك لما فيه من ائتلاف الكلمة لتعم المصلحة بوقوع المعاونة على إقامة شرائع الدين وإخزاء الكافرين وهي كلمة إذا سمعت أخلصت القلب الواعي لها عن النفور إلى الإقبال على قائلها)[2].

وبين الشيخ محمد بن صالح بن عثيمين أهمية إفشاء السلام بقوله: (وفيها أيضا تحقيق الإيمان لقوله صلى الله عليه وسلم ((و الله لا تدخلوا الجنة حتى تؤمنوا ولا تؤمنوا حتى تحابوا)) [3]ومعلوم أن كل واحد منا يحب أن يصل إلى درجة يتحقق فيها الإيمان له؛ لأن أعمالنا البدنية قليلة وضعيفة.

الصلاة يمضي أكثرها ونحن ندبر شؤونا أخرى، الصيام كذلك، الصدقة الله أعلم بها، فأعمالنا وإن فعلناها فهي هزيلة نحتاج إلى تقوية الإيمان، السلام مما يقوي الإيمان؛ لأن الرسول ﷺ قال: ((لا تدخلوا الجنة حتى تؤمنوا ولا تؤمنوا حتى تحابوا أفلا أخبركم بشيء إذا فعلتموه تحاببتم – يعني حصل لكم الإيمان – أفشوا السلام بينكم)) [4].

**6. قيمة ترك التحاسد وعلاقتها بالتحصيل**

يبين شيخ الإسلام ابن تيمية معنى الحسد بقوله: (والتحقيق أن الحسد هو

(1) رواه الترمذي (1984).
(2) ابن حجر العسقلاني: فتح الباري شرح صحيح البخاري(11/18-19).
(3) سبق تخريجه.
(4) سبق تخريجه.

البغض والكراهة لما يراه من حسن حال المحسود وهو نوعان:

أحدهما:كراهة للنعمة عليه مطلقا فهذا هو الحسد المذموم، وإذا أبغض ذلك فإنه يتألم ويتأذى بوجود ما يبغضه فيكون ذلك مرضا في قلبه، ويلتذ بزوال النعمة عنه وإن لم يحصل له نفع بزوالها، لكن نفعه زوال الألم الذي كان في نفسه، ولكن ذلك الألم لم يزل إلا بمباشرة منه وهو راحة وأشده كالمريض الذى عولج بما يسكن وجعه والمرض فإن بغضه لنعمة الله على عبده مرض فان تلك النعمة قد تعود على المحسود وأعظم منها وقد يحصل نظير تلك النعمة لنظير ذلك المحسود

والحاسد ليس له غرض في شيء معين لكن نفسه تكره ما أنعم به على النوع ولهذ قال من قال: إنه تمنى زوال النعمة فإن من كره النعمة على غيره تمنى زوالها بقلبه.

و النوع الثاني: أن يكره فضل ذلك الشخص عليه فيجب أن يكون مثله أو أفضل منه فهذا حسد وهو الذي سموه الغبطة وقد سماه النبي صلى الله عليه وسلم حسدا. في الحديث المتفق عليه من حديث ابن مسعود وابن عمر رضي الله عنهما أنه قال: ((لا حسد إلا في اثنتين رجل آتاه الله الحكمة فهو يقضى بها ويعلمها ورجل آتاه الله مالا وسلطه على هلكته في الحق))[1].

إن من الصفات الذميمة التي ينبغي للمسلم الحذر من الاتصاف بها، والتي جاء الشرع بذمها صفة الحسد، ذلك لأن الحاسد عدو لنعمة الله، متسخط لقضائه، غير راض بقسمته بين عباده، وأولى بطالب العلم أن يطهر قلبه من الحسد والضغينة لزملائه؛ لأن الله تعالى قسم الأرزاق بين الناس ووهب البعض نعما وحرم منها آخرين.

يقول الشاعر:

**ألا قل لمن ظل لي حاسدا    أتدري على من أسأت الأدب**
**أسأت على الله في حكمه    لأنك لم ترض لي ما وهب**

(1) رواه البخاري (73) ومسلم (815) وابن ماجة (4261) والترمذي (1936) وأحمد (4643).

**فأخزاك ربي بأن زادني وسدّ عليك وجوه الطلب**[1]

إذا كان طالب العلم حاسدا لإخوانه حاقدا عليهم فقلبه حينئذ مشغول بغير العلم، وهذا يجعله أقل تركيزا، وأقل صفاء في تحصيل العلم، كما أن الحسد قد يذهب بركة العلم، فينبغي عليه أن يفرغ قلبه من الحسد كي يستقر العلم في ذهنه دون عوائق التفكير في الآخرين أو الكيد لهم، أو الحسد والحقد عليهم.

قال علي بن أبي طالب رضي الله عنه : يا طالب العلم: إن العلم ذو فضائل كثيرة، فرأسه التواضع، وعينه البراءة من الحسد)[2].

ويقول ابن عبد البر:(وكان يقال لا يكون الرجل عالما حتى تكون فيه ثلاث خصال: لا يحتقر من دونه في العلم ولا يحسد من فوقه في العلم ولا يأخذ على علمه ثمنا)[3].

فواجب على طالب العلم أن يعترف بأن الله تعالى قد جعل فروقا فردية في الفهم والاستيعاب وتحصيل العلم بين الناس فلا يحسد أحدا لتفوقه عليه، بل يرضى ويحاول اللحاق بهم دون حب لزوال ما عنهم من العلم.

ولقد بين النبي صلى الله عليه وسلم أن هناك فروقا فردية بين الناس حيث قالصلى الله عليه وسلم : ((نضر الله امرأ سمع منا حديثا فحفظه حتى يبلغه فرب حامل فقه إلى من هو أفقه منه ورب حامل فقه ليس بفقيه))[4].

والحسد مشغلة للقلب مضيعة للوقت لا يجني الحاسد منه إلا الحقد على إخوانه وذهاب بركة العلم.يقول الزرنوجي: (ينبغي أن يكون صاحب العلم مشفقا ناصحا، غير حاسد، فالحسد يضره ولا ينفعه). ويقول أيضا: (وينبغي ألا ينازع أحدا ولا

(1) شهاب الدين محمد بن أحمد أبي الفتح الأبشيهي : المستطرف في كل فن مستظرف، تحقيق : د.مفيد محمد قميحة، دار الكتب العلمية - بيروت - 1986م (459/1) .
(2) الخطيب البغدادي: الجامع لأخلاق الراوي ووآداب السامع ص(142) .
(3) ابن عبد البر: جامع بيان العلم وفضله ص(158/1) .
(4) رواه الترمذي (2656) أبوداود(3660) وأحمد (4146) والدارمي (229) .

يخاصمه لأن يضيع أوقاته)[1].

قال ابن المقفع: (أقلُّ ما لتارك الحسد في تركه أن يصرف عن نفسه عذابا ليس بُمْدِرِكٍ به حظا ولا غائظٍ به عدوا، فإنا لم نر ظالما أشبه بمظلوم من الحاسد، طول أسف ومحالفة كآبة، وشدة تحرُّقٍ، ولا يبرح زاريا على نعمة الله ولا يجدها مَزَالا، ويكدر على نفسه ما به من النعمة فلا يجد لها طعما ولا يزال ساخطا على من لا يترضاه، ومتسخِّطا لما لن ينال من فوقه، فهو مُنَغَّص المعيشة، دائم السخطة، محروم الطِّلِبة، لا بما قُسِم له يقنع، ولا على ما لم يُقسَم له يَغْلِبْ، والمحسود يتقلب في فضل الله مباشرا للسرور منتفعا به مُمَهَّلا فيه إلى مدة، ولا يقدر الناس لها على قطع وانتقاص)[2].

ويقول الإمام النووي:(لا يحسد أحدا ولا يحتقره ولا يعجب بفهمه)[3].

وشر الحسد عظيم، قال أبو الليث السمرقندي: (يصل إلى الحاسد خمس عقوبات قبل أن يصل حسده إلى المحسود: أولها: غمّ لا ينقطع، الثانية: مصيبة لا يؤجر عليها، الثالثة: مذمة لا يحمد عليها، الرابعة: سخط الرب، الخامسة: يغلق عنه باب التوفيق)[4].

من علامات الحسد بين زملاء الدراسة[5]:

1: أن يفرح بخطأ زميله: وكلما ازداد خطأ الزميل ازدادت فرحته وازدادت بشارته لأنه يظن أن في خطأ قرينه رفعة له.

2: أن يفرح بغياب زميله، أو بعدم حضوره في أمر ينازعه فيه، أو يقاسمه فيه. إذا

(1) الزرنوجي: تعليم المتعلم في طريق التعلم ص(85-87) .
(2) عبد الله بن مسلم بن قتيبة الدينوري : عيون الأخبار :( 12/1) .
(3) النووي: مقدمة المجموع ، آداب العالم والمتعلم والمفتي والمستفتي وفضل طلب العلم ، مكتبة الصحابة ـ مصر ـ ط1 ـ 1408هـ (52) .
(4) شهاب الدين محمد بن أحمد أبي الفتح الأبشيهي : المستطرف في كل فن مستظرف (457/1-458) .
(5) انظر: عبد العزيز محمد السدحان ،معالم في طريق طلب العلم ، دار العاصمة ـ الرياض ط3 1420هـ - ص (97-100) .

غاب أحد الزميلين انفرد الآخر بالمجلس وتصدر عن بقية أصحابه، ففرح بغياب صاحبه لأن في غيابه رفعة لدرجته عليه، وليمكن له أكثر من صاحبه.

3: أن يسر إذا لمز زميله أو ثلب، ويجد في قلبه الراحة النفسية. حينما يلمز الزميل في حضور قرينه يفرح بذلك فرحا شديدا بل ربما شارك في لمزه وهمزه، ويجد في قلبه الراحة النفسية نتيجة تشفيه في أخيه الذي يتنافس معه في طلب العلم.

4: أن يعرض بزميله إذا سئل عنه:وهذا ما تجده بين طلاب العلم حيث يعرض بزميله دون مراعاة لحقوق وآداب الصحبة، ويأتي بالعبارات والألفاظ التي فيه تحقير وتقليل من شأن زميله.

5: أن يجد حرجا في نفسه وتضايقا إذا وجه السؤال إلى غيره، أو طلب من زميله الكلام بحضوره. فتظهر عليه علامات الحقد والحسد ويتغير وجهه نتيجة توجيه السؤال إلى زميله،ولو عرف هذا الحاسد أن ذلك فضل الله يؤتيه من يشاء لارتاحت نفسه وطهر قلبه.

6: أن يقلل من شأن الفوائد أومن شأن العلم الذي يأتي به زميله: حينما يأتي الزميل بفائدة أو بإجابة عن سؤال فيحاول الحاسد أن ينفي هذه الفائدة عن زميله وربما نسبها لنفسه.أو يقول: إنها معلومة قديمة، أو إن كل الناس يعرفونها، أنت لم تأت بجديد.

7: أن يحاول تخطئة كلام زميله إذا تكلم، ونقضه إذا أجاد.فيجادل معه بطريق خاطئة ويحاول أن يصرف كلامه عن ظاهره، ويتتبع العثرات المتكلفة،ويختلق الخطأ في جواب زميله.

8: عدم عزو الفضل والفائدة إليه: حينما يساعد هذا الزميل غيره في تعلم فائدة أو نشرها بين الزملاء فإن الحاسد يجد في نفسه حقدا وكرها لهذا الزميل، ويحاول بل ما يملك ألا يعترف بفضله في تعليم غيره ومساعدتهم في طلب العلم، أو شرح درس قد فات على زملائه.

دواء الحسد بين الزملاء:

1: الدعاء للقرين بظهر الغيب. إن الدعاء للزميل بظهر الغيب يذهب العداوة والبغضاء من القلوب، ويجعل الله تعالى للزميل قبولا إلى قلب زميله.

2: محاولة التحبب له والسؤال عن حاله وحال أهله. كلما ازداد التحبب للزميل اقتربت القلوب بعضها من بعض، وانتفت العداوة والبغضاء بينهما، وأصبح كل واحد منهما حريصا على أخيه محبا له الخير.

3: زيارته وإظهار ماله من فضل. الزيارة تحدث في نفس صاحبها ونفس المزور أثرا عجيبا فيذهب الله تعالى ما بينهما من الشحناء والبغضاء.

4: عدم السماح أو الرضا بغيبته أو همزه ولمزه. وينبغي للزميل ألا يرضى بغيبة صاحبه وإنما يذب عنه ولا يفرح بأن يغتاب صاحبه،ويحب عليه أن يدفع بما يعلم منه من فات حميدة. فإن فعل ذلك أذهب الله تعالى ما بينهما من شحناء وبغضاء وتفرغا لطلب العلم.

5: إيثاره على النفس بتقديمه.:يحاول الزميل إيثار زميله على نفسه في المجلس، فإذا رأى من زميله أنه يريد أن يجلس في مكان قريب من المعلم فليترك له المكان، وإن رأى أنه يريد الإجابة على سؤال يعرفه فليعطه الفرصة للإجابة؛ فإن فعل ذلك قرب الله تعالى بين قلبيهما وأذهب ما فيهما من العداوة والحقد والحسد.

6: استشارته وطلب نصيحته.إن استشارتك له وطلب النصيحة منه يجعل في نفسه محبة لك وقبولا، وسيعلم أنك ما أتيت إليه إلا ثقة وحبا فيه، وهذا يذهب ما بينكما من شحناء.

فحري بطالب العلم أن يعي مفاسد الحسد وأضراره عليه وعلى زملائه الطلاب، وأنه سبب لنشر العداوة والبغضاء والكراهية بين الطلاب، وأنه بسببه تمحق بركة العلم،كما أنه سبب لغضب الله تعالى على صاحبه، ولذا فينبغي أن يداوي قلبه مما علق به من بغض وحسد لزميله عسى الله تعالى أن يؤلف بين قلبيهما ويذهب ما فيهما من العداوة والبغضاء والحسد.

يتضح لنا مما سبق أهمية اختيار الرفقة الصالحة وأثرها على طالب العلم، وأهميـة التعـاون والتناصح فيما بينهم، وترك الجدال والتحاسد واحترام كل منهما الآخر.وهذه القـيم حيـنما يلتـزم بها طلاب العلم فإن علاقات المحبة والمودة ستسود بينهم ويصبحوا كالجسد الواحد؛ كـل حـريص على أخيه، يحب لأخيه ما يحب لنفسه، مما يساعد على زيادة تحصيلهم الدراسي.

## المبحث الرابع

## قيم ينبغي أن يلتزم بها طالب العلم مع المؤسسات التعليمية

نقصد بالمؤسسات التعليمية: كل ما يتلقى فيه الطالب العلم سواء كان مدرسة أم مسجدا أم قاعات خاصة بالدراسة، وهذه المؤسسات لها دورها التربوي التعليمي المنوط بها لذا كان واجبا على طالب العلم أن يحسن استغلال هذاه الأماكن ويحافظ عليها، بل ويعمل على إصلاح ما تلف منها إن أمكنه ذلك، لأن هذه الأماكن سيستفيد منها بنفسه ويستفيد منها أبناؤه وأقاربه مستقبلا.

ولا شك أن اهتمام المتعلم بالحفاظ على هذه الأماكن نابع من تعاليم ديننا الحنيف الذي يدعو إلى حسن استعمال ما تصل إليه أيدي المتعلم.

1ـ قيمة حسن استخدام المكتبة والمحافظة على كتبها:

لقد عني الإسلام منذ بزوغ فجره بالحث على القراءة والاطلاع، وقد شهدت القرون الأولى للهجرة قيام حركة علمية كبيرة نشأ عنها ظهور الكثير من المؤلفات، واكتشاف العديد من العلوم لم تكن معروفة من قبل، ودعت الحاجة الماسة إلى وجود مكان يحتوي هذه المؤلفات، ويجتمع فيه العلماء وطلبة العلم للقراءة والبحث، فتم إنشاء دور العلم، وهو ما يطلق عليه في الوقت المعاصر: (المكتبات).

ونظرا للحاجة لمثل هذه الدور فقد انتشرت المكتبات في المؤسسات التعليمية والتربوية انتشارا واسعا، حتى لا تكاد تدخل مسجدا أو مدرسة أو جامعة إلا وتجد فيها مكتبة يستفيد منها طالب العلم.

وللمكتبة دور كبير وأهمية بالغة لدى المتعلم نظرا لما تحتويه (من كتب ووثائق وغيرها من المواد التي تساعد على كسب المعرفة، التي يمكنها أن تساعد المواطنين على الاتصال بمصادر الفكر والثقافة، والإلمام بالنواحي المختلفة من المعرفة فيما يحيط بهم من بيئات، وما جرى في تاريخهم من أحداث، وما تركه لهم أسلافهم من تراث، وما

تجري عليه أمور العالم الذي يعيشون فيه إلى غير ذلك من نواحي المعرفة التي تساعد على تقوية الحياة التعليمية وخصبها)[1].

ولما تقوم به المكتبات من دور عظيم في مجال التعليم والتحصيل العلمي كان واجبا على طالب العلم أن يحافظ على ما بها من كتب ومؤلفات.

ومن أوجه الحفاظ عليها[2]:

1ـ أن يصون الكتب من العبث والتمزق:(فإن كان الكتاب وقفا على من ينتفع به غير معين فلا بأس بالنسخ منه مع الاحتياط ولا بإصلاحه ممن هو أهل لذلك، وحسن أن يستأذن الناظر فيه، وإذا نسخ منه بإذن صاحبه، أو ناظره فلا يكتب منه والقرطاس في بطنه، أو على كتابته، ولا يضع المحبرة عليه، ولا يمر بالقلم الممدود فوق كتابته).

2ـ ألا يضع الكتاب على الأرض:(إذا نسخ من الكتاب أو طالعه فلا يضعه على الأرض مفروشا منشورا بل يجعله بين كتابين أو شيئين أو كرسي الكتب المعروفة كيلا يسرع تقطيع حبله، وإذا وضعها في مكان مصفوفة فلتكن على كرسي أو تحت خشب أو نحوه، والأولى أن يكون بينه وبين الأرض خلو، ولا يضعها على الأرض كيلا تتندى أو تبلى.وإذا وضعها على خشب ونحوه جعل فوقها أو تحتها ما يمنع تآكل جلودها به وكذلك يجعل بينها وبين ما يصادفها أو يسندها من حائط أو غيره).

3:أن يعجل برد الكتاب إلى المكتبة إذا انتهت مدة الإعارة أو انتهى منه: (ولا يطيل مقامه عنده من غير حاجة بل يرده إذا قضى حاجته ولا يحبسه إذا طلبه المالك أو استغنى عنه، ولا يجوز أن يصلحه بغير إذن صاحبه. ولا يحشيه ولا يكتب شيئا في بياض فواتحه أو خواتمه إلا إذا علم رضا صاحبه، وهو كما يكتبه المحدث على جزء سمعه أو كتبه ولا يسوده ولا يعيره غيره ولا يودعه لغير ضرورة حيث يجوز شرعا ولا ينسخ منه بغير إذن صاحبه).

---

(1) سعيد إسماعيل علي: معاهد التربية الإسلامية: دار الفكر العربي ، القاهرة ، 1986م ص(488).
(2) انظر بدر الدين بن جماعة : تذكرة السامع والمتكلم في آداب العالم والمتعلم (مرجع سابق ) ص(241-257).

4: أن يشكر من أعاره الكتاب أو القائمين على المكتبة: (وينبغي للمستعير أن يشكر للمعير ذلك ويجزيه خيرا.).

5:ألا يصلح الكتاب أو يغير فيه شيئا إلا بعد إذن صاحبه، ولا يعيره غيره إلا بإذنه.

وهذه الآداب إذا حرص عليها طالب العلم انتفع بالكتب وانتفع بها غيره من طلاب العلم،ويستطيع الطالب أن يصل إلى ما يبحث عنه، فيزداد تحصيله ويبارك الله تعالى في علمه.

2: قيمة المحافظة على الكتب المدرسية:

الكتاب له أهمية عظيمة للعالم والمتعلم إذ هو الأنيس في الوحدة والصديق وقت الضيق، يقرأ في كل مكان يظهر على كل لسان، وعاء العلم وسبيل الفهم، أينما طلبته وجدته، لا يكل ولا يمل،ناطق بما تريد ويأتيك بالمزيد، سهل المنال كريم الخصال، لا يكتمك علما ولا يفشي لك سرا،رفيق طائع، ومعلم خاضع.

ولما أدرك المسلمون الأوائل قيمة الكتاب وأهميته ازدادوا به تعلقا، وعلى اقتنائه حرصا، وعلى قراءته تفهما ودرسا،: قيل لابن المبارك يا أبا عبد الرحمن، لو خرجت فجلست مع أصحابك قال إني إذا كنت في المنزل جالست أصحاب محمد صلى الله عليه وسلم يعني النظر في الكتب.

وقال شفيق بن إبراهيم البلخي: قلنا لابن المبارك: إذا صليت معنا، لم لا تجلس معنا؟، قال: أذهب فأجلس مع التابعين والصحابة، قال قلنا: فأين التابعون والصحابة، قال: أذهب أنظر في علمي، فأدرك آثارهم وأعمالهم.

وقيل لحكيم من الحكماء: ألا تدعو قوما يؤنسونك، فقال: كم جهد من ما يمكن مثلي أن يدعو من الناس ليستأنس بهم؟ فقالوا الاثنين والثلاثة؛ فقال قد يؤنسني ألوف وألوف وعشرات ألوف فقيل: أنى لك كل هؤلاء؟ وهل تسع دارك جمعهم؟ فقال: مجمعهم في الكتب المسطورة والأخبار المأثورة. [1].

---

(1) الخطيب البغدادي: تقييد العلم ص(38) .

قال عبد الله ابن المعتز: الكتاب والج للأبواب، جريء على الحجاب، مفهم لا يفهم، وناطق لا يتكلم، وبه يشخص المشتاق، إذا أقعده الفراق، فأما القلم فمجهز لجيوش الكلام، يخدم الإرادة، ولا يملي الاستزادة، ويسكت واقفا، وينطق سائرا على أرض بياضها مظلم، وسوادها مضيء، وكأنه يقبل بساط السلطان؛ أو يفتح باب بستان.

يقول القاضي أبو الفرج المعافى بن زكريا: قد قيل في الكتاب ما معناه: إنه حاضر نفعه، مأمون ضره، ينشط بنشاطك، فينبسط إليك، ويمل بملالك فينقبض عنك؛ إن أدنيته دنا، وإن أنأيته نأى؛ لا يبغيك شرا ولا يفشي عليك سرا؛ ولا ينم عليك، ولا يسعى بنميمة إليك[1].

والكتاب قد يفضل صاحبه، ويرجح على واضعه بأمور منها: أن الكتاب يقرأ بكل مكان، ويظهر ما فيه على كل لسان، وموجود في كل زمان مع تفاوت الأعصار، وبعد ما بين الأمصار، وذلك أمر مستحيل في واضع الكتاب والمنازع في المسألة الجواب، وقد يذهب العالم وتبقى كتبه؛ ويفنى العقل، ويبقى أثره. ولولا ما رسمت لنا الأوائل في كتبها، وخلدت من فنون حكمها، ودونت من أنواع سيرها، حتى شاهدناها بذلك ما غاب عنا، وأدركنا به ما بعد منا، وجمعنا إلى كثيرهم قليلنا، وإلى جليلهم يسيرنا؛ وعرفنا ما لم نكن نعرفه إلا بهم، وبلغنا الأمد الأقصى- بقريب رسومهم؛ إذا حسر طلاب الحكمة، وانقطع سببهم عن المعرفة، ولو ألجينا إلى مدى قوتنا، ومبلغ ما تقدر على حفظه خواطرنا، وتركنا مع منتهى تجارتنا، لما أدركته حواسنا وشاهدته نفوسنا، لقلت المعرفة، وقصرت الهمة، وضعفت المنة، وماتت الخواطر، وتبلد العقل، ونقص العلم، فكان ما دونوه في كتبهم أكثر نفعا، وما تكلفوه من ذلك أحسن موقعا، ويجب الاقتفاء لآثارهم، والاستضاء بأنوارهم، فإن المرء مع من أحب؛ وله أجر ما احتسب.[2]

(1) الخطيب البغدادي: تقييد العلم ص(35) .

(2) الخطيب البغدادي: تقييد العلم ص (34) .

وقد وصفه أبو عثمان عمرو بن بحر الجاحظ، فقال: الكتاب نعم الذخر والعدة، ونعم الأنيس ساعة الوحدة، ونعم القرين والدخيل، والوزير والنزيل قال والكتاب وعاء ملئ علما وظرف حشي-طُرفا، إن شئت كان أبين من سحبان وايل، وإن شئت كان أعيا من باقل، وإن شئت ضحكت من نوادره وعجبت من غرائب فوائده. وإن شئت شجتك مواعظه. ومن لك بواعظ مله، وبزاجر مُغر، وبناسك فاتك، وبناطق أخرس، وبشيء يجمع لك الأول والآخر، والناقص والوافر، والشاهد والغايب، والحسن ضده قال ولا أعلم جارا أبر ولا خليطا أنصف، ولا رفيقا أطوع، ولا معلما أخضع، ولا صاحبا أظهر كفاية، ولا أقل خيانة، ولا أكثر أعجوبة وتصرفا، ولا أقل صلفا وتكلفا من كتاب. وبعد، فمتى رأيت بستانا يحمل في ردن،وروضة في كف، وحجرا ينطق عن الموتى، ويترجم كلام الأحياء، ومن لك بمؤنس لا ينام إلا بنومك، ولا ينطق إلا بما تهوى؛ أبر من أرض، وأكتم للسر من صاحب السر وأضبط لحفظ الوديعة من أرباب الوديعة، صامت ما أسكته، وبليغ إذا استنطقته، ومن لك بمسامر لا يبتديك في حال شغلك، ويدعوك في أوقات نشاطك، ولا يحوجك إلى التجمل له والتذمم منه، ومن لك بزاير، إن شئت جعلت زيارته غبا، وورده خمسا، وإن شئت لزمك لزوم ظلك، وكان منك مكان بعضك. والكتاب مكتف بنفسه، ولا يحتاج إلى ما عند غيره. وهو الجليس لذي لا يطريك، والصديق الذي لا يغريك، والرفيق الذي لا يملك، والمستمنح الذي لا يزيدك، والجار الذي لا يستبطئك، والصاحب الذي يريد استخراج ما عندك بالملق، ولا يعاملك بالمكر، ولا يخدعك بالنفاق، ولا يختال لك الكذب، والكتاب هو الذي إن نظرت فيه أطال إمتاعك، وشحذ طباعك، وبسط لسانك وجود بيانك، وفخم ألفاظك، وعمر صدرك، ومنحك تعظيم العوام، وصداقة الملوك، وعرفت به في شهر ما لا تعرفه من أفواه الرجال في دهر، مع السلامة من الغُرم، وكد الطلب، والوقوف بباب المكتب بالتعليم، والجلوس بين يدي من أنت أفضل منه خلقا وأكرم منه عرقا. وهو المعلم الذي إن افتقرت لم يحقرك، وإن قطعت المادة لم يقطع عنك الفائدة، وإن عزلت لم يدع طاعتك، وإن هبت ريح لم يتقلب عليك).[1]

(1) الجاحظ: الحيوان، تحقيق عبد السلام هارون ، دار إحياء التراث العربي ص(1/38ـ42) .

قال المأمون لعبد الله بن الحسن العلوي:(ما بقي من لذتك يا أبا علي؟ قال اللعب مع الصغير من ولدي، ومحادثة الموتى قال أبو بكر النقاش يعني النظر في الكتب- وبلغني عن المأمون أنه قال لا شيء آثر للنفس، ولا أشرح للصدر، ولا أوفر للعرض، ولا أذكى للقلب، ولا أبسط للسان، ولا أشد للجنان، ولا أكثر وفاقا، ولا أقل خلافا، ولا أبلغ إشارة، ولا أكثر عمارة من كتابٍ تكثر فائدته، وتقل مئونته، وتسقط غائلته وتحمد عاقبته؛ وهو محدث لا يُمل، وصاحب لا يخل، وجليس لا يتحفظ، ومترجم عن العقول الماضية، والحكم الخالية، والأمم السالفة، يحيي ما أماته الحفظ، ويجدد ما أخلقه الدهر، ويبرز ما حجبته الغباوة، ويصل إذا قطع الثقة، ويدوم إذا خان المارك [1]

الكتب المدرسية لها أهمية كبيرة للمتعلم، حيث إنها تمثل وعاء من أوعية العلم ومرجعا أساسيا لما درسه خلال سنواته الماضية،وبالحفاظ عليها والعناية يستطيع أن يستفيد منها ويفيد غيره.

ويعجب المرء مما يصدر من بعض المتعلمين من تصرفات تشمل رمي وإلقاء لبعض صفحات الكتاب وقد يكون فيها آيات قرآنية وأحاديث نبوية، وإن هذه التصرفات تتنافى مع الطبع السليم وأخلاق طالب العلم.

وقد بين أهل العلم قيمة المحافظة على الكتاب وأوصوا المتعلمين بذلك.

ومن أوجه الحفاظ على الكتب ما يلي:

1: أن يحسن التعامل مع الكتاب (ولا يجعل الكتاب خزانة للكراريس أو غيرها ولا مخدة ولا مروحة ولا مكبسا ولا مسندا ولا متكأ ولا مقتلة للبق وغيره، ولاسيما في الورق فهو على الورق أشد.

2: ولا يطوي حاشية الورقة أو زاويتها ولا يعلم بعود أو شيء جاف بل بورقة أو نحوها وإذا ظفر فلا يكبس ظفره قويا[2].

---

(1) الخطيب البغدادي :تقييد العلم ص(37) .
(2) انظر بدر الدين بن جماعة : تذكرة السامع والمتكلم في آداب العالم والمتعلم (مرجع سابق ) ص(243-246) .

رأى بعض الحكماء رجلا يبتذل كتابا، فقال له: بينت عن نقصك، وبرهنت عن جهلك؛ فما أهان أحد كتاب علم إلا لجهله بما فيه، وسوء معرفته بما يحويه.

3:أن يحافظ على شكل الكتاب وجماله من الخارج والداخل فلا يكتب فيه إلا ما يفيد ولا يرسم فيه

4: ألا يرمي الكتاب لزميله فتتمزق أوراقه وتتقطع خيوطه.

5: ألا يجعل كتابه بوقا أو صندوقا: أي يطوي الكتاب على شكل البوق، ولا تكثر في وضع الأشياء فيه فيكون كهيئة الصندوق وكلا الأمرين مما يجعل بتلف الكتاب.

6: ألا يضع الكتاب مقلوبا أو تركه مفتوحا لفترة طويلة.

7: ألا يفتح الكتاب بقوة أو عصبية،ولا يفرق الصفحات باليد أو بل الأصابع باللعاب الكثير لتقليبها.

7:عدم وضع الكتب بعضها فوق بعض وإنما ينبغي أن تكون جنبا إلى جنب كل بحسب طوله وعرضه.

8: ألا يجعل الكتاب مائدة للطعام والشراب، وقد رأى بعض الحكماء رجلا قد جلس على كتاب فقال: سبحان الله يصون ثيابه ولا يصون كتابه، فصون الكتاب أولى من صون الثياب.

9: حماية الكتب مما يتساقط عليها من الأطعمة والأشربة وخصوصا أثناء السفر والرحلات والقراءة على مائدة الطعام.

10: أن توضع ورقة خفيفة عن الصفحة التي وصل إليها ويتجنب استعمال العود أو الشئ الجاف.

10: أن يكتب على الكتاب بقلم سهل الاستعمال لا يؤدي إلى تخريق الصفحات أو إزالة أرقامها.

11: الإسراع في إصلاح الصفحات التي تعرضت للتلف.

12: أن تجعل الكتب في رفوف أو خزانات نظيفة ولا تتعرض للآرضة والرطوبة والعفونة وغيرها من عوامل التلف.

3:الحفاظ على مرافق المؤسسات التعليمية:من الأمور المهمة للعالم والمتعلم أن يحافظ على مرافق المؤسسات التعليمية التي يدرس بها ومن أوجه الحفاظ عليها ما يلي[1]:

1: عدم طرق الأبواب بشدة:حسن استخدام المتعلم للنوافذ والأبواب وحسن التعامل معها دليل على وعي المتعلم، وتمام خلقه وحرصه على مؤسسته التعليمية واعتبارها بيته الثاني،ومنهل العلم. وقد نهي عن الشدة والعنف في إغلاق الأبواب والنوافذ:، (ويتحفظ من شدة وقع القبقاب والعنف في إغلاق الباب).

2: الحفاظ على الفرش والمقاعد الدراسية وصيانتها: ويتطلب من المتعلم الحفاظ على الفرش وعدم وطئها بالنعال، لما تحمله من أتربة واوساخ. (إذا كان مسكنه في مسجد المدرسة أو في مكان الاجتماع ومروره على حصيره وفرشه فليتحفظ عند صعوده إليه من سقوط شيء من نعليه ولا يقابل بأسفلهما القبلة ولا وجوه الناس ولا ثيابه بل يجعل أسفل أحدهما إلى أسفل الأخرى بعد نفضهما، ولا يلقيهما إلى الأرض بعنف، ولا يتركهما في مظنة مجالس الناس والواردين إليها غالبا كطرفي الصفة بل يتركهما إذا تركهما في أسفل الوسط ونحوه ولا يضعهما تحت الحصير في المسجد بحيث تنكسر).

3: الحفاظ على جدران المؤسسات التعليمية وعدم الكتابة عليها: (ولا يدخل ميضأتها العامة عند الزحام من العامة إلا لضرورة لما فيه من التبذل، ويتأنى عنده، ويطرق الباب إن كان مردودا طرقا خفيفا ثلاثا ثم يفتحه بتأنٍ ولا يستجمر بالحائط فينجسه ولا يمسح يده المتنجسة بالحائط أيضا).

تبين لنا مما سبق أهمية المحافظة على المؤسسات التعليمة، والقيم التي ينبغي لطالب العلم أن يتحلى بها في تعامله مع هذه المؤسسات والمحافظة على مرافقها. لذا فقد وجب على المربين أن يربوا تلاميذهم على ذلك بغية الحفاظ على هذه المؤسسات، ومن ثم الزيادة في طلب العلم.

---

(1) انظر: بدر الدين بن جماعة : تذكرة السامع والمتكلم في آداب العالم والمتعلم (مرجع سابق ) ص(269-273 ) .

الفصل الخامس

خصائص النمو وتطبيقاتها التربوية

في تنمية القيم

- المبحث الأول: خصائص النمو في المرحلة الابتدائية
- المبحث الثاني: خصائص النمو في المرحلتين المتوسطة والثانوية

250

# الفصل الخامس

## خصائص النمو وتطبيقاتها التربوية في تنمية القيم

### أهمية معرفة خصائص النمو:

لخصائص النمو أهمية كبيرة في بناء القيم لدي المتعلمين؛ فمن خلال معرفة خصائص النمو يمكننا التعرف على الطبيعة الإنسانية وعلاقة الإنسان بالبيئة التي يعيش فيها، والتعرف على ما نتوقعه من المتعلم وما الذي لا نتوقعه، وما المستويات المناسبة من السلوك والتي تتناسب مع طبيعة المرحل العمرية للمتعلم، ويمكن من خلال معرفة خصائص النمو التعرف على السلوك السوي وغير السوي، والذي يتناسب مع كل مرحلة من مراحل النمو.

ويمكن الاستفادة من معرفة خصائص النمو في توجيه الأطفال والراشدين والشيوخ في التحكم في العوامل التي تؤثر في النمو، والتعرف على أي شذوذ أو انحراف الذي لا يتناسب مع مراحل النمو، كما يمكن وضع المناهج الدراسية الملائمة التي تسهم في بناء وتنمية القيم لدي الطلاب.

ولا شك أن تعرف المربين ـ سواء كانوا معلمين أو آباء وأمهات ـ على خصائص النمو يساعدهم على على معرفة الطرق المناسبة لبناء القيم، كما يساعدهم على معرفة العوامل المؤثرة في بناء وتنمية القيم. كما يمكنهم من فهم المشكلات الاجتماعية ذات الصلة بنمو وتطوير الشخصية والعوامل المسببة لها؛ مثل مشكلات التأخر الدراسي وجناح الأحداث؛ مما يساعد على علاجها والوقاية منها وإحلال السلوكيات الإيجابية محلها.

# المبحث الأول

## خصائص النمو في المرحلة الابتدائية وتطبيقاتها التربوية في تنمية القيم

### خصائص نمو تلاميذ المرحلة الابتدائية.

تعد المرحلة الابتدائية من أهم المراحل في ترسيخ وتنمية القيم؛ حيث إن الطفل يبدأ في إدراك المفاهيم التي لم يكن يدركها من قبل، كما أن هذه المرحلة تتميز بسمات يستفيد منها المربي في ترسيخ وتنمية القيم، ويمكن أن نوجزها فيما يلي:

1: التفكير خلال هذه المرحلة يكون محددا بالمحسوسات: الطفل في هذه المرحلة لا يدرك الأشياء المجردة، فإذا قام بعملية حسابية مثلا: (3+4= ) نجد التلميذ يحاول العد على أصابعه؛ فيخرج ثلاثة أصابع ثم أربعة ويحاول جمعها سويا، وكذلك الحال في عملية الطرح، معنى ذلك أن الطفل لا يدرك الأشياء المجردة. وحتى في الأشياء المعنوية ـ وهذا هو الذي يهمنا ـ نجد أنه لا يدرك الشئ المعنوي، فإذا قلت له ما معنى (العدل) فإنه لا يدرك معناها إلا بشئ محسوس، كأن يقسم مثلا أربعة تفاحات على اثنين من الطلاب ويقول لك إن هذه هو العدل.

ويستطيع المربي أن يوظف هذه السمة في تنمية القيم لدى الطفل بأن يأتي له بأمثلة محسوسة، (حيث إن إدراك الطفل في المدرسة الابتدائية لا يزال حسيا ما ديا وتعليله أيضا حسي- مادي لذا كان علينا أن نتجنب التعارف المعنوية وأن نبتعد عن الدراسات النظرية، فالأمثلة الحسية والحوادث الواقعية، وتقديم المبادئ الدينية والخلقية والاجتماعية على شكل قصص لها آثرها القوي في اكتساب الخبرات والمعارف وأن يكون تدريسه عن طريق النشاط الحيوي والتعبير الحر)[1].

2: التمييز: حيث يبدأ التلميذ في التمييز بين الأشياء فيعرف ما يضره وما ينفعه،

---

(1) عبد الحميد الهاشمي: علم النفس التكويني، أسسه وتطبيقه، من الولادة إلى الشيخوخة ـ دار المجمع العلمي ، جدة ـ ط4 (1399هـ) ص(176).

وإذا كلم بشئ مما يوجه للعقلاء فهمه وأجاب عليه، ثم يقوى الإدراك شـيئا فشـيئا فيدرك التلميذ الأشياء وأسبابها، كما يدرك العلاقات بين الأشياء.

ويمكن للمربي الاستفادة من هذا التغير في غرس القيم في نفس التلميذ  نظرا لأنه بـدأ يفـرق بين ما ينفعه وما يضره؛فيؤمر بالصلاة ويحث عليها وهو ابن سبع، ثم يضرب على تركها وهو ابـن عشر لحديث النبي صلى الـلـه عليه وسلم  ((مروا أولادكم بالصلاة لسبع واضربوهم عليها لعشر ـ وفرقوا بينهم في المضاجع))[1].

3: كثرة أسئلة التلميذ: تتميز هذه المرحلة بكثرة الأسئلة، وهـذا الأمر  يعـد صحيا حيـث إن الأسئلة وأجوبتها تساعد الطفل على إثراء معارفه وعلمه، لكنها قد تكون نتيجـة قلق  أو خـوف لدى الطفل،خاصة إذا كان يسأل عن أشياء  تتعلق بالموت أو الجن أو ما شابه ذلك.

وحتى يستفيد المربي من أسئلة التلميذ فعليه عدة أمور:

1: الإجابة على أسئلة التلميذ وعدم التهرب من الإجابة.

2: إذا كانت الأسئلة محرجة فيمكنه أن يكني بالإجابة.

3: يفتح مجالات للتفكير في الإجابة والبحث لبقية زملائه أو إخوانه فيطرح عليهم السـؤال وينتظر الإجابة منهم.

4: إذا كان لا يعلم فعليه أن يرسخ هذا المفهوم في قلب التلميذ  ويقول (لا أعلـم)، ويبـين أن لا أعلم تعد ثلث العلم.

5: لا ينبغي نهر الطفل نتيجة أنه سأل أو حاول الإجابة على سؤال لأن نهـره يـؤدي إلى بـطء نموه العقلي والمعرفي.

6: ينبغي أن تكون إجاباتنا صحيحة وأن تكون خالية من الكذب.

7: إذا لم نحاول الإجابة على أسئلة التلميذ فسوف يجد من يجيب عنها وقد يقع

---

(1) رواه أبو داود (495) و أحمد (6717).

الخطأ، وربما يستغل من خلالها.

4: طريقة حفظ الكلمات: الحفظ لدى الأطفال حفظ آلي؛ بمعنى أنهم يحفظون دون أن يدركوا معاني ما يحفظونه، فالحفظ لديهم كآلة التسجيل.

و(هذه الخاصية يمكن الاستفادة منها في تحفيظ الأطفال القرآن الكريم، لأن الحفظ مطلوب في ذاته، كما أن حفظ القرآن مطلوب أن يكون حفظا آليا؛ أي كما هو دون تغيير أي حرف.ويمكن للمربي استخدام طريقة التلقين حيث يقرأ الآيات المطلوب حفظها والتلاميذ يرددون بعده، وقد يطلب من أحد التلاميذ أن يردد والتلاميذ يرددون بعده)[1].

كما يمكن الاستفادة من هذه الخاصية في تحفيظ التلاميذ الأحاديث القصيرة التي تشتمل على كلمات وعبارت قصيرة وتحمل في طياتها كثيرا من القيم التربوية مثل:قال رسول الله صلى الله عليه وسلم : ((احفظ الله يحفظك))[2]، و ((البر حسن الخلق))[3]، وغيرها من الأحاديث.

5:مفوم التلميذ لذاته: تتسم هذه المرحلة بأن التلميذ يبدأ في تكوين المفهوم الذي يراه مناسبا عن ذاته، فبعض التلاميذ ينظرون لذواتهم نظرة إيجابية فيرى نفسه أنه ذكي، وأنه قادر على فهم ما يلقى عليه وما يسأل عنه، والبعض ينظرون نظرة سلبية؛ فينظر لنفسه نظرة دونية، وأنه لا يستطيع أن يفهم شيئا مما يشرحه المعلم حتى وإن كان على غير الواقع الذي يعيشه التلميذ.

ويستفيد المربي من هذه الخاصية في إعطاء صورة إيجابية عن ذات الطفل ويبدأ في الثناء عليه بأنه ذكي وأنه مؤدب ـ وذلك من خلال المواقف الإيجابية التي يقوم بها التلميذ ـ فترسخ هذه المفاهيم في ذهنه مما يساعده على تكوين صورة إيجابية عن نفسه.

---

(1) عمر المفدى علم نفس المراحل العمرية ص(275).
(2) رواه الترمذي (2516) وأحمد (2664).
(3) رواه مسلم (2553) والترمذي (2389) والدارمي (2789) وأحمد (17179).

وليتجنب المربي العبارات السلبية التي تجعل الطفل ينظر لنفسه نظرة سلبية مثل (غبي) (لن تفهم أبدا) (شرير) لأن تكرار هذه العبارات قد ترسخ في نفسه حتى وإن كان على غير ذلك.

وإذا أخطأ التلميذ فيوجه الكلام للحكم على سلوكه وليس على نفسه مثل: (الحل خطأ) (التصرف غير صواب) ولا يحكم على التلميذ نفسه فيقال (أنت مخطئ)أو (أنت غير مؤدب) أوما شابه ذلك.

أما إذا أصاب فيمدح الطالب لذاته فيقال: (أنت مؤدب) (إنك ذكي) (إنك تحب الخير)، وهكذا من العبارات الإيجابية.

ولا شك أن نظرة التلميذ لنفسه نظرة إيجابية ستجعله يقدم على فعل كل ما هو حسن لأن الفرد ـ غالبا ـ يتصرف نتيجة ما تمليه عليه أفكاره ومعتقداته وبذلك تنمو لديه القيم الصحيحة.

6: تكوين علاقات اجتماعية:في هذه المرحلة يبدأ التلميذ في تكوين علاقات اجتماعية نتيجة خروجه من المنزل وذهابه إلى المسجد أو المدرسة؛ فيجلس مع الآخرين ويتعرف عليهم ويتبادل معهم مقتنياته وأدواته، وتكثر الزيارات بينهم.

ويستفيد المربي من هذه الخاصية في تنمية القيم لدى التلميذ عن طريق الاختيار الصحيح للزملاء،فيختار الرفاق الصالحين الذين يتعاون على زرع القيم وتنميتها فيما بينهم قال رسول الله صلى الله عليه وسلم : ((المرء على دين خليله فلينظر أحدكم من يخالل))[1].

و(إن حب التلميذ للمنافسة الاجتماعية يدفعه إلى الزعامة والقيادة والسيطرة، ويدفعه أيضا إلى بعض الأخلاق الاجتماعية النبيلة مثل: نصرة الضعيف،وإغاثة المعتدى عليه، وعلينا أن نعمل على أن تكون المنافسة بريئة وخلقية وبعيدة عن الحسد والغيرة، وينبغي أن نشجعه في ذلك لتكوين شخصية قوية ورجولة فاضلة، ولا ينبغي

---

(1) سبق تخريجه.

لنـا أن نكبت فيه ميول المنافسة، بل نوجـد لهـا متافسـا منتجـا في الألعـاب والسرعة والقـوة ومظاهر الشجاعة الجسمية والأدبية... فيتدرب التلميذ على التعاون والإخلاص للجماعة)[1].

7: نمو الجانب الديني: تتسم هذه المرحلة بنمو الجوانب الدينية لدى التلميذ ويتضح هذا الجانب فيما يتعلمه الطفل في مواد القرآن الكريم والتوحيد والفقه وتهذيب السلوك، وذلك مـن خلال تعلم الجانب العقائـدي في تعرفـه عـلى ربـه ودينـه ونبيـه، والتعرف عـلى كيفيـة ممارسـة العبادات تدريجيا، ويعتمد اكتساب هذه الجوانب في البداية على التلقين الذي يلعب دورا هامـا في تكوين الأفكار والمعايير الدينية للطفل، ثم تأتي بعدئـذ مرحلـة الممارسـة والتطبيـق للمعلومـات الدراسية حتى تصبح سلوكا ممارسا يطبقه الطفل في حياته اليومية.

**التطبيقات التربوية لتنمية القيم من خلال الاستفادة من النمو الديني:**

أ- دور المدرسة:

1ـ الاهتمام بالتطبيقات العملية لمواد التربية الإسلامية ومادة تهذيب السلوك بالمدرسة مـن خلال حجرة الدراسة أو المصلى أو المسجد الموجود بالمدرسة أو بجوارها.

2ـ إقامة صلاة الظهر يوميا في المدرسة والتأكد من مواظبة جميع طلاب المدرسة عليها بمـا فيهم طلاب الصف الأول الابتدائي.

3ـ تكوين جماعة التربية الإسلامية ومشاركة الأطفال فيها وإبراز نشاطها مـن خـلال الإذاعـة والصحافة المدرسية واللوحـات والنشرـات والنـدوات واللقـاءآت والتسـجيلات الدينيـة الإرشادية المتنوعة.

---

(1) عبد الحميد الهاشمي: علم النفس التكويني، أسسه وتطبيقه، من الولادة إلى الشيخوخة ص(178).

4ـ تكوين حلقة لتلاوة القرآن الكريم وتجويده بالمدرسة ولحفظ الأحاديث النبوية الشريفة وأهمية تنظيم المسابقات الدينية المتنوعة بين طلاب المدرسة.

ب- دور الأسرة:

1ـ اصطحاب طفل المدرسة الابتدائية إلى المسجد لتأدية الصلوات المفروضة وغرس الشعور في الطفل بأهمية أداء الصلوات في المساجد وبيان فضلها مع الجماعة.

2ـ توجيه الأطفال نحو أداء الصلاة في المسجد في أوقاتها المفروضة منذ سـن السـابعة إمتثالا لقول الرسول صلى اللـه عليه وسلم ((مروا أولادكم بالصلاة لسبع واضربوهم عليها لعشر، وفرقوا بينهم في المضاجع)) [1] مع التأكيد على وجود سلوك النموذج الخير والقدوة الصالحة سواء في المنزل أو المجتمع.

3ـ تشجيع الأطفال على المشاركة في حلقات تحفيظ القرآن الكريم وتجويده والمشاركة في المسابقات التي تقام على مستوى المدينة أو المنطقة أو المملكة.

4ـ تدريب الأطفال على اكتساب القيم الإسلامية التي يحث عليها ديننا الإسلامي الحنيـف كالصدق والأمانة والمعاملة الحسنة وإفشاء السلام واحترام الكبير وتوقير الغير وإماطـة الأذي عـن الطريق والعفة واختيار الرفقة الطيبة....ألخ.

5 ـ توفير الكتب والقصص الإسلامية التي توضح دور النـماذج المشرقة في تاريخنا الإسلامي وذلك من خلال استعراض سير الأنبياء والصحابة والتابعين والصالحين وتوجيـه الأطفال للاسـتفادة منها بشكل طيب.

6ـ القدوة الحسنة من قبل الوالدين في الحرص على الممارسة السلوكية الفعلية للعبـادات المفروضة والمعاملات الطيبة مع الآخرين في جميع الأمور في المنزل والمجتمع.

8: نمو الجانب الأخلاقي:

_____

(1) سبق تخريجه  .

تمثل هذه المرحلة بيئة خصبة مناسبة لغرس وتعزيز المبادىء الخلقية الصحيحة المستمدة من الشريعة الإسلامية في شخصية الفرد، وقد قال رسول الله صلى الله عليه وسلم ((إنما بعثت لأتمم مكارم الأخلاق))[1] وقال الله تعالى واصفا نبيه صلى الله عليه وسلم [وَإِنَّكَ لَعَلى خُلُقٍ عَظِيمٍ][2] فمن هذا المنظور يتأكد دور النمو الأخلاقي في ظل الإسلام فيعرف الطفل ما هو صواب وما هو خطأ، ويعرف الطفل التفريق بين الحلال والحرام، ويتم إدراك قواعد السلوك الأخلاقي القائم على الاحترام المتبادل سواء مع زملائه أو معلميه أو رفاقه والمحيطين به ويظهر من خلال سلوكه العام في المنزل والمدرسة وبيئته الاجتماعية.

التطبيقات التربوية لتنمية القيم من خلال الاستفادة من النمو الأخلاقي:

أ- دور المدرسة:

ـ الاهتمام بالتربية الأخلاقية للأطفال من خلال القدوة الحسنة والنموذج الجيد مع الاستفادة من مناهج التربية للإسلامية وتطبيقاتها السلوكية.

2ـ تعليم السلوك الأخلاقي المرغوب للأطفال وفقا لتعليمات ومبادىء شريعتنا الإسلامية الغراء وتوفير الخبرات المناسبة وتشجيعهم على ممارسة ذلك من خلال إقامة مسابقات للطفل المثالي في حلقة في الصفوف الدراسية وخاصة الصفوف الأولية والأطفال في وقت مبكر.

3ـ الاقتداء بأخلاقيات الإسلام المستمدة من القرآن الكريم الأفعال والأقوال التي كان يمارسها رسولنا الكريم صلى الله عليه وسلم وصحابته الكرام وغرسها في سلوك الأطفال.

ب- دور الأسرة:

1ـ حث الطفل وتشجيعه على مداومة قراءة القرآن الكريم بتدبر وتأمل والاطلاع على سيرة الأنبياء والصالحين في هذا المجال.

---

(1) سبق تخريجه.
(2) سورة القلم (4).

2 ـ الاقتداء بأخلاق الرسول صلى الله عليه وسلم في أقواله وأفعاله في جميع أمور الحياة بصفة عامة، وفي تربية الأطفال بصفة خاصة.

3ـ تعليم الأطفال السلوكيات الأخلاقية الفاضلة وتوفير الخبرات والمواقف المعززة لذلك.

4ـ توجيه الأطفال لاكتساب القيم والمبادئ الإسلامية الحميدة والتأكيد عليها.

5ـ التأكد على القدوة الحسنة والنموذج الطيب للإقتداء بها ومحاكاتها في المدرسة والبيت.

6ـ توجيه ومساعدة الطفل على اختيار الأصدقاء والأقـران مـن ذوي السـلوكيات الحميـدة، والتأكيد على ذلك من قبل الكبار في الأسرة.

7ـ الاهتمام بالتربية الأخلاقية والتنشئة الاجتماعية الإسلامية السليمة للأطفال و التعـاون مـع المدرسة في تقويم ما يعوج من سلوكياتهم ومعالجة ذلك بالأساليب التربوية المناسبة التي تؤدي إلى إصلاحهم.

# المبحث الثاني

## خصائص النمو في المرحلتين المتوسطة والثانوية وتطبيقاتها في تنمية القيم الإسلامية التربوية

تعد هذه المرحلة من أهم المراحل في حياة الإنسان؛ إذ يظهر فيها كثير من التغيرات التي تؤثر بدورها على تربية الطالب وتفاعله مع الآخرين.

ويطلق البعض على هذه المرحلة (المراهقة ) والمراهقة إحدى المراحل العمرية الهامة في حياة الإنسان، وتعني في الأصل اللغوي: الاقتراب؛ فراهق الغلام: أي قارب الاحتلام، ورهقتُ الشيء رهقا:أي قربت منه.

والمراهقة ـ كمصطلح ـ تعني فترة الحياة الواقعة بين الطفولة المتأخرة والرشد، أي أنها تأخذ من سمات الطفولة ومن سمات الرشد، وهي مرحلة انتقالية يجتهد فيها المراهق للانفلات من الطفولة المعتمدة على الكبار، ويبحث عن الاستقلال الذاتي الذي يتمتع به الراشدون،فهي مرحلة تأهب لمرحلة الرشد وتمتد من (11ـ21 سنة ) تقريبا ويحدث خلال هذه الفترة تغيرات شاملة وسريعة، في نواحي النفس والجسد، والعقل والروح لدى الشاب المراهق.

إنها ولادة جديدة لشخصية المراهق، حيث تظهر وظائف جديدة، بطريقة فجائية فتسيطر على سلوك الشاب. يقول ابن القيم: (ثم بعد العشر إلى سن البلوغ يسمى مراهقا ومناهزا للاحتلام، فإذا بلغ خمس عشرة سنة عرض له حال آخر يحصل معه الاحتلام نبات الشعر الخشن حول القبل وغلظ الصوت وانفراق أرنبة أنفه)[1].

ومن هنا فإن لهذه المرحلة أهميتها الكبيرة والخاصة في تكوين شخصية الإنسان، ولذا

---

(1) محمد بن أبي بكر أيوب الزرعي أبو عبد الله ، ابن قيم الجوزية : تحفة المودود بأحكام المولود ـ تحقيق : عبد القادر الأرناؤوط ـ مكتبة دار البيان – دمشق ـ الطبعة الأولى ، هـ 1391 – 1971م ص (279).

وجب فهم خصائصها ومتطلباتها ومشكلاتها المتشابكة لنحسن التعامل مع المراهقين بشكل تربوي ذي أثر إيجابي في تنمية القيم الإسلامية التربوية.

خصائص نمو المراهقين بشكل عام:

أولا: النمو الجسمي والفسيولوجي والحركي

تمتاز مرحلة المراهقة بتغيرات جسمية سريعة وخاصة في السنوات الثلاث الأولى بسبب زيادة إفراز هرمونات النمو، ومن أهم مظاهر النمو الجسمي ما يلي:

1: زيادة واضحة في الطول، وزيادة في الوزن، نتيجة للنمو في أنسجة العظام والعضلات وكثرة الدهون عند الإناث خاصة، وكذلك نمو الهيكل العظمي بشكل عام.

2: وتعتبر المراهقة من أهم فترات التغير الفسيولوجي إذ تبدأ بالبلوغ والذي يتحدد بالحيض عند الإناث وبالقذف عند الذكور.

3: ومن مظاهر النمو الفسيولوجي نمو حجم القلب ونمو المعدة بشكل كبير، وهذا ما يبرر إقبال المراهق على الطعام بشكل واضح، كما أن حاجته الملحة إلى الغذاء تأتي نتيجة لنموه السريع الذي يستنزف طاقته.

الآثار النفسية للنمو الجسمي

وللنمو الجسمي الفسيولوجي آثار نفسية على المراهق يجب على التربويين والوالدين مراعاتها ومنها:

(1) إن التغيرات الجسمية الجنسية تلعب دورا واضحا في مفهوم المراهق عن ذاته، وبالتالي في سلوكه، فتتراوح استجابة الفتاة نحو التغيرات الجسمية ما بين الاعتزاز بأنوثتها وبين الحرج نتيجة هذه التغيرات، فتشعر بالقلق والتعب وخاصة أثناء العادة الشهرية، رغم اعتزازها بذلك كأنثى، كما أن لشكل جسم الفتى دورا في توافقه النفسي.

(2) الحساسية النفسية والانطباع عن الذات؛ فظهور حب الشباب مثلا في هذه المرحلة يثير متاعب نفسية لأن المراهق يعتبره تشويه لمنظر الوجه.

(3) التبكير والتأخير في النمو الجسمي والجنسي- له مشكلات اجتماعية ونفسية؛ فالنضج المبكر عند الإناث يسبب لهن الضيق والحرج، أما عند الـذكور فينتج عنه ثقة بـالنفس وتقدير مرتفع للذات رغم أن الذكور المتأخرين في النضج يعتبرون أكثر نشاطا.

أما عن النمو الحركي فإن المراهق يميل إلى الكسل والخمول نتيجة التغيرات الجسمية السريعة، وسرعان ما يشعر بالتعب والإعياء عندما يبدي نشاطا معينا. وتمتاز حركات المراهق بعدم الاتساق وعدم الدقة فقد يكثر اصطدامه بالأثاث والأشياء أثناء حركاته في المنزل، وقد تسقط الأشياء من بين يديه، ويعود ذلك إلى عدم التوازن بين النضج العضوي والـوظيفي مـما يـؤدي إلى عدم التوازن الحركي، وربما يعود إلى عوامل نفسية مثل الحيرة والتردد ونقص الثقة بالذات والتفكير في توقعات الآخرين. وفي نهاية المراهقة الوسطى(المرحلة الثانوية تقريبا) يبدأ المراهق في التـوازن الحركي نتيجة لتحقق النمو العضلي والعصبي والاجتماعي.

تطبيقات تربوية لخصائص النمو الجسمي:

نظرا لتغير المراهق جسميا وحركيا يجب مرعاة ما يلي:

1: الاهتمام بتوجيه المراهق  لحسن التعامل مع المتغيرات الجسمية على أنها مظهر طبيعـي لنموه.

2: تنمية المهارات الحركية  وومارستها  بطريقة صحيحة.

3: مساعدة الطالب في هذه السن بالتغلب على بثور الشباب.

4: تنظيم أوقات النوم، وأن يأخذ القسط الكافي من النوم ليلا.

وهذه التطبيقات تساعد الطالب في هذه المرحلة على التخلص من المشكلات

النفسية الناتجة عن النمو الجسمي مما يؤدي إلى إلى ترسيخ القيم التربوية في نفسه وظهورها سلوكا في تعامله مع معلميه وزملائه.

ثانيا ـ النمو الجنسي:

في بداية المرحلة يشعر بالدافع الجنسي ويكون في شكل إعجاب وحب لشخص يكبره سنا.،ثم يتحول الميل الجنسي تدريجيا إلى الجنس الآخر، ويكون بشكل تدريجي على هيئة إعجاب وارتياح للإناث ورغبة في التحدث معهن، ويبدأ الطالب في هذه السن بممارسة الاستمناء إما بالاكتشاف الذاتي، أو مما يتعلمه من الآخرين.

تطبيقات تربوية لخصائص النمو الجنسي:

كيف يستفيد المربي من هذه السمات في تنمية القيم

1: إشغال ذهن الطالب بما هو أهم: فالملاحظ أنه حينما يكون ذهن الفرد مشغولا فإن الأفكار الجنسية تقل عنده.

2: تجنب المثيرات: كالنظر إلى الجنس الآخر، أو الاستماع للأحاديث الجنسية، ومشاهدة الأفلام والمسلسلات، وقراءة القصص الغرامية، وسماع الأغاني وغيرها مما يحرك عاطفة الطالب.

3: عدم الاختلاط بين الجنسين،سواء كان في المدارس وغيرها من أماكن التجمعات.

4: كما أن على البنات أن يحتشمن وألا يظهرن بمظهر كاشفات فيه وجوههن أمام الرجال.

5: عدم بقاء الطالب بمفرده في غرفته مدة زمنية طويلة؛ لأن الوحدة مدعاة لأن يسرح بخياله في التفكير في الجنس وقد يؤدي به في الحال إلى ممارسة الاستمناء بنفسه.

6: حث الطالب على الصوم: كصيام الاثنين والخميس وأيام البيض وغيرها، وهذا يساعد على التخفيف من شهوة الطالب، ولهذا يقول رسول الله صلى الله عليه وسلم :((يا معشر

الشباب من استطاع منكم الباءة فليتزوج فإنه أغض للبصر وأحصن للفرج، ومن لم يستطع فعليه بالصوم فإنه له وجاء ))[1].

7: ترسيخ الوازع الديني في قلب الطالب وحثه على الاستعانة بالصبر والصلاة وسائر العبادات فينشأ على خشية الله تعالى، ويرجو ثوابه عندما يتعفف ويبتعد عن الحرام[2].

8: تقوية روح التسامي والاستعلاء على الغرائز الجنسية؛وذلك ببيان قيمة العفة في حياة الإنسان، وبيان الأمراض الناتجة عن الفوضى الجنسية والشذوذ وما إلى ذلك من الفواحش الضارة ضررا خطيرا لحياة الفرد والمجتمع[3].

ويرى الباحث أن مرعاة هذه الجوانب تعمل على الحفاظ على التربية السليمة للطالب وترسخ فيه الجوانب الأخلاقية السليمة في التعامل مع ما يعتريه من تغيرات مما يساعد على التزامه بالقيم الإسلامية التربوية.

ثالثا: النمو العقلي:

(1) نمو الذكاء العام، وزيادة القدرة على القيام بكثير من العمليات العقلية العليا كالتفكير والتذكر القائم على الفهم، والاستنتاج والتعلم والتخيل.

(2) نمو القدرات العقلية الخاصة كالقدرة الرياضية(التعامل مع الأعداد) والقدرة اللغوية والدقة في التعبير والقدرة الميكانيكية والفنية. وتتضح الابتكارات في هذه المرحلة كنتاج للنشاطات العقلية.

(3) نمو بعض المفاهيم المجردة كالحق والعدالة والفضيلة ومفهوم الزمن ويتجه التخيل من المحسوس إلى المجرد.

(4) نمو الميول والاهتمامات والاتجاهات القائمة على الاستدلال العقلي، ويظهر اهتمام المراهق بمستقبله الدراسي والمهني.

---

(1) رواه البخاري (4778) ومسلم (1400) والنسائي (2242) وأبوداود (2046) وابن ماجة (1850) وأحمد (4013) وابن ماجة (2165)

(2) انظر: عمر بن عبد الرحمن المفدى: علم نفس المراحل العمرية (396-414)

(3) يوسف القاضي ومقداد يالجن : علم النفس التربوي في الإسلام ص(122)

(5) تزداد قدرة الانتباه والتركيز بعد أن كانت محدودة في الطفولة.

(6) يميل المراهق إلى التفكير النقدي، أي أنه يطالب بالدليل على حقائق الأمور ولا يقبلها قبولا أعمى مسلما به.

(7) تكثر أحلام اليقظة حول المشكلات والتطلعات والحاجات، حيث يلجأ المراهق لا شعوريا إلى إشباعها، ويمكنه نموه العقلي من ذلك حيث يسمح له بالهروب بعيدا في عالم الخيال، فيرى نفسه لاعبا مشهورا أو بطلا لا يشق له غبار.

تطبيقات تربوية للتعامل مع النمو العقلي:

1:يجب أن تقوم التربية في هذه الفترة على الوعي العقلي، لا مجرد التقليد والمحاكاة والعادة، ويجب تعليم الطالب أهمية القيم وما يترتب عليها من خير بالنسبة للفرد والمجتمع، وينبه إلى مخاطر الوقوع في الرذائل وما يترتب عليها من شر بالنسبة للفرد والمجتمع.

2: استخدام أسلوب الحوار البناء للوصول به إلى درجة الإقناع،وأكثر الانحرافات في مرحلة المراهقة تحدث نتيجة عدم اقتناع المراهق فكريا بضرورة الالتزام بالقواعد الأخلاقية.

3: يوضح للطالب المفاهيم المتعلقة بالكون والحياة والخلق توضيحا صحيحا.

4: تعويد الطالب في هذه المرحلة على التفكير السليم والاستنباط والتحليل.

رابعا: النمو الانفعالي:

يتسم النمو الانفعالي بما يلي:

(1) الحدة الانفعالية:(استجابة حادة لبعض المواقف لا تدل على اتزان) كالصراخ بعنف وشتم الآخرين والاندفاع بتهور فإذا تشاجر مع أحد، اندفع بعنف إلى مصدر الشجار، وإذا قاد السيارة قادها بسرعة شديدة لإظهار قوة و تحدي الآخرين.

(2) الارتباك: حيث يخاف ويعجز عند مواجهة موقف معقد، ولا يمكن التصرف حياله؛ كسخرية الآخرين منه أو مغالاتهم في مدحه.

(3) الحساسية الشديدة للنقد: يشعر المراهق بالحساسية الشديدة لنقد الكبار له حتى وإن كان النقد صادقا وبناء، ومن أقرب الناس إليه، وخاصة عندما يكون على مسمع من الآخرين، بل ويعتبر النصيحة أو التوجيه انتقاما وإهانة، وهذا ما يؤكد عدم نضجه في هذا الجانب.

(4) التقلب الانفعالي: ينتقل المراهق من انفعال إلى آخر بسرعة،فتراه ينتقل من الفرح إلى الحزن، ومن التفاؤل إلى التشاؤم، ومن البكاء إلى الضحك، وتارة يندمج مع الآخرين وتارة يعتزل مجالسهم،ومرة تجده متدينا جدا وأخرى مقصرا.

(5) تطور مثيرات الخوف واستجاباته: حيث تتسع مخاوف المراهقين لتشمل المدرسة والجنس، ومخاوف تتصل بالعلاقات الاجتماعية، ومخاوف عائلية تبدو في القلق على الأهل عندما يتشاجرون أو عندما يمرضون. وقد يحتفظ بعض المراهقين في بدء المراهقة ببعض مخاوف الطفولة كالخوف من الأشباح والثعابين ونحو ذلك.

(6) سيطرة العواطف الشخصية: (الجسم مركز اهتمامه) حيث تظهر في بداية المراهقة مظاهر الاعتزاز بالنفس والعناية بالملبس والأناقة والوقوف أمام المرآة كثيرا لجذب الانتباه، حيث يتصور دائما كيف سيكون رد فعل الآخرين تجاهه.

(7) الغضب والغيرة: تعد الغيرة والغضب من الانفعالات الشائعة في فترة المراهقة حيث تظهر في غيرة المراهق من زملائه الذين حققوا قدرة على جذب الآخرين، أو ربما إخوانه الذين حققوا نجاحات في الدراسة أو الرياضة أو الأنشطة الأخرى، ويعبر المراهق عن غيرته في الغالب بالهجوم الكلامي بطريقة خافته أو علنية،ويعبر عن الغضب بالتبرم والهجوم اليدوي والكلامي خاصة عندما ينتقد أو يقدم له النصح بكثرة، أو عند تعدي الآخرين على ما هو ملك له أو عندما ننكر حقه في التعبير عن آرائه في الأسرة أو المدرسة.

تطبيقات تربوية للتعامل مع النمو الانفعالي

1: التعامل مع الطالب برفق ولين هو المفتاح لتجنب الكثير من السلبيات التي يقع فيها الطالب، وصدق رسول الـلـه صلى الـلـه عليه وسلم إذ يقول:(( إن الرفق لا يكون في شئ إلا زانه ولا ينزع من شئ إلا شانه ))[1]

2: تجنب الجدال مع الطالب أمام الآخرين وعدم الظهور بمظهر التحدي له.

3: تربيته على الثقة بنفسه بحيث يقـوم برسـم خططه بنفسـه، وفي حالة وجـود أخطـاء في التطبيق يستفيد منها ويعلم أنها خطوات لنجاح خطته.

3: حثه على ضبط النفس والتمسك بهدي النبي صلى الـله عليه وسلم حين الغضب.

4: حل مشكلات الطالب قبل استفحالها.

5: تشجيع وتعزيز سلوكه الإيجابي، فحيـنما يمـدح أمـام الاخرين، وحيـنما يكافأ بهديـة ولو بسيطة فإن ذلك سـيجعله يعتـز بنفسـه وأنه ذو قيمة وذو شخصية أمامهم ممـا يقلـل مـن انفعالاته.

6: ويمكن رعاية انفعالات الطالب عن طريق تصحيح مفهومه لإثبات الذات: فإثبات الـذات ليس في رفع الصوت، ولا في التمرد على الأب أو الأم أو المعلم وغيرهم، بل إثبات الذات في الانصياع لتعاليم ديننا الحنيف والالتزام بها،واحترام الآخرين وبذلك تتكون شخصية الطالب التـي يريدها المجتمع.

7: أن يتمتع المربي (المعلم ـ الأب ) بصحة نفسية منضبطة بعيـدة عـن الانفعال والصراخ ورفع الصوت، فالمضطرب في انفعالاته لا يخرج إلا جيلا مضطربا ضعيفا.

8: توفير القدوة الصالحة وتوفير الجو الآمن للمراهقين من قبل الوالـدين ومنسـوبي المدرسـة والمؤسسات ذات العلاقة،وذلك بالتقبـل(إشـعارهم بـأنهم محبوبـون) والاحـترام(تقـديرهم وعـدم التدخل في خصوصياتهم وأسرارهم) وإعطائهم الحق في

_____
(1) سبق تخريجه

التعبير عن الرأي في قضايا أسرية أو مدرسية.، وفهم طبيعة المرحلة ومظاهر نموها وما يصاحب ذلك من ميل إلى التمرد على السلطة الو الدية والمدرسية.

9: التعامل مع النوبات الانفعالية الحادة التي تعتريهم كالبكاء والضحك والصراخ سواء في المدرسة أو المنزل بالصبر والفهم، والمداراة بالتعاطف معهم للتخفيف من حدة التوتر والقلق.

ولا شك أن استخدام هذه التطبيقات سيقلل ـ بإذن الله تعالى ـ من انفعالات الطالب مما يجعله يتمتع بصحة نفسية خالية من الاضطراب والانفعالات المنافية لتعاليم ديننا الحنيف و يساعده على الالتزام بالقيم التربوية الإسلامية في تعامله مع خالقه ومعلميه وزملائه.

خامسا: النمو الاجتماعي:

حياة المراهق الاجتماعية مليئة بالغموض والصراعات والتناقضات؛ لأنه انتقل من عهد الطفولة إلى مجتمع الكبار فهو لا يعرف قيمهم وعاداتهم واهتماماتهم، و ما الذي يعجبهم وما الذي لا يعجبهم، ويعيش صراعا بين آراء أقرانه وآراء أسرته وبين الرغبة في الاستقلال عن الوالدين وبين حاجته إلى مساعدتهما له. وبين الرغبة في إشباع الدافع الجنسي- وبين القيم الدينية والاجتماعية التي تحدد الطريق المشروع لهذا الإشباع، فيعيش متناقضات تبدو في تفكيره وسلوكه إذ يقول ولا يفعل، ويألف وينفر في نفس الوقت، ويخطط ولا ينفذ، ويريد الامتثال لقيم الجماعة ويسعى في الوقت نفسه إلى تأكيد ذاته.

مظاهر النمو الاجتماعي للمراهق

(1) الميل إلى الاستقلال والاعتماد على النفس ويظهر ذلك في محاولات المراهق اختيار أصدقائه ونوع ملابسه، ودراسته، وتحديد ميوله بنفسه.

(2) الميل إلى الالتفاف حول ثلة معينة، حيث يندمج مع مجموعة من الأصدقاء صغيرة العدد ويبدي الولاء والانتماء والتقيد بآرائهم والتصرف وفق أهدافهم ويصبحوا جماعة مرجعية له، يحكم من خلالهم على أفعاله وأقواله حيث يجد الراحة

(3) والمتعة والفهم لسلوكه من قبلهم، ويجد لديهم التقدير وإظهار المهارات وتأكيد الـذات واكتشاف القدرات واكتساب المعلومات التي يعجز عن اكتسابها من الآباء والمعلمين بسبب ضعف العلاقة بين المراهق وأسرته،و في هذه المرحلة تتسع دائرة العلاقات الاجتماعيـة حيـث يصبـح أكثر اتصالا مع الآخرين.

(4) الميل إلى مقاومة السلطة الـو الدية والمدرسية ويظهـر ذلك في رفض المراهـق لأوامـر الوالـدين والمعلمـين إذا اصطدمت بـأوامر الثلـة، وينتقـد الوالـدين وأسـلوب حياتهما وطريقـة تفكيرهما. ويعبر المراهق للوالد عن تمرده بالعداء أو الخروج من المنزل، أما البنت المراهقـة فهـي أكثر قبولا للسلطة الو الدية.

(5) المنافسة: يقارن المراهق نفسه بغيره في محاولة للوصول إلى مـا وصـل إليـه الآخـرون أو التفوق عليهم، ويظهر ذلك في محاولته جذب الانتباه إليه عـن طريـق أناقـة المظهـر الشخصي- أو امتلاك أشياء مثيرة.

**تطبيقات تربوية للتعامل مع النمو الاجتماعي**

1:توجيه الطالب إلى أهمية اختيار الرفاق الصالحين:حيث إن جماعة الرفاق تؤثر تأثيرا واضحا في سلوك الفرد، يقول رسول اللـه صلى اللـه عليه وسلم (المرء على دين خليله فلينظر أحـدكم من يخالل)[1].

2: استغلال ميول المراهق في تنمية شخصيته ومساعدته على شغل أوقات فراغه، واستثمارها عن طريق النشاط التربوي.

3: المرونة في فهم وجهة نظر الطالب وحسن الاستماع إليه وتجنب زجره.

4: توضيح الأسس التي يتفاضل بها الناس، فليس الشخص بمظهره ولا بسيارته وإنمـا بدينـه وخلقه وحسن تعامله مع الآخرين.

5: العمل علـى زيادة تقبل المسؤولية الاجتماعيـة، وإتاحـة الفرصـة لممارسـتها، بمـا يحقـق المشاركة في خدمة البيئة، ويشعر الطالب بالمواطنة والثقة بالنفس.

---

(1) سبق تخريجه

6: بناء علاقة قوية بين المربي وطلابه من خلال تشجيعه وغض الطرف عـن بعض الأخطـاء البسيطة.

7: إيجاد موازنة منطقية بين رغبات المراهقين الشخصية وبـين واجبـاتهم الاجتماعيـة وتعزيـز التعاون بدلا من النزعة الفردية، تأكيدا للتكيف الاجتماعي وتبصيرا بالحقوق والواجبات.

8: الكشف عن قدراتهم وهواياتهم وميولهم وتوجيهها مهنيا تبعـا للفروق الفرديـة، وغـرس الاتجاهات الإيجابية والمفاهيم المجردة كالعدالـة والفضيلة، وتوظيـف الأنشطة المختلفـة لـذلك وتوظيف ثقة المراهقين في بعض الأشخاص من الأقارب والمرشدين والمعلمين والمشرفين لتعزيز تلـك الاتجاهات والمفاهيم.

9: توجيه المنافسة التي تقوم بين المـراهقين توجيهـا سـليما حتـى لا تتحـول إلى صراع وتـوتر وخلق عدوات بينهم.

<u>**مراجع هذا المبحث:**</u>

1. عمر عبد الرحمن المفدى:(1423هـ) علم نفس المراحل العمرية ، ط2 ـ الرياض ـ دار طيبة.

2. يوسف القاضي ومقداد يالجن: علم النفس التربوي في الإسلام: الرياض ـ دار المريخ

3. حامد زهران(1995): علم نفس النمو (الطفولة والمراهقة)، ط5.القاهرة: عالم الكتب.

4. حمدي شاكر(1998): مبادئ علم نفس النمو في الإسلام. حائل. دار الأندلس.

5. عبدالرحمن العيسوي(1987): سيكولوجية المراهق المسلم المعاصر. الكويت: دار الوثائق.

6. عبد العلي الجسماني(1994): سيكولوجية الطفولة والمراهقة وحقائقها الأساسية. لبنان: الدار العربية للعلوم.

7. كاميليا عبد الفتاح ( 1998): المراهقون وأساليب معاملتهم.القاهرة: دار قباء.

8. محمود عطا(1996): النمو الإنساني(الطفولة والمراهقة)،ط.3.الرياض:دار الخريجي.

9. عبد الحميد الهاشمي: (1979): (علم النفس التكويني) ـ ط4 جدة: دار المجمع العلمي.

# الفصل الساس

# مصادر وخصائص وأهمية القيم الإسلامية التربوية

- المبحث الأول: مصادر القيم الإسلامية التربوية

- المبحث الثاني: خصائص القيم الإسلامية التربوية

- المبحث الثالث: أهمية القيم الإسلامية التربوية

# الفصل السادس

## مصادر وخصائص وأهمية القيم الإسلامية التربوية

### المبحث الأول: مصادر القيم الإسلامية التربوية

إن القيم الإسلامية تستمد مصادرها من مصادر ثابتة، التي هي مصادر للتشريع الإسلامي الحنيف، وأهم هذه المصادر القرآن والسنة حيث يمثلان المنبعان الرئيسيان الثابتان، بالتمسك بهما يصلح أمر الدنيا والآخرة،؛ قال رسول الله صلى الله عليه وسلم ((تركت فيكم ما إن تمسكتم بهما لن تضلوا بعدي أبدا كتاب الله وسنتي))[1].

ومنذ أن بعث الله سبحانه وتعالى نبيه إبراهيم – عليه السلام - بملة الإسلام؛ كان دعاؤه المبارك لأمته أن يبعث فيها رسولا يركز فيها قيما ثلاثة، جمعها قوله تعالى: ﴿ رَبَّنَا وَابْعَثْ فِيهِمْ رَسُولا مِّنْهُمْ يَتْلُو عَلَيْهِمْ آيَاتِكَ وَيُعَلِّمُهُمُ الكِتَابَ وَالحِكْمَةَ وَيُزَكِّيهِمْ إِنَّكَ أَنْتَ العَزِيزُ الحَكِيمُ﴾[2].
وقد استجاب الله تعالى لنداء نبيه وخليله، فبعث محمدا صلى الله عليه وسلم هاديا ومربيا، وأنزل معه الكتاب والحكمة، قالصلى الله عليه وسلم : «إنما بُعثت لأتمم مكارم الأخلاق»[3].

ومن هذا المنبع الثّر نَهَلَ جيل الصحابة الكرام قيم الإسلام، وصنعوا بواسطتها جيلا حمل راية الإسلام إلى العالم.

وانطلاقا من ذلك كانت الأصول العامة للقيم الإسلامية ملخصة في:

1: القرآن الكريم.
2: السنة والسيرة النبوية.
3: الإجماع

(1) رواه مالك في الموطأ(1395)
(2) سورة البقرة (219)
(3) سبق تخريجه

4:القياس

5:المصلحة المرسلة

**1 - المصدر الأول: القرآن الكريم:**

القرآن الكريم هو الرافد الأساس للقيم الإسلامية قال الـلـه تعالى: [إِنَّ هَذَا الْقُرْآنَ يَهْدِي لِلَّتِي هِيَ أَقْوَمُ وَيُبَشِّرُ الْمُؤْمِنِينَ الَّذِينَ يَعْمَلُونَ الصَّالِحَاتِ أَنَّ لَهُمْ أَجْرا كَبِيرا][1].

(إن الـلـه لم ينزل هـذا الـدين مـن فـوق سـبع سـماوات ليكـون نظريـات تسـتمع العقـول بمناقشتها، ولا ليكون كلاما مقدسا يتبرك الناس بتلاوته وهم لا يفقهون هديه ولا يـدركون معانيـه، وإنما أنزله ليكون حياة الفرد، وينظم حياة الأسرة، ويقود حياة المجتمع، وليكون نورا يضيء طريـق البشر ويخرجهم من الظلمات إلى النور.

قال تعالى: [وَيَوْمَ نَبْعَثُ فِي كُلِّ أُمَّةٍ شَهِيدا عَلَيْهِمْ مِنْ أَنْفُسِهِمْ وَجِئْنَا بِكَ شَهِيدا عَلَى هَؤُلَاءِ وَنَزَّلْنَا عَلَيْكَ الْكِتَابَ تِبْيَانا لِكُلِّ شَيْءٍ وَهُدى وَرَحْمَة وَبُشْرَى لِلْمُسْلِمِينَ][2]. وقال جل شأنه: [مَا فَرَّطْنَا فِي الْكِتَابِ مِنْ شَيْءٍ][3]. وقال تعالى: [يَهْدِي بِهِ الـلـهُ مَنِ اتَّبَعَ رِضْوَانَهُ سُبُلَ السَّلَامِ وَيُخْرِجُهُمْ مِنَ الظُّلُمَاتِ إِلَى النُّورِ بِإِذْنِهِ وَيَهْدِيهِمْ إِلَى صِرَاطٍ مُسْتَقِيمٍ][4].

وفي ظلال هذه الهداية ينضر العيش، وتطيب الحياة، ويهنأ الأحياء، وأولى الخطوات... إيجـاد الفرد المسلم الصادق الذي تتمثل فيه صورة الإسلام الوضيئة المشرقة، يراها الناس فـيرون الإسـلام، ويتعاملون معها فيزدادون إيمانا به وإقبالا عليه)[5].

(1) سورة الإسراء (9)
(2) سورة النحل (89)
(3) سورة الأنعام (38)
(4) سورة المائدة (16)
(5) محمد علي الهاشمي: شخصية المسلم كما يصوغها الإسلام في الكتاب والسنة : دار البشائر الإسـلامية ـ بـيروت ـ ط5 1414هـ ـ 1993م ص(11)

إن النظر العام يلخص رسالة القرآن الكريم في التربية على القيم، وما الأحكام والتشريعات إلا وسائل، لا قيمة لممارستها إن لم تؤد إلى التربية الإيمانية، قال جل وعلا: ﴿قَالَتِ الْأَعْرَابُ آمَنَّا قُل لَّمْ تُؤْمِنُوا وَلَكِن قُولُوا أَسْلَمْنَا وَلَمَّا يَدْخُلِ الْإِيمَانُ فِي قُلُوبِكُمْ وَإِن تُطِيعُوا اللَّهَ وَرَسُولَهُ لَا يَلِتْكُم مِّنْ أَعْمَالِكُمْ شَيْئًا إِنَّ اللَّهَ غَفُورٌ رَّحِيمٌ * إِنَّمَا الْمُؤْمِنُونَ الَّذِينَ آمَنُوا بِاللَّهِ وَرَسُولِهِ ثُمَّ لَمْ يَرْتَابُوا وَجَاهَدُوا بِأَمْوَالِهِمْ وَأَنفُسِهِمْ فِي سَبِيلِ اللَّهِ أُوْلَئِكَ هُمُ الصَّادِقُونَ﴾[1].

إن الأصل: ( في الأخلاق الإسلامية على مذهب أهل السنة والجماعة يرجع إلى سلطة خارجية قاهرة هي سلطة الدين، وأساس هذا الدين القرآن الواجب تعليمه وتعلمه... والصلة بين الدين الإسلامي والأخلاق عظيمة تبلغ حد التوحيد بينهما)[2].

ولقد اشتمل القرآن الكريم على كثير من القيم يمكن تلخيصها في ثلاث قيم كبرى:

1: قيم في تعامل الإنسان مع خالقه: تتمثل في قيمة التوحيد؛ فهي قيمة كبيرة تتفرع عنها قيم العبودية كلها بجزئياتها وتفاصيلها، كقيمة التقوى، وطاعة الأوامر واجتناب النواهي، والقربى بالنوافل، والتحرر من عبودية المخلوقات، وغيرها.

2: قيم في تعامله مع نفسه: كالصدق، وطهارة القلب،وإدراك قيمة العلم، وقيمة الوقت وغيرها.

3: قيم في تعامله مع الناس: تتمثل في قيمة الحكمة وهي قيمة كبيرة تحكم تعامل الإنسان مع أخيه، تتفرع عنها قيم التعاون، والتآزر، والتآخي، والإيثار، والتكافل، ولين الكلام والتواضع، وما في حكم ذلك من قيم تنظيم العلاقات العامة بين الناس.

ومن مظاهر اهتمام القرآن الكريم بموضوع القيم أن الله تعالى كرم الرسل

---

(1) سورة الحجرات (14-15)

(2) أحمد فؤاد الأهواني: التربية في الإسلام ص117

وورثتهم من العلماء الحاملين لهذه القيم والناشرين لها والمضحين من أجلها: قال تعالى: ﴿تِلْكَ الرُّسُلُ فَضَّلْنَا بَعْضَهُمْ عَلَى بَعْضٍ مِّنْهُم مَّن كَلَّمَ اللَّهُ وَرَفَعَ بَعْضَهُمْ دَرَجَاتٍ وَآتَيْنَا عِيسَى ابْنَ مَرْيَمَ الْبَيِّنَاتِ وَأَيَّدْنَاهُ بِرُوحِ الْقُدُسِ﴾[1]. وقال:﴿إِنَّا أَوْحَيْنَا إِلَيْكَ كَمَا أَوْحَيْنَا إِلَى نُوحٍ وَالنَّبِيِّينَ مِن بَعْدِهِ﴾[2]،. وقال تعالى: ﴿قُولُوا آمَنَّا بِاللَّهِ وَمَا أُنزِلَ إِلَيْنَا وَمَا أُنزِلَ إِلَى إِبْرَاهِيمَ وَإِسْمَاعِيلَ وَإِسْحَاقَ وَيَعْقُوبَ وَالأَسْبَاطِ وَمَا أُوتِيَ مُوسَى وَعِيسَى وَمَا أُوتِيَ النَّبِيُّونَ مِن رَّبِّهِمْ لاَ نُفَرِّقُ بَيْنَ أَحَدٍ مِّنْهُمْ وَنَحْنُ لَهُ مُسْلِمُونَ﴾[3]. فرسالة القيم رسالة واحدة، والمرسلون بها بلغوها إلى كل الأقوام، قال تعالى: ﴿وَلِكُلِّ أُمَّةٍ رَّسُولٌ﴾[4].

ولقد كرم الله ورثة الأنبياء بحمل هذه القيم، قال تعالى:﴿يَرْفَعِ اللَّهُ الَّذِينَ آمَنُوا مِنكُمْ وَالَّذِينَ أُوتُوا الْعِلْمَ دَرَجَاتٍ﴾[5]. وربط الله تعالى بين العلم والقيم منذ الوهلة الأولى للقراءة ﴿ اقْرَأْ بِاسْمِ رَبِّكَ الَّذِي خَلَقَ * خَلَقَ الإِنسَانَ مِنْ عَلَقٍ * اقْرَأْ وَرَبُّكَ الأَكْرَمُ * الَّذِي عَلَّمَ بِالْقَلَمِ * عَلَّمَ الإِنسَانَ مَا لَمْ يَعْلَمْ﴾[6]. والقارئ للقرآن يدرك حقيقة بالغة الأهمية، وهي أن الغاية الكبرى للعلم معرفة الخالق وخشيته، قال تعالى: ﴿إِنَّمَا يَخْشَى اللَّهَ مِنْ عِبَادِهِ الْعُلَمَاءُ﴾[7]. فإذا تجرد العلم عن القيم لم ينفع صاحبه، وهذا هو الفرق بين إبليس الذي وضعه علمه ونزل به إلى أسفل سافلين، وآدم الذي كرّمه الله بتوبته فعلّمه الأسماء كلها، وأناط به الخلافة، وعمّر به الأرض.

ومن عناية القرآن الكريم بالقيم أن الله تعالى منح الحكمة لمن يقومون بترسيخها،لذلك طلب موسى من ربه أن يؤازره بأخيه هارون؛ لأنه أفصح منه لسانا،

---

(1) سورة البقرة (253)
(2) سورة النساء (163)
(3) سورة البقرة (136)
(4) سورة يونس (47)
(5) سورة المجادلة (11)
(6) سورة العلق (1-5)
(7) سورة فاطر (28)

وفهّم الـلـه سبحانه سليمان القضاء دون داود، وكرم محمدا صلى الـلـه عليه وسلم بأن آتاه الـلـه الكتاب والحكمة، قال تعالى:﴿يُؤْتِي الحِكْمَةَ مَن يَشَاءُ وَمَن يُؤْتَ الحِكْمَةَ فَقَدْ أُوتِيَ خَيْرا كَثِيرا وَمَا يَذَّكَّرُ إلاَّ أُوْلُوا الأَلْبَابِ﴾[1]

ومعلوم في النظر القرآني أن لا خير في علم لا تشفعه حكمة وتزكية؛ إذ هي قيم متلازمة ﴿يُعَلِّمُهُمُ الكِتَابَ وَالحِكْمَةَ وَيُزَكِّيهِمْ إِنَّكَ أَنْتَ العَزِيزُ الحَكِيمُ﴾[2].

وقد كان النبي صلى الـلـه عليه وسلم مثالا في الحكمة في الدعوة إلى الـلـه وتبليغ رسالة الـلـه تعالى، قال تعالى: ﴿وَلَوْ كُنتَ فَظاً غَلِيظَ القَلْبِ لانفَضُّوا مِنْ حَوْلِكَ فَاعْفُ عَنْهُمْ وَاسْتَغْفِرْ لَهُمْ وَشَاوِرْهُمْ فِي الأَمْرِ فَإِذَا عَزَمْتَ فَتَوَكَّل عَلَى اللَّهِ﴾[3]. والآية مليئة بالقيم الإيجابية ونقيضها الذي يحصل حين تغيب الحكمة.

ولذلك كان صلى الـلـه عليه وسلم يوجه خطابه إلى الأمة وهو يرسم لهم ميزان الاعتدال في تعليم وترسيخ القيم الإسلامية في النفوس؛ قائلا: «يسروا ولا تعسروا، وبشّروا ولا تنفروا»[4].، وكان رسول الـلـه صلى الـلـه عليه وسلم يتخوّل صحابته بالموعظة كراهية السآمة، وتلك كانت الأسس الأولى لصياغة النظرية التربوية الإسلامية؛ انطلاقا من توجهات القرآن الكريم.

ومن عناية القرآن بالقيم أن الـلـه تعالى حدد معايير التقويم لمعرفة مدى تحقق القيم الإسلامية في النفس وتمثلها في المجتمع: وتفسير ذلك أن الـلـه تعالى جعل التقويم الغاية من خلق الخليقة حين قال: ﴿تَبَارَكَ الَّذِي بِيَدِهِ المُلْكُ وَهُوَ عَلَى كُلِّ شَيْءٍ قَدِيرٌ * الَّذِي خَلَقَ المَوْتَ وَالحَيَاةَ لِيَبْلُوَكُمْ أَيُّكُمْ أَحْسَنُ عَمَلا﴾[5]. وألفاظ الحساب والعقاب والجزاء والمصير كثيرة في القرآن، تنبه الإنسان إلى ضرورة التقويم الذاتي، ﴿فَأَلْهَمَهَا

(1) سورة البقرة (269)
(2) سورة البقرة (129)
(3) سورة آل عمران (159)
(4) رواه البخاري (69) مسلم (1732) وأبو داود(2614) وأحمد (276811).
(5) سورة الملك (1-2)

﴿فُجُورَهَا وَتَقْوَاهَا * قَدْ أَفْلَحَ مَن زَكَّاهَا﴾[1]. وقد حدد القرآن في بداية سورة المؤمنون بعض قضايا الإنسان والمجتمع، ووضع أمام كل قضية معيار التقويم فيها حتى يعرض الإنسان سلوكاته وتصرفاته عليها فينظر هل حفظ أم ضيع[2]، قال تعالى: ﴿قَدْ أَفْلَحَ الْمُؤْمِنُونَ * الَّذِينَ هُمْ فِي صَلاتِهِمْ خَاشِعُونَ * وَالَّذِينَ هُمْ عَنِ اللَّغْوِ مُعْرِضُونَ * وَالَّذِينَ هُمْ لِلزَّكَاةِ فَاعِلُونَ * وَالَّذِينَ هُمْ لِفُرُوجِهِمْ حَافِظُونَ * إِلاَّ عَلَى أَزْوَاجِهِمْ أَوْ مَا مَلَكَتْ أَيْمَانُهُمْ فَإِنَّهُمْ غَيْرُ مَلُومِينَ * فَمَنِ ابْتَغَى وَرَاءَ ذَلِكَ فَأُوْلَئِكَ هُمُ الْعَادُونَ * وَالَّذِينَ هُمْ لأَمَانَاتِهِمْ وَعَهْدِهِمْ رَاعُونَ * وَالَّذِينَ هُمْ عَلَى صَلَوَاتِهِمْ يُحَافِظُونَ * أُوْلَئِكَ هُمُ الْوَارِثُونَ * الَّذِينَ يَرِثُونَ الْفِرْدَوْسَ هُمْ فِيهَا خَالِدُونَ﴾[3].

وهكذا نجد أن القرآن الكريم قد عني بموضوع القيم، لذا يعد القرآن الكريم الإطار المرجعي لكافة شؤون المسلمين، ومنبعا رئيسا للفكر التربوي الإسلامي تشتق منه التربية الإسلامية أهدافها)[4].

**2 - المصدر الثاني: السنّة والسيرة النبوية:**

السنة النبوية (هي كل ما أثر عن النبي صلى الله عليه وسلم من قول أو فعل أو تقرير، أو صفة خلقية أو سيرة)[5]. وهي المصدر الثاني من مصادر القيم الإسلامية التربوية. ولأهمية السنة السنة فقد حث عليها القرآن الكريم آمرا باتباعها والتقيد بها، قال تعالى: [.. وَمَا آتَاكُمُ الرَّسُولُ فَخُذُوهُ وَمَا نَهَاكُمْ عَنْهُ فَانْتَهُوا وَاتَّقُوا اللهَ إِنَّ اللهَ شَدِيدُ العِقَابِ][6].

(1) سورة الشمس (8-9)
(2) انظر: مجلة البيان العدد 194 ص 48 مقال بعنوان : مستقبل التربية على القيم في ظل التحولات العالمية المعاصرة.
(3) سورة المؤمنون (1-11)
(4) مصطفى محمد متولي وآخرون : أصول التربية الإسلامية ، دار الخريجي ، الرياض ط1 1415هـ ـ 1995م ص(70)
(5) مناع القطان: مباحث في علوم الحديث ، مكتبة وهبة ، القاهرة ، ط1 1408هـ ص (13)
(6) سورة الحشر (7)

وجاءت السنة حاملة كثيرا من القيم التربوية،سواء في الجانب النظري او الجانب العملي التطبيقي.

ففي الجانب النظري: يقول النبي صلى اللـه عليه وسلم : ((إنما بعثت لأتمم مكارم الأخلاق ))[1]. وقال صلى اللـه عليه وسلم : ((الإيمان بضع وسبعون شعبة، والحياء شعبة من الإيمان ))[2]. وقال صلى اللـه عليه وسلم : ((الحياء لا يأتي إلا بالخير ))[3].

وحثّ النبي صلى اللـه عليه وسلم على إكرم الضيف، وحسن التعامل مع الجار، وحفظ اللسان من الوقوع في الخطأ؛ فقال صلى اللـه عليه وسلم : ((من كان يؤمن بالله واليوم الآخر فلا يؤذ جاره، ومن كان يومن بالله واليوم الآخر فليكرم ضيفه، ومن كان يؤمن بالله واليوم الآخر فليقل خيرا أو ليصمت ))[4].

ويأمر النبي صلى اللـه عليه وسلم بالرفق وحسن التعامل بين الناس فيقول صلى اللـه عليه وسلم : ((لا يكون الرفق في شئ إلا زانه ولا ينزع من شئ إلا شانه ))[5].

وأما في الجانب التطبيقي: فقد كانت حياة النبي صلى اللـه عليه وسلم حافلة بتطبيق كثير من القيم، فكان النبي صلى اللـه عليه وسلم قرآنا يمشي على الأرض، وكان صلى اللـه عليه وسلم خلقه القرآن.

وكان صلى اللـه عليه وسلم قدوة وأسوة لأمته: قال تعالى: ﴿لَقَدْ كَانَ لَكُمْ فِي رَسُولِ اللَّـهِ أُسْوَةٌ حَسَنَةٌ لِّمَن كَانَ يَرْجُو اللَّـهَ وَالْيَوْمَ الْآخِرَ وَذَكَرَ اللَّـهَ كَثِيرًا﴾[6].

وكان رسول اللـه صلى اللـه عليه وسلم يزاوج بين النظر والتطبيق في تعليم القيم الإسلامية؛ بحيث يصلي بالناس ثم يقول لهم: «صلوا كما رأيتموني أصلي»[7]، ويحج بهم ثم يقول: «لتأخذوا مناسككم»[8]. وينحر ويحلق في صلح الحديبية فيفعل الناس بعد امتناع.

---

(1) سبق تخريجه
(2) رواه مسلم (35) والترمذي (2614) والنسائي (5004) وأبو داود (4676) واحمد (29097)
(3) رواه البخاري (5766) ومسلم (37) وأبو داود (4796) وأحمد (19329)
(4) رواه البخاري (5672) ومسلم (47) وأبو داود (7348) الترمذي (1967) وابن ماجة (73716)
(5) رواه مسلم (2594) وأبو داود (2478) وأحمد (23786)
(6) سورة الأحزاب (21)
(7) رواه البخاري (605) والدارمي (1253)
(8) رواه النسائي (3062) وأحمد (14010)

(وتعد السنة التطبيق العملي للقرآن الكريم في مجال التربية وفي غيرها من مجالات حياة المسلمين أفرادا وجماعات، لذا يرجع إليها المربون المسلمون عند تحديد أهداف التربية الإسلامية لصياغة الغايات النهائية والأهداف التربوية للتربية الإسلامية التي رسمها سبحانه وتعالى ورسوله صلى الله عليه وسلم لتربية أبناء المسلمين)[1].

3: **المصدر الثالث: الإجماع:** الإجماع: هو اتفاق مجتهدي الأمة، بعد وفاة الرسول صلى الله عليه وسلم في عصر على حكم شرعي في واقعة)[2].

وإذا ثبت الإجماع حول حادثة بذاتها فإنها تندرج ضمن السلم القيمي الحاكم للجماعة المسلمة ولأفرادها، وتصبح قيمة خلقية ملزمة، لأنها تمثل إجماع آراء المجتهدين العارفين بأصول التشريع من جهة وبمقاصده من جهة أخرى، ولذا فهم لا يجتمعون إلا على الصالح للمسلمين، وما يحقق المصلحة الشرعية)[3].

أما مرتبة الإجماع فإنها تلي مرتبة الكتاب والسنة، وهذا هو مذهب السلف الصالح؛ كما قرر ذلك شيخ الإسلام ابن تيمية ـ رحمه الله ـ مستدلا على ذلك بما ثبت عنهم من الآثار، ومن ذلك:

1- ما جاء في كتاب عمر رضي الله عنه إلى شريح ـ رحمه الله - حيث قال له: (اقض بما في كتاب الله، فإن لم تجد فبما في سنة رسول الله -صلى الله عليه وسلم -، فإن لم تجد فبما قضى به الصالحون قبلك)، وفي رواية: (فبما أجمع عليه الناس).

2- ما ورد عن ابن مسعود - رضي الله عنه - أنه قال: (قدّم الكتاب ثم السنة ثم الإجماع).

3- وكان ابن عباس يفتي بما في الكتاب، ثم بما في السنة، ثم بسنة أبي بكر وعمر، لقول الرسول صلى الله عليه وسلم : (اقتدوا باللذيْن من بعدي: أبي بكر وعمر)[4]..

قال شيخ الإسلام: (وهذه الآثار ثابتة عن عمر وابن مسعود وابن عباس، وهم من

(1) مصطفى محمد متولي وآخرون : أصول التربية الإسلامية ص(71)
(2) عبد الوهاب خلاف: أصول الفقه : دار الكتاب العربي، القاهرة ،1992م ص(45)
(3) علي مصطفى أبو العينين : القيم الإسلامية والتربية ص(65-66)
(4) رواه الترمذي (3662) وأحمد (22734) وابن ماجة (86)

أشهر الصحابة بالفتيا والقضاء، وهذا هو الصواب)[1].

الدور التربوي للإجماع:

(وقد تنبهت بعض جماعات المسلمين إلى أهمية الإجماع التربوية، ووجوب العمل به كلما جدت الحاجة إلى تعرف حكم الله في أمر من أمور الدنيا أو الآخرة، وليكون البحث في مختلف شؤون الفرد والمجتمع حسب ما تمليه المتغيرات في كل عصر وما تفرضه ظروف الاجتماع البشري بحاجاته المختلفة وبحيث ينظر المجتمعون في واقع الأمة ومستقبلها وما يصلحها في حالها ومآلها و يقودهات في دروب التقدم والعمران)[2].

ويؤدي الإجماع فوائد عظيمة منها:

الفائدة الأولى: الإجماع على المعلوم من الدين بالضرورة يُظهِرُ حجم الأمور التي اتفقت فيها الأمة؛ بحيث لا يستطيع أهلُ الزيغ والضلال إفساد دين المسلمين.

ومن طالع حال الأمم السابقة، من أهل الكتاب وغيرهم، في اختلافهم في أصول دينهم العلمية والعملية علم النعمة العظيمة التي اختُصّت بها هذه الأمة؛ حيث أجمع أئمة الدين على مئات من الأصول والفروع؛ بحيث لا يخالف فيها أحد من المسلمين، ومن خالف بعد العلم حُكِم عليه بما يقتضيه حاله من كفر أو ضلال وفسق.

الفائدة الثانية: العلمُ بالقضايا المجمع عليها من الأمة يعطي الثقة التامة بهذا الدين، ويؤلّف قلوبَ المسلمين، ويسدّ الباب على المتقوّلين الذين يزعمون أن الأمة قد اختلفت في كل شيء؛ فكيف يجمعها جامعٌ، أو يربطها رابط؟!

الفائدة الثالثة: أنه قد يخفى النصّ الدالّ على حكم مسألة بعينها على بعض الناس، ويُعلم الإجماع الذي قد تقرر أنه لا بد أن يستند إلى نص، فيُكتفى به في النقل والاستدلال.

---

(1) ابن تيمية : مجموع الفتاوى ، 201/19 .

(2) سالك أحمد معلوم: الفكر التربوي عند الخطيب البغدادي ص(111)

الفائدة الرابعة: أن السند الذي يقوم عليه الإجماع قد يكون ظنيا، فيكون الإجماع عليه سببا لرفع رتبة النص الظنية والحكم المستنبط منه إلى رتبة القطع؛ لأنه قد دلّ الإجماع على أنه لا خبر عن النبي -صلى اللـه عليه وسلم - يخالف ما أجمعوا عليه.

الفائدة الخامسة: تحتملُ النصوصُ في جملتها التأويلَ والتخصيصَ والتقييدَ والنسخَ وغيرَ ذلك، فإذا كانت هي المرجعَ وحدها كَثُرَ الخلاف بين الأئمة المجتهدين الذين يستنبطون الأحكام منها؛ لاختلاف المدارك والأفهام، فإذا وُجد الإجماعُ على المراد من النص ارتفعت الاحتمالات السابقة، واتقى المجتهدون بذلك متاعبَ الخلافِ والنظرِ والاستنباط.

الفائدة السادسة: أن بعضَ نصوصِ السنة التي هي من مستند الإجماع قد يكون مختلفا في صحتها، فيكون الإجماع على مضمونها قاطعا للنزاع الناشئ من اختلافهم في تصحيحها.

الفائدة السابعة: التشنيع على المخالفين بالجُرأة على مخالفة الإجماع، فيكون ذلك سببا قويا لزجرِ المخالف؛ لئلا يتمادى في باطله بعد أن يعلم أن الأمة مجمعة على خلاف مقالته.

قال ابن حزم رحمه اللـه: (مال أهلُ العلم إلى معرفة الإجماع؛ ليعظّموا خلافَ من خالفه، وليزجروه عن خلافه، وكذلك مالوا إلى معرفةِ اختلاف الناس؛ لتكذيب من لا يبالي بادعاء الإجماع جُرْأة على الكذب، حيث الاختلاف موجود، فيردعونه بإيراده عن اللجاج في كذبه)[1].

الفائدة الثامنة: الإجماع دليلٌ يؤكد حكم المسألة، ويكثّر أدلتها؛ فقد تدل جملة من الأدلة على حكم مسألة من المسائل فيكون الإجماع مكثرا لها موثقا لما جاء فيها )[2].

(1) علي بن أحمد بن حزم الأندلسي:االإحكام في أصول الأحكام، دار الحديث – القاهرة ـ الطبعة الأولى ، 1404هـ ( 506/1 )..

(2) انظر : الفتاوى ، 195/19 .

لقد اجتهد علماء التربية المسلمون في صياغة القيم الإسلامية التربوية المتعلقة بطلب العلم والآداب التي ينبغي مراعاتها مع المعلم والزملاء والمؤسسات التربوية.

و لم تكن التربية عندهم علما مستقلا ولكنها كانت محضن القيم، وكانت أساس تلقي العلوم الشرعية من فقه وحديث وتفسير، وكانت الممارسة العملية في مجالس التعليم وليدة الجو الخاشع الذي يخلقه العالم والمتعلم لاعتقادهما الراسخ بقدسية العلم الملقن وخاصة ما ارتبط منه بالوحي..

والذي نذكره هنا أن ما أنتجوه من فكر تربوي وابتدعوه من أساليب في نقل القيم المصاحبة للعلم؛ صاغوا منه نظرية تربوية إسلامية مرنة، تتكيف مع الأحوال والظروف، وتستوعب المتغيرات، وتنتج لكل حالة حلا، ولكل واقعة حديثا[1].

## المصدر الرابع: القياس:

هو إلحاق أمر غير منصوص على حكمه بأمر آخر منصوص على حكمه لاشتراكهما في علة الحكم[2].

وللقياس فوائد جمة في العملية التربوية وهومجال فسيح للاجتهاد في مختلف العلوم النفسية والتربوية وغيرها، إذ يستخدم في العلوم التجريبية على نطاق واسع، كما يستخدم في التربية عند اشتقاق وتطبق القوانين العلمية. ويمكن تلخيص فوائد القياس في العملية التربوية فيما يلي:

1: إعطاء القياس عمقا وبعدا خاصين لأطراف العملية التربوية والتعليمية.

2: دور القياس في رفد العملية التعليمية بالخبرة في مجال المشاهدة والموضوعية والتجربة والواقعية.

---

(1) انظر: مجلة البيان العدد 194 ص 48 مقال بعنوان : مستقبل التربية على القيم في ظل التحولات العالمية المعاصرة.

(2) عمر سليمان الأشقر: القياسبين مؤيديه ومعرضيه ـ الدار السلفية ، الكويت 1399هـ ـ 1979م، ط1 (52)

3: دور القياس في محاربة الجمود والتقليد.

4: أثر القياس على المنهجية والموضوعية العلمية التي تحول بين العالم وسلوك طريق غير الحق، فلا يتثبث برأيه مع خطئه، بل يرجع عن الخطأ إذا استبان له وجه الصواب[1].

والمتأمل في القيم يجد أن هناك بعض القيم كان مصدرها القياس نظرا لفقه النوازل في المجال التعليمي والتربوي والاقتصادي وغيرها.

**5: المصدر الخامس: المصلحة المرسلة:**

وهي المصلحة التي لم يشرع الشارع حكما لتحقيقها، ولم يدل عليها دليل شرعي على اعتبارها أو إلغائها، وسميت مطلقة لأنها لم تعتبر بدليل اعتبار أو دليل إلغاء[2].

وتكون في الوقائع المسكوت عنها وليس لها نظير منصوص على حكمها حتى نقيسها عليه، وفيها وصف مناسب لتشريع حكم معين من شأنه أن يحقق منفعة أويدفع مفسدة[3].

ويعد هذا المصدر من المصادر المهمة للقيم التربوية وفي تنميتها وتعزيزها لتلائم مصلحة المسلمين العامة، وتواكب التغيرات الاقتصادية والاجتماعية والثقافية والسياسية للمجتمعات الإسلامية؛ إذ تقتضي المصالح المرسلة أن يضع أي مجتمع من مجتمعات الإمة الإسلامية في ضوء نهضة تعليمية وظروف خاصة قيما تربوية تحقق طموحاته وآماله بشرط عدم تعارضها مع روح الإسلام ومبادئه العامة.

والمتأمل في القيم التربوية الإسلامية يجد أن بعضها أخذ من هذا المصدر سواء كان في الجانب الاقتصادي أو التربوي والتعليمي والأحوال الشخصية نتيجة النوازل والمستجدات الطارئة.

---

(1) سالك أحمد معلوم: الفكر التربوي عند الخطيب البغدادي ص(118-119)
(2) عبد الوهاب خلاف: أصول الفقه ص (84)
(3) عبد الكريم زيدان ص(237)

ويمكن القول بأن هذه المصادر تشكل أساسا صالحا لتقييم النظريات والأفكار والمبادئ التربوية من حيث خططها وأهدافها، كما أنه لا تتعارض مع مستحدثاتها، وما تقدمه للحياة من تفصيلات تخدم عملية بناء القيم  وترسيخها لدى المتعلمين وذلك لأن هذه المصادر ترتكز في أساسها الأول على القرآن والسنة.

## المبحث الثاني

### خصائص القيم الإسلامية التربوية

إن المتأمل في القيم الإسلامية والناظر إليها بعين تربوية يجد أنها تتسم بخصائص عظيمة تؤكد أن هذه القيم من عند الله تعالى، وكل ما هو رباني الأصل يكون عظيما بمصدره عظيما في نفسه،فهي قيم ربانية، شمولية، وسطية لا إفراط فيها ولا تفريط، واقعية تتناسب مع أحوال الناس ومعيشهم، تجمع بين الثبات في أصولها وأهدافها وبين المرونة في الوسائل، كما أنها تجمع بين القول والعمل والنظرية والتطبيق، وفيما يلي تفصيل لخصائص القيم الإسلامية التربوية.

1: قيم ربانية:

فالقيم الإسلامية ربانية: بمعنى أن الوحي الإلهي هو الذي وضع أصولها، وحدد أساسياتها، التي لا بد منها لبيان عالم الشخصية الإسلامية، حتى تبدو متكاملة متماسكة متميزة في مخبرها ومظهرها، عاملة بوجهتها وطريقتها، إذا التبست على غيرها المسالك، واختلطت الدروب.

1: الربانية في المصدر والمنهج والغاية والوجهة:

**أ: ربانية المصدر:** فهذه القيم مصدرها من عند الله عز وجل متمثلا في القرآن والسنة.

يقول الله عز وجل:[وَأَنْزَلْنَا إِلَيْكَ الذِّكْرَ لِتُبَيِّنَ لِلنَّاسِ مَا نُزِّلَ إِلَيْهِمْ وَلَعَلَّهُمْ يَتَفَكَّرُونَ][1].

ويقول تعالى:[ وَنَزَّلْنَا عَلَيْكَ الكِتَابَ تِبْيَانا لِكُلِّ شَيْءٍ وَهُدى وَرَحْمَة وَبُشْرَى لِلمُسْلِمِينَ][2]

(1) سورة النحل (44)
(2) سورة النحل (89)

ويقول تعالى: [لَقَدْ مَنَّ اللـهُ عَلَى الْمُؤْمِنِينَ إِذْ بَعَثَ فِيهِمْ رَسُولا مِنْ أَنْفُسِهِمْ يَتْلُو عَلَيْهِمْ آَيَاتِهِ وَيُزَكِّيهِمْ وَيُعَلِّمُهُمُ الكِتَابَ وَالحِكْمَةَ وَإِنْ كَانُوا مِنْ قَبْلُ لَفِي ضَلَالٍ مُبِينٍ][1].

**ب: ربانية المنهج:** قال تعالى:[قُلْ هَذِهِ سَبِيلِي أَدْعُو إِلَى اللـهِ عَلَى بَصِيرَةٍ أَنَا وَمَنِ اتَّبَعَنِي وَسُبْحَانَ اللـهِ وَمَا أَنَا مِنَ المُشْرِكِينَ][2]. وقال تعالى: [ادْعُ إِلَى سَبِيلِ رَبِّكَ بِالحِكْمَةِ وَالمَوْعِظَةِ الحَسَنَةِ وَجَادِلْهُمْ بِالَّتِي هِيَ أَحْسَنُ إِنَّ رَبَّكَ هُوَ أَعْلَمُ بِمَنْ ضَلَّ عَنْ سَبِيلِهِ وَهُوَ أَعْلَمُ بِالمُهْتَدِينَ][3]. وقال تعالى: [ثُمَّ جَعَلنَاكَ عَلَى شَرِيعَةٍ مِنَ الأَمْرِ فَاتَّبِعْهَا وَلَا تَتَّبِعْ أَهْوَاءَ الَّذِينَ لَا يَعْلَمُونَ][4] معنى ذلك:(أن المنهج الذي رسمه الإسلام للوصول إلى غاياته وأهدافه، منهج رباني خالص، لأن مصدره وحي اللـه تعالى إلى خاتم رسله صلى اللـه عليه وسلم .

لم يأت هذا المنهج نتيجة لإرادة فرد، أو إرادة أسرة، أو إرادة طبقة، أو إرادة حزب، أو إرادة شعب، وإنما جاء نتيجة لإرادة اللـه،الذي أراد به الهدى والنور، والبيان والبشرى، والشفاء والرحمة لعباده[5]. كما قال تعالى يخاطبهم: [يَا أَيُّهَا النَّاسُ قَدْ جَاءَكُمْ بُرْهَانٌ مِنْ رَبِّكُمْ وَأَنْزَلنَا إِلَيْكُمْ نُورا مُبِينا][6]. [يَا أَيُّهَا النَّاسُ قَدْ جَاءَتْكُمْ مَوْعِظَةٌ مِنْ رَبِّكُمْ وَشِفَاءٌ لِمَا فِي الصُّدُورِ وَهُدى وَرَحْمَةٌ لِلمُؤْمِنِينَ][7].

وبيِّن ذلك رسول اللـه صلى اللـه عليه وسلم حين قال: «كل مولود يولد على الفطرة، فأبواه يهودانه أو

(1) سورة آل عمران (164)
(2) سورة يوسف (108)
(3) سورة النحل: (125)
(4) سورة الجاثية (18)
(5) يوسف القرضاوي: الخصائص العامة للإسلام ، مكتبة وهبة ، القاهرة ـ ط1 1981،ص(32)
(6) سورة النساء (174)
(7) سورة يونس:57

ينصرانه أو يمجسانه»[1]، قال تعالى: ﴿فِطْرَةَ اللَّهِ الَّتِي فَطَرَ النَّاسَ عَلَيْهَا لاَ تَبْدِيلَ لِخَلقِ اللَّهِ ذَلِكَ الدِّينُ القَيِّمُ﴾[2].

فالإنسان مفطور على دين الإسلام وقيمه، وحين نزل إلى الأرض واختلط بالبيئة اقترب أو ابتعد عن هذه القيم بحسب المؤثرات.

فشرع الله تعالى في كتابه وسنة نبيه صلى الله عليه وسلم وسائل وطرقا لاكتساب الصفاء من الأدران، والقرب من القيم الربانية الأصيلة في فطرة الإنسان.

فأما ربانية الغاية والوجهة، فنعني بها: أن الإسلام يجعل غايته الأخيرة وهدفه البعيد، هو حسن الصلة بالله تعالى، والحصول على مرضاته، فهذه هي غاية الإسلام، وبالتالي هي غاية الإنسان، ووجهة الإنسان، ومنتهى أمله، وسعيه، وكدحه في الحياة. قال تعالى: [يَا أَيُّهَا الإِنْسَانُ إِنَّكَ كَادِحٌ إِلَى رَبِّكَ كَدْحا فَمُلَاقِيهِ][3].

ولا جدال في أن للإسلام غايات وأهدافا أخرى إنسانية واجتماعية، ولكن عند التأمل، نجد هذه الأهداف في الحقيقة خادمة للهدف الأكبر، وهو مرضاة الله تعالى، وحسن مثوبته. فهذا هو هدف الأهداف، أو غاية الغايات.[4].

(وهذه الربانية لا تعني تحليقا في آفاق من الروحية التي تحرر روح الإنسان من جسده أو تأخذ هذا الإنسان من مجتمعه ومن عالمه الذي يعيش فيه، لأن ذلك نقيض الفطرة التي فطر الله الناس عليها)[5]. وإنما تعني أنها ربانية تخضع لشريعة الله عز وجل وكذلك بما يقدر عليه الإنسان، فالله تعالى لا يكلف نفسا إلا وسعها.

والمتأمل في آيات الذكر الحكيم يجد القرآن الكريم ذاته يعنى برسم المعالم الرئيسة للقيم التي يجب أن يمتثلها المسلم سواء كانت هذه القيمة متعلقة بعلاقة الإنسان مع

(1) رواه البخاري (1292) ومسلم (2658) والترمذي (2138) وأبو داود (4714) وأحمد (7141)
(2) سورة الروم (30)
(3) سورة الانشقاق (6)
(4) يوسف القرضاوي: الخصائص العامة للإسلام ص(7)
(5) عبد الغني عبود: الملامح العامة للمجتمع الإسلامي، دار الفكر العربي ، القاهرة ،1979م ص(42)

اللـه تعالى أو علاقته بالآخرين،مثل: الإحسان بالوالدين، وخاصة إذا بلغا الكبر أو أحـدهما، والإحسان بذوي القربى، ورعاية اليتيم، وإكرام الجار ذي القربى، والجار الجنب، والصاحب بالجنب، وابن السبيل، والخدم، والعناية بالفقراء والمساكين، وتحرير الرقاب، والصدق في القول، والإخلاص في العمل، وغض الأبصار وحفظ الفروج، والتواصي بـالحق، والتـواصي بالصبر، والتـواصي بالمرحمـة، والدعوة إلى الخير، والأمر بالمعروف، والنهي عن المنكر، وأداء الأمانات إلى أهلها، والحكم بين الناس بالعدل، والوفاء بالعهد وترك المنكرات، واجتناب الموبقـات مـن الشرك، والسـحر، والقتـل، والزنا، والربا، وأكل مال اليتيم، وقذف المحصنات المؤمنات، والتولي يوم الزحف، وغيرها مـن كبـائر الإثـم وفواحشه، إلى غير ذلك من الأخلاق الإيجابية والسلبية، الفردية والاجتماعية.

وبهذا يتقرر أن القيـم الإسلامية التربويـة ربانيـة في مصـدرها، ربانيـة في منهجهـا، ربانيـة في غايتها،وهذه الخاصية تعطي للمربي اطمئنانا نفسيا بأن ترسيخ هـذه القيـم عنـد المتعلمـين سـبيل للسعادة في الدنيا والآخرة.

2: شمولية القيم:

تتميز هذه القيم الإسلامية بالشمولية، أي إنها تشمل الإنسان من جميع نواحيه سـواء كـان في علاقته مع خالقه، أو علاقته مع نفسه، أو علاقته بالمحيطين به مثل والديه ومعلميه، وجيرانه، وزملائه وأولاده. أي أن هذه القيم تشمل جميع نواحي الحياة.

كما أن هذه القيم تشمل جميع فئات المجتمع؛ فلم تختص به فئة دون فئة، فالصدق مـثلا مطلـب للجميـع، والإخـلاص والتقـوى وغيرهـا مـن القيـم لا بـد أن يلتـزم بهـا جميـع فئـات المجتمع،وحسن التعامل مع الآخرين مطلب مهم لجميع أفراد المجتمـع، وغيرهـا مـن القيـم التـي يجب أن يتمسك بها جميع فئات المجتمع سواء كانوا صغارا أو كبـارا، أغنيـاء أو فقـراء، ذكـورا كانوا أو إناثا.

وشمولية القيم تعني أنها تشمل حياة الإنسان في الدنيا والآخرة، قال الله تعالى: [اعْلَمُوا أَنَّمَا الحَيَاةُ الدُّنْيَا لَعِبٌ وَلَهْوٌ وَزِينَةٌ وَتَفَاخُرٌ بَيْنَكُمْ وَتَكَاثُرٌ فِي الأَمْوَالِ وَالأَوْلَادِ كَمَثَلِ غَيْثٍ أَعْجَبَ الكُفَّارَ نَبَاتُهُ ثُمَّ يَهِيجُ فَتَرَاهُ مُصْفَرًا ثُمَّ يَكُونُ حُطَامًا وَفِي الآَخِرَةِ عَذَابٌ شَدِيدٌ وَمَغْفِرَةٌ مِنَ اللهِ وَرِضْوَانٌ وَمَا الحَيَاةُ الدُّنْيَا إِلَّا مَتَاعُ الغُرُورِ][1].

وهذه القيم لم تهمل الدنيا بل اهتمت بها؛ روى البخاري عن أنس بن مالك رضي الله عنه قال: ((جاء ثلاثة رهط إلى أزواج النبي صلى الله عليه وسلم يسألون عن عبادة النبي صلى الله عليه وسلم فلما أخبروا بها كأنهم تقالوها فقالوا وأين نحن من النبي صلى الله عليه وسلم وقد غفر الله له ما تقدم من ذنبه وما تأخر فقال أحدهم أما أنا فأصلي الليل أبدا، وقال الآخر إني أصوم الدهر فلا أفطر،وقال الآخر أنا أعتزل النساء ولا أتزوج أبدا، فجاء النبي صلى الله عليه وسلم إليهم فقال: أنتم الذين قلتم كذا وكذا،أما إني لأخشاكم لله عز وجل وأتقاكم له، لكني أصوم وأفطر وأصلي وأرقد وأتزوج النساء فمن رغب عن سنتي فليس مني ))[2]

واهتمت بأمر الآخر ة؛قال رسول الله صلى الله عليه وسلم ((إذا قامت القيامة وفي يد أحدكم فسيلة فليغرسها))[3]

وبهذ يتبين أن هذه القيم شاملة لجميع نواحي الدنيا والآخرة، بحيث لا تكون حياة الإنسان رهبانية وانقطاعا عن أمور الدنيا المباحة، كما لا تكون لهوا وانغماسا في شهوات الدنيا وملذاتها،. فالحياة معبر للآخرة، والنعيم في الآخرة متوقف على صلاح الإنسان وتمسكه بهذه القيم في الدنيا.

3: وسطية القيم:

تمتاز القيم الإسلامية بأنها وسطية متوازنة فلا إفراط فيها ولا تفريط، تجمع بين خيري الدنيا والآخرة، لا تميل لجانب على حساب جانب آخر.

---

(1) سورة الحديد (20)
(2) رواه البخاري (4776) ومسلم (14011) والنسائي (3217) وأحمد (13122)
(3) رواه أحمد (12569)

ولقد تميزت الأمة الإسلامية بخاصية منفردة لم تكن لأمة من الأمم السابقة وهي ميزة الوسطية التي جعلها الـلـه - سبحانه وتعالى - خصيصة لأمة محمد ﷺ في القرآن الكريم في قوله تعالى: ﴿وَكَذَٰلِكَ جَعَلْنَاكُمْ أُمَّةً وَسَطًا لِّتَكُونُواْ شُهَدَاء عَلَى النَّاسِ وَيَكُونَ الرَّسُولُ عَلَيْكُمْ شَهِيدًا وَمَا جَعَلْنَا الْقِبْلَةَ الَّتِي كُنتَ عَلَيْهَا إِلاَّ لِنَعْلَمَ مَن يَتَّبِعُ الرَّسُولَ مِمَّن يَنقَلِبُ عَلَى عَقِبَيْهِ وَإِن كَانَتْ لَكَبِيرَةً إِلاَّ عَلَى الَّذِينَ هَدَى اللّهُ وَمَا كَانَ اللّهُ لِيُضِيعَ إِيمَانَكُمْ إِنَّ اللّهَ بِالنَّاسِ لَرَؤُوفٌ رَّحِيمٌ﴾[1].

ولفظ الوسط لغة بمعنى أنه ما يكون بين طرفين، وسط الشيء ما بين طرفيه وأعدله. والتوسط بين النقيضين، والأوسط بمعنى الاعتدال والأبعد عن الغلو، وكذلك يأتي بمعنى الأفضل، إذ الوسط بطبيعة الحال محمي من العوارض والآفات التي تأتي أطراف الشيء. ويستعمل الوسط في الفضائل ثم صار الوسط وصفا للمتصف بالفضائل... يقال: رجل وسط وأمة وسط.

ويقول الحافظ ابن كثير في تفسيره لقوله تعالى:﴿وَكَذَٰلِكَ جَعَلْنَاكُمْ أُمَّةً وَسَطًا﴾ أي إنما حولناكم إلى قبلة إبراهيم عليه السلام واخترناها لكم لنجعلكم خيار الأمم، لتكونوا يوم القيامة شهداء على الأمم لأن الجميع معترفون لكم بالفضل، والوسط هنا الخيار والأجود)[2]....، ولما جعل الـلـه هذه الأمة وسطا خصها بأكمل الشرائع وأقوم المناهج وأوضح المذاهب

ومعنى الأمة الوسط أنها أفضل الأمم وأعدلها وأكملها وأبعدها عن الغلو، فمثل هذه الأمة تحميها وسطيتها مما يلحق بأخواتها - إذا جانبت الوسطية- من النقائص والعيوب من جميع النواحي

فدين الـلـه بين الغالي فيه والجافي عنه، وخير الناس النمط الأوسط الذين ارتفعوا عن تقصير المفرطين ولم يلحقوا بغلو المعتدين، وقد جعل الـلـه سبحانه هذه الأمة وسطا

---

(1) سورة البقرة (143)

(2) إسماعيل بن عمر بن كثير الدمشقي أبو الفداء: تفسير القرآن العظيم (258/1)

وهي الخيار العدل لتوسطها بين الطرفين المذمومين والعدل هو الوسط بين طرفي الجور والتفريط والآفات إنما تتطرق إلى الأطراف والأوساط محمية بأطرافها فخيار الأمور أوساطها)[1].

والأمة الإسلامية لكونها أمة وسطا لها مسؤولية ربانية مكلفة بأن تحمل أكمل منهج وأقومه في العقيدة والأخلاق والتشريع إلى بقية المجتمعات الإنسانية، مكلفة بدعوة الأمم الأخرى إلى الصراط المستقيم، منهج الله الذي يضمن للإنسان والمجتمع الحق والخير ويحقق له السعادة.

ووسطية القيم تستلزم الابتعاد عن الإفراط والتفريط في كل شيء، لأن الزيادة على المطلوب في الأمر إفراط، والنقص عنه تفريط، وكل من الإفراط والتفريط خروج عن جادة الطريق.

ووسطية القيم تقتضى إيجاد شخصية إسلامية متزنة تقتدي بالسلف الصالح في شمول فهمهم واعتدال منهجهم وسلامة سلوكهم من الإفراط والتفريط، والتحذير من الشطط في أي جانب من جوانب الدين، والتأكيد على النظرة المعتدلة المنصفة والموقف المتزن من المؤسسات والأشخاص في الجرح والتعديل.

والمتأمل لآيات القرآن الكريم يجد أن هذه القيم تتسم بالوسطية في كل شئ ومنها:

1: الوسطية في الدعوة: فلا تكون الدعوة بعنف، وإنما بالحكمة والموعظة الحسنة: قال تعالى: ﴿ادْعُ إِلِى سَبِيلِ رَبِّكَ بِالْحِكْمَةِ وَالْمَوْعِظَةِ الْحَسَنَةِ وَجَادِلْهُم بِالَّتِي هِيَ أَحْسَنُ إِنَّ رَبَّكَ هُوَ أَعْلَمُ بِمَن ضَلَّ عَن سَبِيلِهِ وَهُوَ أَعْلَمُ بِالْمُهْتَدِينَ﴾[2].

2: الوسطية في المأكل والمشرب: بدون إسراف ولا تقتير: قال تعالى: ﴿يَا بَنِي آدَمَ خُذُواْ زِينَتَكُمْ عِندَ كُلِّ مَسْجِدٍ وكُلُواْ وَاشْرَبُواْ وَلاَ تُسْرِفُواْ إِنَّهُ لاَ يُحِبُّ الْمُسْرِفِينَ﴾[3].

---

(1) محمد بن أبي بكر أيوب الزرعي ، ابن قيم الجوزية أبو عبد الله: إغاثة اللهفان من مصائد الشيطان، تحقيق : محمد حامد الفقي ـ دار المعرفة - بيروت ، الطبعة الثانية ، 1395 هـ - 1975م ص(182/1)

(2) سورة النحل (125)

(3) سورة الأعراف (31)

3: التوسط والاعتدال في إباحة التمتع بالزينة والطيبات من الرزق: قال تعالى: [قُلْ مَنْ حَرَّمَ زِينَةَ اللهِ الَّتِي أَخْرَجَ لِعِبَادِهِ وَالطَّيِّبَاتِ مِنَ الرِّزْقِ قُلْ هِيَ لِلَّذِينَ آمَنُوا فِي الحَيَاةِ الدُّنْيَا خَالِصَةً يَوْمَ القِيَامَةِ كَذَلِكَ نُفَصِّلُ الآيَاتِ لِقَوْمٍ يَعْلَمُونَ][1].

4: الوسطية في العبادة: فلا رهبانية وانقطاعا عن الدنيا ولا انغماسا في ملذاتها؛ ((جاء ثلاثة رهط إلى أزواج النبي صلى الله عليه وسلم يسألون عن عبادة النبي صلى الله عليه وسلم، فلما أخبروا بها كأنهم تقالوها، فقالوا:وأين نحن من النبي صلى الله عليه وسلم وقد غفر الله له ما تقدم من ذنبه وما تأخر؟ فقال أحدهم: أما أنا فأصلي الليل أبدا، وقال الآخر: إني أصوم الدهر فلا أفطر، وقال الآخر: أنا أعتزل النساء ولا أتزوج أبدا، فجاء النبي صلى الله عليه وسلم إليهم فقال: أنتم الذين قلتم كذا وكذا، أما إني لأخشاكم لله عز وجل وأتقاكم له، لكني أصوم وأفطر، وأصلي وأرقد وأتزوج النساء، فمن رغب عن سنتي فليس مني ))[2].

ويستوعب الدرس جيدا الصحابى الجليل سلمان الفارسى رضي الله عنه الذى يرى رجلا مسلما يقوم الليل ويصوم النهار فيضيع بذلك حق امرأته عليه فيقول له: إن لربك عليك حقا ولأهلك عليك حقا فاعط كل ذى حق حقه، ويقره النبى على ذلك ويقول:" صدق سلمان"[3].

5: التوسط والاعتدال في البذل والعطاء: قال تعالى: [وَلَا تَجْعَلْ يَدَكَ مَغْلُولَةً إِلَى عُنُقِكَ وَلَا تَبْسُطْهَا كُلَّ البَسْطِ فَتَقْعُدَ مَلُوما مَحْسُورا][4].

---

(1) سورة الأعراف (32)
(2) سبق تخريجه
(3) رواه البخاري (1867) والترمذي (2413)
(4) سورة الإسراء (29)

6: التوسط في الخوف والرجاء: فكما يخاف الإنسان من عذاب اللـه تعالى فإنه يرجو رحمته ويطمع في جنته.

ووسطية القيم واضحة بينة بين غلاة المثاليين الذين تخيلوا الإنسان ملاكا أو شبه ملاك فوضعوا له من القيم والآداب ما لا يمكن له وبين غلاة الواقعيين الذين حسبوه حيوانا أو كالحيوان فأرادوا له من السلوك ما لا يليق به، وكانت نظرة الإسلام وسطا بين هؤلاء فالإنسان في نظر الإسلام مخلوق مركب فيه العقل وفيه الشهوة قد هدى إلى الخير وإلى الشر وفيه استعداده للفجور واستعداده للتقوى ومهمته جهاد نفسه حتى يزكيها ويبعدها عن الوقوع في الآثام.

4: واقعية القيم:

هذه القيم تتسم بالواقعية أي أنها تتوافق مع واقع المكلف، فلا يتكلف الإنسان غير ما يطيق تحمله، لقول اللـه تعالى: [لَا يُكَلِّفُ اللَّـهُ نَفْسا إِلَّا وُسْعَهَا][1]. فلا تذهب بالإنسان إلى عالم الخيال وإنما تأمره بما يستطيع القيام به، فهي قيم واقعية تتمشى مع الأحداث وفق وقائعها ومجرياتها.

وقد راعت هذه القيم جوانب النفس البشرية ومدى تحملها للأوامر والنواهي فجاءت آمرة بما يستطيعه الإنسان؛ قال اللـه تعالى:[وَالَّذِينَ آمَنُوا وَعَمِلُوا الصَّالِحَاتِ لَا نُكَلِّفُ نَفْسا إِلَّا وُسْعَهَا أُولَئِكَ أَصْحَابُ الْجَنَّةِ هُمْ فِيهَا خَالِدُونَ][2] وقال تعالى: [فَاتَّقُوا اللـهَ مَا اسْتَطَعْتُمْ وَاسْمَعُوا وَأَطِيعُوا وَأَنْفِقُوا خَيْرا لِأَنْفُسِكُمْ وَمَنْ يُوقَ شُحَّ نَفْسِهِ فَأُولَئِكَ هُمُ الْمُفْلِحُونَ][3].

وبين النبي صلى اللـه عليه وسلم هذا المنهج الرباني فيقول: ((إذا أمرتكم بأمر فأتوا منه ما استطعتم وإذا نهيتكم عن أمر فاجتنبوه ))[4]

(1) سورة البقرة (286)
(2) سورة الأعراف (42)
(3) سورة التغابن (16)
(4) رواه البخاري (6858) ومسلم (1337) والترمذي (2679) والنسائي (2619).

فالأخلاق الإسلامية هي محاولة لإقامة تنسيق بين قوى الطبيعة الإنسانية نفسها من ناحية ثم بينها وبين السلوك الإنساني من ناحية أخرى، كما أنها عملية تهذيب وتربية لهذه الطبيعة ثم عملية توجيه الإنسان إلى السلوك اللائق به في الحياة كأفضل مخلوق في الأرض من أجل رسالة معينة خلقت من أجلها هذه الدنيا[1] .

وهذه الواقعية في القيم تتجلى من خلال عدة أمور:

1: أن التكليف ضمن حدود الطاقة.

2: رفع المسؤولية في حالة النسيان أو الخطأ أو الإكراه التي لا يملك الإنسان دفعها.

3: مرعاة مطالب الفكر والنفس والجسد، وعدم الإهمال ضمن حدود معينة.

4: مرعاة واقع حال المجتمعات الإنسانية التي يتفاوت أفرادها في استعداداتهم وخصائصهم.

5: مرعاة حال الضعف البشري وحال النفس الإنسانية: روت عائشة رضي الـلـه عنها: أن حمزة بن عمرو الأسلمي قال للنبي صلى الـلـه عليه وسلم : أصوم في السفر؟ وكان كثير الصيام ـ فقالصلى الـلـه عليه وسلم : ((إن شئت فصم وإن شئت فأفطر ))[2]

ومن الأمور التي تدل على واقعية القيم الإسلامية ما يلي:

1: أنها لم تفترض في أهل التقوى أن يكونوا برءاء من كل عيب معصومين من كل ذنب كأنهم ملائكة، بل منهم من يصيب ومن يخطئ وأنهم كما يصيبون فإن الخطأ يقع منهم. قال الـلـه تعالى [وَالَّذِينَ إِذَا فَعَلُوا فَاحِشَةً أَوْ ظَلَمُوا أَنْفُسَهُمْ ذَكَرُوا اللَّـهَ فَاسْتَغْفَرُوا لِذُنُوبِهِمْ وَمَنْ يَغْفِرُ الذُّنُوبَ إِلَّا اللَّـهُ وَلَمْ يُصِرُّوا عَلَى مَا فَعَلُوا وَهُمْ يَعْلَمُونَ][3] وقال رسول الـلـه صلى الـلـه عليه وسلم : ((كل بني آدم خطاء وخير الخطائين التوابون ))[4]

---

(1) مقداد يالجن: علم الأخلاق الإسلامية ص(204 ـ 205)

(2) رواه البخاري (1841) ومسلم (1121) والترمذي (711) والنسائي (2298) وأبو داود (1363) وأحمد (32676) ومالك (656) والدارمي (17007)

(3) سورة آل عمران (135)

(4) سبق تخريجه

2: ومن واقعية القيم الإسلامية التربوية أنها راعت الظروف الاستثنائية كالحرب؛ فأباحت من أجلها ما لا يباح في ظروف السلم، كالكذب لتضليل العدوعن حقيقة أوضاع الجيش الإسلامي وعدده وعتاده وخطته؛ ورد عن أم كلثوم أنها سمعت النبي صلى الله عليه وسلم أنه يقول: ((ليس الكذاب الذي يصلح بين الناس، فينمي خيرا أو يقول خيرا )).[1].

3: ومن واقعية القيم: أنها شرعت مقابلة السيئة بمثلها بلا حيف ولا عدون، فأقرت بذلك مرتبة العدل، ودرء العدوان، ومع ذلك رغبت في العفو والصبر والمغفرة للمسيء على أن يكون ذلك مكرمة من المظلوم لا فريضة تفرض عليه: قال الله تعالى: [وَجَزَاءُ سَيِّئَةٍ سَيِّئَةٌ مِثْلُهَا فَمَنْ عَفَا وَأَصْلَحَ فَأَجْرُهُ عَلَى اللَّهِ إِنَّهُ لَا يُحِبُّ الظَّالِمِينَ][2].

ومن واقعية القيم أنها بينت مراتب الناس من حيث الالتزام بالقيم فمنهم الظالم لنفسه، والمقتصد والسابق بالخيرات[3]،. قال تعالى: [ثُمَّ أَوْرَثْنَا الْكِتَابَ الَّذِينَ اصْطَفَيْنَا مِنْ عِبَادِنَا فَمِنْهُمْ ظَالِمٌ لِنَفْسِهِ وَمِنْهُمْ مُقْتَصِدٌ وَمِنْهُمْ سَابِقٌ بِالْخَيْرَاتِ بِإِذْنِ اللَّهِ ذَلِكَ هُوَ الْفَضْلُ الْكَبِيرُ][4].

يتضح مما سبق أن القيم الإسلامية التربوية واقعية تتناسب مع واقع الفرد وتراعي حاله في السلم والحر ب والحل والترحال مما يكسبها القبول والتمسك بها.

5: ثبات ومرونة القيم:

من مزايا القيم الإسلامية أنها جمعت بين الثبات والمرونة، فالثبات في الأصول والأهداف والمرونة في الفروع والوسائل.

الذي يتدبر القرآن الكريم، يجد في نصوصه المقدسة دلائل جمة، على الجمع بين الثبات والمرونة جمعا متوازنا عادلا.

(1) رواه البخاري (2546) ومسلم (2605) وأحمد (26728).
(2) سورة الشورى (40)
(3) انظر يوسف القرضاوي: الخصائص العامة للإسلام ص(149-152)
(4) سورة فاطر (32)

ومن الأمثلة التي  تبين أن هذه القيم جمعت بين الثبات والمرونة ما يلي[1]:

1: قيمة الشورى:يتمثل الثبات في مثل قوله تعالى في وصف مجتمع المؤمنين:[.وَأَمْرُهُمْ شُورَى بَيْنَهُمْ][2]. وفي قوله لرسولهصلى اللـه عليه وسلم : [...وَشَاوِرْهُمْ فِي الأَمْرِ][3]. فلا يجوز لحاكم، ولا لمجتمع، أن يلغي الشورى من حياته السياسية والاجتماعية، ولا يحل لسلطان أن يقود الناس رغم أنوفهم إلى ما يكرهون، بالتسلط والجبروت.

وتتمثل المرونة، في عدم تحديد شكل معين للشورى، يلتـزم بـه النـاس في كـل زمـان وفي كـل مكان فيتضرـر المجتمـع بهـذا التقييـد الأبـدي، إذا تغـيرت الظـروف بتغـير البيئـات أو الأعصـار أو الأحوال، فيستطيع المؤمنون في كل عصر أن ينفذوا ما أمـر اللــه بـه مـن الشـورى بالصـورة التـي تناسب حالهم وأوضاعهم، وتلائم موقعهم من التطور، دون أي قيد يلزمهم بشكل جامد.

2: يتمثل الثبات في قوله تعالى: [إِنَّ اللَّـهَ يَأْمُرُكُمْ أَنْ تُؤَدُّوا الأَمَانَاتِ إِلَى أَهْلِهَا وَإِذَا حَكَمْتُمْ بَيْنَ النَّاسِ أَنْ تَحْكُمُوا بِالعَدْلِ إِنَّ اللَّـهَ نِعِمَّا يَعِظُكُمْ بِهِ إِنَّ اللَّـهَ كَانَ سَمِيعا بَصِيرا][4]. [وَأَنِ احْكُمْ بَيْنَهُمْ بِمَا أَنْزَلَ اللَّـهُ وَلَا تَتَّبِعْ أَهْوَاءَهُمْ وَاحْذَرْهُمْ أَنْ يَفْتِنُوكَ عَنْ بَعْضِ مَا أَنْزَلَ اللَّـهُ إِلَيْكَ فَإِنْ تَوَلَّوْا فَاعْلَمْ أَنَّمَا يُرِيدُ اللَّـهُ أَنْ يُصِيبَهُمْ بِبَعْضِ ذُنُوبِهِمْ وَإِنَّ كَثِيرا مِنَ النَّاسِ لَفَاسِقُونَ][5]. فأوجب التقيد بالعدل والالتزام بكل ما أنزل اللـه، والحذر من اتباع الأهواء، وكل هذا مما لا مجال للتساهل فيه، هو يمثل جانب الثبات قطعا في مجال الحكم والقضاء.

وتتمثل المرونة في عدم الالتزام بشكل معين للقضاء والتقاضي، وهل يكون من

(1) يوسف القرضاوي: مدخل لمعرفة الإسلام ص ()
(2) سورة الشورى (38)
(3) سورة آل عمران (159)
(4) سورة النساء (58)
(5) سورة المائدة (49)

درجة أو أكثر؟ وهل يسير على أسلوب القاضي المفرد أم على أسلوب المحكمة الجماعية؟ وهل يكون هناك محكمة جنايات وأخرى للمدنيات.. الخ، كل هذا متروك لاجتهاد أولي الأمر، وأهل الحل والعقد في مثل هذه الأمور، وليس للشارع قصد فيه إلا إقامة العدل، ورفع الظلم، وتحقيق المصلحة، ودرء المفسدة.

لقد اهتم الشارع بالنص على المبدأ والهدف،وترك للإنسان اختيارالوسيلة والأسلوب، وذلك ليدع الفرصة، ويفسح الطريق للإنسان كي يختار لنفسه الأسلوب المناسب، والصورة الملائمة لزمنه وبيئته، ووضعه وحالته.

وإذا تأملنا في السنة المطهرة ـ قولا وفعلا وتقريرا ـ وجدناها حافلة بشتى الأمثلة والدلائل التي يتمثل فيها الثبات والمرونة جنبا إلى جنب.

1:يتمثل الثبات في رفضه ـ صلى الله عليه وسلم ـ التهاون أو التنازل في كل ما يتصل بتبليغ الوحي أو يتعلق بكليات الدين، وقيمه، وأسسه العقائدية والأخلاقية.

ومهما حاول المحاولون أن يثنوا عنانه عن شيء من ذلك بالمساومات، أو التهديدات، أو غير ذلك من أنواع التأثير على النفس البشرية، فموقفه هو الرفض الحاسم، الذي علمه إياه القرآن في مواقف شتى. فحين عرض عليه المشركون أن يلتقوا في منتصف الطريق، فيقبل شيئا من عبادتهم ويقبلوا شيئا من عبادته، لو يعبد آلهتهم مدة، ويعبدوا إلهه مدة كان الجواب الحاسم يحمله الوحي الصادق في سورة قطعت كل المساومات وحسمت كل المفاوضات، وهي قوله تعالى: ﴿قُلْ يَا أَيُّهَا الكَافِرُونَ، لَا أَعْبُدُ مَا تَعْبُدُونَ،وَلَا أَنتُمْ عَابِدُونَ مَا أَعْبُدُ،} وَلَا أَنَا عَابِدٌ مَّا عَبَدتُّمْ،وَلَا أَنتُمْ عَابِدُونَ مَا أَعْبُدُ، لَكُمْ دِينُكُمْ وَلِيَ دِينِ﴾[1].

ولما قرأ عليهم آيات الله بينات، منكرة عليهم شركهم وعنادهم، ناعية ضلالهم وجحودهم، قالوا له صلى الله عليه وسلم [.. ائْتِ بِقُرْآنٍ غَيْرِ هَذَا أَوْ بَدِّلْهُ].، فكان الرد القاطع، تلقينا من الله تعالى لرسوله: [قُلْ مَا يَكُونُ لِي أَنْ أُبَدِّلَهُ مِنْ تِلْقَاءِ نَفْسِي إِنْ أَتَّبِعُ إِلَّا مَا يُوحَى إِلَيَّ

(1) سورة الكافرون (1-6)

إِنِّي أَخَافُ إِنْ عَصَيْتُ رَبِّي عَذَابَ يَوْمٍ عَظِيمٍ، قُل لَوْ شَاءَ اللَّـهُ مَا تَلَوْتُهُ عَلَيْكُمْ وَلَا أَدْرَاكُمْ بِهِ فَقَدْ لَبِثْتُ فِيكُمْ عُمُرا مِنْ قَبْلِهِ أَفَلَا تَعْقِلُونَ][1] .

وهكذا تعلم ـ صلى اللـه عليه وسلم ـ من وحي اللـه: أن لا تنازل ولا تساهل في أمور العقيدة وما يتصل بها.

وفي مقابل ذلك، نجد مرونة واسعة في مواقف السياسة ومواجهة الأعداء، بما يتطلبه الموقف المعين، من حركة ووعي وتقدير لكل الجوانب والملابسات، دون تزمت أو تشنج أو جمود.

نجده في يوم الأحزاب مثلا يأخذ برأي (سلمان) رضي اللـه عنه في حفر الخندق حول المدينة، ويشاور بعض رؤساء الأنصار في إمكان إعطاء بعض المهاجمين مع قريش جزءا من ثمار المدينة، ليردهم ويفرقهم عن حلفائهم، كسبا للوقت إلى أن يتغير الموقف.

ويقول لنعيم بن مسعود الأشجعي ـ وقد أسلم، وأراد الانضمام إلى صفوف المسلمين ـ "إنما أنت رجل واحد، فخذل عنا ما استطعت فيقوم الرجل بدور له شأنه في التفريق بين قريش وغطفان ويهود بني قريظة.[2] وفي يوم الحديبية تتجلى المرونة النبوية بأروع صورها.

تتجلى في قوله ذلك اليوم: ((و اللـه لا تدعوني قريش اليوم إلى خطة يسألونني فيها صلة الرحم إلا أعطيتهم إياها ))[3].

وفي قبوله ـ صلى اللـه عليه وسلم ـ أن يكتب في عقد الصلح: "باسمك اللهم"[4] بدلا من (بسم

(1) سورة يونس (15-16)
(2) انظر: صفي الرحمن المباركفوري : الرحيق المختوم ، بحث في السيرة النبوية ، دار السلام ، الرياض ط6، 1424هـ -2004م ص(371)
(3) رواه البخاري (2583) وأبو داود (2765)وأحمد (18449)
(4) رواه البخاري (2583) وأبو داود (2765)وأحمد (18449)

الله الرحمن الرحيم) وهي تسمية ترفضها قريش.

وفي قبوله ـ صلى الله عليه وسلم ـ أن يمحو كلمة "رسول الله" بعد اسمه الكريم، على حين رفض علي رضي الله عنه أن يمحوها بعد كتابتها.

وفي قبوله من الشروط ما في ظاهره إجحاف بالمسلمين، وإن كان في عاقبته الخير كل الخير.

والسر في هذه المرونة هنا، والتشدد في المواقف السابقة: أن المواقف الأولى تتعلق بالتنازل عن العقيدة والمبدأ، فلم يقبل فيها أي مساومة أو تساهل، ولم يتنازل قيد أنملة عن دعوته. أما المواقف الأخيرة فتتعلق بأمور جزئية، وبسياسات وقتية، أو بمظاهر شكلية، فوقف فيها موقف التيسير.

2: يتمثل الثبات والمرونة معا في موقفه ـ صلى الله عليه وسلم ـ من وفد ثقيف وقد عرضوا عليه أن يدخلوا الإسلام ـ ولكنهم سألوه أن يدع لهم (اللات) التي كانوا يعبدونها في الجاهلية ـ ثلاث سنين فأبى رسول الله صلى الله عليه وسلم ذلك عليهم، فما برحوا يسألونه سنة سنة، ويأبى عليهم حتى سألوه شهرا واحدا بعد مقدمهم فأبى عليهم إلا أن يبعث أبا سفيان بن حرب والمغيرة بن شعبة فيهدماها.

وقد كانوا سألوه مع ترك (اللات)، أن يعفيهم من الصلاة، وألا يكسروا أوثانهم بأيديهم، فقال رسول الله صلى الله عليه وسلم : (( أما كسر أوثانكم بأيديكم فسنعفيكم منه، وأما الصلاة فإنه لا خير في دين لا صلاة فيه )).[1]

فهو صلى الله عليه وسلم أمام العقائد والمبادئ لا يتنازل ولا يترخص ولا يتسامح، كما في أمر (اللات) وأمر الصلاة. وأما في الكيفيات والجزئيات ففيها متسع للترخص والمسامحة كما في كسر الأوثان بأيديهم، فهو أمر لا يتعلق بالمبدأ، بل بطريقة التنفيذ.

ولأهمية خاصية ثبات القيم في أصولها وأهدافها (ينبغي...... أن نتجه بأنظارنا

---

(1) رواه أبو داود (3026) وأحمد (17454)

ونحن نتعامل مع الإنسان، إلى أن نخاطب فيه فطرته الثابتة، التي تحتاج إلى نسق ثابت من القيم لا يتبدل، وإلا انحرف عن جادة الفطرة إلى متاهات تشوه الإنسان[1]. وصدق الله تعالى القائل: [فَأَقِمْ وَجْهَكَ لِلدِّينِ حَنِيفا فِطْرَةَ اللَّهِ الَّتِي فَطَرَ النَّاسَ عَلَيْهَا لَا تَبْدِيلَ لِخَلْقِ اللَّهِ ذَلِكَ الدِّينُ الْقَيِّمُ وَلَكِنَّ أَكْثَرَ النَّاسِ لَا يَعْلَمُونَ][2].

وتتمثل المرونة في طريقة دعوته صلى الله عليه وسلم وفي تعامله مع الناس، وتعليم الخلق ومخاطبة الناس على قدر عقولهم، ولهذا أمر بالتيسير والتبشير ونهى عن التعسير والتنفر، يقولصلى الله عليه وسلم : ((يسروا ولا تعسروا وبشروا ولا تنفروا ))[3].

وكان من أخلاقه ((أنه ما خير بين أمرين إلا اختار أيسرهما ما لم يكن إثما، فإذا كان إثما كان أبعد الناس عنه ))[4].

وإن هذا الثبات في أصول القيم وأهدافها جعلت (الإنسان المعاصر ـ رغم كل التطورات التي تعرضت لها حياته ـ يؤمن بنفس المفاهيم والقيم التي كان الإنسان يؤمن بها قبل مراحل عديدة من التاريخ المعاصر. فإن المحبة والتآلف، والرحمة والعدل، والصدق والأمانة، والحرية والعواطف الإنسانية، التي كانت تحتل محلا رفيعا منذ أقدم العصور في تاريخ الإنسان، لا تزال تحتفظ بمكانتها من النفس الإنسانية، في ظروف مادية مختلفة تماما عن الظروف السابقة لحياة الإنسان)[5].

يتبين لنا مما سبق أن القيم الإسلامية تتسم بالثبات والمرونة، فالثبات من في الأصول والأهداف مهما قابلت من عوائق وتحديات، مرونة في الوسائل متمشية مع نوازل المجتمع ومتغيراته، وهذا ما جعل لها القبول في نفس الفرد وتعاونا على إشاعتها بين أفراد المجتمع.

---

(1) عبد المجيد بن مسعود : القيم الإسلامية التربوية والمجتمع المعاصر ص(63)
(2) سورة الروم (30)
(3) سبق تخريجه
(4) رواه البخاري (4604) ومسلم (2327) وأبو داود (4785) وأحمد (24028)
(5) محمد مهدي الأصفي: دور الدين في حياة الإنسان ص (173)

5:الجمع بين النظرية والتطبيق:

القيم الإسلامية التربوية تجمع بين النظرية في صياغتها وبين التطبيق في العمل، وهذا ما يجعلها تتميز عن جميع القيم الوضعية.

ولا قيمة لمعرفة نظرية أوإيمان لا يتبعه عمل بمقتضاه، وهناك عديد من الآيات القرآنية التي تؤكد على هذه الخاصية منها:قوله تعالى: [يَا أَيُّهَا الَّذِينَ آَمَنُوا لِمَ تَقُولُونَ مَا لَا تَفْعَلُونَ، كَبُرَ مَقْتًا عِنْدَ اللَّهِ أَنْ تَقُولُوا مَا لَا تَفْعَلُونَ][1]

وقال تعالى: [أَتَأْمُرُونَ النَّاسَ بِالبِرِّ وَتَنْسَوْنَ أَنْفُسَكُمْ وَأَنْتُمْ تَتْلُونَ الكِتَابَ أَفَلَا تَعْقِلُونَ][2].

وسنة النبي صلى الله عليه وسلم مليئة بمواقف مشرقة جمعت بن النظرية والتطبيق ومنها:

1: قول النبي صلى الله عليه وسلم ((الإيمان بضع وسبعون شعبة أو بضع وستون شعبة، أفضلها قول لا إله إلا الله وأدناها إماطة الأذى عن الطريق ))[3]

فالقول(لا إله إلا الله ) مع العمل بمقتضاها، والعمل (إماطة الأذى عن الطريق).

2: ويطبق النبي صلى الله عليه وسلم قيمة العدل حتى على أقرب الناس إليه فيقول: ( ((...لو أن فاطمة سرقت لقطع محمد يدها) ))[4].

3: وجاء الصحابة من بعده مطبقين هذه القيمة العظيمة: ((عن أنس بن مالكرضي الله عنه قال: كنا عند عمر بن الخطابرضي الله عنه ، إذ جاءه رجل من أهل مصر، فقال:يا أمير المؤمنين! هذا مقام العائذ بك من الظلم، قال عمر: لقد عذت مُعاذا؟ قال: أجرى عمرو بن العاص الخيل بمصر، فأقبلت فرس لي، فلما تراءاها الناس قام محمد بن

(1) سورة الصف (2-3)
(2) سورة البقرة (44)
(3) سبق تخريجه
(4) رواه البخاري (6406) ومسلم (1688) والنسائي (4895) والترمذي (1413) وأبو داود (4373) وابن ماجة (2575) وأحمد (24769)

عمرو بن العاص فقال: "فرسي ورب الكعبة! فلما دنا منى عرفته، فقلت: فرسى ورب الكعبة! فقام يضربني بالسوط، ويقول: خذها، خذها، وأنا ابن الأكرمين"، "قال أنس: فوالله ما زاد عمر بن الخطاب على أن قال: "اجلس، ثم كتب إلى عمرو بن العاص: "إذا جاءك كتابي هذا فأقبل، وأقبل معك بابنك محمد، "قال: فدعا عمرو ابنه فقال: أأحدثت حدثا، أجنيت جناية؟ قال: لا ، قال: فما بال عمر يكتب فيك؟.

قال أنس: فقدما على عمر، فوالله إنا لعند عمر بمنى، إذ نحن بعمرو بن العاص قد أقبل في إزار ورداء، فجعل عمر يلتفت، هل يرى ابنه؟ فإذا هو خلف أبيه، فقال:أين المصري؟ قال"المصري": ها أنذا، قال أمير المؤمنين: دونك الدرة، اضرب ابن الأكرمين، اضرب ابن الأكرمين، اضرب ابن الأكرمين!

قال أنس: فضربه حتى أثخنه، ثم قال عمر: "أجِلها على صلعة عمرو، فوالله ما ضربك إلا بفضل سلطانه"! فقال: يا "أمير المؤمنين! لقد ضربت من ضربني"، فقال عمر: أما و الله لو ضربته ما حلنا بينك وبينه، حتى تكون أنت الذي تدعه، ثم قال لعمرو: إيه يا عمرو! متى استعبدتم الناس ولقد ولدتهم أمهاتهم أحرارا؟ ثم التفت إلى المصري، فقال: انصرف راشدا فإن رابك ريب فاكتب إلي"

إن القيم الإسلامية ليست أقوالا وشعارات جوفاء، بل هي مثل ومبادئ تنعكس بشكل فعال على سلوك الفرد في سره وعلانيته، ولذلك فقد ربطت بين الإيمان والعمل والنية والتنفيذ والقول والفعل والنظرية والتطبيق[1]؛ عن عمر بن الخطابرضي الله عنه قال: سمعت رسول الله صلى الله عليه وسلم يقول: ((إنما الأعمال بالنيات وإنما لكل امرئ ما نوى فمن كانت هجرته إلى الله ورسوله فهجرته إلى الله ورسوله، ومن كانت هجرته لدنيا يصيبها أو امرأة ينكحها فهجرته إلى ما هاجر إليه ))[2].

وعلى المربين أن يرسخوا هذه الخاصية في نفوس الأجيال، فلا تكون القيم مجرد

---

(1) عطية الصالح: تنمية القيم الأخلاقية لدى مرحلة التعليم الأساسي العليا ص(105)
(2) سبق تخريجه

معرفة فقط وإنما يجمع الطالب بين الناحية النظرية المعرفية وبين التطبيق الفعلي فتظهـر القيم في أقواله وتظهر في أفعاله وتعامله مع معلميه وزملائه.

و يتضح جليا أن القيم الإسلامية التربوية قد جمعت بين القول والعمل، وأنهـا تختلـف عـن النظريات المادية التي تقوم على أساس نظري فقـط دون النظـر إلى إمكانيـة تطبيقهـا عـلى واقـع الناس.

# المبحث الثالث

## أهمية القيم للفرد والمجتمع

**تمهيد:**

إن المتأمل لأثر القيم الإسلامية في حياة الأفراد والمجتمعات، يجد أن لها أهمية كبيرة بالنسبة للفرد،في تكوين شخصيته، من حيث علاقته بخالقه وعلاقته بنفسه ومن يتعامل معهم، وإذا كانت القيم قد عملت على بناء الفرد وتكوين شخصيته، فإنها بدورها قد أثرت تأثيرا إيجابيا على المجتمعات، لأن إصلاح المجتمع بإصلاح أفراده، فما الفرد إلا لبنة من لبناته. وفيما يلي بيان وتوضيح لدور القيم في بناء الفرد والمجتمع.

أولا: أهمية القيم بالنسبة الفرد: للقيم التربوية الإسلامية آثار عظيمة على شخصية الفرد وتعامله مع خالقه ونفسه ومجتمعه.

1: تقويلة الصلة بالله تعالى: فـ(إن أول شيء تثمره القيم التربوية الإسلامية في البناء الشخصي للإنسان المسلم هو تقوية صلته بالله عز وجل، إلى الدرجة التي تجعله يراقبه في السر والعلن، في كل حركاته وسكناته، فهو لا يقدم على شيء إلا وهو يراعي حرمة الله ويرجو له وقارا.. ومعنى ذلك أن المسلم في علاقته بربه، يستشعر الخشية والخوف منه، في نفس الوقت الذي يتوجه إليه بالرجاء.. وذلك الخوف وهذا الرجاء يملآن قلبه بشعور عارم من التحرر من جميع المخاوف، لأنه يشعر بقوة أن الله وحده هو مالك أمره ومقرر مصيره، وإليه يرجع الأمر كله، هو الذي يملك تبارك اسمه أن يضره وأن ينفعه، أما غيره فأسباب عرضية ليس لها من الأمر شيء. وهكذا فإن المسلم الذي يتشبع بقيم الإسلام يتحرر من الشعور بالخوف على الحياة، أو الخوف على الرزق، أو الخوف على المكانة والمركز، فالحياة بيد الله، ليس لمخلوق قدرة على أن ينقص هذه الحياة ساعة أو بعض ساعة[(1)]: [قُلْ لَنْ يُصِيبَنَا إِلَّا مَا كَتَبَ اللَّهُ لَنَا هُوَ مَوْلَانَا وَعَلَى اللَّهِ فَلْيَتَوَكَّلِ الْمُؤْمِنُونَ][(2)].

---

(1) عبد المجيد بن مسعود : القيم الإسلامية التربوية والمجتمع المعاصر ص(126-127)
(2) سورة التوبة (51)

وإذا قويت صلة العبد بالله تعالى فإن هذا يحميه من التشتت والضياع في متاهات الدنيا وملذاتها خاصة في مرحلة الشباب التي تتسم بالتقلب والعنفوان والمجازفة، لأن هذا الدين هو الدرع الواقي من كل ما يعتري الإنسان من تغيرات وما يلاقيه من متاعب.

إن فقدان القيم الإسلامية التربوية يجعل الإنسان ضائعا في الدنيا لا يعرف ماذا يعمل ولا إلى أي مكان يتجه لذلك (فإن المرء في حاجة ماسة في تعامله مع الأشخاص والمواقف والأشياء إلى نسق (نظام) للمعايير والقيم يعمل بمثابة موجهات للسلوك، وبديهي أنه إذا غابت هذه القيم أو تضاربت فإن الإنسان يغترب عن ذاته وعن مجتمعه ويفقد دوافعه للعمل ويقل انتاجه ويضطرب)[1].

2: والقيم التربوية الإسلامية تعمل على بناء الفرد معرفيا وعلميا وتفجر فيه ينابيع التفكير وذلك لأنها قيم علمية تطبيقية. يقول د. عماد الدين خليل مشيرا إلى ذلك التحول النوعي الذي طرأ على عقل المسلم لدى اتصاله بالقرآن: إن (نسيج القرآن الكريم نفسه، ومعطياته المعجزة، من بدئها حتى منتهاها، في مجال العقيدة والتشريع والسلوك والحقائق العلمية، تمثل نسقا من المعطيات المعرفية كانت كفيلة، بمجرد التعامل المخلص الذكي المتبصر معها، أن تهز عقل الإنسان وأن تفجر ينابيعه وطاقاته، وأن تخلق في تركيبه خاصية التشوق المعرفي لكل ما يحيط به من مظاهر ووقائع وأشياء)[2].

3: ومن آثار القيم على الفرد أنها دفعته إلى العمل والجد والاجتهاد فانطلق الإنسان المسلم في كل ميادين الحياة والتزم بقيم العمل وإتقانه فظهرت اختراعاته وابتكاراته، وساد المسلمون العالم علميا واقتصاديا عندما تمسكوا بهذه القيم وعضوا عليها بالنواجذ.

---

(1) ضياء زاهر:القيم في العملية التربوية ص(8)
(2) عماد الدين خليل : إعادة تشكيل العقل المسلم ص(46)

4: والقيم الإسلامية التربوية تمثل جوهر الإنسان وتكشف عن حقيقته؛ فقد لازمت خلق الإنسان ومرت معه قبل ولادته و أطوار نموه المختلفة من المهد وإلى اللحد؛ فاهتمت به نطفة، وعلقة، ومضغة، اهتمت به وليدا وطفلا ومراهقا وشابا وشيخا وهرما؛ كل ذلك وهي تمده بقيم ومبادئ تتناسب معه مما صنعت منه إنسانا مسلما تتوفر فيه كل مقومات الإنسان المسلم الصالح.

ولذا يمكن القول بأن القيم الإسلامية التربوية تمثل الجوهر الحقيقي للإنسان؛ فحينما يتمسك بها يصبح إنسانا صالحا، وكلما ابتعد عنها تجرد من إنسانيته وانحط إلى مرتبة يفقد فيها هويته وعنصره ويصبح حيوانا بهيميا يأكل ويشرب كما تأكل الأنعام. [... وَالَّذِينَ كَفَرُوا يَتَمَتَّعُونَ وَيَأْكُلُونَ كَمَا تَأْكُلُ الْأَنْعَامُ وَالنَّارُ مَثْوى لَهُمْ][1].

5: تعمل القيم الإسلامية التربوية على تهذيب سلوك الفرد: (إن أثر القيم الإسلامية في الشخصية لا يخص جانبا من جوانب النفس دون الأخرى، بل إنه ليهيمن عليها حتى لا يدع دقيقة من دقائقها، إن تلك القيم الشاملة لا تجعل المسلم صدقا في معاملاته وممارساته الأسرية والاجتماعية والاقتصادية والتجارية، متعاونا فيها على البر والتقوى، عفيفا معتدلا في تعامله معها وحسب، ولكنها لتنفذ إلى أعماق نفسه فتغرس فيها رهافة في الحس وشفافية في الذوق والضمير)[2].

ومما يؤيد ذلك ما رواه البخاري في سبب نزول قوله تعالى: [يَا أَيُّهَا الَّذِينَ آَمَنُوا لَا تَرْفَعُوا أَصْوَاتَكُمْ فَوْقَ صَوْتِ النَّبِيِّ وَلَا تَجْهَرُوا لَهُ بِالْقَوْلِ كَجَهْرِ بَعْضِكُمْ لِبَعْضٍ أَنْ تَحْبَطَ أَعْمَالُكُمْ وَأَنْتُمْ لَا تَشْعُرُونَ][3].: كاد الخيران أن يهلكا: أبو بكر وعمر، رفعا أصواتهما عند النبي صلى الله عليه وسلم حين قدم ركب تميم في السنة التاسعة للهجرة. وقد أراد رسول الله صلى الله عليه وسلم أن يؤمر عليهم رجلا منهم، فأشار أحدهما بتأمير الأقرع بن حابس، وأشار

(1) سورة محمد (12)
(2) عبد المجيد بن مسعود : القيم الإسلامية التربوية والمجتمع المعاصر ص(130)
(3) سورة الحجرات (2)

الآخر بتأمير القعقاع بن معبد، وفي بعض الروايات أن أبا بكر قال لعمر: ما أردت إلا خلافي! قال عمر: ما أردت خلافك! وارتفعت أصواتهما، فنزلت الآيات)[1]..

6: وتعد القيم الإسلامية التربوية بمثابة القوة الموجهة لسلوك الفرد، فمتى تأصلت في نفس الفرد فإنه سيسعى جاهدا إلى تحقيقها ومن هنا ( تصبح هذه القيم معيارا يقيس به الفرد أعماله وتوفر عليه الوقت والجهد وتجنبه التناقض والاضطراب، كما تحقق لسلوكه الاتساق والنظام بحيث يصبح له من الثبات ما يساعده على التنبؤ يسلوك هذا الفرد في مواقف جديدة)[2].

7: وتعمل القيم على حماية الفرد من الانحراف والانجرار وراءالشهوات:وذلك أن الله تعالى وضع نظاما قيما يسيطر على غرائز النفس ويعمل على ضبطها في الإطار السليم فحبب الله تعالى الإيمان للنفس ليكون ضابطا لها وكره إليها الكفر والفسوق والعصيان؛ وبذلك يمكن القول: إن الله تعالى وضع سياجا هو( سياج القيم الذي يحفظ الإنسان من الانحراف النفسي- والجسدي والاجتماعي، وبدون هذا السياج يكون الانسان عبدا لغرائزه وأهوائه وشهواته التي لا تقوده إلا للدمار والفناء، وعندما تضعف قيم الفضيلة في النفس تسيطر الرغبة والغريزة وتظهر كأنها سيدة المكان والزمان، فتجرف الإنسان في تياراتها المتضاربة فلا يدري في أي واد هلك)[3].

وفي هذا هذا المعنى يقول الدكتور مقداد يالجن: (والأخلاق الإسلامية بصفة خاصة تجعل المرء يتغلب على نوازع النفس المختلفة وتجعله كذلك يسلك طريقا واحدا طريق الخير قاصدا الوصول إلى الكمال الإنساني، ولذلك يكون الشخص الأخلاقي قوي الإرادة، متوحد الذات يسير في طريق واحد ويسعى لتحقيق غاية واحدة، أما الشخص غير الأخلاقي فتنتابه النوازع المختلفة وتتشتت ذاته بين

(1) رواه البخاري (4564)وأحمد (15700) والترمذي (2366)
(2) عبد الله صالح علوان: تربية الولاد في الإسلام ، دار السلام ، سوريا -1990م - ط3 (1/681-682)
(3) ماجد زكي الجلاد: تعلم القيم وتعليمها ص(43)

الاتجاهات المختلفة ويصبح أخيرا ضحية للصراع النفسي وشتان بين هذا الشخص وذاك وصدق الله تعالى إذ قال: [أَفَمَنْ يَمْشِي مُكِبًّا عَلَى وَجْهِهِ أَهْدَى أَمَّنْ يَمْشِي سَوِيًّا عَلَى صِرَاطٍ مُسْتَقِيمٍ] [1].

8: أنها تزوده بالطاقات الفاعلية في الحياة وتبعده عن السلبية: وتجعله ينطلق في هذه الحياة بإيجابية تامة راسما نصب عينيه أهدافا يسعى إلى تحقيقها، فيشعر الإنسان بالنجاح والتقدم وتبعث في نفسه السعادة الحقيقية الكامنة وتبعد عنه التعاسة والفشل، وهي التي تعزز ثقته بنفسه وتقديره واحترامه لها... والناجحون في هذه الحياة لهم قيم مميزة لهم عن غيرهم كالجد والجرأة والقوة والأمانة والإصرار... أما العاجزون فقيمهم تعكس صفات العجز، واليأس، والإحباط، والانطواء، والاستسلام والتشاؤم.

فقيم الفضيلة تعزز لدى الإنسان الطاقات الفاعلة وتمكنه من التفاعل الإيجابي مع مواقف الحياة المختلفة، فأهدافه واضحة، ومساراته بينة، وقناعاته مبصرة، ومنظومته القيمية مسيطرة، وهو ينتقل من نجاح إلى نجاح، ومن إنجاز إلى إنجاز، يكتسب الثقة بنفسه ويدعو الآخرين بسلوكه السوي إلى الثقة به، فتفيض نفسه بالعادة والطمأنينة والأمن [2].

وهكذا يتضح لنا الأثر البناء الذي تتركه القيم الإسلامية التربوية في الشخصية الإسلامية الإنسانية، بحيث تصوغها صياغة ربانية تمس كل موطن من مواطنها، وتحرك كل طاقة من طاقاتها، لينخرط الإنسان بكل كيانه وطاقاته في رفع البناء الذي أمره الله برفعه، على هدى من الله.

ثانيا: أهمية القيم بالنسبة المجتمع:

إذا كانت القيم الإسلامية لها أهمية كبيرة وآثار عظيمة على الفرد، فإن لها آثارا

_____

(1) سورة الملك (22)
(2) ماجد زكي الجلاد: تعلم القيم وتعليمها ص(44)

كبيرة على المجتمع؛ باعتبار المجتمع يتكون من عدة أفراد. وفيما يلي الحديث عن دور القيم في بناء المجتمع والحفاظ على مقوماته.

1: تحفظ للمجتمع بقاءه واستمراريته: لقد بين القرآن الكريم أن بقاء واستمرار أي مجتمع مرهون بتمسكه بالقيم الإسلامية، وعندما تغيب القيم ويتخلى عنها تنتشر فيه الأوبئة والأمراض الأخلاقية يصبح مجتمعا موبوءا لا حاجة لبقائه،فكم من مجتمع ساد فترة من الزمن ثم أهلكه الله تعالى بسبب ما انتشر فيه من فساد. قال الله تعالى، [وَضَرَبَ اللَّهُ مَثَلا قَرْيَةً كَانَتْ آَمِنَةً مُطْمَئِنَّةً يَأْتِيهَا رِزْقُهَا رَغَدا مِنْ كُلِّ مَكَانٍ فَكَفَرَتْ بِأَنْعُمِ اللَّهِ فَأَذَاقَهَا اللَّهُ لِبَاسَ الجُوعِ وَالخَوْفِ بِمَا كَانُوا يَصْنَعُونَ][1].

وقال تعالى: [فَأَعْرَضُوا فَأَرْسَلنَا عَلَيْهِمْ سَيْلَ العَرِمِ وَبَدَّلنَاهُمْ بِجَنَّتَيْهِمْ جَنَّتَيْنِ ذَوَاتَيْ أُكُلٍ خَمْطٍ وَأَثْلٍ وَشَيْءٍ مِنْ سِدْرٍ قَلِيلٍ][2].

وقال تعالى: [وَلَوْ أَنَّ أَهْلَ القُرَى آَمَنُوا وَاتَّقَوْا لَفَتَحْنَا عَلَيْهِمْ بَرَكَاتٍ مِنَ السَّمَاءِ وَالأَرْضِ وَلَكِنْ كَذَّبُوا فَأَخَذْنَاهُمْ بِمَا كَانُوا يَكْسِبُونَ][3].

ومن الآيات التي جمعت بين إثبات السعادة لمن اتبع هدى الله في الدنيا والآخرة، وإثبات الشقاء والضنك والخسران لمن بَعُدَ عن هدى الله وحاربه، قول الله عز وجل: [قَالَ اهْبِطَا مِنْهَا جَمِيعا بَعْضُكُمْ لِبَعْضٍ عَدُوٌّ فَإِمَّا يَأْتِيَنَّكُمْ مِنِّي هُدى فَمَنِ اتَّبَعَ هُدَايَ فَلَا يَضِلُّ وَلَا يَشْقَى، وَمَنْ أَعْرَضَ عَنْ ذِكْرِي فَإِنَّ لَهُ مَعِيشَةً ضَنْكا وَنَحْشُرُهُ يَوْمَ القِيَامَةِ أَعْمَى، قَالَ رَبِّ لِمَ حَشَرْتَنِي أَعْمَى وَقَدْ كُنْتُ بَصِيرا،قَالَ كَذَلِكَ أَتَتْكَ آَيَاتُنَا فَنَسِيتَهَا وَكَذَلِكَ اليَوْمَ تُنْسَى][4]

تأمل كيف نفى الله الضلال والشقاء عمن اتبع هداه، وأثبت المعيشة النكدة

(1) سورةالنحل (112)
(2) سورة سبأ (16)
(3) سورة الأعراف (96)
(4) سورة طه (123-126)

الضيقة والضلال المبين -الذي عبر عنه بالعمى-لمن أعرض عن ذلك الهدى، وهو ذكر الله، ثم أكد تعالى شقاء من لم يهتد بهدى الله في الدنيا بالحياة الضنك، وفي الآخرة بالعذاب الأليم، فقال: [وَكَذَلِكَ نَجْزِي مَنْ أَسْرَفَ وَلَمْ يُؤْمِنْ بِآيَاتِ رَبِّهِ وَلَعَذَابُ الْآخِرَةِ أَشَدُّ وَأَبْقَى][1].

2: تحفظ للمجتمع هويته وتميزه:نظرا لتغلغل القيم في جوانب الحياة كافة فإن هوية المجتمع تتشكل وفقا للمنظومة القيمية السائدة في تفاعلات أفراده الاجتماعية.

فالمجتمعات تتمايز وتختلف عن بعضها بما تتبناه من أصول ثقافية ومعايير تشمل نواحي الحياة المختلفة، وتظهر القيم كعلامات فارقة، وشواهد واضحة لتمييز المجتمعات عن بعضها، ومن هنا فإن الحفاظ على هوية المجتمع تبع من المحافظة على معاييره القيمية المتأصلة لدى أفراده، والتي هي جزء من عمومياته الثقافية، فإن زعزعت هذه القيم أو اضمحلت فإن ذلك يكون مؤشرا دالا على ضعف الهوية المميزة للمجتمع وضياعها)[2].

3: تحفظ المجتمع من السلوكيات الاجتماعية والأخلاق الفاسدة:وتهتم القيم الإسلامية بالحفاظ على المجتمع مما يسوده من الأخلاق الفاسدة التي تعمل على تآكله وانحرافه عن جادة الصواب ويصبح مجتمعا بهيميا لفقدانه القيم الإسلامية، وحينما تحافظ القيم على سياج هذا المجتمع فإنه يعيش في أمن وأمان، وتناصح بين أفراده وذلك لعلمهم بأن صلاحهم مرهون بالتناصح فيما بينهم [إِلَّا الَّذِينَ آَمَنُوا وَعَمِلُوا الصَّالِحَاتِ وَتَوَاصَوْا بِالحَقِّ وَتَوَاصَوْا بِالصَّبْرِ][3] فتنتفي منه الرذائل والشرور ويصبح مجتمعا خلاليا من كل مظاهر الفساد والإفساد.

4: تعمل القيم على تماسك المجتمع: إن القيم الأخلاقية تحفظ المجتمع تماسكه، وتحدد له أهداف حياته، ومثله العليا، وتجنب المجتمع الرذائل والشرور كالأنانية

---

(1) سورة طه (127)
(2) ماجد زكي الجلاد: تعلم القيم وتعليمها ص(45-46)
(3) سورة العصر (3)

المفرطة والنزعات والشهوات الطائشة حيث إنها تحمل الأفراد على التفكير في أعمالهم على أنها محاولات للوصل إلى أهداف هي غايات في حد ذاتها بدلا من النظر إليها على أنها مجرد أعمال لإشباع الرغبات والشهوات)[1].

5: القيم محرك لنشاط المجتمع: إن نشاط المجتمعات ينبع من نشاط أفرادها باعتبارهم لبنات فيها، والقيم الإسلامية تدفع الفرد إلى النشاط والجد والاجتهاد، والنظر إلى العمل نظرة إيجابية قائمة على مالدى الفرد من قيم إسلامية نحو العمل، من أمانة وإتقان وغيرها مما يؤدي بدوره إلى النهوض بالمجتمع ككل ويتحرج جميع أفراده نحو العمل والإنتاج. قال رسول الله صلى الله عليه وسلم ((إن الله يحب إذا عمل أحدكم عملا أن يتقنه ))

6: تعمل القيم على تحقيق الأخوة الإسلامية بين أفراد المجتمع: وإن تربية المجتمع على أن يحب بعضُ أفراده بعضا في الله سبحانه وتعالى، لا لغرض مادي، من مال أو جاه أو منصب، ويصل بعضهم بعضا من أجل الله تعالى، ويقوم كل واحد بحقوق إخوانه التي تحقق الأخوة الإسلامية، من صنع طعام ودعوة إليه، وإجابة دعوة، وإعانة محتاج وضعيف، وإفشاء سلام، وطلاقة وجه، وطيب كلمة، وتواضع، وقبول حق، وعفو وصفح، وسماحة ودفع سيئة بحسنة، وإيثار وبعد عن شح وحسن ظن بدلا من سوئه، ونصر مظلوم، وستر سيئة، وتعليم جاهل ورفق في معاملته، وإحسان إلى جار، وحب للطاعات وبغض للفواحش، وأداء كل فرد ما يجب عليه أداؤه بدون مماطلة، ونصح كل مسلم لكل مسلم.

إن تربية المجتمع على هذه المعاني، لخليقة بتحقيق الأخوة الإسلامية التي تجعله مترابطا متراصا متعاونا آمنا سعيدا.

فإذا أضيف إلى ذلك تربية هذا المجتمع على البعد عن كل ما يوهي أواصر الأخوة الإسلامية ويكدر صفوها، من ظلم وحسد، واحتقار، وسخرية، وغيبة، ونميمة، وهجر وقطيعة، وترك ما يثير الشك والظنون السيئة، أو يؤدي إلى ضرر إلى الآخرين،

---

(1) علي مصطفى أبو العينين : القيم الإسلامية والتربية ص 36

كالإشارة بالسلاح وإظهاره في مجتمعات الناس غير محفوظ، وكتناجي اثنين دون الثالث، وترك منافسة المسلم أخاه المسلم على حطام الدنيا، وبخاصة ما شَرَع فيه من المباحات، كالبيع والشراء والخطبة، وترك الغش والكذب والخيانة ونحو ذلك.

إن تربية المجتمع على الابتعاد عن هذه الأمور وغيرها ـ مما يضعف الأخوة الإسلامية ـ لحقيق بنشر الأمن والسلام والسعادة والاطمئنان في المجتمع الذي تحققت فيه كل أسباب المحبة، وانتفت عنه كل أسباب البغضاء.

وإن مجتمعا يتحقق فيه الولاء لله ولرسوله وللمؤمنين، الولاء الذي من أهم مظاهره: حب الله ورسوله والمؤمنين، وتقديم ما يحبه الله ورسوله على ما يحبه غير الله ورسوله، ومن مظاهره تحقيق كل معاني الأخوة الإسلامية، ومنع ما يناقضها، ومن مظاهره القيام بقاعدة الأمر بالمعروف والنهي عن المنكر، ليستقيم المجتمع على الجادة ويسلك الصراط المستقيم. إن تحقق هذا الولاء ليجعل المجتمع في غاية من التماسك والترابط والاستقامة والنظام والتعاون على كل ما فيه مصالحه ومنافعه[1].

(والحقيقة التي ينبغي أن تظل حاضرة في الأذهان، هي أن المنهج التربوي الإسلامي كيان مترابط الأجزاء، تتشابك فيه العقيدة مع العبادات، وهذه مع الأخلاق، والكل يعطينا تلك الثمرة الطيبة التي هي الإنسان المسلم، وبالنتيجة المجتمع الإسلامي الفاضل. وعلى سبيل المثال، فالصلاة هي إحدى الوسائل التي يجسد بها المسلم قيمة العبودية لله عز وجل، يرغب الإسلام في إقامتها مع الجماعة ويرفع درجاتها إلى سبع وعشرين درجة، تأكيدا لروابط المسلمين وتعزيزا للتعارف فيما بينهم.. والزكاة عبادة اجتماعية، لا يخفى دورها في دعم بنيان المجتمع الاجتماعي والاقتصادي، من خلال ما تزود به بيت مال المسلمين، ومن خلال معاني المحبة والتكافل التي تشيعها بين الأغنياء والفقراء، وقس على ذلك بقية الفرائض)[2].

---

(1) عبد الله قادري الأهدل: أثر التربية الإسلامية في أمن المجتمع
(2) عبد المجيد بن مسعود : القيم الإسلامية التربوية والمجتمع المعاصر ص(134-135)

(ويمكننا أن نقول: إن كل الآداب والأخلاق والتشريعات التـي جـاءت في القـرآن الكـريم ذات صبغة اجتماعية واضحة، وإن الهدف منها تنظيم الحياة في المجتمع الإسـلامي عـلى أسـاس مبـادئ العدل والمساواة والحق التي جاء بها الإسلام)[1].

7:تعمل القيم الإسلامية التربوية على الحفاظ على أمن المجتمع بكل صوره وأشكاله: ذلك أن هذه القيم تعمل على تنقية تفكير المسلم من كل فكر منحرف ضال،فلا يستقبل المسلم ما يتعارض مع تعاليم الدين من قتل وسفك للدماء، ولا يكفر مسلما بذنب اقترفه، ولا يخرج على حاكم مهما كان أمره، لأنه يرضخ لتعاليم دينه وتوجيهات نبيه صلى الـلـه عليه وسلم وهو يقول: (( إن دماءكم وأموالكم عليكم حرام كحرمة يومكم هذا ))[2]. كما أنه تربى على السمع والطاعة لولاة الأمر لأن رسوله صلى الـلـه عليه وسلم يقول: ((اسمعوا وأطيعوا وإن تأمر عليكم عبد ))[3]

وقيم الإسلام تزرع في المؤمن مراقبة الـلـه تعالى فلا يقدم على سرقة مال المسلم، ولا الاعتـداء على حرماته، كما تزرع فيه أن كل فرد من أفراد المجتمع إنما هو أخ في الدين والعقيـدة فكيـف لي أن أعتدي عليه بقتله أو سرقته أو سلب ماله.

ونحن بحاجة كبيرة إلى زرع هذه القيم في نفوس أبنائنا الطلاب حتى يسلم المجتمع مما ظهر فيه في الآونة الأخيرة من قتل للأبرياء وسفك للدماء واعتداء على حرمات المسلمين وخروج على الحكام والسلاطين، وبذلك يتحقق للمجتمع أمنه، ويعيش كل فرد من أفراده في أمن وأمان وسلامة واطمئنان. قال الـلـه تعالى: [الَّذِينَ آَمَنُوا وَلَمْ يَلْبِسُوا إِيمَانَهُمْ بِظُلْمٍ أُولَئِكَ لَهُمُ الْأَمْنُ وَهُمْ مُهْتَدُونَ][4].

---

(1) آمال حمزة المرزوقي: النظرية التربوية الإسلامية ومفهوم الفكر التربوي الغربي ، رسالة ماجستير: تهامة – جدة ط1 ، 1402 - 1982ص(111)
(2) رزاه البخاري (105) ومسلم (679) وأحمد (19873)والدارمي (1916)
(3) رواه البخاري (6723) ومسـلم (1838) والترمـذي (1706) والنسـائي (4192) وابـن ماجـة (2890) وأحمـد (16210)

(4) سورة الأنعام(82)

ونخلص مما سبق إلى أن القيم الإسلامية لها أثر عظيم على حياة الفرد من حيث علاقته بالله ثم بنفسه ثم بالآخرين، كما أن لها عظيم الأثر على المجتمع حيث تؤدي إلى تماسكه وترابطه ووقاية أفراده من الانحراف السلوكي والفكري وتقوية أواصر المحبة والمودة بين أفراده والحفاظ على أمنه واستقراره.

ومن هنا فإن الباحث يدعو إلى الاهتمام بهذا الموضوع وأن تعقد له المؤتمرات ويتعاون المجتمع بكل أفراده ووسائله في إجلاء الصورة الحقيقية للقيم الإسلامية وأثرها على الفرد والمجتمع.

# الفصل السابع
## طرق بناء وتنمية القيم الإسلامية التربوية

- المبحث الأول: بناء وتنمية القيم بالقدوة

- المبحث الثاني: بناء وتنمية القيم بالقصة

- المبحث الثالث: بناء وتنمية القيم بالترغيب والترهيب

- المبحث الرابع: بناء وتنمية القيم بالعادة

- المبحث الخامس: بناء وتنمية القيم بالإقناع

- المبحث السادس: بناء وتنمية القيم ب الممارسة

- المبحث السابع: بناء وتنمية القيم بضرب الأمثال

- المبحث الثامن: بناء وتنمية القيم بالمواقف

317

## الفصل السابع

### طرق بناء وتنمية القيم الإسلامية التربوية

إن المتأمل في القرآن الكريم والسنة النبوية المطهرة وسير الصحابة رضي اللـه عنهم ليدرك أن هذا الإسلام العظيم يمتلك من الطرق والأساليب التربوية ما لم يمتلكه غيره من سبل تعمل في تناسق وتكامل على بناء النسق القيمي الإسلامي لدى المتعلم، فهذا القرآن جاء هداية للناس وداعيا للتي هي أقوم [إِنَّ هَذَا الْقُرْآَنَ يَهْدِي لِلَّتِي هِيَ أَقْوَمُ وَيُبَشِّرُ الْمُؤْمِنِينَ الَّذِينَ يَعْمَلُونَ الصَّالِحَاتِ أَنَّ لَهُمْ أَجْرا كَبِيرا][1]. والنبي صلى اللـه عليه وسلم - وهو المربي العظيم - علمه ربه فأحسن تعليمه وأدبه ربه فأحسن تأديبه وجاء للبشرية ليتمم مكارم الأخلاق؛ قال رسول اللـه صلى اللـه عليه وسلم ((إنما بعثت لأتمم مكارم الأخلاق ))[2].

فالهدف واضح منذ بعثة الرسول صلى اللـه عليه وسلم وهوغرس القيم الإسلامية وتنميتها لدى المسلمين؛ ودليل ذلك أن هذا الدين حوّل أناسا من عبادة الأوثان إلى عبادة اللـه الواحد الديان، حول قلوبا قاسية لا تعرف إلا الغلظة والشدة إلى قلوب لينة مرهفة الإحساس تتأثر بكلام الرحمن فتبكي، ويظهر لها خطان أسودان مما تقشعر به من آيات الذكر الحكيم.

ربى هذا الدين أناسا نبت الإخلاص في قلوبهم فأصبح شجرة مورقة تظهر في أعمالهم، فلا يرائي الناس بعمله، بل يخرج في ظلمة الليل - دون أن يراه أحد إلا اللـه - يتفقد رعيته،تخرج أناس من هذه المدرسة الربانية يؤثرون على أنفسهم غيرهم ولو كان بهم خصاصة.ربى هذا الدين أناسا أشداء على الكفار، لكنهم رحماء فيما بينهم، جسد واحد إذا اشتكى منه عضو تداعى له سائر الجسد بالحمى والسهر.

ربى هذا الدين رجالا كانوا يستشعرون المسؤولية والمحاسبة أمام اللـه تعالى، فلو أن بغلة في العراق عثرت فسوف يسأل عنها.

---

(1) سورة الإسراء (9).

(2) سبق تخريجه.

ولذا فقد تنوعت طرق وأساليب غرس القيم وتنميتها التي جاء بها الإسلام ونذكرمنها: القدوة والقصة والترغيب والترهيب والعادة والإقناع الفكري والممارسة وضرب الأمثال وكذلك من خلال استخدام المواقف والأحداث.

كما تنوعت المحاضن التربوية ـ قديما وحديثا ـ التي عملت على احتضان القيم وتنميتها لدى المتعلم؛فالأسرة لها دور كبير في بناء القيم وتنميتها، ثم ياتي دور المدرسة، والمسجد، والأندية الصيفية، وجماعة الرفاق، ثم دور وسائل الإعلام.

## المبحث الأول

### بناء وتنمية القيم بالقدوة

إن منهج التربية الإسلامية في بناء وتنمية القيم منهج رباني يقوم على الناحة العملية في القول والفعل، لذا فقد كان المنهجُ الإلهيُّ - في إصلاحِ البشريَّةِ وهدايتِها إلى طريقِ الحقِ - مُعتمِدا على وجودِ القُدْوَةِ التي تحوِّل تعاليمَ ومبادئَ الشريعةِ إلى سلوكٍ عمليٍّ، وحقيقةٍ واقعةٍ أمام البشر جميعا؛ فكان رسول الله صلى الله عليه وسلم هو القدوة التي تترجم المنهج الإسلامي إلى حقيقة وواقع، قال تعالى: ﴿لَقَدْ كَانَ لَكُمْ فِي رَسُولِ اللَّـهِ أُسْوَةٌ حَسَنَةٌ﴾[1] لذا فقد كان صلى الله عليه وسلم قرآنا يمشي على الأرض، ولما سُئِلَت أم المؤمنين عائشة – رضي الله عنها - عن خُلُقِهِ صلى الله عليه وسلم قالت: ((كان خُلُقُهُ القُرآنَ ))[2]

ولقد تجلَّى تأثيرُ القُدوة في صحابة رسول الله صلى الله عليه وسلم وجَدوَاها الكبيرة - التي لا تتوافر لمجرد الدعوة النظرية - في كثير من المواقف التي كان لها ظروفُها الخاصَّة؛ حيث لا يُجدِي فيها مجردُ الأمر والكلام النظري، بل لا بد فيها من التطبيق العملي؛ ليتعمق أثرُها في النفوس، ومن ذلك ما يلي:

لقد كان رسول الله صلى الله عليه وسلم قدوة في حياته الزوجية، والصبرِ على أهله، وحُسنِ توجيهِهِنَّ، فقال صلى الله عليه وسلم : ((خَيْرُكُم خَيْرُكُم لأَهْلِهِ، وَأَنا خَيْرُكُم لأَهْلِي ))(3).

وكان قدوة في حياته الأبوية، وفي حُسن معاملته للصِّغار، ولأصحابه، ولجيرانه، وكان يسعى في قضاء حوائجِ المسلمين، وكان أوفى الناس بالوعد، وأشدَّهم ائتمانا على الودائع، وأكثرَهم ورعا وحذرا من أكل مال الصدقة، أو الاقتراب مما استرعاه الله من أموال المسلمين.

---

(1) سورة الأحزاب (21).
(2) رواه أحمد (24080).
(3) رواه الترمذي (3895) وابن ماجة (1985).

وكان أفضلَ داعيةٍ إلى الـلـه ـ سبحانه ـ يصبرُ على الشدائدِ الناجمـةِ عـن كيـد أعـداء الـلـه وأعداء الفضيلة وتواطئهم، وكان حازما لا يفقد حزمَـه في أشـدِّ المواقـفِ هـولا وهَلَعـا وجَزَعـا؛ لأن ملجأَهُ إلى الـلـه ـ سبحانه ـ يستَلهِمُ منه القوةَ والصبر، وموقفُـهُ مـن ثقيـفٍ في الطـائفِ - عنـدما ذهب لدعوتهم - خير دليل على ذلك[1]

ففي الغزوات يتقدمُ الصَّحابةَ، أو يوجِّههم من مركز القيادة، وكـان في غـزوة الخنـدق يـربطُ الحجر على بطنه! ويحفر الخندق مع الصحابة،فكان مثالا للمُرَبِّي القدوة، يتبعه النـاس، ويعجبـون بشجاعته وصبره، صلى الـلـه عليه وسلم .

وظهر أثر القدوة في النَّحْرُ والحَلقُ للتحلُّلِ من عُمْرَةِ الحُدَيبِيَةِ: فلما صـدَّ المشركون الرسـولَ صلى الـلـه عليه وسلم وأصحابَه عن البيت الحرام، حين أرادوا العمرة عام الحديبية، وبعـد إبـرام الصلح مع قريش؛ كان وقع ذلك عظيما على صحابة رسول الـلـه صلى الـلـه عليـه وسـلم فلـما أمرهم صلى الـلـه عليه وسلم بنحر ما معهم من الهَدْي ليُحِلُّوا من إحـرامهم؛ لم يسـتجب أحـد من الصحابة لهذا الأمر، مع شدةِ حرصهم على طاعتِه، صلى الـلـه عليه وسلم .

وهنا يتجلى الأثرُ العظيم للقُدوة؛ إذ أشارت أمُّ سَلَمَةَ ـ رضي الـلـه عنها ـ عـلى رسـول الـلـه صلى الـلـه عليه وسلم أن يقوم هو أولا فينحرَ بُدْنَهُ ويحلقَ شعرَه؛ لأن صحابته سيقتدون به عند ذلك لا محالة، فقام رسول الـلـه صلى الـلـه عليه وسلم ((فخرج، فلم يكلم أحدا منهم حتى فعل ذلك، نَحَرَ بُدْنَهُ، ودعا حالقَه فحلقه، فلما رأى النـاس ذلـك قـاموا فَنَحَـروا، وجعـل بعضـهم يحلـق بعضا، حتى كاد بعضهم يقتل بعضا غمّا!))[2]

ففي هذه القصة دلالة ظاهرة على التفاوت الكبير بين تأثير القول وتأثير الفعل؛ ففي حـين لم يتغلب القولُ على هموم الصحابة وتألُّمِهم مما حدث؛ فلم ينصاعوا للأمر؛

(1) عبد الرحمن النحلاوي:أصول التربية الإسلامية وأساليبها في البيـت والمدرسـة والمجتمـع، ، دار الفكـر، دمشـق، الطبعة الثانية، 1416هـ - 1996م، (256).

(2) صفي الرحمن المباركفوري: الرحيق المختوم؛ ، دار الكتب العلمية، ص (314). وهـذا طـرف مـن حـديث صـلح الحديبية الطويل، أخرجه البخاري (2583) وأحمد (18446).

نجدهم بادروا إلى التنفيذ؛ اقتداء بالرسول صلى الله عليه وسلم حين تحوَّل أمرُهُ القَولي إلى تطبيقٍ عمليٍّ؛ حتى كاد يقتل بعضهم بعضا. ولهذا يدعو الإسلام إلى دعم القول بالعمل، ومطابقة الأفعال للأقوال، قال تعالى: ﴿يَا أَيُّهَا الَّذِينَ آمَنُوا لِمَ تَقُولُونَ مَا لاَ تَفْعَلُونَ *كَبُرَ مَقْتـا عِنْـدَ اللَّـهِ أَنْ تَقُولُوا مَا لاَ تَفْعَلُونَ﴾[1]

ويطول بنا الأمر جدّا؛ لو حاولنا استقصاء المواقف التي كان فيها الرسول صلى الله عليه وسلم قدوة لأصحابه، وإنما يمكن القول ـ إجمالا ـ بأن رسول الله صلى الله عليه وسلم كان قدوة لأصحابه في كل شيء، وفي جميع المجالات.

أهمية القدوة في بناء وتنمية القيم:

تؤتي القدوةُ الصالحةُ فوائدَ تربوية عظيمة في بناء القيم، نذكر منها:

1. **تحقيقُ الانضباطِ النفسيِّ، والتوازنِ السلوكيِّ للمتعلم:** فالطالب يرى أمامه المربي يحث على فعل كل خير وترك ما هو شر، ثم يجد أفعال المربي تتوافق أفعاله مع أقواله؛ فلا يراه إلا في الخير وإلى الخير، ولذلك يتحقق الانضباط النفسي والتوازن السلوكي لدى الطالب وتنمو لديه القيم منهجا وسلوكا.لذا كان على المربين أن يكونوا قدوة أمام الطلاب حتى يتحقق لهم التوازن السلوكي والانضباط النفسي.

2. **وجودُ المَثَلِ أو النموذجِ المُرْتَقَبِ في جانبٍ من الكمال (الخُلُقِي، والديني، والثقافي، والسياسي؛** حيث يثيرُ في النفسِ قَدْرا كبيرا من الاستحسان والإعجاب والتقدير والمحبة. ومع هذه الأمور تتهيج دوافع الغيرة المحمودة والمنافسة الشريفة، فإن كان عنده ميل إلى الخير، وتطلع إلى مراتب الكمال، وليس في نفسه عقبات تصده عن ذلك، أخذ يحاول تقليد ما استحسنه وأعجب به، بما تولد لديه من حوافز قوية تحفزه لأن يعمل مثله، حتى يحتل درجة الكمال التي رآها في المقتدى به)[2].

---

(1) سورة الصف (2-3).
(2) صالح ابن حميد : القدوة مبادئ ونماذج، الندوة العالمية للشباب الإسلامي ، ص(7 ).

3. **ومن أبرز أسباب أهمية القدوة في بناء القيم وتنميتها أنها تساعد على تكوين الحافز في المتعلم دون توجيه خارجي**، وهذا بالتالي يساعد المتعلم على أن يكون من المستويات الجيدة في المسالك الفاضلة من حسن السيرة والصبر والتحمل وغير ذلك.

4. **مستوياتُ الفهمِ للكلامِ عند الناس تتفاوتُ، لكنَّ الجميعَ يتساوى عند النظر بالعين؛ فالمعاني تصل دون شرح!** وهذا ما يكون لدى المتعلم وخاصة أن من هم دون التاسعة يتميزون بالقدرة على إدراك الأشياء المحسوسة دون الأشياء المجردة، فالسلوك الذي يرونه أمامهم يقومون بتقليده.

5. **القدوةُ ـ ولا سيما من الوالدين - تُعْطِي الأولادَ قَنَاعة؛ بأنَّ ما عليه النموذجُ القدوةُ هو الأمثلُ الأفضلُ الذي ينبغي أن يُحتذَى.** الأطفالُ ينظرون إلى آبائهم وأمهاتهم نظراتٍ دقيقة فاحصة، ويتأثَّرون بسلوكهم دون أن يدركوا! وربَّ عملٍ ـ لا يُلقِي له الأبُ أو الأمُّ بالا ـ يكونُ عند الابنِ عظيما![1].

لقد أكد ابن خلدون على أن القدوة لها أثرا كبيرا في بناء القيم وتنميتها فقال:(والاحتكاك بالصالحين ومحاكاتهم يكسب الإنسان العادات الحسنة والطبائع المرغوبة، والسبب في ذلك أن البشر يأخذون معارفهم وأخلاقهم وما ينتحلون به من المذاهب والفضائل تارة علما وتعليما وإلقاء، وتارة محاكاة وتلقينا بالمباشرة إلا أن حصول الملكات عن المباشرة والتلقين أشد استحكاما وأقوى رسوخا)[2].

إن المتعلم لا يقتنعُ بتعاليمِ المربي وأوامره بمجرد سماعها، بل يحتاج مع ذلك إلى المثالِ الواقعيِّ المشاهَدِ، الذي يدعمُ تلك التعاليمَ في نفسِهِ، ويجعله يُقْبِلُ عَلَيها ويَتَقَبَّلُها ويعملُ بها.

---

(1) محمد عبد السلام العجمي :تربية الطفل في الإسلام: النظرية والتطبيق، وآخرون، مكتبة الرشد، المملكة العربية السعودية، الرياض، الطبعة الأولى، 1425هـ - 2004م، ص (95).
(2) ابن خلدون : المقدمة ص (1044).

وهذا أمرٌ لم يَغْفُل عنه السَّلَفُ الصَّالحُ، بل تَنَبَّهُوا له، وأَرْشَدُوا إليه المربين، فها هو عمرُو بن عتبةَ يُرشِد مُعلِّمَ ولدِه قائلا: (لِيَكُنْ أولَّ إصلاحُكَ لِبَنِيَّ إصلاحُك لنفسِك؛ فإن عيونَهم معقودةٌ بعينك، فالحَسَنُ عندهم ما صَنَعْتَ، والقبيحُ عندهم ما تركتَ)[1].

وهذا يؤكدُ أنه لا سبيل إلى التربيةِ السليمةِ إلا بوجود قُدوةٍ صالحةٍ تغدو نموذجا عمليّا للامتثال للأوامر، والاستجابة لها، والانزجار عن النواهي، والامتناع عنها.

وقد كان شبابُ الإسلام في عصر النُّبوَّةِ يحرِصون على الاقتداء برسول الله صلى الله عليه وسلم وتقليدِهِ ومحاكاتِهِ في جميع أمورِهِ؛ في وُضُوئِه، وصلاتِهِ، وقراءَتِهِ للقرآن، وقيامِهِ، وجلوسِهِ، وكرمِهِ، وجهادِهِ، وزهدِهِ، وصلابتِهِ في الحق، وأمانتِهِ، ووفائِهِ، وصبرِهِ.

ومما يروى في ذلك: ما أخرجه البخاريُّ عن ابن عباس -رضي الله عنهما- قال:((بِتُّ عند خالتي ميمونةَ ليلة، فقامَ النبيُّ صلى الله عليه وسلم فلما كان في بعض الليل، قام رسول الله صلى الله عليه وسلم فتوضَّأ من شَنٍّ معلَّقٍ وُضوءا خفيفا، ثم قام يصلي، فقمتُ فتوضَّأتُ نحوا مما توضأ، ثم جئتُ فقمتُ عن يساره، فحوَّلني فجعلني عن يمينِه، ثم صلى ما شاء الله...))[2].

والقدوة أمام التلاميذ تنبع من الوالدين والمعلمين الذين يؤثرون في الأبناء سواء كانوا في المنزل أو المدرسة.

**وأولُ المطالَبين بالقدوةِ الحسنةِ هما الوالدانِ**؛ لأنَّ الطفلَ الناشئَ يراقبُ سلوكَهما وكلامَهما، ويتساءل عن سبب ذلك، فإن كان خيرا فخير.. فهذا عبدُ الله بن أبي بَكْرَةَ يراقبُ - وهو طفلٌ - أدعيةَ والدِهِ، ويسألُه عن ذلك، ويجيبُه والدُه عن دليل فِعْلِه هذا:فعن عبدِ الله بن أبي بَكْرَةَ قال: (قلتُ لأبي: يا أبتِ، أسمعُك تقول كلَّ غَدَاةٍ: ((اللهمَّ عافني في سمعي، اللهم عافني في بصري، لا إله إلا أنت))، تكرِّرُها ثلاثا

(1) ابن عساكر في تاريخ دمشق (271/38).
(2) رواه البخاري (138) ومسلم (763) وأبو داود (1356) والنسائي (806).

حين تصبحُ، وثلاثا حين تمسي؟! فقال: يا بني، إني سمعتُ رسولَ اللـه صلى اللـه عليه وسلم يدعو بهن، فأنا أحب أن أَسْتَنَّ بِسُنَّتِهِ)[1].

فالوالدان مطالبان بتطبيق أوامرِ اللـه ـ تعالى ـ وسنةِ رسوله صلى اللـه عليه وسلم سلوكا وعملا، والاستزادةِ من ذلك ما وَسِعَهم ذلك؛ لأنَّ أطفالَهم في مراقبةٍ مستمرَّةٍ لهم، صباحَ مساءَ، وفي كل آنٍ، فقدرةُ الطفل على الالتقاطِ الواعي وغيرِ الواعي كبيرةٌ جدّا، أكبرُ مما نظنُّ عادة، ونحن نراه كائنا صغيرا لا يدرِك ولا يَعي[2].

**والمعلمون هم المسؤولون عن تربية الأبناء وزرع القيم فيهم** ـ بعد الوالدين ـ لأن المتعلم يمكث ساعات كثيرة لدى المعلم، ويأخذ عنه كل ما يسمعه أو يراه منه، لذا كان واجبا على المعلم أن يكون قدوة صالحة للمتعلمين، وألا يظهر بسلوك غير مرغوب فيه أمام طلابه فأعين الطلاب له ناظرة، وآذانهم إليه صاغية وقلوبهم لكلامه واعية فلا يتكلم بكلام قبيح، ولا يشم من سلوكه إلا أطيب ريح.

فالمربي أمام التلاميذ هو الذي يقومهم ويؤدبهم ويعلمهم،وقدكفلت له طبيعة وظيفته أن يكون قيما عليهم موجها لهم، ومن ثم وجب أن يقوم بهذا الدور الخطير بأمانة وإخلاص، وقد أصبح للتلاميذ قدوة، فإذا تخلى عن رسالته أفسد جيلا وخان أمانته، وضيع حياته الدنيا سدى، وفي الآخرة له عذاب عظيم)[3].

وحتى يستقيم أبناؤنا ويلتزمون القيم الإسلامية منهجا وسلوكا فإننا بحاجة إلى معلمين يمتثلون القيم أولا ويراقبون اللـه تعالى في تربيتهم للتلاميذ، وأن يكونوا على وعي تام بأن ما يقومون به من تأديب وتهذيب وتنمية للقيم في نفوس التلاميذ إنما هم

(1) رواه أبو داود (5090) وأحمد (19917).

(2) منهج التربية النبوية للطفل، مع نماذج تطبيقية من حياة السلف الصالح وأقوال العلماء العاملين، محمد نور بن عبد الحفيظ سويد، دار ابن كثير، دمشق، بيروت، الطبعة الأولى، 1419هـ - 1998م، ص (90، 91).

(3) حسن الشرقاوي: نحو تربية إسلامية، مؤسسة شباب الجامعة ، الأسكندرية، 1983م ص(186).

مطالبون به من اللـه تعالى مأجورون عليه إذا قاموا به محاسبون عليه إذا فرطوا فيه، ثم إن القيم التي يربون عليها التلاميذ ستعود بالنفع والفائدة على أبنائهم أنفسهم، فما تزرعه اليوم لابد أن تحصده غدا.

ويرى الباحث أن المؤسسات التعليمية والتربوية لا بد أن تنقى ممـن لا يقـدرون مسـؤلية التربية فيقعون في مخالفات سلوكية عظيمة أمام التلاميذ؛ من سب وشتم، ومزاح وكذب، وظهـور رائحة المنكرات،...وغيرها من السلوكيات التي لا تليق بمربي الأجيال أن يقـع فيها. فـإذا تم تنقيـة مؤسسات التربية والتعليم من هؤلاء أصبح أمام أبنائنا المربي المخلص الذي يقدر مسـؤولية التربيـة وبناء القيم، فتظهر هذه القيم الإيجابية في سلوك أبنائنا وبذلك نكون قد نجحنا ـ حقيقة ـ في بناء القيم وترسيخها لدى الأبناء.

**ويأتي الزملاء والأصدقاء في المقام الثالث** في تمثل القدوة أمام غيرهم لذا كان على الوالـدين أن يعتنوا بحسن اختيار أصدقاء أبنائهم؛لأن الصاحب يؤثر في صاحبه كثيرا فإن كان صالحا صحبه إلى الصلاح، وإن كان سيئا صحبه إلى أماكن السوء، وكما قيل (الصاحب ساحب)،وقد عني ديننـا الحنيف بالحث على اختيار الأصدقاء الصالحين؛ قال رسول اللـه صلى اللـه عليه وسـلم : ((المـرء على دين خليله فلينظر أحدكم من يخالل))[1].

وينبغي على الوالدين ألا يغرب عن بالهما أن التركيز على إصلاح ولدهما الأكبر هو مـن أبـرز المؤثرات في باقي الأولاد، لأن الولد الأصغر يحاكي عادة ما يفعله الأكبر، بـل ينظر إليه أنه المثـل الأعلى في كل شئ، ويقتبس الكثير والكثير من صفاته الخلقية، وعاداته الاجتماعية.

وهنا تكون الطامة أكبر إذا وجد الولد من يكبره سنا في تميع وانحلال، وإذا رأى من ولد قبلـه يتقلب في متاهات الرذيلة والفساد.. فلا شك أن الأولاد به يتأثرون،وعلى طريقته يمشون، وعنه يأخذون.

---

[1] سبق تخريجه.

ولهذا كله وجب على الوالدين أن يركزوا جهودهما على الولد الأكبر ثم من يليه ليكونوا لمن
بعدهم قدوة، وللباقين من الأولاد أسوة، و الله يتولى الصالحين.[1]

وبعد أن تبين لنا أهمية القدوة ودورها في تمثل القيم وتنميتها وجب على كل مرب أن يكون
قدوة صالحة أما المتعلم، قدوة في علاقته مع الله تعالى، قدوة في علاقته مع نفسه، قدوة في
علاقته مع الآخرين، وبذلك نستطيع ـ بتوفيق من الله ـ أن نغرس القيم وننميها في نفوس
أبنائنا.

---

(1) عبد الله ناصح علوان : تربية الأولاد في الإسلام (632/2).

# المبحث الثاني

## بناء وتنمية القيم بالقصة

تأتي القصة في المقام الثاني من الأساليب التربوية التي يستخدمها المربي في بناء القيم الإسلامية وتنميتها لدى المتعلم، وذلك لما تمتاز به القصة من مميزات تجعل لها قبولا وتأثيرا لـدى الآخرين، كما أنها لا تتعلق بزمان أو مكان، بل في المكتبة، وفي المنزل وفي غرفة الألعاب، وفي غرف النوم تجد لها آذانا صاغية وقلوبا واعية، لذا كان لها هذا التأثير العجيب.

والمتأمل لآيات القرآن الحكيم يجد أنها اشتملت علـى قصـص كثيرة سـواء كانت بالتصـريح وعرض القصة كاملة، أو كانت بالتلميح وعرض بعضا من أجزاء القصة، وذلك لتشـويق السـامع إلى معرفة القصة بتفاصيلها، ثم تأتي السنة فتوضح القصة وتبينها أعظم بيان.

والمتعلم يتأثر كثيرا بما يحكى لـه مـن قصـص ويحاول استباط العـبر منهـا، خاصـة إذا وجد المعاونة والمساندة من المربي الناصح الذي يحاول أن يغرس فيه القيم الإسلامية مـن خـلال القصـة الصادقة الهادفة.

ولذا فسيكون حـديثنا في هـذا المبحـث عـن دور القصة في بنـاء وتنميـة القيـم الإسلاميـة التربوية.

### بناء القيم وتنميتها بالقصص القرآني:

للقصة في التربية الإسلامية وظيفة تربوية لا يحققها لون آخر من ألـوان الأداء اللغوي؛ ذلك أن القصة القرآنية تمتاز بميزات جعلت لها آثارا نفسية وتربوية بليغة، محكمة، بعيدة المـدى علـى مر الزمن، مع ما تثيره من حرارة العاطفة ومن حيوية وحركية في النفس، تدفع الإنسـان إلى تغيير سلوكه وتجديد عزيمته بحسب مقتضى

القصة وتوجيهها وخاتمتها، والعِبرةِ منها. وتتجلى أهم هذه الميزات فيما يلي[1]:

1) تشد القصة القارئ،وتوقظ انتباهه، دون توان أو تراخٍ، فتجعله دائم التأمل في معانيها والتتبع لمواقفها، والتأثر بشخصياتها وموضوعها حتى آخر كلمة فيها.

ذلك أن القصة تبدأ غالبا، وفي شكلها الأكمل، بالتنويه بمطلب أو وعد أو الإنذار بخطر، أو نحو ذلك مما يسمى عقدة القصة، وقد تتراكم، قبل الوصول إلى حل هذه العقدة، مطالب أو مصاعب أخرى، تزيد القصة حبكا، كما تزيد القارئ أو السامع شوقا وانتباها، وتلهفا على الحل أو النتيجة.

ففي مطلع قصة يوسف مثلا، تعرض على القارئ رؤيا يوسف عليه السلام يصحبها وعد الله، على لسان أبيه، بمستقبل زاهر، ونِعَم من الله يسبغها على آل يعقوب عليه السلام.

وتتتابع المصائب والمشكلات على يوسف عليه السلام ويتابع القارئ اهتمامه ينتظر تحقيق وعد الله، ويترقب انتهاء هذه المصائب والمشكلات بتلهف.

2) تتعامل القصة القرآنية والنبوية مع النفس البشرية في واقعيتها الكاملة، متمثلة في أهم النماذج التي يريد القرآن إبرازها للكائن البشري، ويوجه الاهتمام إلى كل نموذج بحسب أهميته، فيُعرض عرضا صادقا يليق بالمقام ويحقق الهدف التربوي من عرضه، ففي قصة يوسف عليه السلام يعرض نموذج الإنسان الصابر على المصائب في سبيل الدعوة إلى الله ( في شخص يوسف عليه السلام )، ونموذج المرأة المترفة تعرض لها حبائل الهوى فملأ قلبها الحب والشهوة، ويدفعها إلى محاولة ارتكاب الجريمة، ثم إلى سَجن إنسان بريء مخلص، لا ذنب له إلا الترفع عن الدنايا والإخلاص لسيده، ومراعاة أوامر ربه.

---

(1) عبد الرحمن النحلاوي : أصول التربية وأساليبها ص(234-238) وقد اعتمد المؤلف في بعض هذه الميزات على قصة يوسف من خلال تفسير ((سيد قطب)) (في ظلال القرآن ) ص 1949 إلى 1951 وغيره.

ونموذج إخوة يوسف ﷺ: تدفعهم الغيرة والحسد والحقد والمؤامرة والمناورة ومواجهة آثار الجريمة والضعف والحيرة أمام هذه المواجهة.

ونموذج يعقوب ﷺ: الوالد المحب الملهوف والنبي المطمئن الموصول. يعرض القرآن كل هذه النماذج البشرية عرضا واقعيا نظيفا من غير إفحاش ولا إغراء بفاحشة أو جريمة، كما يفعل مؤلفو القصص التي يسمونها واقعية أو طبيعية، ذلك أن من أهم غايات القصة القرآنية: التربية الخلقية عن طريق علاج النفس البشرية علاجا واقعيا.

فالقصة القرآنية ليست غريبة عن الطبيعة البشرية، ولا محلقة في جو ملائكي محض، لأنها إنما جاءت علاجا لواقع البشر، وعلاج الواقع البشري لا يتم إلا بذكر جانب الضعف والخطأ على طبيعته، ثم بوصف الجانب الآخر الواقعي المتسامي الذي يمثل الرسل المؤمنون، والذي تؤول إليه القصة بعد الصبر والمكابدة والجهاد والمرابطة، أو الذي ينتهي عنده المطاف لعلاج ذلك الضعف والنقص، والتردي البشري في مهاوي الشرك أو حمأة الرذيلة، علاجا ينهض بالهمم، ويدفع بالنفس للسمو، ما استطاعت، إلى أعلى القمم، حيث تنتهي القصة بانتصار الدعوة الإلهية، ووصف النهاية الخاسرة للمشركين الذي استسلموا إلى الضعف والنقص، ولم يستجيبوا لنداء ربهم.

3) تربي القصة القرآنية العواطف الربانية وذلك:

أ‌) عن طريق إثارة الانفعالات كالخوف والترقب، وكالرضا والارتياح والحب، وكالتقزز والكره، كل ذلك يثار في طيات القصة بما فيه من وصف رائع ووقائع مصطفاة، فقصة يوسف ﷺ مثلا تربي الصبر والثقة بالله، والأمل في نصره، بعد إثارة انفعال الخوف على يوسف، ثم الارتياح إلى تمكين الله له.

ب‌) وعن طريق توجيه جميع هذه الانفعالات حتى تلتقي عند نتيجة واحدة هي النتيجة التي تنتهي إليها القصة، فتواجه مثلا حماسة قارئ القصة نحو يوسف وأبيه، حتى يلتقيا في شكر الله في آخر القصة، ويوجه بُغْض الشر الذي صدر عن إخوة

ت) يوسف حتى يعترفوا بخطئهم ويستغفر لهم أبوهم في آخر القصة، وهكذا ...

ج) وعن طريق المشاركة الوجدانية حيث يندمج القارئ مع جو القصة العاطفي حتى يعيش بانفعالاته مع شخصياتها؛ ففي قصة يوسف عليه السلام يعتري القارئ خوف أو قلق عندما يراد قتل يوسف، وإلقاؤه في الجب، ثم تنسرح العواطف قليلا مع انفراج الكربة عنه، ثم يعود القارئ إلى الترقب عندما يدخل يوسف دار العزيز، وهكذا يعيش القارئ مع يوسف عليه السلام في سجنه وهو يدعو إلى الله، حتى يفرح بإنقاذه، ثم بتوليه وزارة مصر، وبنجاة أبيه من الحزن، وهو في كل ذلك رسول الله والداعية إلى دينه.

**4) تمتاز القصة القرآنية بالإقناع الفكري بموضوع القصة.**

أ) عن طريق الإيحاء، والاستهواء والتقمص، فلولا صدق إيمان يوسف عليه السلام لما صبر في الجب على الوحشة، ولما ثبت في دار امرأة العزيز على محاربة الفاحشة والبعد عن الزلل، هذه المواقف الرائعة توحي للإنسان بأهمية مبادئ يوسف عليه السلام وصحتها، وتستهويه صفات هذا النبي وانتصاره بعد صبر ومصابره طويلة، فيتقمص هذه الصفات حتى إنه ليقلدها ولو لم يقصد إلى ذلك، وحتى إنه لَيردّدُ بعض هذه المواقف ويتصورها ويسترجعها من شدة تأثره بها.

ب) عن طريق التفكير والتأمل: فالقصص القرآني لا يخلو من محاورات فكرية ينتصر فيه الحق، ويصبح مرموقا محفوفا بالحوادث والنتائج التي تثبت صحته، وعظمته في النفس وأثره في المجتمع، وتأييد الله له؛ ففي قصة يوسف نجد حوارا يدور بينه وبين فتيين عاشا معه في السجن فدعاهما إلى توحيد الله. وقصة نوح عليه السلام كلها حوار بين الحق والباطل، وكذلك قصة شعيب عليه السلام، وصالح عليه السلام وسائر الرسل: حوار منطقي مدعوم بالحجة والبرهان يتخلل القصة، ثم تدور الدوائر على أهل الباطل ويظهر الله الحق منتصرا في نتيجة القصة، أو يهلك الباطل وأهله، فيتظاهر الإقناع العقلي المنطقي والإثارة الوجدانية، والإيحاء وحب البطولة ( الاستهواء ) والدافع الفطري إلى حب القوة وتقليد الأقوياء، تتظاهر كل هذه العوامل وتتضافر، يؤيدها

التكرار مرة بعد مرة، فما أكثر تكرار بعض قصص القرآن حتى تؤدي بمجموعها إلى تربية التصور الرباني للحياة وللعقيدة واليوم الآخر، وإلى معرفة كل جوانب الشريعة الإلهية معرفة إجمالية، وإلى تربية العواطف الربانية من حب في الله، وكراهية للكفر وحماسة لدين الله ولحماته، ولرسل الله، وولاء الله وانضواء تحت لوائه، وإلى السلوك المستقيم وفق شريعة الله، والتعامل حسب أوامره، وبهذا تحيط القصة القرآنية نفس الناشئ بالتربية الربانية من جميع جوانبها العقلية والوجدانية والسلوكية.

**أغراض القصة القرآنية:** ليست القصة القرآنية عملا فنيا مطلقا مجردا عن الأغراض التوجيهية، إنما هي وسيلة من وسائل القرآن الكثيرة إلى تحقيق أغراضه الدينية الربانية، فهي إحدى الوسائل لإبلاغ الدعوة الإسلامية وتثبيتها.

والتعبير القرآني مع ذلك يؤلف بين الغرض الديني والغرض الفني، وبهذا امتازت القصة القرآنية بميزات تربوية وفنية.

وسنعرض بعض أغراض القصة القرآنية:

1) كان من أغراض القصة القرآنية إثبات الوحي والرسالة، وتحقيق القناعة بأن محمد صلى الله عليه وسلم وهو الأمي الذي لا يقرأ ولا يعرف عنه أنه يجلس إلى أحبار اليهود والنصارى، يتلو على قومه هذه القصص من كلام ربه، وقد جاء بعضها في دقة وإسهاب، فلا يشك عاقل في أنها وحي من الله، وأن محمد رسول الله صلى الله عليه وسلم يبلغ رسالة ربه، والقرآن ينص على هذا الغرض نصا في مقدمات بعض القصص أو في أواخرها فقد جاء في أول سورة يوسف عليه السلام: ﴿ إِنَّا أَنْزَلْناهُ قُرْآنا عَرَبِيًا لَعَلَّكُمْ تَعْقِلونَ، نَحْنُ نَقُصُّ عَلَيْكَ أَحْسَنَ القَصَصِ بِما أَوْحَيْنَا إِلَيْكَ هذا القُرْآنَ وَإِنْ كُنْتَ مِنْ قَبْلِهِ لِمِنَ الغافِلينَ﴾[1] وجاء في سورة هود بعد قصة نوح: ﴿ تِلْكَ مِنْ أَنْباءِ الغَيْبِ نوحيها إِلَيْكَ ما كُنْتَ تَعْلَمُها أَنْتَ وَلا قَوْمُكَ مِنْ قَبْلِ هذا﴾[2].

(1) سورة يوسف (2-3).
(2) سورة هود (49).

2) ومن أغراض القصة القرآنية: بيان أن الدين كله من عند اللـه.

3) وأن اللـه ينصر رسله والذين آمنوا ويرحمهم وينجيهم من المآزق والكروب، من عهد آدم ونوح إلى عهد محمد صلى اللـه عليه وسلم ، وأن المؤمنين كلهم أمه واحدة و اللـه الواحد رب الجميع.

وكثيرا ما وردت قصص عدد من الأنبياء مجتمعة في سورة واحدة، معروضة عرضا سريعا بطريقة خاصة لتؤيد هذه الحقيقة، كما في سورة الأنبياء، حيث ورد ذكر: موسى وهارون، ثم لمحة موجزة عن قصة إبراهيم ولوط، وكيف نجاهم اللـه وأهلك قومهما، وقصة نوح، وجانب من أخبار داود وسليمان، وما أنعم اللـه عليهما،

وأيوب حين نجاه اللـه من الضر، وورد ذكر إسماعيل وإدريس وذي الكفل وكلهم من الصابرين الصالحين. وذكر اللـه لنا: ﴿ وَذَا النُّونِ إِذْ ذَهَبَ مُغَاضِبا فَظَنَّ أَنْ لَنْ نَقْدِرَ عَلَيْهِ فَنَادَى فِي الظُّلُمَاتِ أَنْ لا إِلَهَ إِلَّا أَنْتَ سُبْحَانَكَ إِنِّي كُنْتُ مِنَ الظَّالِمِينَ﴿ 87﴾ فَاسْتَجَبْنا لَهُ وَنَجَّيْناهُ مِنَ الغَمَّ وَكَذَلِكَ نُنْجي المُؤْمِنينَ ﴿88 ﴾ وَزَكَرِيّا إِذْ نادى رَبَّهُ رَبِّ لا تَذَرْني فَرْدا وَأَنْتَ خَيْرُ الوارِثِينَ ﴿89 ﴾ فَاسْتَجَبْنا لَهُ وَوَهَبْنَا لَهُ يَحْيَى وَأَصْلَحْنا لَهُ زَوْجَهُ إِنَّهُمْ كَانوا يُسارِعونَ في الخَيْراتِ وَيَدْعونَنا رَغَبا وَرَهَبا وَكانوا لنا خاشِعينَ﴾[1] ويختم اللـه هذه السلسلة من الأنبياء بخبر مريم وابنها عيسى عليهما السلام ﴿ وَالَّتي أَحْصَنَتْ فَرْجَها فَنَفَخْنا فيها مِنْ روحِنا وَجَعَلناها وَابْنَها آيَهْ لِلعالَمينَ﴾[2] ثم يخاطب اللـه مباشرة جميع أنبيائه ورسله وأتباعهم بقوله ﴿ إِنَّ هذِهِ أُمَّتُكُمْ أُمّة واحِدَة وَأَنا رَبُّكُمْ فَاعْبُدونِ ﴾[3]

فتبين بهذه الآية الكريمة تقرير الغرض الأصيل من هذا الاستعراض الطويل وهو أن جميع الأنبياء يدينون دينا واحدا، ويخضعون لرب واحد يعبدونه وحده لا

(1) سورة الأنبياء (87-90).
(2) سورة الأنبياء (91).
(3) سورة الأنبياء (92).

يشركون به شيئا، وعندما نستعرض خبر كل نبي نجد أن الـلـه قد شد أزره ونصره ونجاه من الكرب الذي نزل به، كما نجى ذا النون يونس ﷺ واستجاب لزكريا ﷺ، وكما نجى إبراهيم ﷺ وقد أوشك أن يحترق بالنار؛ وأنه سبحانه دائما ينعم على رسله والذين آمنوا إذا صبروا وصدقوا، كما أنعم على داود ﷺ بالنصر، وسليمان ﷺ بالملك، فشكروا نعمة ربهم.

4) وفي هذا شد لأزر المؤمنين، وتسلية لهم عما يلاقون من الهموم والمصائب، وتثبيت لرسول الـلـه صلى الـلـه عليه وسلم ومن تبعه من أمته، وتأثير في نفوس من يدعوهم القرآن إلى الإيمان وأنهم إن لم يؤمنوا لا محالة هالكون، وموعظة وذكرى للمؤمنين، وقد صرح القرآن بهذا المعنى في قوله تعالى ﴿ وَكُلاًّ نَقُصُّ عَلَيْكَ مِنْ أَنْبَاءِ الرُّسُلِ ما نُثَبِّتُ بِهِ فُؤَادَكَ وَجاءَكَ هذِهِ الحَقُّ وَمَوْعِظَةٌ وَذِكْرى لِلمُؤْمِنِينَ﴾[1].

وجاء في سورة العنكبوت لمحة خاطفة عن قصة كل نبي، مختومة بالعذاب الذي عذب به المذنبون من قومه حتى ختمت جميع القصص المجملة بقوله تعالى: ﴿ فَكُلا أَخَذْنا بِذَنْبِهِ فَمِنْهُمْ مَنْ أَرْسَلنا عَلَيْهِ حاصِبا وَمِنْهُمْ مَنْ أَخَذَتْهُ الصَّيْحَهُ وَمِنْهُمْ مِنْ خَسَفْنا بِهِ الأَرْضَ وَمِنْهُمْ مَنْ أَغْرَقْنا، وَما كانَ اللَّـهُ لِيَظْلِمَهُمْ وَلَكِنْ كانوا أَنْفُسَهُمْ يَظْلِمونَ﴾[2] فعلى المربي أن يستحضر مكان الموعظة والذكرى من كل قصة، ليحاور الطلاب حوارا يوجههم إلى معرفتها والتأثر بها والعمل بمقتضاها.

5) ومن أغراض القصة في التربية الإسلامية: تنبيه أبناء آدم إلى خطر غواية الشيطان،وإبراز العداوة الخالدة بينه وبينهم منذ أبيهم إلى أن تقوم الساعة، وإبراز هذه العداوة عن طريق القصة أروع وأقوى، وأدعى إلى الحذر الشديد من كل هاجسة في النفس تدعو إلى الشّر، ولما كان هذا موضوعا خالدا فقد تكررت قصة آدم في مواضع شتى، مما يدعو المربي إلى الإلحاح على هذا الموضوع وتوجيه الطلاب إلى الحذر من غواية الشيطان في كل مناسبة ملائمة.

6) ومن أغراض القصص التربوية: بيان قدرة الـلـه تعالى: بيانا يثير انفعال

---

(1) سورة هود (120).
(2) سورة العنكبوت (40).

الدهشة والخوف من الله لتربية عاطفة الخشوع والخضوع والانقياد ونحوها من العواطف الربانية كقصة الذي أماته الله مائة عام ثم بعثه، وقصة خلق آدم، وقصة إبراهيم والطير الذي آب إليه بعد أن جعل على كل جبل جزءا، قال تعالى: ﴿ وَإِذْ قَالَ إِبْرَاهِيمُ رَبِّ أَرِنِي كَيْفَ تُحْيِي الْمَوْتَى قَالَ أَوَلَمْ تُؤْمِنْ قَالَ بَلَى وَلَكِنْ لِيَطْمَئِنَّ قَلْبِي قَالَ فَخُذْ أَرْبَعَةً مِنَ الطَّيْرِ فَصُرْهُنَّ إِلَيْكَ ثُمَّ اجْعَلْ عَلَى كُلِّ جَبَلٍ مِنْهُنَّ جُزْءًا ثُمَّ ادْعُهُنَّ يَأْتِينَكَ سَعْيًا وَاعْلَمْ أَنَّ اللَّهَ عَزِيزٌ حَكِيمٌ ﴾[1].

إن هذه الأغراض التربوية للقصة القرآنية تحقق - ولا شك - بناء قيميا لدى المتعلم وترسخ فيه تلك القيم الإسلامية الراسخة، فيتعلق بحب نبيه محمدصلى الله عليه وسلم ، وتقوى صلته بالله تعالى، ويبتعد عن إغواء الشيطان، ويعرف أن الله تعالى على كل شئ قدير.

ويستخدم القرآن الكريم القصة لجميع أنواع التربية والتوجيه التي يشملها منهجه التربوي: تربية الروح، وتربية العقل، وتربية الجسم[2].

والقصة تؤثر في النفس إذا وضعت في قالب عاطفي مؤثر، والقصة ذات المخزى الأخلاقي المثير قد تخالج آفاق النفس فتحرك الدوافع الخيرة في الإنسان، وتطرد النزعات الشريرة منه، فهي تجعل القارئ أو السامع يتأثر بما يقرأ أو يسمع فيميل إلى الخير وينفذه ويمتعض عن الشر فيبتعد عنه[3].

فممّا لا شكّ فيه أنّ القصة المحكمة الدقيقة تطرق السامع بشغف، وتنفذ إلى النفس البشرية بسهولة ويسر... ولذا كان الأسلوب القصصي أجدى نفعا وأكثر فائدة؛ فالقصة أمر محبب للناس، وتترك أثرها في النفوس والمعهود حتى في حياة الطفولة أن يميلَ الطفل إلى سماع الحكاية، ويصغي إلى رواية القصة.

(1) سورة البقرة (260).
(2) محمد قطب: منهج التربية الإسلامية ص(192-193).
(3) محمد فاضل الجمالي: نحو توحيد الفكر التربوي في العلم الإسلامي، الدار التونسية للنشر تونس ، ط2 1978م ص(11).

ولقد حوى القرآن الكريم كثيرا من القصص التي ترسخ قيما عظيمة في نفوس متلقيها منها:

1: قيمة العدل: وقدجاءت من خلال قصة شعيب عليه السلام مع قومه: قال تعالى: ﴿أَوْفُوا الْكَيْلَ وَلَا تَكُونُوا مِنَ الْمُخْسِرِينَ﴿181﴾ وَزِنُوا بِالْقِسْطَاسِ الْمُسْتَقِيمِ﴿182﴾ وَلَا تَبْخَسُوا النَّاسَ أَشْيَاءَهُمْ وَلَا تَعْثَوْا فِي الْأَرْضِ مُفْسِدِينَ﴿183﴾ وَاتَّقُوا الَّذِي خَلَقَكُمْ وَالْجِبِلَّةَ الْأَوَّلِينَ﴿184﴾ قَالُوا إِنَّمَا أَنتَ مِنَ الْمُسَحَّرِينَ﴿185﴾ وَمَا أَنتَ إِلَّا بَشَرٌ مِّثْلُنَا وَإِن نَّظُنُّكَ لَمِنَ الْكَاذِبِينَ﴿186﴾ فَأَسْقِطْ عَلَيْنَا كِسَفًا مِّنَ السَّمَاءِ إِن كُنتَ مِنَ الصَّادِقِينَ﴿187﴾ قَالَ رَبِّي أَعْلَمُ بِمَا تَعْمَلُونَ﴿188﴾ فَكَذَّبُوهُ فَأَخَذَهُمْ عَذَابُ يَوْمِ الظُّلَّةِ إِنَّهُ كَانَ عَذَابَ يَوْمٍ عَظِيمٍ﴿189﴾﴾[1].

2: قيمة الصبر: من خلال قصة موسى عليه السلام مع الخضر ﴿قَالَ سَتَجِدُنِي إِن شَاءَ اللَّهُ صَابِرًا وَلَا أَعْصِي لَكَ أَمْرًا﴾[2].

ومن خلال قصة يوسف عليه السلام وصبره على ظلم امرأة العزيز، قال تعالى:﴿قَالَ رَبِّ السِّجْنُ أَحَبُّ إِلَيَّ مِمَّا يَدْعُونَنِي إِلَيْهِ وَإِلاَّ تَصْرِفْ عَنِّي كَيْدَهُنَّ أَصْبُ إِلَيْهِنَّ وَأَكُن مِّنَ الْجَاهِلِينَ﴾[3].

ومن خلال قصة أيوب عليه السلام وصبره على المرض: ﴿وَخُذْ بِيَدِكَ ضِغْثًا فَاضْرِب بِّهِ وَلَا تَحْنَثْ إِنَّا وَجَدْنَاهُ صَابِرًا نِعْمَ الْعَبْدُ إِنَّهُ أَوَّابٌ﴾[4]. إلى غير ذلك من القيم التي جاءت في القصص القرآني العظيم.

وقد كان رسول الله صلى الله عليه وسلم يعمل على غرس القيم في نفوس مربيه باستخدام القصة كوسيلة تربوية للوصول إلى الهدف المنشود، وحوت السنة النبوية كثيرا من القصص الواقعية الصحيحة التي كان ولا تزال لها الأثر الكبير في نفوس من يقرأها.

---

(1) سورة الشعراء من (181-189).
(2) سورة الكهف (69).
(3) سورة يوسف (33).
(4) سورة ص (44).

**ومن هذه القصص ما يلي:**

1: قصة الثلاثة أصحاب الغار:

روى البخاري في صحيحه عن عَبْدَ اللَّهِ بْنَ عُمَرَ رَضِيَ اللَّهُ عَنْهُمَا قَالَ سَمِعْتُ رَسُولَ اللَّهِ صلى الله عليه وسلم يَقُولُ:(( انطَلَقَ ثَلَاثَةُ رَهْطٍ مِمَّنْ كَانَ قَبْلَكُمْ حَتَّى أَوَوْا المَبِيتَ إِلَى غَارٍ، فَدَخَلُوهُ، فَانْحَدَرَتْ صَخْرَةٌ مِنْ الجَبَلِ، فَسَدَّتْ عَلَيْهِمْ الغَارَ،فَقَالُوا: إِنَّهُ لَا يُنْجِيكُمْ مِنْ هَذِهِ الصَّخْرَةِ إِلَّا أَنْ تَدْعُوا اللَّهَ بِصَالِحِ أَعْمَالِكُمْ، فَقَالَ رَجُلٌ مِنْهُمْ: اللَّهُمَّ كَانَ لِي أَبَوَانِ شَيْخَانِ كَبِيرَانِ، وَكُنْتُ لَا أَغْبِقُ - شُرْب العَشِيّ - قَبْلَهُمَا أَهْلا وَلَا مَالا، فَنَأَى بِي فِي طَلَبِ شَيْءٍ يَوْما، فَلَمْ أُرِحْ عَلَيْهِمَا حَتَّى نَامَا، فَحَلَبْتُ لَهُمَا غَبُوقَهُمَا،فَوَجَدْتُهُمَا نَائِمَيْنِ، وَكَرِهْتُ أَنْ أَغْبِقَ قَبْلَهُمَا أَهْلا أَوْ مَالا، فَلَبِثْتُ وَالقَدَحُ عَلَى يَدَيَّ أَنْتَظِرُ اسْتِيقَاظَهُمَا،فَكَرِهْتُ أَنْ أُوقِظَهُمَا، وَالصِّبْيَةُ يَتَضَاغَوْنَ عِنْدَ رِجْلَيَّ، فَلَمْ يَزَل ذَلِكَ دَأْبِي وَدَأْبَهُمَا حَتَّى طَلَعَ الفَجْرُ، فَاسْتَيْقَظَا فَشَرِبَا غَبُوقَهُمَا. اللَّهُمَّ إِنْ كُنْتُ فَعَلتُ ذَلِكَ ابْتِغَاءَ وَجْهِكَ فَفَرِّجْ عَنَّا مَا نَحْنُ فِيهِ مِنْ هَذِهِ الصَّخْرَةِ، فَانْفَرَجَتْ شَيْئا لَا يَسْتَطِيعُونَ الخُرُوج.

وَقَالَ الآخَرُ: اللَّهُمَّ كَانَتْ لِي بِنْتُ عَمٍّ كَانَتْ أَحَبَّ النَّاسِ إِلَيَّ، فَأَرَدْتُهَا عَنْ نَفْسِهَا فَامْتَنَعَتْ مِنِّي حَتَّى أَلَمَّتْ بِهَا سَنَةٌ مِنَ السِّنِينَ،فَجَاءَتْنِي فَأَعْطَيْتُهَا عِشْرِينَ وَمِائَةَ دِينَارٍ عَلَى أَنْ تُخَلِّيَ بَيْنِي وَبَيْنَ نَفْسِهَا فَفَعَلَتْ، حَتَّى إِذَا قَدَرْتُ عَلَيْهَا قَالَتْ: اتَّقِ اللَّهَ وَلَا تَفُضَّ الخَاتَمَ إِلَّا بِحَقِّهِ، فَانْصَرَفْتُ عَنْهَا [فَقُمْتُ وَتَرَكْتُهَا] وَهِيَ أَحَبُّ النَّاسِ إِلَيَّ، وَتَرَكْتُ الذَّهَبَ الَّذِي أَعْطَيْتُهَا. اللَّهُمَّ إِنْ كُنْتُ فَعَلتُ ابْتِغَاءَ وَجْهِكَ فَافْرُجْ عَنَّا مَا نَحْنُ فِيهِ، فَانْفَرَجَتْ الصَّخْرَةُ غَيْرَ أَنَّهُمْ لَا يَسْتَطِيعُونَ الخُرُوجَ مِنْهَا.

وَقَالَ الثَّالِثُ: اللَّهُمَّ إِنِّي اسْتَأْجَرْتُ أُجَرَاءَ فَأَعْطَيْتُهُمْ أَجْرَهُمْ غَيْرَ رَجُلٍ وَاحِدٍ تَرَكَ الَّذِي لَهُ وَذَهَبَ، فَثَمَّرْتُ أَجْرَهُ حَتَّى كَثُرَتْ مِنْهُ الأَمْوَالُ، فَجَاءَنِي بَعْدَ حِينٍ فَقَالَ:يَا عَبْدَ اللَّهِ: أَدِّ إِلَيَّ أَجْرِي، فَقُلتُ لَهُ: كُلُّ مَا تَرَى مِنْ أَجْرِكَ مِنْ الإِبِلِ وَالبَقَرِ وَالغَنَمِ وَالرَّقِيقِ،فَقَالَ: يَا عَبْدَ اللَّهِ: لَا تَسْتَهْزِئُ بِي. فَقُلتُ:إِنِّي لَا أَسْتَهْزِئُ بِكَ، فَأَخَذَهُ كُلَّهُ، فَاسْتَاقَهُ، فَلَمْ يَتْرُكْ مِنْهُ شَيْئا، اللَّهُمَّ فَإِنْ كُنْتُ فَعَلتُ ذَلِكَ ابْتِغَاءَ وَجْهِكَ فَافْرُجْ عَنَّا مَا

نَحْنُ فِيهِ، فَانْفَرَجَتْ الصَّخْرَةُ فَخَرَجُوا يَمْشُونَ))[1].

- اشتملت هذه القصة على كثير من القيم التي يمكن غرسها في نفوس أبنائنا مثل قيمة الإخلاص لله تعالى في جميع الأعمال، وقيمة بر الوالدين،وقيمة التعرف على الله تعالى وقت الرخاء وتقديم الأعمال الصالحة حتى يعرفك الله تعالى وقت الشدة، كما اشتملت على قيمة الخوف من الله تعالى، وعدم اقتراف الموبقات؛ لأن الله تعالى مطلع على الإنسان ويراه، واشتملت القصة كذلك على قيمة حفظ حقوق الآخرين وعدم أكلها بالباطل، إلى غير ذلك من القيم الإسلامية التربوية التي يجب أن نربي عليها أبناءنا منذ الصغر.

2- **قصة خشبة المقترض:**ومن القصص التي جاءت في السنة النبوية قصة خشبة المقترض؛وهذه قصة خشبة المقترض الأمين فلننظر كيف يمكن أن نربي أبناءنا على الأمانة ورد الأمانة من خلال سرد القصص؟

روي عَنْ أَبِي هُرَيْرَةَ رضي الله عنه عَنْ رَسُولِ اللَّـهِ صلى الله عليه وسلم أَنَّهُ ذَكَرَ رَجُلا مِنْ بَنِي إِسْرَائِيلَ سَأَلَ بَعْضَ بَنِي إِسْرَائِيلَ أَنْ يُسْلِفَهُ أَلْفَ دِينَارٍ،فَقَالَ ائْتِنِي بِالشُّهَدَاءِ أُشْهِدُهُمْ فَقَالَ: كَفَى بِاللَّـهِ شَهِيدا.قَالَ: فَأْتِنِي بِالكَفِيلِ.قَالَ:كَفَى بِاللَّـهِ كَفِيلا. قَالَ: صَدَقْتَ،فَدَفَعَهَا إِلَيْهِ إِلَى أَجَلٍ مُسَمّى.فَخَرَجَ فِي البَحْرِ فَقَضَى حَاجَتَهُ،ثُمَّ التَمَسَ مَرْكَبا يَرْكَبُهَا يَقْدَمُ عَلَيْهِ لِلأَجَلِ الَّذِي أَجَّلَهُ فَلَمْ يَجِدْ مَرْكَبا،فَأَخَذَ خَشَبَةً فَنَقَرَهَا، فَأَدْخَلَ فِيهَا أَلْفَ دِينَارٍ وَصَحِيفَةً مِنْهُ إِلَى صَاحِبِهِ،ثُمَّ زَجَّجَ مَوْضِعَهَا،ثُمَّ أَتَى بِهَا إِلَى البَحْرِ فَقَالَ: اللَّهُمَّ إِنَّكَ تَعْلَمُ أَنِّي كُنْتُ تَسَلَّفْتُ فُلَانا أَلْفَ دِينَارٍ، فَسَأَلَنِي كَفِيلَا فَقُلْتُ:كَفَى بِاللَّـهِ كَفِيلا فَرَضِيَ بِكَ،وَسَأَلَنِي شَهِيدا فَقُلْتُ:كَفَى بِاللَّـهِ شَهِيدا فَرَضِيَ بِكَ وَأَنِّي جَهَدْتُ أَنْ أَجِدَ مَرْكَبا أَبْعَثُ إِلَيْهِ الَّذِي لَهُ فَلَمْ أَقْدِرْ وَإِنِّي أَسْتَوْدِعُكَهَا، فَرَمَى بِهَا فِي البَحْرِ حَتَّى وَلَجَتْ فِيهِ،ثُمَّ انْصَرَفَ وَهُوَ فِي ذَلِكَ يَلتَمِسُ مَرْكَبا يَخْرُجُ إِلَى بَلَدِهِ، فَخَرَجَ الرَّجُلُ الَّذِي كَانَ أَسْلَفَهُ يَنْظُرُ لَعَلَّ مَرْكَبا قَدْ جَاءَ بِمَالِهِ فَإِذَا بِالخَشَبَةِ الَّتِي فِيهَا المَالُ، فَأَخَذَهَا لِأَهْلِهِ حَطَبا، فَلَمَّا نَشَرَهَا وَجَدَ

(1) رواه البخاري (2152)ومسلم (2743) وأبو داود (3387) وأحمد (5937).

المَالَ وَالصَّحِيفَةَ،ثُمَّ قَدِمَ الَّذِي كَانَ أَسْلَفَهُ فَأَتَى بِالألفِ دِينَارٍ،فَقَالَ: وَاللَّـهِ مَا زِلتُ جَاهِدا فِي طَلَبِ مَرْكَبٍ لِآتِيَكَ بِمَالِكَ فَمَا وَجَدْتُ مَرْكَبا قَبْلَ الَّذِي أَتَيْتُ فِيهِ، قَالَ: هَل كُنْتَ بَعَثْتَ إِلَيَّ بِشَيْءٍ؟ قَالَ: أُخْبِرُكَ أَنِّي لَمْ أَجِدْ مَرْكَبا قَبْلَ الَّذِي جِئْتُ فِيهِ،قَالَ فَإِنَّ اللَّـهَ قَدْ أَدَّى عَنْكَ الَّذِي بَعَثْتَ فِي الخَشَبَةِ فَانْصَرِفْ بِالألفِ الدِّينَارِ رَاشِدا))[1].

• بينت هذه القصة فَضْل التَّوَكُّل عَلَى اللَّـهِ وَأَنَّ مَنْ صَحَّ تَوَكُّله تَكَفَّلَ اللَّه بِنَصْرِهِ وَعَوْنه.فما أحوج الإنسان في زمن طغت فيه المادة ، وتعلق الناس فيه بالأسباب ـ إلا من رحم اللـه ـ إلى أن يجدد في نفسه قضية الثقة بالله ، والاعتماد عليه في قضاء الحوائج ، وتفريج الكروب ، فقد يتعلق العبد بالأسباب ، ويركن إليها ، وينسى مسبب الأسباب الذي بيده مقاليد الأمور ، وخزائن السماوات والأرض.

• إن هذه القصة تدل على عظيم لطف اللـه وحفظه ، وكفايته لعبده إذا توكل عليه وفوض الأمر إليه ، وآثر التوكل على اللـه في قضاء الحاجات.

• كما بينت هذه القصة قيمة إحسان الظن بالله تعالى في جميع الأحوال ، و اللـه عز وجل عند ظن العبد به ، فإن ظن به الخير كان اللـه له بكل خير أسرع ، وإن ظن به غير ذلك فقد ظن بربه ظن السوء.

3: **قصة ابن عمر والراعي:**قال نافع: خرجت مع ابن عمر في بعض نواحي المدينة ومعه أصحاب له فوضعوا سفرة فمر بهم راع،فقال له عبد اللـه: هلم يا راعي فأصب من هذه السفرة.

فقال: إني صائم.فقال له عبد اللـه: في مثل هذا اليوم الشديد حره وأنت في هذه الشعاب في آثار هذه الغنم وبين الجبال ترعى هذه الغنم وأنت صائم؟فقال الراعي: أبادر أيامي الخالية فعجب ابن عمر،وقال: هل لك أن تبيعنا شاة من غنمك نجتزرها ونطعمك من لحمها ما تفطر عليه وتعطيك ثمنها؟قال: إنها ليست لي إنها لمولاي.قال: فما عسيت أن يقول لك مولاك إن قلت أكلها الذئب...؟! فمضى الراعي وهو رافع إصبعه إلى السماء

(1) رواه البخاري (2169) وأحمد (8381).

وهو يقول فأين الله؟ قال: فلم يزل ابن عمر يقول: قال: الراعي فأين الله؟

فما عدا أن قدم المدينة فبعث إلى سيده فاشترى منه الراعي والغنم فأعتق الراعي ووهب له الغنم. [1]

فهذه القصة احتوت على كثير من القيم ومنها:

قيمة الكرم: فعبد الله بن عمر لم يستأثر بالسفرة مع أصحابه دون الراعي، وقد مر بهم، بل دعاه ليأكل معهم.

وكذلك اشتملت على قيمة الصيام: وأن الراعي على الرغم من أنه يعمل عملا شاقا وفي يوم حار لكنه يحتسب ذلك ليوم الحساب والجزاء.

وكيف أن ابن عمر رضي الله عنهما أحب أن يختبر أمانة الراعي، فأعجبه جوابه،وقيل: إنه بكى لقول الراعي، وهو رافع إصبعيه إلى السماء ويقول: فأين الله؟

وهنا درس عظيم وهو تنمية الصلة بالله وخشيته في الغيب والشهادة، وغرس روح المراقبة في النفوس.

بينت القصة قيمة عظيمة وهي: (أن من ترك شيئا لله عوضه الله خيرا منه ) فالراعي كان عاملا، يأكل من تعب يده، برعي الغنم، وكان مع ذلك عابدا يصوم في النهار حتى في الأيام الحارة، وكان أمينا في عمله، يراقب الله عز وجل في نفسه،وأنه مطلع عليه؛ فصلته بالله قوية ولذلك رفض المكسب الحرام مع أنه قادر عليه، ومتمكن منه، ولم يستغل عمله وأمانته، ولم يسرق منها فأعقبه الله الحسنى،فعندما رأى عبد الله بن عمر تلك الصفات أعتقه واشترى له الغنم ووهبه له،فمن عبد يرعى غنم صاحبه إلى حر يملك غنما كثيرا

---

(1) عبد الرحمن بن علي بن محمد أبو الفرج، ابن الجوزي : صفوة الصفوة ، تحقيق : محمود فاخوري - د.محمد رواس قلعه جي، دار المعرفة –بيروت،الطبعة الثانية ، 1399هـ- 1979م، (188/2).

وإنها قيمة عظيمة يجب تربية الأبناء عليها (( من ترك شيئا لله عوضه الله خيرا منه ))

إنها قاعدة لو شربها أطفالنا منذ الصغر لجنبتهم الكثير من الحرام والمنكرات في الكبر[1].

وتبيين ـ من خلال هذه القصة ـ قيمة الأمانة، وكيفية المحافظة عليها، وردها إلى أهلها.

وإن شبابنا كذلك في حاجة إلى قصص شباب الصحابة وهؤلاء الأبطال الذين رفعوا راية الإسلام وكانوا ذوي همة عالية في جميع أحوالهم، همة في طلب العلم، همة في الدعوة إلى الله، همة في الشجاعة والدفاع عن هذا الدين.

وإن التحديات التي يواجهها شبابنا اليوم من غزو فكري وطمس لهوية الشاب، ودعوته إلى الميوعة والخلاعة والتخلي عن هذا الدين ليؤكد أن على المربين واجبا كبيرا أمام تلك التحديات والأخذ بأيدهم إلى بر الأمان متمسكين بدينهم عاضين عليه بالنواجذ.

ويدعو الباحث أصحاب الأقلام الأدبية ومن يروون القصص إلى الصدق في القول والرواية، وإلى الابتعاد عن القصص التي تثير الرعب والخوف في نفوس الأبناء، ومراعاة خصائص النمو العقلي للطفل؛ حتى تكون عامل بناء لا عامل هدم لقيم أبنائنا وبناتنا.

لذلك لابد أن يربط الولد بأنبياء الله عز وجل: ﴿أُولَئِكَ الَّذِينَ هَدَى اللَّهُ فَبِهُدَاهُمُ اقْتَدِه﴾[2] وبرسول الله صلى الله عليه وسلم : ﴿لَقَدْ كَانَ لَكُمْ فِي رَسُولِ اللَّهِ أُسْوَةٌ حَسَنَةٌ﴾[3].

وتربيتهم على ما كان عليه صحابة رسول الله صلى الله عليه وسلم .

---

(1) محمد بن صالح المنجد : التربية بالقصة ص(16).
(2) سورة الأنعام (90).
(3) سورة الأحزاب (21).

والقصة خير وسيلة للوصول إلى ذلك ولهذا كان النبي صلى الله عليه وسلم كثيرا ما يقص على أصحابه قصص السابقين للعظة والاعتبار وقد كان ما يحكيه مقدّما بقوله: (( كان فيمن قبلكم )) ثم يقص صلى الله عليه وسلم على مسامعهم القصة وما انتهت إليه. لقد كان النبي صلى الله عليه وسلم يتمثل منهجا ربانيا ﴿فَاقْصُصِ الْقَصَصَ لَعَلَّهُمْ يَتَفَكَّرُونَ﴾[1].

وتلك القصص كانت قصصا تتميز بالواقعية والصدق، لأنها تهدف إلى تربية النفوس وتهذيبها، وليس لمجرد التسلية والإمتاع حيث كان الصحابة ـ رضي الله عنهم يأخذون من كل قصة العظة والعبرة، كما يخرجون منها بدرس تربوي سلوكي مستفاد ينفعه وينفع من بعدهم.

فممّا لا شكّ فيه أنّ القصة المحكمة الدقيقة تطرق السامع بشغف، وتنفذ إلى النفس البشرية بسهولة ويسر... ولذا كان الأسلوب القصصي أجدى نفعا وأكثر فائدة؛ فالقصة أمر محبب للناس، وتترك أثرها في النفوس.

(1) سورة الأعراف (176).

## المبحث الثالث

### بناء وتنمية القيم بالترغيب والترهيب

من الأساليب التربوية في بناء القيم أسلوب الترغيب والترهيب؛ ذلك أن النفس البشرية يعتريها التقلب والتغير ففيها إقبال وإدبار، فيستخدم معها الترغيب تارة والترهيب تارة أخرى حسب حالها.

والترغيب وعد يصحبه تحبيب وإغراء، بمصلحة أو لذة أو متعة آجلة،مؤكدة، خيرة، خالية من الشوائب، مقابل القيام بعمل صالح أو الامتناع عن لذة ضارة أو عمل سيء ابتغاء مرضاة الله، وذلك رحمة من الله بعباده.

والترهيب وعيد وتهديد بعقوبة تترتب على اقتراف إثم أو ذنب مما نهى الله عنه أو على التهاون في أداء فريضة مما أمر الله به[1].

والمسلم يتوجه إلى فعل الفضيلة لأنها تحقق له سعادة في الدنيا والآخرة، وأما فعل الرذائل فهو شر فتجد المسلم يبتعد عنه لأنه يحقق له هلاكا في الدنيا والآخرة.

وحينما يثاب الإنسان على فعل الخير فإنه يزيد من فعله، وإذا زجر عن فعل الشر فتجد أنه ينتهي عنه، ولذا فينبغي إثابة المتعلم حينما يقبل على فعل الخير.

يقول الغزالي: ((إذا ظهر من الصبي خلق جميل، وفعل محمود فإنه ينبغي أن يكرم عليه ويجازى عليه مما يفرح به ويمدح أمام الناس لتشجيعه على الأخلاق الكريمة والأفعال الحميدة، وإذا حدث منه ما يخالف ذلك، وستره الصبي واجتهد في إخفاءه، تغافل عنه المربي وتظاهر بأنه لا يعرف شيئا عما فعل حتى لا يخجله، فإن عاد ثانية إلى الخطأ عوقب سرا وبين له نتيجة خطئه، وأرشد إلى الصواب وحذر من العودة إلى مثل هذا الخطأ، خوفا من أن يفتضح أمره بين الناس[2].

---

(1) عبد الرحمن النحلاوي : أصول التربية وأساليبها ص(287).
(2) أبوحامد الغزالي: إحياء علوم الدين (63/3).

فالغزالي يسبق علماء النفس التربويين في أنـه لا بـد مـن التـدرج في الجـزاء وأن هنـاك جـزاء ثانويا يتمثل في التشجيع والمكافأة والعتاب والتحذير والإرشاد باللين إلى الخطأ- هذا الجزاء له أثره الكبير في التربية والتعليم ولا يترك آثارا سلبية كما في الجزاء الأولي.

ولقد استخدم القرآن الكريم هذا الأسلوب في تربية المسلمين على القيم الإسلامية التربويـة، حتى تعلق المسلمون بالنعيم المقيم الذي وعد اللـه تعالى به فعاشوا في رجاء وطمع في جنة اللـه تعالى، كما عاشوا في خوف من عقاب اللـه عز وجل لمن لم يلتزم بقيم الإسلام وتعاليمـه، فجمعـوا بين الخوف والرجاء.

ففي قيمة الصبر يقول تعالى:﴿وَلَنَبْلُوَنَّكُمْ بِشَيْءٍ مِنَ الخَوْفِ وَالجُوعِ وَنَقْصٍ مِنَ الأَمْوَالِ وَالأَنْفُسِ وَالثَّمَرَاتِ وَبَشِّرِ الصَّابِرِينَ) )الَّذِينَ إِذَا أَصَابَتْهُمْ مُصِيبَةٌ قَالُوا إِنَّا لِلَّـهِ وَإِنَّا إِلَيْهِ رَاجِعُونَ﴾[1].

وفي قيمة التقوى يقول تعالى: ﴿بَلَى مَنْ أَوْفَى بِعَهْدِهِ وَاتَّقَى فَإِنَّ اللَّـهَ يُحِبُّ المُتَّقِينَ﴾[2].

وفي قيمة الطاعة لله ورسوله يقول تعالى: ﴿وَمَنْ يُطِعِ اللَّـهَ وَالرَّسُولَ فَأُولَئِكَ مَعَ الَّـذِينَ أَنْعَمَ اللَّـهُ عَلَيْهِمْ مِنَ النَّبِيِّينَ وَالصِّدِّيقِينَ وَالشُّهَدَاءِ وَالصَّالِحِينَ وَحَسُنَ أُولَئِكَ رَفِيقًا﴾[3].

وفي مجمل العمل الصالح يقول اللـه تعالى:﴿مَنْ جَاءَ بِالحَسَنَةِ فَلَهُ عَشْرُ أَمْثَالِهَا وَمَنْ جَاءَ بِالسَّيِّئَةِ فَلا يُجْزَى إِلَّا مِثْلَهَا وَهُمْ لا يُظْلَمُونَ﴾[4]. ويقول تعالى ﴿مَنْ عَمِلَ صَالِحًا مِنْ ذَكَرٍ أَوْ أُنْثَى وَهُوَ مُؤْمِنٌ فَلَنُحْيِيَنَّهُ حَيَاةً طَيِّبَةً وَلَنَجْزِيَنَّهُمْ أَجْرَهُمْ بِأَحْسَنِ مَا كَانُوا يَعْمَلُونَ﴾[5].

---

(1) سورة البقرة (155-156).
(2) سورة آل عمران (76).
(3) سورة النساء (69).
(4) سورة الأنعام (160).
(5) سورة النحل (97).

ويقول تعالى: ﴿وَسَارِعُوا إِلَى مَغْفِرَةٍ مِنْ رَبِّكُمْ وَجَنَّةٍ عَرْضُهَا السَّمَاوَاتُ وَالأَرْضُ أُعِدَّتْ لِلْمُتَّقِينَ﴾[1]. ويقول تعالى: ﴿وَلِمَنْ خَافَ مَقَامَ رَبِّهِ جَنَّتَانِ﴾[2] إلى غير ذلك من الآيات التي ترغب الناس في العمل الصالح.

ق وإن سرق على رغم أنف أبي ذر»[3].

وعن أبي هريرة رضي الله عنه قال كنا قعودا حول رسول الله صلى الله عليه وسلم معنا أبو بكر وعمر في نفر فقام رسول الله صلى الله عليه وسلم من بين أظهرنا فأبطأ علينا وخشينا أن يقتطع دوننا، وفزعنا فقمنا فكنت أول من فزع، فخرجت أبتغي رسول الله صلى الله عليه وسلم حتى أتيت حائطا للأنصار لبني النجار فدرت به هل أجد له بابا فلم أجد، فإذا ربيع يدخل في جوف حائط من بئر خارجة -والربيع الجدول- فاحتفزت كما يحتفز الثعلب فدخلت على رسول الله صلى الله عليه وسلم فقال:«أبو هريرة؟» فقلت: نعم يارسول الله، قال:«ما شأنك؟» قلت: كنت بين أظهرنا فقمت فأبطأت علينا، فخشينا أن تقتطع دوننا، ففزعنا فكنت أول من فزع، فأتيت هذا الحائط فاحتفزت كما يحتفز الثعلب، وهؤلاء الناس ورائي، فقال:«يا أبا هريرة» -وأعطاني نعليه- قال:«اذهب بنعلي هاتين فمن لقيت من وراء هذا الحائط يشهد أن لا إله إلا الله مستيقنا بها قلبه فبشره بالجنة»[4].

وعن أبي هريرةرضي الله عنه قال: قال رسول الله صلى الله عليه وسلم (( لو يعلم المؤمن ما عند الله من العقوبة ما طمع في جنته أحد، ولو يعلم الكافر ما عند الله من الرحمة ما قنط من جنته أحد))[5].

وعن عبد الله بن مسعود رضي الله عنه أن رسول الله صلى الله عليه وسلم قال: ((الجنة أقرب إلى أحدكم من شراك نعله والنار كذلك))[6]

(1) سورة النحل (133).
(2) سورة الرحمن (46).
(3) رواه البخاري (5489) ومسلم (94) وأحمد (20955) والترمذي (2644).
(4) رواه مسلم (31).
(5) رواه مسلم (2755) والترمذي (3542) وأحمد (28210).
(6) رواه البخاري (6123) وأحمد (3658).

إلى غير ذلك من الأحاديث التي استخدم فيها النبي صلى الـلـه عليه وسلم أسلوبي الترغيب والترهيب في يناء وتنمية القيم الإسلامية لدى المتعلمين.

والمتأمل في الواقع يلحظ أننا كثيرا ما نعتني بالترهيب ونركز عليه، وهو أمر مطلوب والنفوس تحتاج إليه، لكن لابد أن يضاف لذلك الترغيب، من خلال الترغيب في نعيم الجنة وثوابها، وسعادة الدنيا لمن استقام على طاعة الـلـه، وذكر محاسن الإسلام وأثر تطبيقه على الناس.

وعند تطبيق الترغيب والترهيب ينبغي للمربي مراعاة ما يلي:

1: أن يكون الترغيب خطوة أولى يتدرج الطفل بعدها إلى الترغيب فيما عند الـلـه من ثـواب دنيوي وأخروي، فمثلا يرغب الطفل في حسن الخُلق بالمكافأة ثم يقال له أحسن خلقـك لأجـل أن يحبك والدك وأمك، ثم يقال ليحبك الـلـه ويرضى عنك، وهذا التدرج يناسب عقلية الطفل[1]

2: أن لا تتحول المكافأة إلى شرط للعمل، ويتحقق ذلك بأن لا يثاب الطفل على عمل واجب كأكله وطعامه أو ترتيبه غرفته، بل تقتصر المكافأة على السلوك الجديد الصحيح[2].

3: في مرحلة الطفولة المبكرة، ينبغي أن تكون المكافأة بعـد العمـل مبـاشرة حتـى لا يـتعلم الكذب وإخلاف الوعد، وفي المرحلة المتأخرة يحسن أن نـؤخر المكافـأة بعـد وعـده ليـتعلم العمـل للآخرة ولأنه ينسى تعب العمل فيفرح بالمكافأة.

وهناك بعض الضوابط ينبغي مراعاتها في حالة الترهيب:

1: يجب إيقاع العقوبة بعد الخطأ مباشرة مع بيان سببها وإفهام الطفـل خطـأ سـلوكه، لأنـه ربما ينسى ما فعل إذا تأخرت العقوبة.

2: إذا كان خطأ الطفل ظاهرا أمام إخوانه وأهـل البيـت فتكـون معاقبتـه أمـامهم، لأن ذلـك سيحقق وظيفة تربوية للأسرة كلها.

---

(1) انظر: منهج التربية الإسلامية، محمد قطب: ص( 377- 378).

(2) انظر: الثواب والعقاب، أحمد علي بديوي، ص( 61- 62).

3: إذا كانت العقوبة هي الضرب فينبغي مراعاة ما يلي:

ـ ألا يلجأ المربي إلى الضرب إلا بعد استنفاد جميع الوسائل التأديبية والزجرية.

ـ ألا يضرب وهو في حالة غضب شديدة مخافة إلحاق الضرر بالولد.

ـ أن يتجنب الضرب على الوجه أو الرأس او الصدر والبطن.

ـ أن يكون الضرب في المرات الأولى من العقوبة غير شديد وغير مؤلم، وأن يكون على اليدين.

ـ إذا كانت الهفوة من الولد لأول مرة فيعطى له الفرصة أن يتوب عما اقترف، ويعتذر عما فعل، ويتاح له المجال لتوسط الشفعاء ليحولوا ظاهرا دون العقوبة مع أخذ العهد عليه[1]. وإذا ذكر الطفل ربه واستغاث به فيجب إيقاف الضرب، تعظيما لله تعالى وتربية الطفل على تعظيم الله تعالى.

لعل أكثر ما تعانيه الأجيال كثرة الترهيب والتركيز على العقاب البدني، وهذا يجعل الطفل قاسيا في حياته فيما بعد أو ذليلا ينقاد لكل أحد، ولذا ينبغي أن يتدرج في العقوبة لأن أمد التربية طويل وسلم العقاب قد ينتهي بسرعة إذا بدأ المربي بآخره وهو الضرب.

كما أن الإكثار من الترهيب قد يكون سببا في تهوين الأخطاء والاعتياد على الضرب ولذا ينبغي الحذر من تكرار عقاب واحد بشكل مستمر وكذلك إذا كان أقل من اللازم.

وعلى المربي أن لا يكثر من التهديد دون العقاب لأن ذلك سيؤدي إلى استهتاره بالتهديد فإذا أحس المربي بذلك فعليه أن ينفذ العقوبة ولو مرة واحدة ليكون مهيبا.

والخروج عن الاعتدال في الإثابة يعوِّد على الطمع ويؤدي إلى عدم قناعة الطفل إلا بمقدار أكثر من السابق

كما يجب على المربي أن يبتعد عن السب والشتم والتوبيخ أثناء معاقبته للطفل لأن ذلك يفسده ويشعره بالذلة والمهانة كما أن على المربي أن يبين للطفل أن العقاب

---

(1) انظر: تربية الأولاد في الإسلام، عبد الله ناصح علوان، (2/727- 728).

لمصلحته لا حقدا عليه

وليحذر المربي من أن يترتب على الترهيب والترغيب الخوف من المخلوقين خوفا يطغى على الخوف من الخالق سبحانه، فيخوِّف الطفل من اللـه قبل كل شيء، ومن عقابه في الدنيا والآخرة، وليحذر أن يغرس في نفسه مراعاة نظر الخلق والخوف منهم دون مراقبة الخالق والخوف من غضبه وليحذر كذلك من تخويف الطفل بالشرطي أو الطبيب أو الظلام أو غيرها؛ لأنه يحتاج إلى هؤلاء؛ ولأن خوفه منهم يجعله جبانا

كما ينبغي أن يتناسب الترهيب والترغيب مع عمر الطفل، ففي السنة الأولى والثانية يكون تقطيب الوجه كافيا عادة أو حرمانه من شيء يحبه، وفي السنة الثالثة حرمانه من ألعابه التي يحبها أو من الخروج إلى الملعب

أن يتناسب مع الخطأ، فإذا أفسد لعبته أو أهملها يحرم منها، وإذا عبث في المنزل عبثا يصلح بالترتيب كُلِّف بذلك، ويختلف عن العبث الذي لا مجال لإصلاحه

أن يتناسب مع شخصية الطفل، فمن الأطفال من يكون حساسا لينا ذا حياء يكفيه العتاب، ومنهم من يكون عنيدا فلا ينفع معه إلا العقاب

أن يتناسب مع المواقف، فأحيانا يكون الطفل مستخفيا بالخطأ فيكون التجاهل والعلاج غير المباشر هو الحل الأمثل، وإن عاد إليه عوقب سرا، لأنه إن هتك ستره نزع عنه الحياء فأعلن ما كان يسر

وقد يخطئ الطفل أمام أقاربه أو الغرباء فينبغي أن يكون العقاب بعد انفراد الطفل عنهم، لأن عقابه أمامهم يكسر نفسه فيحس بالنقص[1] وقد يعاند ويزول حياؤه من الناس، وينبغي المراوحة بين أنواع الثواب والعقاب لأن التكرار يفقد الوسيلة أثرها.

كما ينبغي مراعاة الفروق الفردية في التربية فالولد البالغ أو المراهق يكون عقابه على انفراد لأنه أصبح كبيرا ويجب أن يحترمه إخوانه الصغار، ويعاتَب أمامهم عتابا إذا

_____

(1) انظر: تذكرة الآباء، عمر بن أحمد الحلبي، ص 62، وكيف يربي المسلم ولده، محمد مولوي ص (247- 248).

كان الخطأ معلنا، لأن تأنيبه والقسوة عليه في الكلام يحدثان خللا في العلاقة بين المراهق والمربي

ويكون ذلك أوجب في حق الولد البكر من الذكور لأنه قدوة، وهو رجل البيت إذا غاب والده أو مرض أو مات.

ومن الفروق الفردية جنس الطفل، فالبنت يكفيها من العتاب ما لا يكفي الذكر عادة لأن جسدها ضعيف وهي تخاف أكثر وتنقاد بسهولة[1].

وليعلم أن القسوة في عقاب الطفل تعلمه الخور، والجبن و عدم تحمل المسؤولية؛ قال ابن خلدون في مقدمته:( إن الشدة على المتعلمين مضرة بهم،وذلك أن إرهاف الحد بالتعليم مضر ـ بالمتعلم سيما في أصاغر الولد؛ لأنه من سوء الملكة، ومن كان مرباه بالعسف والقهر من المتعلمين أو المماليك أو الخدم سطا به القهر،وضيق عن النفس في انبساطها، وذهب بنشاطها، ودعاه إلى الكسل، وحمل على الكذب والخبث وهو التظاهر بغير ما في ضميره خوفا من انبساط الأيدي بالقهر عليه، وعلمه المكر والخديعة لذلك؛ وصارت له هذه عادة وخلقا، وفسدت معاني الإنسانية التي له من حيث الاجتماع والتمرن وهي الحمية والمدافعة عن نفسه ومنزله،وصار عيالا على غيره في ذلك، بل وكسلت النفس عن اكتساب الفضائل والخلق الجميل فانقبضت عن غاياتها، ومدى إنسانيتها فارتكس، وعاد في أسفل السافلين[2].

من هنا يتضح لنا أن أسلوب الترغيب والترهيب من الأساليب المؤثرة نفسيا في مختلف الأفراد بالإيحاء والاستهواء والتحفيز وإثارة نوازع الخير في النفس البشرية، واستغلال ميولها الفطرية، فيما يفيدها ويحقق سعادتها وسرورها واجتنابها لما يؤذيها ويكون مصدر شقائها وآلامها[3].

---

(1) انظر: ليلى بنت عبد الرحمن الجريبة : كيف تربي ولدك ص(49-54).
(2) ابن خلدون: المقدمة ص (540).
(3) وضحة السويدي: تنمية القيم الخاصة بمادة التربية الإسلامية لدى تلميذات المرحلة الإعدادية بدول قطر، دار الثقافة ، الدوحة ، قطر –ط1 1409هـ –1989م ص(100-101).

# المبحث الرابع

## بناء القيم وتنميتها بالعادة.

ومن الأساليب المؤثرة في بناء القيم وتنميتها (العادة) وتعني: تعويد الابن على التزام القيم الإسلامية منذ الصغر، وهذا أمر سهل ويسير إذا توفرت له البيئة الصالحة والمربي الفاضل، وذلك لأن الطفل يولد صفحة بيضاء، فقد قال رسول الله صلى الله عليه وسلم : ( كل مولود يولد على الفطرة، فأبواه يهودانه، أو ينصرانه أو يمجسانه )[1].

يقول أبو حامد الغزالي: (والصبي أمانة عند والديه، وقلبه الطاهر جوهرة نفيسة، ساذجة خالية عن كل نقش وصورة،وهو قابل لكل ما نقش، ومائل إلى كل ما يمال به إليه؛ فإن عود الخير وعلمه؛ نشأ عليه،وسعد في الدنيا والآخرة، وشاركه في ثوابه أبوه، وكل معلم له ومؤدب،وإن عود الشر وأهمل إهمال البهائم شقي، وهلك، وكان الوزر في رقبة القيم عليه والوالي له، وقد قال الله عز وجل: ﴿يَا أَيُّهَا الَّذِينَ آمَنُوا قُوا أَنْفُسَكُمْ وَأَهْلِيكُمْ نَارًا﴾[2] ومهما كان الأب يصونه عن نار الدنيا، فبأن يصونه عن نار الآخرة أولى، وصيانته:بأن يؤدبه ويهذبه ويعلمه محاسن الأخلاق، ويحفظه من القرناء السوء)[3] .

يقول الشيخ عبد الله ناصح علوان ( إن التربية بالعادة والتأديب هي من أقوم دعائم التربية،ومن أمتن وسائلها في تنشئة الولد إيمانيا وتقويمه خلقيا؛ ذلك لأنها تعتمد على الملاحظة، وتقوم على الترغيب والترهيب.. ولا شك أن تأدب الولد وملاحقته منذ الصغر هي التي تعطي أفضل النتائج، وأطيب الثمرات، بينما التأديب في الكبر من المشقة لمن يريد الكمال والأثر.[4] ورحم الله من قال:

---

(1) سبق تخريجه.
(2) سورة التحريم (6).
(3) أبو حامد الغزالي: إحياء علوم الدين (72/2).
(4) عبد الله ناصح علوان : تربية الأولاد في الإسلام (651/2).

**قد ينفع الأدب الأولاد في صغر وليس ينفعهم من بعده أدب**

**إن الغصون اذا عدلتها اعتدلت ولا تلين ولو لينته الخشب**

وكذلك قالوا: ( العادة تحكم العبادة ) والذي لم يتعود الصلاة مثلا منذ صغره تجدها ثقيلة عليه في الكبر، ومن لم يتعود تلاوة القرآن منذ صغره يثقل تلاوته عندما يتقدم به العمر فالعادة حقا تحكم العبادة.و قالوا: (العلم في الصغر كالتقش في الحجر).

العادة تؤدى مهمة كبيرة في حياة البشرية. فهى توفر قسطا كبيرا من الجهد البشري- بتحويله إلى عادة سهلة ميسرة- لينطلق هذا الجهد في ميادين جديدة من العمل والإنتاج والإبداع. ولولا هذه الموهبة التى أودعها الله في فطرة البشر لقضّوا حياتهم يتعلمون المشى- أو الكلام أو الحساب!.

والإسلام يستخدم العادة وسيلة من وسائل التربية؛ فيحول الخير كله إلى عادة تقوم بها النفس بغير جهد، وبغير كد، وبغير مقاومة.

وحينما يربي الإسلام الفرد المسلم بالعادة فإنه يرغب في فعلها واعتيادها ويعطي الأجر الجزيل على تكرار العبادة حتى تصبح أمرا لا ينفك عن المسلم، وخذ على ذلك عبادة الصلاة حيث يكررها المسلم في اليوم خمس مرات، ويصبح من يعتاد المساجد مشهودا له بالإيمان.

وقد استخدم الإسلام طريقة عجيبة في ترسيخ القيم وتنميتها عن طريق العادة، فيبدأ أولا بالترغيب في القيمة الإسلامية، حتى إذا تعلقت بها النفس واشتاقت إليها وأحبتها في نفس الحال تتحول إلى عادة وتصبح سلوكا مكررا يوميا لا تنفك عنه، ففى الحال يحولها إلى عادة! عادة مشتبكة بزمان ومكان وأشخاص. فيصلى مع المسلمين وتصبح الصلاة عادة. ويستمع معهم القرآن، ويصبح استماع القرآن عادة. ويتواد معهم وتصبح المودة عادة. ويحتمل معهم الكروب ويصبح احتمال الكروب في سبيل العقيدة عادة!.

وكذلك كل قيمة من قيم الإسلام، تبدأ بإحياء الرغبة ثم تتحول إلى عمل حي لا يكلف أداؤه شيئا من الجهد وهو مع ذلك رغبة واعية تخلط معها المشاعر والأحاسيس الوجدانية.

يقول الشيخ محمد قطب: (ومن وسائل التربية: التربية بالعادة أي تعويد الطفل على أشياء معينة حتى تصبح عادة ذاتية له، يقوم بها من دون حاجة إلى توجيه، ومن أبرز أمثلة العادة في منهج التربية الإسلامية شعائر العبادة وفي مقدمتها الصلاة، فهي تتحول بالتعويد إلى عادة لصيقة بالإنسان لا يستريح حتى يؤديها. وليست الشعائر التعبدية وحدها هي العادات التي ينشئها منهج التربية الإسلامية، ففي الواقع كل أنماط السلوك الإسلامي، «مثل حجاب المرأة المسلمة، وعدم اختلاط الرجال بالنساء غير المحارم»، وكل الآداب والأخلاق الإسلامية آداب الطعام والشراب ينشئها منهج التربية الإسلامية. وقد كانت كلها أمورا جديدة على المسلمين فعودهم رسول الله صلى الله عليه وسلم إياها ورباهم عليها بالقدوة والتلقين والمتابعة والتوجيه حتى صارت عادات متأصلة في نفوسهم، وطابعا مميزا لهم[1].

وحينما نقوم ببناء القيم الإسلامية لدى الصغار فإن منهج الإسلام في ذلك يعتمد على شيئين أساسيين:

1- التلقين وهو الجانب النظري.

2- التعويد وهو الجانب العملي في التربية.

فمن التلقين: أن الرسول الله صلى الله عليه وسلم أمر المربين أن يلقنوا أولادهم كلمة لا إله إلا الله، ومن هنا سُن الآذان في أذن المولود.

ومن التعويد: قال صلى الله عليه وسلم : (( مُروا أولادكم بالصلاة وهم أبناء سبع سنين واضربوهم عليها وهم أبناء عشر وفرّقوا بينهم في المضاجع))[2]. حتى تصبح الصلاة عنده خلقا وعادة وعندما يبلغ تصبح عبادة[3].

---

(1) محمد قطب : منهج التربية الإسلامية ص(381).
(2) سبق تخريجه.
(3) انظر : عبد الله ناصح علوان : تربية الأولاد في الإسلام (2/647-648).

وحينما نريد تنمية القيم الإسلامية لدى الشباب فإن منهج الإسلام في تنمية القيم يقوم على أسس ثلاثة وهي:

1- الربط بالعقيدة: فيتولد عند الكبير الشعور بالمراقبة، والخشية من الله في السر والعلن، وهذا يقوِّي في نفسه الإرادة الذاتية؛ فيكف عن المحرمات، ويتحلى بأكرم الأخلاق.

2- تعرية الشر: يقتنع الكبير بترك المفاسد، ويعزم كل العزم على التخلي عن الرذائل، بل يكون عنده الطمأنينة النفسية والقلبية لهجر كل ما هو آثم وفاجر.

3- تغيير البيئة الاجتماعية: فالبئية الصالحة لها أثرها في إصلاح الفرد وتربيته وإعداده[1].

ومن خلال غرس القيم وتنميتها بالعادة يتعود الخلق الكريم وكثيرا من القيم الإسلامية وتصبح سلوكا ومنهجا في الحياة؛لقول النبي صلى الله عليه وسلم :(( إذا رأيتم الرجل يعتاد المساجد فاشهدوا له بالإيمان))[2] وهو لم يعتد المساجد في كبره إلا لأنه نشأ على هذا الأمر منذ صغره.

وفي أمر الصوم والتعود عليه تقول أم عطية: ((كنا نصوم صبياننا فإذا بكوا أشغلناهم باللعب حتى يأتي وقت الأذان)).[3]

وترجع أهمية التربية بالعادة إلى أن حسن الخلق بمعناه الواسع يتحقق من وجهين، (الأول): الطبع والفطرة، (والثاني): التعود والمجاهدة، ولما كان الإنسان مجبولا على الدين والخلق الفاضل كان تعويده عليه يرسخه ويزيده: يقول الغزالي: (قد عرفت أن حسن الخلق يرجع إلى اعتدال قوة العقل وكمال الحكمة وإلى اعتدال قوة الغضب والشهوة وكونها للعقل مطيعة،وللشرع أيضا وهذا الاعتدال يحصل على وجهين:

أحدهما: بجود إلهي وكمال فطري؛ بحيث يخلق الإنسان ويولد كامل العقل حسن الخلق قد كفى سلطان الشهوة والغضب، بل خلقتا معتدلتين منقادتين للعقل والشرع

---

(1) انظر : عبد الله ناصح علوان : تربية الأولاد في الإسلام (2/641-646).
(2) رواه الترمذي (3093) وابن ماجة (786) وأحمد (27308) والدارمي (1223).
(3) رواه البخاري (1859 ) ومسلم (136).

فيصير عالما بغير تعليم، ومؤدبا بغير تأديب كعيسى بن مريم ويحيى بن زكريا عليهما السلام، وكذا سائر الأنبياء صلوات الله عليهم أجمعين، ولا يبعد أن يكون في الطبع والفطرة ما قد ينال بالاكتساب فرب صبي خلق صادق اللهجة سخيا،وربما يخلق بخلافه فيحصل ذلك فيه بالاعتياد ومخالطة المتخلقين بهذه الأخلاق وربما يحصل بالتعلم.

والوجه الثاني: اكتساب هذه الاخلاق بالمجاهدة والرياضة وأعني به حمل النفس على الأعمال التي يقتضيها الخلق المطلوب.

فمن أراد مثلا أن يحصل لنفسه خلق الجود فطريقه:أن يتكلف تعاطي فعل الجواد، وهو بذل المال، فلا يزال يطالب نفسه،ويواظب عليه تكلفا مجاهدا نفسه فيه حتى يصير ذلك طبعا له، ويتيسر عليه فيصير به جوادا،وكذا من أراد أن يحصل لنفسه خلق التواضع وقد غلب عليه الكبر فطريقه: أن يواظب على أفعال المتواضعين مدة مديدة، وهو فيها مجاهد نفسه ومتكلف إلى أن يصير ذلك خلقا له، وطبعا فيتيسر عليه.

وجميع الاخلاق المحمودة شرعا تحصل بهذا الطريق، وغايته أن يصير الفعل الصادر منه لذيذا؛ فالسخي هو الذي يستلذ بذل المال الذي يبذله دون الذي يبذله عن كراهة والمتواضع هو الذي يستلذ التواضع، ولن ترسخ الاخلاق الدينية في النفس ما لم تتعود النفس جميع العادات الحسنة وما لم تترك جميع الافعال السيئة[1].

تبين لنا مما سبق أهمية العادة ودورها في بناء وتنمية القيم، لذا وجب على المربين أن يتخذوا العادة وسيلة تربوية مهمة من الوسائل التي عن طريقها يبنون قيم الطلاب ويعملون على إنمائها لديهم.

إن على المربين على اختلاف أشكالهم وأحوالهم إذا أخذوا بمنهج الإسلام في تربية العادة وبأسلوبه في تكوين العقيدة والخلق، فإن الأولاد على الأغلب سينشؤون على العقيدة الإسلامية الراسخة، والخلق القرآني الرفيع، بل يعطون لغيرهم القدوة الصالحة، في كريم فعالهم، وجمال صفاتهم[2].

---

(1) أبوحامد الغزالي: إحياء علوم الدين (3/58-59).
(2) عبد الله ناصح علوان : تربية الأولاد في الإسلام (2/650).

# المبحث الخامس

## بناء القيم وتنميتها بالإقناع الفكري

يعد أسلوب الإقناع الفكري من أهم الأساليب التربوية في بناء القيم لدى المتعلمين، خاصة الكبار منهم؛ لأن الشاب لا يقدم على فعل ما هو مطلوب منه إلا إذا اقتنع اقتناعا جازما به وبأهميته له. ولذلك فقد استخدمه القرآن الكريم واستحدمه الرسول صلى الله عليه وسلم في بناء القيم وتنميتها.

والنفس البشرية لها ميل إلى الاستجابة إذا اقتنعت، والقرآن الكريم يحث على إقناع الناس بما ينبغي أن يتخذوه سلوكا لهم. يقول الله تعالى:﴿ادْعُ إِلَى سَبِيلِ رَبِّكَ بِالْحِكْمَةِ وَالْمَوْعِظَةِ الْحَسَنَةِ وَجَادِلْهُمْ بِالَّتِي هِيَ أَحْسَنُ إِنَّ رَبَّكَ هُوَ أَعْلَمُ بِمَنْ ضَلَّ عَنْ سَبِيلِهِ وَهُوَ أَعْلَمُ بِالْمُهْتَدِينَ﴾ [1]. وحتى نصل بالطالب إلى الإقناع فلا بد أن نستخدم معه الحوار الهادئ البناء الذي نصل من خلاله للاقتناع بأن ما سيفعله خير له في دنياه وأخراه وأن ما نطلب منه تركه شر له في دنياه وأخراه. يقول محب الدين أبو صالح: (وحتى يكون تدريس التربية الإسلامية أكثر احتمالا في تعديل سلوك التلاميذ لا بد أن تتعدى أهداف مناهجها مجرد تقديم الحقائق والمعلومات والمفاهيم والقيم والاتجاهات والأحكام والقواعد إلى شرح الأسباب والنتائج المترتبة على السلوك المطلوب) [2].

والإقناع يلعب دورا كبيرا في تحقيق الصحة النفسية لمن يقدم على عمل ما، حيث يشعر بسعادة كبيرة حينما يكون مقتنعا به، أما إذا لم يقتنع فإنه سيشعر بضغط كبير من المربي،وربما استجاب لكلام المربي وهو له كاره، أو يستجيب له في حضوره فقط.

---

(1) سورة النحل (125).

(2) محب الدين أبو صالح: تقويم مناهج التربية الدينية الإسلامية بالمرحلة الثانوية في الجمهورية العربية السورية، رسالة دكتوراة غير منشورة، كلية التربية ، جامعة عين شمس 1977م ص(311).

وقد استعمل القرآن الكريم طريقة الإقناع الفكري في كثير من موضع من آياته وصولا بالمحاور إلى الإقناع والاستجابة ومن أمثلة ذلك:

1: في ترسيخ قيمة الإيمان بالله تعالى وقدرته:حوار إبراهيم عليه السلام مع النمرود: قال الله تعالى:﴿أَلَمْ تَرَ إِلَى الَّذِي حَاجَّ إِبْرَاهِيمَ فِي رَبِّهِ أَنْ آتَاهُ اللَّهُ الْمُلْكَ إِذْ قَالَ إِبْرَاهِيمُ رَبِّيَ الَّذِي يُحْيِي وَيُمِيتُ قَالَ أَنَا أُحْيِي وَأُمِيتُ قَالَ إِبْرَاهِيمُ فَإِنَّ اللَّهَ يَأْتِي بِالشَّمْسِ مِنَ الْمَشْرِقِ فَأْتِ بِهَا مِنَ الْمَغْرِبِ فَبُهِتَ الَّذِي كَفَرَ وَاللَّهُ لا يَهْدِي الْقَوْمَ الظَّالِمِينَ﴾[1].

2: في ترك عبادة الأصنام قال تعالى: ﴿قَالَ بَلْ فَعَلَهُ كَبِيرُهُمْ هَذَا فَاسْأَلُوهُمْ إِنْ كَانُوا يَنْطِقُونَ﴾[2].

3: وحوار موسى عليه السلام مع فرعون، قال تعالى: ﴿قَالَ فِرْعَوْنُ وَمَا رَبُّ الْعَالَمِينَ،قَالَ رَبُّ السَّمَاوَاتِ وَالأَرْضِ وَمَا بَيْنَهُمَا إِنْ كُنْتُمْ مُوقِنِينَ﴾[3].

4: الوصول بالمحاور إلى الاعتراف بنعم الله تعالى: ﴿أَفَرَأَيْتُمْ مَا تُمْنُونَ، أَأَنْتُمْ تَخْلُقُونَهُ أَمْ نَحْنُ الْخَالِقُونَ﴾[4].إلى غير ذلك من سبل الإقناع الفكري التي جاء بها القرآن الكريم.

كما استخدم النبي صلى الله عليه وسلم هذه الوسيلة في التوجيه إلى بعض القيم وترك الرذائل ومن ذلك:

1: حواره صلى الله عليه وسلم مع الشاب الذي جاء إليه ليأذن له بالزنا: عن أبي أمامة الباهلي رضي الله عنه أن فتى شابا أتى النبي صلى الله عليه وسلم فقال: يا رسول الله إئذن لي بالزنا. فأقبل القوم عليه فزجروه،وقالوا: مه مه فقال:صلى الله عليه وسلم ((أدنه)) فدنا منه قريبا، قال: فجلس، قال صلى الله عليه وسلم :(( أتحبه

(1) سورة البقرة (258)
(2) سورة الأنبياء (63)
(3) سورة الشعراء (23-24)
(4) سورة الواقعة (58-59)

لأمك))؟ قال: لا و الله جعلني الله فداءك. قال: (( ولا الناس يحبونه لأمهاتهم)). قال: (( أفتحبه لابنتك))؟ قال: لا و الله يا رسول الله جعلني الله فداءك. قال: (( ولا الناس يحبونه لبناتهم)). قال: (( أفتحبه لأختك؟)) قال: لا و الله جعلني الله فداءك. قال: (( ولا الناس يحبونه لأخواتهم)). قال: (( أفتحبه لعمتك؟)) قال: لا و الله جعلني الله فداءك. قال: (( ولا الناس يحبونه لعماتهم)). قال: (( أفتحبه لخالتك؟)) قال: لا و الله جعلني الله فداءك قال: (( ولا الناس يحبونه لخالاتهم)). قال: فوضع يده عليه، وقال: (( اللهم اغفر ذنبه، وطهر قلبه، وحصن فرجه)) فلم يكن بعد ذلك الفتى يلتفت إلى شيء [1]

2: حوار النبي صلى الله عليه وسلم مع بعض زعماء قريش: روى أن قريشا أرسلت أحد زعمائها وهو حصين الخزاعي ـ وكان من الحكماء المتكلمين ـ ليفاوض الرسول صلى الله عليه وسلم في سب آلهة قريش، فلما دخل على الرسول صلى الله عليه وسلم قال له:يا محمد بلغنا أنك تسب آلهتنا وتسفه عقولنا،لقد كان أبوك وجدك حصيفا وخيرا. فقال له الرسول صلى الله عليه وسلم : (( يا حصين إن أبي وأباك في النار، يا حصين كم إلها تعبد؟)) قال: سبعة، واحد في السماء وستة في الأرض. فقال صلى الله عليه وسلم : (( يا حصين إذا أصابك الجوع والفقر فمن تدعو؟)) قال: الذي في السماء. فقال صلى الله عليه وسلم : (( إذا عدمت الولد فمن تدعو؟)) قال: الذي في السماء. فقال لهصلى الله عليه وسلم :(( فيستجيب لك وحدك وتشرك معه غيره)) وهنا تنبه الحصين واقتنع بما قالهصلى الله عليه وسلم ، ثم عرض عليه الرسول صلى الله عليه وسلم الإسلام فأسلم حصين [2].

3: ومن ذلك ما رواه البخاري عن أبي هريرة رضي الله عنه أنه: بينما نحن عند رسول الله صلى الله عليه وسلم قام رجل فقال: يا رسول الله: إني ولد لي غلام أسود. فقال رسول الله صلى الله عليه وسلم : (( فأنى كان ذلك؟)) قال ما أدري. قال: (( فهل لك من إبل؟)) قال: نعم. قال: ((فما ألوانها؟)) قال: حمر. قال: (( فهل فيها جمل أورق؟)) قال: فيها إبل ورق. قال: ((فأنى كان ذلك؟)) قال:ما أدري يا رسول الله إلا أن يكون نزعه عرق.قال: ((وهذا

(1) رواه أحمد (21708).
(2) رواه الترمذي (3483).

لعله نزعه عرق))[1].

4: ومن الأمثلة التي تبين أهمية الإقناع الفكري في ترسيخ القيم وتنميتها موقفهصلى الله عليه وسلم مع الأنصار في غزوة حنين بعد قسمته للغنائم، فقد أعطى صلى الله عليه وسلم المؤلفة قلوبهم وترك الأنصار، فبلغه أنهم وجدوا في أنفسهم، فدعاهم صلى الله عليه وسلم ، وكان بينهم وبينه هذا الحوار الذي يرويه عبد الله بن زيد رضي الله عنه فيقول: لما أفاء الله على رسوله صلى الله عليه وسلم يوم حنين قسم في الناس في المؤلفة قلوبهم ولم يعط الأنصار شيئا، فكأنهم وجدوا إذ لم يصبهم ما أصاب الناس، فخطبهم فقال: ((يا معشر الأنصار، ألم أجدكم ضلالا فهداكم الله بي؟ وكنتم متفرقين فألفكم الله بي؟ وعالة فأغناكم الله بي؟ )) كلما قال شيئا قالوا: الله ورسوله أمن، قال: ((ما يمنعكم أن تجيبوا رسول الله صلى الله عليه وسلم ؟ )) قال:كلما قال شيئا قالوا: الله ورسوله أمن قال: (( لو شئتم قلتم جئتنا كذا وكذا، أترضون أن يذهب الناس بالشاة والبعير وتذهبون بالنبي صلى الله عليه وسلم إلى رحالكم؟ لولا الهجرة لكنت امرأ من الأنصار، ولو سلك الناس واديا وشعبا لسلكت وادي الأنصار وشعبها، الأنصار شعار والناس دثار، إنكم ستلقون بعدي أثرة فاصبروا حتى تلقوني على الحوض))[2].

ففي هذا الموقف استخدم النبي صلى الله عليه وسلم الحوار معهم، فوجه لهم سؤالا وانتظر منهم الإجابة، بل حين لم يجيبوا لقنهم الإجابة قائلا: (ولو شئتم لقلتم ولصدقتم وصُدقتم).

يتبين لنا ـ مما سبق ـ أن الإقناع الفكري وسيلة تربوية من وسائل بناء القيم وتنميتها، على أن يكون هذا الحوار مبنيا على أهداف سامية:منها محاولة الوصول إلى الحق، وتقبل الرأي المخالف مادام صحيحا، وعدم الانتصار للنفس، كما يجب أن تتوفر قوة الحجة في المحاور بحيث يستطيع إقناع المتعلم بأهمية قيمة ما ومن ثم تطبيقها والعمل بها.

---

(1) رواه البخاري (4999) ومسلم (1500) والترمذي (2128) والنسائي (3478) وأبو داود (2260).
(2) رواه البخاري (4075) ومسلم (1061) وأحمد (11610).

## المبحث السادس

## بناء القيم وتنميتها بالممارسة العملية

وتعد الممارسة العملية من أهم الأساليب وأقواها في بناء القيم وتنميتها لدى المتعلمين، إذ إنها الأساس الذي تقوم عليه التربية في بناء القيم، فمن خلال الممارسة يتحول النظري المعرفي إلى عملي تطبيقي في حياة المتعلم.

ومن هنا فقد ركز القرآن الكريم في بناء القيم وتنميتها على الجانب العملي، بحيث يتعرف المتعلم على القيمة ويقتنع بها ثم يمارسها في تعامله وعلاقاته.

ومن ذلك قيمة الإيمان: التي حوت قيما كثيرة، نرى أن القرآن قرنها بالعمل فقال تعالى: ﴿إِنَّ الَّذِينَ آمَنُوا وَعَمِلُوا الصَّالِحَاتِ كَانَتْ لَهُمْ جَنَّاتُ الْفِرْدَوْسِ نُزُلًا﴾ [1].

وقال تعالى: ﴿وَالْعَصْرِ،إِنَّ الْأِنْسَانَ لَفِي خُسْرٍ،إِلَّا الَّذِينَ آمَنُوا وَعَمِلُوا الصَّالِحَاتِ وَتَوَاصَوْا بِالْحَقِّ وَتَوَاصَوْا بِالصَّبْرِ﴾ [2].

وفي قيمة الصبر:يقول الله تعالى مؤكدا على الجانب العملي: ﴿وَلَنَبْلُوَنَّكُمْ بِشَيْءٍ مِنَ الْخَوْفِ وَالْجُوعِ وَنَقْصٍ مِنَ الْأَمْوَالِ وَالْأَنْفُسِ وَالثَّمَرَاتِ وَبَشِّرِ الصَّابِرِينَ،الَّذِينَ إِذَا أَصَابَتْهُمْ مُصِيبَةٌ قَالُوا إِنَّا لِلَّهِ وَإِنَّا إِلَيْهِ رَاجِعُونَ﴾ [3].

وفي قيمة الإنفاق: قال الله تعالى: ﴿الَّذِينَ يُنْفِقُونَ أَمْوَالَهُمْ بِاللَّيْلِ وَالنَّهَارِ سِرًّا وَعَلَانِيَةً فَلَهُمْ أَجْرُهُمْ عِنْدَ رَبِّهِمْ وَلَا خَوْفٌ عَلَيْهِمْ وَلَا هُمْ يَحْزَنُونَ﴾ [4].

و الله تعالى جعل الجزاء، مقابل الأعمال الصالحة، فقال تعالى: ﴿فَلَا تَعْلَمُ نَفْسٌ مَا أُخْفِيَ لَهُمْ مِنْ قُرَّةِ أَعْيُنٍ جَزَاءً بِمَا كَانُوا يَعْمَلُونَ﴾ [5].

---

(1) الكهف (107).
(2) سورة العصر (1-3).
(3) سورة البقرة (155-156).
(4) سورة البقرة (247).
(5) سورةالسجدة (17).

وقال رسول اللـه ( إن اللـه لا ينظر إلى صوركم ولكن ينظر قلوبكم وأعمالكم)[1]

يقول الشيخ السعدي مبينا أثر الممارسة العملية في بناء القيم وترسيخها في النفس: (فإن الشجاعة وإن كانت في القلب فإنها تحتاج إلى تدريب النفس على الإقدام وعلى التكلم بما في النفس وإلقاء المقالات والخطب في المحافل، فمن مرن نفسه على ذلك لم يزل به الأمر حتى يكون ملكة له، وزالت هيبة الخلق من قلبه فلا يبالي ألقى الخطب والمقالات في المحافل الصغار أو الكبار )[2].

ولهذا ينبغي على المربي المسلم أن يهتم بتنمية السلوك العملي الرشيد وأن يدرك أن تلاميذه إنما يحسن تعليمهم إذا هم مارسوا ما تعلموه من خلال خبرتهم وتجربتهم المباشرة[3].

والممارسة العملية المتكررة تعمل على ترسيخ نتائج التعلم(فإذا كانت الممارسة ضرورة لكل أنواع التعلم فهي أشد ضرورة بالنسبة لتعلم المهارات والعادات والاتجاهات والقيم)[4].

ولأهمية الممارسة العملية ودورها في الأعمال وممارستها يقول السعدي: جعل اللـه طريق الجنة والصراط المستقيم مركبا من العلوم النافعة والأعمال الصالحة[5].

والممارسة تكسب النفس الإنسانية العادة السلوكية طال الزمن أو قصر، والعادة لها تغلغل في النفس يجعلها أمرا محببا، وحين تتمكن من النفس تكون بمثابة الخلق الفطري[6].

(1) رواه مسلم (2564) والترمذي (4195) وأحمد (7768).
(2) عبد الرحمن السعدي : الرياض النضرة، الكاملة / الثقافة (402/1).
(3) مرسي : التربية افسلامية أصولها ص(129).
(4) عمر الشيباني: فلسفة التربية الإسلامية ، الدار العربية للكتاب ، ليبيا – 1988م ، ص(444).
(5) عبد الرحمن السعدي : الرياض النضرة، الكاملة / الثقافة (418/1).
(6) عبد الرحمن الميداني : الأخلاق افسلامية وأثرها- دار القلم ، بيروت ، ط1 1979م (30/1-32).

ولا شك أن تنمية القيم بالممارسة والتكرار لها آثار تربوية منها:

1: أنها ترسخ القيمة التربوية في المتعلم بحيث تصبح سهلة التطبيق.

2: أنها تؤدي إلى أن تصبح القيمة التربوية عادة يمارسها يوميا أومن خلال المواقف تلقائيا دون تكلف.

3: أنها تؤدي إلى الإتقان في تطبيق القيمة التربوية؛ مثال: (قيمة الصلاة) حيتنما ييمارسها المتعلم يوميا فإنه ـ بلاشك ـ سوف يتقنها بأركانها وسننها ومستحباتها.

4: أنها تعمل على أن يستشعر المتعلم المسؤولية في التطبيق أما المربي، وبذلك تجده يحرص عليها دائما.

وحينما نستخدم هذه الوسيلة في ترسيخ القيم فلابد من مراعاة الصبر عليهم حين يطبق القيمة تطبيقا عمليا ويمارسها بنفسه، حتى لا ينفروا من الممارسة، أو يخافوا من الوقوع في الخطأ.

يقول لطفي بركات:( فالدين هوالنظرة إلى الحياة أو هو الحياة نفسها، لأن معناه: لماذا نحيا؟، وكيف نعيش؟، ولذلك يجب أن يكون مفهوما بطريقة محسوسة، وقائما على حقائق مبسطة يستطيع التلاميذ إدراكها وتفسيرها)[1].

وفي مجال التربية والتعليم فإننا بحاجة إلى ربط القيم الإسلامية بالممارسة العملية، فيتعلم الطالب القيمة من خلال جوانبها المعرفية ثم يقوم بتطبيقها عمليا ومثال على ذلك قيمة الصدق، وقيمة الأمانة، وقيمة احترام المعلم و قيمة احترام المسجد والمحافظة على الهدوء في مصلى المدرسة، وغيرها من القيم التي يمكن تدريب الطلاب عليها عمليا من خلال المواقف التعليمية.

فيجب على المربين أن يقوموا على تهيئة المدارس بحيث تصبح بيئة اجتماعية يحيا

(1) لطفي بركات: نظرية القيم الخلقية عند أتباع الوضعية المنطقية وتطبيقاتها التربوية-رسالة ماجستير غير منشورة، كلية التربية ، جامعة عين شمس . 1963م ص(106).

فيها التلاميذ حياة نشيطة عاملة، ويدربون أثناء هذه الحياة بطريق مباشر أو غير مباشر على غرس القيم والأخلاق الكريمة في نفوسهم وتنميتها، فالواقع أن مهمة المدرسة في إكساب القيم يجب أن تنصب على الاهتمام بخلق المواقف المدرسية التي تتيح فرصا منظمة ومستمرة للاستعمال الناجح بين المدرسين والتلاميذ لهذه المواقف وما تتضمنه من قيم، وبالتالي تسهم في تعويد التلاميذ على أسلوب من الاستجابات إزاء المواقف الخارجية يحقق بدوره ما ننشده من قيم[1].

فإذا اهتم كل مرب باستخدام الممارسة في تنمية القيم سنجد ـ إن شاء الله ـ نموا كبيرا في القيم الإسلامية لدى الطلاب وسوف تظهر مطبقة في سلوكهم، وهذا ما تننشده من خلال هذا البحث.

---

(1) سعد السكري: دراسة مقارنة للقيم عن المراهقين والمراهقات بالنسبة للجنس والذكاء والمستوى الاجتماعي، رسالة ماجستير غير منشورة، كلية التربية، جامعة عين شمس – 1960م ص (130).

# المبحث السابع

## بناء وتنيمة القيم بضرب الأمثال

بناء وتنمية القيم الإسلامية عن طريق ضرب الأمثال لا يقل أهمية عن غيرها من الوسائل التربوية وذلك لما لها (من تأثير إيجابي في العواطف والمشاعر وفي تحريك نوازع الخير في النفس البشرية، إذا ما استعملت هذه الوسيلة بحكمة ووعي في الظرف المناسب نفسيا لحالة الفرد الذي تجعله مهيأ للتأثر بعمليتي الاستهواء والإيحاء اللتين تضمنهما التشبهات والأمثال المضروبة)[1].

يقول الشوكاني: وفي ضرب الأمثال زيادة تذكير وتفهيم وتصوير للمعاني[2].

يقول ابن القيم في أهمية الأمثال في القرآن:(ضرب الأمثال في القرآن يستفاد منه أمور التذكير والوعظ والحث والزجر والاعتبار والتقرير، وتقريب المراد للعقل، وتصويره في صورة المحسوس بحيث يكون نسبته للعقل كنسبة المحسوس إلى الحس، وقد تأتي أمثال القرآن مشتملة على بيان تفاوت الأجر على المدح والذم، وعلى الثواب والعقاب، وعلى تفخيم الأمر أو تحقيره، وعلى تحقيق أمر وإبطال أمر، و الله أعلم)[3].

ويقول الإمام الألوسي صاحب التفسير روح المعاني: (فلضرب المثل شأن لا يخفى ونور لا يطفى، يرفع الأستار عن وجوه الحقائق، ويميط اللثام عن محيا الدقائق، ويبرز المتخيل في معرض اليقين، ويجعل الغائب كأنه شاهد، وربما تكون المعاني التي

(1) عبد الحميد الزنتاني : أسس التربية الإسلامية في السنة النبوية – الدار العربية للكتاب ، تونس ،ط1 1984م، ص(210).

(2) محمد بن علي الشوكاني:  فتح القدير الجامع بين فني الرواية والدراية من علم التفسير، (151/3).

(3) محمد بن أبي بكر أيوب الزرعي أبو عبد الله: بدائع الفوائد، تحقيق : هشام عبد العزيز عطا - عادل عبد الحميد العدوي - أشرف أحمد - مكتبة نزار مصطفى الباز - مكة المكرمة - الطبعة الأولى ، 1416هـ - 1996 م (815/4).

يراد تفهيمها معقولة صرفة، فالوهم ينازع العقل في إدراكها حتى يحجبها عن اللحوق بما في العقل، فبضرب الأمثال تبرز في معرض المحسوس، فيساعد الوهم العقل في إدراكها، وهناك تنجلي غياهب الأوهام ويرتفع شغب الخصام[1]. ﴿وَتِلْكَ ٱلْأَمْثَـٰلُ نَضْرِبُهَا لِلنَّاسِ لَعَلَّهُمْ يَتَفَكَّرُونَ﴾[2].

و يمكن أن نستخلص الآثار التربوية من ضرب الأمثال وأهميته في بناء القيم،ومن ذلك:

1: إبراز المعاني في صورة مجسمة لتوضيح الغامض.

2: تقريب البعيد، وإظهار المعقول في صورة المحسوس.

3: كما أن ضرب الأمثال يحث النفوس على فعل الخير، ويحضها على البر، ويدفعها إلى الفضيلة، ويمنعها عن المعصية والإثم.

4: يربي العقل على التفكير الصحيح والقياس المنطقي السليم ، لأجل ذلك ضرب النبي صلى الله عليه وسلم طائفة من الأمثال في قضايا مختلفة وفي مواطن متعددة.

5: كما أنه يثير الانفعالات المناسبة للمعنى ويعمل على تربية العواطف الربانية[3].

ولقد استخدم القرآن الكريم في غرس القيم وتنميتها أسلوب ضرب المثل وذلك لما له من تأثير على النفس البشرية

ولما كان الهدف من ضرب الأمثال هو إدراك المعاني الذهنية المجردة، وتقريبها من العقل، وتكوين صورة لهذا المعنى في المخيلة، ليكون التأثر بتلك الصورة أشد وأقوى من الأفكار المجردة، كثر الاعتماد على هذا الأسلوب في القرآن الكريم ، قال

(1) محمود الألوسي أبو الفضل: روح المعاني في تفسير القرآن العظيم والسبع المثاني، دار إحياء التراث العربي - بيروت (163/1)
(2) سورة الحشر (12).
(3) انظر: عبد الرحمن النحلاوي : أصول التربية وأساليبها: ص(251).

سبحانه:﴿وَلَقَدْ ضَرَبْنَا لِلنَّاسِ فِي هَذَا الْقُرْآنِ مِنْ كُلِّ مَثَلٍ لَعَلَّهُمْ يَتَذَكَّرُونَ﴾ [1].

وقال تعالى: ﴿إِنَّ اللَّهَ لَا يَسْتَحْيِي أَنْ يَضْرِبَ مَثَلًا مَا بَعُوضَةً فَمَا فَوْقَهَا فَأَمَّا الَّذِينَ آمَنُوا فَيَعْلَمُونَ أَنَّهُ الْحَقُّ مِنْ رَبِّهِمْ وَأَمَّا الَّذِينَ كَفَرُوا فَيَقُولُونَ مَاذَا أَرَادَ اللَّهُ بِهَذَا مَثَلًا يُضِلُّ بِهِ كَثِيرًا وَيَهْدِي بِهِ كَثِيرًا وَمَا يُضِلُّ بِهِ إِلَّا الْفَاسِقِينَ﴾ [2].

وفي ترسيخ قيمة التوحيد في النفوس تنوعت أساليب القرآن الكريم في توصيل رسالة التوحيد للناس، وما ذلك إلا لأنها - أعني رسالة التوحيد - أعظم حقيقة في الكون وحري بها أن تكون محط عناية القرآن الكريم، والمتدبر في هذه الصورة القرآنية يدرك مدى ثقل هذه الكلمة واهتمام القرآن بها حتى جاء ترسيخها في عقول وقلوب الناس بهذه الصورة الرائعة والمثل البديع، قال تعالى:﴿أَلَمْ تَرَ كَيْفَ ضَرَبَ اللَّهُ مَثَلًا كَلِمَةً طَيِّبَةً كَشَجَرَةٍ طَيِّبَةٍ أَصْلُهَا ثَابِتٌ وَفَرْعُهَا فِي السَّمَاءِ، تُؤْتِي أُكُلَهَا كُلَّ حِينٍ بِإِذْنِ رَبِّهَا وَيَضْرِبُ اللَّهُ الْأَمْثَالَ لِلنَّاسِ لَعَلَّهُمْ يَتَذَكَّرُونَ﴾ [3].

فهذا مثل قد ضربه الله تعالى للكلمة الطيبة (شهادة أن لا إله إلا الله) فشبهها بالشجرة الطيبة ذات الجذور الراسخة الضاربة في الأرض ثباتا، والفروع المتشعبة عن أصلها الطيب، فإذا بها يانعة الثمار صالحة النتاج، (فكذلك شجرة الإيمان أصلها ثابت في قلب المؤمن علما واعتقادا، وفرعها من الكلم الطيب والعمل الصالح والأخلاق المرضية والآداب الحسنة) [4].

وفي ترسيخ قيمة توحيد العبادة لله تعالى يقول عز وجل: ﴿مَثَلُ الَّذِينَ اتَّخَذُوا مِنْ دُونِ اللَّهِ أَوْلِيَاءَ كَمَثَلِ الْعَنْكَبُوتِ اتَّخَذَتْ بَيْتًا وَإِنَّ أَوْهَنَ الْبُيُوتِ لَبَيْتُ الْعَنْكَبُوتِ لَوْ كَانُوا يَعْلَمُونَ﴾ [5].

وفي بيان حال المنافقين الذين آمنوا -ظاهرا لا باطنا- برسالة محمد صلى الله عليه وسلم ، ثم كفروا،

---

(1) سورة الزمر (27).
(2) سورة البقرة (26).
(3) سورة إبراهيم (24-25).
(4) عبد الرحمن السعدي: تيسير الكريم المنان في تفسير كلام الرحمن (374).
(5) سورة العنكبوت (41).

فصاروا يتخبطون في ظلماتِ ضلالهم وهم لا يشعرون، ولا أمل لهم في الخروج منها، تُشبه حالَ جماعة في ليلة مظلمة، وأوقد أحدهم نارا عظيمة للدفء والإضاءة، فلما سطعت النار وأنارت ما حوله، انطفأت وأعتمت، فصار أصحابها في ظلمات لا يرون شيئا، ولا يهتدون إلى طريق ولا مخرج. يقول الله تعالى﴿مَثَلُهُمْ كَمَثَلِ الَّذِي اسْتَوْقَدَ نَارا فَلَمَّا أَضَاءتْ مَا حَوْلَهُ ذَهَبَ اللّهُ بِنُورِهِمْ وَتَرَكَهُمْ فِي ظُلُمَاتٍ لاَّ يُبْصِرُونَ﴾[1].

وقال تعالى مبينا حال الذين كفروا وعدم استجابتهم:﴿وَمَثَلُ الَّذِينَ كَفَرُواْ كَمَثَلِ الَّذِي يَنْعِقُ بِمَا لاَ يَسْمَعُ إِلاَّ دُعَاء وَنِدَاء صُمٌّ بُكْمٌ عُمْيٌ فَهُمْ لاَ يَعْقِلُونَ﴾[2].

في غرس قيمة الإنفاق في سبيل الله تعالى وتنميتها يقول الله تعالى: ﴿مَّثَلُ الَّذِينَ يُنفِقُونَ أَمْوَالَهُمْ فِي سَبِيلِ اللّهِ كَمَثَلِ حَبَّةٍ أَنبَتَتْ سَبْعَ سَنَابِلَ فِي كُلِّ سُنبُلَةٍ مِّئَةُ حَبَّةٍ وَاللّهُ يُضَاعِفُ لِمَن يَشَاءُ وَاللّهُ وَاسِعٌ عَلِيمٌ﴾[3].

وفي التنفير من المن والأذى حين الإنفاق ﴿يَا أَيُّهَا الَّذِينَ آمَنُواْ لاَ تُبْطِلُواْ صَدَقَاتِكُم بِالْمَنِّ وَالأذَى كَالَّذِي يُنفِقُ مَالَهُ رِئَاء النَّاسِ وَلاَ يُؤْمِنُ بِاللّهِ وَالْيَوْمِ الآخِرِ فَمَثَلُهُ كَمَثَلِ صَفْوَانٍ عَلَيْهِ تُرَابٌ فَأَصَابَهُ وَابِلٌ فَتَرَكَهُ صَلْدا لاَّ يَقْدِرُونَ عَلَى شَيْءٍ مِّمَّا كَسَبُواْ وَاللّهُ لاَ يَهْدِي الْقَوْمَ الْكَافِرِينَ﴾[4].

وفي بناء قيمة الإخلاص في النفقة يقول تعالى: ﴿وَمَثَلُ الَّذِينَ يُنفِقُونَ أَمْوَالَهُمُ ابْتِغَاء مَرْضَاتِ اللّهِ وَتَثْبِيتا مِّنْ أَنفُسِهِمْ كَمَثَلِ جَنَّةٍ بِرَبْوَةٍ أَصَابَهَا وَابِلٌ فَآتَتْ أُكُلَهَا ضِعْفَيْنِ فَإِن لَّمْ يُصِبْهَا وَابِلٌ فَطَلٌّ وَاللّهُ بِمَا تَعْمَلُونَ بَصِيرٌ﴾[5].

وقال تعالى: ﴿مَثَلُ مَا يُنفِقُونَ فِي هِـذِهِ الْحَيَاةِ الدُّنْيَا كَمَثَلِ رِيحٍ فِيهَا صِرٌّ أَصَابَتْ حَرْثَ قَوْمٍ ظَلَمُواْ أَنفُسَهُمْ فَأَهْلَكَتْهُ وَمَا ظَلَمَهُمُ اللّهُ وَلَـكِنْ أَنفُسَهُمْ يَظْلِمُونَ﴾[6].

---

(1) سورة البقرة (17).
(2) سورة البقرة (171).
(3) سورة البقرة (261)
(4) سورة البقرة (264).
(5) سورة البقرة (265).
(6) سورة آل عمران (117).

وفي من ركن إلى الدنيا واتبع هواه، وآثر لَذَّاته وشهواته على الآخرة، وامتنع عن طاعة اللـه وخالف أمره، فَمَثَلُ هذا الرجل مثل الكلب،قال اللـه تعالى: ﴿وَلَوْ شِئْنَا لَرَفَعْنَاهُ بِهَا وَلَـكِنَّهُ أَخْلَدَ إِلَى الْأَرْضِ وَاتَّبَعَ هَوَاهُ فَمَثَلُهُ كَمَثَلِ الْكَلْبِ إِن تَحْمِلْ عَلَيْهِ يَلْهَثْ أَوْ تَتْرُكْهُ يَلْهَث ذَّلِكَ مَثَلُ الْقَوْمِ الَّذِينَ كَذَّبُواْ بِآيَاتِنَا فَاقْصُصِ الْقَصَصَ لَعَلَّهُمْ يَتَفَكَّرُونَ﴾ [1].

وفي بيان حقارة هذه الدنيا يقول تعالى: ﴿اعْلَمُوا أَنَّمَا الْحَيَاةُ الدُّنْيَا لَعِبٌ وَلَهْوٌ وَزِينَةٌ وَتَفَاخُرٌ بَيْنَكُمْ وَتَكَاثُرٌ فِي الْأَمْوَالِ وَالْأَوْلَادِ كَمَثَلِ غَيْثٍ أَعْجَبَ الْكُفَّارَ نَبَاتُهُ ثُمَّ يَهِيجُ فَتَرَاهُ مُصْفَرًّا ثُمَّ يَكُونُ حُطَامًا وَفِي الْآخِرَةِ عَذَابٌ شَدِيدٌ وَمَغْفِرَةٌ مِّنَ اللَّهِ وَرِضْوَانٌ وَمَا الْحَيَاةُ الدُّنْيَا إِلَّا مَتَاعُ الْغُرُورِ﴾ [2].

والمتأمل في السنة يجد أن النبي صلى اللـه عليه وسلم استخدم ضرب الأمثال في ترسيخ القيم،وذلك لما لها من تأثير على النفوس وسرعة وصول المعنى المطلوب في نفس السامع، والتصاق المعنى بمشهد محسوس فيظل راسخا في ذهن وقلب المستمع.

وقد نوّع صلى اللـه عليه وسلم في الممثَّل وضارب المثل نفسه، فتارة يسند ضرب المثل إلى نفسه صلى اللـه عليه وسلم كما الحديث الذي مثل فيه حاله مع الأنبياء قبله، قال صلى اللـه عليه وسلم: (( إن مثلي ومثل الأنبياء من قبلي كمثل رجل بنى بيتا فأحسنه وأجمله، إلا موضع لبنة من زاوية، فجعل الناس يطوفون به ويعجبون له، ويقولون: هلا وضعت هذه اللبنة؟ قال: فأنا اللبنة، وأنا خاتم النبيين)) [3]

وتارة يسند ضرب المثل لله عز وجل كما في قوله صلى اللـه عليه وسلم في الحديث ((إن اللـه ضرب مثلا صراطا مستقيما على كنفي الصراط داران لهما أبواب مفتحة على الأبواب ستور، وداع يدعو على رأس الصراط وداع يدعو فوقه ﴿وَاللَّهُ يَدْعُو إِلَى دَارِ السَّلَامِ وَيَهْدِي مَنْ يَشَاءُ إِلَى صِرَاطٍ مُّسْتَقِيمٍ﴾ [4] والأبواب التي على كنفي الصراط حدود اللـه فلا يقع

---

(1) سورة الأعراف (176).
(2) سورة الحديد (20).
(3) رواه البخاري (3342) ومسلم (2286) وأحمد (7436).
(4) سورة يونس (25).

أحد في حدود الله حتى يكشف الستر والذي يدعو من فوقه واعظ ربه)) [1]

ونوّع صلى الله عليه وسلم كذلك في موضوع المثل، والغرض الذي سيق لأجله، فضرب الأمثال في مواضيع متعددة ولأغراض شتى من أمور العقيدة والعبادة ، والأخلاق والزهد ، والعلم والدعوة ، وفضائل الأعمال والترغيب والترهيب ، وغير ذلك.

وقد حرص صلى الله عليه وسلم على ضرب المثل في الأحداث والمواقف المتعددة لأهداف تربوية ، ففي بعض المواقف كان يكفيه صلى الله عليه وسلم أن يرد ردا مباشرا لكنه آثر ضرب المثل لما يحمله من توجيه تربوي وسرعة في إيصال المعنى المراد وقد لا يؤدي غيره دوره في هذا المقام ، فيراه الصحابة مرة نائما على حصير وقد أثر الحصير في جنبه فيقولون له: (( يا رسول الله لو اتخذنا لك وطاء فيقول صلى الله عليه وسلم : (( مالي وللدنيا ما أنا في الدنيا إلا كراكب استظل تحت شجرة ثم راح وتركها ) )) [2].

حتى المشاهد، التي تمر في حياة الناس، فلا يلتفتون إليها، ولا يلقون لها بالا، يجد فيها صلى الله عليه وسلم أداة مناسبة للتوجيه والتعليم وضرب الأمثال بها، يمر ومعه الصحابة على سخلة منبوذة فيقول لهم: (( أترون هذه هانت على أهلها؟)) فيقولون: يا رسول الله من هوانها ألقوها، فيقول صلى الله عليه وسلم : ((فو الذي نفسي بيده للدنيا أهون على الله من هذه على أهلها)) [3].

هذه الشواهد ـ وغيرها ـ تؤكد مكانة الأمثال في ترسيخ القيم التربوية، فما أحوجنا أن تكون وسيلة لنا في تعاملنا مع أبنائنا وتنمية قيمهم والاستفادة المثلى منها في مناهجنا التعليمية وبرامجنا التربوية.

---

(1) رواه الترمذي (285) واحمد (17184).
(2) رواه أحمد (2739).
(3) رواه الترمذي (2321) وابن ماجة (4163).

# المبحث الثامن

## بناء وتنمية القيم من خلال الأحداث والمواقف

الحياة أحداث ومواقف تربي أصحابها، وتؤثر فيهم؛ لأن كل حدث يكمن فيه درس وعبرة ينبغي أن نعيها، ويخرج من هذه المواقف والأحداث رجال قادرون على تحمل المسؤولية، ملتزمون بقيم هذا الدين الحنيف ومبادئه،و إننا نتعرض في حياتنا اليومية لكثير من الأحداث، من الممكن استغلالها والاستفادة منها في غرس الكثير من المعاني الإيمانية والقيم والمفاهيم التربوية في نفوس أبنائنا؛ فالمربي الناجح يمتلك القدرة على حسن استغلال الحدث وتوجيهه توجيها مناسبا؛ لغرس القيم الإسلامية في نفوس المتعلمين؛ وذلك لأن التربية عن طريق استغلال الحدث تمتاز بأنها تؤثر تأثيرا بالغا في نفس وفكر المتعلم؛ لأنه يكتسب مفاهيم وقعت تحت حاستيْ السمع والبصر، وهذه هي درجة اليقين التي هي أعلى مراتب التعلم، كما أنها تمتاز بتنويع المفاهيم؛ مما يضمن استمرارية المتعلم دون شعور بالملل، وهي أيضا تفتح الحوار بين المعلم والمتعلم؛ ما يؤدي إلى تنامي الأفكار والمعلومات لدى المتعلم.

يقول الأستاذ محمد قطب: إن الحدث يحدث في النفس حالة خاصة، هي أقرب إلى الانصهار، إن الحادثة تثير في النفس بكاملها،وترسل فيها قدرا من حرارة التفاعل والانفعال.. وتلك حادثة لا تحدث كل يوم في النفس وليس من اليسير الوصول إليها، والنفس في راحتها وأمنها وطمأنينتها، مسترضية أو منطلقة في تأمل [1].

فالكلمة تفعل في النفس وقت الحدث ما لا تفعله في غيرها، ولذلك كان المؤثرون دوما من المربين والمثقفين يتميزون بالحضور الدائم والوعي وقت الحدث. وبقدر ما تكون المشاركة النفسية والفكرية والبدنية من المربي بقدر ما يكون لكلمة المربي تأثير وقت الحدث. وما أكثر الفرص والمناسبات التي تمر وتحتاج إلى من يستغلها بذكاء،حتى تصل الفكرة إلى القلوب والعقول.

---

(1) محمد قطب : منهج التربية الإسلامية (207-208).

ولا يستوي أثر المعاني حين تربط بصور محسوسة، مع عرضها في صورة مجردة جافة. إن المواقف تستثير مشاعر جياشة في النفس، فحين يستثمر هذا الموقف يقع التعليم موقعه المناسب، ويبقى الحدث وما صاحبه من توجيه وتعليم صورة منقوشة في الذاكرة، تستعصي على النسيان.

وتتميز الأحداث بقوة تأثيرها وشدة سيطرتها على النفس والفكر، لأنها تثير الانتباه، الذي يجمع الفاعلية النفسية حول ظاهرة ما، عن طريق الحس إن كانت هذه الظاهرة خارجية، أوعن طريق التأمل إن كانت داخلية[1].

والمتأمل في آيات القرآن الكريم يجد أن الله تعالى لفت أنظار الناس إلى الاستفادة من الأحداث الجارية،فيعرض القرآن الكريم مواقف عديدة لأقوام كذبوا رسلهم، وأقوام أهلكهم الله تعالى ثم يقول سبحانه وتعالى:﴿إِنَّ فِي ذَٰلِكَ لَآيَةً وَمَا كَانَ أَكْثَرُهُمْ مُؤْمِنِينَ﴾[2]. ويقول تعالى ﴿تِلْكَ أُمَّةٌ قَدْ خَلَتْ لَهَا مَا كَسَبَتْ وَلَكُمْ مَا كَسَبْتُمْ وَلا تُسْأَلُونَ عَمَّا كَانُوا يَعْمَلُونَ﴾[3].

ومن المواقف التي عرضها القرآن الكريم لافتا نظر المسلمين إلى أخذ العبرة والعظة من هذا الموقف، ما حدث للمسلمين حين أعجبوا بكثرتهم يوم حنين، قال الله تعالى: ﴿لَقَدْ نَصَرَكُمُ اللَّهُ فِي مَوَاطِنَ كَثِيرَةٍ وَيَوْمَ حُنَيْنٍ إِذْ أَعْجَبَتْكُمْ كَثْرَتُكُمْ فَلَمْ تُغْنِ عَنْكُمْ شَيْئًا وَضَاقَتْ عَلَيْكُمُ الْأَرْضُ بِمَا رَحُبَتْ ثُمَّ وَلَّيْتُمْ مُدْبِرِينَ﴾[4].

فأراد الله سبحانه وتعالى أن يعلم المسلمين درسا قاسيا عنيفا.. يوم اغتر المسلمون بكثرتهم وأعجبتهم قولتهم لن نغلب اليوم من قلة، كان الدرس هو ردهم إلى الله، ليعتزوا به وحده، ويستمدوا منه القوة وحده)[5].

---

(1) التهامي نقرة: سيكولوجية القصة في القرآن ، الشركة التونسية للتوزيع ، تونس ،1971م (272-273).
(2) سورة الشعراء (8).
(3) سورة البقرة (134).
(4) سورة التوبة (25).
(5) محمد قطب : منهج التربية الإسلامية (212).

ومن التربية على القيم من خلال الحدث حادثة الإفك، قال اللـه تعالى: ﴿إِنَّ الَّذِينَ جَاؤُوا بِالإِفْكِ عُصْبَةٌ مِّنكُمْ لَا تَحْسَبُوهُ شَرًّا لَّكُم بَلْ هُوَ خَيْرٌ لَّكُمْ لِكُلِّ امْرِئٍ مِّنْهُم مَّا اكْتَسَبَ مِنَ الإِثْمِ وَالَّذِي تَوَلَّى كِبْرَهُ مِنْهُمْ لَهُ عَذَابٌ عَظِيمٌ ﴿11﴾ ولوْلَا إِذْ سَمِعْتُمُوهُ ظَنَّ الْمُؤْمِنُونَ وَالْمُؤْمِنَاتُ بِأَنفُسِهِمْ خَيْرًا وَقَالُوا هَذَا إِفْكٌ مُّبِينٌ﴿12﴾ لَوْلَا جَاؤُوا عَلَيْهِ بِأَرْبَعَةِ شُهَدَاء فَإِذْ لَمْ يَأْتُوا بِالشُّهَدَاء فَأُوْلَئِكَ عِندَ اللَّـهِ هُمُ الْكَاذِبُونَ﴿13﴾ وَلَوْلَا فَضْلُ اللَّـهِ عَلَيْكُمْ وَرَحْمَتُهُ فِي الدُّنْيَا وَالْآخِرَةِ لَمَسَّكُمْ فِي مَا أَفَضْتُمْ فِيهِ عَذَابٌ عَظِيمٌ﴿14﴾ إِذْ تَلَقَّوْنَهُ بِأَلْسِنَتِكُمْ وَتَقُولُونَ بِأَفْوَاهِكُم مَّا لَيْسَ لَكُم بِهِ عِلْمٌ وَتَحْسَبُونَهُ هَيِّنًا وَهُوَ عِندَ اللَّـهِ عَظِيمٌ﴿15﴾ وَلَوْلَا إِذْ سَمِعْتُمُوهُ قُلْتُم مَّا يَكُونُ لَنَا أَن نَّتَكَلَّمَ بِهَذَا سُبْحَانَكَ هَذَا بُهْتَانٌ عَظِيمٌ﴿16﴾ يَعِظُكُمُ اللَّـهُ أَن تَعُودُوا لِمِثْلِهِ أَبَدًا إِن كُنتُم مُّؤْمِنِينَ﴿17﴾ وَيُبَيِّنُ اللَّـهُ لَكُمُ الْآيَاتِ وَاللَّـهُ عَلِيمٌ حَكِيمٌ﴿18﴾ إِنَّ الَّذِينَ يُحِبُّونَ أَن تَشِيعَ الْفَاحِشَةُ فِي الَّذِينَ آمَنُوا لَهُمْ عَذَابٌ أَلِيمٌ فِي الدُّنْيَا وَالْآخِرَةِ وَاللَّـهُ يَعْلَمُ وَأَنتُمْ لَا تَعْلَمُونَ﴿19﴾ وَلَوْلَا فَضْلُ اللَّـهِ عَلَيْكُمْ وَرَحْمَتُهُ وَأَنَّ اللَّـهَ رَؤُوفٌ رَحِيمٌ﴿20﴾ يَا أَيُّهَا الَّذِينَ آمَنُوا لَا تَتَّبِعُوا خُطُوَاتِ الشَّيْطَانِ وَمَن يَتَّبِعْ خُطُوَاتِ الشَّيْطَانِ فَإِنَّهُ يَأْمُرُ بِالْفَحْشَاء وَالْمُنكَرِ وَلَوْلَا فَضْلُ اللَّـهِ عَلَيْكُمْ وَرَحْمَتُهُ مَا زَكَا مِنكُم مِّنْ أَحَدٍ أَبَدًا وَلَكِنَّ اللَّـهَ يُزَكِّي مَن يَشَاءُ وَاللَّـهُ سَمِيعٌ عَلِيمٌ﴿21﴾ وَلَا يَأْتَلِ أُوْلُوا الْفَضْلِ مِنكُمْ وَالسَّعَةِ أَن يُؤْتُوا أُوْلِي الْقُرْبَى وَالْمَسَاكِينَ وَالْمُهَاجِرِينَ فِي سَبِيلِ اللَّـهِ وَلْيَعْفُوا وَلْيَصْفَحُوا أَلَا تُحِبُّونَ أَن يَغْفِرَ اللَّـهُ لَكُمْ وَاللَّـهُ غَفُورٌ رَّحِيمٌ﴿22﴾ إِنَّ الَّذِينَ يَرْمُونَ الْمُحْصَنَاتِ الْغَافِلَاتِ الْمُؤْمِنَاتِ لُعِنُوا فِي الدُّنْيَا وَالْآخِرَةِ وَلَهُمْ عَذَابٌ عَظِيمٌ﴿23﴾ يَوْمَ تَشْهَدُ عَلَيْهِمْ أَلْسِنَتُهُمْ وَأَيْدِيهِمْ وَأَرْجُلُهُم بِمَا كَانُوا يَعْمَلُونَ﴿24﴾ يَوْمَئِذٍ يُوَفِّيهِمُ اللَّـهُ دِينَهُمُ الْحَقَّ وَيَعْلَمُونَ أَنَّ اللَّـهَ هُوَ الْحَقُّ الْمُبِينُ﴿25﴾ الْخَبِيثَاتُ لِلْخَبِيثِينَ وَالْخَبِيثُونَ لِلْخَبِيثَاتِ وَالطَّيِّبَاتُ لِلطَّيِّبِينَ وَالطَّيِّبُونَ لِلطَّيِّبَاتِ أُوْلَئِكَ مُبَرَّؤُونَ مِمَّا يَقُولُونَ لَهُم مَّغْفِرَةٌ وَرِزْقٌ كَرِيمٌ﴿26﴾[1].

والمتأمل في الآيات يجد أن القرآن الكريم قد استغل الحدث، وربى أصحابه من

(1) سورة النور (11-26).

خلاله على قيم عظيمة وهي التثبت، وحماية الأعراض، وحسن الظن بالمؤمنين. وعدم اتباع خطوات الشيطان.

والسنة النبوية اشتملت على كثير من المواقف التي ظهر من خلالها استغلال الرسول صلى الله عليه وسلم للحدث كوسيلة من وسائل غرس القيم وتنميتها في نفوس أصحابه ومن يأتي بعدهم، وذلك من خلال مواقف وأحداث متنوعة:

أ- فقد يكون الموقف موقف حزن وخوف فيستخدم فيه الوعظ، كما في وعظه صلى الله عليه وسلم أصحابه عند القبر، عن البراء بن عازب رضي الله عنه قال: خرجنا مع رسول الله صلى الله عليه وسلم في جنازة رجل من الأنصار، فانتهينا إلى القبر، ولما يلحد، فجلس رسول الله صلى الله عليه وسلم وجلسنا حوله، كأنما على رءوسنا الطير، وفي يده عود ينكت به في الأرض، فرفع رأسه فقال: ((استعيذوا بالله من عذاب القبر)) مرتين أو ثلاثا[1]... ثم ذكر الحديث الطويل في وصف عذاب القبر وفتنته.

ب ـ وقد يكون وقد يكون موقف مصيبة إذا حل أمر بالإنسان، فيستثمر ذلك في ربطه بالله تبارك وتعالى،عن زيد بن أرقم رضي الله عنه قال: أصابني رمد فعادني النبي صلى الله عليه وسلم ، قال: فلما برأت خرجت، قال: فقال لي رسول الله صلى الله عليه وسلم :«أرأيت لو كانت عيناك لما بهما ما كنت صانعا؟» قال: قلت: لو كانتا عيناي لما بهما صبرت واحتسبت، قال:«لو كانت عيناك لما بهما ثم صبرت واحتسبت للقيت الله عز وجل ولا ذنب لك»[2].

بل إن النبي صلى الله عليه وسلم استخدم مثل هذا الموقف لتقرير قضية مهمة لها شأنها وأثرها كما فعل حين دعائه للمريض بهذا الدعاء، عن عبد الله بن عمرو بن العاص - رضي الله عنه - أن رسول الله صلى الله عليه وسلم قال:«إذا جاء الرجل يعود مريضا قال: اللهم اشف عبدك ينكأ لك عدوا ويمشي لك إلى الصلاة»[3].

إنه يوصي المسلم بعظم مهمته وشأنه وعلو دوره في الحياة، فهو بين أن يتقدم بعبادة خالصة لله، أو يساهم في نصرة دين الله والذب عنه.

---

(1) رواه أبو داود (3212) والنسائي (2001) وأحمد (18151).
(2) رواه أحمد (18861).
(3) رواه أبو داود (3107)وأحمد (6564).

ج ـ وقد يكون الموقف ظاهرة كونية، لكنه صلى الله عليه وسلم يستثمره ليربطه بهذا المعنى عن جرير بن عبد الله رضي الله عنه قال: كنا عند النبي صلى الله عليه وسلم فنظر إلى القمر ليلة يعني البدر فقال:«إنكم سترون ربكم كما ترون هذا القمر، لا تضامون في رؤيته، فإن استطعتم أن لا تغلبوا على صلاة قبل طلوع الشمس وقبل غروبها فافعلوا» ثم قرأ ﴿وسبح بحمد ربك قبل طلوع الشمس وقبل الغروب﴾ [1].

د ـ وقد يكون الموقف مثيرا، يستثير العاطفة والمشاعر كما في حديث أنس في قصة المرأة

عن أنس رضي الله عنه أن النبي صلى الله عليه وسلم كان مع أصحابه يوما وإذا بامرأة من السبي تبحث عن ولدها فلما وجدته ضمته فقال صلى الله عليه وسلم :«أترون هذه طارحة ولدها في النار» قالوا: لا، قال:«و الله لايلقي حبيبه في النار؟» [2].

ولابد أن ندرك أن معظم الناس يمتلكون عاطفة طيبة وحبا للدين ولكنهما غابا بفعل المعصية والغفلة وقلة الداعي إلى الله على بصيرة وطول الإلف للواقع، ولكن تأتي أوقات أزمات من مرض أو قلق أو حيرة تنفتح للخير فيها القلوب وتقبل الموعظة أثناءها النفوس فنستطيع من خلالها الدخول إلى هذا القلب الذي انفتح للخير فنؤثر فيه ونبني فيه القيم من في هذا الوقت المناسب.

وبعد أن استعرضنا أسلوب القرآن الكريم والسنة والنبوية في التربية على القيم وبنائها من خلال الحدث يمكن القول: بأن هذه الوسيلة من الأساليب الناجحة في غرس القيم وتنميتها، وذلك أنه طرق للحديد وهو ساخن وهذا يكون أدعى للاستذكار والاعتبار وعدم تكرار الخطأ نفسه مستقبلا.

وما أكثر المواقف التي تحدث مع أبنائنا سواء كانت في المدرسة أو في المنزل، فعلى المربي أن يحسن استغلالها ويحاول تنمية القيم الإسلامية من خلالها؛ منها: إذا علم بغياب أحد الطلاب لمرض ألم به يمكن للمربي زيارة الطالب ومعه رفقة من الطلاب،

---

(1) رواه البخاري (4570) ومسلم (633) والترمذي (2551) وأبو داود (4729) وابن ماجة (65) وأحمد (18708).
(2) رواه البخاري (5653) ومسلم (2754).

لغرس فضل عيادة المريض في نفوس الطلاب. وكذلك يفعل الوالد مـع أبنائه مـن خـلال المناسبات والمواقف التي يمرون بها، بذلك نستطيع ـ بإذن الـلـه ـ غرس القيم الإسلامية وتنميتها.

الخلاصة: وبعد أن استعرضنا بعضا من طرق ووسائل تنمية القيم الإسلامية التي جاءت في القرآن الكريم والسنة النبوية، يبقى أن ننبه على عدة أمور:

1: أن طرق تنمية القيم تختلف بـاختلاف خصائص نمـو المـتعلم في مراحـل نمـوه المختلفـة، فالطرقة التي يمكن أن ينجح من خلالها المربي مع تلميذ المرحلة الابتدائية، قد لا تجدي مع طالـب المرحلة المتوسطة أو الثانوية.

2: اذا استخدم المربي طريقة ولم تؤت ثمارها فعليه استخدام طريقة أخرى.

3: كلما كان المربي قريبا من المتعلم يعايشه معايشة تربوية كلما كان التأثير واضحا وسريعا لدى المتعلم.

4: لا بد من مراعاة الظروف البيئية للمتعلم حين ترسـيخ القيـم فقـد توجـد معوقـات تقـف حائلا دون ترسيخ القيمة، كأصدقاء المتعلم، أو والديه، أو غيرهم من المحيطين به.

5: ينبغي أن يكون المربي طويل النفس ولا يستعجل النتائج؛ لأن غرس بعـض القيـم يحتاج إلى مدة طويلة من الزمن وإلى تنوع كبير في الطرق والوسائل.

6: قد يحتاج المربي إلى تعاون من جهات أخرى كالمدرسة والمنزل والمسجد وغيرها فلا بـد من التعاون بين هذه المؤسسات التربوية حتى ينجح المربي في غرس القيم وتنميتها لدى المتعلم.

**7: ألا يستغني المربي عن الاطلاع على تجـارب السـابقين ممـن نجحـوا في تربيـة الأبناء على القيم، والاستفادة مـن خـبرتهم سـواء كانت هذه التجارب مـن خـلال المدرسة، أو من خلال بعض الآباء والمربين.**

# الفصل الثامن

# دور المحاضن التربوية في بناء وتنمية القيم

- المبحث الأول: دور الأسرة في بناء وتنمية القيم

- المبحث الثاني: دور المدرسة في بناء وتنمية القيم

- المبحث الثالث: دور المسجد في بناء وتنمية القيم

- المبحث الرابع: دور الأندية الصيفية في بناء وتنمية القيم

- المبحث الخامس: دور جماعة الرفاق في بناء وتنمية القيم

- المبحث السادس: دور وسائل الإعلام في بناء وتنمية القيم

378

# الفصل الثامن

## دور المحاضن التربوية في تنمية القيم

يقوم بناء القيم في أي مجتمع على عدة مؤسسات تربوية تعمل مع بعضها كمحاضن لتأصيل وترسيخ القيم لدى الأبناء، ولما كانت هذه المؤسسات موجودة في المجتمع ـ والمربي فرد من أفراد المجتمع ـ كان لهذه المؤسسات الدور الكبير في بناء القيم وتعزيزها بحكم مباشرتها للأبناء واستمرارها في البناء، وتنوع أساليبها وطرقها وتعدد أماكن وجودها؛ فإذا كان الابن في المنزل يأتي دور الأسرة، وإذا ذهب إلى المدرسة، تتولى المدرسة تربيته، وإذا انتقل إلى المسجد، شارك المسجد في بناء قيمه، ثم إذا رجع إلى بيته يأتي دور الأسرة ووسائل الإعلام، فإذا اختلط بغيره ظهر دور جماعة الرفاق، وفي قضاء وقت الفراغ والترويح يأتي دور الأندية في التربية وبناء القيم، وبهذا تعمل هذه المؤسسات التربوية على احتضان الأبناء مدى حياتهم، وعلى اختلاف أحوالهم وأماكن وجودهم. وتعمل هذه المحاضن على تحقيق الانسجام الداخلي للفرد مما يسهم في بناء وتنمية قيمه، بطريقة سهلة ميسورة دون تعنت وتكلف.

والمحاضن هي مؤسسات تربوية تتلاحم فيما بينها للعناية بتربية الناشئ وتنمية شخصيته من جميع جوانبها، ومساعدته على التكيف مع من حوله.

ومن تأمل في المجتمع وجد أن هناك محاضن كثيرة تعنى بالفرد وتربيته، لكننا سنكتفي بالحديث عن المحاضن التي لها الدور البارز في بناء القيم وتنميتها لدى الإنسان خلال مراحل نموه المختلفة. ومن هذه المحاضن:

1: الأسرة.

2: المدرسة.

3: المسجد.

4: الأندية.

5: جماعة الرفاق.

6: وسائل الإعلام.

# المبحث الأول

## الأسرة ودورها في بناء وتنمية القيم الإسلامية التربوية

الأسرة هي المحضن التربوي الأول والأهم في بناء القيم فيه يولد المتربي وفيه ينشأ ويتعلم القيم من خلال مراحل نموه داخل الأسرة، لذا فقد اهتم ديننا الحنيف بالتركيز على دور الأسرة في بناء القيم منذ الخطوة الأولى في تكوين الأسرة وهو الزواج فقال رسول الله ((...فاظفر بذات الدين تربت يداك))[1].

وتعد الأسرة المصدر الأول والأخطر في تكوين القيم وتوجيه السلوك وتنمية القدرة على ضبط الذات والتحكم في النوازع وتعديل الرغبات ومطالب الأفراد[2].

كما أنها تغذي الصغار بالمبادئ والقيم الإسلامية عن طريق الممارسة اليومية، والسلوك الخلقي الحسن للوالدين وترجمتها لمعاني المسؤولية والصدق والأمانة، ليعرف الطفل كل هذه المبادئ، والقيم سلوكا طبيعيا عمليا قبل أن يعرفها في معانيها المجردة[3].

ولكي يتحقق الدور التربوي للأسرة في بناء القيم فقد وضع الإسلام عدة مبادئ أساسية تكفل للأسرة أن تقوم بدورها في تنمية القيم. نتحدث عنها فيما يلي:

1: اختيار الزوجة الصالحة واختيار الزوج الصالح: لقد عني الإسلام بصلاح الزوجين فأوصى الإسلام عند إرادة الزواج، أن يبحث الزوج الصالح عن المرأة الصالحة ذات الدين الحق، وأن يختار ولي الأمر للمرأة الصالحة الزوج الصالح، حتى يسكن كل منهما إلى الآخر، وتتحقق بينهما المودة والرحمة، وتنشأ ذريتها على التقوى والخلق الحسن، تحقيقا لقول الله عز وجل: ﴿وَمِنْ آيَاتِهِ أَنْ خَلَقَ لَكُم مِّنْ أَنفُسِكُمْ

---

(1) رواه البخاري (4802) ومسلم (466) والنسائي (323) وأبو داود (2047) وابن ماجة (1863) وأحمد (2937).

(2) عبد الحميد الزنتاني: أسس التربية الإسلامية في السنة النبوية ص(661).

(3) عباس محجوب: مشكلات الشباب والحلول المطروحة، والحل الإسلامي- مطابع الدوحة ، ط1 ،1986م ، ص(144).

﴿وَمِنْ آيَاتِهِ... أَزْوَاجا لِّتَسْكُنُوا إِلَيْهَا وَجَعَلَ بَيْنَكُم مَّوَدَّةً وَرَحْمَةً إِنَّ فِي ذَٰلِكَ لَآيَاتٍ لِّقَوْمٍ يَتَفَكَّرُونَ﴾[1]

وإن الأسرة المسلمة الصالحة، هي التي يتربى أفرادها تربية إسلامية، تثمر في نفوسهم الأمن والاطمئنان والسكينة والحب، ولا سبيل إلي إلى ذلك إلا بوجود زوجين صالحين تربى كل منهما على العلم النافع، والعمل الصالح.

وقد أكدت السنة على حسن اختيار المرأة الصالحة، وهي ذات الدين، وإذا أطلق هذا اللفظ: "الدين" في الشرع، فالمراد به التقوى والصلاح والورع والإحسان الذي يجعل صاحبه يعبد ربه كأنه يراه. روى أبو هريرة رضي الله عنه أن رسول الله صلى الله عليه وسلم قال: ((تنكح المرأة لأربع: لمالها، ولحسبها، ولجمالها، ولدينها، فاظفر بذات الدين تربت يداك))[2].

وجعل صلى الله عليه وسلم المرأة الصالحة خير متاع الدنيا، كما في حديث عبد الله بن عمرو بن العاص رضي الله عنهما أن رسول الله صلى الله عليه وسلم قال:"الدنيا متاع، وخير متاعها المرأة الصالحة"[3]

والمرأة الصالحة خير كنز للمرء، لما فيها من صفات الخير العائدة عليه بالبركة في حياته، كما في حديث عمر رضي الله عنه ، وفيه: ((ألا أخبرك بخير ما يكنز المرء؟ المرأة الصالحة: إذا نظر إليها سرّته، وإذا أمرها أطاعته، وإذا غاب عنها حفظته))[4]

وصلاح الرجل و المرأة يظهر من خلال توفر عدة صفات فيهما جاءت في آية الأحزاب، قال تعالى: ﴿إِنَّ الْمُسْلِمِينَ وَالْمُسْلِمَاتِ وَالْمُؤْمِنِينَ وَالْمُؤْمِنَاتِ وَالْقَانِتِينَ وَالْقَانِتَاتِ وَالصَّادِقِينَ وَالصَّادِقَاتِ وَالصَّابِرِينَ وَالصَّابِرَاتِ وَالْخَاشِعِينَ وَالْخَاشِعَاتِ وَالْمُتَصَدِّقِينَ وَالْمُتَصَدِّقَاتِ وَالصَّائِمِينَ وَالصَّائِمَاتِ وَالْحَافِظِينَ فُرُوجَهُمْ وَالْحَافِظَاتِ وَالذَّاكِرِينَ اللَّهَ كَثِيرا وَالذَّاكِرَاتِ أَعَدَّ اللَّهُ لَهُم مَّغْفِرَةً وَأَجْرا عَظِيما﴾[5]

(1) سورة الروم (21).
(2) سبق تخريجه.
(3) رواه مسلم (1467) وابن ماجة (1860) .
(4) رواه أبو داود (1664).
(5) سورة الأحزاب (35)

قال ابن قدامة رحمه الله:(ويستحب لمن أراد التزوج أن يختار ذات الدين، لقول النبي صلى الله عليه وسلم : ((تنكح المرأة لأربع: لمالها، ولحسبها، ولجمالها، ولدينها، فاظفر بذات الدين تربت يداك))[1] متفق عليه. ويختار الجميلة، لأنه أسكن لنفسه، وأغض لبصره، وأدوم لمودته، ولذلك شرع النظر قبل النكاح..[2].

(فذات الدين هي الركن الركين في إقامة البيت المسلم والأسرة المسلمة، وفي تنشئة الأطفال بالقدوة قبل التلقين على قيم الإسلام ومبادئه منذ نعومة أظفارهم، فتصبح عادة لهم وطبيعة، وتصبح جزءا من كيانهم، ليس من السهل أن يحيدوا عنه، حين تحاول أن تلويهم الأعاصير، وحين توجد القدوة الحسنة متمثلة في الأب المسلم والأم ذات الدين.

إذا اجتمع الرجل الصالح بالمرأة الصالحة على سنة الله ورسوله وطاعة الله ورسوله، بدأ بهما تَكَوُّن الأسرة الصالحة التي هي نواة المجتمع الصالح، حيث ينجب الأولاد ويعنى بتربيتهم جسميا وعقليا وروحيا، على هدى من كتاب الله وسنة رسوله صلى الله عليه وسلم ،وتغرس فيهم القيم منذ نعومة أظفارهم وتنموا لديهم من خلال القدوة الصالحة من الرجل والمرأة

2: السعي في تحصينهم من الشيطان قبل ولادتهم.من الأمور التي تعمل على غرس القيم أن يحصن المولود من الشيطان قبل مجيئه، لأن عداوة إبليس لابن آدم ممتدة، من حين حسد أبا البشر آدم عليه السلام، وتسبب في إخراجه هو وزوجه حواء من الجنة، وهي مستمرة إلى أن تقوم الساعة، ولا يجد أي منفذ يلج منه لإغواء الإنسان إلا ولجه.

لذلك أمر الله سبحانه وتعالى الناس بالحذر منه و وحث على الالتجاء إلى الله من خطواته، قال تعالى عن إصرار الشيطان على إغواء الإنسان بكل طريق ﴿قَالَ أَنظِرْنِي إِلَى يَوْمِ يُبْعَثُونَ﴿14﴾ قَالَ إِنَّكَ مِنَ الْمُنظَرِينَ﴿15﴾ قَالَ فَبِمَا أَغْوَيْتَنِي لأَقْعُدَنَّ لَهُمْ صِرَاطَكَ الْمُسْتَقِيمَ﴿16﴾ ثُمَّ لآتِيَنَّهُم مِّن بَيْنِ أَيْدِيهِمْ وَمِنْ خَلفِهِمْ وَعَنْ أَيْمَانِهِمْ وَعَن

---

(1) سبق تخريجه.

(2) عبد الله بن قدامة المقدسي أبو محمد : الكافي في فقه الإمام المبجل أحمد بن حنبل (659/2).

شَمَآئِلِهِمْ وَلاَ تَجِدُ أَكْثَرَهُمْ شَاكِرِينَ﴾ [17][1]

من فضل اللـه تعالى على المسلم أن بين له وسائل الاعتصام من الشيطان في الكتاب والسنة، في كل مجال من مجالات حياته: في مأكله ومشربه، ونومه ويقظته، ودخوله وخروجه وكل تصرفاته، وأهم وسيلة لوقاية المؤمن من الشيطان، هي ذكر اللـه تعالى، كما قال تعالى: ﴿إِنَّ الَّذِينَ اتَّقَواْ إِذَا مَسَّهُمْ طَائِفٌ مِّنَ الشَّيْطَانِ تَذَكَّرُواْ فَإِذَا هُم مُّبْصِرُونَ﴾[2] والمراد بالتذكر أن يذكر أن اللـه تعالى معه مطلع على كل ما يأتي ويذر،ويرغب في عفوه ومغفرته وهدايته وثوابه، ويرهب جبروته وقهره وعقابه.

ومن الأسباب التي يتخذها المربي لوقاية المولود من الشيطان وغرس القيم الإسلامية، ما أرشد الرسول صلى اللـه عليه وسلم إليه الرجل إذا أراد أن يجامع أهله، أن يسمي اللـه ويستعيذ بالله من الشيطان، ويطلب من اللـه أن لا يجعل له سبيلا إلى ما يرزقه اللـه من ولد في ذلك الجماع، وهي عناية من اللـه تعالى بالإنسان قبل خلقه أرشد إليها أباه حتى يُخلَق مولودا سويا سليما لا يقربه الشيطان ولا يحثه على فعل الشر، روى ابن عباس رضي اللـه عنهما عن النبي صلى اللـه عليه وسلم ، قال: ((أما إن أحدكم إذا أتى أهله، وقال: بسم اللـه، اللهم جنبنا الشيطان وجنب الشيطان ما رزقتنا، فرزقا ولدا لم يضره الشيطان))[3] .

ومن هنا نعلم أن الإسلام وضع هذا الضابط أثناء الجماع حتى يأتي المولود إلى الدنيا محصنا من الشيطان مما يساعد على سرعة غرس القيم ثم تنميتها في المولود مع مراحل نموه المختلفة.

3: ذكر اللـه في آذانهم عند ولادتهم.ومن الأسباب التي تؤدي إلى سرعة غرس القيم في نفس المولود، أن يكون أول صوت يقرع آذان الأولاد عند ولادتهم، هو ذكر اللـه الذي يغيظ عدو اللـه إبليس ويحصنهم منه، ويطمئنهم أن الذي خلقهم في أرحام أمهاتهم

(1) سورة الأعراف من (14-17).
(2) سورة الأعراف (201).
(3) رواه البخاري (141)ومسلم (1434) والترمذي (1092) وأبو داود (2161) والدارمي (2212).

وحفظهم فيها بالغذاء وغيره وهو الله تعالى، هو معهم يرعاهم ويحفظهم، وهو أكبر من كل شيء وهو الإله الحق الذي لا يعبد سواه.

فالسنة أن يؤذن في آذانهم، كما فعل الرسول صلى الله عليه وسلم مع ابن بنته الحسن بن علي بن أبي طالب، رضي الله عنهم ، فقد روى أبو رافع رضي الله عنه ، قال: "رأيت رسول الله صلى الله عليه وسلم ، أذن في أذن الحسن بن علي حين ولدته فاطمة بالصلاة"(1)

قال ابن القيم، رحمه الله: (وسر التأذين، و الله أعلم، أن يكون أول ما يقرع سمع الإنسان كلماته [أي كلمات الأذان] المتضمنة لكبرياء الرب وعظمته، والشهادة التي أول ما يدخل بها في الإسلام، فكان ذلك كالتلقين له شعار الإسلام عند دخوله إلى الدنيا، كما يلقن كلمة التوحيد عند خروجه منها.

غير مستنكر وصول أثر التأذين إلى قلبه وتأثره به وإن لم يشعر، مع ما في ذلك من فائدة أخرى، وهي هروب الشيطان من كلمات الأذان، وهو كأن يرصده حتى يولد، فيقارنه للمحنة التي قدرها وشاءها، فيسمع شيطانه ما يضعفه ويغيظه أول أوقات تعلقه به، وفيه معنى آخر وهو: أن تكون دعوته إلى الله وإلى دين الإسلام وإلى عبادته، سابقة على دعوة الشيطان، كما كانت فطرة الله التي فطر الناس عليها، سابقة على تغيير الشيطان لها ونقله عنها و لغير ذلك من الحكم)(2).

4: اختيار الاسم الحسن:ومن الأسباب التي تساعد الأسرة على القيام بدورها في بناء وتنمية القيم أن تختار الأسماء الحسنة لأولادها، لأن كل اسم له مدلول ومعنى، وقد يكون الاسم دافعا إلى التمسك بقيمة من القيم الإسلامية لأنه يحمل معنى جميلا له أثر تربوي في نفس الطفل وأسرته.ولهذا فقد كان رسول الله صلى الله عليه وسلم يجاء إليه بالمولود، فيحنكه ويدعو له ويسميه ويسأل عن اسمه، فإن رآه حسنا تركه، وإن لم يعجبه سماه، كما كان يغير أسماء الكبار إذا كانت قبيحة.

فقد ولدت أسماء بنت أبي بكر رضي الله عنها، فأخذ رسول الله صلى الله عليه وسلم ابنها وحنكه،

ـــــــــــــــــــــ
(1) رواه الترمذي (1514) وأبوداود (5205) وأحمد (26645) .
(2) ابن قيم الجوزية: تحفة المولود في أحكام المولود ص(16).

وصلى عليه (أي دعا له) وسماه عبد الله، وكذلك فعل صلى الله عليه وسلم بابن أبي طلحة رضي الله عنهما، حنكه وسماه عبد الله، وجاء أبو أسيد رضي الله عنه بمولود له إلى النبي صلى الله عليه وسلم، فقال: "ما اسمه؟" قال: فلان، قال: "ولكن اسمه المنذر"[1]

وقدم جد سعيد بن المسيب إلى رسول الله صلى الله عليه وسلم، فقال له: "ما اسمك؟" قال: اسمي حَزْن، قال: (بل أنت سهل) قال: ما أنا بمغير اسما سمَّانيه أبي، قال ابن المسيب: فما زالت فينا الحزونة بعد"[2].

وروى ابن عمر رضي الله عنهما، قال: قال رسول الله صلى الله عليه وسلم: "إن أحب أسمائكم إلى الله: عبد الله وعبد الرحمن"[3]، وروى أبو الدرداء رضي الله عنه، قال: قال رسول الله صلى الله عليه وسلم: ((إنكم تدعون يوم القيامة بأسمائكم وأسماء آبائكم، فأحسنوا أسماءكم"[4]

وقد كان النبي يشتد عليه الاسم القبيح ويكرهه جدا من الأشخاص والأماكن والقبائل والجبال حتى إنه مر في مسير له بين جبلين فسأل عن اسمهما فقيل له فاضح ومخز فعدل عنهما ولم يمر بينهما وكان شديد الاعتناء بذلك، ومن تأمل السنة وجد معاني في الأسماء مرتبطة بها حتى كأن معانيها مأخوذة منها وكأن الأسماء مشتقة من معانيها فتأمل قوله أسلم سالمها الله وغفار غفر الله لها وعصية عصت الله.

وقوله ـ لما جاء سهيل بن عمرو يوم الصلح ـ:((سهل أمركم)) وقوله لبريدة ـ لما سأله عن اسمه ـ فقال: بريدة. قال:(( يا أبا بكر برد أمرنا ))ثم قال ممن أنت؟ قال: من أسلم. فقال لأبي بكر: ((سلمنا ))ثم قال: ممن؟ قال: من سهم. قال:(( خرج سهمك))[5].

و الله سبحانه بحكمته في قضائه وقدره يلهم النفوس أن تضع الأسماء على حسب

---

(1) رواه البخاري (5838)ومسلم (2149).
(2) رواه البخاري (5840) وأحمد (23161).
(3) رواه مسلم (2132) والترمذي (2833) وأبو داود (4949) وابن ماجة (3773) وأحمد (4760).
(4) رواه أبو داود (4948) وأحمد (21185) والدارمي (2694).
(5) ابن قيم الجوزية: تحفة المولود في أحكام المولود ص(120-121).

مسمياتها لتناسب حكمته تعالى بين اللفظ ومعناه كما تناسبت بين الأسباب ومسبباتها. قال أبو الفتح ابن جني: ولقد مر بي دهر وأنا أسمع الاسم لا أدري معناه فآخذ معناه من لفظه ثم أكشفه فإذا هو ذلك بعينه أو قريب منه فذكرت ذلك لشيخ الإسلام ابن تيمية رحمه الله فقال: وأنا يقع لي ذلك كثيرا.

وبالجملة فالأخلاق والأعمال والأفعال القبيحة تستدعي أسماء تناسبها وأضدادها تستدعي أسماء تناسبها، وكما أن ذلك ثابت في أسماء الأوصاف فهو كذلك في أسماء الأعلام، وما سمي رسول الله محمدا وأحمد إلا لكثرة خصال الحمد فيه، ولهذا كان لواء الحمد بيده وأمته الحمادون وهو أعظم الخلق حمدا لربه تعالى ولهذا أمر رسول الله صلى الله عليه وسلم بتحسين الأسماء فقال: ((حسنوا أسماءكم ))فإن صاحب الاسم الحسن قد يستحي من اسمه وقد يحمله اسمه على فعل ما يناسبه وترك ما يضاده ولهذى ترى أكثر السفل أسماؤهم تناسبهم وأكثر العلية أسماؤهم تناسبهم وبالله التوفيق [1].

5: إظهار شكر الله تعالى بالذبح عنه (العقيقة عن المولود )وفي العقيقة عن المولود معان عظيمة منها:

1: أنها استجابة لوصية رسول الله صلى الله عليه وسلم كما في حديث سلمان بن عامر الضبي، رضي الله عنه قال: سمعت رسول الله صلى الله عليه وسلم يقول: ((مع الغلام عقيقة، فأهريقوا عنه دما، وأميطوا عنه الأذى)) [2].

2: أن فيها شكرا لله تعالى على أن رزقهم الولد: قال ابن القيم، رحمه الله: "فالذبح عن الولد فيه معنى القربان والشكران والفداء والصدقة وإطعام الطعام، عند حوادث السرور العظام، شكرا لله وإظهارا لنعمته التي هي غاية المقصود من النكاح، فإذا شرع الإطعام للنكاح الذي هو وسيلة إلى حصول هذه النعمة، فلأن يشرع عند الغاية المطلوبة، أولى وأحرى، وشرع بوصف الذبح المتضمن لما ذكرناه من الحكم.

(1) انظر :ابن قيم الجوزية: تحفة المولود في أحكام المولود ص(146-147).
(2) رواه البخاري (5054) والترمذي (1515) وابن ماجة (2302) وأحمد (17418) والدارمي (1967).

فلا أحسن ولا أحلى في القلوب من مثل هذه الشريعة في المولود، وعلى نحو هذا جرت سنة الولائم في المناكح وغيرها، فإنها إظهار للفرح والسرور، بإقامة شرائع الإسلام، وخروج نسمة مسلمة يكاثر بها رسول الله صلى الله عليه وسلم الأمم يوم القيامة، تعبد الله ويراغم عدوه "[1].

3: ومن فوائدها: أنها قربان يقرب به عن المولود في أول أوقات خروجه إلى الدنيا والمولود ينتفع بذلك غاية الانتفاع كما ينتفع بالدعاء له وإحضاره مواضع المناسك والإحرام عنه وغير ذلك.

4: ومن فوائدها أنها تفك رهان المولود فإنه مرتهن بعقيقته؛ قال الإمام أحمد: مرتهن عن الشفاعة لوالديه، وقال عطاء بن أبي رباح:مرتهن بعقيقته:قال يحرم شفاعة ولده.

وعن سمرة، قال: قال رسول الله صلى الله عليه وسلم : ((الغلام مرتهن بعقيقته، يذبح عنه يوم سابعه، ويسمى، ويحلق رأسه))[2].

5: ومن فوائدها أنها فدية يفدى بها المولود كما فدى الله سبحانه إسماعيل الذبيح بالكبش.[3]

وعن يوسف بن ماهك، أنهم دخلوا على حفصة بنت عبد الرحمن، فسألوها عن العقيقة؟ فأخبرتهم أن عائشة رضي الله عنها أخبرتها، أن رسول الله صلى الله عليه وسلم أمرهم: ((عن الغلام شاتان متكافئتان وعن الجارية شاة))[4]

وبهذا يتبين أهمية العقيقة عن المولود ودورها في غرس قيمة الامتثال لأمر الله تعالى والشكر له على نعمائه، وطاعة الرسول صلى الله عليه وسلم .

(1) ابن قيم الجوزية: تحفة المولود في أحكام المولود ص(70-71)
(2) رواه الترمذي(1522) والنسائي (4220) وأبو داود (2837) وأحمد (19743) والدارمي (1969).
(3) ابن قيم الجوزية: تحفة المولود في أحكام المولود ص(69).
(4) رواه الترمذي (1516) والنسائي (4215) وأبوداود (2834) وابن ماجة (3200).

6: ختان المولود وحلق رأسه:وللعناية بغرس قيمة العفة في نفس الطفل منذ ولادته شرع الله تعالى الختان تنظيفا له وتطهيرا وكبح جماح الشهوة عندما يكبر وبذلك يكون هذا الدين قدحرص على إعفاف الفرد منذ صغره.

قال ابن القيم ـ رحمه الله - بعد أن ذكر نصوص خصال الفطرة: (وقد اشتركت خصال الفطرة في الطهارة والنظافة وأخذ الفضلات المستقذرة، التي يألفها الشيطان ويجاورها مـن بنـي آدم، وله بالغرلة اتصال واختصاص)[1]

وقـال في موضع آخرـ بعد أن بين أن الختـان مـن محاسـن الشرائـع التـي شرعهـا اللـه لعباده:(هذا مع ما في الختان من الطهارة والنظافة والتزيين، وتحسـين الخلقـة وتعـديل الشهوة، التي إذا أفرطت ألحقت الإنسان بالحيوانات، وإن عدمت بالكلية ألحقته بـالجمادات، فالختـان يعدلها، ولهذا تجد الأقلف من الرجال، والقلفاء من النساء، لا يشبع مـن الجـماع... ولايخفـى عـلى ذي الحس السليم قبح الغرلة، وما في إزالتها من التحسين والتنظيف والتزيين )[2]

وفي هذا إشارة إلى العناية بنظافة الصبي وإزالة كل الأقذار والفضلات المؤذية له، ما دام غير قادر على قيامه بإزالته بنفسه، وبهذا يأمن الطفل من الأوساخ وما ينتج عنها من أوبئة وأمراض قد تودي بحياته.

7ـ أمرهم بالصلاة وحثهم عليها:ومع نمو الطفل يستمر الإسلام في متابعة نمو القيم الإسلامية لدى الطفل فيوصي الوالدين بالحرص على تعليم الوالدين الصلاة، بل يتعـدى الأمر إلى الضرب في حالة رفضهم. يقول رسول اللـه صلى اللـه عليه وسلم ((مروا أولادكم بالصلاة لسبع واضربـوهم عليها لعشروفرقوا بينهم في المضاجع))[3]

8: تربيتهم على قيمة العفة: لقد حرص الإسلام على تربية الأولاد على العفة

---

(1) ابن قيم الجوزية: تحفة المولود في أحكام المولود ص(94).
(2) ابن قيم الجوزية: تحفة المولود في أحكام المولود ص(111).
(3) سبق تخريجه.

وغرس هذه القيمة فيهم وهم صغار والعمل على تنميتها فيهم بكل السبل التي تمكن الوالدين من القيام بها، لذا فقد وجه الإسلام الوالدين إلى اتخاذ عدة ضوابط تبعد الأبناء عن اقتراف الرذائل وترسخ فيهم قيمة العفة، ومن هذه الضوابط:

**1 ـ تعليم الأولاد الاستئذان إذا أرادوا الدخول على آبائهم في غرفهم الخاصة.** قال تعالى: ﴿يا أيّها الذينَ آمنوا لِيَستأذِنكمُ الّذينَ ملكتْ أيمانُكم والّذين لمْ يَبْلُغوا الحُلُم منْكم ثَلاثَ مراتٍ منْ قَبلِ صلاةِ الفجرِ وحينَ تَضعُونَ ثيابَكمْ مِنَ الظَّهيرةِ ومِنْ بَعْدِ صلاةِ العِشاء﴾[1]

قال الشيخ عبد الرحمن السعدي:(أمر المؤمنين أن يستأذنهم مماليكهم والذين لم يبلغوا الحلم منهم قد ذكر اللـه حكمته وأنه ثلاث عورات للمستأذن عليهم وقت نومهم بالليل بعد العشاء، وعند انتباههم قبل صلاة الفجر، فهذا في الغالب أن النائم يستعمل للنوم في الليل ثوبا غير ثوبه المعتاد، وأما نوم النهار فلوكان في الغالب قليلا قد ينام فيه العبد بثيابه المعتادة قيده بقوله: ﴿وحينَ تَضَعُونَ ثيابَكمْ مِنَ الظَّهيرةِ﴾ أي للقائلة وسط النهار ففي هذه الأحوال الثلاثة يكون المماليك والأولاد الصغار كغيرهم لا يمكنون من الدخول إلا بإذن.

﴿وَإِذَا بَلَغَ الأَطْفَالُ مِنكُمُ الحُلُمَ فَليَسْتَأْذِنُوا كَمَا اسْتَأْذَنَ الَّذِينَ مِن قَبْلِهِمْ كَذَلِكَ يُبَيِّنُ اللّـهُ لَكُمْ آيَاتِهِ وَاللّـهُ عَلِيمٌ حَكِيمٌ﴾..

﴿وَإِذَا بَلَغَ الأَطْفَالُ مِنكُمُ الحُلُمَ﴾ وهو إنزال المني يقظة أو مناما ﴿فَلْيَسْتَأْذِنُوا كَمَا اسْتَأْذَنَ الَّذِينَ مِن قَبْلِهِمْ﴾ أي: في سائر الأوقات والذين من قبلهم هم الذين ذكرهم اللـه بقوله ﴿يَا أَيُّهَا الَّذِينَ آمَنُوا لَا تَدْخُلُوا بُيُوتا غَيْرَ بُيُوتِكُمْ حَتَّى تَسْتَأْنِسُوا وَتُسَلِّمُوا عَلَى أَهْلِهَا ذَلِكُمْ خَيْرٌ لَّكُمْ لَعَلَّكُمْ تَذَكَّرُونَ﴾[2] ﴿كَذَلِكَ يُبَيِّنُ اللّـهُ لَكُمْ آيَاتِهِ﴾ ويوضحها ويفصل أحكامها ﴿وَاللّـهُ عَلِيمٌ حَكِيمٌ﴾ وفي هاتين الآيتين فوائد منها:

---

(1) سورة النور (58).
(2) سورة النور (27).

1: أن السيد وولي الصغير مخاطبان بتعليم عبيدهم ومن تحت ولايتهم من الأولاد العلم والآداب الشرعية؛ لأن الله وجه الخطاب إليهم بقوله ﴿يا أيّها الذينَ آمنوا لِيَستأذِنكمُ الَّذينَ ملكتْ أيمانُكم والَّذين لمْ يَبْلُغوا الحُلُم منْكم﴾ فلا يمكن ذلك إلا بالتعليم والتأديب ولقوله:﴿ليس عليكم ولا عليهم جناح بعدهن﴾.

2: ومنها الأمر بحفظ العورات والاحتياط لذلك من كل وجه وأن المحل والمكان الذي هو مظنة لرؤية عورة الإنسان فيه أنه منهي عن الاغتسال فيه والاستنجاء ونحو ذلك.

3: ومنها أن الصغير الذي دون البلوغ لا يجوز أن يمكن من رؤية العورة ولا يجوز أن ترى عورته لأن الله لم يأمر باستئذانهم إلا عن أمر ما يجوز(1).

2 ـ **التفريق بين الأولاد في المضاجع:** لحديث ((وفرقوا بينهم في المضاجع))[2].

قال ابن القيم: أمر أن يفرق بين الأولاد في المضاجع وأن لا يترك الذكر ينام مع الأنثى في فراش واحد لأن ذلك قد يكون ذريعة إلى نسج الشيطان بينهما المواصلة المحرمة بواسطة اتحاد الفراش ولا سيما مع الطول والرجل قد يعبث في نومه بالمرأة في نومها إلى جانبه وهو لايشعر وهذا أيضا من ألطف سد الذرائع[3]

3 ـ **تعلم الأولاد النوم على شقهم الأيمن وعدم النوم على بطونهم.**

**4ـ إعفافهم بالنكاح عند الحاجة والمقدرة:**وإذا كان الولد محتاجا إلى النكاح، والأب أو من يقوم مقامه قادرا على تزويجه، لزمه ذلك، لما فيه من تحصينه وإعفافه عن الوقوع في الحرام،قال ابن قدامة رحمه الله:(ويلزم الرجل إعفاف ابنه، إذا احتاج إلى

---

(1) عبد الرحمن السعدي : تيسير الكريم الرحمن في تفسير كلام المنان (545-546).
(2) سبق تخريجه.
(3) محمد بن أبي بكر أيوب الزرعي أبو عبد الله: إعلام الموقعين عن رب العالمين، تحقيق : طه عبد الرءوف سعد، دار الجيل - بيروت 1973 (150/2).

النكاح، وهذا ظاهر مذهب الشافعي...)[1] وكذلك يجب أن يزوج ابنته التي بلغت سنا تحتاج فيه إلى النكاح لإعفافها، وأن يلتمس لها الزوج الصالح، فلا فرق بين الابن والبنت في وجوب إعفافهما.

ومما سبق يتبين حرص الإسلام على تحقيق العفة واتخاذ كافة السبل الوقائية لتجنب الوقوع في الفاحشة.وبهذا ينشأ الأبناء على العفة وتكون سلوكا لهم في حياتهم.

9: أن يكون الوالدان قدوة لأولادهما: ولكي ينشأ الأولاد على القيم الإسلامية فلا بد أن يكون الوالدان قدوة لأبنائهما (فأخلاق الأم والأب وسلوكهما يعدان عاملا مهما في تشكيل أخلاق الأبناء وتوجيه سلوكهم، وذلك لأن الأبناء إنما يقتدون بالأخلاق التي يتأكدون من اقتناع آبائهم بها، والتي يعلمون أنها المعبرة بالفعل عن نواياهم)[2].

10: إشباع حاجات الأولاد النفسية:وتقوم الأسرة بإشباع حاجات الأولاد النفسية مثل الحاجة إلى المحبة والأمن والانتماء والتقدير، ومن خلالها يتم النضج الانفعالي للطفل، لأنه يتعلم في المنزل أول درس للحب والكراهية، وقد اتضح من دراسة بعض الحالات العصبية للأطفال أن سببها سوء معاملة الوالدين أو أحدهما، فالأم التي تخيف وليدها تجعل منه طفلا جبانا، وتقتل فيه روح المخاطرة والشجاعة، وكلما زاد الإحباط في المنزل أو عجزت الأسرة عن القيام بإشباع حاجات الطفل النفسية زادت الدوافع العدوانية لدى الطفل وفقد شعوره بالطمأنينة وتعرض للإصابة بالصراع النفسي[3].

---

(1) عبد الله بن أحمد بن قدامة المقدسي أبو محمد: المغني في فقه الإمام أحمد بن حنبل الشيباني، دار الفكر - بيروت الطبعة الأولى ، 1405 ، (216/8).

(2) يعقوب المليجي: الأخلاق في الإسلام- مؤسسة الثقافة الجامعية - الأسكندرية ، ط1 ، 1985ص(107).

(3) مصطفى محمد متولي وآخرون : أصول التربية الإسلامية ص(237).

ومما سبق يتين لنـا دور الأسرة في بنـاء وتنميـة القـيم الإسـلامية في نفـوس الأبنـاء باعتبارهـا المحضن التربوي الأول للطفل، فإذا قامت بالدور المنوط بها كان تنمية القيم في المحاضـن التربويـة الأخرى عملية سهلة، وإذا لم تقم بدورها على الوجه المطلوب فإن العمليـة تحتـاج إلى جهـد شـاق وإعادة بناء من جديد مما يتطلب الجهد الشاق والزمن الطويل.

ويدعو الباحث الآباء والأمهات إلى استشعار هذه المسؤولية والقيـام بالـدور المطلـوب لأنهـم محاسبون أمام الـلـه تعالى: قال رسول الـلـه صلى الـلـه عليه وسلم (كلكم راع وكلكم مسؤول عن رعيته، فالمرأة في بيتها راعية وهي مسؤولة عن رعيتها، والرجـل راع وهـو مسـؤول عـن رعيتـه)[1]، واستشعار المسؤولية يدفع الآباء إلى الاهتمام بأبنائهم وغرس القيم فيهم، وينعكس هذا على الأبناء الذين سيقومون بهذا الدور مع أولادهم. ولعلم المربي أن مـا يزرعـه اليـوم فسـوف يحصـده غـدا، فعلينا ببذل الجهد وابتغاء الأجر من الـلـه تعالى.

(1) رواه البخاري (853) ومسلم (1829) والترمذي (1705) وأبو داود (2928) وأحمد (4481).

## المبحث الثاني

### دور المدرسة في بناء وتنمية القيم الإسلامية التربوية

**أهمية المدرسة:**

للمدرسة أهمية كبيرة في بناء وتنمية القيم لا تقل أهمية عن الأسرة، باعتبار المدرسة هي المحضن الثاني للطالب وهي التي تزرع قيما جديدة فيه من خلال احتكاكه بالطلاب والمعلمين، كما أنها تعمل على تنمية القيم التي اكتسبها الطالب من المنزل.

(والمدرسة تتيح الفرصة للطفل لتوسيع علاقاته الاجتماعية من خلال تفاعله مع جماعة جديدة من التلاميذ وجماعة جديدة من المعلمين وتوسيع دائرة اتصالاته بالعالم الخارجي من خلال الخبرات التعليمية التي يكتسبها ويستمد منها أنواعا مختلفة من القيم والمثل التي تؤثر شعوريا أو لا شعوريا في سلوكه وعاداته، وفي المدرسة يتعلم التلميذ المزيد من المعايير الاجتماعية؛ فيعرف معاني الحقوق والواجبات، وضبط الانفعالات والتوفيق بين حاجاته وحاجات الغير، والتعاون مع الآخرين والمنافسة في الإنجاز)[1].

وتقوم المدرسة بغرس القيم لدى المتعلمين وتنميتها فيهم من خلال توضيحها وشرحها للطلاب لتكون سلوكا لهم في حياتهم.

( فالمدرسة تتحمل العبء الأكبر في غرس الفضائل الخلقية للأبناء وإعدادهم لمستقبل أفضل، وهي أداة المجتمع ووسيلته في تنشئة أفرده بما يتواءم مع قيمه واحتياجاته)[2]، حيث تلعب المدرسة دورا بارزا وهاما في توضيح القيم الأخلاقية،

---

(1) مصطفى متولي وآخرون : أصول التربية الإسلامية ص(242).

(2) عبد الكريم العفيفي، : الخدمة الاجتماعية في المجال المدرسي، مكتبة عين شمس ، القاهرة ،1994م ص (196.

وشرحها لدى طلابها وغرسها في وجدانهم،وتنميتها في نفوسهم، بحيث تصبح جزءا لا يتجزأ من سلوكهم من خلال القدوة الحسنة وتقديم الحقائق الموضوعية واستخدام طرق تدريسية مناسبة)[1].

ولا يقف دور المدرسة عند تقديم المعلومات المعرفية فحسب بل يصحب ذلك البناء الأخلاقي لنفوس التلاميذ، ومتابعة هذا النمو خلال سنوات الدراسة.

(ومن هنا نصل إلى أن المدرسة باعتبارها مؤسسة تربوية فهي مسؤولة عن تحقيق النمو الأخلاقي للناشئة مثلما هي مسؤولة عن تحقيق نموهم العقلي والمعرفي، وإهمال المدرسة لهذا الجانب الهام من شخصية التلاميذ يؤدي إلى إعاقة نموهم الأخلاقي ويحول دون بلوغهم المراحل العليا من التفكير الأخلاقي في الكبر)[2].

وتتميز المدرسة بعدد من الخصائص التي تجعل منها مؤسسة اجتماعية متخصصة في تربية النشء، ومن هذه الخصائص[3]:

1: للمدرسة هدف واضح هو تحقيق تنمية الشخصية المتكاملة.

2: يسود المدرسة تنظيم خاص محدد المعالم يوضح طريقة التفاعل الاجتماعي في المدرسة.

3: تضم المدرسة أفرادا معينين يسود بينهم علاقات اجتماعية خاصة، فالمدرسة بها معلمون وتلاميذ وإداريون وعمال، وذلك يجعل منها مركزا لتبادل كثيرمن التفاعلات الاجتماعية، وتنمية كثير من القيم والمفاهيم التي تتأثربها شخصيات التلاميذ.

4: للمدرسة ثقافة خاصة بها تتكون من القيم والأنماط السلوكية التي

(1) محمد عبد السميع عثمان : الفوارق القيمية بين الريف والحضر ودور التربية في معالجتها من أجل التنمية الاجتماعية والاقتصادية في مصر ، رسالة دكتوراه غير منشورة ، جامعة الأزهر الفاهرة ، 1981م - ص(53-59).

(2) فاطمة إبراهيم حميدة: التفكير الأخلاقي ، دليل المعلم في تنمية التفكير الأخلاقي لدى التلاميذ في جميع المراحل ، مكتبة النهضة المصرية ، القاهرة ، ط1 ، 1990م، ص(131).

(3) مصطفى متولي وآخرون: المدرسة والمجتمع ، الرياض ، دار الخريجي للنشر والتوزيع ، 1993م ، ص (107-108).

تتركزحول المدرسة، وتستخدم في تحقيق التفاعل الاجتماعي بين أفراد المجتمع المدرسي.

ولكي تقوم المدرسة بدورها المطلوب في بناء وتنمية القيم فلا بد من اتحاذ السبل المؤدية إلى ذلك ومنها:

1: توفير مواقف عملية لممارسة القيم: (لأن القيم إذا قدمت كما تقدم المعارف فقط فلن يكون لها أية فاعلية أو تأثير على التلاميذ، لأنها ستبقى في إطارها النظري البحت دون أن تتعداه إلى مرحلة المعايشة والعمل، لذلك فإن على المدرسة أن تدرك هذا المغزى التربوي العميق جيدا وتترجمه إلى سلوك، لأن التلاميذ الذين يتلقون القيم لن يكتسبوها فعليا إلا عن طريق الممارسة والتدريب، وعلينا أن نعي أن مجرد التلقين لن يترتب عليه أي تعديل أو تغير سلوك التلاميذ[1].

بالإضافة إلى ذلك فإن المدرسة في قيامها بهذا تدرب الناشئ على عدم قبول الشيء إلا بعد وزنه بميزان الإسلام، كما تعلم الناشئ أنه مسؤول عن كل ما يتحدث به دون تثبت أو تأكد من صحته[2]، قال تعالى: ﴿وَلاَ تَقْفُ مَا لَيْسَ لَكَ بِهِ عِلمٌ إِنَّ السَّمْعَ وَالبَصَرَ وَالفُؤَادَ كُلُّ أُولـئِكَ كَانَ عَنْـهُ مَسْؤُولا﴾[3].

ولأن الناشئ يحتاج إلى حماية ورعاية حتى يتم نضجه ويستوي عوده، ويصير قادرا على مواجهة فساد المجتمع، وتلحق له جوا مشيعا للفضيلة والتقوى[4]،

2: تنظيم العلاقة بين العاملين في المدرسة:والعلاقة بين العاملين في المدرسة لها

(1) لطفي بركات: نظرية القيم الخلقية عند أتباع الوضعية المنطقية وتطبيقاتها التربوية ، ص (106).
(2) عطية محمد الصالح: تنمية القيم الأخلاقية لدى طلاب مرحلة التعليم الأساسي العليا، ص(192).
(3) سورة الإسراء (36).
(4) فايز دندش: علم الاجتماع التربوي بين التأليف والتدريس، دار الوفاء ، الأسكندرية ، ط1، 1420هـ ص (94).

دور كبير في بناء وتنمية القيم من خلال المدرسة إذ إنها تمثل الناحية العملية أمام الطلاب، فبقدر ما يجدوا تآلفا بين هيئة التدريس وإدارة المدرسة، بقدر ما يساعدهم على بناء قيمهم وتنميتها. لذا كان واجبا على العاملين في المدرسة أن تسود بينهم علاقات المحبة والمودة فيما بينهم وأن تلغى جميع الخلافات والخصومات وأن تسود بينهم خصال الخير.

3: الجو المدرسي القائم على الحب والتشجيع: ليتشرب الطلاب القيم عن طريق العلاقة الحميمة بين المدرسين والمتعلمين. ولكي يصبح الجو المدرسي قائما على الحب والتفاعل (ينبغي إشراك التلاميذ في ممارسات تساعدهم على تعلم أنماط من السلوك السوي بحيث يصبح جزءا من سلوكهم اليومي، والاهتمام بإكساب التلاميذ المعايير والقيم الخلقية عن طريق القدوة الحسنة)[1].

4: ربط الأهداف التعليمية بالأهداف الخلقية: ونظرا لما للمدرسة من تأثير كبير على الفكر القيمي للتلاميذ، وتوجيه سلوكهم، وتعديل نوازعهم واتجاهاتهم، لذلك يجب أن تراعي المناهج التعليمية خاصة ونظم وبرامج المدرسة عامة ربط الأهداف التعليمية بالأهداف الخلقية بحيث يكون التعليم وسيلة للترقية الخلقية، وتزكية السلوك وغرس الآداب والقيم الإسلامية والمثل العليا، والفضائل في النفس، وتنمية القدرة على التمييز بين الهدى والضلال، والخير والشر والحق والباطل، والصواب والخطأ، والحسن والقبيح، وفهم الدور الخلقي والاجتماعي الإيجابي الذي يمكن أن يساهم به الفرض على كيان مجتمعه من الانحلال والتفكك[2].

5: تحقيق التماسك والتآلف بين الطلاب: وتعمل المدرسة على ذوبان الفروق الاجتماعية والطبقية بين الطلاب وصولا إلى غرس قيمة ﴿إِنَّ أَكْرَمَكُمْ عِندَ اللَّهِ أَتْقَاكُمْ إِنَّ اللَّهَ عَلِيمٌ خَبِيرٌ﴾ الحجرات13.

ولكي تستطيع المدرسة القيام بمهمة توحيد أفراد المجتمع وإكسابهم قيما مشتركة

---

(1) مصطفى متولي وآخرون : أصول التربية الإسلامية ص(243).
(2) عبد الحميد الزنتاني: أسس التربية الإسلامية في السنة النبوية ص(663).

فإن ذلك لا يحصل إلا إذا (ألف الإيمان الصحيح بين قلوبهم، وحينئذ تذوب جميع الفوارق، وتنمحي كل الاعتبارات المفرقة، ويتنازل الجميع من تلقاء أنفسهم عن كل الحزازات والضغائن، وأسباب الحسد والتباعد... فالمدرسة لا تصهر المواطنين ولا تحقق التجانس المطلوب بينهم إلا إذا بنيت على أساس التربية الإسلامية وحققت أهدافها)[1].

وإذا ساد هذا التآلف والتحاب بين الطلاب عمل على القضاء على جميع المشكلات الناجمة عن التعصب والعنصرية، وأدى إلى مجتمع مدرسي متحاب تسوده قيم الاحترام والتواد فيما بينهم مما يساعد على تنمية هذه القيم التربوية لديهم.

المجتمع المدرسي ودوره في بناء القيم

يتألف المجتمع المدرسي من عدة عناصر:

1: المعلم.

2: إدارة المدرسة.

3: النشاط المدرسي.

وكل عنصر من هؤلاء له دور كبير في بناء القيم.

1: دور المعلم في بناء وتنمية القيم الإسلامية التربوية.

المعلم هو قطب العملية التربوية في المدرسة، وهوالأساس في بناء القيم؛ لأنه يقضي وقتا كبيرا مع الطلاب، مدرسا، وموجها، ومرشدا، بكلماته وسلوكياته.

ويمكن للمعلم أن يقوم بدور كبير في بناء وتنمية القيم الإسلامية في نفوس الطلاب من خلال:

1: القدوة الحسنة: لأنها تؤثر تأثيرا واضحا في نفس الطالب، فلا يكفي أن يقدم

---

(1) عبد الرحمن النحلاوي: أصول التربية الإسلامية وأساليبها ص (1589).

397

المعلومات والمعارف عن القيم وإنما ينبغي أن يصحبها تطبيقا عمليا يظهر في سلوك المعلم مما يساعد على غرسها وتنميتها في التلاميذ.

(فالمعلمون قدوة وأسوة لأبنائهم الذين يأخذون عنهم كثيرا من صفاتهم ويمتصون منهم كثيرا من سماتهم بالمحاكاة والتقليد، وذلك من خلال محبتهم وإعجابهم وتقديرهم لهم ونظرتهم إليهم على أساس أنهم يمثلون صورة الكمال في كل شيء)[1].

2: ربط الدرس بالدين: ويستطيع المعلم ـ مهما كان تخصصه ـ أن يوظف القيمة التربوية توظيفا عظيما من خلال شرح الدرس حيث يطعمه بآيات قرآنية وأحاديث نبوية ومواقف تربوية تكون رسائل غير مباشرة في بناء وتنمية القيم.

3: المعلم المرشد والموجه: ولا يقف دور المعلم عند تزويد الطلاب بالمعارف والمعلومات بل يتعدى ذلك إلى التوجيه والإرشاد داخل وخارج الفصل ( وعندما يقوم المعلم بدوره كموجه يترك أعمق الأثر في النمو الخلقي للطالب، لأن العلاقة بينهما مبنية على الاحترام والإعجاب والثقة والتأسي به هذه العلاقة التي يتجاوز تأثيرها ما يحصله المتعلم من علم إلى إحداث تغيير أعمق وأبعد في تكوين شخصيته وتحريك دوافعه)[2].

كما يستطيع المعلم تغيير بعض السلوكيات السلبية لدى الطلاب من خلال التوجيه والإرشاد في المواقف المختلفة.

4: العمل على توفير المناخ التربوي داخل الفصل: فالمعلم يمر بمواقف كثيرة مع الطلاب داخل الفصل، ويرى بعض السلوكيات الإيجابية والسلبية من الطلاب بعضهم مع بعض، فيمكن للمعلم أن يستغل بعض المواقف للتأكيد على قيمة معينة

---

(1) عبد الحميد الزنتاني: أسس التربية الإسلامية في السنة النبوية ص(663)

(2) سيد عثمان : علم النفس الاجتماعي التربوي : التطبيع الاجتماعي، المسايرة والمغايرة، مكتبة الأنجلو المصرية، القاهرة 1423هـ -2002م ص(71).

أو التحذير من سلوكيات سلبية مما يوفر مناخا مناسبا للطلاب يسوده الحب والاحترام بينهم.

2: دور إدارة المدرسة في بناء وتنمية القيم الإسلامية التربوية.

وتقوم الإدارة المدرسية بدور كبير في بناء القيم التربوية إذ إنها هي المنظم والراعي للعملية التربوية والتعليمية داخل المدرسة، ولما تتمتع به من تطبيق اللوائح والتظيمات الكفيلة بالحفاظ على قيم الطلاب وسلوكياتهم،(ولأن الإدارة المدرسية تساعد الطلاب على الارتقاء بسلوكهم وأخلاقهم عن طريق ما يكتسبونه من اعتماد على النفس، وتحمل المسؤولية والتعاون، والنظام من خلال حرصها على أداء العمل بانتظام)[1].

ولكي تقوم بدورها في بناء وتنمية القيم فلا بد من مرعاة ما يلي:

1: أن تكون الإدارة المدرسية قدوة أمام الطلاب.

2: أن تسود المحبة والمودة والتعاون بين أعضاء الإدارة المدرسية.

3: متابعة سلوكيات الطلاب والعمل على تنمية الجوانب الإيجابية والقضاء مبكرا على السلوكيات السلبية.

4: احترام الطلاب وإشراكهم في العملية التربوية.

5: العمل على توفير مناخ تربوي داخل المدرسة يتيح للقيم أن تنمو بين الإدارة المدرسية والطلاب.

6: تشجيع وتحسين البرامج التعليمية الموجهة للطلاب،والتي تعمل على بناء وتنمية القيم.

---

(1) صياح دياب: القيم التربوية المتضمنة في برامج الأطفال في سن التعليم الابتدائي، رسالة ماجستير غير منشورة، معهد الدراسات العليا، جامعة عين شمس ، القاهرة ،1996م ص(43).

3: دور النشاط المدرسي في بناء وتنمية القيم الإسلامية التربوية.

يقوم النشاط المدرسي بدور كبير في بناء وتنمية القيم الإسلامية في نفوس الطلاب إذا تم بضوابطه الشرعية التي لا تخل به كعامل مساعد لغرس القيم وتنميتها، ولا يخلو النشاط المدرسي من فوائد عديدة تعود على ممارسها بالنفع والفائدة، ومن ذلك[1]:

1) إشباع الحاجات الجسمية للفرد: ويتم ذلك بممارسة الرياضة البدنية وليس مشاهدتها فقط، كما يحدث بين نسبة كبيرة من أفراد المجتمع، حيث تؤدي ممارسة الرياضة إلى إزالة التوترات العضلية وتنشيط الدورة الدموية وإكساب الجسم الحد الأدنى من اللياقة البدنية، وتحسين الأجهزة الرئيسة بالجسم.

2) إشباع الحاجات الاجتماعية للفرد: من المعلوم أن معظم الأنشطة تتم بشكل جماعي، وهذا يساعد الفرد حين ممارستها على اكتساب الروح الجماعية والتعاون والانسجام والقدرة على التكيف مع الآخرين، وتؤدي تلك الفعاليات النشاطية الجماعية إلى تكون علاقات اجتماعية ناجحة مع الآخرين وإلى نمو اجتماعي متوازن.

3) إشباع الحاجات العلمية والعقلية للفرد: وهذا يتأتى من خلال المناشط الابتكارية، إذ تؤدي البرامج والأنشطة الابتكارية في الغالب إلى تنمية القدرات العقلية والذكاء والتفاعل الإيجابي مع المواقف المختلفة، وبخاصة إذا تصاحب مع تلك الممارسة الرغبة و الإقبال من الفرد.

4) تساعد الأنشطة على التكيف والاستقرار النفسي والرضا الذاتي، مما يؤدي إلى صحة نفسية سليمة وتكيف نفسي سوي.

5) قد تكون الأنشطة عاملا مساعدا في رسم مهنة المستقبل للفرد من خلال

---

(1) انظر : عبد الله بن ناصر بن عبد الله السدحان : الترويح: دوافعه ـ ضوابطه ـ تطبيقاته في العصر ـ النبوي : 1419هـ .

تنمية مهاراته وقدراته التي قد تبدأ بهواية يمارسها الفرد في حياته اليومية، ثمّ ينميها ويطورها حتى تنتهي بمهنة يحترفها في مستقبل حياته.

6 ) تساعد الأنشطة على اكتشاف العديد من السجايا والأخلاق والطباع التي يحملها الأفراد، إضافة إلى إمكانية اكتشاف إن كان هناك ثمة أمراض أو مشاكل نفسية من خلال مراقبة الأفراد في أثناء ممارستهم للأنشطة والبرامج، إذ غالبا ما يكون الفرد على سجيته ودون تصنع أو تكلف في أثناء ممارسته للترويح.

7 ) تساعد الأنشطة التي يمارسها الفرد على إحداث مزيدٍ من الترابط الأسري بين أفراد الأسرة الواحدة في حالة ممارسة أفراد الأسرة للأنشطة بشكل جماعي وبشرط أن تكون تلك الأنشطة ذات صبغة إيجابية تفاعلية، فلقد دلت الدراسات على أنه كلما ارتفعت نسبة المشاركة بين أفراد الأسرة في الأنشطة أدى ذلك إلى مزيد من التماسك بين أفراد الأسرة الواحدة، إضافة إلى تحقيق درجة أكبر من التكامل، والتكيف النفسي والاجتماعي لأفرادها[1].

ولكي يؤدي النشاط دوره في بناء وتنمية القيم فلا بد من مرعاة الضوابط الشرعية والأخلاقية عند ممارسة النشاط ويمكن إجمالها فيما يلي:

**أولا: ضوابط تتعلق بالنشاط نفسه:**

أ ـ ألا يكون في النشاط سخرية بالآخرين، أو لمز، أو ترويع لهم. قال تعالى ﴿يَا أَيُّهَا الَّذِينَ آمَنُوا لا يَسْخَرْ قَوْمٌ مِنْ قَوْمٍ عَسَى أَنْ يَكُونُوا خَيْرًا مِنْهُمْ وَلا نِسَاءٌ مِنْ نِسَاءٍ عَسَى أَنْ يَكُنَّ خَيْرًا مِنْهُنَّ وَلا تَلْمِزُوا أَنْفُسَكُمْ وَلا تَنَابَزُوا بِالأَلْقَابِ بِئْسَ الاِسْمُ الْفُسُوقُ بَعْدَ الإِيمَانِ وَمَنْ لَمْ يَتُبْ فَأُولَئِكَ هُمُ الظَّالِمُونَ﴾[2] كما قال الرسول صلى الله عليه وسلم :

(1) أثر الأسرة في الوقاية من المخدرات ، إبراهيم بن محمد العبيدي ، مجلة الأمن ، وزارة الداخلية ، الرياض ، العدد الثالث ، 1411 هـ ، ص.ص 38-110 .
(2) سورة الحجرات (11).

((لايأخذن أحدكم متاع أخيه لاعبا ولاجادا ومن أخذ عصا أخيه فليرُدَّها ))[1]، وورد عن قوله (( لايحل لمسلم أن يروع مسلما ))[2].

ب ـ ألا يكون فيه أذية بقول أو فعل للآخرين، أو ضرر بدني أو معنوي للآخرين، قال تعالى: ﴿وَالَّذِينَ يُؤْذُونَ الْمُؤْمِنِينَ وَالْمُؤْمِنَاتِ بِغَيْرِ مَا اكْتَسَبُوا فَقَدِ احْتَمَلُوا بُهْتَانا وَإِثْما مُبِينا﴾[3] وللحديث المتفق عليه أن رسول الله صلى الله عليه وسلم قال:((المسلم من سلم المسلمون من لسانه ويده))[4].

ج ـ ألا يشتمل على الكذب والافتراء لحديث الرسول صلى الله عليه وسلم (( ويل للذي يحدث فيكذب ليُضحك به القوم، ويل له، ويل له ))[5].

د ـ ألا يصحبه معازف أو موسيقى لورود الأدلة على عدم جوازها، ومن ذلك قول الرسول صلى الله عليه وسلم :((ليكونن من أمتي أقوام يستحلون الحر والحرير والخمر والمعازف ))[6].

هـ ـ ألا يشتمل على المسابقات القائمة على اتخاذ الحيوانات غرضا يرمى، للحديث المتفق عليه الذي يرويه ابن عمر ـ رضي الله عنهما ـ أن رسول الله صلى الله عليه وسلم لعن من اتخذ شيئا فيه الروح غرضا[7].

و ـ ألا يشتمل على المسابقات التي يستخدم فيها أدوات ورد النص الصريح بتحريمها مثل النرد، للحديث الذي يرويه سليمان بن بريدة عن أبيه ـ رضي الله عنهم ـ أن النبي صلى الله عليه وسلم

---

(1) رواه الترمذي (2160)وأبوداود (5003) وأحمد (17481).
(2) رواه أبو داود (5004) وأحمد (22555).
(3) سورة الأحزاب (58).
(4) رواه البخاري (10)ومسلم (40) والترمذي (2504) وأبو داود (2481) والنسائي (4996) وأحمد (6479).
(5) رواه أبوداود (4990) وأحمد (19542) والدارمي (2702).
(6) البخاري : باب من يستحل الخمر ويسميه بغير اسمه.
(7) رواه مسلم (1958) والنسائي (4441) وأحمد (5502) .

قال: (( من لعب بالنردشير فكأنما صبغ يده في لحم خنزير ودمه ))[1].

**ثانيا: ضوابط تتعلق بالمشاركين في النشاط:**

وحيث إن معظم الأنشطة تُمارس بشكل جماعي، فهذا يحتم وضع عدد من الضوابط تتعلق بتلك الجماعة التي يشاركها الفرد في الأنشطة، ومنها:

أ - التأكد من خيرية تلك الجماعة، فالرفقة السيئة لها دورها السلبي الذي لا ينكر على الفرد، وكما قال الرسول صلى الله عليه وسلم : (( الرجل على دين خليله فلينظر أحدكم من يخالل ))[2]

ب - عدم الاختلاط بين الجنسين لما يفضي ذلك إلى نظر بعضهم إلى بعض و الله عز وجل يقول ﴿قُل لِلْمُؤْمِنِينَ يَغُضُّوا مِنْ أَبْصَارِهِمْ وَيَحْفَظُوا فُرُوجَهُمْ ذَلِكَ أَزْكَى لَهُمْ إِنَّ اللَّهَ خَبِيرٌ بِمَا يَصْنَعُونَ، وَقُل لِلْمُؤْمِنَاتِ يَغْضُضْنَ مِنْ أَبْصَارِهِنَّ وَيَحْفَظْنَ فُرُوجَهُنَّ وَلا يُبْدِينَ زِينَتَهُنَّ إِلَّا مَا ظَهَرَ مِنْهَا وَلْيَضْرِبْنَ بِخُمُرِهِنَّ عَلَى جُيُوبِهِنَّ وَلا يُبْدِينَ زِينَتَهُنَّ إِلَّا لِبُعُولَتِهِنَّ أَوْ آبَائِهِنَّ أَوْ آبَاءِ بُعُولَتِهِنَّ أَوْ أَبْنَائِهِنَّ أَوْ أَبْنَاءِ بُعُولَتِهِنَّ أَوْ إِخْوَانِهِنَّ أَوْ بَنِي إِخْوَانِهِنَّ أَوْ بَنِي أَخَوَاتِهِنَّ أَوْ نِسَائِهِنَّ أَوْ مَا مَلَكَتْ أَيْمَانُهُنَّ أَوِ التَّابِعِينَ غَيْرِ أُولِي الْأِرْبَةِ مِنَ الرِّجَالِ أَوِ الطِّفْلِ الَّذِينَ لَمْ يَظْهَرُوا عَلَى عَوْرَاتِ النِّسَاءِ وَلا يَضْرِبْنَ بِأَرْجُلِهِنَّ لِيُعْلَمَ مَا يُخْفِينَ مِنْ زِينَتِهِنَّ وَتُوبُوا إِلَى اللَّهِ جَمِيعاً أَيُّهَا الْمُؤْمِنُونَ لَعَلَّكُمْ تُفْلِحُونَ﴾[3]

و للحديث الذي يرويه أسامة بن زيد رضي الله عنه أن رسول الله صلى الله عليه وسلم قال: (( ماتركت بعدي فتنة هي أضر على الرجال من النساء ))[4]، فضلا عن أن ما يناسب الذكور من المناشط لايناسب الإناث وكذا العكس.

**ثالثا: ضوابط تتعلق بوقت النشاط:**

---

(1) رواه مسلم (2260) وأبوداود (4939) وابن ماجة (3808) وأحمد (22470).
(2) سبق تخريجه.
(3) سورة النور (30-31).
(4) رواه البخاري (4808) ومسلم (2741) والترمذي (278) وابن ماجة (4046) وأحمد (21239).

ومن تلك الضوابط ما يلي:

أ - يجب ألا يكون النشاط في الوقت المخصص لحقوق الله، أو حقوق الناس، فلا ترويح في أوقات الصلاة مثلا لما فيه من اعتداء على حقوق الله لقوله عز وجل ﴿حَافِظُوا عَلَى الصَّلَوَاتِ وَالصَّلاةِ الوُسْطَى وَقُومُوا لِلَّهِ قَانِتِينَ﴾[1]، ولحديث ابن مسعود رضي الله عنه أن رجلا سأل النبي صلى الله عليه وسلم : أي الأعمال أفضل. قال: الصلاة لوقتها وبر الوالدين ثم الجهاد في سبيل الله ))[2]، وكذلك لا ترويح في أوقات العمل الرسمي، إذ فيه اعتداء على حقوق الناس.

ب - عدم الإفراط في تخصيص معظم الأوقات المباحة للترويح، فالاعتدال والتوسط سمة أساسية في هذا الدين.

**رابعا: ضوابط تتعلق بمكان النشاط:**

ومن أبرز الضوابط التي يلزم مراعاتها فيما يتعلق بمكان النشاط ما يلي:

أ - عدم إلحاق الأذى بذات المكان أو منشآته فأمكنة النشاط حق مشترك بين جميع الناس، فمن أفسد على الناس أمكنة ترويحهم فقد اعتدى عليهم، والرسول صلى الله عليه وسلم يقول:((اتقوا اللعَّانين. قالوا: وما اللعَّانين يارسول الله؟ قال: الذي يتخلى في طريق الناس أو في ظلهم ))[3]

ب - عدم مضايقة المقيمين أو العابرين بمكان النشاط، وهذا ينطبق على الخلاء والساحات العامة لقوله تعالى: ﴿وَالَّذِينَ يُؤْذُونَ المُؤْمِنِينَ وَالمُؤْمِنَاتِ بِغَيْرِ مَا اكْتَسَبُوا فَقَدِ احْتَمَلُوا بُهْتَانا وَإِثْما مُبِينا﴾[4] وللحديث ((.. فمن أحب أن يُزحزح عن النار ويدخل الجنة فلتأته منيته وهو يؤمن بالله واليوم الآخر، وليأت إلى الناس الذي يُحب

(1) سورة البقرة (238).
(2) رواه البخاري (5625) ومسلم (85) والنسائي (610) وأحمد (4175).
(3) رواه مسلم (269) وأبو داود (25) واحمد (8636).
(4) سورة الأحزاب (58).

أن يؤتى اليه. ))[1].

جـ اختيار المكان المناسب للترويح حسب نوع النشاط، فما يصلح في الساحات العامة قد لا يصلح في المنزل،...وهكذا.

**خامسا: ضوابط تتعلق بزي النشاط:**

ويقصد بذلك الالتزام باللباس الشرعي وفق ما حدده الشارع، سواء للذكر أو الأنثى، فعورة الرجل من السرة إلى الركبة للحديث الذي يرويه محمد بن عبد الله بن جحش رضي الله عنه قال: كنت مع رسول الله صلى الله عليه وسلم فمر على معمر وهو جالس عند داره بالسوق وفخذاه مكشوفتان فقال صلى الله عليه وسلم : (( يامعمر غط فخذيك فإن الفخذين عورة ))[2]، والمرأة كلها عورة بحضرة رجال غير محارم لها، إلا أن تكون من القواعد من النساء لقوله صلى الله عليه وسلم ((المرأة عورة وانها إذا خرجت استشرفها الشيطان، وإنها أقرب ماتكون إلى الله وهي في قعر بيتها))[3].

وإذا توفرت الضوابط السابقة في الأنشطة التي نمارسها،والتي تكون على مرأى من المربي، حسن توجيه لما يحدث خلالها من تصرفات سلبية وألفاظ خارجة عن دائرة القيم الإسلامية، فإن هذا النشاط سيحقق دوره في بناء القيم الإسلامية التربوية وتنميتها في نفوس الطلاب.

4: دور المناهج في بناء وتنمية القيم الإسلامية التربوية.

المنهج هو وسيلة المدرسة لتحقيق أهدافها ووظائفها التربوية وكثير من وظائفها الاجتماعية، و يعرّف المنهج بأنه «مجموع الخبرات والنشاطات التي تقدمها المدرسة ـ تحت إشرافها ـ للتلاميذ بقصد احتكاكهم بها وتفاعلهم معها، ومن نتائج هذا

(1) رواه مسلم (1844) والنسائي (4191) وابن ماجة (4004)و أحمد (6768).
(2) رواه أحمد (21989).
(3) رواه الترمذي (1173).

الاحتكاك والتفاعل يحدث تعلّم أو تعديل في سلوكهم، ويؤدي هذا إلى تحقيق النمو الشامل المتكامل الذي هو الهدف الأسمى للتربية، وهو بهذا التعريف لا يقتصر على الكتاب المدرسي وإنما يمتد ليشمل عناصر كثيرة منها الخطة الدراسية، وطرق التدريس، والمواقف التعليمية والتربوية، والنشاطات الصفية وغير الصفية، وكثير من عناصر البيئة المدرسية.

أسس بناء المنهج[1]. ولكي يؤدي المنهج دوره في بناء وتنمية القيم فلا بد أن يبنى على أسس صحيحة فإن عملية بناء المنهج ـ حينما تتم على أسس علمية تربوية ـ تضع في الحسبان المجتمع وقيمه ومعتقداته وتطلعاته ومشكلاته والتحديات التي تواجهه من جهة، والتلميذ وخصائص مرحلة نموه ولغته وطرائق تفكيره واحتياجاته ومشكلاته وتوقعات مجتمعه منه من جهة ثانية، والمعرفة وطبيعتها وخصائصها من جهة ثالثة حتى يصير المنهج نسيجا متكاملا محكم الحياكة وليس مجرد خيوط مهلهلة.

ومن أكثر مدخلات هذه العملية أهمية تحديد الأسس التي يبنى عليها المنهج. ويتفق كثير من التربويين على تصنيف هذه الأسس بالنظر إلى مجالاتها في أربعة أنواع: الأسس العقدية، الأسس المعرفية، الأسس الاجتماعية، الأسس النفسية.

الأسس العقدية: يبنى المنهج الإسلامي على أساس متين من العقيدة الإسلامية يتضمن ما يلي:

1: ـ الهدف من خلق الإنسان الإنسان أنه مخلوق لعبادة الله تعالى. يقول الله ـ سبحانه ـ: ﴿وَمَا خَلَقْتُ الجِنَّ وَالإنسَ إِلَّا لِيَعْبُدُونِ﴾[2]، وعلى هذا الأساس تتحدد رسالة التربية في المجتمع المسلم بأنها العمل على مساعدة الإنسان على إدراك غاية وجوده ومن ثم تحقيقها، وفي هذا الإطار تفعّل التربية في الإنسان خصائصه الفكرية والوجدانية والحركية على نحو يجعله قادرا على التفاعل مع الأشياء والأحياء بما يحقق

(1) انظر : د: سعد الشدوخي: حاجتنا إلى مناهج إسلامية ، مجلة البيان ، عدد 173، ص (24)
(2) سورة الذاريات (56).

هذه الغاية، ويجعله منتجا في عمارة الأرض وفق منهج الـلـه. وكل هذا يقتضي- إثراء المنهج بالمعارف والخبرات التي من شأنها أن تعرّف الطالب بغاية وجوده، وتنمي فيه الاتجاه لتحقيقها.

2: - الـلـه خالق كل شيء ورب كل شيء ومليكه، وهو وحده المستحق للعبادة؛ وبناء المنهج على هذا الأساس يقتضي ـ في جملة أمور أخرى ـ تعريف الطالب بربه وحق ربه على نحو يجعله يدرك استحقاقه ـ سبحانه ـ للعبادة دون سواه، ويجعله يعبد الـلـه مخلصا له الدين.

3- أن محمدا رسول الـلـه صلى الـلـه عليه وسلم خاتم الأنبياء والمرسلين يطاع فيما أمر، ويصدَّق فيما أخبر، ويُنتهى عما نهى عنه، وقد وصفه الـلـه بأنه لا ينطق عن الهوى.

4- أن الكون خلق لله، وأنه ليس إلهٌ ولا أي من أجزائه كذلك، كما أنه ليس عبدا للإنسان، وأن العلاقة بينه وبين الإنسان إنما هي علاقة تسخير؛ حيث سخّر الـلـه للإنسان ما في السماوات وما في الأرض؛ يقول ـ تعالى ـ: ﴿وَسَخَّرَ لَكُم مَّا فِي السَّمَاوَاتِ وَمَا فِي الْأَرْضِ جَمِيعًا مِّنْهُ إِنَّ فِي ذَٰلِكَ لَآيَاتٍ لِّقَوْمٍ يَتَفَكَّرُونَ﴾[1]، وأن الإنسان مستخلف في الأرض ليعمرها وفق منهج الـلـه، وأن الـلـه يسيّر هذا الكون وفق سنن ونواميس سنّها لتستقيم بها حياة الإنسان على هذه الأرض، وهي مظاهر من مظاهر التسخير لكنها ليست حدودا لقدرة الـلـه. وهذه السنن والنواميس الكونية يمكن أن تكون مجالا للبحث والدراسة وكلما تمكّن الإنسان من اكتشاف المزيد منها أمكنه توسيع دائرة استفادته من التسخير على نحو يسهّل عليه أمر معاشه ويعينه في تحقيق عبوديته لله وعمارته للأرض وفق منهج الـلـه.

4- أن الحياة ميدان للابتلاء؛ يقول الـلـه ـ تعالى ـ: ﴿تَبَارَكَ الَّذِي بِيَدِهِ الْمُلْكُ وَهُوَ عَلَىٰ كُلِّ شَيْءٍ قَدِيرٌ ﴿1﴾ الَّذِي خَلَقَ الْمَوْتَ وَالْحَيَاةَ لِيَبْلُوَكُمْ أَيُّكُمْ أَحْسَنُ عَمَلًا وَهُوَ

(1) سورة الجاثية (13).

الْعَزِيزُ الْغَفُورُ﴾[1] وجعل من طبيعة الحياة أنها مليئة بعناصر الابتلاء بالخير والشر، وجعل الأصل في الإنسان الخيرية. يقول الله ـ سبحانه ـ: ﴿لَقَدْ خَلَقْنَا الإِنسَانَ فِي أَحْسَنِ تَقْوِيمٍ﴾[2]، وجعله ذا طبيعة مزدوجة فيها استعداد لتمييز الخير والشر، وللاستجابة لنوازع الخير ودواعي الشر؛ يقول الله ـ تعالى ـ: ﴿وَنَفْسٍ وَمَا سَوَّاهَا ﴿7﴾ فَأَلْهَمَهَا فُجُورَهَا وَتَقْوَاهَا ﴿8﴾ قَدْ أَفْلَحَ مَن زَكَّاهَا ﴿9﴾ وَقَدْ خَابَ مَن دَسَّاهَا﴾[3] وجاء الشرع لينظم للإنسان منهج التعامل مع عناصر الابتلاء متضمنا الاعتراف بالدافع الفطري وتنظيم إشباعه ببيان ما يحل وما يحرم، وتوجيه الإشباع بربطه بغاية وجود الإنسان (عبادة الله)، وترتيب الجزاء على سلوك الفرد في مواجهة الابتلاء بناء على مدى قرب ذلك السلوك أو بعده من أن يكون مظهرا لتحقيق تلك الغاية. وقد أورد الله في كتابه الكريم نماذج كثيرة لمواقف ابتلاء اختلفت استجابات الذين مروا بها باختلاف نظرتهم إلى الحياة ومدى ارتباط مناشطهم فيها بغاية وجودهم، ولا يتسع المقام هنا لذكر أمثلة لهذه المواقف.

الأسس المعرفية:.والمعرفة في الإسلام لا تنفصل عن التصور الإسلامي للكون والوجود والحياة والإنسان، وإنما تستند إليه وترتكز عليه، ومن ثم فهي مبنية على مسلّمات عقدية من أهمها:

- أن الله خالق كل شيء وإرادته ماضية في خلقه،وأنه ذو العلم المطلق، وأن القرآن الكريم كلام الله،وأن محمدا رسول الله،وأنه لا ينطق عن الهوى،وأن قوانين السببية جزء من النواميس الكونية التي سنها الله لتستقيم بها حياة الإنسان،وهي جزء من إرادة الله وتقديره وليست حدا لها؛ يقول تعالى :﴿إِنَّمَا أَمْرُهُ إِذَا أَرَادَ شَيْئًا أَنْ يَقُولَ لَهُ كُنْ فَيَكُونُ﴾[4].

---

(1) سورة الملك (1-2).
(2) سورة التين (4).
(3) سورة الشمس (7-10).
(4) سورة يس (82).

كما يمتاز المنظور الإسلامي للمعرفة بتفسيره لغاية المعرفة؛ إذ إن غاية المعرفة في التصور الإسلامي معرفة اللـه، ومعرفة حق اللـه، ومعرفة كيفية أداء ذلك الحق وأداؤه فعلا؛ ويتضح هذا عند التأمل في سياق ذكر الحقائق الكونية أو النفسية أو التاريخية أو غيرها في القرآن الكريم. إن تلك الحقائق لا ترد في القرآن لمجرد العلم والمعرفة، وإنما ترد في سياق التعريف بالله وبحق اللـه. انظر - مثلا - في مثل هذه الآيات المتضمنة لحقائق كونيه غايتها التعريف بالله وبحق اللـه: ﴿وَآيَةٌ لَّهُمُ الْأَرْضُ الْمَيْتَةُ أَحْيَيْنَاهَا وَأَخْرَجْنَا مِنْهَا حَبًا فَمِنْهُ يَأْكُلُونَ ﴿33﴾ وَجَعَلْنَا فِيهَا جَنَّاتٍ مِن نَّخِيلٍ وَأَعْنَابٍ وَفَجَّرْنَا فِيهَا مِنَ الْعُيُونِ ﴿34﴾ لِيَأْكُلُوا مِن ثَمَرِهِ وَمَا عَمِلَتْهُ أَيْدِيهِمْ أَفَلَا يَشْكُرُونَ ﴿35﴾ سُبْحَانَ الَّذِي خَلَقَ الْأَزْوَاجَ كُلَّهَا مِمَّا تُنبِتُ الْأَرْضُ وَمِنْ أَنفُسِهِمْ وَمِمَّا لَا يَعْلَمُونَ ﴿36﴾ وَآيَةٌ لَّهُمُ اللَّيْلُ نَسْلَخُ مِنْهُ النَّهَارَ فَإِذَا هُم مُّظْلِمُونَ ﴿37﴾ وَالشَّمْسُ تَجْرِي لِمُسْتَقَرٍّ لَّهَا ذَٰلِكَ تَقْدِيرُ الْعَزِيزِ الْعَلِيمِ ﴿38﴾ وَالْقَمَرَ قَدَّرْنَاهُ مَنَازِلَ حَتَّىٰ عَادَ كَالْعُرْجُونِ الْقَدِيمِ ﴿39﴾ لَا الشَّمْسُ يَنبَغِي لَهَا أَن تُدْرِكَ الْقَمَرَ وَلَا اللَّيْلُ سَابِقُ النَّهَارِ وَكُلٌّ فِي فَلَكٍ يَسْبَحُونَ﴾[1].

وانظر مثلا في مثل هذه الآيات المتضمنة لحقائق تاريخية وردت في سياق التعريف بالله وبحق اللـه: ﴿اذْكُرُوا نِعْمَةَ اللَّـهِ عَلَيْكُمْ إِذْ جَاءَتْكُمْ جُنُودٌ فَأَرْسَلْنَا عَلَيْهِمْ رِيحًا وَجُنُودًا لَّمْ تَرَوْهَا وَكَانَ اللَّـهُ بِمَا تَعْمَلُونَ بَصِيرًا ﴿9﴾ إِذْ جَاءُوكُم مِّن فَوْقِكُمْ وَمِنْ أَسْفَلَ مِنكُمْ وَإِذْ زَاغَتِ الْأَبْصَارُ وَبَلَغَتِ الْقُلُوبُ الْحَنَاجِرَ وَتَظُنُّونَ بِاللَّـهِ الظُّنُونَا ﴿10﴾ هُنَالِكَ ابْتُلِيَ الْمُؤْمِنُونَ وَزُلْزِلُوا زِلْزَالًا شَدِيدًا ﴿11﴾ وَإِذْ يَقُولُ الْمُنَافِقُونَ وَالَّذِينَ فِي قُلُوبِهِم مَّرَضٌ مَّا وَعَدَنَا اللَّـهُ وَرَسُولُهُ إِلَّا غُرُورًا ﴿12﴾ وَإِذْ قَالَت طَّائِفَةٌ مِّنْهُمْ يَا أَهْلَ يَثْرِبَ لَا مُقَامَ لَكُمْ فَارْجِعُوا وَيَسْتَأْذِنُ فَرِيقٌ مِّنْهُمُ النَّبِيَّ يَقُولُونَ إِنَّ بُيُوتَنَا عَوْرَةٌ وَمَا هِيَ بِعَوْرَةٍ إِن يُرِيدُونَ إِلَّا فِرَارًا ﴿13﴾ وَلَوْ دُخِلَتْ عَلَيْهِم مِّنْ أَقْطَارِهَا ثُمَّ سُئِلُوا الْفِتْنَةَ لَآتَوْهَا وَمَا تَلَبَّثُوا بِهَا إِلَّا يَسِيرًا ﴿14﴾ وَلَقَدْ كَانُوا عَاهَدُوا اللَّـهَ مِن قَبْلُ لَا يُوَلُّونَ الْأَدْبَارَ وَكَانَ عَهْدُ اللَّـهِ مَسْئُولًا ﴿15﴾ قُل لَّن يَنفَعَكُمُ الْفِرَارُ إِن فَرَرْتُم مِّنَ الْمَوْتِ أَوِ

(1) سورة يس (33-40).

الْقَتْلِ وَإِذا لَّا تُمَتَّعُونَ إِلَّا قَلِيلا ﴿16﴾ قُل مَن ذَا الَّذِي يَعْصِمُكُم مِّنَ اللَّـهِ إِنْ أَرَادَ بِكُمْ سُوءا أَوْ أَرَادَ بِكُمْ رَحْمَة وَلَا يَجِدُونَ لَهُم مِّن دُونِ اللَّـهِ وَلِيّا وَلَا نَصِيرا﴾[1].

ثم إن معرفة الله ومعرفة حقه ومعرفة كيفية أداء ذلك الحق لا تكفي وحدها، بل لا بد من أداء حق الله فعلا؛ ولذلك عاب الله على الذين يعلمون ولا يعملون؛ فقال ـ تعالى ـ: ﴿مَثَلُ الَّذِينَ حُمِّلُوا التَّوْرَاةَ ثُمَّ لَمْ يَحْمِلُوهَا كَمَثَلِ الحِمَارِ يَحْمِلُ أَسْفَارا بِئْسَ مَثَلُ القَوْمِ الَّذِينَ كَذَّبُوا بِآيَاتِ اللَّـهِ وَاللَّـهُ لَا يَهْدِي القَوْمَ الظَّالِمِينَ﴾[2].

كما بيّن رسول الله صلى الله عليه وسلم أن من أوائل من تسعّر بهم النار يوم القيامة: «... ورجل تعلم العلم وعلمه وقرأ القرآن، فأتي به فعرفه نعمه، قال: فما عملت فيها؟ قال: تعلمت العلم وعلمته وقرأت فيك القرآن، قال: كذبتَ، ولكنك تعلمتَ العلم ليقال عالم، وقرأتَ القرآن ليقال هو قارئ، فقد قيل. ثم أمر به فسحب على وجهه حتى ألقي في النار»[3].

ولا يُفهم من قولنا إن غاية المعرفة في التصور الإسلامي هي معرفة الله ومعرفة حق الله ومعرفة كيفية أداء ذلك الحق وأداؤه فعلا أن هذا يقتضي قصرها على ما يسمى بالمعرفة الدينية أو على علوم الشريعة، بل هي أعم من ذلك وأشمل؛ وذلك بالنظر إلى أن عمارة الأرض وفق منهج الله داخلة في عموم حق الله، وعمارة الأرض هذه تتطلب العلم بكل الميادين المشروعة سواء ما كان منها موضوعه الشريعة أو ما كان منها موضوعه الطبيعة؛ ولذا فإن المنظور الإسلامي للمعرفة تتكامل فيه علوم الشريعة وعلوم الطبيعة على أساس أن الوجود الموضوعي للأشياء والأحياء خلق لله والقرآن الكريم كلام الله، ومحمد صلى الله عليه وسلم مبلّغ عن الله، وكل خبر من الله عن خلقه جاء في كتابه أو على لسان نبيه صلى الله عليه وسلم لا يمكن أن يخالف حقيقة المخلوق، هذا من جانب، ومن جانب آخر فإن العلم بسنن الله في الأنفس والآفاق وحياة الأمم والمجتمعات يزيد في معرفة الإنسان لله، كما يزيد في قدرة الإنسان على الاستفادة من التسخير ومن ثم عمارة

(1) سورة الأحزاب (9-17).
(2) سورة الجمعة (5).
(3) رواه مسلم (1905) والترمذي (2382) والنسائي (3137) واحمد (8078).

الأرض وفق منهج الله.

الأسس الاجتماعية:

بالنظر إلى كون المدرسة مؤسسة اجتماعية وتتولى تربية أفراد ينتمون إلى مجتمع يرتبط مستقبله بمستقبلهم، ويتطلع إليهم من حيث هم حملة هويته وعدّته في مواجهة التحديات المحيطة به وحل مشكلاته، كانت الأسس الاجتماعية من أهم الأسس التي يبنى عليها المنهج.

ويقصد بالأسس الاجتماعية المقومات والقضايا ذات العلاقة بالمجتمع الذي يعيش فيه الطلاب التي يجب على مخططي المنهج أو مطوريه أن يأخذوها بالحسبان.

وفي هذا الإطار لا بد أن يراعى في بناء المنهج ما يلي:

1- ثقافة المجتمع: لكل مجتمع ثقافته التي يتميز بها عن غيره، ومن خصائص الثقافة أنها متجددة، وتختلف المجتمعات في درجات الثبات والتغير في ثقافاتها، وثقافة المجتمع المسلم ـ شأنها شأن غيرها من الثقافات ـ فيها عناصر ثابتة وعناصر متغيرة، والعناصر الثابتة هي القيم والمقومات التي تشكل هوية المجتمع، ومن ثم تضطلع المدرسة ـ بالتكامل مع مؤسسات اجتماعية أخرى ـ بوظيفة الحفاظ على ثقافة المجتمع ونقلها إلى الأجيال الجديدة، ويتم ذلك من خلال المنهج الدراسي حيث يجب أن يعنى بتأصيلها ـ أي بربطها بأصولها التي تنامت منها ـ وبتسهيلها وتيسيرها حتى يفهم الطالب عناصرها ويتشربها وينصبغ بصبغتها ويعتز بحمله لها وانتمائه إليها.

أما المتغيرات فهي تلك العناصر ذات العلاقة بمظاهر الحياة التي تتشكل بالقيم والمقومات؛ فهي أشكال تدور حول القيم والمقومات وتنضبط بها. وتسهم عوامل كثيرة في حركة هذه المتغيرات كالاحتكاك الثقافي والتقدم العلمي وغيرهما.

وفي إطار مهمة المدرسة في الحفاظ على ثقافة المجتمع وتجديدها يجب أن يعنى المنهج بهذه المتغيرات؛ وذلك بتقويمها على أساس من الثوابت؛ وأي متغير يحقق مصلحة ولا يعود على ثابت بضرر فإنه يمكن للمنهج أن يسهل اندماجه في ثقافة

المجتمع. وعلى العكس فإن المتغيرات التي لا تحقق مصلحة أو تعود على الثوابت بالضرر يتوقع من المنهج أن يبصّر الطلاب بجوانب عوارها، وأن يكسب الطلاب المعايير، وينمي لديهم القدرات ومهارات التفكير التي بها يستطيعون أن يواصلوا مهمة التقويم بأنفسهم في ميادين الحياة الاجتماعية الواسعة.

ولبناء المنهج على ثقافة المجتمع وعنايته بها ـ سواء في تأصيل ثوابتها أو تقويم متغيراتها ـ أهمية كبيرة في تنمية الشعور بالانتماء الاجتماعي والثقافي عند الطلاب، والاعتزاز بالهوية، ومن ثم تنمية الشعور بالمسؤولية الاجتماعية عند الطالب، كما أن لعناية المنهج بتأصيل الثوابت الثقافية وإكساب الطالب معايير التقويم الثقافي أهمية كبيرة في تحقيق التجانس الاجتماعي الذي يعدّ شرطا للأمن الداخلي للمجتمع؛ إذ إن هناك علاقة طردية بين التجانس الاجتماعي والأمن الداخلي للمجتمع.

2- التحديات الثقافية والحضارية: تواجه المجتمعات المسلمة في هذا العصر ـ تحديات حضارية وثقافية كثيرة، ومن أكثرها أهمية التحديات ذات العلاقة بالعولمة وأدواتها الاقتصادية والسياسية والإعلامية والمعلوماتية، وحينما تراعى الأسس الاجتماعية في بناء المنهج أو تطويره فإن الطالب يُعدّ ليكون جزءا من مشروع الأمة لمواجهة هذه التحديات.

3: المشكلات الاجتماعية: لا يكاد يخلو مجتمع من المجتمعات من وجود مشكلات اجتماعية يعاني منها، وتختلف هذه المشكلات من مجتمع إلى آخر، والمجتمعات الإسلامية ليست استثناء وإنما لديها مشكلاتها التي يتوقع من المنهج أن يسهم في تربية أبنائها ليكونوا جزءا من حلولها. وتعاني كثير من المجتمعات الإسلامية من مشكلات مثل ارتفاع معدلات البطالة ومعدلات الطلاق ومعدلات حوادث المرور، وتفشي المخدرات وانخفاض معدلات الإنتاج وغيرها؛ وبناء المنهج على الأسس الاجتماعية يقتضي أخذ مشكلات المجتمع بالحسبان.

الأسس النفسية:

إن تحقيق التغيير في الإنسان يتوقف على مدى فهم المربين له وإدراكهم لمراحل نموه ومجالات ذلك النمو وسماته وخصائص كل مرحلة نمائية، وإدراكهم لعملية التعلم ذاتها وكيف تتحقق، وإدراكهم لاحتياجات المتعلمين ومشكلاتهم وسبل تحقيق ذواتهم، ونحو ذلك من المعلومات التي تمثل معطيات يقدمها علم النفس للتربية وتشكل أسسا نفسية ينبغي لمعدي المنهج ومطوريه أخذها بالحسبان عند تنظيم محتوى المنهج وبيئة التعلم وتصميم المواقف التعليمية والتربوية سواء في الكتاب المدرسي وبقية المواد التعليمية أو في مكان التعلم أو زمانه.

إن المعرفة المضمّنة في المنهج المدرسي ليست مقصودة بذاتها، وإنما المقصود تنمية شخصية الطالب بها وبالسياق النفسي والاجتماعي الذي تقدّم من خلاله، وبالخبرات التي يهيئها المنهج، وذلك كله ينبغي أن يتوّج بتحقيق النمو السليم للطالب في جميع مجالات النمو حسب طبيعة المرحلة النمائية التي يمر بها الطالب وخصائصها.

إن كل ما سبق ينبغي توظيفه في إحكام حياكة المنهج على نحو يمكن أن يتجسد مُخرَجُه في سمات الطالب من حيث انتماؤه إلى دينه واعتزازه بهوية مجتمعه وتمكنه من مهارات التفكير بأنماطه المختلفة بما يتناسب مع سنه وميوله واستعداده، وتمكنه من مهارات الاتصال الاجتماعي والثقافي وتمكنه من مهارات التعلم الذاتي، وشعوره بالمسؤولية تجاه نفسه وأسرته ومجتمعه، وتقديره للعمل والإنتاج والتزامه بقيمه وإدراكه لأهمية الوقت وحفاظه عليه وحسن استثماره له.

وبتكامل هذه الأسس يكون المنهج قد أسهم إسهاما كبيرا في بناء وتنمية القيم الإسلامية التربوية.

ويتبين لنا مما سبق دور المجتمع المدرسي في بناء القيم وتنميتها عن طريق كل عنصر من عناصر المجتمع المدرسي، وإذا تكاملت هذه العناصر وانتظمت في عقد واحد، وتآلفت فيما بينها فإنها ستؤدي ـ بإذن الله تعالى ـ إلى بناء القيم وتنميتها لدى المتعلمين.

## المبحث الثالث

### دور المسجد في بناء وتنمية القيم الإسلامية التربوية

**أولا: مكانة المسجد في الإسلام:**

ينظرُ الإسلام إلى الحياة نظرة عامة وشاملة، من حيث اعتبارها ميدانا واسعا، ومكانا رحبا، يُعْبَدُ اللّهُ تعالى في أرجائه، ويطاع في سائر نواحيه وأجزائه، إلا أنه بَوَّأ المسجدَ مكانة خاصة، ومنحه فضائل فريدة، وميَّزَه بخصائص عديدة، باعتباره مركز الإشعاع الأول، الذي انطلقت من جنباته أحكام التشريع، وانبعثت من ردهاته أشعة الإيمان.

لقد عَظَّم الإسلامُ المسجد وأعلى مكانتَه، ورسَّخَ في النفوس قدسيتَه، فأضافه اللّهُ تعالى إليه، إضافةَ تشريفٍ وتكريم.

فكان أن احتل المسجد مرتبة مميزة في أفئدة المسلمين، تزكو به نفوسُهم، وتطمئن قلوبُهم، وتتآلف أرواحهم، وتصفو أذهانُهم، يجتمعون فيه بقلوبٍ عامرةٍ بالإيمان، خاشعة متذللةٍ للخالق الديان.

إن في بدئه صلى الله عليه وسلم ببناء المسجد لحظة وصوله المدينة، وشروعه في إقامة مسجده في قلبها، ليعطي دلالة كبرى على الدور البارز الذي يقوم به المسجد، ويضطلع به في المجتمع المسلم، وفي حياة المسلمين العامة والخاصة، إذ هو بداية الانطلاق في تكوين لمجتمع الإسلامي، ومركز الإشعاع الفكري والحضاري الأول، الذي انبثقت منه أنوار الهداية والإرشاد، وشَعَّ من قلبه ضياءُ التوفيق والرشاد.

فالمسجد منبع الحضارة الإسلامية الشاملة والضافية، ومصدرُ الضياءِ الفكري والأخلاقي، ومَبْعَثُ الخلق الأدبي والتربوي والاجتماعي، الذي رسم للبشرية طريق السعادة والفلاح، وسبيل التفوق والنجاح،وصاغ حياة الناس على أساسٍ من التوجيه الديني القويم.

إن المسجد لم يكن مكانا للطاعة والتعبد، ومقرا للصلاة والتهجد، بل هو – بالإضافة إلى ذلك – تاريخ حافل بالإنجاز والمكرمات، وموئل يلتقي فيه المسلمون لتلقي المواعظ والإرشادات، والاستماع إلى النصائح والتوجيهات، وينصتون إلى ما يُلقى فيه من الوصايا والعظات، ويعرضون فيه ما يحدث بينهم من عوائق ومتغيرات، ويتناولون فيه ما يطرأ في مجتمعهم من تغيّر واختلافات، ويتشاورون في جنباته لحل مختلف القضايا والمشكلات.

فرسالة المسجد شاملة ومتنوعة، وضافية ومتعددة، تنتظم مجالاتٍ مختلفة لنشر القيم الإسلامية، وغرس الآداب والأخلاق الحميدة، وإبراز سمو الإنسان وكرامته، والحفاظ على وجوده وحياته، وتقويم سلوكه، وإشعاره بالأمن والطمأنينة، من خلال الأدوار المتعددة، والمجالات المختلفة التي يضطلع بها المسجدُ لتحقيق الأمن الاجتماعي، وتوفير الطمأنينة النفسية والروحية، التي تخفف عن الناس أعباءَ الحياةِ وآلامها، وتكبحُ فيهم جموح الغرائز وشهواتها، وترسّخ أواصر المحبة، وروابط الألفة بين الأفراد، وبسط الأمن الوارف في ربوع المجتمع، ونشر الاستقرار والاطمئنان في أرجائه، وتوطيد قواعده، وتثبيت دعائمه.

أعظمُ مكان يُقَوّي صلةَ العبد بخالقه، إذ فيه تحقيقٌ للراحة النفسية، والاطمئنان القلبي، والسلامة من الهموم والمنغصات، والخلاص من الغموم والمكدرات، بأداء العبادة، والمواظبة على الطاعة.[1]

ووظيفة المسجد في ترسيخ القيم وتنميتها تظهر من خلال عدة أدوار يقوم بها المسجد منها:

**1: التربية على الصلاة:** المسجد مكان لإقامة الصلاة، ولذلك وصى النبي صلى الله عليه وسلم بارتياد المساجد، وحث على ذلك، قال:((من تطهر في بيته ثم مشى إلى بيت من بيوت

---

(1) انظر: عبد الكريم بن صنيتان العمري: دور المسجد في تحقيق الأمن الاجتماعي ، ورقة عمل مقدمة لندوة المجتمع والأمن المنعقدة بكلية الملك فهد الأمنية بالرياض من 2/21 حتى 2/24 من عام 1425هـ

الله ليقضي فريضة من فرائض الـلـه كانت خطوتاه إحداها تحط خطيئة، والأخرى ترفع درجة))[1] وقال صلى الـلـه عليه وسلم :((من غدا إلى المسجد أو راح أعدّ الـلـه له نزلا من الجنة كلما غدا أو راح))[2].

وقال صلى الـلـه عليه وسلم :((ما من امرئ مسلم تحضره صلاة مكتوبة، فيحسن وضوءها وخشوعها وركوعها إلا كانت كفارة لما قبلها من الذنوب، ما لم يأت كبيرة، وكذلك الدهر كله))[3].

**2: التعود على النظام:** ولا شك أن الصلاة تنظم سلوك الفرد، وتجعله يسير وفق منهج الخالق وتشريعاته، وتصقله على الالتزام بهدي الرسول صلى الـلـه عليه وسلم ، وتربيه على مقاومة كل ما في نفسه من ضعف، والتغلب على ما يتجاذبها من شهوات، وما ينازعها من الشرور والمفسدات، وما تفكر به من عدوان، فالعبادة تأطرها على أن تكون منبع خير وأمان، ومصدر ضبط واعتدال واتزان.

**3: تعميق الإيمان في النفوس:** إن دوام ارتباط المسلم بهذه البقعة الطاهرة، وتعلقه بها، لا ينفك عنها طوال حياته من شأنه أن يعمق إيمانه، ويُرسّخَ صلته بربه، فهو يؤدي الصلاة المفروضة خمس مرات في اليوم، ويتردد على المسجد ليصلي مع إخوانه، فتتلقى النفس جرعات إيمانية متوالية، تجعلها بعيدة عن الغفلة، منقادة للحق، ساعية في مرضاة الرب، حتى أصبح صلاحها واستقامتها مرتبطا بالصلاة، وبها انشراحها وسعادتها، وأمنها وأنسها، وفرحها وسرورها، وسكونها وطمأنينتها، كما أن فقدانها سبب في شقائها وتعاستها، وخوفها واضطرابها، وحزنها وقلقها.

يقول شيخ الإسلام ابن تيمية: (القلب فقير بالذات إلى الـلـه تعالى من جهتين: من جهة العبادة، ومن جهة الاستعانة والتوكل.

---

(1) رواه مسلم (666) وابن ماجة (758) .
(2) رواه مسلم (669) والبخاري (631) وأحمد (3023) .
(3) رواه مسلم (228) والنسائي (146) وأحمد (485).

فالقلب لا يصلح ولا يفلح، ولا ينعم ولا يسر، ولا يلتذ ولا يطيب، ولا يسكن ولا يطمئن إلا بعبادة ربه وحده، وحبه والإنابة إليه، ولو حصل له كل ما يلتذ به من المخلوقات، لم يطمئن ولم يسكن، إذ فيه فقر ذاتي إلى ربه بالفطرة، من حيث هو معبوده ومحبوبه، ومرغوبه ومطلوبه، وبذلك يحصل له الفرح والسرور، واللذة والنعمة، والسكون والطمأنينة، وهذا لا يحصل إلا بإعانة الله له، فإنه لا يقدر على تحصيل ذلك له إلا الله، فهو دائما مفتقرٌ إلى حقيقة إياك نعبد وإياك نستعين)[1].

**4: تحقيق المساواة والأخوة الإيمانية:**لقد أعطى الإسلام اهتماما خاصا لقيمة المساواة، وجلاَّها في أروع صورِها بين أفراده وهم يمارسون عباداتهم، وظهرت واضحة جلية مطبقة بين المصلين في المساجد.

فالإسلام منذ بزوغ فجره قضى على جميع الفوارق المصطنعة، وأزاح نظرة الاستعلاء التي كانت سائدة في الحياة الاجتماعية الجاهلية.

وحين يعلن المؤذن إقامة الصلاة، تنتظم جموع المصلين صفوفا متراصة خلف إمامهم، لا يمتاز شخص على آخر، بل تذوب كل الفوارق، وتزول جميع الحواجز، يضمهم الصف متجاورين، مهما تباينت أحوالهم المادية،ومستوياتهم الثقافية، وحالاتهم الاجتماعية، لا يجد أحدهم غضاضة أن يقف بجانب أخيه،المأمور بجانب الأمير، والغني إلى جوار الفقير، والأبيض ملاصق للأسود، والتاجر مجاور للعامل، والمثقف مساوٍ للأمي، جميعهم في صفٍ واحد، لا تفاضل في مواقفهم، ولا تمايز في أفعالهم، لا يتقدم واحد بالركوع قبل إمامه حتى يركع،ولا يسجد حتى يسجد، ولا يزيد فعلا، ولا ينصرف من صلاته قبل انصراف إمامه.

عبادة تتجلى فيها المساواة، وتبرز الوحدة بأسمى صورها، وأجل معانيها، فتعمق في نفوس المصلين انتماءهم إلى أصل واحد، وأنهم أمة نبعت من منبع واحد.

إن المساواة تتكرر في المسجد كل يوم خمس مرات، حتى تترسَّخَ في نفوس المصلين

(1) انظر : أحمد بن تيمية : مجموع الفتاوى (194/10).

ولا تُنسى، ولتتضاءل في أحاسيسهم كل الفوارق الزائفة، المؤدية إلى تفتيت المجتمع، والنخـر في جسد الأمة، وإيغار النفوس، وتمزيق الصفوف، وليزول من المجتمع كـل مـا يـؤدي إلى الضـعف والوهن، وتبطل كل نعرة مقيتة تتسلل وتندس بين صفوفه، ويحل محلها المحبة والوئام، والتآلف والانسجام، حتى يبقى المجتمع قويا آمنا، رصينا متماسكا، بعيدا عن كل ما يثير العداوة والشحناء، أو يسبب القطيعة والبغضاء.

يقول الدكتور على عبد الحليم محمود وفي المسجد يحـدث التعارف بـين المسـلمين، وينمـو التآلف والتواد.. وفي المسجد تصقل الشخصية المسلمة ويزول عنها ما يحتمل أن يكون قد علق بها من عيوب اجتماعية كالانعزالية والتواكلية والأنانية، حيث يهيئ المسجد لرواده مجال الانطلاق في المجتمع والتعرف على الناس، والتآخي معهم ومناصرتهم ماداموا على الحق [1].

ويقول الدكتور علي أبو العينين:(ويسهم المسجد في إذابة الصراع القيمي بين الأجيال القديمة والأجيال الجديدة، لأن الأفراد الجدد يقتدون بالأفراد القدامى، وذلك من خلال القدوة الحسنة التي تبرز في المسجد، وبالتالي تضعف اتجاهات الصراع القيمي، في ظل القدوة ومبدأ الشورى، والمناقشات الموضوعية في جميع شؤون الحياة بين الصغار والكبار [2].

5: المسجد وتعليم العلم: كان المسجد ولا يزال المنارة الأولى لتلقي العلوم، فقـد كـان رسـول اللـه صلى اللـه عليه وسلم يعلم الصحابة أحكام دينهم، ويبصرهم بعاقبة أمرهم، حتـى كـان التنافس بينهم في التسابق إلى حضور مجلسه، والتقدم للظفر بالإنصات إليه، لينهلوا مـن مناهله الثرة العذبة، فلم يكن المسجد مخصصا للعبادة فقط، بـل كـان جامعـة علميـة للتربيـة الإسلامية، والعلوم المفيدة، ومنبعا للثقافة، وتعلم القرآن وفهم آياته وأحكامه التشريعية، ودراسـة الأحاديث النبوية الشريفة، والتفقه بنصوصها ومضامينها.

---

(1) انظر : علي عبد الحليم محمود : المسجد وأثره في المجتمع الإسلامي (23 - 24).
(2)    علي أبو العينين : القيم الإسلامة والتربية ص (169).

ولا زال المسجد يواصل دوره، ويؤدي رسالته في تعليم أفراد المجتمع وتوجيههم، مـن خـلال النشاط العلمي المقام في جنباته، والذي يتنوع بين الحلقات العلمية والمحاضرات، وخطب الجمعة والندوات، والكلمات المرتجلة التي يلقيها إمام المسجد وخطيبه، أو يستضاف فيها علماء بـارزون لهم أسلوبهم المميز في التعليم والإرشاد، فتنظم لقاءات متعددة على مـدار الأسبوع، يتنـاول فيهـا المتحدثون ما تمس الحاجة إلى معرفته، وما يتصل اتصالا وثيقا بأحوال الناس، ومعالجة مشكلاتهم الاجتماعية، وإيضاح العلاج الناجع لها.

فللمسجد روحانية خاصة، وتميز فريد، حيـث تتقبل النفوس مـا تسـمع فيـه مـن كلمـات، وتصغي القلوب إلى ما يلقى في رحابه من توجيهات، وتنصت إلى مـا ينفعهـا ويرشـدها إلى طريـق الهداية والفلاح، ويقوم سلوكها نحو أداء الطاعات، وفعل الخيرات.

فالعلوم المتنوعة، والمعارف المتعددة، الموجهـة مـن صـحن المسجد ومنبره، تـؤدي أهـدافها الشرعية، وأغراضها التربوية في بناء المجتمع واستقامة أفراده، وتقويم سلوكهم، وإقامـة العـدل، وأداء الحقوق، وترابط المجتمع، وتآلف أفراده، وإذابـة الفـوارق المصطنعة المؤديـة إلى إيغـار الصدور، وإيجاد النـزاع والشقاق في أوساطه.

فالتعليم في المسجد له سمة فريدة، وخاصية مميزة، عن التعليم المتلقى في أي مكـان آخـر، يقول العبدري: ( وأفضل مواضع التدريس هو المسجد، لأن الجلوس للتدريس إنما فائدته، أن تظهر به سنة أو تخمد به بدعة، أويتعلم به حكم من أحكام اللـه تعالى علينـا، والمسجد يحصـل فيـه هذا الغرض متوفرا، لأنه موضع مجتمع الناس رفيعهم ووضيعهم، وعـامهم وخاصـهم، وعـالمهم وجاهلهم [1].

(وفي المسجد يتعلم الناس صغارا وكبارا يتعلمون العلم ويتفقهون في أمور دينهم، ويعلمون من أحوال إخوانهم المسلمين في البلاد النائية ما لا بد أن يعلموا

---

(1)   انظر: عباس محجوب: مشكلات الشباب، الحلول المطروحة والحل الإسلامي ص( 63).

عنهم حتى يمدوا لهم يد العون إن كانوا في حاجة إلى عون، والرأي والمشورة إن كانوا محتاجين إلى رأي ومشورة)[1].

يقول الدكتور عبد الله قادري: إن الكاتب مهما تحدث عن مكانة المسجد، ومهما أورد من النصوص في ذلك، فإن وظائف المسجد أكثر إظهارا لمكانته في الإسلام، فعلى سمائه ترتفع الدعوة إلى الإيمان والعمل الصالح، وفي صحنه يؤخذ الإيمان، ويؤدى العمل الصالح، ومن على منبره يعلم الإيمان والعمل الصالح، وفيه يدعى إلى الجهاد في سبيل الله، وفيه تنظم كتائب الجهاد في سبيل الله، ومنه تنطلق جحافل الإيمان تحت راية الجهاد في سبيل الله[2].

وحتى يحقق المسجد دوره على الوجه المنشود في بناء القيم وتنميتها فلا بد أن يوجه الاهتمام إلى ما يلي:

1: أن يربط الطالب بالمسجد،ويرغب في الذهاب إليه، للصلاة وتعلم القرآن الكريم، وحضور حلق العلم، وأن يحرص ولي الأمر على اصطحابه معه للصلاة في جميع الأوقات. كما يمكن ربط الطالب بالمسجد من خلال المدرسة بحيث يحفزه المعلم للذهاب للمسجد والالتحاق بحلق القرآن الكريم ويرصد الجوائز والهدايا لمن يحرصون على الذهاب للمسجد.

2: تنوع أنشطة المسجد بحيث تكون عوامل تشويق وجذب للطلاب؛ فلا يكتفى بنشاط واحد وإنما يكون هناك حلق تحفيظ القرآن، والدروس والمحاضرات، والندوات، وأن يدعى إليها من لديهم مهارات جذب الشباب على اختلاف ميولهم وثقافاتهم.

3: أن يكون للمسجد دور في خدمة أفراد المجتمع؛ من خلال إقامة الدورات التدريبية، والمسابقات الأسرية، والمعارض الدعوية.

4: الاهتمام بالأئمة والدعاة والعمل على تنمية مهاراتهم وعلمهم الشرعي،

---

(1) انظر : علي عبد الحليم محمود : المسجد وأثره في المجتمع الإسلامي (23 – 24).
(2) دور المسجد في التربية مرجع سابق (69).

420

والتحلي بالأخلاق الفاضلة حتى يكونوا قدوة لأبنائنا الطلاب.

5:وحتى تكون رسالة المسجد عالمية فيمكن استخدام التقنية الحديثة (البث المباشر) في نقل الفعاليات والمحاضرات والندوات إلى أسقاع الدنيا؛ مما يعكس بدوره أهمية المسجد ودوره في بناء القيم، وقد بدأت تنتشر هذه الفكرة ولله الحمد في بعض البلدان الإسلامية وعلى رأسها المملكة العربية السعودية في عدة مساجد من مدنها، مما جعلها مصدر إشعاع علمي وثقافي عالمي، يربط المسلم بالمسجد دائما.

6: أن تشتمل خطب الجمعة على بعض القضايا التربوية مثل: دور الوالدين في التربية، رفقاء السوء وأثرهم على الأبناء، كيف تحمي ابنك من الانحراف؟ وغيرها من الموضوعات التي تعمل على بناء القيم وترسيخها في نفوس الآباء والأبناء.

ويرى الباحث أن من معوقات عدم قيام المسجد بدوره في بناء القيم، أن بعض المساجد يوجد بها من كبار السن ممن لا يرحبون بوجود الأطفال في المسجد بحجة أنهم يعبثون بفرش المسجد أو يشوشون على المصلين؛ فتراهم يزجرون الأطفال وينفرونهم من الحضور إلى المساجد، مما يؤدي إلى بغض الطفل للمسجد ومن فيه. وهذه دعوة لهؤلاء الآباء إلى تحمل لعب الأطفال والصبر عليهم وتوعيتهم بآداب المسجد والمكوث فيه حتى يتربوا على ذلك وتصبح قلوبهم معلقة بالمساجد. يقول الدكتور على عبد الحليم محمود: (في المسجد تتعلم الأجيال الصاعدة كيف تهدأ وتسكن، وترعى حرمة المساجد، فلا صياح ولا صخب، ولا حديث بأصوات مرتفعة، ولا بيع ولا شراء، ولا نشدان ضالة ونحو ذلك)[1].

يتضح لنا مما سبق أهمية المسجد ودوره في بناء وتنيمة القيم الإسلامية التربوية، وأنه محضن أساس من المحاضن التربوية المتلاحمة فيما بينها لتربية جيل يتخذ القيم منهجا وسلوكا في حياته، فتصلح بذلك دنياه وأخراه.ويحيا حياة طيبة، قال الله تعالى:﴿مَنْ عَمِلَ صَالِحا مِّن ذَكَرٍ أَوْ أُنثَى وَهُوَ مُؤْمِنٌ فَلَنُحْيِيَنَّهُ حَيَاة طَيِّبَة وَلَنَجْزِيَنَّهُمْ أَجْرَهُم بِأَحْسَنِ مَا كَانُواْ يَعْمَلُونَ﴾[2].

---

(1) نظر : علي عبد الحليم محمود : المسجد وأثره في المجتمع الإسلامي(23 – 24).
(2) سورة النحل (97).

# المبحث الرابع

## الأندية الصيفية ودورها في بناء وتنمية القيم

تعد الأندية الصيفية من المحاضن التربوية التي تتلاحم مع غيرها لبناء القيم وتنميتها حيث تعمل على استغلال وقت الأبناء بما يعود عليهم بالنفع والفائدة، ولا شك أن انتشارها خلال هذه الفترة والترحيب بها من التربويين ليؤيد دورها البناء في التربية.

مفهوم الأندية الصيفية:

هي محاضن تربوية تقام فيها مجموعة من المناشط والبرامج المنوعة في إحدى المنشآت التربوية المهيأة، وهي موجهة لاستثمار أوقات الطلاب وخدمة المجتمع في الإجازة الصيفية تحت إشراف قيادات تربوية مؤهلة[1]

وفي بيان لأهمية الدور الذي تقوم به هذه الأندية في حفظ وقت الشباب يقول الشيخ محمد بن صالح بن عثيمين: (لا شك أن الحكومة ـ وفقها الله ـ تشكر على ما تنشئه من هذه المراكز الصيفية، لأنها تكف بهذه المراكز شرا عظيما وفتنة كبيرة، فما الحال لو أن هذا الشاب وهذه الجحافل كثيرة العدد أخذت تجوب الأسواق طولا وعرضا أو تخرج إلى المنتزهات، أو إلى البراري أو الشعاب أو الجبال، ما الذي يحصل منها من الشر؟

أعتقد أن كل إنسان عاقل يعرف الواقع يعلم أنه ستحصل كارثة للشباب من الانحراف وفساد الأخلاق والأفكار الرديئة وغير ذلك، لكن هذه المراكز ـ ولله الحمد ـ صارت تحفظ كثيرا من الشباب، ولا نقول تحفظ أكثر الشباب، ولا كل الشباب كما هو الواقع، فيحصل فيها خير كثير من استدعاء أهل العلم، لإلقاء المحاضرات التي يكون بها العلم الكثير والموعظة النافعة، والألفة بين الشباب وبين الشيوخ، وفي هذا

---

(1) انظر: دليل برامج الأندية الصيفية ، وزارة التربية والتعليم ، ط2، 1426هـ ، ص(3).

بلا شك مصالح عظيمة.

أما ما يحصل فيها من إمتاع النفس بلعبة الكرة.. وما أشبه ذلك فهذا من الحكمة، لأن النفوس لو أعطيت الجد في كل حال وفي كل وقت، ملت وكلّت وسئمت، فالصحابة - رضي اللـه عنهم - قالوا: يا رسول اللـه، إذا كنا عندك وذكرت لنا الجنة والنار، فكأننا نراها رأي العين، لكن إذا ذهبنا إلى الأهل والأولاد نسينا، فقال الرسول صلى اللـه عليه وسلم : (( ساعة وساعة ))[1] بمعنى أن الإنسان يكون هكذا مرة وهكذا مرة. وقال صلى اللـه عليه وسلم لعبد اللـه بن عمرو بن العاص رضي اللـه عنه ، وقد قال رضي اللـه عنه : لأقومن الليل ما عشت، ولأصومن النهار ما عشت، وقال له (( أقلت هذا ))؟! قال: نعم يا رسول اللـه، قال: (( إن لربك عليك حقا، ولنفسك عليك حقا، ولأهلك عليك حقا، ولزورك ( يعني ضيفك ) عليك حقا، فأعطِ كل ذي حقٍّ حقه ))[2][3].

إن الأمم التي تلتفت لشبابها بكل ما يعود عليهم بالنفع والتربية على كريم الشمائل؛ سوف تجني آثار صنيعها الجميل في أجيالها من الشبان والفتيات. ولقد اهتمت الأندية بالشباب وكان لها أكبر الأثر في صقل الشخصيات وتنمية المهارات وتعزيز القدرات فكم من موهوب ومبدع ومتفنن كانت الأندية المكان الذي نمت فيه موهبته حتى برزت وفاق بها الأقران وتميز بها حتى صار مرجعا ينقل خبراته لغيره من أبناء مجتمعه.

الأهداف العامة للأندية الصيفية[4]:

1-  بناء الشخصية المتوازنة للطلاب في ضوء العقيدة الإسلامية السمحة بعيدا عن الأفكار المنحرفة والشاذة.

---

(1) رواه مسلم (2750) والترمذي (2714) وابن ماجة (4293).
(2) رواه البخاري (1873) ومسلم (1159).
(3) خالد أبو صالح : فتاوى وتوجيهات في الإجازة والرحلات لفضيلة الشيخ محمد بن صالح العثيمين رحمه اللـه .
(4) دليل برامج الأندية الصيفية ، وزارة التربية والتعليم ، ط2، 1426هـ ، ص(3).

2- ترسيخ اللحمة الوطنية والارتباط الوثيق في العلاقة بين أفراد المجتمع والتكاتف مع قيادته وعلمائه المعتبرين.

3- استثمار أوقات الطلاب ببرامج تربوية متنوعة وهادفة.

4- اكتشاف مواهب الطلاب ورعايتها وإكسابهم المهارات والخبرات الميدانية.

5- التركيز على الجانب التربوي الإثرائي والحواري وفتح المجال لمشاركة المفكرين.

6- تعريف الطالب بمنجزات الوطن من خلال تكريس مفهوم السياحة الوطنية.

أنشطة الأندية الصيفية:

أ - **النشاط الاجتماعي**: ويمارس عن طريق الرحلات والزيارات داخل المنطقة وخارجها - وفق الإطار العام للرحلات والزيارات - والمسابقة الاجتماعية، وخدمة المجتمع، والتوعية الصحية، والمرورية والاستهلاكية، وبرامج توثيق العلاقة بين المركز والمجتمع.

ب - **النشاط الثقافي والتوعية الإسلامية**: ويمارس عن طريق المسرح، المكتبة، الإذاعة، الصحافة، البحوث، المسابقة، الندوات، الدروس العلمية، المهرجانات، وغيرها.

ج - **النشاط الرياضي**: ويمارس من خلال الألعاب والمهارات والرياضية، وتدريبات اللياقة البدنية، والمنافسات في الألعاب الفردية والجماعية بين أسر المركز، أو بين مراكز المنطقة أو المحافظة، كما يعتنى بالثقافة الرياضية الموجهة، وأصول التحكيم، وقوانين الألعاب الرياضية، مع التركيز على تحقيق الأهداف التربوية من خلالها.. والالتزام باللباس الرياضي المناسب.

د - **النشاط الكشفي**: ويمارس من خلال تكوين فرقة كشفية، وتعريف أفرادها بالمنهج الكشفي، وممارسة بعض أعمال الريادة والرحلات الخلوية، وبرامج الخدمة داخل المركز وخارجه، ومنح شارات الهوايات والمهارات للمتفوقين.

هـ - النشاط الفني: ويمارس عن طريق برامج تحسين الخطوط ورسم بعض المناظر الطبيعية بما يعبر عن بعض المفاهيم النبيلة، أو يعرف ببعض مؤسسات المجتمع، أو التوعية ببعض القضايا التي يحتاجها مجتمع المركز، وكذلك التدريب على الزخرفة والأشغال والتشكيل بالمعادن أو الأخشاب أو غيرها، ويدرب الطلاب على الاستفادة من الخامات المستهلكة في البيئة لهذه الأغراض.

و - النشاط المهني: ويمارس عن طريق التدريب على بعض المهن، ومزاولتها عمليا داخل المركز وخارجه، مثل كهرباء المنازل والسيارات، والميكانيكا، والنجارة والسباكة، وأعمال الترميم والصيانة المنزلية الخفيفة.

ز - النشاط العلمي والحاسب الآلي: ويمارس من خلال رعاية المواهب العلمية والإبداعية وتوفير المواد والأجهزة لإجراء التجارب العلمية تحت إشراف المختص، والتعرف على بعض المؤسسات العلمية والمصانع، والتعريف بالحاسب الآلي واستخداماته، وبعض تطبيقاته على مستوى الأفراد والمؤسسات.

ح - نشاط الأشبال: وتمارس فيه جميع النشاطات السابقة على شكل فرق متنافسة، والبرامج التي تناسب مرحلتهم السنية وقدراتهم، ويخصص لطلاب المرحلة الابتدائية.

ط - الدورات التدريبية: ينظم كل مركز مالا يقل عن دورتين، ولا يزيد عن أربع دورات مدة كل دورة ستة أيام في المجالات العلمية أو الثقافية أو المهنية، يقدمها مشرفو المراكز أو أحد المختصين بعد التنسيق مع الجهة ذات العلاقة، كما يمكن الاستفادة من إمكانات القطاع الخاص في تمويل بعض البرامج وتوفير متطلباتها وتدريب الطلاب وتقديم الجوائز.

ظ- يوم المهنة: يهدف يوم المهنة إلى تعريف الطلاب بالمهام والمسؤوليات التي يضطلع بها العاملون في الدوائر الحكومية، والمؤسسات الأهلية ذات العلاقة بالجمهور، وتدريبهم على مزاولة تلك الأعمال مدة يوم عمل كامل سواء كان العمل إداريا، أو ميدانيا، أو فنيا.

ولكي تقوم الأندية الصيفية بدورها في بناء القيم لا بد من توجيه الاهتمام لما يأتي:

1: الاهتمام بالطلاب عامة والشباب بصفة خاصة وتقديم البرامج المشوقة والجذابة لهم.

2: أن تتناسب البرامج المقدمة مع جميع الطلاب كل حسب نموه العقلي، فالبرنامج الذي يتناسب مع طلاب المرحلة المتوسطة قد لا يتناسب مع طلاب المرحلة الثانوية.

3: أن يتم الفصل بين المراحل التعليمية الثلاث؛ فتكون هناك نواد للمراحلة الابتدائية، ونواد خاصة بالمرحلة المتوسطة، ونواد تخص المرحلة الثانوية.

4: أن يختار مشرفو الأندية الصيفية بعناية بحيث تتوفر فيهم القدوة الصالحة والجدية في العمل ومراقبة الله تعالى في أعمالهم، وحسن تعاملهم مع الطلاب وتفهم خصائص نموهم.

5: أن يتم التركيز على البرامج التي تهدف إلى التربية الإسلامية الصحيحة، التي تتخذ القيم الإسلامية منهجا وسلوكا.مثل:برنامج (قيم تربوية ) و (أنا وأبي ) وغيرها من البرامج التربوية الهادفة.

6: أن تقوم وسائل الإعلام ببيان الدور التربوي الذي تقوم به الأندية الصيفية مما يجعل لها الجاذبية لدى الطلاب ويلتحقون بها.

7: الاهتمام بترسيخ القيم وتنميتها من خلال الحدث، حيث إن البرنامج الصيفي يكون مليئا بالمواقف التي يمكن للمربي أن يسخرها في بناء القيم وتنميتها لدى الطالب.

8: أن يتوفر طاقم كبير من المشرفين لمتابعة سلوكيات الطلاب في مقراتهم ،وأماكن لعبهم وتجولهم.

9: الاهتمام بأمر الصلاة داخل النادي، وتدريب الشباب على الأذان والإمامة خلال فترة النادي.

10: التنوع والتجديد في البرامج والجمع بين الترفيه والتربية حتى تكون عامل جذب كبير لكثير من الطلاب.

11: يجب على الموظفين من أولياء الأمور الذين لهم أبناء في الأندية الصيفية الترتيب لاختيار الوقت المناسب للتمتع بالإجازة الصيفية بحيث لا تتعارض مع مدة المراكز الصيفية، وعدم ترك أبنائهم في البيوت عند السفر بحجة مشاركتهم في النادي الصيفي.

## المبحث الخامس

## جماعة الرفاق ودورها في بناء وتنمية القيم

وهي نوعٌ من المؤسسات الاجتماعية التربوية التي لها تأثيرٌ كبير في تربية الإنسان انطلاقا من كونه كائنا حيّا اجتماعيّا يميل بفطرته إلى الاجتماع بغيره، ولذلك فإن جماعة الرفاق في أي مجتمع بمثابة جماعة أولية شأنها شأن الأُسرة في الغالب؛ لأنها صغيرة العدد، وتكون عضوية الفرد فيها تبعا لروابط الجوار، والشريحة العُمرية، والميول، والدور الذي يؤديه الفرد في الجماعة[1].

وهذه الجماعة يجمعهم ميول مشتركة وهوايات موحدة،ى وجماعة الأصدقاء أمر ضروري لا يستغني عنه المراهق العادي.... يضع بهم ثقته ويحفظ معهم أسراره الهامة ويقضي معهم أسعد ساعاته، ويحاول أن يصرف جل وقته معهم ولا يذكر المنزل إلا لطعامه ومنامه إن لم يجد عن ذلك محيصا، ويفيد ذلك في اتساع محيطه الاجتماعي وتعقد علاقاته الاجتماعية ويتحرر من النزعة الفردية الأنانية في الطفولة ليكتسب روحا اجتماعية تعاونية[2].

ولجماعات الرفاق أثرٌ فاعلٌ في تربية الإنسان وتكوين شخصيته لاسيما في سنوات مرحلتي الطفولة والمراهقة؛ حيث يكون أكثر تأثرا بأفراد هذه الجماعات الذين يكونون عادة من الأنداد، سواء كانوا زملاء دراسةٍ، أو رفاق لعبٍ، أو أصدقاء عمر؛ أو غيرهم ممن يُرافقهم الإنسان لفترات طويلةٍ أو قصيرةٍ. ولعل تأثير جماعة الرفاق على الإنسان عائدٌ إلى اختلاف أفرادها؛ وتنوّع ثقافاتهم؛ واختلاف بيئاتهم. (وذلك لكون الناشئ يرتبط في هذا الوسط بأقرانه وأترابه من نفس عمره الزمني والنفسي والعقلي، وتشده

---

(1) انظر : صالح بن علي أبو عرّاد : مقدمة في التربية الإسلامية ، دار الصولتية للتربية ، الرياض : ( 1424هـ ).
(2) عبد الحميد الهاشمي : علم النفس التكويني أسسه وتطبيقه ، من الولادة إلى الشيخوخة ص(212).

إليهم عواطف قوية تبدأ من تحوله الوجداني الطبيعي من أفراد الأسرة إلى أفراد الزمرة في الحي والمدرسة وجمعيات النشاط)[1].

ويحقق الجليس حاجة اجتماعية ونفسية فالطفل يميل إلى رفقة يلعب كل منهم منفردا في منتصف السنة الرابعة وبعدها يميل كل منهم إلى اللعب الجماعي[2] وكلما كبر الطفل احتاج إلى وقت أطول يقضيه مع رفقته ليبدأ استقلاله عن والديه، وأما في المراهقة فالرفقة من أهم الحاجات النفسية والاجتماعية التي لا يستغني عنها المراهق[3].

وهنا تجدر الإشارة إلى أن أماكن العمل سواء كانت رسمية أو تطوعية تُعد من جماعات الرفاق إلا أنه يغلب عليها الطابع الرسمي في العادة، وهي مؤسسات اجتماعيةٌ ذات تأثيرٍ هامٍّ على تربية الإنسان بعامةٍ نظرا لما يترتب على وجوده فيها من احتكاك بالآخرين؛ إضافة إلى أنه يقضي- فيها جزءا ليس باليسير من وقته الذي يكتسب خلاله الكثير من المهارات، والعادات، والطباع، والخبرات المختلفة. والمعنى أن جماعات الرفاق توجد وتُمارس نشاطاتها المختلفة في المكان الذي يجتمع فيه أفرادها، حيث تجمعهم - في الغالب - الاهتمامات المشتركة والنشاطات المرغوب فيها كالنشاطات الرياضية، أو الترويحية، أو الثقافية، أو الاجتماعية، أو الوظيفية، أو التطوعية، ونحوها.

كما أن لكل جماعة من جماعات الرفاق ثقافة خاصة بهم، وهذه الثقافة تُعد فرعية ومتناسبة مع مستوياتهم العقلية و العُمرية، وخبراتهم الشخصية، وحاجاتهم المختلفة؛ إلا أنها تختلف من جماعةٍ إلى أخرى، تبعا للمستويات الثقافية والتعليمية و العُمرية، والأوساط الاجتماعية المتباينة.

---

(1) عبد الحميد الزنتاني: أسس التربية الإسلامية في السنة النبوية ص (164).
(2) انظر: نمو الطفل وتنشئته، فوزية دياب، ص 104 - 106.
(3) انظر: المراهقون: عبد العزيز النغيمشي، ص (62).

ومن هنا يمكن القول:إن الرفقة مطلب نفسي لا يستغني عنه الإنسان وخصوصا في مرحلة المراهقة، وبوجود الرفقة المنسجمة يتم قضاء الأوقات ووتبادل الآراء والخبرات وبث الآمال والتشارك في الأحاسيس والمشاعر، وتقوم الرفقة في كثير من الأحيان بإعطاء الرأي وبلورة الفكر ووضع الخطة وتنفيذها؛ فهي لسيت محضنا شعوريا ونفسيا فقط بل هي أيضا ذات بعد عملي وتنفيذي في حياة الشباب، ويتعذر منع الشباب المراهق عن الرفقة أو فرض العزلة عليه وهو أمر يصطدم مع طبع الإنسان وجبلته ويحرمه من حاجة نفسية مهمة[1].

خصائص جماعة الرفاق:وتتميزجماعة الرفاق بخصائص تجعل منها كتلة واحدة متماسكة فيما بينها بحيث يصبح أفرادها كأنهم جسد واحد ومن أهم الخصائص[2]:

1: التجانس بين أعضائها: فهم من نفس الجنس وتكون أعمارهم وخلفياتهم الاجتماعية وميولهم ومستوياتهم الدراسية متقاربة، وهذا التجانس يزداد مع مرور الوقت لعدد من الأسباب التي منها تأثر بعضهم ببعض ومسايرتهم للسلوك الغالب في المجموعة،و انسحاب الأفراد البعيدين بعض الشيء عن غالبية المجموعة في بعض الصفات.

2:تسير وفق نظام معين ضمني غير مصرح به: أي أن هناك نظاما يربط علاقة أفرادها دون أن يشعروا بذلك، فيعرف من الذي ينضم إليهم، ومن الذي لا يستطيع أن ينضم إليهم، ويعرف من القيادي الذي يرجع إليه ومن هو غير القيادي.

3: شدة التماسك: فالعلاقات بينهم قوية لدرجة أنه يصعب سحب أي عضو منها.

4: تمارس ضغطا على أفرادها: فنظرا لحاجة المراهق من الناحية النفسية لهذ المجموعة تجده مضطرا لمسايرتها في سلوكها.

(1) عبد العزيز النغيمشي: المراهقون : دراسة نفسية إسلامية للآباء والمعلمين والدعاة ص(62).
(2) انظر: : عمر بن عبد الرحمن المفدى: علم نفس المراحل العمرية: ص(360-361).

دور جماعة الرفاق في بناء القيم:

إن جماعة الرفاق تعد وسيطا تربويا من الأوساط التي تعمل على بناء القيم وتنميتها لو أننا أحسنا تشكيل جماعة الرفاق واختيارهم الاختيار الصحيح، يقول الدكتور ضياء زاهر: (ولما كان جماعة الأقران غالبا ما ينتمون إلى نفس الفترة العمرية ونفس الشريحة الاجتماعية فإنه يمكننا القول بأن وظيفتهم تستطيع أن تناصر وتؤيد اتجاهات الأسرة وقيمها أكثر مما تخالفها.

وتلعب جماعة الأقران بما تمثله من ثقافات فرعية يحددها العمر الزمني، ذات أهداف واهتمامات وحاجات محددة، أن تؤدي دورا تربويا هاما في تدعيم القيم التي يسعى إليها المجتمع، فتكوينها يسمح بإمكانية الحوار دون خوف أو خشية سلطة ما، كما أن تقارب السن والمستويات الاقتصادية والاجتماعية يكون عاملا أساسيا في تكوين قيم مشتركة توجه سلوكيات كل الأقران. ومن هنا كانت أهمية الاهتمام بهم كمجموعات تشارك في غرس القيم[1].

وتلعب جماعة الرفاق دورا كبيرا في خفض مشاعر الوحدة، ودعم المشاعر الإيجابية السارة، والإسهام في عملية التنشئة الاجتماعية، إذ تيسر الرفقة اكتساب عدد من المهارات والقدرات والقيم المرغوب فيها اجتماعيا، ومما لا شك فيه أن الفرد يحتاج إلى حد أدنى من التفاعل الاجتماعي وبغض النظر عن أية مساعدات إيجابية يتلقاها الفرد من الآخرين يحقق مجرد اجتماعه بهم قدرا وافرا من الارتياح الوجداني في ظروف الحياة العادية، وتزداد الحاجة إلى الارتباط بالآخرين عند التعرض لمشقة أو الشعور بالقلق والخوف[2]

وتزداد أهمية جماعة الرفاق في التنمية القيمية مع انتشار ظاهرة التحضر، وبخاصة في تلك المجتمعات التي فقدت فيها الأسرة كثيرا من وظائفها الأولية في تربية

---

(1) ضياء زاهر: القيم في العملية التربوية ص(67-68).
(2) أسامة سعد أبوسريع: الصداقة من منظور علم النفس : عالم المعرفة ،1993م ، ص( 58-59).

الأطفال، إذ تقوم جماعة الرفاق بإتاحة الفرصة لممارسة كثير من الأدوار والخبرات التي تنمي العلاقات الاجتماعية، وتكسب الأطفال كثيرا من القيم والمعاني التي لا يستطيع اكتسابها عن طريق الأسرة[1].

وقد اهتمت التربية الإسلامية بجماعات الرفاق وأدركت أهميتها ودورها الفاعل في التأثير على سلوك الأفراد سواء كان ذلك التأثير سلبيًا أو ايجابيًا؛ ولعل خير دليلٍ على ذلك ما روي عن أبي موسى الأشعري رضي الله عنه أنه قال: قال رسول الله صلى الله عليه وسلم : ((مثلُ الجليس الصالح و السَّوءِ كحامل المسك ونافخ الكير، فحامل المسك إمَّا أن يُحْذِيَكَ، وإمَّا أن تبتاع منه، وإمَّا أن تجد منه ريحا طيِّبَة، ونافخُ الكيرِ إمَّا أن يُحرق ثيابك، وإما أن تجد ريحا خبيثة))[2].

وحتى تؤدي جماعة الرفاق دورها في بناء وتنمية القيم الإسلامية فلابد من مرعاة ما يلي:

1: أن تكون مجموعة الرفاق مناسبة لسن الطفل العقلي والجسدي فإذا كان أصغر منهم يتحول إلى تابعٍ مقلّد، وإن كان أكبر أحس بالمسؤولية عنهم وعن حمايتهم، وليس معنىَ هذا ألاَّ يلعب إلا مع رفقة في سنه، ولكن لا يُقحم دائمًا في مجموعات أصغر أو أكبر منه[3]

2: إعطاء الأبناء المعايير التي على ضوئها ينبغي اختيار الصديق وذلك حتى يتبنى الابن هذه المعايير ويراعيها عند الاحتكاك بالآخرين، وحتى يحدث هذا التبني فلا بد من تكرار هذه المعايير بين الحين والآخر بطريقة مباشرة أو غير مباشرة.

3: المساهمة في تشكيل المجموعة: ينبغي على الآباء والمعلمين أن يسعوا بطريقة غير مباشرة في تكوين مجموعات لأبنائهم، تلك المجموعات التي ستصبح فيما بعد

---

(1) محمد الخطيب وآخرون : أصول التربية الإسلامية ص (251).
(2) سبق تخريجه.
(3) انظر: نمو الطفل وتنشئته، فوزية دياب، ص (104 – 106).

الثلل التي يرتبط بها المراهق[1].

وهناك محكات عامة يمكن استخدماها عند عملية الانتقاء للرفقاء ومنها[2]:

أ: الخيرية: وهي نزوع الرفيق إلى الخير قولا وعملا وظهور ذلك عليه في سيماه وسلوكه وتوجهاته.

ب: الثقافة الإسلامية: وهي محك فكري حيث يكون لمن يتخذ صاحبه قراءات شرعية، واتجاهات دينية.

ج: الاتزان والتعقل: حيث يكون الرفيق متزنا في تلبية رغباته وحاجاته.

د: الانسجام: وهو أن يحمل الرفيق في طبعه ومزاجه من الصفات ما يدعو إلى الانسجام معه والارتياح إليه والامتزاج به.

هـ: المحيط والبيئة: ونعني به الوسط الذي يعيش فيه الرفيق من الأسرة، والقرابة والجيران؛ فإما أن يكون وسطا خيرا صالحيا أو وسطا شريرا منحرفا، وفي الغالب أن الرفيق يتأثر بذلك وينصبغ بالطابع السلوكي والفكري لذلك الوسط.

4: إكرام الصحبة الصالحة وتقبلها: وذلك بتأييد الابن على رفقته الصالحة واستقبالها وتهيئة ما يلزم لها من تيسيرات مادية ومعنوية وحث الابن على دعوتهم في المناسبات والاستعانة هم وعونهم عند الحاجة وتشجيعهم بالسلام عليهم والسؤال عنهم وعن ذويهم.

5: اختيار السكن المناسب التي تجاوره أسر تحرص على صلاح أبنائها واستقامتهم وتسعى إلى ذلك، ولا ضير أن يغير الأب مسكنه بسبب سوء الجيران وفساد ذريتهم، لئلا يتعدى ذلك إلى ذريته.

---

(1) عمر بن عبد الرحمن المفدى: علم نفس المراحل العمرية: ص(363-364).
(2) عبد العزيز النغيمشي: المراهقون: دراسة نفسية إسلامية للآباء والمعلمين والدعاة ص(74-75).

6: كما يجب على الوالدين اختيار المدرسة المناسبة من حيث طلابها ومعلموها وإدراتها التي تعنى باستقامة طلابها وتهتم باخلاقهم وشمائلهم قولا وعملا[1].

7: مراقبة الآباء للأبناء وعدم السماح لهم بمخالطة قرناء السوء حتى لا يتأثروا بأخلاقهم ويندموا على ما فاتهم في وقت لا ينفع الندم.

وليحذر المربي من الوقوف موقف العداء من صديق يميل إليه ولده، لأن الطفل يتمسك به أكثر، فإن كان صالحا أو من عائلة صالحة فعليه أن يوثّق هذه العلاقة بالترحيب به في بيته وزيارة أهله والاشتراك في نزهة أو رحلة[2] والسماح لهما بتبادل الزيارات والرسائل والمكالمات الهاتفية،

وأما إن كان سيئا فعلى المربي أن يبين سوء سلوكه ويتيح لولده فرصة عقد صداقات جديدة دون أن يشعر حتى يتخلص من صديق السوء أو يقل تأثيره على الأقل.

---

(1) انظر: عبد العزيز النغيمشي: المراهقون: دراسة نفسية إسلامية للآباء والمعلمين والدعاة ص(75-77).
(2) انظر: أولادنا في ضوء التربية الإسلامية، محمد علي قطب، ص (100).

# المبحث السادس

## دور وسائل الإعلام في بناء وتنمية القيم الإسلامية التربوية

خصائص وسائل الإعلام:

تتميز وسائل الإعلام بكافة أنواعها بعدة خصائص تجعل لها ترحيبا عند قطاع كبير من الناس، ومن هذه الخصائص:

1: التنوع: حيث تتنوع وسائل الإعلام ما بين مقروءة (الصحف والكتب والمجلات) ومسموعة فقط (الإذاعة) ومسموعة مرئية (التلفاز) ومقروءة ومسموعة ومرئية (الإنترنت)، وهذا التنوع جعلها تناسب جميع المتلقين لها على اختلاف ثقافاتهم وأحوالهم.

2: تغطي جميع الشرائح: فهي لا توجه لفئة بعينها، وإنما تشمل جميع شرائح المجتمع؛ من أطفال، وشباب، بنين وبنات، ورجال ونساء، وكذلك على اختلاف طبقاتهم ووظائفهم، فيشاهدها المثقف وغيره، ويشاهدها الغني والفقير، مما جعل لها جمهورا كبيرا، وترحيبا بالغا من كافة شرائح المجتمع.

3: أنها تقدم خبرات ثقافية متنوعة: ما بين ثقافة علمية، ودينية، وسياسية، واقتصادية، ورياضية،فلم تترك ثقافة إلا وأتت بها ووجدت لها مرحبين في جميع أقطار الدنيا.(فهي تقدم خبرات متنوعة ونماذج سلوكية وطرق معيشة قطاعات عريضة من أفراد المجتمع، كما أنها تنقل إلى الأفراد خبرات ليست في مجال تفاعلاتهم البيئية والاجتماعية المباشرة، وتتعرض وسائل الإعلام للكثير من القضايا السياسية والاقتصادية والاجتماعية، مما يجعلها ذات تأثير كبير على تكوين الرأي العام وتوجيهه، ووسيلة هامة من وسائل التربية المستمرة)[1].

---

(1)   مصطفى متولي وآخرون: المدرسة والمجتمع ، الرياض ، دار الخريجي للنشر والتوزيع ، 1993م، ص (88).

4: يتوفر فيها خاصية الجذب:وسائل الإعلام تستحوذ على عقول الكثير من قارئيها وسامعيها ومشاهديها نظرا لما تتمتع به من وسائل العرض التي (تجذب الناس وتستميلهم إلى أنماط سلوكية مرغوب فيها، وتتيح فرصا واسعة للترفيه والترويح، وقضاء وقت الفراغ)[1].

5: السرعة والانتشار: فهي لا تقف عند حدود الزمان أو المكان، بـل تبـث ليـل نهـار، صبـاح مساء، دون كلل أو ملل، في المنزل، في المكتب، في السيارة في الطائرة.

وسائل الإعلام والتأثير السلبي

ولوسائل الإعلام تأثيرها السلبي على قيم الفرد وأخلاقه؛فقد أظهرت إحصائية علمية ضمن رسالة جامعية بعضا من السلبيات المنعكسة علي الأسرة بسبب متابعتها للقنوات الفضائية، وجاء ضمن ذلك أن نسبة 85 % من جمهور المشاهدين يحرصون علي مشاهدة القنوات التي تعرض المناظر الإباحية، ونسبة 53% قلت لديهن تأدية الفرائض الدينية، ونسبة 32% فتر تحصيلهن الدراسي، ونسبة 42% يتطلعن للزواج المبكر ولو كان عرفيا، 22% تعرضن للإصابة بأمراض نسائية نتيجة ممارسة عادات خاطئة[2].

إن الغزو الذي يأتي من هذه القنوات المختلطة والتي تغلغلت في بيوت المسلمين عكس أضرارا  مباشرة علي المشاهد والمجتمع الذي يعيش فيه، بحيث تظهر آثاره الأشد فتكا علي المدى البعيد  في الحاضر والمستقبل وبعد جيل أو جيلين قد أدمن أصحابه التكيف مع هذا البلاء، ونحن إذا تأملنا في أنواع الأضرار والمخاطر الناجمة عن التأثر بالغزو الذي يعرض عبر شاشات القنوات الفضائية المختلطة نجد أنه يكاد

(1) سيد أحمد عثمان: المسؤولية الاجتماعية والشخصية المسلمة: دراسة نفسية تربوية، مكتبة الأنجلو المصرية، القاهرة، 1979م ص (129).
(2) خالد عبد الرحمن الشايع : مقال بعنوان القنوات الفضائية وآثارها العقيدة والثقافية والاجتماعية والأمنية ، انظر بتصرف http://www.mknon.net/new2/fthaeah.htm

يتمثل فيما يلي[1]:

1- معظم ما تبثه تلك القنوات يورث ضعف الإيمان بالله تعالي ويؤدي إلي الإعراض عن طاعته وعبودية الشهوة، وهذا الأمر مشاهد وملموس، فإن المشاهد المحرمة التي تعرضها تلك القنوات تضعف الإيمان وتباعد بين العبد وربه، فتجعله يستغرق في ارتكاب المحرمات حتى يألفها ويستوحش الطاعات، فمن حديث حذيفة أنه سمع رَسُولَ اللَّـهِ صلى الـلـه عليه وسلم يَقُولُ: " تُعْرَضُ الفِتَنُ عَلَي القُلُوبِ كَالحَصِيرِ عُودا عُودا، فَأَيُّ قَلبٍ أُشْرِبَهَا نُكِتَ فِيهِ نُكْتَةٌ سَوْدَاءُ، وَأَيُّ قَلبٍ أَنْكَرَهَا نُكِتَ فِيهِ نُكْتَةٌ بَيْضَاءُ، حتى تَصِيرَ عَلَي قَلبَيْنِ، عَلَي أَبْيَضَ مِثْلِ الصَّفَا، فَلا تَضُرُّهُ فِتْنَةٌ مَا دَامَتِ السَّمَاوَاتُ وَالأَرْضُ، وَالآخَرُ أَسْوَدُ مُرْبَادًا كَالكُوزِ مُجَخِّيا، لا يَعْرِفُ مَعْرُوفا وَلا يُنْكِرُ مُنْكَرا إلا مَا أُشْرِبَ مِنْ هَوَاهُ "[2].

وإذا وصل الشخص إلي هذه المرحلة تثاقل العبادة واستصعبها، وفي المقابل يجد نشاطا وإقبالا علي المعاصي، ثم يصل به الأمر إلي أن تكون الشهوات المحرمة إلها يعبد من دون الـلـه كما قال سبحانه وتعالي: ﴿أَفَرَأَيْتَ مَنْ اتَّخَذَ إِلَهَهُ هَوَاهُ وَأَضَلَّهُ اللَّـهُ عَلَي عِلمٍ وَخَتَمَ عَلَي سَمْعِهِ وَقَلبِهِ وَجَعَلَ عَلَي بَصَرِهِ غِشَاوَةً فَمَنْ يَهْدِيهِ مِنْ بَعْدِ اللَّـهِ أَفَلا تَذَكَّرُونَ﴾[3].

2- ومن التأثير الخطير الذي تحدثه متابعة معظم هذه النوعية من الفضائيات إضعاف عقيدة الولاء والبراء، ومن المعلوم أن هذه العقيدة لها أصلها الأصيل من هذا الدين، كيف لا وقد قال الـلـه تعالى: ﴿لا تَجِدُ قَوْما يُؤْمِنُونَ بِاللَّـهِ وَاليَوْمِ الآخِرِ يُوَادُّونَ مَنْ حَادَّ اللَّـهَ وَرَسُولَهُ وَلَوْ كَانُوا آبَاءَهُمْ أَوْ أَبْنَاءَهُمْ أَوْ إِخْوَانَهُمْ أَوْ عَشِيرَتَهُمْ أُوْلَئِكَ كَتَبَ فِي قُلُوبِهِمْ الإيمان وَأَيَّدَهُمْ بِرُوحٍ مِنْهُ وَيُدْخِلُهُمْ جَنَّاتٍ تَجْرِي مِنْ تَحْتِهَا الأَنْهَارُ خَالِدِينَ فِيهَا رَضِيَ اللَّـهُ عَنْهُمْ وَرَضُوا عَنْهُ أُوْلَئِكَ حِزْبُ اللَّـهِ أَلا إِنَّ حِزْبَ اللَّـهِ هُمْ

(1) المرجع السابق.
(2) رواه مسلم (1404) وأحمد (22769) .
(3) سورة الجاثية (23).

المُفْلِحُونَ ﴾ [1] فالواجب هو محبة المسلمين ومحبة الخير لهم والفرح بكل ما به خيرهم، ويجب بغض الكفار والتبرؤ منهم والحذر من مودتهم، فمن البرامج ما يقدمه بعض النصارى الرجال والنساء، فتجد المتابع أو المتصل بالهاتف يبدي إعجابه وتعلقه بهم، وخاصة إذا كانت المقدمة أو المذيعة امرأة، وأيضا من خلال المقابلات مع الممثلين والمغنيين المنحلين تجد جمهورا عريضا يتابعهم ويتابع إنتاجهم ويتصل بهم عبر هذه الفضائيات، ويفرح بذلك ويفاخر به بين أهله وعشيرته، ولا شك أن هذه محبة لهم، وقد ثبت من حديث عبد الله بن مسعود رضي الله عنه أن النبي s قال: ( المَرْءُ مَعَ مَنْ أَحَبَّ [2]، وهذا عام في الرجال والنساء.

3- ومن مظاهر الغزو والأضرار الناجمة عما تعرضه الفضائيات المختلطة في جانب العقيدة والتصورات تمييع المفاهيم والثوابت الإسلامية التي لا مجال للمساس بها، حتى بلغ الأمر أن يعتبر بعض مقدمي البرامج وممثلي القنوات الفضائية الرقص والخلاعة والتمثيل والغناء والباليه عملا لا يؤاخذ الله عليه حيث يندرج عندهم تحت الكسب من خلال العمل الشريف، والإبداع الفكري والأدبي والفني.

5- ومن الأضرار ما يكون في الأخلاق والأمن ونحو ذلك، فمن أبرز الأضرار التربوية والأخلاقية والاجتماعية لما تبثه كثير من القنوات الفضائية المختلطة حصول الانحراف السلوكي لدي الأطفال والشباب والفتيات، وهكذا الكبار من الرجال والنساء، وذلك أن المشاهد المعروضة عبر تلك الفضائيات تظهر العلاقات المحرمة بين الرجل والمرأة بأنه نموذج أمثل يسلكه كل رجل و امرأة وكل شاب وفتاة، ومن العجيب حقا أن تلك المشاهد تجد الاستنكار ومحاولة التغيير من قبل كثير من العقلاء في بلاد الغرب، في حين أن بعض القنوات العربية تعزز هذا المنهج في قنواتها الفضائية، وتجد الاستجابة لدي كثير من متابعيها، ولنتوقف قليلا عند التصورات الذهنية التي تخلفها كثير من المشاهد التي تبثها معظم القنوات الفضائية السالفة الذكر في تكوين

_____

(1) سورة المجادلة (22).
(2) رواه البخاري (5816) ومسلم (1641) وأحمد (4710) .

العلاقة بين الرجل والمرأة، سنجد التساهل في تكوين العلاقة المحرمة بين الرجل والمرأة واعتباره أمرا طبيعيا، وسنجد استساغة حمل المراهقات سفاحا، واعتياد ذلك وشرح كيفية التخلص منه، وسنجد عدم الاستهجان أو الاستغراب لمواعدة الرجل المرأة الأجنبية لأمر محرم، مع شرح الكيفية والوسيلة لتحقيق ذلك والتحايل لأجله، وهكذا الخلوة بينهما، والقيام بحركات مثيرة من لمس ونحو ذلك، بل إن كثيرا من الناس لم يعودوا يستغربون أن تعرض بعض القنوات مشهد رجل وامرأة يضطجعان علي سرير واحد في المسلسلات والأفلام، ماذا ستكون النتيجة لهذه المشاهد المتكررة والمتلاحقة تلاحق الساعات والدقائق؟

سيكون من النتائج انتشار الفواحش علي اختلاف أنواعها مع ما يلحقها من الاختلال الاجتماعي في نواح عدة، فعرض تلك المناظر لابد وأن يؤثر في الشباب والفتيات وخاصة من لم يتزوج منهم، ذلك أن تلك المناظر تؤجج الشهوات وتجعل الشخص ذكرا أو أنثى مهيئا للوقوع في الرذيلة متي فتح له بابها، بل إنه ليعمد إلي كسر كل باب يمنعه من مشتهياته المحرمة، ومن العجب حقا أنه يوجد تصور لدي كثير من الناس رجالا ونساء، آباء وأمهات شبابا وفتيات، مفاد هذا التصور أن النظرة البريئة والحديث الطليق والاختلاط الميسور والدعابة المرحة بين الجنسين والاطلاع علي مواضع الفتنة المخبوءة، أن ذلك تنفيس وترويح وإطلاق للرغبات الحبيسة ووقاية من الكبت ومن العقد النفسية، وتخفيف من الضغط الجنسي، والواقع أن هذا التصور خاطئ جملة وتفصيلا.

5- وفي الجانب التربوي والأخلاقي أيضا وما يتبعهما من التداعيات الاجتماعية، إن مشاهد مناظر الحب والغرام المحرم تؤدي إلي ضعف الغيرة وانعدامها، وإلا فبأي وجه يمكن أن تبدي المرأة العربية في خلاعة مألوفة إعجابها بالفنان أو الممثل الفلاني، وأنه جميل قسيم وسيم، وتتلفظ به أمام زوجها ولا تتحرك لذلك مشاعره وكأنها تتحدث من فراغ.

وبعض الناس يغفل أنه بتساهله في تمكين أولاده النظر إلي المشاهد المحرمة

ومناظر أسباب الفاحشة ومقدماتها، وجلبه للأفلام والمجلات الهابطة الداعية للفحش والغرام، أنه بفعله ذلك يكون قد مهد الطريق لإفساد بيته، وقد أكدت إحدى الدراسات الأكاديمية في رسالة علمية حول الانحرافات الأسرية وظاهرة الخيانة الزوجية، وقد ذكر في البحث جملة من الأسباب، منها خروج المرأة للعمل واختلاطها بزملائها الرجال وتحادثها معهم بخصوصياتها، ومن ذلك الاطلاع علي الكتب والأفلام الجنسية والتي يحضرها الزوج أو لا يمانع في تعاطي زوجته لها، وهكذا المرأة التي تشاهد زوجها وقد كادت عيناه أن تخرجا من الحدقتين يقلبهما في وجه الممثلة أو المغنية وهي لا تعير لذلك اهتماما، فالغيرة بين الزوجين على بعضهما مطلوبة، الزوج يغار علي زوجته فيحفظها ويصونها ويحرص علي أن تقصر طرفها عليه، والمرأة تغار علي زوجها أن يمتد نظره إلي غيرها.

6- ومن التداعيات الاجتماعية في هذا الجانب الاستظهار بالمنكرات وعدم الاكتراث بنظر وعلم الآخرين، وهذه القضية نجدها في تزايد يوما بعد آخر، ومن له اطلاع علي مجتمعات الشباب من الفتيان والفتيات يلمس ذلك الأمر عن كثب، حيث تبدو آثار ذلك جلية في جوانب مختلفة، فعند الشباب تجد الواحد منهم منذ صغره يعتاد شرب الدخان لأنه يرى نماذج متعددة في هذه الفضائيات، ثم إنك تجد تلك المسالك والتصرفات المنحرفة التي تظهر في التعامل واللباس وغير ذلك، وستجد لديهم أيضا الميل لتكوين العلاقات المحرمة، فتجده ينصب شركه لاصطياد من يستطيع اصطياده ليمارس من خلاله الفاحشة التي تكرس مفهومها لديه عبر مئات المناظر والمشاهد التي جعلت منه إنسانا مهيجا جامحا لارتكاب الفاحشة بأي سبيل ممكن.

وبعض الشباب تحدث له مناظر القنوات الفضائية المغرية انتكاسا في فطرته وسقوطا في رجولته، حيث يعمد إلي المسلك الأنثوي، فهو ينافس البنات في ميوعته ونعومته وانعدام خشونته لتشبهه بالنساء في الكلام والحركات واللباس، ولم يعد غريبا أن توجد الأعداد المتكاثرة من الشباب الذين يسافرون في أوقات الإجازات إلي الشرق والغرب، حيث موابئ الفتنة ومعارض الفحش بأبخس الأثمان.

وهذا ما حمل كثيرا من وكالات السفر والسياحة إلي إعداد قوائم متعددة بالبلدان والمدن وتخفيض تكاليف السفر للمجموعات، وهكذا الخطوط الجوية الأجنبية، حيث تقوم بتقديم العروض الخاصة لاصطياد أولئك السذج من الشباب الذين عبث بأفكارهم في عقر دارهم من خلال تلك الفضائيات، وجعلت لهم الطعم اللذيذ المهيأ لاصطيادهم عبر برامج إغراء الدعاية في هذه القنوات الفضائية، والذي تصنعه وكالات السفر طمعا في الربح المادي حتى ولو تسببت في هدم أخلاق الأمة بأسرها.

7- الفتيات المتابعات لبرامج الإسفاف ستلحظ جنوحا مقيتا عندهن نحو أنواع من الارتكاسات الأخلاقية بما تظهر معه نذر الخطر علي أخلاقيات المجتمع بأسره، فكل فتاة وكل امرأة، لديها استعداد فطري ككل الرجال للتفاعل مع الغرائز التي وظفتها الشريعة توظيفا حسنا ووجهتها إلي ما فيه صلاح الأمة وعمارة الأرض، لكن الفتيات والنساء المتأثرات ببرامج وتمثيليات التفلت الأخلاقي يظهر عليهن التبرج والسفور المحرم، بل إنهن يتسابقن في مجاراة المذيعات والممثلات والمغنيات المنحلات من الأخلاق والقيم، فيقلدنهن في اللباس العاري وسلوكيات الموضة المتهتكة وقد نزعن جلباب الحياء، فأقحمن أنفسهن فيما به هلاكهن، وسيجد الناظر من هذا الصنف من الفتيات والنساء جنوحا نحو إقامة العلاقات المحرمة، حيث تتلقفها الكلاب المسعورة لقمة سائغة ليعبثوا بها، ثم يرمون بها زهرة ذابلة قد أفسدوا رحيقها، فانظر إلي هذه النهايات والنتائج المؤسفة التي تؤول إليها الفتيات والنساء في مستنقعات عفنة، بعد أن كانت الآمال المعلقة عليها عريضة عرض ما بين المشرق والمغرب، فأين هي الآن من حديث عَبْدِ اللَّـهِ بْنِ عَمْرٍو رضي اللـه عنه أَنَّ رَسُولَ اللَّـهِ صلى اللـه عليه وسلم قَالَ: (الدُّنْيَا مَتَاعٌ وَخَيْرُ مَتَاعِ الدُّنْيَا الْمَرْأَةُ الصَّالِحَةُ )[1]، ماذا ينتظر من فتيات تفتحت أعينهن ومداركهن يوم تفتحت علي مناظر الإسفاف والتهتك وعلاقاته ومقدماته، فهل ينتظر منهن بعد ذلك إلا ثمارا من جنس تلك المشاهد؟.

(1) سبق تخريجه.

8- وفي كثير من المجتمعات الإسلامية المحافظة والتي غزيت بثقافة الفن الرخيص تتابعت الانتكاسات في الأفهام لدي كثير من النساء، ورحن يتبارين في استحداث كل غريب، ففي مجال الألبسة وطرق التجميل جعلن من أنفسهن ألاعيب لمصممي الأزياء في شرق الدنيا وغربها، فتأتي تلك المسلمة العفيفة الساذجة لتتلقف هذه السلوكيات تحت مسمي الموضة والتمدن، ثم يتتابع هؤلاء النسوة في تقليد بعضهن البعض للخروج عن المألوف.

9- ومن الأضرار والمخاطر التربوية والأخلاقية، العزوف عن الزواج، والاكتفاء بالمناظر المحرمة، فالشباب الذين تأثروا بمناظر العري والفاحشة التي هي المادة الرئيسية في معظم القنوات الفضائية المختلطة، ظهر من توجهاتهم عزوف عن الزواج ورغبة عنه، وربما يتعلل الشاب بأن الزواج مسئولية وتكاليف، أو بسفرة أو سفرتين نحصل ما يحصله المتزوجون وأحسن، والمرأة لا تستحق من يتعب من أجلها، هي للمتعة فقط، مثل ما رأينا ونري في المسلسلات والأفلام، إلي غير ذلك من المبررات الساذجة.

إن إدامة نظر الشباب إلي مناظر الفضائيات المحرمة التي تبثها الفضائيات المختلطة أحدثت عندهم خمولا نحو فرائض اللـه وتشريعاته، وشرها نحو الفواحش المحرمة يأخذ صورا متعددة، ولدى عزوف هؤلاء الشباب عن الزواج، تنشأ مشكلة أخري لدي الفتيات اللاتي لم يتقدم لهن أحد، مما يزيد من عدد العوانس وفي ذلك من الأضرار ما لا يخفي.

10- أما في جانب الإخلال بالأمن فهذه الفضائيات دأبت علي استساغة الجريمة واعتيادها من خلال عرض أفلام الجريمة، المسماة بالأفلام البوليسية، وتكرار هذه المناظر للجريمة علي أنظار الناس بمختلف طبقاتهم وأعمارهم يجعل الجريمة في أنفسهم أمرا اعتياديا، حتى يصبح المجتمع ويمسي وروح الجريمة يدب فيه وتكون بمثابة الأحداث اليومية من حياة الناس.

كما أنها تمكن المنحرفين من ارتكاب الجريمة المنظمة، والمراد هاهنا أن الجرائم منها ما يكون عرضا من غير احتراف لها، وإنما تحت تأثير وقتي ولغرض محدد فهذا نوع، وثم نوع ثان وهو الأخطر وهو الجريمة المنظمة، بحيث تصير الجريمة حرفة أو مهنة يمتهنها الشخص، فيرتب لها وينظم خطواتها بحيث يحكم تنفيذها لينال بغيته وينفذ بجلدته من القبض عليه، فمما تبثه تلك الشاشات فيما يسمي الأفلام البوليسية عرض كيفية الخطف، خطف النساء، خطف الأطفال، وخطف عموم الأشخاص، ومن ذلك السرقة وكيفية التخطيط لها، وكيفية الوصول للأماكن المستهدفة والأدوات المستخدمة، ومن ذلك إعداد السموم والمخدرات والمواد المكونة لها، وكيفية دسها علي الشخص المستهدف، ومن ذلك توضيح إعداد المتفجرات وإعدادها من المواد الأولية القريبة من الأشخاص في حياتهم اليومية، وكيفية وضعها ونشرها للغرض المستهدف، ومن ذلك توضيح الخطوات المتبعة لإخفاء معالم الجريمة والتخلص من أدواتها وإتلاف كل ما يدل عليها أو علي الجناة، ومن ذلك عرض كيفية التهرب، والوسائل المتبعة للتعمية علي التفتيش، ومن ذلك التشجيع علي تعاطي المخدرات، وإظهار المتعاطين بمظهر البطولة والقوة والذكاء، وتوضيح وسائل وطرق تعاطيها، وكل تلك المشاهد لها متابعوها من مختلف الشرائح والأعمار ليصيروا فيما بعد عصابات مدربة تدريبا عاليا من خلال المشاهد التي حفظوا خطواتها، فسعوا إلي تطبيقها في ممارساتهم.

ومما سبق يتبين لنا الجانب السلبي لوسائل الإعلام على الأخلاق والقيم، وآثارها على الناحية الاجتماعية والأمنية، مما يدعو كل مرب إلى الحذر والتحذير من مشاهدة هذه الفضائيات التي تبث السم في العسل لهدم قيم وأخلاق الإسلام في نفوس المسلمين.

وسائل الإعلام والتأثير الإيجابي:

وإلى جانب تلك الآثار السلبية المدمرة لتربية الفرد والمجتمع فيمكن لوسائل الإعلام - إذا تم أستخدامها استخداما تربويا - أن تسهم إسهاما كبيرا في غرس القيم الإسلامية وتنميتها في نفوس المتابعين لها نظرا لما تمتلكه من اساليب مؤثرة يمكن أن

تعمل على بناء القيم، و ومن الأساليب ما يلي[1]:

1: التكرار: حيث تعتمد وسائل الإعلام إلى إحداث تأثير أو تغيير ما، عن طريق تكرار أنواع معينة من البرامج الإرشادية، وبرامج التوعية أو الإعلانات أو الأفلام التي تتناول السلوكيات المرغوبة، فتشجعها وتدعمها، أو السلوكيات السلبية التي تضر بالقيم فتنتقدها وتعاديها.

2: الجاذبية: فمن خلال ما تتمتع به وسائل الإعلام من جاذبية في تنوع أساليب العرض، فإنه يمكن غرس القيم المرغوبة، وذلك من خلال القصص والمجلات الشيقة التي دورموضوعاتها حول الأخلاق وأهميتها للفرد والمجتمع والدولة،... وكذلك من خلال عرض البرامج التي تتضمن العديد من القيم المرغوبة.

3: الدعوة إلى المشاركة الفعلية: حيث يلجأ موجهو بعض وسائل الإعلام إلى دعوة أفراد الجمهور إلى المشاركة الفعلية بالكتابة أو الرسم، أو إبداء الرأي او التعبير بالرسم في الموضوعات ذات العلاقة بالأخلاق، ويتم تشجيع الأفراد على ذلك بمنحهم المكافآت والجوائز.

4: عرض النماذج التي تمارس الأنشطة: وقدتكون هذه النماذج لأبطال تاريخيين، يمثلون قيما معينة يريد موجه الوسيلة الإعلامية غرسها أو تنميتها، وقدتكون هذه النماذج أطفالا، أو غيرها.

**وحتى تكون وسائل الإعلام أداة تربوية تسهم في بناء القيم الإسلامية وتأصيلها فيجب مراعاة ما يلي:**

1: أن تنبثق رسالتها من تصور إسلامي خالص، وبطريقة متكاملة مع بقية الوسائد الأخرى، حتى تتضافر الجهود في سبيل تقديم القيم الإسلامية الخالصة.

---

(1) سيد عثمان : علم النفس الاجتماعي التربوي : التطبيع الاجتماعي، المسايرة والمغايرة، مكتبة الأنجلو المصرية، القاهرة 1423هـ -2002م ص(88-89).

2: أن تستخدم الحكمة في مخاطبة الناس، فتأتيهم من جانب اهتماماتهم وآلامهم اليومية مع انتقاء الكلمة الطيبة التي تفتح أقفال القلوب والعقول.

3: أن تركز على برامج المرأة المسلمة، وتقدم لها كافة ما يهمها، وبصورة تتمكن معها المرأة المسلمة من الاستفادة من هذه البرامج، ذلك لأن المرأة هي أخطر عامل مؤثر في تنمية القيم لدى الأطفال[1].

4: أن يختار رجل الاعلام اختيارا حسنا؛ فيختار الملتزم بالقيم الإسلامية، الذي يكون قدوة أمام أبنائنا فيؤثر فيهم بكلماته وأفعاله،(فمن الحقائق التي لا تقبل الجدل والمناقشة أن درهما من السلوك خير من قناطير الوعظ الجميل،وأن فاقد الشئ لا يعطيه، وأن العمل إذا ناقض القول فكان سلوك المرء في ناحية، وكلامه في ناحية أخرى، تضل الكلمات طريقها إلى القلوب وترتد إلى صاحبها مذعورة خائفة، لا تحقق نفعا، ولا تجدي فتيلا)[2].

5: أن تتعاون وسائل الإعلام فيما بينها وبين العوامل والوسائط التربوية والاجتماعية الأخرى، النظامية منها وغير النظامية، بما يضمن تقديم القيم الإسلامية، ومن خلال هذا التعاون والتنسيق والتكامل تتدعم القيم الإسلامية داخل المجتمع، ويرقى الإعلام إلى مستوى القيم وإبرازها لأداء دورها الحضاري[3].

6: أن يجعل الإعلام الإسلامي نصب عينيه القواعد الأساسية في مخاطبة المشاهدين والمستمعين؛ فيخاطب الشاب بلغته، ويعرض قضاياه ومشكلاته، ويخاطب الفتاة المسلمة ويتعرف على مشكلاتها واهتمامها، ويخاطب الطفل المسلم، ولا

---

(1) ماجد الجلاد : تعلم القيم وتعليمها ص(65).

(2) محمد إبراهيم نصر :الإعلام وأثره في نشر القيم الإسلامية وحمايتها -دار اللواء للنشر والتوزيع ، الرياض ، ط1398،1هـ -1978م)ص(37).

(3) محمد منير حجاب: الإعلام الإسلامي : المبادئ ، النظرية ، التطبيق -دار الفجر للنشر والتوزيع، القاهرة ط1، 2002 ص(25).

يغفل المرأة ولا الرجل الطاعن في السن[1].. وبذلك يقبل الناس على وسائل الإعلام وتكون عامل بناء للقيم.

7: أن تتوفر في الوسيلة الإعلامية ـ سواء كانت مقروءة أو مسموعة ـ أساليب التشويق والجذب حتى يقبل الناس عليها وتمتلك قلوبهم ويحرصوا على اقتنائها أو مشاهدتها.

8: أن تخضع وسائل الإعلام لتخطيط وتنظيم شامل ومتكامل لإيصال قيم الإسلام للناس كافة بأسلوب جميل مقنع، وبكافة الأساليب الممكنة، ولابد أن يكون هذا التخطيط على أساس دراسة الواقع، وفهمه واستيعابه بشكل جيد، ومن ثم تتحدد الأهداف التي تنشدها وسائل الإعلام في هذا المجال[2].

9: الانتباه إلى برامج الأطفال المستوردة من دول غير إسلامية وفحصها جيدا وما تتضمنه من قيم قبل عرضها على الأطفال.

10: التبصير بالغزو الفكري الذي يندس إلى عاداتنا وتقاليدنا، وينساب في أفكار شبابنا، ويبلبل عقائدنا، ويشوه فكرنا الإسلامي. وكذلك يجب التبصير بالتسلسل الماسوني الذي يهدف إلى تحلل الناس من قيمهم ومبادئهم، ظاهره براق محبب وباطنه من قبله العذاب.. وليست أندية الروتاري المنتشرة فيكثير من بلدان العالم الإسلامي إلا بقية من هذه الماسونية وشكلا آخر لها[3].

يتضح لنا مما سبق أن وسائل الإعلام يمكن أن تقوم بدور كبير في بناء وتنمية القيم الإسلامية إذا استخدمت استخداما تربويا، ووضعت لها الأهداف والخطط، واستشعر كل مسؤول فيها أنه محاسب أمام الله تعالى عن كل ما يبث، إن كان خيرا فهو

---

(1) محمد إبراهيم نصر: الإعلام وأثره في نشر القيم الإسلامية وحمايتها ،ص(27).
(2) علي أبو العينين : القيم الإسلامة والتربية ص (181).
(3) انظر: محمد إبراهيم نصر :الإعلام وأثره في نشر القيم الإسلامية وحمايتها ـ ص(29-30).

خير له ولغيره يثيبه اللـه تعالى عليه، وإن كان شرا فهو شر عليه وعلى غيره يحاسب عليه أمام اللـه تعالى يوم القيامة.

كما يدعو الباحث كل أب وأم ومعلم ومعلمة وكل من يعنى بتربية الأجيال إلى استشعار المسؤولية والتنبه لخطط الأعداء، والعمل على الحفاظ على القيم الإسلامية لدى البنين والبنات حتى يصبح المجتمع الإسلامي مجتمع طهر ونقاء، تسوده الأخلاق والقيم الفاضلة.

الخلاصة:وبعد أن استعرضنا المحاضن التربوية التي تعنى بتربية وتنشئة الفرد على القيم الإسلامية ودور كل محضن من هذه المخاضن، والتوصيات التي بتطبيقها يستطيع كل محضن تربوي أن يقوم بدوره على الوجه المطلوب، يود الباحث أن يشير إلى عدة نقاط مهمة:

1: لابد من تلاحم وتعاون هذه المؤسسات بعضها مع بعض في القيام برسالتها في بناء وتنيمة القيم، وذلك لأن عدم التعاون والتنسيق فيما بينها يفقدها قوتها في التأثير على الفرد، كما أن عدم تعاونها قد يؤدي إلى هدم ما يقوم به المحضن الآخر. وكما قال الشاعر:

**متى يبلغ البنيان يوما تمامه** **إذا كنت تبني وغيرك** يهدم.

2: لابد من استشعار مسؤولية التربية من جميع من يقوم بالتربية في هذه المحاضن.

3: إن أكثر ما يقضي فيه الطالب وقته هو البيت والمدرسة لذا وجب إيجاد البرامج التي تعمل على توثيق وتعميق الصلة بين البيت والمدرسة فيما يعود على الطالب بالنفع والفائدة.

4: أن تقوم وسائل الإعلام بإبراز دور كل محضن من هذه المحاضن في بناء وتنمية القيم بحيث تكون هذه الأدوار واضحة المعالم أمام المربين.

5: تنقية المحاضن التربوية من الشوائب وجعلها مكانا صالحا يتغذى فيه النشء بالغذاء الفكري والديني والاجتماعي والعاطفي؛لتغرس بذلك الفضائل والقيم والأخلاق القويمة في نفوس أبنائها[1].

---

(1)    وضحة السويدي: تنمية القيم الخاصة بمادة التربية الإسلامية لدى تلميذات المرحلة الإعدادية بدولة قطر ص(89).

# الفصل التاسع

# الدراسة الميدانية

- المبحث الأول: إجراءات الدراسة

- المبحث الثاني: نتائج الدراسة

- المبحث الثالث: توصيات الدراسة

450

# الفصل التاسع

## الدراسة الميدانية

## المبحث الأول

### إجراءات الدراسة

في هذا المبحث سوف يتم توضيح إجراءات البحث، وهي تشمل: منهج البحث،ومجتمعه، وعينته، وأداته، والأساليب الإحصائية المستخدمة للإجابة عن أسئلة البحث، وتحقيق أهدافه.

أولا: منهج البحث:

للإجابة على أسئلة البحث، وتحقيق أهدافه استخدم الباحث منهج البحث الوصفي المسحي التحليلي نظرا لأهميته في معرفة الحقائق التفصيلية عن واقع الظاهرة المدروسة،مما يمكن الباحث من تقديم الوصف الشامل، والتشخيص الدقيق لذلك الواقع.

والباحث يتبع هذا المنهج باعتباره المنهج العلمي الذي يتلاءم مع طبيعة البحث، حيث يستهدف الكشف عن العلاقة بين التحصيل الدراسي والقيم الإسلامية التربوية باستخدام المسح لجمع البيانات، مع تحليل المعلومات للتوصل إلى استنتاجات تُبنى عليها، وهذا المنهج يحقق ذلك بجمعه بين وصف الواقع وفهمه وتطويره .

ثانيا: عينة البحث:

تكونت عينة الدراسة طلاب مدارس ثانوية أهلية وحكومية بمنطقة الرياض، وقد بلغ عدد العينة 500 طالبا من طلاب القسم الثانوي، من الصف الأول والثاني والثالث الثانوي، تم اختبارهم بشكل عشوائي، وكان متوسط أعمارهم 17 سنة.

والجدول الآتي رقم (1) يوضح أعداد أفراد العينة:

| النسبة | العدد | الصف | م |
|---|---|---|---|
| 34% | 170 | الأول الثانوي | 1 |
| 32% | 160 | الثاني الثانوي | 2 |
| 34% | 170 | الثالث الثانوي | 3 |

شكل رقم (1) يوضح أعداد أفراد العينة

يلاحظ من الشكل السابق تقارب نسبة أعداد أفراد عينة البحث مما يعزز الأثر الإيجابي لهذه الدراسة..

ثالثا: أداة البحث:

قام الباحث باستخدام (الاستبانة) أداة لتقدير الكشف عـن العلاقـة بـين التحصيل الـدراسي والقيم الإسلامية التربوية، ومرت الاستبانة بالمراحل التالية:

1. **بناء الاستبانة:** بعد أن حددت مشكلة الدراسة،وأهدافها،وأسئلتها،بدأ تصميم الاستبانة:

بعد مراجعة بعض المراجع، وخبرة الباحث بما يتعلق في موضوع

الدراسة قام الباحث بتصميم الاستبانة، وأصبحت تتكون من خمسة أقسام:

1. البيانات الأولية لأفراد العينة (متغيرات الدراسة)

2. المحور الأول: القيم التي ينبغي أن يلتزم بها الطالب مع نفسه.

3. المحور الثاني: القيم التي ينبغي أن يلتزم بها الطالب نحو معلمه.

4. المحور الثالث: القيم التي ينبغي أن يلتزم بها الطالب نحو زملائه.

5. المحور الرابع: القيم التي ينبغي أن يلتزم بها الطالب نحو المؤسسات التعليمية.

جدول رقم ( 2 ) محاور الاستبانة

| النسبة الى إجمالي الفقرات | عدد الفقرات | المحاور |
|---|---|---|
| 29% | 12 | القيم التي ينبغي أن يلتزم بها الطالب مع نفسه. |
| 26% | 11 | القيم التي ينبغي أن يلتزم بها الطالب نحو معلمه. |
| 33% | 14 | القيم التي ينبغي أن يلتزم بها الطالب نحو زملائه. |
| 12% | 5 | القيم التي ينبغي أن يلتزم بها الطالب نحو المؤسسات التعليمية. |
| 100% | 42 | المجموع |

وفي الجزء الأول من الاستبانة وضعت بعض الأسئلة للدلالة على البيانات الشخصية،

وللإجابة على فقرات الاستبانة لموضوع الكشف عن العلاقة بين التحصيل

453

الدراسي والقيم الإسلامية التربوية، وضعت ثلاث خيارات هي: دائما (3) درجات، غالبا وتأخذ (2) درجات، نادرا وتأخذ (1) درجة واحدة.

وبناء على هذا المعيار أُعطي كل خيار وزنا متدرجا حسب متوسطه الحسابي، يتدرج وفق التصنيف التالي: نادرا تتراوح بين (1-1.6)، غالبا تتراوح بين (1.7-2.3)، دائما تتراوح بين (2.4-3.00).

**2. قياس صدق الاستبانة:**

بعد مراجعة الاستبانة لغويا وفنيا، تم التحقيق من صدقها بطريقتين، هما:

**أولا: الصدق الظاهري:**

أعتمد الباحث على الصدق الظاهري، حيث تم عرض الاستبانة على مجموعة من المتخصصين، وذلك للتأكد من صدقها ومناسبتها للغرض الذي صممت من أجله، من حيث الملائمة، والوضوح، والتنظيم، وارتباط كل محور من محاور الاستبانة بالعبارات التي وضعت له، وفي ضوء ما أبداه المحكمون من آراء، تم تعديل بعض العبارات، وإعادة صياغة عبارات أخرى، مما ساعد على زيادة تمثيل المجال الذي يقيسه، وخرجت الاستبانة بصورتها النهائية.

**ثانيا: صدق الاتساق الداخلي:**

قام الباحث بحساب معامل الارتباط (بيرسون) بين كل عبارة من عبارات الأداة والدرجة الكلية لجميع العبارات، للتأكد من صدق الاستبانة، وأنها تقيس ما صممت لقياسه، كما هو موجود في الجدول رقم ( 3 ).

## جدول رقم ( 3 )

| المحور | رقم العبارة | معامل الارتباط | المحور | رقم العبارة | معامل الارتباط | المحور | رقم العبارة | معامل الارتباط | المحور | رقم العبارة | معامل الارتباط |
|---|---|---|---|---|---|---|---|---|---|---|---|
| القيم التي ينبغي أن يلتزم بها الطالب مع نفسه | 1 | 0.878** | القيم التي ينبغي أن يلتزم بها الطالب نحو معلمه. | 1. | 0.893** | القيم التي ينبغي أن يلتزم بها الطالب نحو زملائه. | 1. | 0.898** | القيم التي ينبغي أن يلتزم بها الطالب نحو المؤسسات التعليمية. | 1. | 0.917** |
| | 2 | 0.929** | | 2. | 0.923** | | 2. | 0.838** | | 2. | 0.796** |
| | 3 | 0.892** | | 3. | 0.863** | | 3. | 0.904** | | 3. | 0.903** |
| | 4 | 0.929** | | 4. | 0.912** | | 4. | 0.936** | | 4. | 0.837** |
| | 5 | 0.810** | | 5. | 0.882** | | 5. | 0.915** | | 5. | 0.883** |
| | 6 | 0.698** | | 6. | 0.861** | | 6. | 0.933** | | 6. | 0.910** |
| | 7 | 0.891** | | 7. | 0.906** | | 7. | 0.904** | | 7. | 0.905** |
| | 8 | 0.701** | | 8. | 0.877** | | 8. | 0.918** | | 8. | 0.921** |
| | 9 | 0.897** | | 9. | 0.814** | | 9. | 0.849 | | 9. | 0.897** |
| | 10 | 0.773** | | 10. | 0.845** | | 10. | 0.935** | | 10. | 0.935** |
| | 11 | 0.862** | | 11. | 0.853** | | 11. | 0.903** | | | |
| | 12 | 0.910** | | 12. | 0.804** | | 12. | 0.933** | | | |
| | 13 | 0.871** | | 13. | 0.708** | | 13. | 0.897** | | | |

| | | | | | | | | | | | |
|---|---|---|---|---|---|---|---|---|---|---|---|
| | 14 | **0.923 | | 14. | **0.921 | | 14. | **0.934 | | | |
| | 15 | **0.849 | | 15. | **0.750 | | 15. | **0.904 | | | |
| | 16 | **0.791 | | 16. | **0.931 | | 16. | **0.934 | | | |
| | 17 | **0.667 | | 17. | **0.899 | | 17. | **0.903 | | | |
| | 18 | **0.875 | | 18. | **0.918 | | 18. | **0.927 | | | |
| | 19 | **0.863 | | 19. | **0.901 | | 19. | **0.921 | | | |
| | 20 | **0.777 | | 20. | **0.929 | | 20. | **0.926 | | | |
| | 21 | **0.902 | | 21. | **0.787 | | 21. | **0.905 | | | |
| | 22 | **0.923 | | 22. | **0.929 | | 22. | **0.930 | | | |
| | 23 | **0.865 | | | | | 23. | **0.902 | | | |
| | 24 | **0.934 | | | | | 24. | **0.921 | | | |
| | | | | | | | 25. | **0.901 | | | |
| | | | | | | | 26. | **0.937 | | | |
| | | | | | | | 27. | **0.906 | | | |
| | | | | | | | 28. | **0.899 | | | |

معامل ارتباط (بيرسون) بين درجة كل عبارة والدرجة الكلية

يتضح من الجدول رقم (3) أن نتائج حساب معامل ارتباط كـل عبـارة مـع الدرجـة الكليـة للمجال الذي تنتمي إليه كانت دالة وعالية إحصائيا عند مستوى الدلالة أقل مـن (0.01)، وهـذا يدل على ان الاستبانة تتمتع بقدر كبير من الاتساق الـداخلي في قيـاس الكشـف عـن العلاقـة بـين التحصيل الدراسي والقيم الإسلامية التربوية.

**3: قياس ثبات الاستبانة:**

تم حساب ثبات الأداة عن طريـق اسـتخدام (ألفـا كرونبـاخ) لكـل مجـال، وللمقيـاس كلـه، ويوضح الجدول رقم (4) قيم الثبات على النحو التالي:

جدول رقم (4) معامل الثبات (ألفا كرونباخ) لمحاور الاستبانة والمجموع الكلي للمحاور الثلاثة

| قيمة معامل الثبات | اسم المحور |
|---|---|
| 0.98 | القيم التي ينبغي أن يلتزم بها الطالب مع نفسه. |
| 0.99 | القيم التي ينبغي أن يلتزم بها الطالب نحو معلمه. |
| 0.99 | القيم التي ينبغي أن يلتزم بها الطالب نحو زملائه. |
| 0.97 | القيم التي ينبغي أن يلتزم بها الطالب نحو المؤسسات التعليمية. |
| 0.99 | الإجمالي |

ويتضح من الجدول رقم (4) أن قيم معامل الثبات عالية، مما يدل علـى صـلاحية الاسـتبانة للتطبيق، والثقة بنتائجها. حيث كانت قيمة معامل الثبات (ألفـا كرونبـاخ) للمحـور الأول (القيم التي ينبغي أن يلتزم بها الطالب مع نفسه) هو 0.98، أما المحور الثاني (القيم التي ينبغي أن يلتزم بها الطالب نحو معلمه) فكان (0.99)، في حين كان

معامل الثبات للمحور الثالث (القيم التي ينبغي أن يلتزم بها الطالب نحو زملائه) فكانت قيمته (0.99)، في حين كان معامل الثبات للمحور الرابع (القيم التي ينبغي أن يلتزم بها الطالب نحو المؤسسات التعليمية) فكانت قيمته (0.97)،أما القيمة الإجمالية للمحاور الأربعة أو معامل الثبات للمقياس ككل فكانت عالية جدا تكاد تصل الى الواحد الصحيح (0.99) وهي قيمة عالية جدا مما يثبت مدى قوة وثبات المقياس.

وبعد التحقق من صدق الاستبانة وثباتها فقد أصبحت جاهزة للتطبيق، وفبما يلي الصورة النهائية لاستبانة التحصيل الدراسي وعلاقته بالقيم الإسلامية التربوية.

جدول رقم (5)

| م | اسم المحور | عدد البنود |
|---|---|---|
| 1 | القيم التي ينبغي أن يلتزم بها الطالب مع نفسه | 12 |
| 2 | القيم التي ينبغي أن يلتزم بها الطالب نحو معلمه | 11 |
| 3 | القيم التي ينبغي أن يلتزم بها الطالب نحو زملائه | 14 |
| 4 | القيم التي ينبغي أن يلتزم بها الطالب نحو المؤسسات التعليمية | 5 |
| | الإجمالي | 42 |

# المبحث الثاني

## نتائج الدراسة

هدفت الدراسة الحالية إلى التعرف على العلاقة بين التحصيل الدراسي والقيم الإسلامية التربوية،و يعرض الباحث النتائج ويناقشها ويفسرها في ضوء فروض البحث التي تم تحديدها مسبقا وحسب ترتيبها على النحو التالي:

**1:الفرض الأول: توجد علاقة ارتباطية موجبة بين التحصيل الدراسي و القيم التربوية الإسلامية في المحور الأول: القيم التي ينبغي أن يلتزم بها الطالب مع نفسه.**

للتحقق من صحة هذا الفرض استخدم الباحث التكرارات، والنسب المئوية، والمتوسطات الحسابية، والانحرافات المعيارية، وعقد مقارنة بين متوسطات القيم لدى الطلاب المتفوقين والمتأخرين دراسيا في المحور الأول (القيم التي ينبغي أن يلتزم بها الطالب مع نفسه).

أولا: المحور الأول: القيم التي ينبغي أن يلتزم بها الطالب مع نفسه:

التكرارات والنسب المئوية والمتوسطات والانحراف المعياري لعبارات المحور الأول: القيم التي ينبغي أن يلتزم بها الطالب مع نفسه

(جدول رقم 6)

| العبارة | | الطلاب المتفوقين | | | المتوسط | الانحراف | الترتيب | الطلاب المتأخرون دراسيا | | | المتوسط | الانحراف | الترتيب |
|---|---|---|---|---|---|---|---|---|---|---|---|---|---|
| | | دائما | غالبا | نادرا | | | | دائما | غالبا | نادرا | | | |
| 1.خشية اللـه | ك | 207 | 252 | 41 | 2.33 | 0.62 | 10. | 74 | 225 | 201 | 1.76 | 0.74 | .4 |
| | % | 41.4 | 50.4 | 8.2 | | | | 14.8 | 45 | 40.2 | | | |
| 2. طهارة القلب | ك | 178 | 232 | 90 | 2.18 | 0.71 | 12. | 73 | 216 | 211 | 1.72 | 0.70 | .5 |
| | % | 35.6 | 46.4 | 18 | | | | 14.6 | 43.2 | 42.2 | | | |
| 3. الصبر | ك | 345 | 134 | 21 | 2.64 | 0.56 | 2. | 13 | 115 | 372 | 1.28 | 0.51 | .12 |
| | % | 69 | 26.8 | 4.2 | | | | 2.6 | 23 | 74.4 | | | |
| 4. استغلال الوقت | ك | 298 | 169 | 33 | 2.53 | 0.62 | 7. | 25 | 106 | 369 | 1.31 | 0.56 | .11 |
| | % | 59.6 | 33.8 | 6.6 | | | | 5 | 21.2 | 73.8 | | | |
| 5. تقدير العلم | ك | 292 | 173 | 35 | 2.51 | 0.63 | 8. | 36 | 134 | 330 | 1.41 | 0.62 | .10 |
| | % | 58.4 | 34.6 | 7 | | | | 7.2 | 26.8 | 66 | | | |

| | | | | | | | | | | | | | |
|---|---|---|---|---|---|---|---|---|---|---|---|---|---|
| 6. الصدق | ك | 187 | 275 | 38 | 2.29 | 0.60 | 11. | 74 | 259 | 167 | 1.81 | 0.67 | .2 |
| | % | 37.4 | 55 | 7.6 | | | | 14.8 | 51.8 | 33.4 | | | |
| 7. التوكل | ك | 314 | 158 | 28 | 2.57 | 0.59 | 4. | 165 | 188 | 147 | 2.04 | 0.79 | .1 |
| | % | 62.8 | 31.6 | 5.6 | | | | 33 | 37.6 | 29.4 | | | |
| 8. النظام والترتيب | ك | 326 | 156 | 18 | 2.62 | 0.56 | 3. | 34 | 148 | 318 | 1.43 | 0.62 | .9 |
| | % | 65.2 | 31.2 | 3.6 | | | | 6.8 | .629 | 63.6 | | | |
| 9. الطموح | ك | 403 | 82 | 15 | 2.78 | 0.48 | 1. | 64 | 173 | 263 | 1.60 | 0.70 | .7 |
| | % | 80.6 | 16.4 | 3 | | | | .812 | 34.6 | 52.6 | | | |
| 10. التخطيط | ك | 319 | 145 | 36 | 2.57 | 0.62 | 5. | 47 | 123 | 330 | 1.43 | 0.66 | .8 |
| | % | 63.8 | 29 | .27 | | | | .49 | 24.6 | 66 | | | |
| 11. تحمل المسؤولية | ك | 274 | 198 | 28 | 2.49 | 0.60 | 9. | 67 | 215 | 218 | 1.69 | 0.69 | .6 |
| | % | 54.8 | .639 | 5.6 | | | | .413 | 43 | 43.6 | | | |
| 12. التفاؤل | ك | 318 | 145 | 37 | 2.56 | 0.63 | 6. | 92 | 197 | 211 | 1.81 | 0.67 | .3 |
| | % | 63.6 | 29 | 7.4 | | | | .418 | 39.4 | 42.2 | | | |

شكل رقم (2) مقارنة متوسطات الطلبة المتفوقين والمتأخرين دراسيا وفقا لعبارات المحور الأول: القيم التي ينبغي أن يلتزم بها الطالب مع نفسه:

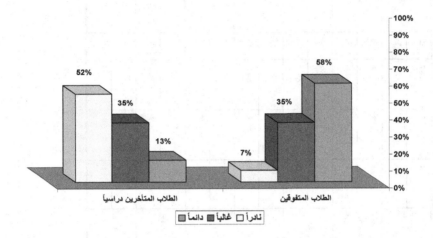

يتضح من الجدول رقم ( 6 ) ما يلي:

أولا: أن القيم التي ينبغي أن يلتزم بها الطالب مع نفسه تتراوح درجة متوسطاتها بين (2.78) و (2.18) لدى الطلبة المتفوقين دراسيا، فهي تدل على أنها قيم غالبا ما تكون، وتتراوح درجة متوسطات الطلبة المتأخرين دراسيا بين (2.04)، (1.28).

ومن خلال هذه المقارنة يتبين لدى الباحث ارتفاع متوسطات القيم لدى الطلاب المتفوقين مما يتضح منه وجود علاقة ارتباطية موجبة بين التحصيل الدراسي والقيم الإسلامية من خلال المحور الأول ؛ أي أنه كلما زاد التزام الطلاب بالقيم الإسلامية في المحور الأول (القيم التي ينبغي أن يلتزم بها الطالب مع نفسه) زاد تحصيلهم الدراسي، الأمر الذي يشير إلى أن تطبيق الطلاب للقيم يمثل جانبا مهما في رفع مستوى التحصيل الدراسي بوجه عام. وضمان انتفاعه بما تعلمه ومما يساعد على الرقي بالمستوى التحصيلي بوجه عام.

وتأتي هذه النتيجة مطابقة لما تناوله البحث في إطاره النظري وهو أن التحصيل الدراسي يرتكز على التزام الطلاب بالقيم التربوية الإسلامية التي تناوله البحث في

المحور الأول (القيم التي ينبغي أن يلتزم بها الطالب مع نفسه). وهذا ما أكد عليه العلماء المسلمون أن طالب العلم إذا لم يتحل بالأخلاق الفاضلة فإن قدرته على طلب العلم ستكون أقل، فضلا على خطورة استخدام العلم عندما يوضع في يد الشرار من البشر، وإذا استطاع طالب العلم تربية نفسه على القيم الإسلامية التربوية في تعامله مع الله وتعامله مع نفسه فإن ذلك سيكون له دور كبير في زيادة دافعيته إلى طلب العلم والاستزادة منه والبركة فيه.

ففي قيمة خشية الله تعالى وعلاقتها بالتحصيل العلم يقول ابن القيم رحمه الله: (فإذا انتفى العلم انتفت الخشية وإذا انتفت الخشية دلت على انتفاء العلم)[1].

وفي قيمة حسن استغلال الوقت يقول الإمام ابن القيم رحمه الله: (فجميع المصالح إنما تنشأ من الوقت فمتى أضاع الوقت لم يستدركه أبدا)[2]

وفي قيمة طهارة القلب يقول بدر الدين بن جماعة: (وإذا طيب القلب للعلم ظهرت بركته ونما، كالأرض إذا طيبت للزرع نما زرعها وزكا، وفي الحديث: ((إن في الجسد مضغة إذا صلحت صلح الجسد كله وإذا فسدت فسد كله ألا وهي القلب ))، وقال سهل: "حرام على قلب أن يدخله النور وفيه شيء مما يكره الله عز وجل"[3].

وفي قيمة الصبر على طلب العلم يقول الشيخ عبد الرحمن السعدي: وأما من ( ليس له قوة على الصبر على صحبة العالم والعلم، وحسن الثبات على ذلك، فإنه ليس بأهل لتلقي العلم، فمن لا صبر له لا يدرك العلم، ومن استعمل الصبر ولازمه أدرك به كل أمر سعى فيه)[4]

---

(1) محمد بن أبي بكر أيوب الزرعي أبو عبد الله : شفاء العليل في مسائل القضاء والقدر والحكمة والتعليل، تحقيق : محمد بدر الدين أبو فراس النعساني الحلبي، دار الفكر - بيروت ، 1398 هـ - 1978 م (172/1).
(2) ابن القيم الجوزية ، الجواب الكافي ص(184).
(3) بدر الدين ابن جماعة : تذكرة السامع والمتكلم في أدب العالم والمتعلم، (مرجع سابق) ص (168).
(4) عبد الرحمن السعدي: تيسير الكريم الرحمن في تفسير كلام المنان ص (68).

وفي قيمة إدراك أهمية العلم يقول أبو هلال العسكري: (من عـرف العلـم وفضـله لم يقـض نهمته منه، ولم يشبع من جمعه طول عمره)[1].

إلى غير ذلك من القيم التي تناولها الباحث في الإطار النظري للبحـث والتـي تـرتبط ارتباطا وثيقا بالعلاقة بين التحصيل الدراسي والقيم الإسلامية التربوية.

وتتفق هذه النتيجة مع ما توصلت إليه العديد من الدراسات منها:

1: دراسة:إبراهيم عبد الخالق رؤوف1978م[2]. والتـي كانت بعنوان:العلاقـة بـين بعـض المتغيرات النفسية والتحصيل الدراسي في المرحلة الثانوية. حيث توصلت إلى وجود علاقـة إيجابيـة مرتفعة ذات دلالة إحصائية بين مستوى الطموح والتحصيل المرتفع.

كما توصلت إلى وجود علاقة إيجابية منخفضة ذات دلالة إحصائية بين تحصيل الطلاب ذوي التحصيل المنخفض ومستوى طموحهم .

2: دراسة : محمد فرج الصالحي1982م[3]. التي كانت بعنوان:العلاقـة بـين متغيرات مسـتوى الطموح والتحصيل والمستوى الاقتصادي الاجتماعي عنـد طلبـة المرحلـة الثانويـة في الأردن.والتي هدفت إلى: التعرف على العلاقة بين مستوى الطموح والتحصيل والمستوى الاقتصادي والاجتماعي عند الطلاب.

حيث توصلت إلى :وجود علاقة إيجابية ذات دلالة إحصائية بين مستوى الطموح والتحصيل الدراسي لدى الطالبات.

---

(1) أبوهلال العسكري : الحث على طلب العلم والاجتهاد في جمعـه ، تحقيـق مـروان قبـاني ، المكتـب الإسلامي، بيروت 1406هـ ص(95).

(2) إبراهيم عبد الخالق رؤوف:العلاقة بين بعض المتغيرات النفسية والتحصيل الدراسي في المرحلة الثانوي.. رسالة ماجستير غير منشورة ، كلية التربية جامعة بغداد، 1978م.

(3) محمد فرج الصالحي: العلاقة بين متغيرات مستوى الطموح والتحصيل والمستوى الاقتصادي الاجتماعي عنـد طلبة المرحلة الثانوية في الأردن.، رسالة ماجستير غير منشورة، كلية التربية ، الجامعة الأردنية ، 1982م .

3: دراسة الدسوقي 1984م [1] والتي كانت بعنوان: العلاقة بـين الحاجـات النفسـية والتحصيل الدراسي لدى طلاب الجامعة. حيث توصلت عـلى وجـود علاقة ذات دلالة إحصائية موجبـة بـين (الحاجة إلى التحصيل ـ التحمل) والتحصيل الدراسي.

4: كما تتفق هذه النتيجة مع ما توصلت إليه سامية بـن لادن. 1989م [2] في دراسـتها: العلاقـة بين التحصيل الـدراسي وبعـض سـمات الشخصـية لـدى طالبـات الصـف الثاني الثانوي في مدينـة الرياض، حيث توصلت إلى وجود ارتباط موجب بين التحصيل الدراسي ومستوى الطموح.

**2: الفـرض الثـاني: توجـد علاقـة ارتباطيـة موجبـة بـين التحصيل الـدراسي والقيم التربويـة الإسلامية في المحور الثاني : القيم التي ينبغي أن يلتزم بها الطالب مع معلمه.**

للتحقق من صحة هذا الفرض استخدم الباحث التكرارات، والنسـب المئويـة، والمتوسـطات الحسابية، والانحرافات المعيارية، وعقـد مقارنـة بـين متوسـطات القيم لـدى الطـلاب المتفوقين والمتأخرين دراسيا في المحور الثاني (القيم التي ينبغي أن يلتزم بها الطالب مع معلمه).

---

(1) محمد أحمد الدسوقي: العلاقة بين الحاجات النفسية والتحصيل الدراسي لدى طلاب الجامعة ، رسالة التربية ، العدد الثالث ص(165).

(2) سامية محمد عوض بن لادن، العلاقة بين التحصيل الدراسي وبعض سـمات الشخصية لـدى طالبـات الصـف الثاني الثانوي في مدينة الرياض ، بحث مقدم كمتطلب جزئي للحصول على درجة الماجستير في علم النفس، كلية التربية للبنات بالرياض. 1410هـ ـ 1989م.

ثانيا: المحور الثاني: القيم التي يلتزم بها الطالب مع معلمه

جدول رقم ( 7 )

التكرارات والنسب المئوية والمتوسطات والانحراف المعياري لعبارات المحور الثاني: القيم التي يلتزم بها الطالب مع معلمه

| العبارة | | الطلاب المتفوقين | | | المتوسط | الانحراف | الترتيب | الطلاب المتأخرون دراسيا | | | المتوسط | الانحراف | الترتيب |
|---|---|---|---|---|---|---|---|---|---|---|---|---|---|
| | | دائما | غالبا | نادرا | | | | دائما | غالبا | نادرا | | | |
| 1. التواضع للمعلم | ك | 295 | 178 | 27 | 2.54 | 0.59 | 7. | 65 | 222 | 213 | 1.70 | 0.69 | 6. |
| | % | 59 | 35.6 | 94.6 | | | | 13 | 44.4 | 42.6 | | | |
| 2. توقير المعلم | ك | 319 | 143 | 38 | 2.56 | 0.63 | 6. | 69 | 198 | 233 | 1.67 | 0.71 | 7. |
| | % | 63.8 | 28.6 | 7.6 | | | | 13.8 | 39.6 | 46.6 | | | |
| 3. الاعتراف بفضل المعلم | ك | 305 | 148 | 47 | 2.52 | 0.66 | 8. | 72 | 150 | 278 | 1.59 | 0.73 | 9. |
| | % | 61 | 29.6 | 9.4 | | | | 14.4 | 30 | 55.6 | | | |
| 4. الاعتذار عند الخطأ | ك | 271 | 157 | 72 | 2.93 | 0.61 | 11. | 59 | 182 | 259 | 1.60 | 0.69 | 8. |
| | % | 54.2 | 31.4 | 14.4 | | | | 11.8 | 36.4 | 51.8 | | | |

| | | | | | | | | | | | | | |
|---|---|---|---|---|---|---|---|---|---|---|---|---|---|
| 5. استشارة المعلم | ك | 344 | 117 | 39 | 2.61 | 0.63 | 4. | 46 | 173 | 281 | 1.53 | 0.66 | .10 |
| | % | 68.8 | 23.4 | 7.8 | | | | 9.2 | 34.6 | 56.2 | | | |
| 6. الانضباط | ك | 324 | 152 | 24 | 2.60 | 0.50 | 5. | 30 | 162 | 308 | 1.44 | 0.60 | .11 |
| | % | 64.8 | 30.4 | 4.8 | | | | 6 | 32.4 | 61.6 | | | |
| 7. استئذان المعلم | ك | 387 | 99 | 14 | 2.75 | 0.49 | 1. | 137 | 209 | 154 | 1.97 | 0.76 | .1 |
| | % | 77.4 | 19.8 | 2.8 | | | | 27.4 | 41.8 | 30.8 | | | |
| 8. حسن السؤال | ك | 371 | 110 | 19 | 2.70 | 0.53 | 2. | 77 | 215 | 208 | 1.75 | 0.69 | .5 |
| | % | 74.2 | 22 | .83 | | | | 15.4 | 43 | 41.6 | | | |
| 9. الوفاء بالوعد | ك | 276 | 202 | 22 | 2.51 | 0.58 | 9. | 77 | 249 | 174 | 1.81 | 0.68 | .2 |
| | % | .255 | 40.4 | 4.4 | | | | 15.4 | 49.8 | .834 | | | |
| 10. الحلم واللين | ك | 285 | 183 | 32 | 2.51 | 0.61 | 10. | 73 | 227 | 200 | 1.75 | 0.69 | .4 |
| | % | 57 | 36.8 | 6.2 | | | | .614 | 45.4 | 40 | | | |
| 11. طاعة المعلم | ك | 356 | 117 | 27 | 2.66 | 0.58 | 3. | 86 | 228 | 186 | 1.80 | 0.71 | .3 |
| | % | 71.2 | 23.2 | 5.4 | | | | 17.2 | 45.6 | .237 | | | |

شكل رقم (3 )

مقارنة متوسطات الطلبة المتفوقين والمتأخرين دراسيا وفقا لعبارات المحور الثاني: القيم التي يلتزم بها الطالب مع معلمه

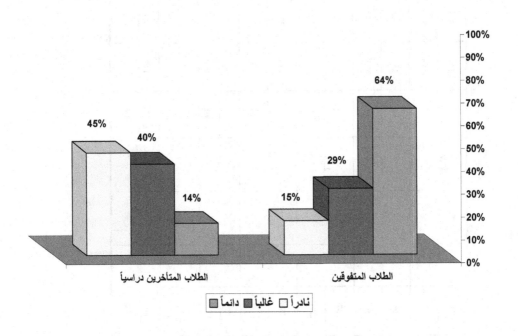

يتضح من الجدول رقم (7) ما يلي:

أولا: أن القيـم التـي ينبغـي أن القـيم التـي يلتـزم بهـا الطالـب مـع معلمـه تـتراوح درجـة متوسطاتها بين (2.75) و (2.39) لدى الطلبة المتفوقين دراسيا، فهـي تـدل عـلى أنهـا قـيم غالبـا مـا تكون، وتتراوح درجة متوسطات الطلبة المتأخرين دراسيا بين (1.97)، (1.44).

ومن خلال هذه المقارنة يتبين لدى الباحث ارتفاع متوسطات القيم لدى

الطلاب المتفوقين مما يدل على وجود علاقة ارتباطية موجبة بين التحصيل الدراسي والقيم الإسلامية من خلال المحور الثاني؛ أي أنه كلما ازداد التزام الطلاب بالقيم الإسلامية في المحور الثاني (القيم التي ينبغي أن يلتزم بها الطالب مع معلمه) ازداد تحصيلهم الدراسي، الأمر الذي يشير إلى أن تطبيق الطلاب للقيم يمثل جانبا مهما في رفع التحصيل الدراسي بوجه عام. وضمان انتفاعه بما تعلمه،.وتأتي هذه النتيجة مطابقة لما تناوله البحث في إطاره النظري أن التحصيل الدراسي يرتكز على التزام الطلاب بالقيم التربوية الإسلامية التي تناوله البحث في المحور الثاني (القيم التي ينبغي أن يلتزم بها الطالب مع معلمه).

وهذا ما أكد عليه المربون وأوصوا طلبة العلم بالقيم التي ينبغي أن يلتزموا بها تجاه معلميهم، ومن هذه القيم:

1: قيمة التواضع : حيث يقول النووي رحمه الله : (وينبغي له أن يتواضع للعلم والمعلِّم، فبتواضعه يناله، وقد أُمرنا بالتواضع مُطلقا فهنا أولى، وقد قالوا: العلم حرب للمتعالي كالسيل حرب للمكان العالي. وينقاد لمعلمه ويشاوره في أموره ويأتمر بأمره كما ينقاد المريض لطبيب حاذق ناصح، وهذا أَوْلى لتفاوت مرتبتهما)[1].

وقال الغزالي:(فلا يجتمع التعلم مع الكبر ولا ينال العلم إلا بالتواضع وإلقاء السمع)[2].

2:قيمة توقير المعلم:يقول الشافعي رحمه الله: وقال الشافعي رضي الله عنه: كنت أصفح الورقة بين يدي مالك صفحا رفيقا هيبة له لئلا يسمع وقعها[3].

(1) الامام أبو زكريا محي الدين بن شرف النووي: المجموع شرح المهذب، دار الفكر ص (1/35-36).
(2) بدر الدين ابن جماعة: تذكرة السامع والمتكلم في أدب العالم والمتعلم ، (مرجع سابق ) (188).
(3) بدر الدين ابن جماعة: تذكرة السامع والمتكلم في أدب العالم والمتعلم ، (مرجع سابق ) (190).

3: قيمة الانضباط: وكان عبد الرحمن بن مهدي لا يتحدث في مجلسه ولا يقوم أحد من مجلسه ولا يبرى فيه قلم [1].

وهذا ما يؤكد وجود علاقة ارتباطية موجبة بين التحصيل الدراسي وبين التزام الطالب بالقيم الإسلامية التربوية التي تكون بينه وبين معلمه.

وتتفق هذه النتيجة ومع ما توصلت إليه دراسة دراسة: الزهراني 1409م - 1988م[2]. التي كانت بعنوان علاقة مفهوم الذات ووجهة الضبط بالتحصيل الدراسي لطلاب الثانويات المطورة في المنطقة الغربية من المملكة العربية السعودية حيث توصلت إلى وجود: علاقة موجبة بين وجهة الضبط والتحصيل الدراسي ؛ مما يشير إلى أن التوجه الداخلي للضبط يرتبط بارتفاع مستوى التحصيل.

**3: الفرض الثالث: توجد علاقة ارتباطية موجبة بين التحصيل الدراسي والقيم التربوية الإسلامية في المحور الثالث : القيم التي ينبغي أن يلتزم بها الطالب مع زملائه.**

وللتحقق من صحة هذا الفرض استخدم الباحث التكرارات، والنسب المئوية، والمتوسطات الحسابية، والانحرافات المعيارية، وعقد مقارنة بين متوسطات القيم لدى الطلاب المتفوقين والمتأخرين دراسيا في المحور الثالث (القيم التي ينبغي أن يلتزم بها الطالب نحو زملائه).

---

(1) محمد بن أحمد بن عثمان بن قايماز الذهبي أبو عبد الل : ه تذكرة الحفاظ (331/1).

(2) انظر: محمد بن معجب الحامد: التحصيل الدراسي، دراساته، نظرياته، واقعه، والعوامل المؤثرة فيه. الدار الصولتية للتربية ص(89)

ثالثا: المحور الثالث: القيم التي ينبغي أن يلتزم بها الطالب نحو زملائه:

جدول رقم (8)

التكرارات والنسب المئوية والمتوسطات والانحراف المعياري لعبارات المحور الثالث: القيم التي ينبغي أن يلتزم بها الطالب نحو زملائه

| العبارة | | الطلاب المتفوقين | | | المتوسط | الانحراف | الترتيب | الطلاب المتأخرون دراسيا | | | المتوسط | الانحراف | الترتيب |
|---|---|---|---|---|---|---|---|---|---|---|---|---|---|
| | | دائما | غالبا | نادرا | | | | دائما | غالبا | نادرا | | | |
| 1. اختيار الصالحين | ك | 259 | 210 | 31 | 2.47 | 0.65 | 4. | 41 | 174 | 285 | 1.51 | 0.64 | 14. |
| | % | 51.8 | 42 | 6.2 | | | | 8.2 | 34.8 | 57 | | | |
| 2. التعاون | ك | 281 | 172 | 47 | 2.47 | 0.66 | 2. | 118 | 196 | 186 | 1.86 | 0.76 | 3. |
| | % | 56.2 | 34.4 | 9.4 | | | | 23.6 | 39 | 37.4 | | | |
| 3. الإيثار | ك | 141 | 214 | 145 | 1.99 | 0.76 | 14. | 113 | 171 | 216 | 1.79 | 0.79 | 10. |
| | % | 28.2 | 42.8 | 29 | | | | 22.6 | 34.2 | 43.2 | | | |
| 4. إفشاء السلام | ك | 279 | 167 | 54 | 2.45 | 0.68 | 5. | 169 | 194 | 137 | 2.06 | 0.78 | 1. |
| | % | 55.8 | 33.4 | 10.8 | | | | 33.8 | 38.8 | 27.4 | | | |

| | | | | | | | | | | | | | |
|---|---|---|---|---|---|---|---|---|---|---|---|---|---|
| 5. التسامح | ك | 262 | 191 | 47 | 2.23 | 0.60 | 11. | 103 | 207 | 190 | 1.83 | 0.75 | .7 |
| | % | 32.4 | 58.2 | 9.4 | | | | 20.6 | 41.4 | 30.8 | | | |
| 6. الاستشارة | ك | 258 | 183 | 59 | 2.39 | 0.69 | 8. | 87 | 212 | 201 | 1.77 | 0.72 | .11 |
| | % | 51.6 | 36.6 | 11.8 | | | | 17.4 | 42.4 | 40.2 | | | |
| 7. البذل والسخاء | ك | 182 | 224 | 94 | 2.18 | 0.72 | 12. | 103 | 212 | 185 | 1.84 | 0.74 | .6 |
| | % | 36.4 | 44.8 | 18.8 | | | | 20.6 | 42.4 | 37 | | | |
| 8. حسن الحوار | ك | 278 | 178 | 44 | 2.47 | 0.65 | 3. | 95 | 213 | 192 | 1.81 | 0.73 | .9 |
| | % | 55.6 | 35.6 | 8.8 | | | | 19 | 42.6 | 38.4 | | | |
| 9. الأمانة | ك | 280 | 188 | 32 | 2.49 | 0.62 | 1. | 102 | 226 | 172 | 1.86 | 0.73 | .4 |
| | % | 56 | 37.6 | .46 | | | | 20.4 | .245 | 34.4 | | | |
| 10. تقبل النقد | ك | 192 | 175 | 133 | 2.11 | 0.79 | 13. | 101 | 173 | 226 | 1.75 | 0.77 | .12 |
| | % | .438 | 35 | .626 | | | | 20.2 | 34.6 | 45.2 | | | |
| 11. المساعدة | ك | 267 | 176 | 57 | 2.42 | 0.69 | 6. | 129 | 200 | 171 | 1.92 | 0.77 | .2 |
| | % | .453 | 35.2 | .411 | | | | 25.8 | 40 | 34.2 | | | |
| 12. الحلم | ك | 255 | 191 | 54 | 2.40 | 0.68 | 7. | 92 | 239 | 169 | 1.85 | 0.71 | .5 |

| | | | | | | | | | | | | | |
|---|---|---|---|---|---|---|---|---|---|---|---|---|---|
| | % | 51 | 38.2 | 10.8 | | | | 18.4 | 47.8 | .833 | | | |
| 13. التواضع | ك | 221 | 202 | 77 | 2.29 | 0.72 | 10. | 113 | 182 | 205 | 1.82 | 0.78 | .8 |
| | % | 44.2 | 40.4 | .415 | | | | .622 | .436 | 41 | | | |
| 14. المساواة | ك | 237 | 178 | 85 | 2.30 | 0.74 | 9. | 95 | 156 | 249 | 1.69 | 0.77 | .13 |
| | % | .447 | 35.6 | 17 | | | | 19 | .231 | 49.8 | | | |

شكل رقم (4)

مقارنة متوسطات الطلبة المتفوقين والمتأخرين دراسيا وفقا لعبارات المحور الثالث: القيم

التي ينبغي أن يلتزم بها الطالب نحو زملائه

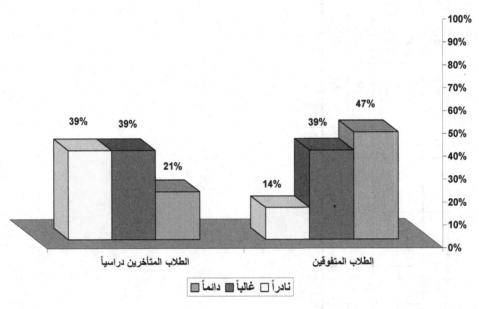

يتضح من الجدول رقم ( 8 ) ما يلي:

أولا: أن القيم التي ينبغي أن يلتزم بها الطالب مع زملائه تتراوح درجة متوسطاتها بين (2.49)

و (1.99) لدى الطلبة المتفوقين دراسيا، فهي تدل على أنها قيم غالبا ما تكون، وتتراوح درجة

متوسطات الطلبة المتأخرين دراسيا بين (2.06)، (0.64).

ومن خلال هذه المقارنة يتبين لدى الباحث ارتفاع متوسطات القيم لدى الطلاب المتفوقين

مما يتبين منه وجود علاقة ارتباطية موجبة بين التحصيل الدراسي والقيم الإسلامية من خلال

المحور الثالث؛ أي أنه كلما زاد التزام الطلاب بالقيم الإسلامية في المحور الثالث (القيم التي ينبغي

أن يلتزم بها الطالب مع زملائه) فكلما

474

زاد تحصيلهم الدراسي، الأمر الذي يشير إلى أن تطبيق الطلاب للقيم يمثل جانبا مهما في رفع التحصيل الدراسي بوجه عام. وضمان انتفاعه بما تعلمه.، وتأتي هـذه النتيجـة مطابقـة لمـا تناولـه البحث في إطاره النظري أن التحصيل الدراسي يرتكز على التزام الطلاب بالقيم التربوية الإسـلامية التي تناوله البحث في المحور الثالث (القيم التي ينبغي أن يلتزم بها الطالب مع زملائه).

حيث تبين ـ من خلال الإطار النظري ـ وجود علاقة بين التحصيل الدراسي والقيم التـي يلتـزم بها الطالب مع زملائه. ففي قيمة مصاحبة الصالحين يقول بدر الدين ابن جماعة:( أن يختار ... أصلحهم حالا وأكثرهم اشتغالا وأجودهم طبعا وأصونهم عرضا؛ ليكون معينـا لـه عـلى مـا هـو بصدده، ومن الأمثال الجار قبل الدار، والرفيق قبل الطريق، والطبـاع سراقـة، ومـن دأب الجـنس التشبه بجنسه)[1].

وينبغي أن يتوفر في الصاحب الجد وعلو والهمة في طلب العلم لأنـه سـيكون دافعـا قويـا للتأثر به والاجتهاد في الطلب، يقول الزرنوجي:( فينبغي أن يختار المجد الـورع وصـاحب الطبـع المستقيم والمتفهم ويفر من الكسلان والمعطل والمكثار والمفسد والفتان)[2].

وللنصيحة قيمة عظيمة إذا توفرت بين الطلاب، حيث تعمل على سرعة معالجة الأخطاء بـين الطلاب وإشاعة المحبة والمودة بينهم، ومساعدتهم على تنمية الجوانب الإيجابية فيما بينهم وإزالة جوانب الشحناء والبغضاء فيما بينهم. كما أنها تؤدي إلى ترسيخ العلم في قلوبهم.

و التعاون بين الزملاء يمحو من النفس البشرية ما فيهما مـن الأنانيـة وحـب الأثـرة والـذات والتنافس والصراع، ويعمل على تقوية أواصر المحبة والمودة بين الطلاب مما يسهل لهم تلقي العلـم وفهمه وتحصيل ما لم يحضره أحدهم.

---

(1) ابن جماعة: تذكرة السامع والمتكلم والعالم والمتعلم (مرجع سابق) (267)
(2) الزرنوجي: تعليم المتعلم في طريق التعلم ص(50).

وتعد قيمة إفشاء السلام من أهم القيم التربوية التي تشيع المحبة والمودة بين الزملاء مما يساعدهم على استذكار دروسهم دون مشكلات تنشأ بينهم

و تتفق هذه النتيجة مع دراسة : عيسى بن علي عيسى الزهراني 1418هـ -1997م[1]. التي كانت بعنوان:المسؤولية الاجتماعية وعلاقتها بالتوافق الدراسي والتحصيل الأكاديمي لدى عينة من طلاب جامعة الملك عبد العزيز بجدة. حيث توصلت الدراسة إلى وجود ارتباط موجب بين المسؤولية الاجتماعية والتحصيل الأكاديمي

**4:الفرض الرابع: توجد علاقة ارتباطية موجبة بين التحصيل الدراسي والقيم التربوية الإسلامية في المحور الرابع : القيم التي ينبغي أن يلتزم بها الطالب نحو المؤسسات التعليمية.**

للتحقق من صحة هذا الفرض استخدم الباحث التكرارات، والنسب المئوية، والمتوسطات الحسابية، والانحرافات المعيارية، وعقد مقارنة بين متوسطات القيم لدى الطلاب المتفوقين والمتأخرين دراسيا في المحور الرابع (القيم التي ينبغي أن يلتزم بها الطالب نحو مؤسساته التعليمية).

رايعا: المحور الرابع: القيم التي ينبغي أن يلتزم بها الطالب نحو المؤسسات التعليمية.

(1) عيسى بن علي عيسى الزهراني: المسؤولية الاجتماعية وعلاقتها بالتوافق الدراسي والتحصيل الأكاديمي لدى عينة من طلاب جامعة الملك عبد العزيز بجدة. بحث مكمل للماجستير ، جامعة أم القرى ، 1418هـ

جدول رقم (9)

التكرارات والنسب المئوية والمتوسطات والانحراف المعياري لعبارات المحور الرابع: القيم التي ينبغي أن يلتزم بها الطالب نحو المؤسسات التعليمية.

| العبارة | | الطلاب المتفوقين | | | المتوسط | الانحراف | الترتيب | الطلاب المتأخرون دراسيا | | | المتوسط | الانحراف | الترتيب |
|---|---|---|---|---|---|---|---|---|---|---|---|---|---|
| | | دائما | غالبا | نادرا | | | | دائما | غالبا | نادرا | | | |
| 1. النظافة | ك | 212 | 165 | 123 | 2.18 | 0.79 | 5. | 36 | 149 | 315 | 1.44 | 0.63 | .5 |
| | % | 42.4 | 33 | 24.6 | | | | 7.2 | 29.8 | 63 | | | |
| 2. المحافظة على الكتب | ك | 283 | 138 | 79 | 2.41 | 0.75 | 3. | 48 | 164 | 288 | 1.52 | 0.67 | .4 |
| | % | 56.6 | 27.6 | 15.8 | | | | 9.6 | 32.8 | 57.6 | | | |
| 3. عدم الكتابة على الجدران | ك | 303 | 114 | 83 | 2.44 | 0.76 | 2. | 72 | 192 | 236 | 1.67 | 0.71 | .3 |
| | % | 60.6 | 22.8 | 16.6 | | | | 14.4 | 38.4 | 47.2 | | | |
| 4. حسن استخدام الأبواب | ك | 279 | 142 | 79 | 2.40 | 0.75 | 4. | 75 | 199 | 226 | 1.69 | 0.72 | .2 |
| | % | 55.8 | 28.4 | 15.8 | | | | 15 | 39.8 | 45.2 | | | |
| 5. حسن التعامل مع وسائل التكييف | ك | 290 | 141 | 69 | 2.44 | 0.72 | 1. | 104 | 184 | 212 | 1.78 | 0.77 | .1 |
| | % | 58 | 28.2 | 13.8 | | | | 20.8 | 36.8 | 42.4 | | | |

شكل رقم (5)

مقارنة متوسطات الطلبة المتفوقين والمتأخرين دراسيا وفقا لعبارات المحور الرابع: القيم
التي ينبغي أن يلتزم بها الطالب نحو المؤسسات التعليمية

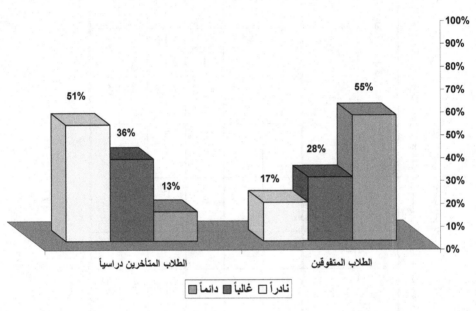

يتضح من الجدول رقم ( 8 ) ما يلي:

أولا: أن القيم التي ينبغـي أن يلتـزم بهـا الطالـب نحـو مؤسسـاته التعليميـة تـتراوح درجـة
متوسطاتها بين (2.18) و (2.44) لدى الطلبة المتفوقين دراسيا، فهي تـدل عـلى أنهـا قيـم غالبـا مـا
تكون، وتتراوح درجة متوسطات الطلبة المتأخرين دراسيا بين (1.44)، (1.78).

ومن خلال هذه المقارنة يتبين لدى الباحث ارتفاع متوسطات القيم لدى الطلاب المتفوقين
مما يتضح منه وجود علاقة ارتباطية موجبة بين التحصيل الدراسي

478

والقيم الإسلامية من خلال المحور الرابع ؛ أي أنه كلما زاد التزام الطلاب بـالقيم الإسـلامية في المحور الرابع (القيم التي ينبغي أن يلتزم بها الطالب نحو مؤسساته التعليمية) كلما زاد تحصيلهم الدراسي، الأمر الذي يشير إلى أن تطبيق الطلاب للقيم يمثل جانبا مهما في رفع التحصيل الـدراسي بوجه عام. وضمان انتفاعه بما تعلمه ومما يسـاعد علـى الرقي بالمسـتوى التحصيلي .وتـأتي هـذه النتيجة مطابقة لما تناوله البحث في إطاره النظري أن التحصيل الدراسي يرتكز على التزام الطلاب بالقيم التربوية الإسلامية التي تناوله البحث في المحور لرابـع (القـيم التي ينبغـي أن يلتزم بهـا الطالب نحو مؤسساته التعليمية). ويعزي الباحث هذه النتيجة إلى أن حسن التعامل مـع مرافـق المدرسة والحفاظ على مكتبة المدرسة وحسن الاستفادة من محتويات المكتبة ستوفر لطالب العلم ما يبحث عنه ويستفيد منه وينمي جوانب الثقافة والتحصيل عنده مما يؤدي إلى زيـادة تحصيله الدراسي ويعمل على توافقه النفسي داخل مؤسساته التعليمية والتربوية.

**5: الفرض الخامس: توجد فروق ذات دلالة إحصائية بين الطلاب المتفوقين والطلاب المتأخرين دراسيا (الضعاف) في المحور الأول: القيم التي ينبغي أن يلتزم بها الطالب مع نفسه. لصالح الطلاب المتفوقين.**

وللتحقق من صحة هذا الفرض استخدم الباحث ارتباط بيرسون كما في الجدول التالي رقم (10)

### Paired Samples Statistics

|  |  | Mean | N | Std. Deviation | Std. Error Mean |
|---|---|---|---|---|---|
| Pair 1 | MEAN1 | 2.5068 | 500 | .5509 | 2.464E-02 |
|  | MEAN2 | 1.6045 | 500 | .6064 | 2.712E-02 |

**Paired Samples Correlations**

|           |              | N   | Correlation | Sig. |
|-----------|--------------|-----|-------------|------|
| Pair 1    | MEAN1 & MEAN | 500 | .776        | .000 |

**Paired Samples Test**

|       |          | Paired Differences | | | | | | | |
|-------|----------|------|-------------|-----------|----------------------------------------|---------|-----|-------------|
|       |          |      |             | Std. Erro | 95% Confidence Interval of the Difference | | | |
|       |          | Mean | td. Deviatio | Mean     | Lower | Upper | t | df | ig. (2-tailed |
| Pair  | MEAN1 - M | .9023 | .3911      | 49E-02   | .8680 | .9367 | 51.589 | 499 | .000 |

الطلبة المتفوقين أكبر من متوسط الطلبة المتأخرين دراسيا. ويعزي الباحث هذه النتيجة إلى أن الطلاب المتفوقين يكونون أكثر حرصا على الالتزام بالقيم الإسلامية التربوية في المحور الأول ( القيم التي ينبغي أن يلتزم بها الطالب مع نفسه) لإدراكهم أهمية هذه القيم في زيادة تحصيلهم الدراسي.

وتتفق هذه الدراسة مع عدة دراسات منها:

1: دراسة : إسماعيل 1976م [1] التي كانت بعنوان: (دراسة للعلاقة بين التفوق العقلي وبعض القيم الشخصية والاجتماعية.التي هدفت إلى الوصول إلى إجابة للأسئلة الآتية:

---

(1) نبيه إبراهيم إسماعيل: دراسة للعلاقة بين التفوق العقلي وبعض القيم الشخصية والاجتماعية، رسالة ماجستير غير منشورة ـ كلية التربية ، جامعة عين شمس 1976م.

480

1ـ هل توجد فروق ذات دلالة إحصائية بين درجات المتفوقين عقليا ودرجات العاديين في الاختبار الذي يقيس القيم الشخصية؟.

2ـ هل توجد فروق ذات دلالة إحصائية بين درجات المتفوقين عقليا ودرجات العاديين في الاختبار الذي يقيس القيم الاجتماعية؟.

والتي أجريت على 95 طالبا من طلاب الصف الأول بمدرسة شبرا الثانوية منهم 47متفوقا و48عاديا.

وتوصلت الدراسة إلى أن هناك فروقا ذات دلالة إحصائية بين المتفوقين والعاديين في القيم الشخصية ؛ حيث تميز المتفوقون عن العاديين بارتفاع مستوى القيم الآتية: الإنجاز، الحسم، وضوح الهدف .

2: دراسة دسوقي 1991م [1]. إلى وجود فروق ذات دلالة إحصائية بين المجموعة المتفوقة والمجموعة الغير متفوقة من السعوديات في الذات الأخلاقية لصالح المجموعة المتفوقة.

3: كما تتفق هذه الدراسة مع دراسة لورنس Lawrence 1976م [2] والتي كانت بعنوان الدراسة:اتجاهات وسمات شخصية الطلبة اليابانيين من ذوي التحصيل المرتفع والتحصيل المنخفض نحو التحصيل الدراسي.

حيث توصلت إلى وجود فروق ذات دلالة إحصائية بين الطالبات ذوات التحصيل الدراسي المرتفع والطالبات ذوات التحصيل الدراسي المنخفض في الثقة بالنفس والمثابرة ومساعدة الآخرين والسيطرة والاتزان الانفعالي لصالح المتفوقين دراسيا.

(1) إنشراح محمد دسوقي ، التحصيل الدراسي وعلاقته بكل من مفهوم الذات والتوافق النفسيـ ، دراسة مقارنة ـ مجلة علم النفس الصادرة عن الهيئة المصرية العامة للكتاب ـ السنة الخامسة ـ العدد العشرون 1991م.

(2) Lawrence،o.،، Personality Characteristics and Attitudes Toward Achievement among Mainland High Achirving and Underachieving Japanese –American Sanseis، Journal of Education Psychology Vol .68،No 2.1967.PP 151. 156.

وتخالف هذه النتيجة مع ما توصلت إليه دراسة:إبراهيم عبد الخالق رؤوف1978م[1]. والتي كانت بعنوان:العلاقة بين بعض المتغيرات النفسية والتحصيل الدراسي في المرحلة الثانوي. حيث توصلت إلى عدم وجود فروق ذات دلالة إحصائية بين مستوى طموح الطلبة ذوي التحصيل المرتفع، وطموح الطلبة ذوي التحصيل المنخفض.

**6. الفرض السادس: توجد فروق ذات دلالة إحصائية بين الطلاب المتفوقين والطلاب المتأخرين دراسيا (الضعاف) في المحور الثاني: القيم التي ينبغي أن يلتزم بها الطالب نحو معلمه. لصالح الطلاب المتفوقين.**

للتحقق من صحة هذا الفرض استخدم الباحث ارتباط بيرسون كما في الجدول التالي رقم (11).

**Paired Samples Correlations**

| | N | Correlation | Sig. |
|---|---|---|---|
| Pair 1 MEAN3 & MEAN4 | 500 | .761 | .000 |

**Paired Samples Test**

| | Paired Differences | | | | | t | df | Sig. (2-tailed) |
|---|---|---|---|---|---|---|---|---|
| | | | | 95% Confidence Interval of the Difference | | | | |
| | Mean | Std. Deviation | Std. Error Mean | Lower | Upper | | | |
| Pair 1 MEAN3 - MEAN4 | .8865 | .4272 | 1.911E-02 | .8490 | .9241 | 46.400 | 499 | .000 |

(الضعاف) في المحور الثاني:( القيم التي ينبغي أن يلتزم بها الطالب نحو معلمه) لصالح الطلبة المتفوقين لأن متوسط الطلبة المتفوقين أكبر من متوسط الطلبة المتأخرين دراسيا. ويعزي الباحث هذه النتيجة إلى إدراك الطلاب المتفوقين لأهمية الالتزام بالقيم الإسلامية التي ينبغي أن يلتزم بها الطالب مع معلمه لأنها تعمل على حسن الاستفادة مما لدى المعلم من علم يتعلق بالمادة الدراسية أو بغيرها.

(1) إبراهيم عبد الخالق رؤوف:العلاقة بين بعض المتغيرات النفسية والتحصيل الدراسي في المرحلة الثانوي،، رسالة ماجستير غير منشورة ، كلية التربية جامعة بغداد، 1978م.

7. **الفرض السابع: توجد فروق ذات دلالة إحصائية بين الطلاب المتفوقين والطلاب المتأخرين دراسيا (الضعاف) في المحور الثالث: القيم التي ينبغي أن يلتزم بها الطالب نحو زملائه. لصالح الطلاب المتفوقين.**

وللتحقق من صحة هذا الفرض استخدم الباحث ارتباط بيرسون كما في الجدول التالي رقم (12).

### Paired Samples Statistics

|   |   | Mean | N | Std. Deviation | Std. Error Mean |
|---|---|---|---|---|---|
| Pair 1 | MEAN5 | 2.3333 | 500 | .6416 | 2.869E-02 |
|   | MEAN6 | 1.8109 | 500 | .7122 | 3.185E-02 |

### Paired Samples Correlations

|   |   | N | Correlation | Sig. |
|---|---|---|---|---|
| Pair 1 | MEAN5 & MEAN6 | 500 | .881 | .000 |

### Paired Samples Test

|   |   | Paired Differences | | | | | t | df | Sig. (2-tailed) |
|---|---|---|---|---|---|---|---|---|---|
|   |   | | | | 95% Confidence Interval of the Difference | | | | |
|   |   | Mean | Std. Deviation | Std. Error Mean | Lower | Upper | | | |
| Pair 1 | MEAN5 - MEAN6 | .5224 | .3370 | 1.507E-02 | .4928 | .5520 | 34.667 | 499 | .000 |

يتضح من الجدول أعلاه أن مستوى الدلالة = 0.00 وهو أقل من 0.01 فهو ذو دلالة قوية وعليه فإنه يوجد فروق ذو دلالة احصائية بين الطلاب المتفوقين والطلاب المتأخرين دراسيا (الضعاف) في المحور الثالث: القيم التي ينبغي أن يلتزم بها الطالب نحو زملائه) لصالح الطلبة المتفوقين لأن متوسط الطلبة المتفوقين أكبر من متوسط الطلبة المتأخرين دراسيا.

ويرجع الباحث هذه النتيجة إلى أن الطلاب المتفوقين يدركون أن التزامهم بالقيم الإسلامية التربوية التي ينبغي أن يلتزم بها الطالب مع زملائه تعد عاملا كبيرا ومؤثرا عظيما في تحصيلهم العلمي حيث إن هذه العلاقات الطيبة بين الزملاء تمحو

483

من النفس البشرية ما فيهما من الأنانية وحب الأثرة والذات والتنافس والصراع،تعمل على تقوية أواصر المحبة والمودة بين الطلاب مما يسهل لهم تلقي العلم وفهمه وتحصيل المزيد منه.

و تتفق هذه النتيجة مع دراسة : عيسى بـن عـلي عيسى- الزهـراني 1418هـ -1997م[1]. التي كانت بعنوان:المسؤولية الاجتماعية وعلاقتها بالتوافق الدراسي والتحصيل الأكاديمي لدى عينة مـن طلاب جامعة الملك عبد العزيز بجدة. حيـث توصلت الدراسـة إلى وجـود فـروق ذات دلالـة إحصائية بين الطلاب مرتفعي التحصيل والطلاب منخفضي- التحصيل في المسؤولية الاجتماعية لصالح الطلاب مرتفعي التحصيل الأكاديمي.

ووجـود فـروق ذات دلالـة إحصـائية بـين الطـلاب مرتفعـي التحصـيل والطـلاب منخفضي- التحصيل في التوافق الدراسي لصالح الطلاب مرتفعي التحصيل الأكاديمي.

كما تتفق هذه الدراسة مع دراسة: إسماعيل 1976م[2] التي كانت بعنوان: (دراسة للعلاقة بين التفوق العقلي وبعض القيم الشخصية والاجتماعية.كما توصلت إلى وجود فروق ذات دلالة إحصائية بين المتفوقين والعاديين في القيم الاجتماعية ؛ حيث تميز المتفوقون عن العاديين في المسايرة والاستقلال ومساعدة الآخرين .

**8. الفرض الثامن: توجد فروق ذات دلالة إحصائية بين الطلاب المتفوقين والطلاب المتأخرين دراسيا (الضعاف) في المحور الرابع: القيم التي ينبغي أن يلتزم بها الطالب نحو مؤسساته التعليمية. لصالح الطلاب المتفوقين.**

---

(1) عيسى بن علي عيسى الزهراني: المسؤولية الاجتماعية وعلاقتها بـالتوافق الـدراسي والتحصيل الأكاديمي لـدى عينة من طلاب جامعة الملك عبد العزيز بجدة. بحث مكمل للماجستير ، جامعة أم القرى ، 1418هـ

(2) ـ نبيه إبراهيم إسماعيل: دراسة للعلاقة بين التفوق العقلي وبعض القيم الشخصية والاجتماعيـة، رسـالة ماجستير غير منشورة ـ كلية التربية ، جامعة عين شمس 1976م

للتحقق من صحة هذا الفرض استخدم الباحث ارتباط بيرسون كما في الجدول التالي رقم
(13).

**Paired Samples Statistics**

| | | Mean | N | Std. Deviation | Std. Error Mean |
|---|---|---|---|---|---|
| Pair 1 | MEAN7 | 2.3736 | 500 | .7299 | 3.264E-02 |
| | MEAN8 | 1.6232 | 500 | .6593 | 2.949E-02 |

**Paired Samples Correlations**

| | N | Correlation | Sig. |
|---|---|---|---|
| Pair 1  MEAN7 & MEAN8 | 500 | .779 | .000 |

**Paired Samples Test**

| | | Paired Differences | | | | | | | |
|---|---|---|---|---|---|---|---|---|---|
| | | | | | 95% Confidence Interval of the Difference | | | | |
| | | Mean | Std. Deviation | Std. Error Mean | Lower | Upper | t | df | Sig. (2-tailed) |
| Pair 1 | MEAN7 - MEAN8 | .7504 | .4667 | 2.087E-02 | .7094 | .7914 | 35.953 | 499 | .000 |

يتضح من الجدول أعلاه أن مستوى الدلالة = 0.00 وهو أقل من 0.01 فهو ذو دلالة قوية
وعليه فإنه يوجد فروق ذو دلالة احصائية بين الطلاب المتفوقين والطلاب المتأخرين دراسيا
(الضعاف) في المحور الرابع:( القيم التي ينبغي أن يلتزم بها الطالب نحو مؤسساته التعليمية)
لصالح الطلبة المتفوقين لأن متوسط الطلبة المتفوقين أكبر من متوسط الطلبة المتأخرين دراسيا.

ويعزي الباحث هذه النتيجة إلى أن الطلاب المتفوقين يحرصون على الحفاظ على المؤسسات
التعليمية ومرافقها حتى يستفيدوا منها مما يساعدهم على الحصول على ما يحتاجونه من المكتبة
وكتبها في أي وقت،مما يؤدي بدوره إلى زيادة تحصيلهم الدراسي.

485

# ترتيب القيم

1: ترتيب قيم المحور الأول: القيم التي ينبغي أن يلتزم بها الطالب مع نفسه لدى الطلاب المتفوقين والمتأخرين دراسيا.

**ومن خلال تحليل الاستبيان تبين ترتيب القيم تنازليا على النحو التالي:**

1. الطموح إلى المعالي، ومتوسطه (2.78) بدرجة دائما، وذلك بالنسبة للطلبة المتفوقين في حين كانت بالنسبة للطلبة المتأخرين دراسيا كانت تمثل القيمة السابعة في الترتيب بمتوسط حسابي مقداره (1.6) بدرجة نادرا ما تحدث .

2. الصبر على طلب العلم، ومتوسطه (2.65) بدرجة دائما ما تحدث، في حين كانت بالنسبة للطلبة المتأخرين دراسيا فكانت تمثل القيمة الثانية عشر ـ (الأخيرة) في الترتيب بمتوسط حسابي مقداره (1.28) بدرجة نادرا ما تحدث.

3. النظام والترتيب، ومتوسطه (2.62) بدرجة دائما، وذلك بالنسبة للطلبة المتفوقين في حين كانت بالنسبة للطلبة المتأخرين دراسيا كانت تمثل القيمة التاسعة في الترتيب بمتوسط حسابي مقداره (1.43) بدرجة نادرا ما تحدث .

4. التوكل، ومتوسطه (2.57) بدرجة دائما ما تحدث، في حين كانت بالنسبة للطلبة المتأخرين دراسيا فكانت تمثل القيمة الاولى في الترتيب بمتوسط حسابي مقداره (2.04) بدرجة غالبا ما تحدث.

5. التخطيط، ومتوسطه (2.57) بدرجة دائما، وذلك بالنسبة للطلبة المتفوقين في حين كانت بالنسبة للطلبة المتأخرين دراسيا كانت تمثل القيمة الثامنة في الترتيب بمتوسط حسابي مقداره (1.43) بدرجة نادرا ما تحدث .

6. التفاؤل، ومتوسطه (2.56) بدرجة دائما ما تحدث، في حين كانت بالنسبة للطلبة المتأخرين دراسيا فكانت تمثل القيمة الثالثة في الترتيب بمتوسط حسابي مقداره (1.81) بدرجة غالبا ما تحدث.

486

7. استغلال الوقت، ومتوسطه (2.53) بدرجة دائما، وذلك بالنسبة للطلبة المتفوقين في حين كانت بالنسبة للطلبة المتأخرين دراسيا كانت تمثل القيمة الحادية عشر في الترتيب بمتوسط حسابي مقداره (1.31) بدرجة نادرا ما تحدث .

8. تقدير العلم، ومتوسطه (2.51) بدرجة دائما ما تحدث، في حين كانت بالنسبة للطلبة المتأخرين دراسيا فكانت تمثل القيمة العاشرة في الترتيب بمتوسط حسابي مقداره (1.41) بدرجة نادرا ما تحدث.

9. تحمل المسؤولية، ومتوسطه (2.49) بدرجة دائما، وذلك بالنسبة للطلبة المتفوقين في حين كانت بالنسبة للطلبة المتأخرين دراسيا كانت تمثل القيمة السادسة في الترتيب بمتوسط حسابي مقداره (1.69) بدرجة نادرا ما تحدث .

10. خشية الله، ومتوسطه (2.33) بدرجة غالبا ما تحدث، في حين كانت بالنسبة للطلبة المتأخرين دراسيا فكانت تمثل القيمة الرابعة في الترتيب بمتوسط حسابي مقداره (1.76) بدرجة غالبا ما تحدث.

11. الصدق، ومتوسطه (2.29) بدرجة غالبا، وذلك بالنسبة للطلبة المتفوقين في حين كانت بالنسبة للطلبة المتأخرين دراسيا كانت تمثل القيمة الثانية في الترتيب بمتوسط حسابي مقداره (1.81) بدرجة غالبا ما تحدث .

12. طهارة القلب، ومتوسطه (2.18) بدرجة غالبا ما تحدث، في حين كانت بالنسبة للطلبة المتأخرين دراسيا فكانت تمثل القيمة الخامسة في الترتيب بمتوسط حسابي مقداره (1.72) بدرجة غالبا ما تحدث.

أولا: ترتيب قيم المحور الأول: القيم التي ينبغي أن يلتزم بها الطالب مع نفسه لدى الطلاب المتفوقين

جدول رقم (14) وشكل رقم (6)

| الترتيب | المتوسط | القيمة |
|---|---|---|
| 1 | 2.78 | الطموح |
| 2 | 2.65 | الصبر |
| 3 | 2.62 | النظام والترتيب |
| 4 | 2.57 | التوكل |
| 5 | 2.57 | التخطيط |
| 6 | 2.56 | التفاؤل |
| 7 | 2.53 | استغلال الوقت |
| 8 | 2.51 | تقدير العلم |
| 9 | 2.49 | تحمل المسؤولية |
| 10 | 2.33 | خشية الله |
| 11 | 2.3 | الصدق |
| 12 | 2.18 | طهارة القلب |

شكل يوضح ترتيب قيم المحور الأول لدى الطلاب المتفوقين

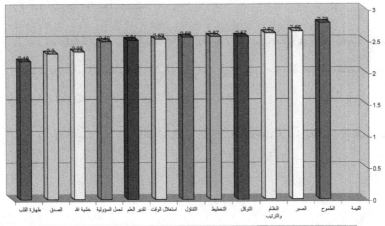

من خلال الجدول والشكل أعلاه يتبين أن قيمة الطموح قد جاءت في المرتبة الأولى ثم الصبر، النظام والترتيب، التوكل، التخطيط، التفاؤل، استغلال الوقت، تقدير العلم، تحمل المسؤولية، خشية الله، الصدق،وجاءت قيمة طهارة القلب في المرتبة الأخيرة.

وسبب ذلك يعود إلى أن قيمة الطموح تشكل اتجاها إيجابيا نحو التحصيل الدراسي حيث تعد دافعا قويا لعملية التحصيل الدراسي.

ثانيا: ترتيب قيم المحور الأول: (القيم التي ينبغي أن يلتزم بها الطالب مع نفسه) لدى الطلاب المتأخرين دراسيا

**جدول رقم (15)**

| القيمة | المتوسط الحسابي | الترتيب |
|---|---|---|
| التوكل | 2.0 | 1 |
| الصدق | 1.8 | 2 |
| التفاؤل | 1.8 | 3 |
| خشية الله | 1.7 | 4 |
| طهارة القلب | 1.7 | 5 |
| تحمل السؤولية | 1.7 | 6 |
| الطموح | 1.6 | 7 |
| التخطيط | 1.4 | 8 |
| النظام والترتيب | 1.4 | 9 |
| تقدير العلم | 1.4 | 10 |
| استغلال الوقت | 1.3 | 11 |
| الصبر | 1.3 | 12 |

## شكل رقم (7)

شكل يوضح متوسطات قيم المحور الأول لدى الطلاب المتأخرين دراسياً
0

من خلال الجدول والشكل أعلاه يتبين أن ترتيب قيم المحور الأول لدى الطلاب المتأخرين دراسيا جاء على النحو التالي:

490

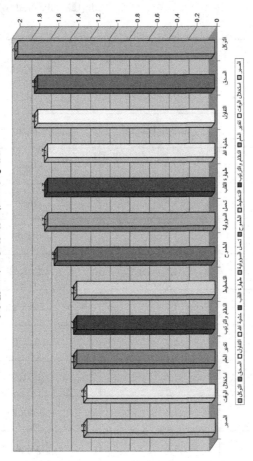

جاءت قيمة التوكل في المركز الأول ثم الصدق، التفاؤل، خشية الله، طهارة القلب، تحمل المسؤولية، الطموح، التخطيط، النظام والترتيب، تقدير العلم، استغلال الوقت، وجاءت قيمة الصبر في المرتبة الأخيرة.

ويفسر الباحث هذه النتيجة بأن قيمة التوكل على الله تعالى تمثل اتجاها دينيا لدى الطلاب المتأخرين دراسيا دون النظر إلى أنها تكون سبيلا لزيادة تحصيلهم الدراسي، أما قيمة الصبر على طلب العلم فهم لا يدركون قيمتها في تحصيل العلم والازدياد منه.

2: ترتيب قيم المحور الثاني: القيم التي ينبغي أن يلتزم بها الطالب نحو معلمه لدى الطلاب المتفوقين والمتأخرين دراسيا.

يرى الباحث أن الطلبة يرون أن القيم التي يلتزم بها الطالب مع معلمه على أحدى عشر- قيمة من الفقرة رقم (1) إلى الفقرة (11) بدرجة دائما ما تتحقق.

جاء ترتيب القيم التي يلتزم بها الطالب مع معلمة مرتبة تنازليا على النحو التالي:

1. استئذان المعلم، ومتوسطه (2.75) بدرجة دائما، وذلك بالنسبة للطلبة المتفوقين في حين كانت بالنسبة للطلبة المتأخرين دراسيا كانت تمثل القيمة الأولى أيضا ولكن بمتوسط حسابي أقل بكثير مقداره (1.97) بدرجة غالبا ما تحدث .

2. حسن السؤال، ومتوسطه (2.70) بدرجة دائما ما تحدث، في حين كانت بالنسبة للطلبة المتأخرين دراسيا فكانت تمثل القيمة الخامسة في الترتيب بمتوسط حسابي مقداره (1.75) بدرجة غالبا ما تحدث.

3. طاعة المعلم، ومتوسطه (2.66) بدرجة دائما، وذلك بالنسبة للطلبة المتفوقين في حين كانت بالنسبة للطلبة المتأخرين دراسيا كانت تمثل القيمة الثالثة في الترتيب بمتوسط حسابي مقداره (1.80) بدرجة غالبا ما تحدث .

4. استشارة المعلم، ومتوسطه (2.61) بدرجة دائما ما تحدث، في حين كانت بالنسبة للطلبة المتأخرين دراسيا فكانت تمثل القيمة العاشرة في الترتيب بمتوسط

حسابي مقداره (1.53) بدرجة نادرا ما تحدث.

5. الانضباط، ومتوسطه (2.60) بدرجة دائما، وذلك بالنسبة للطلبة المتفوقين في حين كانت بالنسبة للطلبة المتأخرين دراسيا كانت تمثل القيمة الحادية عشر (الأخيرة) في الترتيب بمتوسط حسابي مقداره (1.44) بدرجة نادرا ما تحدث .

6. توقير المعلم، ومتوسطه (2.56) بدرجة دائما ما تحدث، في حين كانت بالنسبة للطلبة المتأخرين دراسيا فكانت تمثل القيمة السابعة في الترتيب بمتوسط حسابي مقداره (1.67) بدرجة نادرا ما تحدث.

7. التواضع للمعلم، ومتوسطه (2.54) بدرجة دائما، وذلك بالنسبة للطلبة المتفوقين في حين كانت بالنسبة للطلبة المتأخرين دراسيا كانت تمثل القيمة السادسة في الترتيب بمتوسط حسابي مقداره (1.70) بدرجة غالبا ما تحدث .

8. الاعتراف بفضل المعلم، ومتوسطه (2.52) بدرجة دائما ما تحدث، في حين كانت بالنسبة للطلبة المتأخرين دراسيا فكانت تمثل القيمة التاسعة في الترتيب بمتوسط حسابي مقداره (1.59) بدرجة غالبا ما تحدث.

9. الوفاء بالوعد، ومتوسطه (2.51) بدرجة دائما، وذلك بالنسبة للطلبة المتفوقين في حين كانت بالنسبة للطلبة المتأخرين دراسيا كانت تمثل القيمة الثانية في الترتيب بمتوسط حسابي مقداره (1.81) بدرجة غالبا ما تحدث .

10. الحلم واللين، ومتوسطه (2.66) بدرجة دائما ما تحدث، في حين كانت بالنسبة للطلبة المتأخرين دراسيا فكانت تمثل القيمة الثالثة في الترتيب بمتوسط حسابي مقداره (1.80) بدرجة غالبا ما تحدث.

11. الاعتذار عند الخطأ، ومتوسطه (2.93) بدرجة دائما، وذلك بالنسبة للطلبة المتفوقين في حين كانت بالنسبة للطلبة المتأخرين دراسيا كانت تمثل القيمة الثامنة في الترتيب بمتوسط حسابي مقداره (1.60) بدرجة نادرا ما تحدث .

جدول رقم (16)

| القيمة | المتوسط | الترتيب |
|---|---|---|
| الاستئذان | 2.75 | 1 |
| حسن السؤال | 2.7 | 2 |
| طاعة المعلم | 2.66 | 3 |
| استشارة المعلم | 2.61 | 4 |
| الانضباط | 2.6 | 5 |
| توقير المعلم | 2.56 | 6 |
| التواضع للمعلم | 2.54 | 7 |
| الاعتراف بفضل المعلم | 2.52 | 8 |
| الوفاء بالوعد | 2.51 | 9 |
| الحلم واللين | 2.51 | 10 |
| الاعتذار | 2.4 | 11 |

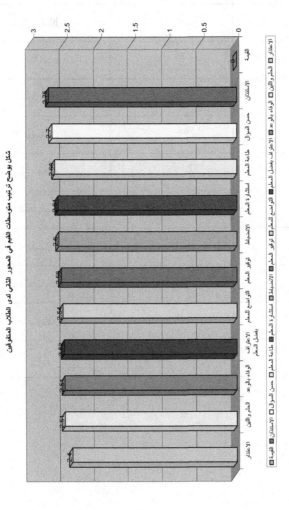

## شكل رقم (8)

شكل يوضح ترتيب متوسطات القيم في المحور الثاني لدى الطلاب المتفوقين

الاعتذار
الحلم واللين
الوفاء بالوعد
الاعتراف بفضل المعلم
التواضع للمعلم
توقير المعلم
الانضباط
استشارة المعلم
طاعة المعلم
حسن السؤال
الاستئذان
القيمة

من خلال الجدول والشكل أعلاه يتبين أن قيمة استئذان المعلم جاءت في المرتبة الأولى ثم حسن السؤال، وطاعة المعلم، استشارة المعلم، الانضباط، توقير المعلم، التواضع للمعلم، الاعتراف بفضل المعلم، الوفاء بالوعد، الحلم واللين، الاعتذار عند الخطأ.

جدول رقم (17)

| القيمة | المتوسط الحسابي | الترتيب |
|---|---|---|
| الاستئذان | 1.97 | 1 |
| الوفاء بالوعد | 1.81 | 2 |
| طاعة المعلم | 1.8 | 3 |
| الحلم واللين | 1.75 | 4 |
| حسن السؤال | 1.74 | 5 |
| التواضع للمعلم | 1.7 | 6 |
| توقير المعلم | 1.67 | 7 |
| الاعتذار | 1.6 | 8 |
| الاعتراف بفضل المعلم | 1.59 | 9 |
| استشارة المعلم | 1.53 | 10 |
| الانضباط | 1.44 | 11 |

# شكل رقم(9)

متوسطات وترتيب قيم المحور الثاني لدى الطلاب المتأخرين دراسياً

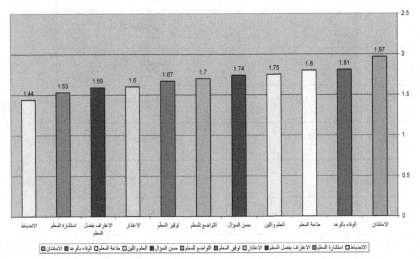

من خلال الجدول والشكل أعلاه يتبين أن قيمة استئذان المعلم جاءت في المرتبة الأولى ثم، الوفاء بالوعد، طاعة المعلم، الحلم واللين، حسن السؤال، التواضع للمعلم، توقير المعلم، الاعتذار عند الخطأ، الاعتراف بفضل المعلم، استشارة المعلم وجاءت قيمة الانضباط في المرتبة الأخيرة.

ويفسر الباحث هذه النتيجة بأن قيمة استئذان المعلم تمثل اهتماما كبيرا لدى الطلاب المتفوقين والمتأخرين دراسيا ذلك أننا نعيش في مجتمع مسلم يحث على الاستئذان وأن الطلاب قد تربوا عليها منذ الصغر. أما قيمة الانضباط فقد جاءت في المرتبة الأخيرة لدى الطلاب المتأخرين دراسيا لعدم إدراكهم أهمية تحقيق هذه القيمة في تحصيل العلم.

3:ترتيب قيم المحور الثالث: القيم التي ينبغي أن يلتزم بها الطالب نحو زملائه لدى الطلاب المتفوقين والمتأخرين دراسيا.

**جدول رقم (18)**

| القيمة | المتوسط الحسابي | الترتيب |
|---|---|---|
| اختيار الصالحين | 2.5 | 1 |
| الأمانة | 2.5 | 2 |
| التعاون | 2.47 | 3 |
| حسن الحوار | 2.47 | 4 |
| إفشاء السلام | 2.45 | 5 |
| التسامح | 2.43 | 6 |
| المساعدة | 2.42 | 7 |
| الاستشارة | 2.4 | 8 |
| الحلم | 2.4 | 9 |
| المساواة | 2.3 | 10 |
| التواضع | 2.29 | 11 |
| البذل والسخاء | 2.18 | 12 |
| تقبل النقد | 2.12 | 13 |
| الإيثار | 1.99 | 14 |

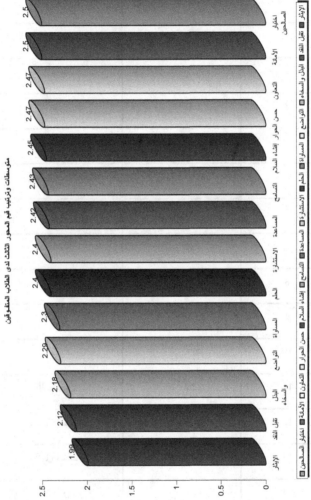

## شكل رقم (10)

متوسطات وترتيب قيم المحور الثالث لدى الطلاب المتفوقين
2.5
2
1.5
1
0.5
0
1.99
2.12
2.18
2.29
2.3
2.4
2.4
2.42
2.43
2.45
2.47
2.47
2.5
2.5
الإيثار
تقبل النقد
البذل والسخاء
التواضع
المساواة
الحلم
الاستشارة
المساعدة
التسامح
إفشاء السلام
حسن الحوار
التعاون
الأمانة
اختيار الصالحين

من خلال الجدول والشكل السابق يتبين أن قيمة حسن اختيار الأصدقاء الصالحين وقيمة الأمانة قد جاءتا في المرتبة الأولى ثم تلتها في الترتيب قيم التعاون، وحسن الحوار وإفشاء السلام، والتسامح، والمساعدة، واستشارة الآخرين، والحلم، والمساواة، والتواضع والبذل، والسخاء، وتقبل النقد ثم جاءت قيمة الإيثار في المرتبة الأخيرة لدى الطلاب المتفوقين.

ويفسر الباحث تصدر قيمة حسن اختيار الأصدقاء والأمانة في المرتبة الأولى بأن هاتين القيمتين تمثلان أهمية كبيرة حيث أن الصديق الصالح يعين صاحبه على حسن تلقى العلم والاستزادة منه،وأما الأمانة تمثل قيمة عظيمة لدى الطلاب المتفوقين حيث إن الطالب المتفوق يدرك قيمة الأمانة كما يحافظ دائما على كرامته فلا يحب أن يظهر بمظهر الخائن كما أنه حريص على توفير جميع أدواته ودفاتره وكتبه المدرسية.

وأما قيمة الإيثار فقد جاءت في المرتبة الأخيرة فإن الطالب المتفوق حريص على ما يبذله من جهد وأن يكون هو الأول دائما .

**جدول رقم (19)**

| القيمة | المتوسط الحسابي | الترتيب |
|---|---|---|
| إفشاء السلام | 2.06 | 1 |
| المساعدة | 1.92 | 2 |
| التعاون | 1.86 | 3 |
| الأمانة | 1.86 | 4 |
| الحلم | 1.85 | 5 |
| البذل والسخاء | 1.84 | 6 |
| التسامح | 1.83 | 7 |
| التواضع | 1.82 | 8 |

| | | |
|---|---|---|
| حسن الحوار | 1.81 | 9 |
| الإيثار | 1.79 | 10 |
| الاستشارة | 1.77 | 11 |
| تقبل النقد | 1.75 | 12 |
| المساواة | 1.69 | 13 |
| اختيار الصالحين | 1.51 | 14 |

**شكل رقم (11)**

شكل يوضح متوسطات القيم وترتيبها في المحور الثالث لدى الطلاب المتأخرين دراسياً
القيمة

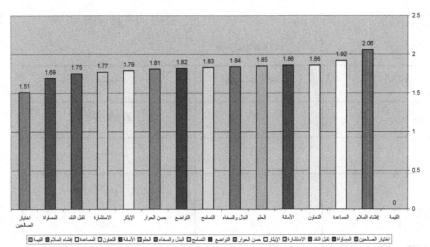

من خلال الجدول والشكل السابق يتبين أن قيمة إفشاء السلام قد جاءت في المرتبة الأولى ثم تلتها قيمة مساعدة الآخرين، والتعاون، والأمانة، والحلم، والبذل والسخاء، والتسامح، والتواضع، وحسن الحوار، والإيثار، والاستشارة، وتقبل النقد، والمساواة، ثم جاءت قيمة حسن اختيار الأصدقاء في المرتبة الأخيرة ذلك أن الطلاب المتأخرين دراسيا يكونون حريصين على مصاحبة من يتوافق معهم في المستوى الدراسي وكذلك في المستوى السلوكي.

4:ترتيب قيم المحور الرابع : القيم التي ينبغي أن يلتزم بها الطالب نحو   مؤسساته التعليمية  لدى الطلاب المتفوقين والمتأخرين دراسيا.

أولا: ترتيب قيم المحور الرابع: القيم  التي ينبغي أن يلتزم بها الطالب نحو   مؤسساته التعليمية  لدى الطلاب المتفوقين

جدول رقم (20)

| الترتيب | المتوسط | القيمة | |
|---|---|---|---|
| 1 | 2.44 | عدم الكتابة على الجدران | 1 |
| 2 | 2.44 | حسن التعامل مع وسائل التكييف | 2 |
| 3 | 2.41 | المحافظة على الكتب | 3 |
| 4 | 2.4 | حسن استخدام الأبواب | 4 |
| 5 | 2.18 | النظافة | 5 |

شكل رقم (12)

شكل يوضح متوسطات القيم وترتيبها في المحور الرابع لدى الطلاب المتفوقين

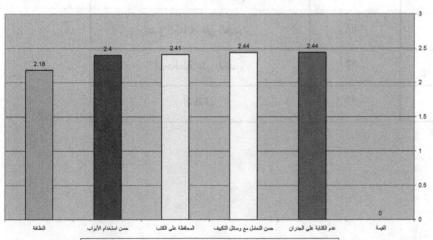

501

من خلال الجدول والشكل السابق يتبين أن قيمة عدم الكتابة على الجدران جاءت في المرتبة الأولى ثم تلتها حسن التعامل مع وسائل التكييف ثم المحافظة على الكتب ثم حسن استغلال الأبواب ثم جاءت قيمة المحافظة على النظافة في المرتبة الأخيرة.ويفسر الباحث ذلك بأن الطالب لم يعود منذ الصغر على المحافظة على نظافة المكان، فهو يأكل ويشرب ويقوم عامل النظافة بتنظيف المكان سواء كان في البيت أو المدرسة.ويؤيد ذلك أن قيمة المحافظة على النظافة جاءت في المرتبة الأخيرة كذلك لدى الطلاب المتأخرين دراسيا، لذا فنحن في حاجة إلى تربية أبنائنا منذ الصغر على المحافظة على نظافة المكان الذي يعيش فيه والذي يدرس فيه.

**ثانيا: ترتيب قيم المحور الرابع: القيم التي ينبغي أن يلتزم بها الطالب نحو مؤسساته التعليمية لدى المتأخرين دراسيا**

**جدول رقم (21)**

| القيمة | المتوسط | الترتيب |
|---|---|---|
| **حسن التعامل مع وسائل التكييف** | 1.78 | 1 |
| **حسن استخدام الأبواب** | 1.7 | 2 |
| **عدم الكتابة على الجدران** | 1.67 | 3 |
| **المحافظة على الكتب** | 1.52 | 4 |
| **النظافة** | 1.44 | 5 |

## شكل رقم (13)

شكل يوضحمتوسطات القيم وترتيبها في المحور الرابع لدى الطلاب المتأخرين دراسياً
النظافة
المحافظة على الكتب
عدم الكتابة على الجدران
القيمة

من خلال الجدول والشكل السابق يتبين أن قيمة حسن التعامل مع وسائل التكييف جاءت في المرتبة الأولى ثم تلتها حسن التعامل مع الأبواب والنوافذ ثم عدم الكتابة على الجدران ثم المحافظة على الكتب ثم جاءت قيمة المحافظة على النظافة في المرتبة الأخيرة.

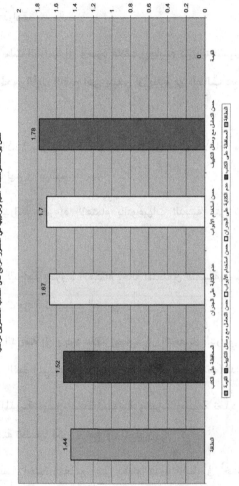

## المبحث الثالث

### توصيات ومقترحات الدراسة

يتضمن هذا المبحث مجموعة من التوصيات والمقترحات التي خرج بها الباحث في ضوء نتائج هذه الدراسة:

**أولا:توصلت الدراسة إلى وجود علاقة إيجابية بين التحصيل الدراسي والقيم الإسلامية التربوية في المحور الأول (القيم التي ينبغي أن يلتزم بها الطالب مع نفسه) لذا توصي الدراسة بما يأتي:**

1. أن تهتم الأسرة بغرس هذه القيم وتنميتها في نفوس الأبناء منذ الصغر حتى يشبوا عليها وتكون سلوكا لهم في حياتهم.

2. وتوصي الدراسة بضرورة الاهتمام بالتوجيهات الدينية التي تدعم الجانب الأخلاقي لدى الطلاب.

3. كما توصي الدراسة بضرورة الاهتمام بحالة المتعلمين النفسية وخاصة المتأخرين دراسيا، وبحث مشاكلهم بحيث يزداد تحصيلهم الدراسي.

**ثانيا:توصلت الدراسة إلى وجود علاقة إيجابية بين التحصيل الدراسي والقيم الإسلامية التربوية في المحور الثاني (القيم التي ينبغي أن يلتزم بها الطالب مع معلمه) لذا توصي الدراسة بما يلي:**

1. أن تهتم المدرسة بوضع خطط أسبوعية وشهرية وسنوية تحدد فيها الفيم المطلوب تعليمها للطلاب، وأزمنة تعليمها تكون في متناول المعلمين.

2. ضرورة حسن اختيار المعلمين؛حتى يكونوا قدوة للأبناء في أخلاقهم وقيمهم،مما يشجع على احترامهم وتقبل النصيحة منهم.

3. ضرورة توثيق العلاقة بين المعلمين والطلاب؛ حتى يستفيد الطالب من معلمه.

4. وضع دستور سلوكي للطلاب يتضمن قيم الطالب مع نفسه،وقيمه مع معلمه،وقيمه مع زملائه،وقيمه مع مؤسساته التعليمية.

5. ضرورة إبراز القدوات منذ عهد الرسول صلى الله عليه وسلم وأصحابه والتابعين بحيث يكونوا قدوة يقتدي بها أبناؤنا الطلاب في علاقاتهم بربهم وعلاقاتهم بمدرسيهم وزملائهم.

6. وضع منهج متكامل لتدريس القيم يبدأ من مرحلة التمهيدي وحتى الصف الثالث الثانوي ويتناسب مع كل مرحلة.

7. عمل دورات تدريبية للمعلمين؛ بحيث يكونوا على علم بالقيم الإسلامية،وكيفية تدريسها.

**ثالثا:توصلت الدراسة إلى وجود علاقة إيجابية بين التحصيل الدراسي والقيم الإسلامية التربوية في المحور الثالث (القيم التي ينبغي أن يلتزم بها الطالب مع زملائه) لذا توصي الدراسة بما يأتي:**

1. العمل على إيجاد علاقات حميمة بين الطلاب، والمؤاخاة وعدم التفريق بينهم؛ بحيث يعيشوا في جو من التعاون الدراسي فيما بينهم، مما يساعد على زيادة تحصيلهم.

2. عمل دورات تدريبية للطلاب في حسن اختيار الأصدقاء؛ مما يساعد على توافقهم النفسي وزيادة تحصيلهم الدراسي.

3. الاهتمام برعاية الطلاب المتفوقين،ووضع البرامج الخاصة يهم،والعمل على تنمية القيم التي أظهرت نتائج أنها قليلة لديهم ـ مثل قيمة الإيثار ـ بحيث يكونوا صالحين في أنفسهم،مصلحين لغيرهم.

**رابعا:توصلت الدراسة إلى وجود علاقة إيجابية بين التحصيل الدراسي والقيم الإسلامية التربوية في المحور الرابع (القيم التي ينبغي أن يلتزم بها الطالب مع مؤسساته التعليمية) لذا توصي الدراسة بما يأتي:**

1. التوعية المستمرة بالنظافة العامة داخل المدرسة،وتربية الطالب على أن يضع بقايا

الطعام  والأوراق في الحاويات المخصصة لها.

2. ضرورة الاهتمام بتوعية الطلاب عن الأضرار الناجمة عن الكتابة على الجدران وأنها سلوك غير حضاري، لا يتمشى مع تعاليم ديننا الحنيف.

3. إبراز دور المكتبة وتوعية الطلاب بكيفية المحافظة عليها والاستفادة منها.

4. ضرورة استعادة  الكتب المدرسية من الطلاب بعد نهاية العام الدراسي حتى يستفيد منها الآخرون ولا تكون عرضة للتلف.

5. متابعة سلوكيات الطلاب في مرافق المدرسة، والتأكيد على حسن  استخدام هذه المرافق والحفاظ عليها.

**خامسا: توصي الدراسة القائمين على وزارات  التربية و التعليم بما يأتي:**

1. ضرورة  اهتمام وسائل الإعلام بالقيم الإسلامية واستخدام الطرق المناسبة لتنميتها لدى الطلاب.

2. ضرورة أن تتضمن مناهج التعليم القيم التربوية في كل دروسها وأن تعرض بطريقة شيقة للطلاب على اختلاف مراحل أعمارهم.

3. عقد المؤتمرات الدولية حول القيم التربوية وكيفية غرسها في نفوس أبنائنا الطلاب.

4. حيث إن القيم تمثل الركيزة الأساسية في التحصيل الدراسي يوصي الباحث بضرورة إنشاء قسم خاص في وزارة التربية والتعليم يعنى بالقيم الإسلامية التربوية.

5. وضع ميثاق قيمي للمعلمين والإداريين بالمدارس والجامعات.

# المقترحات

يقترح الباحث إجراء عدد من الدراسات التي تتعلق بموضوع البحث ومنها:

1. دراسة عن السلوكيات السلبية وأثرها على التحصيل الدراسي.

2. إجراء دراسات مقارنة حول القيم الإسلامية التربوية ومدى توفرها بين طلاب المرحلة الثانوية وطلاب الجامعة.

3. إجراء دراسة حول القيم المتوفرة لدى المعلمين والإداريين وأثرها على التحصيل الدراسي للطلاب.

4. إجراء دراسة عن تحليل المناهج الدراسية للمرحلة الثانوية ومدى توفر القيم فيها.

5. إجراء دراسة عن قيم الوالدين وأثرها على قيم الأبناء.

# خاتمة

وبعد فإنني أحمد الله تعالى أن وفقني لإتمام هذا البحث، وبعد هذه الرحلة مع التحصيل الدراسي وعلاقته بالقيم الإسلامية التربوية، كان لابد من التركيز على عدة أمور ينبغي ألا نغفل عنها في مسيرتنا التعليمية والتربوية ومنها:

1:إن أردنا أن نحصد فلا بد من الغرس أولا، ورعايته، الاهتمام به ،وقد توصل البحث إلى أن القيم أساس للعملية التعليمية، وأن ارتباطها بها ارتباطا وثيقا؛ لذلك يجب أن تسخر كل الإمكانيات المادية والمعنوية في الاهتمام بغرس القيم في نفوس الأبناء قبل ولادتهم ، مرورا بمراحل نموهم من أجل تربية جيل محصن بالقيم يكون جبلا شامخا أمام التيارات الفكرية المختلفة، ويكون منارا لمن يأتي بعده كما تربى صحابة رسول الله صلى الله عليه وسلم ومن بعدهم،أليس المسلمون وهم أهل الحق والدين القويم - أجدر الأمم بالعمل على استعادة تاريخهم المجيد بتربية أجيالهم على قيم الدين المستقيم؟ أفليس المسلمون أوْلى الناس بالعمل على مغالبة أزمنة الوهن بتحصين أجيالهم وتشكيل وعيهم تشكيلا قيميا نافعا .

2: إن بناء التعليم في أي أمة لا يقوم إلا على أساس من القيم التربوية التي تعد صمام الأمان للفرد، وتوجه سلوكه؛ من هنا تكمن خطورة نظام التعليم في أي بلد ، ودوره في التربية على القيم ؛بدءا بالخطة التي ينطلق منها هذا النظام ، وانتهاء بآليات التنفيذ ، من طرق تدريس وإعداد معلم، ومواصفات وخصوصيات المعلم ومحيط التعليم وغير ذلك.لذا يجب أن نعيد النظر في مناهجنا التعليمية (من حيث التركيز على القيم) باعتبارها الأساس الأول في صياغة هذه المناهج وتدريسها.

3:تبين من خلال هذا البحث أن التعليم والتربية على القيم كانت قائمة ومستمرة في عصر- الصحابة والتابعين ومن بعدهم، وكان للمسجد دوره في بناء

وتنمية القيم لذلك لابد من العمل على إعادة هذا الدور مع الاستفادة من التقنية الحديثة دون أن تطغى على نظام التعليم الذي تربى عليه علماؤنا. إن كثيرا من الباحثين في العالم الإسلامي يحذّرون من هذا الفصل بين التعليم والقيم في التجارب التعليمية والنظم التربوية . يقول الدكتور محمود محمد سفر : (إن من الحق أن نقرر : أن التعليم نشأ في أقطار العالم الإسلامي نشأة كان التعليم الديني فيها هو نقطة الارتكاز ؛ إذ كانت له حلقات ومدارس اتخذت من المسجد منطلقا ومقرا ، وقد تطور التعليم الديني من حيث مناهجه في شتى أقطار العالم الإسلامي فعلا مرة ، وهبط أخرى وتأخر ، ولكنه استمر على كل حال يشكّل الحياة العامة للمسلمين ، حتى دقت نواقيس الحضارة الأوروبية وجلبت معها بخيلها ورجلها العلم الأوروبي ، وانبهر المسلمون بما حققه هذا العلم الأوروبي ... ومن هنا بدأ صراع صامت بين أسلوب التعليم القديم وبين الأساليب الحديثة ، واستقر الرأي في كثير من ديار الإسلام أن تترك معاهد التعليم الديني على مناهجها ، ونتجاوزها بتقديم العلم الحديث بأساليبه ومناهجه في معاهد جديدة ... إن ازدواجية التعليم في العالم العربي والإسلامي مشكلة يجب إعادة النظر فيها ؛ من أجل نظام تعليمي موحد ينبثق عن أحسن ما في القديم وأفضل ما في الحديث )[1].

4: إننا نعيش الآن ـ كما يقال ـ في عصر ـ العولمة بكل أبعادها الثقافية والاقتصادية والسياسية، وإن منظومة القيم التربوية بدأت في الذوبان والتحول إلى القيم المادية بعملية شعورية أو شعورية، لذلك يجب التنبه إلى ذلك، والعمل على عدم الانخراط والذوبان في عولمة القيم المادية التي تسوّقها العولمة بواسطة الإعلام والاقتصاد والقوة العسكرية.

5: تبين من خلال البحث أهمية القدوة ودورها الكبير في بناء وتنمية القيم لذلك فإن الباحث يدعو كل مرب أن يكون قدوة صالحة لأبنائه وطلابه، قدوة في علاقته

---

(1) محمود محمد سفر : دراسة في البناء الحضاري ، كتاب الأمة ، ع 21 سنة 1409هـ .

مع الـلـه تعالى، قدوة في علاقته مع نفسه، قدوة في علاقته مع الآخـرين، وبـذلك نسـتطيع ـ بتوفيق من الـلـه ـ أن نغرس القيم وننميها في نفوس أبنائنا.

6: رأينا من خلال البحـث أن وسـائل الإعـلام لهـا دور كبـير في بنـاء وتنميـة القـيم الإسـلامية التربوية؛ لذلك يجب أن نهتم بها،وأن نسخرها لخدمة هذا الدين، ويدعو الباحـث أربـاب الأمـوال إلى إنشاء قنوات إسلامية هادفة تحث على الفضائل وتحذر من الرذائل، وتقف حصنا منيعا أمـام تيارات الانحلال الخلقي والقيمي.

# فهارس الدراسة

- أولا: مراجع ومصادر الدراسة

- ثانيا: فهرس الجداول

- ثالثا: فهرس الأشكال

- رابعا: ملخص البحث باللغة الإنجليزية

- خامسا: استبانة الدراسة

# أولا: فهرس المصادر والمراجع

## ‏1: المصادر والمراجع العربية

القرآن الكريم.

1. إبراهيم أبو زيد: سيكلوجية الذات والتوافق: دار المعرفة الجامعية، الأسكندرية، 1978م.

2. إبراهيم الشافعي: الاشتراكية العربية كفلسفة للتربية، النهضة العربية، القاهرة، 1971م.

3. إبراهيم بن محمد العبيدي: أثر الأسرة في الوقاية من المخدرات، مجلة الأمن، وزارة الداخلية، الرياض، العدد الثالث، 1411هـ.

4. إبراهيم عبد الخالق رؤوف: العلاقة بين بعض المتغيرات النفسية والتحصيل الدراسي في المرحلة الثانوي، رسالة ماجستير غير منشورة، كلية التربية جامعة بغداد، 1978م.

5. إبراهيم عبد المحسن الكناني: قياس دافع الإنجاز الدراسي لدى طلبة المرحلة الإعدادية، رسالة دكتوراه غير منشورة، كلية التربية جامعة بغداد، 1980م.

6. إبراهيم ناصر: مقدمة في التربية (مدخل إلى التربية) جمعية عمال المطابع التعاونية، عمان، ط5، 1983م.

7. ابن خلدون عبد الرحمن: مقدمة ابن خلدون، تحقيق: حجر عاصي، دار مكتبة الهلال، بيروت،1986م.

8. ابن فارس، أبي الحسن أحمد: معجم مقاييس اللغة، دار الجيل ـ بيروت 1411هـ.

9. أبو الفرج عبد الرحمن بن رجب الحنبلي: جامع العلوم والحكم، دار المعرفة - بيروت،الطبعة الأولى، 1408هـ

10. أبو القاسم المقدسي: تنوير الطلاب بتحرير أسباب العلم من كتاب رب الأرباب.

11. أبو بكر أحمد باقادر ورضا كابلي: دراسة أسباب وعوامل فصل الطلاب بجامعة الملك عبد العزيز بجدة، عمادة القبول والتسجيل، 1404هـ.

12. أبو زكريا يحيى بن شرف النووي: المنهاج شرح صحيح مسلم بن الحجاج: دار إحياء التراث العربي - بيروت: الطبعة الطبعة الثانية، 1392 هـ

13. أبو زكريا يحيى بن شرف النووي: المجموع شرح المهذب، دار الفكر.

14. أبو زكريا يحيى بن شرف النووي: مقدمة المجموع، آداب العالم والمتعلم والمفتي والمستفتي وفضل طلب العلم، مكتبة الصحابة - مصر - ط1 ـ 1408هـ

15. أبو نعيم أحمد بن عبد الله الأصبهاني: حلية الأولياء وطبقات الأصفياء،دار الكتاب العربي - بيروت، الطبعة الرابعة، 1405هـ

515

16. **أبو هلال العسكري:** الحث على طلب العلم والاجتهاد في جمعه، تحقيق: مروان قباني، المكتب الإسلامي، بيروت 1406هـ.

17. **أحمد بن شعيب النسائي:** السنن الكبرى، دار الكتب العلمية، بيروت، 1411هـ -1991م.

18. **أحمد ابن تيمية ابن تيمية الحراني:** مجموع الفتاوى، جمع وترتيب عبد الرحمن محمد بن القاسم النجدي الحنبلي - الإدارة العامة للبحوث العلمية والإفتاء، الرياض، 1398هـ.

19. **أحمد بن علي بن ثابت البغدادي:** اقتضاء العلم العمل، تحقيق:محمد ناصر الدين الألباني،المكتب الإسلامي - بيروت، الطبعة الرابعة، 1397هـ.

20. **أحمد بن علي بن ثابت البغدادي:** الجامع لأخلاق الراوي وآداب السامع، تحقيق: د. محمود الطحان، مكتبة المعارف - الرياض، 1403هـ.

21. **أحمد بن علي بن ثابت البغدادي:** تقييد العلم، تحقيق: يوسف العش، دار إحياء السنة النبوية، الطبعة الثانية، 1974م.

22. **أحمد بن علي بن حجر العسقلاني:** تقريب التهذيب، تحقيق: محمد عوامة، دار الرشيد - سوريا، الطبعة الأولى، 1406هـ - 1986م.

23. **أحمد بن علي بن حجر العسقلاني:** فتح الباري شرح صحيح البخاري، دار المعرفة - بيروت، 1379هـ.

24. **أحمد بن محمد بن علي المقري الفيومي:** المصباح المنير في غريب الشرح الكبير للرافعي، المكتبة العلمية - بيروت.

25. **أحمد زكي صالح:** علم النفس التربوي، مكتبة النهضة المصرية الطبعة الحادية عشرة 1979م.

26. **أحمد عثمان:** القيم الحضارية في رسالة الإسلام، الدار السعودية، ط1 1402هـ.

27. **أحمد عزت راجح:** أصول علم النفس: المكتب المصري الحديث، الطبعة التاسعة، 1973م.

28. **أحمد علي بديوي:** الثواب والعقاب وأثره في تربية الأولاد:، القاهرة، سفير، ط 1، د. ت.

29. **أحمد فؤاد الأهواني:** التربية في الإسلام، دار المعارف، القاهرة، 1976م.

30. **أحمد محمد إبراهيم فلاتة:** آداب المتعلم في الفكر التربوي الإسلامي، دار المجتمع للنشروالتوزيع،جدة، الطبعة الأولى 1414هـ - 1993م.

31. **أزهري التجاني عوض:** القيم الخلقية وتطبيقاتها التربوية، مع دراسة تطبيقية على منهاج مرحلة التعليم الأساس السودانية. الطبعة الأولى.

32. **أسامة سعد أبوسريع:** الصداقة من منظور علم النفس: عالم المعرفة،1993م.

33. **أسامة عطية المزيني:** القيم الدينية وعلاقتها بالاتزان الانفعالي ومستوياته لدى طلبة الجامعة الإسلامية بغزة. رسالة ماجستير فير منشورة، قسم علم النفس، كلية التربية، الجامعة الإسلامية. سنة (2001).

34. إسحاق الفرحان وزميله: اتجاهـات المعلمـين في الأردن نحـو القيـم الإسلامية في مجـال العقائـد والعبـادات والمعاملات كما حددها الإمام البيهقي، أبحاث اليرموك، 4(20) عــمان 1988م.

35. إسماعيـل بـن كثـير القـرشي أبـو الفداء: البداية والنهاية: مكتبة المعارف - بيروت. الطبعة الرابعة، 1402هـ

36. أشرف أحمد عبد القادر: القيم الدينية لدى طلاب الجامعة وعلاقتها ببعض سمات الشخصية. 1986م.

37. آمال حمزة المرزوقي: النظرية التربوية الإسلامية ومفهوم الفكر التربوي الغربي، رسالة ماجستير: تهامة – جدة ط1، 1402 – 1982م.

38. أمان أحمد محمود: مشكلات الشباب وأثرها على التحصيل الدراسي في التعليم الثانوي، رسالة ماجستير غير منشورة، كلية التربية، جامعة عين شمس (1973م).

39. أنور رياض عبد الرحيم: أثر بعض المتغيرات المدرسية والأسرية والنفسية عـلى التحصيل الـدراسي،ع1، جامع قطر، مركز البحوث التربوية 1992م.

40. بدر الدين محمد بـن إبراهيم ابن جماعة: تذكرة السامع والمتكلم في أدب العالم والمتعلم، تحقيق: عبد السـلام عمـر عـلي، دار الضياء، ط11423هـ 2002م.

41. بشير حاج التوم: تدريس القيم الخلقية ـ الطبعة الأولى ـ جامعـة أم القـرى، مركـز البحـوث التربوية والنفسية، مكة المكرمة 1403هـ

42. بكر بن عبـد اللـه أبـوزيد: حلية طالب العلم، دار الراية،ط2،1409هـ.

43. التهامي نقرة: سيكولوجية القصة في القرآن، الشركة التونسية للتوزيع، تونس،1971م.

44. توفيق مرعي وآخرون: علم النفس الاجتماعي، دار القرقان، عمان ، الطبعة الثانية. 1984م.

45. جابر عبد الحميد جابر: التقويم التربوي والقياس النفسي: دار النهضة العربية، القاهرة، ط2،1996م.

46. الجنيدي جباري بلابل: التوافق الدراسي في علاقته بالتحصيل الدراسي والميل العلمي والميل الأدبي لدى طلاب الجامعة، رسالة ماجستير، جامعة أم القرى، مكة المكرمة، 1406هـ

47. حامد الحربي: مدى تطبيق المدرسة للقيم التربوية المستنبطة من سورة الحجرات، رسالة ماجستير غير منشورة، كلية التربية جامعة أم القرى، مكة المكرمة 1404هـ

48. حامد زهران: علم نفس النمو (الطفولة والمراهقة)، ط5.القاهرة: عالم الكتب. (1995)م.

49. حامد عبد القادر: دراسات في علم النفس، مكتبة النهضة المصرية، القاهرة، 1975م.

50. حسن الشرقاوي: نحو تربية إسلامية، مؤسسة شباب الجامعة، الأسكندرية، 1983م.

517

| | | |
|---|---|---|
| 51. | حسن أيوب: | السلوك الاجتماعي في الإسلام.دار الندوة الجديدة بيروت، ط4، 1403هـ |
| 52. | حسن بن علي بن حسن الحجاجي: | الفكر التربوي عند ابن القيم، دار حافظ للنشر والتوزيع، ط1، 1408هـ - 1988م. |
| 53. | حسن علي حسن: | الدين ودافعية الإنجاز. دراسة نفسية مقارنة لمستوى دافعية الإنجاز، مجلة المسلم المعاصر، العددان 55و56 ، يناير /فبراير / مارس 1990م. |
| 54. | حسن علي مختار: | الفاعلية في المناهج وطرق التدريس حول قضايا تعليمية معاصرة، 1408هـ |
| 55. | الحسين بن حيدرالنعيمي: | العلاقة بين القدرات العقلية والتحصيل الدراسي لدى طلاب الثانوية العامة، رسالة ماجستير غير منشورة،كلية العلوم الاجتماعية بالرياض، جامعة الإمام محمد بن سعود الإسلامية، 1424هـ ت2003م. |
| 56. | حسين بن محمد، الراغب الأصفهاني: | المفردات في غريب القرآن، دار المعرفة للطباعة والنشر. بيروت. |
| 57. | حسين رشدي التاودي: | المثابرة واثرها على النجاح في الدراسة الثانوية، رسالة ماجستير غير منشورة، كلية التربية جامعة عين شمس، 1959م. |
| 58. | حمد بن مكرم بن منظور المصري: | لسان العرب، بيروت: دار صادر، بيروت، 1389هـ 1970م. |
| 59. | حمدي شاكر: | مبادئ علم نفس النمو في الإسلام. حائل. دار الأندلس. (1998)م. |
| 60. | خالد أبو صالح: | فتاوى وتوجيهات في الإجازة والرحلات لفضيلة الشيخ محمد بن صالح العثيمين رحمه الله. |
| 61. | خالد عبد الرحمن الشايع: | مقال بعنوان القنوات الفضائية وآثارها العقيدة والثقافية والاجتماعية والأمنية. |
| 62. | خليل يوسف الخليلي، وآخرون: | تدريس العلوم في مراحل التعليم العام، دبي،1996م. |
| 63. | رجاء محمد أبو علام ونادية شريف: | الفروق الفردية وتطبيقاتها التربوية: دار القلم، الكويت ط2، 1409 هـ . |
| 64. | الزرنوجي،برهان الدين النعمان: | تعليم المتعلم في طريق التعلم. (تحقيق: صلاح محمد الخيمي ونذير حمدان) دار ابن كثير، دمشق، الطبعة الأولى 1406هـ /1985م. |
| 65. | سالك أحمد معلوم: | الفكر التربوي عند الخطيب البغدادي، مطبعة المحمودية، الطبعة الأولى 1413هـ - 1992م. |

66. **سامية محمد عوض بن لادن:** العلاقة بين التحصيل الدراسي وبعض سمات الشخصية لدى طالبات الصف الثاني الثانوي في مدينة الرياض، بحث مقدم كمتطلب جزئي للحصول على درجة الماجستير في علم النفس، كلية التربية للبنات بالرياض. 1410هـ ـ 1989م.

67. **سعد السكري:** دراسة مقارنة للقيم عن المراهقين والمراهقات بالنسبة للجنس والذكاء والمستوى الاجتماعي، رسالة ماجستير غير منشورة، كلية التربية، جامعة عين شمس- 1960م.

68. **سعد الشدوخي:** حاجتنا إلى مناهج إسلامية، مجلة البيان، عدد 173.

69. **سعيد إسماعيل علي:** معاهد التربية الإسلامية: دار الفكر العربي، القاهرة، 1986م.

70. **سعيد محمد بامشموس ومحمود المنسي:** مفهوم الذات وعلاقته والمستوى الاجتماعي والثقافي بطلاب الجامعة، جامعة الملك عبد العزيز، مركز النشر العلمي.

71. **سليمان بن الأشعث، أبوداود:** السنن، تحقيق محمد محيي الدين عبد الحميد، دار الفكر، د0ت.

72. **سليمان بن علي الدويرعات:** السلوك الأخلاقي وعلاقته بالصحة النفسية من المنظور الإسلامي.دراسة ارتباطية على الطلبة الجامعيين في مدينة الرياض. رسالة دكتوراه غير منشورة، قسم علم النفس، كلية العلوم الاجتماعية، جامعة الإمام محمد بن سعود بالرياض، 1417هـ

73. **سيد محمد الطواب:** أثر تفاعل مستوى دافعية الإنجاز والذكاء والجنس على التحصيل الدراسي، لدى طلاب وطالبات جامعة الإمارات العربية المتحدة، مجلة كلية التربية، جامعة الإمارات، ع5 (1990)م.

74. **سيد محمد الطواب:** قلق الامتحان والذكاء والمستوى الدراسي وعلاقتها بالتحصيل الأكاديمي لطلاب الجامعة من الجنسين، مجلة العلوم الاجتماعية، م 20 العدد الثالث /الرابع 1992م.

75. **سيد أحمد عثمان:** علم النفس الاجتماعي التربوي: التطبيع الاجتماعي، المسايرة والمغايرة، مكتبة الأنجلو المصرية، القاهرة 1423هـ -2002م.

76. **سيد أحمد عثمان:** المسؤولية الاجتماعية والشخصية المسلمة: دراسة نفسية تربوية، مكتبة الأنجلو المصرية، القاهرة،1979م.

77. **السيوطي: جلال الدين عبد الرحمن:** الدر المنثور، دار الفكر - بيروت، 1993م.

78. **شفيق محمد زيعور:** المذهب التربوي عند العلموي، دار اقرأ، بيروت، الطبعة الأولى 1406هـ - 1986م.

79. شهاب الدين محمد بن أحمد الأبشيهي: المستطرف في كل فن مستظرف، تحقيق: د.مفيد محمد قميحة، دار الكتب العلمية – بيروت ـ 1986م.

80. صالح ابن حميد: القدوة مبادئ ونماذج، الندوة العالمية للشباب الإسلامي، السعودية.

81. صالح بن علي أبو عرّاد: مقدمة في التربية الإسلامية، دار الصولتية للتربية ، الرياض: (1424هـ).

82. صفي الرحمن المباركفوري: الرحيق المختوم، بحث في السيرة النبوية، دار السلام، الرياض ط6، 1424هـ -2004م.

83. صلاح الدين علام: القياس والتقويم التربوي والنفسي، أساسياته، وتطبيقاته، وتوجيهاته المعاصرة، دار الفكر العربي، القاهرة، 1420هـ

84. صياح دياب: القيم التربوية المتضمنة في برامج الأطفال في سن التعليم الابتدائي، رسالة ماجستير غير منشورة، معهد الدراسات العليا، جامعة عين شمس، القاهرة،1996م.

85. ضياء زاهر: القيم في العملية التربوية، مؤسسة الخليج العربي ط1 1984م.

86. عادل عز الدين الأشول: علم النفس النمو، مكتبة الأنجلو المصرية، القاهرة ط2، 1989م.

87. عباس إبراهيم متولي: المسؤولية الاجتماعية وعلاقتها بالقيم لدى شباب الجامعة، المؤتمر السنوي السادس لعلم النفس في مصر من 22 ـ 24 يناير 1990م، الجمعية المصرية للدراسات النفسية، الجزء الثاني.

88. عباس محجوب: مشكلات الشباب والحلول المطروحة، والحل الإسلامي- مطابع الدوحة، ط1 ،1986م.

89. عبد الحميد الزنتاني: أسس التربية الإسلامية في السنة النبوية – الدار العربية للكتاب، تونس،ط1 1984م.

90. عبد الحميد الهاشمي: الرسول العربي المربي، دار الهدى للنشر والتوزيع بالرياض، ط2، 1405هـ _1985م.

91. عبد الحميد الهاشمي: علم النفس التكويني، أسسه وتطبيقه، من الولادة إلى الشيخوخة ـ دار المجمع العلمي، جدة ـ ط4 (1399هـ).

92. عبد الرؤوف المناوي: فيض القدير شرح الجامع الصغير ، المكتبة التجارية الكبرى – مصر، الطبعة الأولى.

93. عبد الرحمن السعدي: الرياض الناضرة والحدائق الزاهرة في العقائد والفنون المتنوعة الفاخرة، المجموعة الكاملة، الثقافة، عنيزة: مركز صالح بن صالح الثقافي، الطبعة الثانية،1412هـ - 1992م.

94. عبد الرحمن السعدي: تيسير الكريم الرحمن في تفسير كلام المنان، تحقيق: عبد الرحمن بن معلا اللويحق، مؤسسة الرسالة، بيروت ـ لبنان، الطبعة الأولى 1423هـ

| | |
|---|---|
| 95. عبد الرحمن الشعوان: | القيم وطرق تدريسها في الدراسات الاجتماعية، مجلة جامعة الملك سعود، م9، العلوم التربوية والدرسات الإسلامية، العدد 1 الرياض، 1997م. |
| 96. عبد الرحمن الميداني: | الأخلاق الإسلامية وأثرها- دار القلم، بيروت، ط1 1979م. |
| 97. عبد الرحمن النحلاوي: | أصول التربية الإسلامية وأساليبها في البيت والمدرسة والمجتمع، دار الفكر، دمشق، الطبعة الثانية، 1416هـ - 1996م. |
| 98. عبد الرحمن بن علي ابن الجوزي: | صفوة الصفوة، تحقيق: محمود فاخوري - د.محمد رواس قلعه جي، دار المعرفة – بيروت،الطبعة الثانية، 1399هـ- 1979م. |
| 99. عبد الرحمن بن علي ابن الجوزي: | صيد الخاطر: تحقيق: محمد عبد الرحمن عوض، الطبعة الأولى، بيروت، دار الكتاب العربي، 1405هـ |
| 100. عبد الرحمن سيد سليمان: | المتفوقون عقليا: خصائصهم، إكتشافهم، تربيتهم، مشكلاتهم ، زهراء الشرق، القاهرة. 1423هـ |
| 101. عبد الرحمن عبد الله المالكي: | العلاقة بين التزام التلاميذ بالسلوك الإسلامي داخل الفصل ومستوى أدائهم في مادة التربية الإسلامية في المرحلة الابتدائية،رسالة الخليج، مكتب التربية العربي لدول الخليج ع(101) السنة27،(1427)هـ -(2006م). |
| 102. عبد الرحمن عدس وآخران: | البحث العلمي، مفهومه/ أدواته/ أساليبه ـ دار اسامة للنشر والتوزيع ط2005م . |
| 103. عبد الرحمن العيسوي: | تطوير التعليم الجامعي العربي، دراسة حقلية، دار النهضة العربية، بيروت. |
| 104. عبدالرحمن العيسوي: | سيكولوجية المراهق المسلم المعاصر. الكويت: دار الوثائق. 1987م. |
| 105. عبد الرحيم الرفاعي بكرة: | القيم الأخلاقية لدى طلاب جامعة طنطا، دراسة ميدانية. |
| 106. عبد العزيز النغيمشي: | المراهقون: دراسة نفسية إسلامية للآباء والمعلمين والدعاة.دار المسلم، الطبعة الثالثة، 1415هـ |
| 107. عبد العزيز محمد السدحان: | معالم في طريق طلب العلم، دار العاصمة ـ الرياض ط3 1420هـ |
| 108. عبد العلي الجسماني: | سيكولوجية الطفولة والمراهقة وحقائقها الأساسية. لبنان: الدار العربية للعلوم. (1994)م. |
| 109. عبد الغني عبود: | الملامح العامة للمجتمع الإسلامي، دار الفكر العربي، القاهرة،1979م. |
| 110. عبد الفتاح أبو غدة: | قيمة الزمن عند العلماء، الطبعة الخامسة، 1410هـ -1990م. |
| 111. عبد الكريم العفيفي: | الخدمة الاجتماعية في المجال المدرسي، مكتبة عين شمس، القاهرة،1994م. |
| 112. عبد الكريم بن صنيتان العمري: | دور المسجد في تحقيق الأمن الاجتماعي، ورقة عمل مقدمة لندوة المجتمع والأمن المنعقدة بكلية الملك فهد الأمنية بالرياض من 2/21 حتى 2/24 من عام 1425هـ |

113. **عبد اللطيف خليفة:** ارتقاء القيم (دراسة نفسية) سلسلة عالم المعرفة رقم 160، الكويت المجلس الوطني للثقافة والفنون والآداب.

114. **عبد الله بن أحمد بن قدامة المقدسي:** المغني في فقه الإمام أحمد بن حنبل الشيباني، دار الفكر - بيروت الطبعة الأولى، 1405هـ

115. **عبد الله بن أحمد بن قدامة المقدسي:** الكافي في فقه الإمام المبجل أحمد بن حنبل.

116. **عبد الله بن محمد أبو بكر البغدادي:** كتاب الورع ـ الدار السلفية - الكويت ـ تحقيق: أبي عبد الله محمد بن حمد الحمود، الطبعة الأولى، 1408 هـ - 1988م.

117. **عبد الله صالح علوان:** تربية الأولاد في الإسلام، دار السلام، سوريا -1990م - ط3.

118. **عبد الله قادري الأهدل:** أثر التربية الإسلامية في أمن المجتمع. الطبعة الأولى، 1409هـ - 1988م.

119. **عبد المجيد بن مسعود:** القيم الإسلامية التربوية والمجتمع المعاصر، كتاب الأمة، وزارة الأوقاف والشؤون الإسلامية بدولة قطر، الطبعة الأولى 1419هـ - 1998م.

120. **عبد المجيد نشواتي:** علم النفس التربوي ، مؤسسة الرسالة، 1983م.

121. **عبد المنعم الحفني:** موسوعة علم النفس والتحليل النفسي، ط2، دار العودة، مصر، 1987م.

122. **عبد الوهاب خلاف:** أصول الفقه: دار الكتاب العربي، القاهرة،1992م.

123. **عبدالكريم بن محمد السمعاني:** أدب الاملاء والاستملاء، دار الكتب العلمية - بيروت، الطبعة الأولى، 1401 هـ - 1981م.

124. **عبد الله بن عبدالرحمن الدارمي:** سنن الدارمي، تحقيق: فواز أحمد زمرلي ، خالد السبع العلمي ، دار الكتاب العربي - بيروت، الطبعة الأولى، 1407هـ

125. **عبد الله بن ناصر بن عبد الله السدحان:** الترويح: دوافعه ـ ضوابطه ـ تطبيقاته في العصر النبوي: 1419هـ

126. **عبد الله عائض الثبيتي:** متغيرات الخلفية الاسرية و المدرسية المؤثرة على مستوى تحصيل الطلاب في المرحلة المتوسطة والثانوية: دراسة تتبعية .1411هـ - 1991م.

127. **عطية بن محمد أحمد الصالح:** تنمية القيم الأخلاقية لدى طلاب مرحلة التعليم الأساسي العليا من وجهة نظر معلمي التربية الإسلامية في المملكة الأردنية الهاشمية، رسالة دكتوراه غير منشورة، كلية التربية، جامعة أم القرى بمكة المكرمة 1424هـ 2002م.

128. **علي أبو العينين:** القيم الإسلامية والتربية، مكتبة إبراهيم الحلبي، المدينة المنورة، 1408هـ ط1 .

129. **علي بن أحمد بن حزم الأندلسي:** الإحكام في أصول الأحكام، دار الحديث - القاهرة ـ الطبعة الأولى، 1404هـ

130. علي بن أحمد (ابن مسكويه): تهذيب الأخلاق وتطهير الأعراق، مكتبة محمد علي الصبيح، القاهرة، 1959م.

131. علي بن الحسن بن هبة ابن عساكر: تاريخ مدينة دمشق: الطبعة الأولى، 1402هـ -1982م.

132. علي بن محمد بن علي الجرجاني: التعريفات، تحقيق: إبراهيم الأبياري، الناشر: دار الكتاب العربي – بيروت، الطبعة الأولى، 1405هـ

133. علي عبد الحليم محمود: المسجد وأثره في المجتمع الإسلامي، 1396هـ -1976م.

134. عماد الدين خليل: حول إعادة تشكيل العقل المسلم، كتاب الأمة، الطبعة الأولى، 1403هـ - 1983م.

135. عمر الشيباني: فلسفة التربية الإسلامية، الدار العربية للكتاب، ليبيا – 1988م.

136. عمر بن أحمد الحلبي: تذكرة الآباء؛، تحقيق: علاء عبد الوهاب، القاهرة، دار الأمين، ط 1، 1415 هـ 1995 م.

137. عمر سليمان الأشقر: القياس بين مؤيديه ومعرضيه ـ الدار السلفية، الكويت 1399هـ ـ 1979م، ط1.

138. عمر عبد الرحمن المفدى: علم نفس المراحل العمرية، ـ الرياض ـ دار طيبة. ط2 ـ 1423هـ

139. عمرو بن بحر الجاحظ: الحيوان، تحقيق عبد السلام هارون، دار إحياء التراث العربي، 1389هـ - 1969م.

140. عيسى بن علي عيسى الزهراني: المسؤولية الاجتماعية وعلاقتها بالتوافق الدراسي والتحصيل الأكاديمي لدى عينة مـن طلاب جامعة الملك عبد العزيز بجدة. بحث مكمـل للماجستير، جامعـة أم القرى، 1418هـ

141. فؤاد البهي: علم النفس الاجتماعي، دار الفكر العربي، القاهرة، 1958م.

142. فاطمة إبراهيم حميدة: التفكير الأخلاقي، دليل المعلم في تنميـة التفكير الأخلاقي لـدى التلاميـذ في جميـع المراحل، مكتبة النهضة المصرية، القاهرة، ط1، 1990م.

143. فاطمة إبراهيم الحازمي: العلاقة بين المستويين التعليمي والاقتصادي في الأسرة، ومستوى التحصيل الدراسي في منهج اللغة الإنجليزية، رسالة ماجستير غير منشورة، جامعة أم القرى، 1410هـ

144. فاطمة عبد الله المهاجري: السلوك الديني في الإسلام وعلاقته بمفهوم الـذات لـدى طالبـات جامعـة أم القرى، رسالة ماجستير غير منشورة، 1409هـ

145. فايز دندش: علم الاجتماع التربوي بين التأليف والتدريس، دار الوفاء، الأسكندرية، ط1، 1420هـ

146. فوزية دياب: القيم والعادات الاجتماعية، دار الكتاب العربي للطبعة والنشر، القاهرة 1966م.

147. **فوزية دياب:** نمو الطفل وتنشئته بين الأسرة ودور الحضانة ،دار القاهرة ، 1989م.
148. **كاميليا عبد الفتاح:** المراهقون وأساليب معاملتهم.القاهرة: دار قباء. (1998)م.
149. **لطفي فطيم:** الاستذكار والتحصيل الدراسي لدى طلاب وطالبات كلية البحرين الجامعية، مجلة العربية للدراسات الاجتماعية، العدد 26، 1989م.
150. **لطفي بركات أحمد:** المعجم التربوي في الأصول الفكرية والثقافية للتربية، دار الوطن. الطبعة الأولى 1404هـ - 1984 م.
151. **لطفي بركات أحمد:** ـ القيم والتربية ـ دار المريخ ـ الرياض 1403هـ
152. **لطفي بركات أحمد:** نظرية القيم الخلقية عن أتباع الوضعية المنطقية وتطبيقاتها التربوية-رسالة ماجستير غير منشورة، كلية التربية، جامعة عين شمس. 1963م.
153. **ليلى بنت عبد الرحمن الجريبة:** كيف تربي ولدك؟ الطبعة الأولى 1422هـ - 2002م.
154. **ماجد الكيلاني:** فلسفة التربية الإسلامية، مكتبة هادي، مكة المكرمة، 1409هـ ط2.
155. **ماجد زكي الجلاد:** تعلم القيم وتعليمها، دار المسير، الأردن، 1427هـ ـ 2007 م ط2.
156. **مانع محمد بن علي المانع:** الثبات والتغير في القيم في الإسلام والفكر الغربي المعاصر.دراسة تأصيلية مقارنة. دكتوراه، 1423هـ
157. **ماهر الجعفري:** القيم بين الأصالة والمعاصرة، بحث مقدم إلى مؤتمر (القيم والتربية في عالم متغير) المنعقد في جامعة اليرموك، الأردن حلال الفترة 14-16 ربيع الثاني 1420هـ
158. **ماهر محمود عمر:** سيكلوجية العلاقات الاجتماعية، دار المعرفة الجامعية.
159. **محب الدين أبو صالح:** تقويم مناهج التربية الدينية الإسلامية بالمرحلة الثانوية في الجمهورية العربية السورية، رسالة دكتوراة غير منشورة، كلية التربية، جامعة عين شمس 1977م.
160. **محمد عبد السميع عثمان:** الفوارق القيمية بين الريف والحضر ودور التربية في معالجتها من أجل التنمية الاجتماعية والاقتصادية في مصر، رسالة دكتوراه غير منشورة، جامعة الأزهر القاهرة، 1981م.
161. **محمد وفائي الحلو:** دور الروضة في إكساب الأطفال القيم الأخلاقية، بحثم قدم إلى مؤتمر القيم والتربية في عالم متغير، المنعقد في جامعة اليرموك، إربد، في الفترة من 17-19 جمادى الآخرة 1420هـ
162. **محمد إبراهيم نصر:** الإعلام وأثره في نشر القيم الإسلامية وحمايتها -دار اللواء للنشر والتوزيع، الرياض، ط1،1398هـ -1978م.
163. **محمد أحمد الدسوقي:** العلاقة بين الحاجات النفسية والتحصيل الدراسي لدى طلاب الجامعة، مجلة رسالة التربية، جامعة الملك عبد العزيز، العدد الثالث.

164. **محمد الصاوي:** القيم الإسلامية المتضمنة في كتابي القراءة للصف الثالث الابتدائي في مصر ـ وقطر، مجلة كلية التربية، جامعة قطر،7 (7)، الدوحة 1990م.

165. **محمد الناصر وخولة درويش:** تربية المراهق في ضوء الإسلام،: الدمام، ط1، 1417 هـ 1996 م.

166. **محمد بن أبي بكر ابن قيم الجوزية:** هداية الحيارى في أجوبة اليهود والنصارى ـ الجامعة الإسلامية - المدينة المنورة.

167. **محمد بن أبي بكر ابن قيم الجوزية:** إغاثة اللهفان من مصائد الشيطان، تحقيق: محمد حامد الفقي ـ دار المعرفة – بيروت، الطبعة الثانية، 1395 هـ – 1975م.

168. **محمد بن أبي بكر ابن قيم الجوزية:** مدارج السالكين بين منازل إياك نعبد وإياك نستعين (تحقيق: عماد عامر) دار الحديث القاهرة 1424هـ /2003م.

169. **محمد بن أبي بكر ابن قيم الجوزية:** تحفة المودود بأحكام المولود ـ تحقيق: عبد القادر الأرناؤوط ـ مكتبة دار البيان – دمشق ـ الطبعة الأولى، هـ 1391 – 1971م.

170. **محمد بن أبي بكر ابن قيم الجوزية:** الفوائد، دار الكتب العلمية – بيروت الطبعة الثانية، 1393 – 1973م.

171. **محمد بن أبي بكر ابن قيم الجوزية:** شفاء العليل في مسائل القضاء والقدر والحكمة والتعليل، تحقيق: محمد بدر الدين أبو فراس النعساني الحلبي، دار الفكر - بيروت، 1398 هـ - 1978 م.

172. **محمد بن أبي بكر ابن قيم الجوزية:** حادي الأرواح إلى بلاد الأفراح ـ دار الكتب العلمية – بيرو ت.

173. **محمد بن أبي بكر ابن قيم الجوزية:** زاد المعاد في هدي خير العباد تحقيق: شعيب الأرناؤوط - عبد القادر الأرناؤوط، مؤسسة الرسالة - مكتبة المنار الإسلامية - بيروت – الكويت ـ الطبعة الرابعة عشر، 1407هـ – 1986م

174. **محمد بن أبي بكر ابن قيم الجوزية:** كتاب الجواب الكافي لمن سأل عن الدواء الشافي (الداء والدواء) ـ دار الكتب العلمية - بيروت.

175. **محمد بن أبي بكر ابن قيم الجوزية:** مفتاح دار السعادة ومنشور ولاية العلم والإرادة، دار الكتب العلمية ـ بيروت.

176. **محمد بن أبي بكر ابن قيم الجوزية:** إعلام الموقعين عن رب العالمين، تحقيق: طه عبد الرءوف سعد، دار الجيل - بيروت 1973

177. **محمد بن أبي بكر ابن قيم الجوزية:** الروح في الكلام على أرواح الأموات والأحياء بالدلائل من الكتاب والسنة،دار الكتب العلمية - بيروت، 1395هـ - 1975م،

178. محمــد بــن أبي بكــر ابــن قيــم الجوزية: بدائع الفوائد، تحقيق: هشام عبد العزيز عطا - عادل عبد الحميد العدوي - أشرف أحمد - مكتبة نزار مصطفى الباز - مكة المكرمة - الطبعة الأولى، 1416هـ - 1996 م.

179. محمد بن أبي بكر الرازي: مختار الصحاح، تحقيق: محمود خاطر، مكتبة لبنان ناشرون - بيروت - 1415 هـ - 1995 م.

180. محمــد بــن أحمد بــن عــثمان الذهبي: سير أعلام النبلاء، تحقيق: شعيب الأرناؤوط ومحمد العرقسوسي، مؤسسة الرسالة، بيروت، الطبعة التاسعة 1413هـ

181. محمد بن احمد بن عثمان الذهبي: مناقب الامام ابي حنيفة و صاحبيه أبي يوسف و محمد بن الحسن،1416هـ - 1996م.

182. محمد بن أحمد بن عثمان الذهبي: تذكرة الحفاظ تحقيق: زكريا عميرات، دار الكتب العلمية: الطبعة رقم(1) سنة (2007)م.

183. محمد بن إسماعيل البخاري: الجامع الصحيح المختصر (صحيح البخاري)، دار ابن كثير، اليمامة – بيروت، تحقيق: د.مصطفى ديب البغا أستاذ الحديث وعلومه في كلية الشريعة - جامعة دمشق، الطبعة الثالثة، 1407هـ - 1987م.

184. محمد بن إسماعيل الشافعي: ديوان الشافعي، دار الكتاب العربي، ط1، 1411هـ

185. محمد بن سعد الزهري: الطبقات الكبرى، دار صادر – بيروت.

186. محمد بن صالح بن عثيمين: كتاب العلم، مكتبة الإيمان، الطبعة الأولى.

187. محمد بن عبد الله القزويني ابن ماجة: سنن ابن ماجة، تحقيق: ممد مصطفى الأعظمي، شركة الطباعة العربية السعودية، الطبعة الأولى 1403هـ - 1983م.

188. محمــد بــن عبــد الله بــن قتيبة الدينوري: عيون الأخبار. الطبعة الأولى، 1349هـ - 1930م.

189. محمد بن علي الشوكاني: فتح القدير الجامع بين فني الرواية والدراية من علم التفسير. دار إحياء التراث العربي، الطبعة الأولى.

190. محمــد بــن محمــد العــمادي أبــو السعود: تفسير أبي السعود(إرشاد العقل السليم إلى مزايا القرآن الكريم) دار إحياء التراث العربي ـ بيروت.

191. محمد بن محمد الغزالي أبو حامد: إحياء علوم الدين: دار الفكر – بيروت.1395هـ

192. محمد بن معجب الحامد: التحصيل الدراسي، دراساته، نظرياته، واقعه، والعوامل المؤثرة فيه. الدار الصولتية للتربية.

193. **محمد بن مفلح المقدسي الحنبلي:** الآداب الشرعية والمنح المرعية، دار الوفاء للطباعة والنشر سنة 2000م.

194. **محمد بن يعقوب الفيروزآبادي:** القاموس المحيط، المدرسة العربية للطباعة والنشر، بيروت.

195. **محمد جازع الشمري:** الأخلاقيات الإسلامية وأثرها على العمل. دراسة ميدانية. الرياض، مطابع التقنية للأوفست، 1414هـ.

196. **محمد خليفة بركات:** علم النفس التعليمي: دار القلم، الكويت، ط3 ، 1399هـ.

197. **محمد سعيد أندر قيري:** بعض العوامل الأكاديمية وعلاقتها بالتحصيل الدراسي ـ دراسة تطبيقية على طلاب وطالبات جامعة الملك عبد العزيز بجدة ت مجلة الأدب والعلوم الإنسانية، جامعة المنيا، المجلد 16، الجزء الثاني 1995م.

198. **محمد سعيد أندر قيري وآخرون:** الخلفية الاجتماعية للطالب وأثرها في التكيف مع المناخ الجامعي و التحصيل الدراسي، مجلة التربية، جامعة الأزهر ع53، 1416هـ.

199. **محمد سعيد مولوي:** كيف يربي المسلم ولده؟، الدمام، رمادي، ط 3 1416 هـ 1995 م.

200. **محمد عبد السلام العجمي:** تربية الطفل في الإسلام: النظرية والتطبيق، وآخرون، مكتبة الرشد، المملكة العربية السعودية، الرياض، الطبعة الأولى، 1425هـ - 2004م.

201. **محمد عثمان:** الفوارق القيمية بين الريف والحضر ودور التربية في معالجتها من أجل التنمية الاجتماعية والاقتصادية في مصر، رسالة دكتوراه غير منشورة، جامعة الأزهر، القاهرة 1981م.

202. **محمد عطية الأبراشي:** روح التربية والتعليم، دار إحياء الكتب العربية، ط4، 1369هـ -1950م.

203. **محمد علي الهاشمي:** شخصية المسلم كما يصوغها الإسلام في الكتاب والسنة: دار البشائر الإسلامية ـ بيروت ـ ط5 1414هـ ـ 1993م.

204. **محمد علي ابن حزم الظاهري:** الأخلاق والسير في مداوة النفوس، دار الكتب العلمية، لبنان،ط2، 1405هـ -1985م.

205. **محمد علي قطب:** أولادنا في ضوء التربية الإسلامية، دمشق، مكتبة الغزالي، ط 1، 1413 هـ 1993 م.

206. **محمد فاضل الجمالي:** نحو توحيد الفكر التربوي في العلم الإسلامي، الدار التونسية للنشر تونس، ط2 1978م.

207. **محمد فرج الصالحي:** العلاقة بين متغيرات مستوى الطموح والتحصيل والمستوى الاقتصادي الاجتماعي عند طلبة المرحلة الثانوية في الأردن.، رسالة ماجستير غير منشورة، كلية التربية، الجامعة الأردنية، 1982م.

208. **محمد قطب:** منهج التربية الإسلامية، دار الشروق، الطبعة الرابعة عشر، 1414هـ - 1993م.

209. **محمد كاظم:** التطورات القيمية وتنمية المجتمعات الريفية، المجلة الاجتماعية القومية، تصدر عن المركز القومي للبحوث الاجتماعية، القاهرة 1970م.

210. **محمد كاظم:** تطورات في قيم الطلبة، مكتبة الأنجلو المصرية، القاهرة.

211. **محمد كنعان:** بعض أنماط السلوكيات الأخلاقية السائدة عند طلبة المرحلة الأساسية العليا من وجهة نظر معلميهم، رسالة ماجستير غير منشورة، كلية التربية، الجامعة الأردنية، عمان، 1417هـ

212. **محمد محمد مصطفى الشيخ:** القيم وعلاقتها بالتوافق النفسي لدى طلاب جامعة الأزهر. رسالة دكتوراه غير منشورة، كلية التربية، جامعة الأزهر 1980م.

213. **محمد محمود العيني:** عمدة القارئ شرح صيحيح البخاري، دار الفكر، د.ت.

214. **محمد مرتضى الزبيدي:** تاج العروس من جواهر القاموس، منشورات دار مكتبة الحياة، بيروت.

215. **محمد منير حجاب:** الإعلام الإسلامي: المبادئ، النظرية، التطبيق -دار الفجر للنشر والتوزيع، القاهرة ط1، 2002م.

216. **محمد منير مرسي:** التربية الإسلامية أصولها وتطورها في البلاد العربية، عالم الكتب، القاهرة، 1982م.

217. **محمد مهدي الآصفي:** دور الدين في حياة الإنسان، الطبعة الثانية، 1402هـ - 1982م.

218. **محمد بن صالح المنجد:** التربية بالقصة.

219. **محمود الألوسي أبو الفضل:** روح المعاني في تفسير القرآن العظيم والسبع المثاني، دار إحياء التراث العربي – بيروت.

220. **محمود عطا حسين عقل:** القيم السلوكية، مكتب التربية العربي لدول الخليج، الرياض 1422هـ ط1.

221. **محمود عطا حسين عقل:** دراسة مقارنة في بعض سمات الشخصية للمتفوقين والمتأخرين تحصيليا. دراسة ميدانية. رسالة دكتوراة غير منشورة، كلية الآداب، جامعة عين شمس (1978م).

222. **محمود عطا حسين عقل:** النمو الإنساني(الطفولة والمراهقة)،ط3.الرياض:دار الخريجي. (1996).

223. **محي الدين توفيق وعبد الرحمن عدس:** أساسيات علم النفس التربوي، مكتبة الأقصى، عمان، الأردن.

224. محي الدين حسين: القيم الخاصة لدى المبدعين، دار المعارف، القاهرة، 1981م.

225. مروان إبراهيم القيسي: المنظومة القيمية الإسلامية، المكتب الإسلامي، 1416هـ

226. مصطفى محمد متولي وآخرون: أصول التربية الإسلامية، دار الخريجي، الرياض ط1 1415هـ ـ 1995م.

227. مصلح أحمد صالح: التكيف الاجتماعي والتحصيل الدراسي: دراسة ميدانية في البيئة الجامعية، رسالة ماجستير، جامعة الملك سعود، الطبعة الأولى، 1416هـ - 1996م.

228. مقداد يالجن: علم الأخلاق الإسلامية، دار عالم الكتب، الطبعة الأولى، 1413هـ 1992م.

229. مناع القطان: مباحث في علوم الحديث، مكتبة وهبة، القاهرة، ط1 1408هـ.

230. منصور عبد الغفور: دراسة تحليلية للقيم البيئية لدى المراهقين من طلاب التعليم العام والأزهري، وأثر ذلك على مستوى القلق، رسالة ماجستير غير منشورة، كلية التربية، جامعة أسيوط، 1982م.

231. محمد نور بن عبد الحفيظ سويد: منهج التربية النبوية للطفل، مع نماذج تطبيقية من حياة السلف الصالح وأقوال العلماء العاملين، ، دار ابن كثير، دمشق، بيروت، الطبعة الأولى، 1419هـ - 1998م.

232. ناصرالدين بن عمر البيضاوي: أنوار التنزيل و أسرار التأويل المعروف بتفسير البيضاوي، 1400هـ -1980م.

233. نبيه إبراهيم إسماعيل: دراسة للعلاقة بين التفوق العقلي وبعض القيم الشخصية والاجتماعية، رسالة ماجستير غير منشورة ـ كلية التربية، جامعة عين شمس 1976م.

234. نعمات سفيان علوان: القيم الدينية وعلاقتها ببعض سمات الشخصية لدى طلبة الجامعات في محافظات غزة، رسالة دكتوراه غير منشورة، غزة: كلية التربية الحكومية. سنة (2000)م.

235. نورة سليمان بالغنيم: البيئة الاجتماعية بفصل المدرسة وعلاقتها بالدافع المعرفي والتحصيل الدراسي لدى عينه من التلميذات بالمرحلة الابتدائية، رسالة ماجستير، جامعة الملك سعود.1417هـ - 1996م.

236. هاشم عبد الرحمن: دور كليات التربية في تنمية وتدعيم بعض القيم لدى طلابها، رسالة دكتوراة غير منشورة، كلية التربية جامعة المنيا 1412هـ

237. وجدان عبدالعزيز الكحيمي: الصحة النفسية للطفل و المراهق 1985م.

529

238. وزارة التربيــة والتعليـم بالمملكـة العربية السعودية: دليل برامج الأندية الصيفية، ط2، 1426هـ

239. وزارة التعليـم العـالي بالمملكـة العربية السعودية: سياسة التعليم في المملكة العربية السعودية 1398هـ ـ 1978م.

240. وضحة السويدي: تنمية القيم الخاصة بمادة التربية الإسلامية لدى تلميذات المرحلـة الإعداديـة بدولـة قطر، برنامج مقترح – دار الثقافة، الدوحة،ط1 1409هـ 1989م.

241. يحيى بن موسى الزهراني: حق الوالدين على الأبناء.

242. يعقوب المليجي: الأخلاق في الإسلام- مؤسسة الثقافة الجامعية - الأسكندرية، ط1، 1985م.

243. يوسف القاضي ومحمد زيدان: اتجاهات ومفاهيم تربوية ونفسية حديثة، دار الشروق، جدة، ط1 1980م.

244. يوسف القاضي ومقداد يالجن: علم النفس التربوي في الإسلام: الرياض ـ دار المريخ.

245. يوسف القرضاوي: الخصائص العامة للإسلام، مكتبة وهبة، القاهرة ـ الطبعة الأولى، 1981م.

246. يوسف القرضاوي: مدخل لمعرفة الإسلام مؤسسة الرسالة للطباعة والنشر والتوزيع، 2001م.

247. يوسف القريوتي وآخران: المدخل إلى التربية الخاصة، دار القلم، دبي، 1995م.

248. يوسف بن الزكي المزي: تهذيب الكمال، تحقيق: د. بشار عواد معروف مؤسسة الرسالة - بيروت، الطبعة الأولى، 1400 هـ – 1980 م.

249. يوسف ين عبد البر النمري: جامع بيان أهل العلم وفضله وما ينبغي في روايته وحمله، دار الفكر.

250. مجلة جامعة الملك سعود: م7، العلوم التربوية والدراسات الإسلامية (1415هـ / 1995م).

## 2: المصادر والمراجع الأجنبية

1 : FoX., J.A., Non – Intellective Factors in the Prediction of Academic Success of Urban College Freshmen:Dissertation Abstract International,Vol.36, No.4, 1975, PP:2019-2020.

2: Rowell, J., & Renner, V. (1975). **Personality, mode of** assessment and student achievement. British. Journal of Educational Psychology, 45, 235–236 .

3: Lawrence, O., Personality Characteristics and Attitudes Toward Achievement among Mainland High Achirving and Underachieving Japanese –American Sanseis,, Journal of Education Psychology Vol .68,No 2.1967.PP 151. 156.

4: Tiwari, G. and Others. The Effect of AnXiety and AsPiration on Academic Achievement of Adolescent Boy and Girls, Joyrnal of Psychology and Education.vol.6, No 1980.PP 35 -38 .

5 : Dessent-Geller, S. (1981). Personality characteristics, levels of cognition, and academic achievement of junior college students. . Educational Resoyraces in Formation Center U.s.A .

6 : Baker, Dr Predictive Value of Attitude, Cognitive Ability, and Personality to Science Achievement in the Middle School Psychplogical Abstracts Vol 73 No 1 1986 P 266 .

# ثانيا: فهرس الجداول

# ثالثا: فهرس الأشكال

534

# ملخص البحث

Academic achievement and Its relation with educational Islamic Values

## The Research Abstract

This Research deals with academic achievement and Its Relation with educational Islamic Values for a sample of students in The secandary school at Riyadh city.

This Research aims to reveal the relation between Academic achievement and educational Islamic Values through these pivots:

1: Academic achievement and Its Relation with educational Islamic Values that the student should apply up on himself.

2: Academic achievement and Its Relation with educational Islamic Values that the student should apply with his teachers .

3: Academic achievement and Its Relation with educational Islamic Values that the student should apply with his friends .

4: Academic achievement and Its Relation with educational Islamic Values that the student should apply with the educational establishments.

- second: The Research try to reveal the differences that have statistic Significant between the High achieving and Underachieving and how they apply educational Islamic Values through these pivots :

1: The educational Islamic Values that the student should apply up on himself.

2: The educational Islamic Values that the student should apply with his teachers .

3: The educational Islamic Values that the student should apply with his friends .

4: The educational Islamic Values that the student should apply with the educational establishments.

To answer the questions research and achieve the aims the researcher used analyzing descriptive research Method this important to Know the details Facts for the studied.the research studied a sample of students from private and governemental schools in Riyadh city.

The number of the sample is 500 student from secandary school and I choose the Random and the students age are 17

## Research Results

1:There is positive Association between Academic achievement and educational Islamic Values that the student should apply up on himself.

2: There is positive Association between Academic achievement and educational Islamic Values that the student should apply with his teachers .

3: There is positive Association between Academic achievement and educational Islamic Values that the student should apply with his friends

4: There is positive Association between Academic achievement and educational Islamic Values that the student should apply with the educational establishments.

5: There are differences with statistic Significant between the High achieving and Underachieving in educational Islamic Values that the student should apply up on himself for the High achieving.

6: There are differences with statistic Significant between the High achieving and Underachieving in educational Islamic Values that the student should apply with his teachers for the High achieving.

7: There are differences with statistic Significant between the High achieving and Underachieving in educational Islamic Values that the student should apply with his friends for the High achieving.

8: There are differences with statistic Significant between the High achieving and Underachieving in educational Islamic Values that the student should apply with the educational establishments for the High achieving.

## Research recommends

1:The media should concern with educational Islamic Values and use useful ways to develope them.

2: We should up a complete course for teaching educational Islamic Values starts from pre – school stage till grade three in secandry school and suits each stage.

3: We should make good relations between the students and develope the brotherhood we should not differentiate between the students to live in a field of cooperation this will increase their studying.

4: Make international meetings for educational Islamic Values how to teach them these Values.

5: It is necessary to establish a private depavtment in the ministry of education concerns the educational Islamic Values.

Also the researcher introduced some suggestions related academic achievement and educational Islamic Values.

الجامعـــــــــة الأمريكيـــــــة في لنـــدن
كليـــــــــــــــــــــة التربيـــــــــــة
قســـــــم علـــــــم الــــــنفس

استبانة

التحصيل الدراسي وعلاقته بالقيم الإسلامية التربوية

إعداد:

علي بن عبد الحميد

إشراف:

الدكتور:أشرف عطية حسب الله

537

# استبانة التحصيل الدراسي وعلاقته بالقيم الإسلامية التربوية

أخي الطالب: تهدف هذه الاستبانة إلى التعرف على مدى التزام الطلاب المتفوقين والمتأخرين دراسيا بالقيم الإسلامية التربوية.

و المطلوب أن تضع علامة (√) في المكان الذي تراه مناسبا كما في المثال التالي:

| 1 | المحور الأول: القيم التي يلتزم بها الطالب مع نفسه | الطلاب المتفوقون | | | الطلاب المتأخرين دراسيا | | |
|---|---|---|---|---|---|---|---|
| م | القيمة | دائما | غالبا | نادرا | دائما | غالبا | نادرا |
| 1 | حسن استغلال الوقت. | √ | | | | | √ |

شاكرا ومقدرا لك حسن اهتمامك وتعاونك، و الـلـه يحفظك ويرعاك.

**1: معلومات عامة:**

**1: الاسم (اختياري): ........................................ 2: العمر: ..............**

**3: الصف: ........................................................................**

**1:الأول الثانوي 2:الثاني الثانوي 3: الثالث الثانوي**

**4: المستوى الدراسي: ..............................................................**

**1:ممتاز 2:جيد جدا 3:جيد 4:مقبول**

استبانة التحصيل الدراسي وعلاقته بالقيم الإسلامية التربوية

المحور الأول:

| 1 | القيم التي يلتزم بها الطالب مع نفسه | الطلاب المتفوقون | | | الطلاب المتأخرون دراسيا | | |
|---|---|---|---|---|---|---|---|
| م | القيمة | دائما | غالبا | نادرا | دائما | غالبا | نادرا |
| 1 | خشية الـلـه تعالى. | | | | | | |
| 2 | طهارة القلب من الحقد والحسد. | | | | | | |
| 3 | الصبر على طلب العلم. | | | | | | |
| 4 | حسن استغلال الوقت. | | | | | | |
| 5 | تقدير العلم . | | | | | | |
| 6 | الصدق . | | | | | | |
| 7 | التوكل على الـلـه تعالى. | | | | | | |
| 8 | النظام والترتيب. | | | | | | |
| 9 | الطموح. | | | | | | |
| 10 | التخطيط (وجود خطة لما ينوي القيام به). | | | | | | |
| 11 | تحمل المسؤولية. | | | | | | |
| 12 | التفاؤل. | | | | | | |

المحور الثاني:

| 2 | القيم التي يلتزم بها الطالب مع معلمه | الطلاب المتفوقون | | | الطلاب المتأخرون دراسيا | | |
|---|---|---|---|---|---|---|---|
| م | القيمة | دائمًا | غالبًا | نادرا | دائمًا | غالبًا | نادرا |
| 1 | التواضع للمعلم. | | | | | | |
| 2 | توقير المعلم. | | | | | | |
| 3 | الاعتراف بفضل المعلم. | | | | | | |
| 4 | الاعتذار عند الخطأ. | | | | | | |
| 5 | استشارة المعلم. | | | | | | |
| 6 | الانضباط داخل الفصل. | | | | | | |
| 7 | استئذان المعلم. | | | | | | |
| 8 | حسن سؤال المعلم. | | | | | | |
| 9 | الوفاء بالوعد. | | | | | | |
| 10 | الحلم ولين الجانب للمعلم. | | | | | | |
| 11 | طاعة المعلم. | | | | | | |

المحور الثالث:

| 3 | القيم التي يلتزم بها الطالب نحو زملائه. | الطلاب المتفوقون | | | الطلاب المتأخرون دراسيا | | |
|---|---|---|---|---|---|---|---|
| م | القيمة | دائما | غالبا | نادرا | دائما | غالبا | نادرا |
| 1 | اختيار الأصدقاء الصالحين. | | | | | | |
| 2 | التعاون مع الأصدقاء. | | | | | | |
| 3 | الإيثار(تفضيل مصلحة الآخرين على المصلحة الشخصية). | | | | | | |
| 4 | إفشاء السلام. | | | | | | |
| 5 | التسامح. | | | | | | |
| 6 | استشارة الآخرين. | | | | | | |
| 7 | البذل و السخاء على الزملاء. | | | | | | |
| 8 | حسن الحوار مع الزملاء. | | | | | | |
| 9 | الأمانة. | | | | | | |
| 10 | تقبل النقد من الآخرين. | | | | | | |
| 11 | مساعدة الآخرين . | | | | | | |
| 12 | الحلم ولين الجانب للزملاء . | | | | | | |
| 13 | التواضع للزملاء. | | | | | | |
| 14 | المساواة وعدم التفرقة العنصرية. | | | | | | |

## المحور الرابع:

| 4 | القيم التي يلتزم بها الطالب نحو مرافق مؤسساته التعليمية | الطلاب المتفوقون | | | الطلاب المتأخرون دراسيا | | |
|---|---|---|---|---|---|---|---|
| م | القيمة | دائما | غالبا | نادرا | دائما | غالبا | نادرا |
| 1 | المحافظة على نظافة المدرسة . | | | | | | |
| 2 | المحافظة على الكتب التي بمكتبة المدرسة. | | | | | | |
| 3 | عدم الكتابة على جدران المدرسة. | | | | | | |
| 4 | الحفاظ على سلامة المقاعد الدراسية. | | | | | | |
| 5 | حسن استخدام الأبواب والنوافذ. | | | | | | |
| 6 | حسن التعامل مع وسائل التكييف والإنارة. | | | | | | |